REIZ&
magazine

Wereldreisgids

Californië

D1730855

Inhoud

Staat, volk en cultuur

Reisinformatie

Onderweg

Los Angeles en omgeving

San Diego en omgeving

Inhoud

De Californische woestijnen en Las Vegas

Tussen Los Angeles en San Francisco

Central Valley en Sierra Nevada

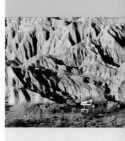

Inhoud

Het noorden

Atlas Californië

Inhoud

Thema's

Alle kaarten in een oogopslag

▶ Dit symbool in het boek verwijst naar de Atlas Californië

Idyllisch strand bij Santa Monica: het water wordt echter zelden warmer dan 22 °C

Staat, volk
en cultuur

Forever young

Als Californië een onafhankelijke staat zou zijn, zou het op de lijst van economische grootmachten op de achtste plaats staan. Ook binnen de Verenigde Staten neemt de Golden State met 38 miljoen inwoners een bijzondere positie in. En dan is de internationale rol van Californië als trendsetter nog buiten beschouwing gelaten, of het nu gaat om mode, vrijetijdsbesteding, alternatieve leefwijzen, hightechontwikkelingen of auto's met een beperkte CO_2-uitstoot.

Californië is een nooit opdrogende bron van ideeën, trends en dromen. Nergens ter wereld zijn vrijetijdsbesteding en lichaamscultuur zo uitbundig tot bloei gekomen als aan de Californische Grote Oceaankust, waar de toch al zo mobiele Amerikanen wereldkampioenen in het voortbewegen zijn geworden: het scala reikt van surfen tot inlineskaten en van mountainbiken tot snowboarden. En de sporten en activiteiten die de Californiërs niet zelf hebben uitgevonden, worden aan bezoekers toch als de nieuwste trend gepresenteerd.

Californië is al sinds jaar en dag toonaangevend binnen Amerika en oefent een grote aantrekkingskracht uit op mensen uit de hele wereld. Het arsenaal van Californische verlokkingen is enorm. Na de eerste ontdekkingsreizigers bereikten Spaanse veroveraars en missionarissen de geheimzinnige Grote Oceaankust. Halverwege de 19e eeuw veroorzaakte de goudkoorts een grote volksverhuizing, die de politieke, economische en demografische kaart van het Wilde Westen totaal veranderde. Waar Noord-Amerika bij de Grote Oceaan ophield, geloofden de mensen altijd al in een betere en misschien zelfs 'gouden' toekomst en stortten ze zich in het onbekende, in de lang gekoesterde droom van geluk en tevredenheid.

Een van de vele bekoringen van het land heeft altijd een belangrijke rol gespeeld: de unieke natuur, waarin het dagelijkse werk als een waar genoegen en ondernemerschap een spiritueel avontuur werd ervaren. Een indrukwekkend bewijs voor de ongelooflijke landschappelijke diversiteit van de Golden State werd geleverd op een in 1935 uitgegeven landkaart, die speciaal voor de filmindustrie in Hollywood was gemaakt en waarop mogelijke filmlocaties stonden aangegeven. De kaart toonde Californische landschappen die overeenkomsten lieten zien met natuurgebieden in de hele wereld: in Frankrijk, aan de Italiaanse Rivièra, in het Zwarte Woud, India, Nederland, aan de Stille Zuidzee, de Dode Zee, in Zuid-Amerika, China, Scandinavië, de Arabische woestijn, Japan, Tirol en aan de Maleisische kust. Geen wonder dat zich begin 20e eeuw juist in Hollywood een internationale filmindustrie begon te ontwikkelen, die zich specialiseerde in het verwezenlijken van dromen en illusies.

Niet alleen de Californische film werd een goed lopend exportproduct, maar ook de staat zelf, die zich blijkbaar telkens opnieuw uitvindt en de rest van de wereld voortdurend met zijn zegeningen verrast. Spijkerbroeken, flowerpower, Easy Rider, The Beach Boys, Baywatch, poweryoga, Google, iPods en windsurfen – om er maar een paar te noemen – begonnen in Californië hun zegetocht door de wereld. Ondanks aardbevingen, bosbranden, economische crises en het einde van het dot-

Sunset Boulevard in Los Angeles: een sprookjeswereld in een verkeerschaos

comtijdperk verloor de staat noch het geloof in zijn vermogen om te veranderen, noch zijn dynamiek en lef. De toekomstgerichtheid in de Golden State is dan ook geen modewoord, maar een typisch Californische mentaliteit.

Op een gegeven moment ging zelfs de politiek zich voegen naar het onconventionele beeld dat Californië van zichzelf schept. Van 1967 tot 1975 was voormalig acteur Ronald Reagan gouverneur van de staat. Dat een Hollywoodcarrière tot een loopbaan in de politiek kan leiden, bewees ook een tweede filmgrootheid. Van 2003 tot 2011 kwam de uit Oostenrijk afkomstige ex-bodybuilder Arnold Schwarzenegger op deze leidende positie terecht. Vanwege zijn Terminatorrollen werd hij ook wel Governator genoemd. Onder Schwarzenegger nam de Golden State in de VS het voortouw op het gebied van milieubescherming. Na twee termijnen moest hij in 2011 aftreden. Hij werd opgevolgd door Jerry Brown, die van 1975 tot 1983 ook al gouverneur van Californië was geweest.

Dat het imago van de staat door deze Holywoodpolitici niet geschaad is, kunnen bezoekers van Californië zelf vaststellen. Miljoenen vakantiegangers uit de hele wereld trekken elk jaar weer naar de diep ingesneden Grote Oceaankust tussen Oregon in het noorden en Mexico in het zuiden. Ze trekken naar de dynamische wereldsteden San Francisco, Los Angeles en San Diego, naar de hoge, granietgrijze Sierra Nevada en de exotische woestijnparadijzen. Ook in de tijd van het massatoerisme heeft de staat zijn magische aantrekkingskracht nog niet verloren. Integendeel. Het asfaltavontuur over de legendarische Highway No. 1 langs de schitterende kust, een wandeling over de betoverende Golden Gate Bridge van San Fransisco of over de Hollywood Boulevard, met de in het trottoir verzonken sterren voor prominenten uit de film- en showbizzwereld, hebben niets meer te maken met de gebruikelijke reiservaringen, maar maken deel uit van een serieuze cultus: 'California – forever young'.

Californië in het kort

Feiten en cijfers

Naam: Californië (bijnaam: Golden State)

Oppervlakte: 411.012 km². De staat is van noord naar zuid circa 1260 km lang en van oost naar west ongeveer 560 km. Na Alaska en Texas is Californië de grootste staat van de Verenigde Staten.

Hoofdstad: Sacramento, 471.000 inwoners.
Grootste steden: Los Angeles circa 14 miljoen, San Diego 1,3 miljoen, San José 958.000, San Francisco 805.000 inwoners
Officiële taal: Amerikaans Engels

Inwoners: 38 miljoen (77,5% blanken, van wie 35,2% Latino's; 6,7% Afro-Americans (zwarten), 12,4% Aziaten, 1,2% *Native Americans* (indianen) en 0,4% uit het Pacifische gebied)
Bevolkingsdichtheid: Bevolkingsgroei tussen 2000 en 2010 circa 10% (gemiddeld in de hele VS 9%)
Levensverwachting: Mannen, blank 75,7 jaar, zwart 69,5 jaar; vrouwen, blank 80,8 jaar, zwart 76,3 jaar

Valuta: Dollar ($). 1 dollar is onderverdeeld in 100 cent. Er zijn biljetten van 1, 2, 5, 10, 20, 50 en 100 dollar. De bankbiljetten die vroe-

ger allemaal groen waren, hebben inmiddels diverse kleuren gekregen.

Tijdzone: Californië en Nevada liggen in de zone met de Pacific Standard Time (Midden-Europese Tijdzone – 9 uur). Van de 2e zondag in maart tot de 1e zondag in nov. is de zomertijd van kracht (de klok gaat 1 uur achteruit).

Landnummer: 001 (VS)
Internetextentie: meestal .com

Vlag: De Californische vlag is een replica van de historische vlag die Amerikaanse kolonisten op 14 juni 1846 als symbool voor de opstand tegen de Mexicaanse overheersers in Californië hesen. Tegen een witte achtergrond is boven een rode streep een grizzlybeer met de tekst California Republic afgebeeld. Links boven de beer ziet u een rode ster.

Geografie

De extreme hoogteverschillen (tussen gebieden onder zeeniveau en bergen die oprijzen tot circa 4500 m) laten zien hoe uiteenlopend de Californische topografie is. De Grote Oceaankust gaat – met uitzondering van sommige plaatsen – direct over in gebergte. Verder naar het oosten sluit de 640 km lange en ongeveer 80 km brede Central Valley aan, met enorme, kunstmatig bewaterde regio's, die tot de productiefste landbouwgebieden van de VS behoren. In Noord-Californië heeft de Cascade Range zijn uitlopers, maar de rest van het land wordt gedomineerd door de in noord-zuidrichting lopende Sierra Nevada. Deze bergketen eindigt ter hoogte van Bakersfield en maakt verder naar het zuiden plaats voor de tot aan de Mexicaanse grens en de Coloradorivier reikende Mojave- en Sonorawoestijn.

Geschiedenis

Wanneer de eerste mensen de Amerikaanse westkust precies bereikten, is niet met zekerheid te zeggen. Waarschijnlijk leefden er al ruim 11.000 jaar geleden Chumashindianen op de voor de kust gelegen Channel Islands. De gedocumenteerde geschiedenis van het gebied begint met de verkenning van de kustwateren door zeevaarders in Spaanse dienst. In de 19e eeuw viel Californië nog onder Mexicaans bestuur, maar door de trek naar het westen en de daaropvolgende goudvondst in 1848 wekte de staat de belangstelling van de politiek. In 1850 werd Californië de 31e staat van de VS.

In de loop van de Tweede Wereldoorlog worden er in Californië veel wapenfabrieken opgericht en in de Koude Oorlog pompte het Pentagon een grote hoeveelheid geld in deze industrie. De jaren 60 stonden geheel in het teken van jongeren-/studentenprotesten en de flowerpowerbeweging in San Francisco, maar in de volgende decennia domineerde de hightechrevolutie in Silicon Valley, die de computerwereld een compleet nieuw gezicht gaf.

Staat en politiek

Geen andere staat van de VS heeft zulke eigenzinnige kiezers als Californië. Dit hoeft niet te verbazen gezien de grote multiculturele bevolking, de legale en illegale immigranten en de uiterst bonte mengeling van volken en talen.

Het hoofd van de Californische uitvoerende macht is de gouverneur, die om de vier jaar rechtstreeks door de bevolking wordt gekozen en zich net als de president voor slechts een termijn herverkiesbaar kan stellen. Sinds begin 2011 bekleedt Jerry Brown het ambt als opvolger van Arnold Schwarzenegger; hij was van 1975 tot 1983 al eens gouverneur van Californië. Ondertussen is het bijna een traditie dat het parlement het niet eens kan worden over de jaarlijkse begroting, zodat de staat regelmatig op de rand van het faillissement balanceert.

Economie en toerisme

Californië is een belangrijke grondstoffenproducent. Naast aardolie en -gas behoren kwik, wolfraam, grind, koper- en ijzererts tot de bodemschatten. Bovendien zijn de landen bosbouw van groot belang. De Golden State levert circa 25% van alle groente en fruit en ongeveer een tiende al het timmerhout in de hele VS. In de productiesector zijn bovendien de lucht- en ruimtevaart- en de computer- en elektronica-industrie (vooral in Silicon Valley) van doorslaggevend belang. Ten slotte trekt Californië jaarlijks ongeveer 330 miljoen bezoekers, die met een gemiddelde besteding van $120 per persoon per dag ook hun steentje bijdragen aan de staatsinkomsten.

Bevolking en religie

Een opvallend gegeven binnen de Californische bevolking is het feit dat ongeveer een derde van het aantal inwoners thuis een andere taal spreekt dan Amerikaans Engels. Met meer dan 30% is het percentage eenpersoonshuishoudens bovengemiddeld hoog. In Californië zijn meer mensen dan in alle andere staten van de VS lid van de rooms-katholieke kerk. Bovendien groeit de moslimbevolking in Californië snel en is de Joodse gemeenschap groot. Ongeveer 40% van alle boeddhisten in de VS woont in het zuidelijke deel van de Golden State.

Natuur en milieu

De Californische natuur is enorm veelzijdig. De 2000 km lange Grote Oceaankust, majestueuze hooggebergten, woestijnen met droge zoutvlakten, betoverende dalen, geheimzinnige meren, watervallen, bossen met gigantische mammoetbomen, bloeiende cactussen en weiden met wilde bloemen maken van de Golden State een natuurparadijs dat zijn gelijke niet kent.

Californië, een staat van superlatieven

De VS wordt ten onrechte een hang naar overdrijving verweten. Als de Californiërs hun land, verwijzend naar de natuur, een 'staat van superlatieven' noemen, is er geen sprake van een onjuiste voorspiegeling van zaken. Binnen de staatsgrenzen ligt de hoogste berg van de hele VS, Mount Whitney, waarvan de top oprijst tot maar liefst 4416 m. Hemelsbreed ligt de berg slechts zo'n 193 km van de Death Valley, met – 86 m het diepste dal op het westelijk halfrond. Niet alleen in de topografie, maar ook in het klimaat van Californië zijn bijzonderheden aan de orde van de dag. In 1913 werd in het Dal des Doods (Death Valley) met 56,7 °C een hittewereldrecord gebroken – hoewel een paar jaar later in de Libische Woestijn een nog iets hogere temperatuur werd gemeten.

Maar daarmee is het met de natuurrecords in Californië nog niet afgelopen. Want aan de noordkust staan in de resterende delen van *redwood*-bossen *(sequoia sempervirens)* de hoogste bomen ter wereld (zie Thema blz. 405). Er zijn bewijzen dat ze wel zo'n 2000 jaar oud kunnen worden, een leeftijd waarmee ze het echter moeten afleggen tegen de 4500 jaar oude naaldendennen *(Pinus longaeva)*, die in de White Mountains tegen de oostflank van de Owens Valley een eenzaam leven leiden als de oudste levende wezens op aarde.

Klimaat

Even afwisselend als het landschap is het Californische klimaat. In het algemeen zijn de winters in de noordelijke helft van de staat en in de bergregio's strenger dan in het zuiden en aan de kust, waar de nabijheid van de zee een matigende invloed heeft op de weersgesteldheid en mediterrane omstandigheden schept. Dat wordt duidelijk als u 's zomers van San Francisco door het kustgebergte naar de Central Valley rijdt, waar de temperaturen geregeld een aantal graden hoger liggen. In de winter valt in de metropool aan de gelijknamige baai bijna nooit sneeuw, terwijl in de Cascade Range en de Sierra Nevada de omgeving ondanks de klimaatveranderingen geregeld wit kleurt, waardoor de regio rond Lake Tahoe en de Mammoth Lakes tot de populairste skigebieden behoort.

In San Francisco begint het regenseizoen in november en eindigt in maart. Van april tot oktober valt er weinig regen en september en oktober zijn de warmste maanden van het jaar. De gemiddelde jaartemperatuur ligt rond de 17 °C, maar de Bay Area staat bekend om zijn talrijke microklimaten.

Achter de Zuid-Californische kust strekt zich een enorm woestijnlandschap uit, waar de temperaturen in de winter, lente en herfst veel aangenamer zijn dan in de broeierig hete zomer. Zelfs rond Kerstmis kunt u in de Coachella Valley nog op een terras neerstrijken,

De zoutpannen bij Badwater in de Death Valley omzomen het diepste punt op het westelijk halfrond

waar uitbaters echter 's avond de terrasverwarming aanzetten om voor hun gasten een warme sfeer te creëren.

Bosbranden

In zijn hit *It never rains in Southern California* rekende Albert Hammond af met de gedachte dat het in Zuid-Californië nooit zou regenen: *It pours, man it pours* – dat was in 1972. Inmiddels is er wel wat veranderd. Het is duidelijk dat het hele zuidwesten van de Verenigde Staten wordt getroffen door een droogteperiode. Financiële belangen spelen een rol bij de watertekorten en de watertoevoer is uitgegroeid tot een politieke kwestie. Steeds meer dieren trekken naar de steden om in voortuinen op rooftocht te gaan of hun dorst te lessen aan zwembaden. In het voorjaar van 2007 brandde Griffith Park in Los Angeles deels af. Op televisiebeelden van deze ramp die de hele wereld overgingen was te zien hoe de beroemde Hollywoodletters in de bergen boven de stad in rookwolken waren gehuld. Tegelijkertijd waren de privézwembaden nog tot de rand gevuld en de golfterreinen weelderig groen. De goede voornemens uit vroegere perioden van droogte leken vergeten. Toen lagen de tuintjes van de bewoners er verdord bij als blijk van patriottisme en milieubewustzijn. Ook in 2010 woedden er in Californië weer verwoestende bosbranden. Meer dan 1700 brandweerlieden werden ingezet tegen verschillende bosbranden ten noorden van Los Angeles. Honderden gezinnen moesten hun huizen ontvluchten.

Natuurparken

De landschappelijke kroonjuwelen van Amerika liggen achteloos verspreid over het hele continent. Naast zo'n 50 nationale parken beheert de National Park Service (NPS), die onder het ministerie van Binnenlandse Zaken valt, nog eens ruim 300 andere beschermde natuurgebieden. Beschermde gebieden zijn niet gelijkelijk over het land verdeeld. In sommige staten zijn de nationale parken dungezaaid, maar met uitzondering van Alaska zijn er in geen andere Amerikaanse staat zoveel natuurparken als in Californië.

Waternood in de Golden State

Thema

De klimaatverandering vormt door de stijgende zeespiegel niet alleen een bedreiging voor de kuststeden, maar veroorzaakt volgens wetenschappers ook de uitdroging van West-Amerika. In de tweede helft van deze eeuw, zo luiden de prognoses, zullen de bergen 70% van hun witte pracht verliezen. In de Sierra Nevada valt nu al opvallend minder sneeuw, waardoor in de hele regio een watergebrek is ontstaan.

Het probleem is niet nieuw. Al aan het begin van de 20e eeuw wist men in Los Angeles dat de agglomeratie in een droog gebied ligt, waarin de waterbehoefte maar voor een klein deel door neerslag wordt gedekt. De overheid liet de meren aan de rand van de Sierra Nevada aftappen en het hoogstnodige vocht over lange aquaducten naar de Grote Oceaankust transporteren. In de Owens Valley werd door de autoriteiten via stromannen land opgekocht om de daaraan verbonden waterrechten te verkrijgen. Hierop ontstond een langdurig conflict tussen de boeren en de stad Los Angeles. Het Owens Lake aan de oostrand van de Sierra Nevada veranderde door afwatering in de jaren 30 al in een zoutmoeras en met Mono Lake zou hetzelfde zijn gebeurd als milieubeschermers geen processen hadden aangespannen om dit al te kortzichtige waterbeleid een halt toe te roepen.

De huidige watercrisis wordt, anders dan in het verleden, door bijkomende problemen vergroot. Onderzoekers gaan ervan uit dat de opwarming van de aarde gepaard zal gaan met een periode van droogte. Dergelijke tijden van waterschaarste konden in vroeger eeuwen aan de hand van jaarringenanalyses worden aangetoond. Volgens schattingen zal de tegenwoordige Californische bevolking (38 miljoen) in 2050 zijn uitgegroeid tot 60 miljoen, terwijl de wateraanvoer ongeveer gelijk zal blijven. Steden die op grondwater zijn aangewezen weten nu al dat er tot halverwege deze eeuw geen druppel water extra naar het aardoppervlak is te pompen. Tot de andere problemen op het gebied van waterbeheer behoren een toenemend aantal knelpunten in de watervoorziening, conflicten met aangrenzende staten over de waterverdeling, de teruggang van de landbouw en in het ergste geval grote migratiegolven uit de droge gebieden naar andere delen van Californië.

In de afgelopen decennia was in een aantal van de regenarmste staten in het westen van de VS, vooral in Californië en Nevada, sprake van de grootste bevolkings- en economische groei. Hierdoor nam de economische en politieke macht van met name de Golden State toe, omdat Californië erin slaagde door technische maatregelen als de bouw van dammen en aquaducten permanent een goede watervoorziening te garanderen. Of dit in de toekomst ook zo zal blijven, is uiterst onzeker. De ideale oplossing voor het waterprobleem is in elk geval nog lang niet in zicht. Ervan uitgaand dat er op klimaatgebied op korte termijn niet veel zal veranderen, staan verschillende maatregelen ter discussie: strategieën om de opwarming van de aarde tegen te gaan, wijziging van de uit de jaren 20 stammende waterverdelingsverdragen van de staten in het stroomgebied van de Colorado River, water aftappen van de Sacramento River, maar bovenal verandering van het consumptiegedrag in de omgang met drink- en rioolwater.

Van de acht grote natuurreservaten is Yosemite National Park het beroemdst en het drukstbezocht – een betoverend berglandschap in het hart van de Sierra Nevada. Het toeristische middelpunt is de door de Merced River doorstroomde Yosemite Valley, die zijn bijnaam 'het onvergelijkelijke dal' met al zijn watervallen, klimgebieden en de blikvanger Half Dome beslist eer aandoet. De enorme populariteit van de vallei heeft echter ook een schaduwzijde. De door de vele bezoekers aangerichte schade aan de natuur is niet te overzien: platgetrapte velden, afgebroken takken, afval en overbelaste wegen. 's Zomers in de weekends is de drukte op de parkeerterreinen bijna net zo erg als in Disneyland.

In Noord-Californië liggen twee nationale parken. Midden in het Lassen National Park verheft zich boven de Cascade Range de 3187 m hoge Lassen Peak, een vulkaan met kokende modderpoelen op zijn hellingen, die aan de laatste erupties in de jaren 20 herinneren. In het aan de kust gelegen Redwood National Park wordt een lappendeken van bosgebieden beschermd om de machtigste bomen ter wereld uit de greep van de houtindustrie te houden.

Ook de bestanden van de mammoetboom *(Sequoiadendron giganteum)* in de Sierra Nevada werden uitgedund door de behoefte aan hout in de groeiende steden. In de nationale parken Sequoia and Kings Canyon groeien de grootste exemplaren van deze boomsoort, zoals de beroemde General Sherman Tree, met een stamvolume van 1486 m³ en een gewicht van 1256 ton. Het is begrijpelijk dat de industrie voor deze gigant grote belangstelling had, en nog altijd heeft. Het hout van een mammoetboom is niet alleen stabiel en elastisch, maar heeft ook een hoog looizuurgehalte, dat de boom haast immuun maakt voor insectenvraat en schimmels. Bovendien was vaak één stam genoeg om een heel huis te bouwen.

Twee nationale parken hadden tot in de jaren 90 de status van *national monument*, maar werden later tot nationaal park uitgeroepen. In Death Valley National Park ligt 86 m onder de zeespiegel het door fantasti-sche maanlandschappen, duinen en verkorste zoutpannen omringde diepste punt van het westelijk halfrond. Ook Joshua Tree National Park (zie blz. 238) is een woestijnpark. Het dankt zijn naam aan de fraaie bossen van *Joshua trees (Yucca brevifolia)*, in het hogergelegen deel van het park.

Het enige 'exterritoriale' nationale park van Californië, op de Channel Islands, is het domein van 'slechts' een zestigtal plantensoorten, waarvan een paar alleen op bepaalde eilanden voorkomen. Het in 1980 ingestelde reservaat strekt zich uit over vijf van de Channel Islands en is hoofdzakelijk een toevluchtsoord voor zeeleeuwen, zeehonden en zeevogels. Omdat de eilanden uitsluitend per schip bereikbaar zijn, is de bezoekersstroom niet al te groot.

Flora en fauna

Op Californisch grondgebied komen ongeveer 5200 inheemse planten voor, waarvan ongeveer een derde alleen in de Golden State groeit. Daarmee is Californië de staat met de grootste biodiversiteit in de VS. Van de inheemse bomen en planten zijn de torenhoge *redwoods* (sequoia's) en mammoetbomen met hun enorme hoogte en stamomvang zeer opmerkelijk (zie Thema blz. 405).

De *Torrey pine (Pinus torreyana)* komt komt alleen nog voor op bepaalde locaties in La Jolla, ten noorden van San Diego, en op het tot de Channel Islands behorende eiland Santa Rosa. Beeldschone exemplaren van de Californische waaierpalm *(Washingtonia filifera)* staan in de zogenoemde indianencanyons bij Palm Springs.

Het leven in de woestijn

In sommige gebieden in het zuidwesten van Amerika, vooral in Joshua Tree National Park en andere delen van de Mojavewoestijn, dankt het landschap zijn schoonheid aan de *Joshua tree*, een palmlelie. Deze boomsoort groeit alleen in woestijngebieden tussen de 750 en 1500 m boven zeeniveau. *Joshua trees* zijn bestand tegen vorst en hebben perioden

De Merced River met op de achtergrond de majestueuze rotsformatie El Capitan

van koude nodig om goed te kunnen groeien. Bovendien zijn ze uitstekend toegerust om te kunnen overleven in de hete woestijn. De relatief kleine, spitse bladeren houden het water goed vast en de bomen weten zelfs lange perioden van droogte zonder schade te doorstaan.

Een andere ware overlevingskunstenaar in de woestijn is de creosootstruik *(Larrea tridentata)*. De bladeren van deze struik zijn bedekt met een waslaag, waardoor de waterhuishouding wordt gereguleerd en het binnendringen van ultraviolet licht wordt voorkomen. De groene plantendelen bevatten bovendien onsmakelijke stoffen, die dieren op afstand houden. Na een regenbui hangt vaak een eigenaardige stank van desinfecteermiddelen boven woestijngebieden, waar de creosootstruik inheems is. In Mexico wordt deze plant daarom *hediondilla* (kleine stinker) genoemd.

Het woestijnlandschap wordt ook opgeluisterd door verschillende soorten yucca's. In het voorjaar hebben sommige dieren het op de bloemen van deze planten voorzien. De dieren proberen de bladeren van de woes-

ren van deze plant, waarna ze van de bladvezels touw maakten.

Planten in de verdediging

De bladeren van de *brittlebush (Encelia farinosa)* zijn door beharing voor uitdroging behoed; andere planten rollen hun bladeren op om het bladoppervlak te verkleinen, zodat de hitte er geen vat op kan krijgen. Niet minder intelligent hebben de vaak 's nachts actieve dieren zich aan de barre omstandigheden in de woestijn aangepast. Wat de wangzakmuis aan water nodig heeft, weet hij zelfs uit het droogste plantenzaadje te persen. Zijn natuurlijke vijand, de woestijnvos, voorziet hoofdzakelijk in zijn vochtbehoefte met de lichaamssappen van zijn prooidieren. Het zeldzame dikhoornschaap houdt zich alleen hoog in de bergen op, waar over het algemeen voldoende water is te vinden.

Een mooie plantensoort die in de Zuid-Californische woestijn voorkomt is de teddybeercactus *(Opuntia bigelovii)*, die er uit de verte met zijn dichte geelachtig-groene beharing uitziet als een teddybeer. Wie dichterbij komt, ziet dat het om een uiterst effectief stekelpantser gaat. De afzonderlijke 'ledematen' van deze woestijnbewoner lijken slechts zeer losjes met elkaar verbonden. De afgevallen 'armpjes' groeien samen tot nieuwe exemplaren, die de oudere planten als een bijna onneembare barrière omringen. De stekels doorboren de zolen van sportschoenen zoals een heet mes door de boter glijdt.

Koningen van het luchtruim

Kort geleden kon in Amerika een bijzondere gebeurtenis worden gevierd. De voor de National Park Service verantwoordelijke minister van Binnenlandse Zaken deelde in Washington mee dat de Amerikaanse zeearend *(Haliaeetus leucocephalus)*, de vogel in het wapen van de VS, van de lijst van bedreigde diersoorten kon worden geschrapt. Onthutst had men in 1963 moeten vaststellen dat er in het hele land nog maar 400 paartjes van deze imposante roofvogel over waren. Na een 40 jaar lange periode van beschermingsmaatregelen laten de statistieken een veel positiever

tijnplanten echter zo goed mogelijk te mijden, omdat die nu eens met gemene naaldjes zijn bezet en dan weer met een wasachtige substantie zijn bedekt. Wilde zwijnen maken van de yucca vaak een heel project. Met hun scherpe hoeven graven ze de plant uit, om ongehinderd het onderste deel van de stengel te kunnen bereiken. Een bijzondere yuccasoort is de zogenoemde zeepboom *(Yucca elata)*. Deze dankt zijn naam aan zijn wortels, die door de oorspronkelijke bewoners als een soort shampoo werden gebruikt. De indianen kneusden bovendien de blade-

beeld zien: in de VS brengen nu weer 10.000 zeearendparen hun jongen groot. In Californië was de populatie in 1991 tot 90 paren teruggelopen. Tegenwoordig zijn dat er weer 200. Nog sterker bedreigd werd in de afgelopen decennia de Californische condor *(Gymnogyps californicus)*. Deze aaseter uit de oertijd, met een oranjerode kale kop, kan 13,5 kg zwaar worden en imponeert met zijn geweldige spanwijdte van ruim 3 m. In de jaren 50 registreerden natuurbeschermers al dat de condorpopulaties in Californië terugliepen. Dit proces duurde voort tot de jaren 80, toen particuliere natuurliefhebbers fokprogramma's met gevangen condorparen startten. Er leven wereldwijd in dierentuinen en in de natuur nog ongeveer 300 exemplaren van deze reusachtige vogels, waarvan 70 in Californië, hoofdzakelijk in Los Padres National Forest en Pinnacles National Monument in de Salinas Valley.

In het verleden werd het veel van deze vogels noodlottig dat ze zich met de kadavers van door jagers afgeschoten dieren voedden: ze vraten ook de kogels op en stierven uiteindelijk aan loodvergiftiging. In de herfst van 2007 ondertekende gouverneur Schwarzenegger onder protest van de wapenlobby een wet die het gebruik van loodhoudende jachtmunitie in de leefomgeving van de condor verbiedt.

Zeebewoners

Op veel locaties, bijvoorbeeld in het Año Nuevo State Reserve ten noorden van Santa Cruz, aan de kust ten zuiden van Big Sur of in La Jolla, zijn tussen december en maart gewone zeehonden en zeeolifanten te observeren, die alleen in de paartijd op de beschermde stranden bijeenkomen. Sinds jaar en dag trekken zeeleeuwen ook naar gebieden rond de steden, waar ze zich blijkbaar niet gestoord voelen door nieuwsgierigen of dagjesmensen. De beroemdste zeeleeuwenkolonie van Californië huist sinds eind jaren 80 aan Pier 39 in San Francisco, waar aan het begin van het jaar soms wel 600 exemplaren om de beste plaatsen op de drijvende aanlegsteigers strijden. Op de houten steunbalken van de talrijke pieren langs de kust zijn de reusachtige pelsdieren vaak te zien. In Monterey namen ze een rotsachtige golfbreker in de buurt van Fisherman's Wharf in bezit.

Tussen Crescent City in het noorden en San Diego in het zuiden rijgen zich aan de Grote Oceaankust talrijke uitzichtpunten aaneen, vanwaar tussen december en maart een bijzonder natuurschouwspel is te volgen. In die periode migreren soms wel 26.000 grijze walvissen van de koude Beringzee naar de warmere wateren in de Baja California, waar ze kalven en later met hun kroost terugkeren naar het noorden. Meestal zijn deze zeezoogdieren alleen of in kleine groepen te observeren: na twee tot drie minuten durende duikgangen naar een maximale diepte van 40 m laten ze zich weer aan de oppervlakte zien. Wie ze van dichtbij wil bestuderen of fotograferen en meer over ze te weten wil komen, kan het best een walvissafari met gids maken.

Aardbevingsgevaar

De Californische kust is niet alleen een landschappelijk wonder, maar ook een bekend rampgebied. Langs de San Andreasbreuk schuiven aardplaten ter grootte van continenten langs elkaar. De Pacifische plaat onder de Grote Oceaan en een deel van de Californische kust, inclusief Los Angeles, schuift elk jaar ongeveer 2,5 cm naar het noordwesten. De Noord-Amerikaanse plaat, met het overige deel van het Noord-Amerikaanse continent en San Francisco, beweegt zich iets langzamer zuidoostwaarts. Inmiddels weten we dat botsingen tussen aardplaten rampen kunnen veroorzaken. Seismografen registreren gemiddeld per jaar in Californië circa 10.000 kleine aardbevingen en -schokken, op het moment dat de aardplaten in de bovenste 10 km van de aardmantel over elkaar schuiven en spanningen en drukverschillen teweegbrengen, die een tektonische tijdbom aan het tikken zetten. In 1906 kwamen in San Francisco oerkrachten vrij bij een aardbeving met een kracht van 7,8 op de schaal van Richter. Deze kostte minstens 3000 mensen het leven en maakte ruim 200.000 daklozen. Ook in het recente verleden deden zich verscheidene aardbevingen voor. De laatste grote beving, met een kracht van 6,9 op de schaal van Richter, dateert van 1989. Daarbij kwamen 63 mensen om het leven en liep de schade op tot ongeveer zes miljard dollar.

Milieupolitiek

Amerika moet zich vaak verdedigen tegen het verwijt dat de bescherming van het milieu geen hoge prioriteit heeft. In dit verband moet echter een onderscheid worden gemaakt tussen de grote bedrijven en de bevolking. Onder de naam *Big Ten* opereren tien invloedrijke milieuorganisaties, waarvan enkele een paar miljoen leden hebben en in Washington D.C. de milieulobby gaande houden. De uit Schotland afkomstige natuurkundige John Muir (1838–1914) maakte deel uit van een groep milieuactivisten die in 1892 de gerenommeerde Sierra Club stichtte. Daarna volgde de oprichting van de National Audubon Society, Nature Conservancy International Headquarter, World Wildlife Fund en de Wilderness Society, organisaties die in de VS bij elk schoolkind bekend zijn uit tijdschriften, natuur-, les- en prentenboeken.

Uit enquêtes blijkt dat het grootste deel van de Amerikaanse bevolking zich terdege bewust is van de problemen die milieuvervuiling met zich meebrengt. Maar er zijn wel grote verschillen in de manieren waarop Amerikanen tegen de milieuproblematiek aankijken. Als onderdeel van het programma *Adopt a Highway* nemen bedrijven, organisaties, clubs en zelfs gezinnen delen van wegen voor hun rekening, die ze regelmatig schoonhouden. Wie achteloos een sigarettenpeuk of een blikje uit zijn auto smijt, betoont zich niet alleen een milieuzondaar, maar wordt ook rigoreus gestraft. Waterverspilling op golfterreinen of het overdadig gebruik van plastic tassen tijdens het boodschappen doen in de supermarkt worden daarentegen als natuurlijke bestanddelen van de *American way of life* beschouwd en zijn resistent gebleken tegen elke kritiek.

De groene gouverneur

Onder het bewind van de aanvankelijk met hoongelach ontvangen gouverneur Schwarzenegger heeft Californië op milieugebied het voortouw genomen. De Governator, zoals hij vanwege zijn rol van Terminator in zijn vroegere filmcarrière gekscherend werd genoemd, wist tijdens zijn ambtsperiode van 2003 tot 2011 een vernieuwende klimaat- en milieupolitiek door te drukken, die zeker in de eerste jaren op een breed draagvlak mocht rekenen. Schwarzeneggers plannen waren zelfs zo populair dat de regering in Washington DC zich gedwongen zag er op een of andere manier op te reageren. Innovatieve concepten en nieuwe technologieën moesten volgens hem enerzijds milieubeschermend zijn, maar anderzijds ook dankzij nieuwe ontwikkelingen investeringen en arbeidsplaatsen genereren.

Schwarzeneggers milieupolitiek werd door Obama als een goed voorbeeld beschouwd voor het hele land. De eerste gekleurde president van de VS wilde naar Californisch model autofabrikanten ertoe bewegen om efficiëntere en schonere voertuigen te bouwen. Hierdoor moet het huidige benzineverbruik van 9,4 liter per 100 km drastisch worden verminderd. In 2016 moet het verbruik zijn teruggebracht tot 6,6 liter. Uit wetenschappelijk onderzoek blijkt dat zo'n enorme uitstootreductie van schadelijke stoffen overeenkomt met het uit het verkeer nemen van maar liefst zo'n 180 miljoen auto's. Dit baanbrekende onderzoek werd niet alleen door milieuorganisaties, maar ook door de auto-industrie met open armen ontvangen, omdat hiermee kan worden vooruitgelopen op toekomstige ontwikkelingen. De invloedrijke milieuorganisatie Siera Club bejubelde Obama's voornemen als een van de belangrijkste maatregelen ter vermindering van de uitstoot van broeikasgassen ooit door een Amerikaanse president getroffen.

Economie, maatschappij en politiek

De leidende economische rol van Californië binnen de VS blijkt uit de cijfers: de staat is goed voor 13% van het Amerikaanse bbp (bruto binnenlands product). Als soevereine staat neemt de Golden State de zesde plaats in op de lijst van 's werelds grootste economieën. Sinds de in 2007 uitgebroken financiële crisis heeft de staat echter veel van zijn economische glans en levenskwaliteit verloren.

Superstaat of failliete boedel?

Veel Amerikanen zijn ervan overtuigd dat het lot van hun natie vooral wordt bepaald aan de Grote Oceaankust, waar Californië, de dichtstbevolkte en rijkste staat een grote invloed uitoefent. Daarbij kwam sinds het aantreden van gouverneur Arnold Schwarzenegger een leidende rol op milieugebied, waardoor de Golden State een voortrekker is geworden in het terugdringen van de klimaatverandering. Precies zoals in de jaren 70 door de enorme opkomst van de microprocessor in Silicon Valley de Californische economie een gigantische impuls kreeg, moet in de nabije toekomst de ecotechnologie voor grote economische bloei zorgen. En dan zijn er nog de kwaliteiten van Californië als trendsetter op het gebied van lifestyle, mode en sport. De coole, schijnbaar van alle dagelijkse problemen verschoonde Zuid-Californische levensstijl heeft zich bewezen als een uitstekend exportproduct en bezorgde de superstaat het imago van een niet meer te stuiten economische reus, die zittend op een surfplank aan een zonnig zandstrand welvaart, geluk en tevredenheid zomaar in de schoot geworpen heeft gekregen.

De Golden State bezit niet alleen een enorme economische kracht, maar is tevens een van de drie belangrijkste olieleveranciers van het land en heeft een groot aanzien op het gebied van wetenschappelijk onderzoek.

Tot de basisvoorzieningen van elk huishouden behoren bovendien een grote tuin, een zwembad en een Chevrolet. Toch begint het glanzende Californische imago deuken op te lopen. Decennialang werd de economische dynamiek van de staat aan de nauwelijks te beteugelen pioniersgeest van de bevolking toegeschreven. Uiteindelijk bleek aan het einde van de Koude Oorlog, toen het Pentagon begon te korten op de bewapeningsprogramma's, dat de grote economische bloei op de eerste plaats in stand werd gehouden door gigantische overheidsuitgaven die in periode van de Tweede Wereldoorlog, de Korea- en Vietnamoorlog en de wapenwedloop in het rakettentijdperk naar Californië toevloeiden. Na het uiteenvallen van de Sovjet-Unie werd de geldstroom van het Amerikaanse ministerie van Defensie tot een minimum beperkt, waardoor honderdduizenden arbeidsplaatsen verloren gingen.

Toen de republikeinse gouverneur Arnold Schwarzenegger in 2003 zijn democratische voorganger Gray Davis na jaren van economisch wanbeleid van de troon stootte, werd bij het opmaken van de staatskas duidelijk dat zich sombere tijden aankondigden: de rijkste staat van de VS had door een recordstaatstekort van $38,2 miljard te maken met een enorm gat in de begroting. Toen begin 2011 Jerry Brown als gouverneur aantrad, was er nog weinig veranderd. Er dreigde bankroet voor Californië.

Californische handelsmerken: economische vooruitgang en milieubescherming

De onroerendgoedcrisis

De onroerendgoedcrisis van 2007 sloeg vooral toe in Zuid-Californië, waar vijf van de tien grootste hypotheekinstellingen zijn gevestigd en in het recente verleden de vraag naar koopwoningen steeds groter was dan het aanbod. En dat terwijl in dit gebied de duurste woningen van Californië staan. Veel mensen konden hier alleen een huis kopen, met een gemiddelde prijs van rond de $620.000, dankzij een breed scala aan hypothecaire mogelijkheden. Aanvankelijk leken de voorwaarden gunstig, maar in feite werden huiseigenaren door de variabele hypotheekrente in een diepe valkuil van schulden gelokt, terwijl de kredietmaatschappijen miljardenwinsten boekten. Maar toen steeds meer onroerendgoedbezitters de hoge hypotheeklasten niet meer konden dragen en hun huizen soms bij opbod werden verkocht, zakte de onroerendgoedmarkt in, waardoor de financiële instellingen werden gedwongen tot afschrijvingen van miljarden dollars. Hoe paradoxaal het ook moge klinken: de enorme branden van eind 2007 brachten enige financiële verlichting, omdat het herstel van zo'n 2000 verwoeste huizen een flinke impuls voor de bouwwereld betekende.

Goedkope arbeidskrachten

Vooral de enorme landbouwindustrie in het zuiden, met zijn groeizame weer, draagt bij tot de grote welvaart in Californië. Hetzelfde geldt voor goedkope arbeidskrachten. Niet alleen op de uitgestrekte velden en plantages, maar ook in gespecialiseerde bedrijfjes zijn grote aantallen Mexicaanse landarbeiders te werk gesteld, omdat de agrarische sector niet meer zonder deze werknemers kan. Velen van hen verblijven illegaal in het land, worden slecht betaald en kunnen geen aanspraak maken op sociale voorzieningen.

De meeste illegalen komen via de Mexicaanse grens naar Californië. Volgens berekeningen van de Amerikaanse immigratiedienst bereiken per jaar ongeveer 1 miljoen mensen zonder geldige papieren de VS. Circa 70% van hen komt uit Mexico, dat met behulp van patrouilles, hekken, bewakingscamera's, nachtzichtapparatuur, bewegingsmelders, lasersystemen en helikopters ogenschijnlijk hermetisch van zijn grote buurland is afgesloten.

Toch weten velen, bijvoorbeeld met een tijdelijk visum, de VS binnen te komen en na afloop van de toegestane verblijfstermijn in de VS te blijven. Anderen slechten de hightechbarrières via ondergrondse tunnels of moeilijk bereikbare delen van de grens. Weer anderen ontvluchten de werkloosheid en sociale wantoestanden in hun land met hulp van criminele bendes, die ze tegen betaling het 'beloofde land' binnen smokkelen.

Goedkoop personeel vinden bedrijven echter ook binnen de Golden State, te weten in de gevangenis. Joint ventures met Justitie bieden ondernemingen de mogelijkheid om achter de gevangenismuren arbeidskrachten in te huren en daarbij ook nog eens te profiteren van gunstige belastingregelingen en geringe loonkosten. Veel werkgevers wrijven zich hierbij in hun handen, want voor dergelijke werknemers hoeven ze ook geen ziekte-/pensioenkosten of vakantiegeld te betalen.

Dynamische ontwikkeling van de bevolking

Door de al jaren voortdurende massale toestroom van legale en illegale immigranten uit Latijns-Amerika is de VS met 40 miljoen hispanics verrijkt en na Brazilië, Mexico en Colombia het grootste 'Latijns-Amerikaanse' land van de wereld. De latino's hebben de Afro-Amerikanen als grootste minderheid van Amerika ingehaald en hun aantal blijft maar groeien. In het zuidwesten van de VS is het lang geïdealiseerde beeld van de Amerikaanse immigrant als WASP (White, Anglosaxon, Protestant – witte huidskleur, Angelsaksische afkomst, protestants geloof) al lang door de realiteit ingehaald. In Californië ligt het percentage hispanics van de totale bevolking inmiddels op bijna 38, en de tendens is dat dit alleen maar verder zal groeien, niet alleen door de omvangrijke immigratie, maar ook door het hoge geboortecijfer onder hen, dat ver boven het gemiddelde in de VS ligt. Volgens schattingen zullen latino's in het jaar 2040 de grootste Amerikaanse bevolkingsgroep vormen. De blanken zullen tegen die tijd tot 26% zijn teruggedrongen en de latino's uitgegroeid tot een meerderheid van 52%.

In Los Angeles, waar sinds de zomer van 2005 de hispanic burgemeester Antonio Villaraigosa de scepter zwaait, is zelfs 58% van de inwoners afkomstig uit Latijns-Amerika. Er zijn wijken waar nauwelijks nog een woord Engels wordt gesproken. Bij de kiosk zijn Spaanstalige tijdschriften te koop en in de restaurants en cafetaria's wordt de honger gestild met taco's en tortilla's. Hier en daar heeft een bewoner de nationale kleuren van Mexico op de luiken voor zijn ramen geschilderd. Een ander kenmerk van deze buurten is een gemiddeld jaarinkomen van onder de $10.000, dat wil zeggen amper een derde van het gemiddelde jaarsalaris in de VS. Bijna de helft van de bewoners van deze wijken leeft onder de armoedegrens. De ellende beperkt zich echter niet tot het gevaarlijke Southeast of South Central, waar de bevolking overwegend uit zwarten en hispanics bestaat en de wetten van de straatbendes gelden. Zelfs in de binnenstad zijn op sommige plaatsen daklozenonderkomens van karton en plastic te vinden.

Demografische processen zijn echter niet alleen van invloed op het aanzien en het zelfbewustzijn van de Amerikaanse maatschappij, maar leiden ook tot politieke veranderingen. Voor veel gezinnen in Latijns-Amerika is het door familieleden in de VS overgemaakte geld een onmisbare bron van inkomsten. In sommige staten zijn deze inkomsten zelfs economisch belangrijker geworden dan de opbrengst uit de export van producten. Maar ook op nationaal en regionaal niveau zijn veranderingen waar te nemen. Zo vormen de latino's in het zuidwesten van de VS inmiddels een belangrijk kiezerspubliek. Vroeger konden de Democraten niet alleen steevast op hun stem, maar ook op die van in ballingschap levende Cubanen rekenen. Inmiddels proberen ook de Republikeinen hun stemmen in de wacht te slepen.

Afro-Amerikanen

Hoewel in Californië met 6,2% maar ongeveer de helft van het gemiddelde aantal zwarten in de hele VS woont, zijn er in sommige grote steden *neighborhoods* met veel Afro-Amerikanen ontstaan. Dit zijn niet zelden door armoede en uitzichtloosheid geplaagde wijken en in het ergste geval gevaarlijke no-goareas, waar vreemdelingen beter geen stap kunnen zetten.

In zijn in 1999 verschenen boek *Casino zombies* zoekt stadssocioloog Mike Davis de oorzaak voor dergelijke probleemwijken in maatschappelijke buitensluiting, onder meer door kortingen op woningbouwprogramma's, bezuinigingen bij scholen en universiteiten, en ontbrekende of mislukte integratie- of stimuleringsmaatregelen, waardoor sommige groepen of zelfs hele wijken naar de rand van de maatschappij worden gedrongen.

Een andere kijk op dit probleem hebben komiek/acteur Bill Cosby en professor in de psychiatrie Alvin Poussaint van de Harvard University. Beiden houden al jaren lezingen, verschijnen in televisieshows en gaan langs redacties van kranten en tijdschriften met hun ideeën over de bevrijding van zwarten uit de zelfgekozen gevangenis van geweld, ellende, vernedering en uitzichtloosheid. In hun populaire boek *Come on, people: on the path from victims to victors* stellen ze de zelfdestructieve tendensen en de slachtoffermentaliteit in delen van de Afro-Amerikaanse maatschappij aan de kaak. In het boek komt ook racisme uitgebreid aan bod. De auteurs zijn van mening dat sommige zwarten zich beter voelen als ze de blanken verantwoordelijk stellen voor hun problemen, maar daarmee wordt de energierekening niet betaald. Om de vicieuze cirkel van verpaupering, geweld en uitzichtloosheid te doorbreken, zijn volgens Cosby en Poussaint naast scholing en opvoeding een intact gezin en maatschappelijk engagement van groot belang.

De taal van de zwarte getto's

Eind jaren 90 viel het onderwijzers van scholen in Oakland op hoe slecht de prestaties van zwarte leerlingen in het vak Engels waren. Daarom pleitten ze ervoor om op de scholen in plaats van Engels het door de Afro-Amerikanen gesproken *Ebonics* als onderwijstaal te accepteren. Dit begrip, een samenstelling van de woorden *ebony* (ebbenhout) en *phonics* (klanken) staat voor de taal die in de zwarte getto's wordt gesproken, vroeger ook wel *street talk*, *ghettoese* of *jive* genoemd, en die opvallende kenmerken heeft: neologismen (nieuw verzonnen woorden) en een sterk van het Engels afwijkende grammatica en syntaxis. Ook vele zwarte Amerikanen stelt het *Ebonics* soms voor raadsels.

De discussie over *Ebonics* werd opnieuw gevoed in 2005, toen een schooldistrict in San Bernardino een pilotproject startte, waarbij *Ebonics* niet als Afro-Amerikaans dialect, maar als vreemde taal werd aangeboden. Op die manier moest zwarte studenten en scholieren een grotere belangstelling voor het onderwijsaanbod worden bijgebracht. Het voorstel stuitte echter op verzet bij mensen die voor een hervorming van het bestaande onderwijsstelsel waren, omdat volgens hen veel jongeren hun twaalf jaar durende schoolcarrière met een high schooldiploma afsluiten zonder in vakken als lezen, schrijven en Engels de nodige basiskennis te hebben opgedaan. Tot de tegenstanders van *Ebonics* als onderwijstaal behoort ook Bill Cosby. Hij vindt dat de taal van de straat niet in het klaslokaal thuishoort, maar omgekeerd dat het klaslokaal naar de straat moet worden gebracht, omdat scholing en opvoeding de toegangscodes voor succes in de maatschappij zijn.

Native Americans

Van alle bevolkingsgroepen zijn de indianen met 1% van de totale bevolking (300 miljoen) de kleinste. In Californië ligt hun aandeel met 1,2% echter iets boven het landelijke gemiddelde. In absolute getallen heeft de Golden State met circa 400.000 indianen de grootste oerbevolking van alle Amerikaanse staten. Toen de Spanjaard Gaspar de Portola in 1769 aan de verovering van Californië begon, leefden er naast de Chumashindianen, die zich op de Channel Islands hadden gevestigd, vele andere groeperingen in het land.

Historici gaan ervanuit dat het toenmalige aantal indianen tussen de 500.000 en de 700.000 moet hebben gelegen, hoewel sommigen het slechts over 130.000 indianen hebben. Het waarschijnlijkst is dat het er circa 275.000 zijn geweest. Verbaasd stelden de wetenschappers vast dat de kleine bevolking in een gebied van de omvang van Californië in ongeveer 135 taalgroepen en een twintigtal taalfamilies is in te delen (www.nahc.ca.gov/language.html).

Tijdens de Spaanse en Mexicaanse overheersing en de territoriale expansie van de VS tot aan de Grote Oceaan werd de oerbevolking bijna uitgeroeid. Honderdduizenden werden het slachtoffer van door de blanken overgebrachte ziekten en de dwangarbeid op de missieposten (zie Thema blz. 302). Het aantal indianen dat tot het eind van de 19e eeuw wist te overleven wordt op 30.000 geschat. Pas in 1917 besliste het Hooggerechtshof (Supreme Court) dat ze officieel ingezetenen waren van Californië en daarmee Amerikaanse burgerrechten kregen. De uitgevaardigde wet, de Indian Citizenship Act, werd echter pas in 1924 in werking gesteld. Tientallen jaren eerder waren de indianen van hun stamgebieden naar reservaten en zogenoemde *rancherias* verdreven – op basis van twee hoogst twijfelachtige en met fouten doorspekte verdragen, die in de 20e eeuw tot een decennialange juridische strijd leidden. Pas in 1951 toonde de regering zich bereid herstelbetalingen te doen voor de onteigende indiaanse grondgebieden. Ruim $5 miljoen werd over 36.095 Californische indianen verdeeld, wat neerkwam op een compensatie van $139 per persoon.

Nieuwe indianenpolitiek

In 1969 brak voor de indianen een nieuw tijdperk aan, waarin het zelfbewustzijn van de oorspronkelijke Amerikaanse bevolking werd gesterkt door Black Power, de anti-Vietnambeweging en studentenprotesten. In november van dat jaar bezetten ongeveer 100 Native Americans tijdens een spectaculaire actie het in de San Francisco Bay gelegen gevangeniseiland Alcatraz en bleven daar tot 1971 om de misstanden in de indianenpolitiek aan de kaak te stellen (www.nps.gov/alca/historycultture/internet-links.htm). In die tijd vormde zich een jonge, goed opgeleide en energieke generatie van indiaanse activisten, die hun doelstellingen – indiaans zelfbeschikkingsrecht met behoud van waardering voor de traditionele indiaanse waarden – duidelijk wist te formuleren.

Dit leidde er onder meer toe dat in 1972 de Indian Education Act werd aangenomen, waarin de stimulering van onderwijs voor indianen was vastgelegd. Nog belangrijker was echter de Indian Self Determination Act van 1975. Die bevestigde het zelfbestuur van indiaanse gebieden, uitbreiding van de financiële hulp, stimulering van indianen om te gaan studeren en vergroting van de zelfbeschikking van de Native Americans, wier belangen vooral door het Bureau of Indian Affairs (BIA) werden behartigd. Een jaar later volgde de Indian Health Improvement Act, die ruim baan gaf voor een betere medische verzorging van de reservaatbewoners en opleiding van indianen binnen het gezondheidswezen.

Ontwikkelingshulp via het casino

Thomas J. Morgan, die onder president Benjamin Harrison met het indianenvraagstuk was belast, vatte de indianenpolitiek in 1889 als volgt samen: 'De indianen moeten zich aan de leefwijze van de blanken conformeren – als ze het willen vreedzaam, maar als het moet met geweld. Ze moeten hun manier van leven aan onze beschaving aanpassen.' Sindsdien is er veel veranderd, maar ondanks positieve ontwikkelingen is de toekomst van de indianen nog niet al te rooskleurig.

Hierdoor zou het verkeerde beeld kunnen ontstaan dat sommige stammen hun bijzondere status al jaren als alibi gebruiken om hun heil te zoeken in de zeer winstgevende wereld van het casino. Volgens schattingen zijn ca. 400 indiaanse gokbedrijven in de VS per jaar goed voor een omzet van maar liefst 18,5 miljard dollar. De afzonderlijke staten pikken hier hun graantje van mee door de belastinggelden op te strijken. Dankzij de Indian Self Determination Act hadden de besturen van de stammen in principe het recht om met de regeringen van de staten verdragen over de bouw en de bedrijfsvoering van casino's af te sluiten en de Indian Gaming Regulatory Act maakte mogelijk dat er in de periode vanaf 1990 in meer dan 33 staten reservaatscasino's werden geopend.

Californië telt tegenwoordig zo'n 58 casino's (www.casinosca.com), die stuk voor stuk in door indianen bestuurd gebied liggen, omdat gokken alleen daar is toegestaan. Hiertoe behoren niet alleen gokbedrijfjes als die in het afgelegen Susanville (www.diamond mountaincasino.com), maar ook grote casino's als in het Chumash Casinohotel in Santa Ynez, met een restaurant, accommodatie en een kuurcentrum (www.chumashcasino.com), en het Morongo Casino Resort in Cabazon (www.morongocasinoresort.com).

Sommige indianenstammen gebruikten hun winsten in de gokindustrie om economische ontwikkeling in de reservaten te stimuleren en op die manier aan de valkuil van de armoede te ontsnappen. Een van de voorbeelden van een geslaagd beleid op dit vlak is het Viejas Casino in Alpine, ten oosten van San Diego (www.viejas.com). Vlak naast deze goktempel liet het stambestuur voor de bijna 400 koppen tellende *Viejas Band of Kumeyaay Indians* een aantrekkelijk *outlet center* in adobestijl bouwen, waar zelfs bezoekers uit San Diego op afkomen (www.viejas.com/voc). Bovendien heeft deze stam samen met andere indiaanse groepen een aandeel in twee grote hotels in Washington D.C. en Sacramento.

Maar niet alle indiaanse casino's zijn zo winstgevend. De verschillen tussen de afzonderlijke reservaten zijn soms zeer opmerkelijk en dat heeft er in het verleden toe geleid dat sommige stammen met een gerichte lobby de bouw van nieuwe casino's willen verhinderen om ongewenste concurrentie tegen te gaan. Er zijn ook indianenstammen die met kleine bedrijfjes voor hun financiële toekomst strijden en zich tot op heden niet hebben laten strikken door de miljoenen die in het lucratieve casinobedrijf te verdienen zijn, omdat ze van mening zijn dat dit de neergang van de indiaanse cultuur alleen maar bespoedigt.

Actuele politiek

Californië heeft altijd al een voorbeeld willen zijn voor de rest van Amerika. Gouverneur Arnold Schwarzenegger demonstreerde dit sinds het begin van zijn tweede ambtstermijn nadrukkelijk met zijn innovatieve energie- en milieupolitiek, die in de internationale media breed werd uitgemeten. In 2007 bracht de Duitse minister van Buitenlandse Zaken Frank-Walter Steinmeier een bezoek aan Californië om met Schwarzenegger over een samenwerkingsverband inzake klimaatbeheersing te spreken. Het onderwerp van hun overleg had niet actueler kunnen zijn. Tussen Santa Barbara en San Diego vraten zich op hetzelfde moment hoog oplaaiende vuren een weg door bossen en struiken; zelfs woonwijken ontkwamen niet aan de vuurzee. Hoe de ecologische discussie in de Golden State zich zal blijven ontwikkelen sinds Jerry Brown in januari 2011 als nieuwe gouverneur is aangetreden, staat nog te bezien. In verklaringen noemde hij het milieu een garantie voor economische welvaart en hij zag net als zijn voorganger geen tegenstrijdigheid tussen ecologie en economie.

In 2009 en 2010 werden de milieuproblematiek en rampenbestrijding (brandpreventie) in Californië overschaduwd door de economische crisis en de daarmee gepaard gaande dreiging van een staatsfaillissement. En opnieuw bleek de Californische grondwet een knelpunt, omdat daarin is vastgelegd dat belastingverhogingen en bezuinigingen uitsluitend met een tweederde meerderheid kunnen worden doorgevoerd. Ondanks de desolate staatsfinanciën wil Jerry Brown een tientallen miljarden dollar verslindend groot project realiseren: de aanleg van een hogesnelheidslijn tussen Los Angeles en San Francisco. Of dit visionaire plan zal worden uitgevoerd, is nog maar de vraag.

Geschiedenis

Geen andere Amerikaanse staat heeft zich in zo'n korte tijd zo dynamisch ontwikkeld als de Golden State. Tot de uitbraak van de goudkoorts rond 1850 was Californië een woest gebied, maar binnen enkele decennia nam de staat op velerlei terrein in Amerika een leidende positie in. En dat is zo gebleven.

Als het begin van de Californische geschiedenis wordt vaak het jaar 1769 genoemd. Destijds wist een Spaans expeditieleger uit Nieuw-Spanje (Mexico) tot het huidige Californië door te stoten. Daarna werden missieposten gesticht en de eerste steen van San Francisco gelegd. Deze historische opvatting gaat echter voorbij aan het feit dat in Californië al lang voor de komst van de eerste Europeanen indianen leefden, die enkele duizenden jaren eerder uit het hoge noorden naar dit gebied waren getrokken.

Het lot van de oerbewoners van Californië

Cheyenne's, Sioux, Apachen, Navajo's ... De namen van deze grote indianenvolken zijn zowel in Amerika als buiten de landsgrenzen gemeengoed. Aanduidingen als Cahuilla, Hupa, Maidu, Miwok, Pomo of Yurok voor Californische indianen zijn daarentegen minder bekend, omdat het daarbij om kleine, zo niet de kleinste over het land verspreide stammen gaat, die in de geschiedenis een minder belangrijke rol hebben gespeeld.

Tot de grootste Californische stammen behoorden de Chumash, die zich al in de prehistorie op de Channel Islands zouden hebben gevestigd. Archeologen stuitten op Santa Rosa Island op een vondst die deze hypothese bevestigde: delen van een skelet van een dwergmammoet. Het spectaculaire daaraan waren niet de resten van de botten zelf, maar dat het dier blijkbaar direct na zijn dood was begraven – een onmiskenbaar bewijs van menselijke activiteit. Na C14-datering (radiometrische datering van organisch materiaal) kwamen de onderzoekers tot de conclusie dat de vondst tussen de 30.000 en 40.000 jaar oud moest zijn.

De taal van de Chumash werd ingedeeld in de Hokantaalgroep binnen de grote Siouxtaalfamilie. Als getalenteerde zeevaarders gingen de Chumashindianen in met pek afgedichte kano's uit vissen en op dolfijn- en zelfs walvisjacht. Op land beproefden ze hun geluk in de jacht op klein wild. Ze voedden zich niet alleen met de vruchten van de zee, maar ook met eikels. Deze werden gekookt om er de bittere tannine aan te onttrekken en ze eetbaar te maken. Er zijn bewijzen dat de Chumash al circa 1500 v.Chr. aan de kust van Santa Barbara leefden, waar hun dorpen met soms wel 1000 inwoners deel uitmaakten van een landelijk handelsnetwerk. Sinds 1910 geldt de stam als uitgestorven.

Aan de noordkant van de San Francisco Bay leidden de Pomo eenzelfde bestaan als de Chumash, hoewel de visvangst voor deze stam minder belangrijk was. De pottenbakkerij is onder Californische stammen nooit van groot belang geweest, maar de Pomo namen op het gebied van nijverheid wel een bijzondere positie in. Naast producten voor alledaags gebruik, zoals matten en visfuiken, maakten ze manden van verschillende grootte, die vanbinnen effen waren en vanbuiten met kleurige veren en parels versierd.

Kansloze tegenstand

Veel indianenstammen in Californië zijn al geruime tijd geleden door kruis en zwaard of de oprukkende beschaving uitgeroeid. Al vroeg in de geschiedenis verzetten indianen zich tegen slavernij, heropvoeding, verhuizing en onbeschofte behandeling door de blanken. Bij het zogenoemde Yumabloedbad in 1775 moordden aan de Colorado River levende indianen een door soldaten beschermde groep pioniers uit en ontvoerden de vrouwen en de kinderen toen de indringers door het indiaanse gebied liepen. In 1824-1825 kwam het tot een oproer van de missie-indianen in Santa Barbara en in 1846 kwamen de Luiseno-indianen in opstand in San Diego County. Vier jaar later probeerde Antonio Garra, het katholiek gedoopte stamhoofd van de Cupeno-indianen, een stammenverbond op te richten om alle Amerikanen uit Zuid-Californië te verdrijven.

De laatste grote gewapende strijd tussen indianen en blanken op Californisch grondgebied was de Modocoorlog van 1872-1873 in het uiterste noordoosten van de staat. De Modoc werden gedwongen om in Oregon een reservaat te delen met hun aartsrivalen, de Klamath. Ongeveer 100 stamleden verlieten het gebied en trokken zich terug in Noord-Californië, waar ze bij het huidige Lava Beds National Monument in een zes maanden durende strijd met circa 1000 Amerikaanse soldaten verwikkeld raakten. Uiteindelijk gaven de indianen zich over.

De laatste overlevende van de door de blanken uitgeroeide Yahistam was de indiaan Ishi. Hij viel in 1911 op toen hij in een slachthuis bij Oroville in het noordelijke deel van de Central Valley iets te eten probeerde te krijgen. Twee wetenschappers trokken zich het lot van de nog in de steentijd levende man aan, die destijds tussen de 40 en 50 jaar oud moet zijn geweest. Ze verschaften hem onderdak in het Volkenkundig Museum van de University of California in San Francisco. Ishi leerde aan zijn nieuwe leefomgeving wennen, kon zich uitdrukken in zo'n 500 Engelse woorden en gaf de antropologen van de universiteit een gedetailleerd beeld van de cultuur van zijn volk. In 1916 overleed hij aan tuberculose.

De laatste decennia begint de indiaanse bevolking van Californië, die begin 20e eeuw bijna geheel verdwenen was, weer langzaam toe te nemen. Er leven momenteel ongeveer 400.000 Native Americans in de Golden State. Een groot aantal woont weliswaar in reservaten, maar heeft zich met behoud van traditie aan de moderne tijd aangepast. Dit wordt het duidelijkst als wordt gekeken naar hun betrokkenheid bij hedendaagse industrietakken, bijvoorbeeld de casino's (zie blz. 28).

Spaanse kolonisatie

Nadat Juan Rodriguez Cabrillo, een Portugese zeevaarder in Spaanse dienst, in de San Diego Bay vermoedelijk als eerste Europeaan voet op Californische bodem had gezet en Sebastian Vizcaino 60 jaar later de Monterey Bay had ontdekt, zeilden de Spaanse handelsschepen op hun route van de Filippijnen naar Mexico nu en dan langs de Californische kust. Maar pas in 1769 waagde een Spaanse expeditie het onder leiding van Gaspar de Portola, in opdracht van koning Karel III, op verkenningstocht te gaan door het onbekende noordelijke grensgebied van Nieuw-Spanje (Nueva España). Het doel van de expeditie was de kolonisatie volgens het Nieuw-Spaanse model: stichting van missieposten en militaire bases om een vanuit het noorden dreigende invasie van tsaristisch Rusland te voorkomen. Met een legertje van slechts 64 man marcheerde Portola van San Diego, waar hij missionaris Junípero Serra op zijn post had achtergelaten (zie blz. 302), naar het noorden en kreeg daar als eerste Europeaan de San Francisco Bay in het vizier.

Zeven jaar later leidde Juan Bautista de Anza een 240 man sterke koloniale strijdmacht naar het huidige Mission District van San Francisco, waar de Spanjaarden hun nieuwe, naar de overal welig tierende tijm genoemde gebied Yerba Buena (Goed Kruid) stichtten. In hetzelfde jaar werd in dezelfde regio de missie San Francisco de Asis (Missie Dolores) gesticht. Bovendien werd in de omgeving van de Torre del Oro (Gouden Poort) van het Presidio, een door een palissade omgeven, primitieve vesting gebouwd, die diverse malen werd verbouwd en tot eind 20e eeuw zijn militaire betekenis zou behouden. In 1781 vestigden Spaanse kolonisten onder aanvoering van Felipe de Neve zich ook in het zuiden van de staat. Ze stichtten een pueblo, die zich ontwikkelde tot de op één na grootste Amerikaanse stad, Los Angeles.

San Francisco de Solano was de laatste franciscanenmissie in Californië die in Sonoma, ten noorden van San Francisco werd gesticht in de jaren 1823–1824, een tijd waarin Mexico zich al onafhankelijk had verklaard van de Spaanse Kroon en Alta California in elk geval de jure had ingelijfd. Daarmee hadden de paters ook het bewijs geleverd dat ze zich met hun missiesysteem in die tijd van het juk van de wereldse machten hadden weten te ontdoen. De franciscanen waren zelfs zo eigenzinnig dat ze de Mexicaanse revolutionaire regering weigerden te erkennen.

Onder Mexicaans bestuur

Nadat Mexico in 1821 zijn onafhankelijkheid van Spanje had uitgeroepen, kwam niet alleen Nieuw-Spanje onder Mexicaans bestuur. Ook het gebied dat de naam Alta California droeg en ongeveer dezelfde regio besloeg als het tegenwoordige Californië, kwam in Mexicaanse handen. Toen de Spanjaarden hier nog aan de macht waren, was Monterey al het bestuurlijke centrum van dit deel van het land, een status die de stad ook onder Mexicaans bewind behield. Maar later, toen Monterey Amerikaans was geworden, boette de stad in aan betekenis.

In 1833 werd in Mexico-Stad begonnen aan een secularisatieprogramma waardoor de landerijen van de missies in heel Californië in percelen werden ingedeeld en deels in particuliere handen kwamen. Na het vertrek van de franciscanen viel een groot aantal missiegebouwen en kerken in handen van plunde-raars, die alles wegroofden wat de paters hadden achtergelaten.

Eveneens bepalend voor de toekomst van Californië was de steeds agressiever wordende expansiedrift van de VS. In de Manifest Destiny, de imperialistische politieke stroming in de tweede helft van de 19e eeuw, werd de westelijke uitbreiding van de VS aan de Grote Oceaan als een door God gegeven opdracht beschouwd. Met deze visie in het achterhoofd verklaarde de Amerikaanse president Polk in 1846, na gewapende onlusten aan de Texaans-Mexicaanse grens, de oorlog aan Mexico. Daarbij was hij zich er terdege van bewust dat het land zich niet tegen de afscheiding van zijn noordelijke provincies kon verzetten. Met de tot 1848 voortdurende Amerikaans-Mexicaanse Oorlog schiep Washington D.C. ook in het westen van de VS een nieuwe werkelijkheid.

Na de oorlogsverklaring duurde het nog weken voor de onheilspellende mare de Amerikaanse consul en het kleine Mexicaanse garnizoen in Monterey bereikte. Nog een maand later opende een groep gewapende kolonisten in Sonoma de aanval op een Mexicaanse militaire post, overmeesterde de soldaten en hees een vlag met een grizzlybeer als symbool voor de zojuist uitgeroepen onafhankelijke republiek Californië. Na de zogeheten Berenvlagrevolutie duurde het nog drie weken tot boven Custom House in Monterey de Amerikaanse vlag wapperde, die symbool stond voor het aanbreken van een nieuw tijdperk in Californië. In het Verdrag van Guadalupe Hidalgo uit 1848 werd vastgelegd dat Mexico aan het eind van de oorlog niet alleen Californië, maar ook het hele zuidwesten, Colorado en Wyoming aan de VS moest afstaan.

Californische goudkoorts

Een paar dagen voor de ondertekening van het Verdrag van Guadalupe Hidalgo stuitte een zekere James Marshall aan de American River tijdens de bouw van een zaagmolen op een paar glanzende korrels: hij deed de eerste

Spookstad Bodie: ten tijde van de goudkoorts woonden hier 10.000 mensen

goudvondst in Californië. De sensatie kon geruime tijd geheim worden gehouden, maar raakte ten slotte toch bekend – en niet alleen binnen Californië.

Voor de regering in Washington D.C. had de ontdekking van het edelmetaal op geen beter moment kunnen komen. Na de oorlog tegen Mexico gingen er kritische geluiden op: de zin van het wapengekletter en de inlijving van Californië werden in twijfel getrokken. Maar Polk legde de tegenstanders van zijn expansiepolitiek al snel het zwijgen op door met de goudvondst, waarvan hij ten tijde van de ondertekening van het Verdrag van Guadalupe Hidalgo nog geen weet kon hebben, zijn Californiëpolitiek te legitimeren.

De schijnbaar overvloedig aanwezige bodemschat bespoedigde ook de ontwikkeling van de staat. Waar sommige andere gebieden in het westen tientallen jaren op toetreding tot de Amerikaanse Unie moesten wachten, mocht Californië zich al in het jaar 1850 de 31e staat van de VS noemen.

Het land maakte gedurende de goudkoorts een aantal ingrijpende veranderingen door. Tienduizenden gelukzoekers bestormden de Sierra Nevada en de bevolking van de staat nam binnen een tijdsbestek van vier jaar met 100.000 toe. In San Francisco – in 1848 nog een onbeduidend kustplaatsje – groeide de bevolking explosief van 400 naar 25.000 inwoners in 1850. Aan de Grote Oceaan en de westflank van de Sierra Nevada schoten kampen en nederzettingen als paddenstoelen uit de grond. Maar aan de tijd van de individuele goudzoeker kwam drie jaar later alweer een einde. Grote maatschappijen hadden tot dan toe lonende claims op gebieden verzameld en maakten bij het goudzoeken gebruik van de nieuwste technische hulpmiddelen, waarvan individuele goudzoekers niet eens durfden te dromen.

Trek naar het Westen

De goudkoorts viel samen met een andere historische ontwikkeling, die ook van invloed was op Californië. In de jaren veertig van de 19e eeuw begon de door de Manifest Destiny ideologisch onderbouwde Trek naar het Westen: de start van de ontginning en

De keizer van Californië

Wie was hij werkelijk? De grondlegger van het moderne Californië of niet meer dan een gewetenloze avonturier, die niets ontziend zijn droom van macht en rijkdom najaagde? Hoe het ook zij, één ding was Johann August Sutter in ieder geval: een kleurrijke figuur, die in de geschiedenis van de Golden State een tragisch lot was beschoren.

Aan de rand van de Californische hoofdstad Sacramento ligt Fort Sutter, een vestingcomplex dat in de 19e eeuw het middelpunt van de boerenkolonie New Helvetia (Spaans: Nueva Helvetia) was. De stichter was de in Kandern, in het zuiden van de Duitse deelstaat Baden-Württemberg geboren Johann August Sutter (1803–1880), die naar Zwitserland verhuisde en na verschillende financiële fiasco's alleen van zijn schulden kon afkomen door in 1834 naar Amerika te emigreren.

Na een paar tussenetappes vestigde Sutter zich in het destijds door Mexico bestuurde Californië, waar gouverneur Alvarado hem een 20.000 ha groot stuk grond naar keuze aanbood. Over de Sacramento River drong hij met zijn gevolg door tot het binnenland, waar hij bij het huidige Sacramento de kolonie New Helvetia stichtte. Vijf jaar en drie maanden na zijn vlucht uit Zwitserland vond de 36-jarige Sutter op die plaats zijn tweede thuis.

Sutter zag in dat zijn succes op deze nieuwe locatie afhing van een goede verstandhouding met de lokale indianenbevolking. Behendig wist hij de stamhoofden zover te krijgen dat hij tegen een geringe vergoeding 400 indianen te werk kon stellen. Het centrum van zijn steeds uitdijende imperium was Fort Sutter. Als een koning heerstte hij over zijn onderdanen, hij breidde zijn veekuddes uit tot ruim 20.000 dieren, ontgon gebieden en legde akkers en plantages aan. Zijn landbouwkennis haalde hij uit een vergeeld leerboek. Aan de hand van een paar bouwtekeningen maakten smeden een aantal nieuwe ploegen voor Sutter, die de Californische akkerbouw met deze werktuigen razendsnel van de steentijd naar het mechanische tijdperk verplaatste.

Fort Sutter vormde in het nog onontsloten Westen een eiland van beschaving. Bij Sutter kwamen mensen bijeen die in dit deel van de wereld naam en faam hadden gemaakt: ontdekkingsreizigers, kunstenaars, politici, zakenlieden, geleerden en edelen. Zo was prins Paul von Württemberg met zijn gevolg een week bij hem te gast. Bij zulke gelegenheden bleek Sutter een gulle gastheer door champagne en likeuren te schenken en sigaren aan te bieden.

New Helvetia was in volle bloei toen James Marshall in januari 1848 bij bouwwerkzaamheden op Sutters terrein bij het huidige Coloma goud vond. Hoewel Sutter zijn mensen tot geheimhouding verplichtte, ging het verhaal als een lopend vuurtje rond. Binnen een paar weken was New Helvetia overspoeld met gelukszoekers. Sutters imperium raakte ten tijde van de goudkoorts totaal verwaarloosd, omdat zijn werknemers de goudvelden bestormden en niemand zich meer om eigen huis en haard bekommerde. Op de velden lagen tonnen geoogst graan te verrotten. Omheiningen werden omvergeworpen en het vee ontsnapte. Alles wat in Fort Sutter niet aan de grond zat vastgeklonken werd gestolen door gouddelvers en desperado's die hun intrek hadden genomen in de schuren en werkplaatsen. Op dat moment gaf Mexico zich over

Thema

aan de VS en trok zich zonder strijd terug uit Californië. Het Congres in Washington D.C. vaardigde een wet uit over particulier grondbezit, waarna Sutter het slachtoffer werd van jarenlange, kostbare processen. Na afloop daarvan erkende het Amerikaanse Hooggerechtshof zijn eigendomsrecht op New Helvetia slechts voor een klein deel.

In de herfst van 1849 zag Sutter zich door alle toestanden gedwongen zijn geruïneerde fort voor $7000 te verkopen. Hij trok zich met zijn familie terug op de Hock Farm aan de Feather River, die ook tot zijn bezittingen behoorde. Het verlies van New Helvetia maakte van de levenslustige en ondernemende grootgrondbezitter een verbitterde alcoholist, die geen vrede kon vinden met het hem aangedane onrecht. Nadat een brandstichter ook nog zijn Hock Farm in de as had gelegd, ging Sutters Californische levensdroom volledig in vlammen op. Eind 1865 keerde hij het Westen voorgoed de rug toe om in Pennsylvania zijn laatste levensdagen te slijten in een uitzichtloze strijd om schadeloosstelling voor zijn verloren bezit. In 1880 stierf hij in een hotel in Washington D.C., twee dagen nadat het Congres voor de zoveelste keer een van zijn verzoekschriften onder een stapel papierwerk had bedolven. De beroemde bergbeklimmer Luis Trenker schreef de roman *De keizer van Californië* (Jan van Tuyl, Zaltbommel/Antwerpen) over Sutters leven en lotgevallen, die hij zelf onder de titel *The Kaiser of California* (1935-1936) verfilmde.

Johann August Sutter, een kleurrijke persoonlijkheid met een tragische levensloop

bewoning van gebieden in het Westen, die in de decennia daarvoor door pelsjagers en ontdekkingsreizigers voor het eerst waren verkend. Grote aantallen huifkarren reden over vaste routes als de Oregon Trail en de California Trail van Independence aan de Missouri dwars door Kansas naar Wyoming en Idaho. Daar vertakten zich de routes. De ene weg liep langs de Snake River naar Oregon en de andere volgde het dal van de Humboldt River door Nevada naar Lake Tahoe, waar via diverse trajecten de tocht over de Sierra Nevada werd voortgezet. De pioniers deden gemiddeld vijf maanden over de ongeveer 3200 km lange reis. Ze moesten goed opletten dat ze na het opbreken in de lente niet te veel tijd verloren om de Californische bergen nog voor het vallen van de eerste sneeuw over te steken.

Na de uitbraak van de goudkoorts in Californië nam het huifkarverkeer over de landroutes naar de Grote Oceaan snel toe. Alleen al in 1849 gingen ruim 21.000 mensen in 6200 huifkarren op weg naar een onzekere toekomst. Als alle naar het Westen trekkende huifkarren achter elkaar gezet zouden worden, hadden ze een zeker 100 km lange colonne gevormd. In 1850 verdubbelde het aantal immigranten zelfs, toen Californië een zelfstandige staat van de VS werd.

De migratie van de Atlantische naar de Grote Oceaan behoort nu al lang tot het verleden. De Trek naar het Westen, de intense beleving van de gang naar de frontier, wordt niet ten onrechte als een ingrijpende ontwikkeling binnen de Amerikaanse maatschappij beschouwd, waar het sociale gelijkheid, zelfbestuur en individualisme betreft. Wie zich in het beloofde land aan gene zijde van de beschavingsgrens vestigde, kon al zijn oude problemen van zich afwerpen, want elke nieuweling was op de eerste plaats een vreemde, hoefde zich niet aan een verstard klassensysteem te conformeren en had in principe dezelfde mogelijkheden als ieder ander. Maar de verovering had ook nog een ander ingrijpend gevolg: de onderdrukking en nagenoeg totale uitroeiing van de indiaanse oerbevolking.

Het tijdperk van de spoorwegen

Veel nieuwe Californiërs leidden in de beginjaren een zwaar bestaan en kregen te maken met droogte, overstromingen, gebrek aan voorzieningen en ziekten. Van een positieve ontwikkeling was pas sprake na 1870, het jaar waarin het Verre Westen via een transcontinentale spoorweg met de 'buitenwereld' werd verbonden. Tot die tijd was het Californische inwonertal binnen een tijdspanne van 20 jaar explosief gegroeid tot ruim een half miljoen.

Misschien was het een speling van het lot dat er in de VS halverwege de 19e eeuw nog geen enkele transcontinentale verbinding bestond. Als dat wel het geval was geweest, was Californië waarschijnlijk bezweken onder de enorme toestroom van goudzoekers. Pas in 1869 kon in Noord-Utah na het gereedkomen van de spoorweg tussen de Atlantische en Grote Oceaan het tijdperk van het ijzeren ros goed van start gaan. Om de rijke goudmijnen in het Westen na de Amerikaanse Burgeroorlog zo snel mogelijk met de Oostkust te verbinden, werd in 1862 het verdrag over de aanleg van de transcontinentale spoorlijn ondertekend door twee spoorwegmaatschappijen.

Union Pacific begon in het oosten met de aanleg van de spoorweg en Central Pacific Railway in het westen. Afgezien van de financiering was in het verdrag een reeks lucratieve bepalingen vastgelegd, zoals schenkingen van land, waardoor beide maatschappijen tot de grootste spoed werden gedreven. Hoe winstgevend de aanleg van de spoorweg voor sommigen is geweest, bewijzen de Big Four, de vier directeuren van Central Pacific (Charles Crocker, Mark Hopkins, Collin P. Huntington en Leland Stanford), die dankzij de bouw van de spoorwegen multimiljonair werden.

Naast dit viertal profiteerde ook de steeds verder groeiende landbouw van de dwars door het continent lopende spoorweg. Na de uitvinding van de koelwagon in 1880 konden de boeren hun landbouwproducten niet alleen in Chicago, maar ook in New York en Philadelphia afzetten. Met de aanleg van de spoorweg werd de basis gelegd voor de gouden jaren 1880 – ook voor treinpassagiers, die voor de reis van Chicago naar San Francisco aanvankelijk nog $125, maar uiteindelijk slechts $1 betaalden.

De 20e eeuw

Tegen het einde van de 19e eeuw leek het erop dat de Californiërs na een paar hectische decennia eindelijk opgelucht adem konden halen. Door de positieve ontwikkelingen in de goud- en spoorwegindustrie liet de volgende economische impuls niet lang op zich wachten: in 1892 stuitten exploitatiebedrijven op rijke oliebronnen. Al snel rezen de boortorens de hemel in. Ook in het zuidelijke deel van de Central Valley werden olievoorraden aangeboord, zodat het bedrijfsleven werd gedwongen toepassingsmogelijkheden voor olieproducten te zoeken. Spoorwegmaatschappijen maakten hun kolengestookte locomotieven geschikt om op olie te rijden. De grote doorbraak voor de aardolie-industrie kwam echter met de vooruitgang in de autobranche, nadat Henry Ford in 1908 de lopendebandproductie van zijn model T in gang had gezet. Halverwege de jaren 20 stond Los Angeles al te boek als de meest gemotoriseerde stad ter wereld, waar één op de drie inwoners een auto bezat.

Bloei van de wapenindustrie

Hoewel Californië ver van de oorlogsfronten lag, maakte de staat in de Tweede Wereldoorlog een grote verandering door. Toen de VS na de Japanse aanval op hun marinebasis in Pearl Harbor (1941) bij de oorlog werden betrokken, braken er voor de Golden State tijden van grote economische voorspoed aan. Vooral in de zuidelijke delen van Californië zette de regering met miljardeninvesteringen een bewapeningsprogramma op touw. Het Pentagon pompte enorme bedragen in de luchtvaart en de scheepsbouw. Oakland werd de grootste werf van het land, waar honderdduizenden arbeiders te werk werden gesteld. In 1943 kwam er om de tien uur een nieuw schip gereed. Hele wijken van Los An-geles en San Diego veranderden in werkplaatsen voor de vliegtuigbouw. De Amerikaanse president Franklin Delano Roosevelt had nog voor het uitbreken van de oorlog aangestuurd op een jaarlijkse productie van 50.000 toestellen. Maar alleen al in 1944 werden in ploegendienst meer dan 100.000 militaire vliegtuigen in elkaar gezet.

De in de Tweede Wereldoorlog opgestarte wapenwedloop werd na 1945 tijdens de Korea- en vervolgens de Vietnamoorlog en de Koude Oorlog voortgezet. Het onderzoek naar nieuwe technieken en materialen was een absolute voorwaarde voor de bloei van de wapenindustrie. In die tijd maakte Californië zich al gereed om wereldwijd de leidende rol in de hightechsector over te nemen, een positie die door de computerbedrijven in Silicon Valley vanaf de jaren 60 steeds verder werd uitgebouwd.

Geheim onderzoek

De binnenlandse politiek van de jaren 50 stond in het teken van de anticommunistische strijd van senator Joseph McCarthy uit Wisconsin. McCarthy werd hierin bijgestaan door een commissie die onderzoek deed naar vermeende communistische subversiviteit in de VS (de HUAC – House Committee on Un-American Activities). Het geheime onderzoek was al in 1938 door het Dies Comittee begonnen, waarvoor prominente kunstenaars en intellectuelen als John Steinbeck, Dashiell Hammett, Gary Cooper en immigranten als Bertolt Brecht zich tegen de beschuldiging van 'anti-Amerikaans gedrag' moesten verdedigen. De sinds 1939 in ballingschap in Los Angeles levende Thomas Mann werd jarenlang door de FBI bespioneerd. Tv-uitzendingen van de *hearings* (verhoren) leidde er niet zelden toe dat onschuldige personen, die in hun beroep een maatschappelijk aanzien genoten, werden geruïneerd.

De tegenbeweging

In dit politieke klimaat werd in Californië in het tijdperk-Eisenhower (1953–1961) een beweging tegen bekrompenheid en intolerantie opgezet. Deze kwam begin jaren 60 in een stroomversnelling tijdens de studentenprotesten aan de Universiteit van Berkeley, die zich op de eerste plaats tegen de beperking van de vrijheid van meningsuiting richtten (Free Speech Movement). Later werd de Vietnamoorlog het belangrijkste twistpunt tussen studenten en politie. Ook minister van Justitie Robert Kennedy verzette zich tegen een verdere militaire inmenging in het Verre Oosten en was een belangrijke bemiddelaar bij de jongerenprotesten, voor hij in 1968 in Los Angeles werd doodgeschoten.

In hetzelfde jaar werd ook Martin Luther King, de leider van de zwarte burgerrechtenbeweging, in Memphis (Tennessee) het slachtoffer van een aanslag. Zijn dood was koren op de molen van de in 1966 in Oakland gestichte Black Pantherbeweging, die het recht op gewapende strijd tegen de voortdurende blanke onderdrukking propageerde. Tegelijkertijd beleefde in San Francisco de flowerpowerbeweging van de hippies op de muziek van The Grateful Dead en Jefferson Airplane haar hoogtepunt. De doelstellingen van de bloemenkinderen waren de strijd tegen het materialisme van het establishment en de verandering van de wereld door de vrije liefde, druggebruik en Aziatische filosofieën. Tijdens de Summer of Love in 1967 liep de beweging op haar eind, maar de invloed van de flowerpower op de alternatieve muziek en levensvormen was groot.

Dat de tolerantie ten aanzien van andersdenkenden en niet-conformistische minderheden destijds terrein won, bewijst niet alleen de opkomst van newageprofeten, sterrenwichelaars, meditatiegroepen en kosmische culten, maar ook die van de homobeweging in San Francisco. Speciale wetten maakten in de jaren 70 een einde aan de aanhoudende discriminatie van homoseksuelen en bevorderden de gelijke rechten van homo's in de maatschappij. Het veranderende politiekmaatschappelijke klimaat onder het presidentschap van Ronald Reagan bleek echter nadelig voor deze progressieve ontwikkelingen. Onder invloed van de Reaganomics werden de verschillen tussen arm en rijk steeds groter. Na de val van het IJzeren Gordijn, toen het bij veel van de in dienst van de regering werkende ondernemingen in Californië tot massaontslagen kwam, werden deze problemen verscherpt. Dit leidde uiteindelijk tot gewelddadige onlusten in de overwegend zwarte wijken van Los Angeles en andere grote steden.

Het nieuwe millennium

Na 9/11, de groots opgezette terroristische aanslag op het World Trade Center in New York in 2001, gebruikte de regering-Bush terrorismebestrijding als nieuw argument voor de uitbreiding van de wapenindustrie en de daarmee gepaard gaande militarisering van de Amerikaanse maatschappij, want het gevaar van een Russische aanval was na de Koude Oorlog geen geldige reden meer voor de wapenwedloop. Bovendien leidde de Irakoorlog tot de ontwikkeling van nieuwe, futuristische wapensystemen in opdracht van het Pentagon, wat voor de in Zuid-Californië gevestigde wapenindustrie miljarden dollars opleverde. Ook in Silicon Valley werd geprofiteerd van de bloei van de wapenindustrie, omdat veel bedrijven die gespecialiseerd waren in de productie van weerradars, lasertechniek en met koolstofvezel versterkte materialen hun tegenwoordig door burgers gebruikte producten oorspronkelijk voor de wapenindustrie ontwikkelden.

Toen ex-Terminator Arnold Schwarzenegger einde 2003 als gouverneur van Californië het politieke strijdperk betrad, was dat voor buitenlandse critici een nieuw bewijs dat de Golden State zijn toppolitici bij voorkeur uit de amusementswereld betrekt – filmacteur Ronald Reagan was de Oostenrijker immers voorgegaan. Dat dergelijke kritiek inmiddels met een korrel zout wordt genomen, heeft niet alleen te maken met het feit dat het showgedeelte van de politiek ook in andere landen aanzienlijk is toegenomen. Na het rampjaar 2005, met zeer slechte peilingen, besloot Schwarzenegger tot een koerswijziging en stuurde als Republikein in hart en nieren aan op een verbond met de Democraten, om

Demonstratie tegen de Irakoorlog aan het strand van Santa Monica

samen het minimumloon te verhogen, de infrastructuur van het land te verbeteren en de meest ingrijpende wet in de hele VS ter reductie van broeikasgassen aan te nemen.

Toen de Republikein Schwarzenegger zich eind 2010 na twee ambtstermijnen uit de leiding van de Californische politiek moest terugtrekken, kon zijn opvolger, de 72-jarige democraat Jerry Brown, veel puin ruimen. Maar de voormalige Hollywoodster mislukte niet in de eerste plaats door de handhaving van zijn programma, maar door een bijzonder kenmerk van de grondwet: de begroting van de staat Californië moet in tegenstelling tot de meeste andere staten van de VS met een tweederde meerderheid in het parlement worden aangenomen. Daarnaast bevordert het kiesstelsel van de Golden State economische belangen. Daar komt nog bij dat de staat sterk afhankelijk is van de inkomens- en vennootschapsbelasting. Daarom hebben politieke analisten al jaren de mening dat Californische gouverneurs in de afgelopen decennia niet om persoonlijke redenen mislukten, maar het slachtoffer waren van het politieke systeem.

Jaartallen

Ca. 10.000 v.Chr. Indianen van de Chumashstam leven op de Channel Islands, zo blijkt uit archeologische vondsten.

1542 Juan Rodriguez Cabrillo, een Portugese zeevaarder in Spaanse dienst, bereikt de San Diego Bay.

1602 Sebastian Vizcaino verkent de Californische kust en ontdekt de Monterey Bay.

1769 Spaanse franciscanenpaters stichten in San Diego de eerste van uiteindelijk 21 missieposten in Californië.

1776 Met de stichting van de nederzetting Yerba Buena, de Missie Dolores en Presidio leggen de Spanjaarden de fundamenten van San Francisco.

1781 De Spanjaard Felipe de Neve sticht samen met een groep pioniers een nederzetting die zich later zal ontwikkelen tot de stad Los Angeles.

1812 De Russen bouwen ruim 80 km ten noorden van San Francisco Fort Ross, een verzorgingsstation en handelsbasis voor de pelsjagers van de tsaar in Alaska.

1823 Californië onder Mexicaans bestuur na onafhankelijkheid van Mexico.

1846 De zogenoemde Berenvlagrevolutie is een succesvolle opstand tegen de Mexicaanse overheersing van Californië. Niet lang daarna wappert de Amerikaanse vlag boven Monterey.

1848 John Marshall ontketent met zijn goudvondst in Coloma, aan de American River, de Californische goudkoorts.

1850 Op 9 september wordt Californië als staat in de Amerikaanse Unie opgenomen.

1876 Op 12 januari komt schrijver Jack London in San Francisco ter wereld.

1902 Op 27 februari wordt in Salinas de schrijver en Nobelprijswinnaar John Steinbeck geboren, die met zijn *Tortilla flat* een literair monument voor Monterey oprichtte.

1906 Een zware aardbeving en branden verwoesten San Francisco.

Olympische Zomerspelen in Los Angeles	**1932**
In San Francisco wordt de Golden Gate Bridge geopend.	**1937**
Met Disneyland, in Anaheim bij Los Angeles, wordt het eerste grote attractiepark van Amerika geopend.	**1955**
In Squaw Valley, ten westen van Lake Tahoe, worden de Olympische Winterspelen gehouden.	**1960**
Ronald Reagan, de 33e gouverneur van Californië, president van de VS.	**1980**
Na 52 jaar worden in Los Angeles opnieuw de Olympische Zomerspelen georganiseerd, voor het eerst in de geschiedenis door een commerciële particuliere onderneming.	**1984**
De Loma Prieta-aardbeving, met een kracht van 7,1 op de schaal van Richter, laat grote delen van Californië op hun grondvesten schudden en kost 63 mensen het leven.	**1989**
Gewelddadig optreden van de politie tegen Afro-American Rodney King veroorzaakt in Los Angeles rassenrellen, waarbij veel mensen omkomen en de materiële schade in de miljarden loopt.	**1992**
Een zware aardbeving met het epicentrum in de San Fernando Valley verwoest een deel van Groot-Los Angeles en eist 61 levens.	**1994**
Na verkiezingen in Californië neemt de voormalige filmster Arnold Schwarzenegger het gouverneursambt over van Gray Davis.	**2003**
Aan het begin van zijn tweede ambtstermijn kondigt Schwarzenegger nieuwe inspanningen aan inzake milieubescherming, stamcelonderzoek en infrastructurele hervormingen.	**2007**
De 72-jarige democraat Jerry Brown treedt aan als gouverneur van Californië, een ambt dat hij al in de periode 1975–1983 bekleedde. Hij is de oudste gouverneur tot dan toe.	**2011**
In San Francisco viert de bevolking eind mei met een groot, twee dagen durend feest het 75-jarig jubileum van de voltooiing van de Golden Gate Bridge.	**2012**

Maatschappij en dagelijks leven

De vaak aangehaalde *American way of life* houdt uiteraard ook Californië in zijn greep. Niettemin, of misschien juist daarom, staat de dichtstbevolkte staat van Amerika vanaf het prilste begin bekend als een bolwerk van vrijheid en individualisme en als een land waar onconventionele leefwijzen en allerlei sociale experimenten aan de orde van de dag zijn.

California dreaming

Gouverneur Schwarzenegger begon zijn tot begin 2011 durende ambtstermijn onder het motto *'protecting the Californian Dream'* (bescherm de Californische Droom'). Hiermee zinspeelde hij op de vaak geciteerde *American Dream*, die miljoenen immigranten voor hun geestesoog hadden toen ze zich vanuit andere delen van de VS of vanuit het buitenland aan de Grote Oceaankust wilden vestigen. *California dreaming* was de titel van een song uit de jaren 60 van de Amerikaanse popgroep The Mamas & The Papas en is al geruime tijd synoniem met alles waarover mensen in Californië kunnen dromen: de carrière van de immigrant die het tot miljonair schopt, de bordenwasser die schatrijk wordt, en dit alles ingebed in een toestand van geluk en tevredenheid. Wie zich in Californië vestigt, kan zich ontwikkelen, omdat het leven aan de Grote Oceaan noch gebukt gaat onder een lange ingewikkelde geschiedenis, noch volledige aanpassing vereist. Nieuwelingen in Californië hebben bewezen dat ze risico's durven te nemen door te laten zien dat ze hun lot in eigen hand kunnen nemen – geheel in overeenstemming met het Amerikaanse ideaal.

Dit succesverhaal is in het collectieve bewustzijn van de Amerikanen verankerd en een grote vanzelfsprekendheid geworden. Nergens anders in de VS is het materialisme zo diep geworteld als in Californië, waar de goudkoorts halverwege de 19e eeuw de eerste mogelijkheid bood om deze geluksdroom uit te laten komen. Zelfs toen de meeste goudzoekers alle hoop al hadden opgegeven, verbleekten de verlokkingen en beloften van de Golden State niet. Integendeel: van het gouden spoorwegtijdperk, de bloeitijd van de aardolie-industrie en de landbouw tot de periode van de hightechindustrie en het massatoerisme bleef Californië mensen in zijn ban houden, niet alleen met echte bekoringen en kansen, maar ook met vage toekomstmogelijkheden en onhoudbare beloften.

Vrijheid en mobiliteit

Veel bezoekers lijken het gevoel van vrijheid in Californië optimaal te willen ervaren door op een motor over de legendarische Highway 1 langs de Grote Oceaankust te scheuren, met de wind in hun haar en de zoute zeelucht in hun longen. Blijkbaar bestaat in de VS, en met name in de Golden State, een nauwe samenhang tussen vrijheid en mobiliteit, die in elke roadmovie wordt bevestigd. De cowboy Lucky Luke, die in 1946 zijn intrede deed in de stripwereld, kon sneller schieten dan zijn schaduw, reed op zijn magere knol Jolly Jumper aan het eind van het verhaal de zonsondergang tegemoet en anticipeerde op de mythe van de *lonesome rider*. Tienduizenden toeristen per auto of motor kunnen deze mythe tegenwoordig jaar in jaar uit herbeleven op de schitterende snelwegen van Californië.

De koppeling van mobiliteit aan vrijheid en individualisme leidde vooral in de miljoenensteden in de loop der tijd tot een onverdraaglijke verkeerschaos, die vooral het vervoer in de agglomeratie Los Angeles dreigde te verstikken. Dit probleem maakte nieuwe planologische concepten noodzakelijk. In sommige grote steden werden snelwegen tot boulevards omgetoverd en werden fietspaden aangelegd, om het steeds toenemende autoverkeer een halt toe te roepen. Jarenlang mochten gemeenten en steden subsidies van de federale regering ter verbetering van de infrastructuur alleen voor snelwegen gebruiken. Pas na een wetswijziging in 1991 was het ook toegestaan de gelden in bus- en treinprojecten te steken, wat in veel steden het lokale openbaar vervoer ten goede kwam. Zo kon in Los Angeles – tientallen jaren lang een bolwerk van individueel gemotoriseerd vervoer – al een tijd geleden een metronetwerk worden aangelegd, dat nog altijd wordt uitgebreid en inmiddels een echt alternatief is binnen het lokale verkeer. Ook in San Diego en San Francisco rijden metro's en trams.

Een goede verplaatsbaarheid was in Californië altijd al van groot belang om de enorme afstanden in de staat af te leggen. In overdrachtelijke zin is het begrip mobiliteit ook van toepassing op het beklimmen van de maatschappelijke ladder. De oude gouddelvers droomden ervan om zich door één grote goudvondst van de banaliteit van het arbeidzame bestaan te kunnen verlossen. Dergelijke prikkels zetten ook hobbyisten in de elektronica ertoe aan om aangestoken door de dotcomkoorts als hightechkoning carrière te maken in Silicon Valley.

Multicultureel Californië

Dankzij diverse regeringsbesluiten werd de ongelijke behandeling van etnische groepen in de afgelopen decennia teruggedrongen. Toch is er nog altijd sprake van een diepe kloof tussen blank en zwart. Dit wordt duidelijk in het licht van de nog altijd bestaande discriminatie van Afro-Amerikanen, die bijvoorbeeld aan onderwijsinstellingen of belangrijke posities in het openbare leven altijd ondervertegenwoordigd zijn geweest. In de afgelopen 25 jaar is het aantal onder de armoedegrens levende Afro-Amerikanen steeds groter geworden, maar in dezelfde periode werd hun rol in de maatschappij – vooral op het gebied van sport en muziek – steeds belangrijker.

Dat het Latijns-Amerikaanse deel van de bevolking recentelijk tot de grootste minderheid heeft kunnen uitgroeien, heeft verschillende oorzaken. Gedurende de Amerikaanse expansiepolitiek van de 19e eeuw werden grote delen van Mexico geannexeerd, inclusief de daar levende bevolkingsgroepen, die zich ook na hun inburgering latino bleven voelen. In de 20e eeuw zette het enorme verschil in economische groei tussen Mexico en Californië veel latino's ertoe aan om in het bloeiende buurland een betrekking te zoeken, om op die manier aan de armoede van hun derdewereldland te ontsnappen. Maar de kansen op een baan in Californië zijn er in de afgelopen jaren niet beter op geworden.

De problemen bij het verkrijgen van een legale verblijfsvergunning zijn bijna even groot als de hindernissen die zijn te nemen voor een illegale baan. Bovendien is het goed mogelijk dat de verwezenlijking van de Californian Dream voor veel arbeidskrachten uit Latijns-Amerika nog veel ingewikkelder wordt, omdat nog niet eens de helft van de hispanics een diploma van een highschool op zak heeft en op de Amerikaanse arbeidsmarkt een groeiende behoefte bestaat aan hoogopgeleide werknemers.

Californische way of life

Trendsetter Californië

Nergens in de VS zijn de rusteloosheid, drang naar vernieuwing, spontaniteit en creativiteit zo tastbaar aanwezig als aan de Californische Grote Oceaankust. Als uit een nooit opdrogende bron borrelen in Californië de ideeën, modegrillen, trends en dromen op. En nergens hebben vrijetijdsbesteding en lichaams-

Venice Beach: het perfecte decor voor iedereen die zich graag laat zien

cultuur zo'n ontwikkeling doorgemaakt als tussen San Francisco en Los Angeles, waar begrippen als verveling en nietsdoen niet in het woordenboek voorkomen.

Het ideaal van volledige mobiliteit is al sinds jaar en dag bepalend voor de invulling van de vrije tijd van de Californiërs, die wereldkampioenen zijn in verschillende takken van sport, bijvoorbeeld surfen, inlineskaten, mountainbiken of snowboarden. En wat de Californiërs niet zelf hebben bedacht, hebben ze op zijn minst tot de ultieme ontspanningsmogelijkheden verder ontwikkeld, waarmee ze zich als trendsetters duidelijk op de kaart hebben gezet.

Luxe achter tralies

Geleid door hun voorkeur voor een veilige en rustige woning betrekken veel Amerikanen *gated communities*, waar ze achter hoge muren, omheiningen en beveiligingsapparatuur afgeschermd van hun omgeving kunnen wonen. Dergelijke zwaar beveiligde woonbastions waren vooral in de jaren 80 enorm in opkomst. Ze worden bewoond door welgestelde mensen die er geen probleem van maken zich

aan gemeenschapsregels te onderwerpen. Normaal gesproken hechten de eigenaars van dergelijke woongemeenschappen veel waarde aan een uniforme architectuur en een verzorgde aanblik van woningen en tuinen. Wie zich niet kan vinden in de daarover gemaakte afspraken, kan op sancties en zelfs uitzetting rekenen. Critici beweren over dergelijke woonconcepten dat ze het uiteenvallen van de samenleving juist bevorderen. Ze zien liever dat de enorme bedragen die aan de bouw van de *communities* worden besteed in de veiligheid en levenskwaliteit van het openbare leven worden gestoken.

Religies en culten

In de VS leven ongeveer 100 miljoen protestanten, 67 miljoen katholieken, 6 miljoen joden en ongeveer 6 miljoen moslims. Vooral in Californië vinden niet alleen aanhangers van de wereldreligies, maar ook sektes, culten en religieuze bewegingen een goede voedingsbodem. De oorzaak hiervan kan worden gezocht in de Californische tolerantie ten opzichte van andersdenkenden en niet-conformistische minderheden. Hoe het ook zij, het staat vast dat sterrenwichelaars, meditatiegroepen, pantheïstische geloofsovertuigingen en kosmische culten in geen enkele andere staat van de VS sinds de jaren 60 zo'n groei hebben doorgemaakt als in Californië. Sinds de jaren 80 is de omzet van de newageliteratuur aan de Westkust vertienvoudigd. Slingerseances, toekomstvoorspellingen en kruidenbehandelingen vieren sindsdien hoogtij, wat mede te danken is aan de prominente roergangers van een aantal bewegingen. De actrice Shirley MacLaine bracht haar geloof in karma en wedergeboorte in boeken en tijdens voordrachten bij een breed publiek onder de aandacht. De Hollywoodsterren Tom Cruise en John Travolta zijn overtuigde leden van de Scientologykerk en maken daar geen geheim van.

Hoewel in de Amerikaanse grondwet een strikte scheiding van Kerk en Staat is vastgelegd, wordt de politiek sterk door christelijke waarden beïnvloed. In het staatslogo van Californië duikt zowel op munten als bankbiljetten het motto *'In God we trust'* op en voor de president van de VS is het al lang een gebruik om belangrijke toespraken af te sluiten met de woorden *'May God bless you'* ('God zegene u'). President Obama is christen, maar zet zich, bijvoorbeeld tijdens zijn talloze redevoeringen, in voor een goede verstandhouding tussen religies.

Mega- en gigakerken

Volgens sommige sceptici zijn de VS alleen geen kerkelijk land geworden omdat er te veel sektes en religies zijn die een eigen religieuze staat wilden stichten. Halverwege de jaren 1960 werden de eerste televisiekerken gesticht, toen godsdienstfundamentalisten de tijd rijp achtten voor de verovering van Amerika met behulp van de moderne media. De zich moreel in de meerderheid voelende *evangelicals* vonden hun vijanden hoofdzakelijk op de volgende terreinen: abortus, vrouwenemancipatie, de burgerrechten-, homo- en lesbobeweging, milieubescherming en ontwapening. Tot op de dag van vandaag zijn dit de punten waarop liberalen en conservatieven van mening verschillen en die sinds George W. Bush aan de macht kwam veel duidelijker naar voren kwamen dan ten tijde van Bush' voorganger Clinton.

Nieuwe sterren aan het geloofsfirmament van de Verenigde Staten zijn de mega- en gigakerken, die met hun diensten ruim 2000 bezoekers trekken, wat betekent dat deze godshuizen zich in de VS in een miljoenenpubliek mogen verheugen. Van deze kerken zijn er in Amerika meer dan 1000. De sterk op economische groei gerichte kerken zijn niet confessioneel gebonden en hoeven zich niet aan kerkelijke voorschriften te houden. In de meeste van deze aartsconservatieve gebedshuizen staat men echter afwijzend tegenover de evolutieleer, wordt de Bijbel als onfeilbaar beschouwd en homoseksualiteit als een zonde. De kerken bieden hun leden zelfs ontspanningsmogelijkheden, hebben eigen winkels en bioscopen en krijgen steeds meer macht in Amerika. Hiervan profiteren vooral de Republikeinen.

Drang naar het spirituele

Wanneer toeristen in de VS hun intrek nemen in een hotel of bed en breakfast, is de kans groot dat ze hun kamer met een huisgeest moeten delen. Overal vertellen beheerders en hotelmanagers vol trots dat er soms meubels bewegen of dat hun accommodatie door geesten van reeds lang overleden mensen wordt bezocht. Dit geloof in geesten is in Californië, net als elders in de wereld, geheel van deze tijd. De Franse aristocraat Alexis de Tocqueville (1805–1859), die in de jaren 1831–1832 door de VS reisde, stelde al vast dat de Amerikaanse bevolking een 'overdreven, bijna onbeheerste drang naar het spirituele' heeft, die ook tegenwoordig nog altijd door een niet gering aantal spiritisten, wonderdokters, handlezers, kaartleggers en opwekkingspredikanten aan de dag wordt gelegd. In ruim 3000 sektarische groepen, cultgemeenten en minikerken kunnen Amerikanen hun spiritualiteit beleven. Verspreiders van heilsleren weten grote tenten en zalen met bezoekers te vullen. De vraag waar de gedreven zoektocht naar het bovenzinnelijke uit voorkomt, wordt op uiteenlopende manieren beantwoord. Sommigen denken dat er sprake is van een reactie op lacunes in het overheersende bewustzijn. Tocqueville had een veel concreter antwoord. Volgens hem komt de ziel op jacht naar het materiële eenvoudigweg tekort.

Criminaliteit en veiligheid

De grens tussen Californië en Mexico staat bekend als de best bewaakte ter wereld. Duizenden met de modernste hightechapparatuur uitgeruste beveiligers proberen de toestroom van illegale immigranten zo goed mogelijk in te dammen. De voortdurende strijd om een beter bestaan wordt inmiddels niet alleen meer gevoerd door de latino's, die op de vlucht voor de economische misère in hun eigen land naar de VS vluchten. In het meest recente verleden wordt naar verluidt steeds vaker Aziaten en Arabieren de toegang tot het land ontzegd, die sinds 9/11 scherp in de gaten worden gehouden.

Bij de gevoerde Amerikaanse grenspolitiek speelt ook een rol dat een hoog percentage delicten direct in verband wordt gebracht met drugshandel of drugsgebruik. De regering riep bijzondere diensten in het leven, die niet alleen de grens tegen drugssmokkel moesten beschermen, maar ook samenwerken met de regeringen van andere landen om het produceren en smokkelen van drugs tegen te gaan.

De Drug Enforcement Administration (DEA) is een organisatie in dienst van het Amerikaanse ministerie van Justitie, die niet alleen binnen de Verenigde Staten, maar ook in veel andere landen in de wereld is vertegenwoordigd. Op scholen en in nutsbedrijven worden projecten georganiseerd waarbij over de gevaren van drugsgebruik informatie wordt gegeven en gebruikers hulp krijgen aangeboden. Uit wetenschappelijk onderzoek naar sociaal achtergestelde wijken in de grote steden is echter ook gebleken dat een samenhang tussen criminaliteit en armoede voor de hand ligt.

Ondanks de grote investeringen in beveiligingspersoneel en -apparatuur slagen er jaarlijks tussen de 500.000 en 1 miljoen mensen in om de grens tussen Mexico en de VS illegaal over te steken. Zelfs tijdens de reusachtige bosbranden in de herfst van 2007 trachtten veel mensen gebruik te maken van de in Zuid-Californië heersende chaos om illegaal het land binnen te komen – een levensgevaarlijke onderneming.

Sport

Professionele sportbeoefening is in de VS een zeer lucratieve bezigheid. Veel clubs zijn eigendom van ondernemers, die niet alleen nieuwe spelers aantrekken, maar ook zeggenschap hebben over de thuisbasis. De verhuizing van een heel team naar een andere stad is geen uitzondering. Een belangrijke voedingsbodem voor de nationale sportliga's zijn universiteiten en *colleges*, waar uitzonderlijke sportieve prestaties van studenten met beurzen worden beloond, zodat de sporters gemakkelijker de sprong naar de professionele sportwereld kunnen maken.

Sinds het begin van de gezondheids- en fitnessrage wordt ook steeds meer recreatief gesport. Daarbij wordt sport vaak gecombineerd met werk. In fitnessclubs werken amateursporters zich in het zweet tijdens zware trainingen, terwijl recreanten van alle leeftijdscategorieën lichaam en geest sterken op de jogging- en fietsroutes in de grote steden.

American football staat boven aan de lijst van toeschouwerssporten. Dit heeft te maken met het strijdlustige karakter van deze sport. Van de 32 teams in de National Football League (NFL) komen er drie uit Californië: de Oakland Raiders, San Diego Chargers en San Francisco 49ers, die vijf keer de Super Bowl hebben gewonnen en tot de succesvolste teams behoren. In de National Basketball Association (NBA) zijn de 30 beste basketbalteams verenigd, waaronder de Californische Los Angeles Clippers, Los Angeles Lakers, Golden State Warriors uit Oakland en de Sacramento Kings (www.nba.com).

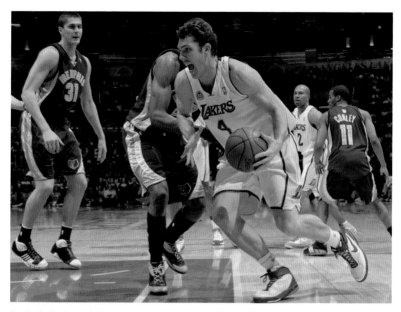

Basketbal, de nationale sport, is ook in Californië *big business* – hier nemen de Los Angeles Lakers het op tegen de Memphis Grizzlies

Soccer

Wat in Europa voetbal wordt genoemd, heet in de VS *soccer*. Op een bevolking van 300 miljoen beoefenen nog geen 20 miljoen mensen deze sport actief. In de Golden State is de belangstelling voor *soccer* in 2007 toegenomen, omdat de media in dat jaar de ondertekening van David Beckhams contract bij Los Angeles Galaxy als de gebeurtenis van het jaar de hemel in prezen. Dat het Californische avontuur van Beckham gelijk werd gesteld met het begin van een nieuw voetbaltijdperk in de VS had niet alleen een sportieve, maar ook een commerciële achtergrond, omdat managers ervan uitgingen dat ze een hoop geld konden verdienen aan marketing. De Britse topvoetballer heeft inmiddels zijn contract bij de Los Angeles Galaxy verlengd tot 31 december 2013.

Autosport

Gedurende het autosportseizoen maken internationale formule 1-coureurs slechts één uitstapje naar de VS, waar in Indianapolis de grand prix van Amerika wordt verreden – zonder Amerikaanse coureurs. Daarom zijn formule 1-races in Amerika minder populair dan de wedstrijden van de NASCAR (National Association of Stock Car Racing).

Het idee dat ten grondslag lag aan de eind jaren 40 in het leven geroepen NASCAR was het organiseren van races met normale sportwagens. Maar na verloop van tijd deden er steeds meer speciaal voor de stockcarraces geconstrueerde bolides mee en vandaag de dag nemen er zelfs helemaal geen sportwagens meer deel aan de topwedstrijden.

In Californië worden op twee circuits autoraces gehouden: in Fontana, ten oosten van Los Angeles, en in Sonoma in de Sonoma Valley. Een bijzondere rally is de DARPA Grand Challenge in Victorville, 150 km ten noordoosten van Los Angeles, waarbij verschillende gespecialiseerde teams met hun onbemande en op afstand bestuurde robotvoertuigen het circuit onveilig maken.

Architectuur en kunst

Even divers en veelkleurig als de afkomst van de mensen die de Golden State hun thuisland noemen, is het dynamische culturele leven in Californië. Op gebieden als architectuur, literatuur, schilderkunst en muziek komen de zeer bewogen geschiedenis en de op velerlei gebied duidelijk aanwezige creatieve geest van de Californiërs goed tot uitdrukking.

Californische architectuur: vroeger en nu

Als u tijdens uw reis door Californië uw ogen de kost geeft, ziet u dat de architectuur in de steden niet een aaneenschakeling is van monotone functionele bouwwerken, maar uit een spannende mengeling van oude en nieuwe gebouwen bestaat. De Californische bouwkunst reikt van de Spaanse missiestijl uit de 18e eeuw via de verschillende stijlen uit de tweede helft van de 19e eeuw (de victoriaanse tijd) en de art deco uit de jaren 30 tot aan de futuristische constructies van het deconstructivisme, die slechts twee totaal tegengestelde reacties toestaan: totale afwijzing of volledige bewondering.

Opvallend is dat in de eerste helft van de 20e eeuw vooral de Californische kuststeden enorm in omvang toenamen, die op het gebied van de architectuur verder weinig boeiends te bieden hadden. De belangrijkste oorzaak was het aardbevingsgevaar. De beving van 1906 had San Francisco voor een groot deel verwoest en voortdurende discussies over de wederopbouw en bouwvoorschriften voor de toekomst ontketend. Van de in veel andere steden waar te nemen 'Manhattanisering' van de stadscentra was daarom tot in de jaren 50 geen sprake. Pas toen dankzij nieuwe preventietechnieken als luchtgeveerde fundamenten voor het opvangen van aardschokken veilig kon worden gebouwd, re-

zen de stadscentra in een moordend tempo tot hoog boven de tot dan toe geldende grens van dertien verdiepingen.

Bouwlocaties van toparchitecten

Volgens de krant Los Angeles Times begon het nieuwe millennium in de Stad der Engelen veelbelovend met een bloei van de architectuur. Critici baseerden hun oordeel op verschillende grote projecten waarmee internationaal bekende toparchitecten hun stempel op het stadsbeeld drukten en verrassende architectonische accenten aanbrachten.

Na een bouwperiode van zeven jaar ging in 1997 het door Richard Meier ontworpen Getty Center open, dat in Brentwood als een wit paleis op een heuvel troont en volgens sommigen op een enorm stenen ruimteschip lijkt. Toepasselijker is de laatdunkende benaming kunstkliniek, omdat het museumcomplex met zijn strenge geometrische vormen en geheel witte kleur een koele indruk achterlaat. Het Los Angeles County Museum of Art moest in het kader van een architectonisch verfraaiingsprogramma worden verbouwd en uitgebreid. De tekeningen waren van de hand van Renzo Piano, die in 1977 met het Centre Pompidou in Parijs opzien baarde en later een deel van de reconstructie van de Potsdamer Platz in Berlin voor zijn rekening nam. In San Francisco tekende de Italiaanse bouwmeester voor de nieuwbouw in het Golden Gate Park van de California Academy of Sciences.

Toen het Milanese modebedrijf Prada met nieuwe vestigingen in Los Angeles en San Francisco voor zijn klanten een compleet nieuwe winkelervaring wilde scheppen, kreeg de Nederlandse architect Rem Koolhaas de opdracht voor het ontwerp. Uitgaand van zijn stelregel dat consumptie en cultuur geen tegenpolen zijn, zou hij in de nieuwe winkelfilialen kooplust stimulerende voorzieningen toevoegen. In Beverly Hills ontwierp Koolhaas een langgerekt gebouw en in San Francisco een toren van twee op elkaar liggende dobbelstenen: een van de fraaie blikvangers van de stad.

De vierde toparchitect die veel werk heeft verricht in Los Angeles is Frank Gehry, die net als zijn drie collega's de Pritzkerprijs kreeg, die als de Nobelprijs voor de architectuur wordt beschouwd. Als geen ander was Gehry in 2003 bepalend voor het aanzien van de door parkeerterreinen gekenmerkte wijk Bunker Hill in Downtown Los Angeles. Met de bouw van de Walt Disney Concert Hall luidde

hij een nieuw architectuurtijdperk in dat een groot toekomstpersectief bood. Het in mat aluminium uitgevoerde symbool van de stadsvernieuwing vormt de thuisbasis van het Los Angeles Symphonic Orchestra en is het meest gewaardeerde bouwwerk van Los Angeles geworden. Architectuurcritici vergeleken het zelfs met een roos voor het koude hart van de metropool en met een wervelwind van staalplaten. Zowel bij het ontwerp als bij de computergestuurde plannings- en bouwprocessen bewandelde Gehry nieuwe wegen en stelde nieuwe normen.

Nieuwe accenten

Maar het stadsbeeld veranderde in de afgelopen jaren zeker niet alleen in Los Angeles. Jon Jerde, die zich in de aanleg van winkel- en belevingscentra heeft gespecialiseerd en de Universal City Walk in Los Angeles ontwierp, verrijkte Downtown San Diego al in de jaren 80 met de Horton Plaza, een zes huizenblokken in beslag nemend amusementscomplex met winkels, restaurants, bioscopen, pleinen en trappen. Dat het daaraan gekoppelde plan om

Het door Richard Meier ontworpen Getty Center is niet alleen voor liefhebbers van architectuur een boeiende attractie in Los Angeles

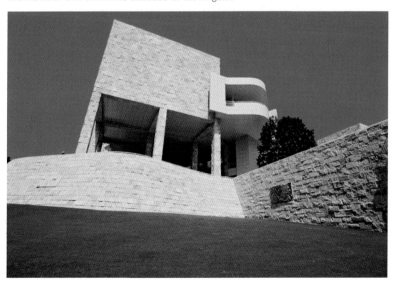

De Carmel Mission met zijn betoverende tuin – jaarlijks wordt hier in de tweede helft van juli een Bachfestival gehouden

het centrum nieuwe economische kracht, leven en sfeer in te blazen is geslaagd, ziet u onmiddelijk op een wandeling door het complex.

In 1972 ontstond na het gereedkomen van het Transamerica Building in het financiële district van San Francisco een hevige discussie. Veel inwoners van de stad vonden de bouw van de 260 m hoge piramide totale waanzin – niet omdat het bouwwerk de skyline zo sterk veranderde, maar omdat de herinnering aan de aardbeving van 1906 nog bij veel mensen leefde. Inmiddels is de fundering van het moderne symbool van de stad goed beveiligd tegen aardbevingen. Gebleven is de kritiek dat in de metropool sindsdien geen echt belangrijk gebouw de architectuur een nieuwe impuls heeft gegeven. Een nieuw architectuurtijdperk zou kunnen worden ingeluid door het M.H. de Young Memorial Museum in het Golden Gate Park, een geslaagd samenwerkingsproject van het Zwitserse architectenduo Herzog & de Meuron. Vaklieden prijzen het complex nu al als het vierde ar-

gebouwd. De in de volgende decennia gestichte missieposten tonen een bouwstijl met typisch Spaanse en indiaanse elementen, die de Spanjaarden uit de pueblo's in New Mexico kenden. Daar werd ook de vervaardigingsmethode van de adobestenen bedacht. Deze zijn gemaakt van leem, stro en water en worden in de zon gedroogd.

Historiserende architectuur

Toen in de wijdere omgeving van San Francisco in de jaren 1820 de laatste missieposten werden gebouwd, kondigde zich in het oosten van de Verenigde Staten al het begin van het victoriaanse tijdperk aan. Ongeveer halverwege de 19e eeuw groeide de Californische bevolking door de goudkoorts in een moordend tempo en steeg de behoefte aan woonruimte. Hele stratenblokken werden opgetrokken in victoriaanse stijl, die in de daaropvolgende jaren werd uitgebreid met de neoclassicistische, neogotische (Gothic Revival), italianiserende, Second Empire- en Queen Annestijl.

Hoewel de aardbeving van 1906 veel gebouwen verwoestte, staan in de metropool aan de San Francisco Bay naar schatting nog altijd 15.000 *painted ladies* overeind, zoals de victoriaanse en edwardiaanse panden vanwege hun pastelkleurige gevels worden genoemd. Vooral in de buurt van Alamo Square, in het Mission District, in Pacific Heights en in de wijk Marina zijn deze bekoorlijke, niet zelden miljoenen kostende oldtimers goed bewaard gebleven. Koddige torentjes en dakvensters, overdekte veranda's met versierde balustrades, met houtsnijwerk verfraaide steunpilaren en beeldschone tuinen zijn bepalend voor de aanblik en de sfeer van de betreffende stadsdelen.

Na 1895 maakte de victoriaanse bouwstijl hoofdzakelijk in Zuid-Californië plaats voor de Spaanish Revivalstijl. Deze is bijvoorbeeld kenmerkend voor de deels overeind gebleven gebouwen in Balboa Park in San Diego, die voor de Panama-Pacific International Exposition van 1915 werden opgericht. De bouwstijl raakte ook in Santa Barbara in zwang, waar het plaatselijke stedenbouwkundige bureau bij de wederopbouw van de door een aard-

chitectonische meesterwerk van de stad, naast de Golden Gate Bridge, *cable car* (kabeltram) en Transamericapiramide.

Historische reminiscenties

Toen in de tweede helft van de 18e eeuw de eerste Spaanse veroveraars en missionarissen tot het huidige Californië wisten door te dringen, brachten ze niet alleen hun veroverings- en bekeringsdrang mee, maar ook voorstellingen over de wijze waarop het nieuwe land aan de Grote Oceaankust moest worden op-

beving zwaar beschadigde stad voor deze stijl koos. Een van pronkstukken uit die tijd is het Santa Barbara Country Courthouse in het hart van de stad.

Art deco

Van 1920 tot het begin van de Tweede Wereldoorlog was ook in Californië de art deco (afkorting voor *arts décoratifs)* in de mode, een kunststroming die van invloed was op de kunstnijverheid, fotografie, affichekunst, beeldhouwkunst, maar vooral de architectuur. Krachtige impulsen gingen daarbij uit van de Wiener Werkstätte, de Deutsche Werkbund, de Nederlandse De Stijlgroep en het Bauhaus. Art deco verbond elementen van de eerdere jugendstil met het functionalisme van de jaren 20 en het futurisme.

In de Golden State werden in de nieuwe art-decostijl niet alleen talrijke bioscoopgevels opgetrokken, die nog altijd overeind staan, maar ook de Hoover Tower op de campus van de Stanford University in Palo Alto en het Mary Bowles Building in Oakland. Ook enkele torenflats aan Wilshire Boulevard in Los Angeles moeten met hun fraaie stucgevels en prachtige ornamenten de economische wereldcrisis hebben doen vergeten. De belangrijkste voorbeelden van art-decobouwkunst in de Zuid-Californische metropool zijn het Griffith Observatory in Griffith Park en de City Hall. In San Francisco is de Coit Tower in art-decostijl opgetrokken en behoren de pijlers van de Golden Gate Bridge tot de grootste art-deco-objecten aller tijden.

Schilderkunst en andere beeldende kunsten

Californië heeft zijn bewoners altijd geïnspireerd. De Chumashindianen maakten grotschilderingen van alledaagse taferelen, lang voor Spaanse franciscanen de interieurs van hun missiekerken met fresco's verfraaiden. Tijdens de Mexicaans-Amerikaanse Oorlog legden al enkele schilders mensen en locaties vast op het linnen doek, maar na 1850 wijdden geïmmigreerde kunstenaars zich hoofd-

zakelijk aan de landschapsschilderkunst. Fraaie natuurtaferelen als die in de Yosemite Valley lieten niet alleen de Duitse kunstenaar Albert Bierstadt (1830–1902), maar ook Thomas Hill (1829–1908) en William Keith (1838–1911) naar het penseel grijpen. Aan het eind van de 19e eeuw stond de schilderkunst in Californië geheel in het teken van Europese invloeden, omdat een groot aantal kunstenaars zich in Frankrijk en Duitsland in de schilderkunst had laten inwijden.

Hierin kwam pas in de loop van de 20e eeuw langzaam verandering en ten slotte sloeg de Californische schilderkunst een eigen weg in. De geruime tijd in Berkeley wonende Richard C. Diebenkorn (1922–1993) ontwikkelde zich tot een van de toonaangevendste abstract-expressionisten aan de westkust, voor hij in de periode van eind jaren 60 tot zijn dood zijn belangrijkste werken schiep, die worden gekenmerkt door een uitgesproken geometrische stijl. Zijn werk wordt evenals dat van Sam Francis, Edward Ruscha, Wayne Thiebaud, die tot de leermeesters van de popartkunstenaar en surrealist Mel Ramos behoorde, en David Hockney geveild voor prijzen die oplopen tot $3 miljoen. Naast deze kunstenaars behoren Billy Al Bengston, Elmer Bischoff, James Weeks, James Kelly, Deborah Remington en Clyfford Still tot de bekendste hedendaagse schilders van Californië.

Kunst op straat

Los Angeles had lange tijd een oppervlakkig imago, maar tegenwoordig wordt deze Californische metropool door velen geprezen als bolwerk van creativiteit. Deze veranderde reputatie heeft de stad te danken aan de niet alleen levendige, maar ook van etnische diversiteit profiterende kunst- en cultuurscene, met meer dan 2000 musea, galeries, theater- en muziekpodia, waarvan enkele wereldvermaarde. Al in de jaren 60 werd in Los Angeles, een van de eerste Amerikaanse steden waar vastgoedinvesteerders goede zaken deden, een beleid gevoerd waarbij 1% van de totale bouwsom aan kunst werd besteed. Hierdoor ontwikkelde het centrum van de stad zich tot een openluchtgalerie met veel werk van vaak gerenommeerde kunstenaars (www. publicartinla.com).

Van een ander soort kunst in de openbare ruimte is sprake in San Francisco. De stad is al sinds jaar een dag een paradijs voor muurschilders. Bijzondere aandacht verdienen de *murals* in het Mission District. Deze kennen een boeiende geschiedenis. Aan het begin van de 20e eeuw kregen de tijdens de Mexicaanse Revolutie vervaardigde muurschilderingen een bijzondere betekenis als politieke kunst. Dankzij Mexicaanse schilders als Diego Rivera, die naar Amerika was geëmigreerd, verspreidde de muurschilderkunst zich ook in Noord-Amerika. President Roosevelt zette in de jaren dertig ten tijde van de economische wereldcrisis een hulpprogramma voor economisch achtergestelde kunstenaars op. Via het destijds opgerichte federale bestuursorgaan Works Progress Administration kregen ze opdrachten voor muurschilderingen in de openbare ruimte. Na afloop van de Tweede Wereldoorlog in 1945 beleefde de muurschilderkunst een ware renaissance, niet alleen in San Francisco, maar vooral ook in Los Angeles. En opnieuw waren het hoofdzakelijk schilders van Mexicaanse herkomst die het voortouw namen in deze bijzondere vorm van schilderkunst.

Californische literatuur

Beroemde schrijvers

Van groter belang dan de schilderkunst is de Californische literatuur, die ook invloed had op de nationale en internationale letteren. Hiervoor was in eerste instantie een groep schrijvers verantwoordelijk die tot ver buiten de Amerikaanse grenzen roem vergaarden.

Een Californiër in hart en nieren was Jack London (1876-1916), die in San Francisco werd geboren, zijn jeugd doorbracht in Oakland en later met zijn romans *The call of the wild (De roep van de wildernis)* en *The sea-wolf (De zeewolf)* wereldroem vergaarde. Het hoofdthema van zijn oeuvre is de botsing tussen natuur en cultuur, waarmee hij ten tijde van de

goudkoorts bijvoorbeeld in Yukon Territory en Alaska te maken kreeg. De laatste jaren van zijn avontuurlijke, voor een groot deel door alcoholisme bepaalde leven bracht hij samen met zijn vrouw Charmian door in de omgeving van Sonoma. Recent wetenschappelijk onderzoek wijst uit dat hij waarschijnlijk geen zelfmoord pleegde, maar stierf aan een urinevergiftiging.

De eerste uit de Golden State afkomstige auteur die de begeerde Pulitzerprijs ontving, was Sidney Howard (1891-1939), die de hoge onderscheiding kreeg voor zijn toneelstuk *They knew what they wanted*, dat in 1924 voor het eerst werd opgevoerd en zich in Napa Valley afspeelt. Daarna duurde het vijftien jaar tot een andere Californische schrijver dezelfde eer te beurt viel: John Steinbeck (1902-1968). In *The grapes of wrath (De druiven der gramschap)* vertelt de uit Salinas afkomstige schrijver het verhaal van de verarmde landarbeidersfamilie Joad, die ten tijde van de economische crisis haar thuisland in Oklahoma verlaat om in Californië een nieuw bestaan op te bouwen. De in de roman geuite maatschappijkritiek riep in de VS protesten op en werd soms zelfs verkeerd uitgelegd als oproep tot klassenstrijd. Verzoenlijker waren Steinbecks landgenoten na het lezen van de roman *Cannery row (Een blik in Cannery row)*, waarvoor hij in 1962, vier jaar voor zijn dood, de Nobelprijs voor de Literatuur kreeg.

Anders dan Steinbeck weigerde William Saroyan (1908-1981) de Pulitzerprijs eind jaren 30 als symbool van vercommercialisering. Met zijn roman *The human comedy (De menselijke komedie)*, over het leven van een familie in een kleine Californische stad, wist Saroyan veel tijdgenoten in het hart te raken, hoewel sommigen hem een iets te rooskleurige voorstelling van zaken verweten.

Legendarische misdaadauteurs

Verhalen over moord en doodslag zijn zo oud als de mensheid. De literaire stroming van de misdaadroman werd echter pas in de jaren 1840 tot leven gewekt door Edgar Allan Poe. In de eerste helft van de 20e eeuw beleefde het populaire genre vooral in Californië een bloeiperiode, nadat journalist en schrijver H.L. Mencken samen met theatercriticus George Jean Nathan de stuiverromanserie *Black Mask* in de boekhandel had gebracht om het verlies dat ze hadden geleden met hun literaire tijdschrift *Smart Set* te compenseren. In deze serie verschenen zogenaamde hard-boiled-detectives, die zich afspelen in een verruwde maatschappij zonder moraal, waarin privédetectives met hebzucht, bedrog en geweld te maken krijgen.

Dashiell Hammett

Een van de eerste auteurs die werd uitgegeven in de *Black Mask*-serie was Dashiell Hammett (1894–1961), die eind 1922 onder het pseudoniem Peter Collinson zijn eerste misdaadverhaal publiceerde: *The road home*. In zijn beroemdste roman, *The Maltese falcon (De Maltezer valk)*, die succesvol werd verfilmd met Humphrey Bogart in de hoofdrol, schakelt hij in San Francisco de aan lager wal geraakte en voortdurend door geldzorgen geplaagde privédetective Sam Spade in om een complexe moordzaak op te lossen. Bij het schrijven van dit verhaal kwam het Hammett goed van pas dat hij in de jaren 20 in de metropool aan de gelijknamige baai in opdracht van het beroemde detectivebureau Pinkerton een mysterieuze verkrachtings- en moordzaak had onderzocht. Baanbrekende vernieuwingen in deze roman waren onder meer de locatie van de misdrijven. Anders dan in de misdaadverhalen uit het victoriaaanse tijdperk speurt Sam Spade niet rond in landhuizen van grootgrondbezitters, maar in de naargeestige achterbuurten van de grote stad. Hammetts laconieke en toch nauwkeurige schrijfstijl inspireerde talrijke auteurs, bijvoorbeeld Ernest Hemingway.

Big Ray

Raymond Chandler (1888–1959) debuteerde in 1933 bij *Black Mask* met het verhaal *Blackmailers don't shoot*. In 1943 maakte de uit Chicago afkomstige schrijver als scenarist kennis met Los Angeles, waar de Paramount Studios hem in dienst hadden genomen. Big Ray, zoals vrienden en collega's hem noemden,

schreef voortreffelijke filmscenario's. Maar dat veranderde niets aan het feit dat hij zijn werk voor de grote filmstudio's verafschuwde en Los Angeles een vreselijke stad vond. Daarbij kwam nog eens dat hij onder grote werkdruk moest presteren en zijn frustraties met alcohol probeerde weg te drinken. In 1946 keerde Chandler de gehate droomfabriek de rug toe, verhuisde met zijn zieke vrouw Sissy naar La Jolla, waar hij een huis kocht op het adres Camina de la Costa 6005, met uitzicht op de Grote Oceaan.

Daar begon hij aan zijn laatste boek, *The long goodbye (Vaarwel, mr. Marlowe)*, waarvan de voltooiing een slopende strijd tegen de naderende dood werd. De titel sloeg niet alleen op zijn eigen spoedige overlijden, maar ook op het langdurige afscheid van zijn vrouw. Het verbaast dan ook niet dat de toon van dit boek duidelijk verschilt van die in Chandlers vroegere werk. Voor het eerst laat hij zijn romanheld, de privédetective Philipp Marlow, een verhouding met een vrouw aangaan. Zijn uitgevers waren onthutst over het manuscript en verweten de schrijver van de voormalige hard-boiledschool een hang naar romantiek. Marlow, die zijn afkeer van huichelarij en bekrompenheid nooit onder stoelen of banken stak, had in dit werk plotseling zijn gehaaidheid verloren. Op 26 maart 1959 stierf Chandler en met hem Philipp Marlow, de vrijpostige, geslepen en toch romantische einzelgänger. 'Chandler schreef als een engel die zich onder het gewone volk had gemengd,' aldus schrijver Ross MacDonald over zijn leermeester Big Ray.

Ross MacDonald

Deze misdaadauteur wordt vaak in een adem met Raymond Chandler genoemd. MacDonald werd in 1915 in het Californische Los Gatos geboren en leefde de laatste twintig jaar van zijn leven samen met de schrijfster Margaret Millar in Santa Barbara, waar hij in 1983 stierf. De hoofdpersoon van zijn spannende verhalen is sinds de publicatie van zijn misdaadroman *The moving target (Het bewegende doelwit)* uit 1949 oud-politieman Lew Archer, een privédetective die niet alleen moordenaars opspoort, maar ook de motieven achter hun daden probeert te achterhalen. Een aantal van zijn boeken werd verfilmd, zoals zijn in 1975 verschenen *The drowning pool (Motten om de kaars)*, met Paul Newman en Joanne Woodward in de hoofdrollen.

Als er ooit een hedendaagse auteur is geweest die zich enigszins kon meten met McDonald en Chandler, dan is het de in 1937 in Pittsburgh geboren, maar al geruime tijd in Californië woonachtige Joseph Wambaugh. Grappig en met een onconventionele vertelstijl beweegt hij zich in romans als *The glitter dome (De glitter en de goot)* uit 1981, *The blooding (Bloedspoor)* uit 1989 en *Hollywood moon* (2009) door een ontwrichte stedelijke samenleving.

De beatgeneration

Halverwege de jaren 50 vormden Jack Kerouac, Allen Ginsberg en William Burroughs het belangrijkste trio van de zogenoemde beatgeneration, die vooral actief was in de wijk North Beach in San Francisco. Met hun ongezouten kritiek op de naoorlogse Amerikaanse samenleving waren ze de wegbereiders voor een alternatieve literaire beweging. Hun boeken spelen zich af in muziekcafés en studentenhuizen vol marihuanarook en bierlucht, waar gediscussieerd werd en ideeën werden gevormd voor een nieuwe wereldorde. Belangrijke thema's zijn drugsexcessen, seksavonturen en krankzinnige reizen, die werden vastgelegd in proza of poëzie. Bijvoorbeeld in Kerouacs belangrijkste werk *On the road (Onderweg)* uit 1957. Ginsberg had twee jaar daarvoor opzien gebaard met zijn gedicht *Howl* en Burroughs schokte het preutse naoorlogse Amerika met zijn *Naked lunch (Naakte lunch)*. Hij kwam voor de rechter, maar werd met het verweer van artistieke vrijheid diverse malen vrijgesproken.

Kerouac schreef in 1951 in een tijdsbestek van slechts drie weken de roman *On the road*, maar daarna duurde het nog zes jaar tot een uitgeverij het boek wilde publiceren. Van dit boek zijn tot op heden ongeveer 3,5 miljoen exemplaren verkocht. Kerouac typte het op een 36 m lange manuscriptrol van aan elkaar geplakte vellen papier, die in 2007 bij veilinghuis Christie's onder de hamer kwam en het gigantische bedrag van $5,5 miljoen opbracht, en dat was maar liefst $2 miljoen meer dan de geschatte waarde.

Schrijvers uit de subcultuur

De beatgeneration leefde in de VS voort in maatschappijkritische subculturen en alternatieve leefwijzen en kan deels als voorloper van de hippiecultuur gelden. Van deze jongerenbeweging, die zich tegen de gevestigde orde verzette, maakte ook Ken Kesey (1935–2001) deel uit. In de buurt van San Francisco stichtte hij een commune, die bekend werd om zijn happenings rond de destijds nog legale drug lsd. In 1962 vergaarde Kesey wereldfaam met zijn roman *One flew over the cuckoo's nest (En ééntje zag ze vliegen)*. De verfilming van het boek in 1975 door Milos Forman, met Jack Nicholson in de hoofdrol, was een internationaal bioscoopsucces.

Voor liefhebbers van de underdog-literatuur is er sinds 1994 een bedevaartsoord op ongeveer een uur rijden van Downtown Los Angeles. In het Green Hills Memorial Park in Rancho Palos Verdes ligt namelijk de in 1920 in het Duitse Andernach geboren en in 1994 gestorven Charles Bukowski begraven, die furore maakte met zijn vulgaire en deels autobiografische verhalen over seks, zuippartijen, goklust en lullige baantjes. Sommige critici zagen zijn literatuur als poging tot opruiing van adolescenten, maar voor anderen waren Bukowski's vertellingen niets ontziende kronieken van een auteur die tijdens het schrijven geen beroep hoefde te doen op zijn fantasie, maar voldoende inspiratie vond in zijn chaotische dagelijkse leven. Op de eenvoudige grafsteen die zijn laatste rustplaats markeert, staat een laatste advies aan iedereen die van zins is zelf schrijver te worden: *Don't try* (Probeer het niet).

Hedendaagse schrijvers

Met een voor het eerst in 1976 in de San Francisco Chronicle verschenen column over het leven in San Fransisco begon Armistead Maupin zijn schrijverscarrière. Zijn originele ver-

Het Monster van Frankenstein groet u: een verkenningstocht op het terrein van de legendarische Universal Studios

halen over het leven van homoseksuelen in de grote stad, met als hoofdpersonages de bewoners van een huis aan Barbary Lane, verschenen vanaf eind jaren 70 in zijn *Tales of the city (Verhalen van de stad)*, die in de loop der jaren uitgroeiden tot een zesdelige romancyclus. Deze is door sommige lezers tot cult verheven, maar andere spreken geringschattend over zijn boeken en zien er weinig meer kwa-

liteit in dan van de eerste de beste soapserie op de televisie.

Van de hedendaagse Californische auteurs heeft T.C. Boyle sinds de jaren 80 de grootste bekendheid. De meeste werken van de in 1949 in de staat New York ter wereld gekomen en bij Santa Barbara wonende schrijver zijn ook in het Nederlands verschenen. In romans als *World's end (Duyvels end)* en *The inner circle*

Film

Nog altijd wordt de stadscultuur van Los Angeles gedomineerd door de filmindustrie. Sinds aan het begin van de jaren 20 in de destijds nog zelfstandige stad Hollywood de eerste studio's werden gebouwd en de eerste stomme films werden gedraaid, ontwikkelde de film zich tot een uiterst winstgevend product en een exportartikel dat de hele wereld over ging. Het is dan ook niet ten onrechte dat Los Angeles als grootste en invloedrijkste fabriek van dromen op celluloid geldt. Maar net als andere industrietakken kende ook de film voor- en tegenspoed. Het is verbazingwekkend dat de bioscoopfilm grote tegenslagen als de opkomst van de televisie heeft doorstaan en zich nog altijd in een groot publiek mag verheugen.

Werk voor schrijvers in ballingschap

Toen de filmindustrie in Hollywood met jaarlijks zo'n 600 producties op volle toeren draaide, werden niet alleen goede regisseurs, acteurs en cameralieden gezocht, maar ook scenaristen. Kapitaalkrachtige filmmaatschappijen recruteerden deze uit hun eigen gelederen, maar ook uit een groep van deels beroemde immigranten die in de jaren 30–1940 van de vorige eeuw voor de nazi's waren gevlucht en de oceaan overstaken. Onder hen was een aantal van de belangrijkste vertegenwoordigers van de 20e-eeuwse Duitse literatuur, zoals Thomas en Heinrich Mann, Lion Feuchtwanger, Alfred Döblin en Bertolt Brecht.

Het werk van de met tegenzin scenarioschrijver geworden Duitse literatuurelite verliep in de Nieuwe Wereld echter niet probleemloos. Hun scripts werden door de bazen van de filmmaatschappijen helemaal niet met open armen ontvangen, omdat ze niet zochten naar literaire meesterwerken, maar naar spannende en onderhoudende teksten. Alfred Döblin liet zich voor een honorarium van maar $100 per week te werk stellen, omdat hij zijn nieuwe functie als een bijbaan beschouwde. Veel van deze schrijvers hadden het niet alleen moeilijk met het onwennige

(De ingewijden) botviert hij zijn fabuleerkunst en zijn voorkeur voor bijzondere figuren, krankzinnige situaties en het thema milieubescherming. Een van zijn recentere romans is *When the killing's done (Na de barbarij)*. Het boek richt zich op de meedogenloze exploitatie van de natuurlijke hulpbronnen van de wereld en de daaruit voortvloeiende catastrofale gevolgen.

bestaan in het buitenland, maar ook met het feit dat hun werk alleen binnen een kleine kring van literatuurvrienden bekendheid genoot. Ook een gebrekkige kennis van het Engels bemoeilijkte de integratie, zodat Bertolt Brecht zich in zijn eigen woorden als een 'worst in een plantenkas' voelde.

Tegenwoordig produceren de in de agglomeratie Los Angeles gevestigde filmmaatschappijen films van hoog technisch niveau, waarmee enorme bedragen zijn gemoeid. Een oud genre heeft bijgedragen tot een opleving in de filmindustrie: de tekenfilm, die zonder de modernste computertechniek niet meer zou kunnen bestaan. Critici beklagen zich er voortdurend over dat bij veel producties de artistieke ambities achterblijven bij de commerciële aspecten van het filmbedrijf. Dit kregen ook jonge regisseurs te horen. Sommigen van hen boekten weliswaar successen, maar konden zich meestal niet vinden in de creatieve richtlijnen van Zuid-Californië. Wel waren ze gecharmeerd van de grote financiële mogelijkheden voor hun producties.

Muziek

Hoezeer Californië met de rock- en popmuziekgeschiedenis is verbonden, bleek uit de reactie op de plotselinge dood van Michael Jackson. De King of Pop kreeg in het Staples Center in Los Angeles een groots opgezette rouwdienst, waarvoor op internet 17.500 gratis kaarten beschikbaar waren gesteld. De betreffende website raakte enkele minuten voor de kaartenregistratie al overbelast.

Klassieke muziek

De bevolking van de grote steden aan de kust heeft altijd een warme belangstelling voor theater en muziek gehad. Onder de grote klassieke orkesten neemt niet alleen het San Francisco Symphony Orchestra (opgericht in 1911), maar ook het gerenommeerde Los Angeles Philharmonic Orchestra (opgericht in 1919) wereldwijd een belangrijke plaats in. In de periode 1992-2009 stond dit laatste ensemble

onder muzikale leiding van de Fin Esa-Pekka Salonen; in 2009 werd het dirigeerstokje van hem overgenomen door Gustavo Dudamel. Deze jonge Venezolaanse dirigent (geb. 1981) is een rijzende ster aan het muziekfirmament en zal de komende jaren ook leiding geven aan orkesten in Göteborg en Caracas. De thuisbasis van het orkest is de Walt Disney Concert Hall. In de zomer verzorgt het Los Angeles Philharmonic Orchestra ook concerten in de open Hollywood Bowl.

Jazz aan de Grote Oceaan

In 1919 nam Kid Ory (1886-1973) samen met Mutt Carey (1891-1948) in Californië de eerste plaat van een zwarte jazzband op. Dat neemt niet weg dat New Orleans bekendstaat als de geboortestad van de jazz, een muzieksoort die in Amerika is ontstaan. In 1946 traden Miles Davis, Charlie Parker en Dizzy Gillespie enige tijd met hun bebopcomposities op in Los Angeles, om ook het westen van Amerika met hun muziek bekend te maken. Tot zijn laatste concert in 1991 in Hollywood behoorde Miles Davis tot de grootste sterren aan het jazzfirmament. Met een ster op de Hollywood Walk of Fame eert de filmstad de uit het Californische Concord afkomstige jazzpianist Dave Brubeck, een van de bekendste vertolkers van de West Coast-jazz, ook wel cooljazz genoemd.

De golden sixties

Maar weinig muzikanten hebben sinds het begin van de jaren 60 zo'n grote invloed gehad op de rock- en popmuziek als de in Minnesota geboren en in Malibu bij Los Angeles woonachtige Bob Dylan. Via muzieksoorten als folk, country, gospel en blues kwam het muzikale genie uit bij de rock-'n-roll. Zijn liedteksten, soms zeer ingewikkeld, poëtisch en maatschappijkritisch, hebben hem wereldberoemd gemaakt en de rockmuziek de status bezorgd van een serieus te nemen kunstvorm. Dylans leven en werk kennen grote hoogte- en dieptepunten. Het doet menigeen versteld staan dat hij zelfs na een carrière van 50 jaar in de popwereld nog altijd optreedt en als een van de belangrijkste levende popmuzikanten nog altijd wereldberoemd is.

Vanaf het prilste begin van hun muziekcarrière bestormde de in 1961 in het Californische Hawthorne door vijf tieners opgerichte popgroep The Beach Boys met *Surfin' USA* de hitlijsten. Met hun muziek verbreidde de groep het idyllische beeld van de zonovergoten Golden State, het strandleven, mooie meiden en de wereldwijde cultstatus van de auto. Vier jaar later richtte een viertal in Los Angeles The Doors op, met Jim Morrison als leadzanger. Op het hoogtepunt van zijn muzikale loopbaan maakte de groep een miljoenenomzet; alleen de Beatles waren populairder. Door hun soms zeer gewaagde shows hadden The Doors in sommige staten een optreedverbod gekregen; elders veroorzaakten ze zelfs massademonstraties. In 1971 nam de meestal in zwart leer gehuld optredende en als sexidool van de hippiegeneratie vereerde Morrison afscheid. Nog in hetzelfde jaar stierf hij in Parijs aan een hartaanval.

Toen Morrison nog deel uitmaakte van The Doors, begon in 1966 in San Francisco Jefferson Airplane aan zijn legendarische carrière. De groep was de grondlegger van de psychedelische San Francisco Sound, die tijdens de flowerpowertijd onder de naam *acid rock* bepalend was voor de lokale muziekscene. In 1971 werd in het invloedrijke muziektijdschrift Rolling Stone een artikel gepubliceerd waarin Jefferson Airplane werd omschreven als een schip dat zijn passagiers naar de revolutionaire fantasieën van hun brein vervoert. Niet veel later begon de groep uiteen te vallen, om later, in een andere bezetting, onder de naam Jefferson Starship een tweede leven te krijgen. De 'echte' *acid rock* bleef nog twintig jaar lang het terrein van de Grateful Dead. Toen bandleider Jerry Garcia 1995 in San Francisco ten grave werd gedragen, namen tienduizenden oude hippies in Golden Gate Park afscheid van hem.

Muziekmekka Los Angeles

Halverwege de jaren 60 stonden de Sunset Strip in Hollywood en de Laurel Canyon, de verbinding tussen West Hollywood en de San Fernando Valley, als stralende kometen van de tegencultuur aan de hemel van de Californische muziekkosmos. Naast bands als The Byrds en The Doors deden The Seeds, The Standells, The Turtles, The Mamas & The Papas, Guns & Roses, Frank Zappa, Velvet Underground en vele andere groepen deze buurten uitgroeien tot kolonies van creatievelingen. Hier ontstonden de folkrock en de vooral onder hippies geliefde psychedelische rock, stromingen die een vaste plaats in de Californische muziekgeschiedenis innemen. In het Hollywood van destijds kwamen niet alleen beroemde muzikanten bijeen, maar ook popartkunstenaars en schrijvers, die met hun enorme ideeënrijkdom de reputatie van het filmbolwerk even deden vergeten. In 1967 werd de ondergang van het muziektijdperk aan de Sunset Strip ingeluid door opstootjes tussen de politie en hippies. Deze ongeregeldheden inspireerden de band Buffalo Springfield tot het schrijven van het nummer *For what it's worth.*

Moderne Californische rock

Lang na de bloei van de popmuziek in de jaren 60 nam Los Angeles in het nieuwe millennium opnieuw het voortouw. Na in 2004 bekend te zijn geworden met het nummer *This love* bereikte de rockband Maroon 5 uit Los Angeles, onder leiding van Adam Levine, een hoge positie op de internationale hitlijsten. Ook *Makes me wonder* werd een grote hit. In 2007 deed de om zijn losbandige leven bekende voormalige Black Sabbathrocker Ozzy Osbourne de kassa's flink rinkelen met zijn album *Black rain.* Hij kwam echter nog meer in de belangstelling te staan dankzij de in 2002 door MTV uitgezonden realityserie, waarin het publiek een onthullend kijkje kreeg achter de schermen van het chaotische leven van zijn gezin.

De in 2004 opgerichte band Howlin' Rain uit San Francisco (www.howlinrain.com) maakt deel uit van de jonge muziekscene van de neohippies, die zijn wortels heeft in de flowerpowertijd en zich zeer bewust afwendt van de door commercie en techniek overladen popcultuur.

Eten en drinken

Creatieve koks in Californië gebruiken al jaren de producten van hun land en schiepen de *California cuisine*, de meest vernieuwende regionale keuken van de VS. Hun op gezondheid gebaseerde credo luidt: verse ingrediënten van eigen bodem, fantasie en weinig calorieën. Sindsdien is het culinaire landschap in Amerika veranderd. Zelfs de fastfoodsector heeft zich aangepast aan de gezondheidscultus.

Net als vele andere lekkerbekken in de wereld zweren de Californiërs bij hun keukenklassiekers, uiteenlopend van steak met aardappels uit de oven, *prime rib*, gebraden kip en spareribs tot pizza's en fastfood in alle soorten en maten. De Californische keuken heeft echter niet stilgestaan en de vele veranderingen hebben in de loop der tijd ook de gastronomie in de rest van Amerika beïnvloed. Opmerkelijk daarbij is dat de fijnproevers van de beroemde gastronomiebijbel Guide Michelin inmiddels ook restaurants in San Francisco en Los Angeles met een of meer sterren hebben bekroond.

Tongstrelend op zijn Californisch

Zo etnisch verscheiden als de Californische bevolking is het culinaire aanbod, dat uiteenloopt van Chinese soepkeukens, Thaise eethuisjes en Japanse sushibars tot Mexicaanse *cantinas*, typisch Amerikaanse steakhouses en toprestaurants met mediterrane heerlijkheden. In de grote kuststeden laten beroemdheden zich in de watten leggen door niet minder prominente sterrenkoks, wier eetpaleizen niet altijd uitsluitend in Amerikaanse steden zijn te vinden, maar ook internationale vestigingen hebben.

Toen de Italiaanse restauranthouder César Cardini in 1924 in de Mexicaanse stad Tiju-

ana, ten zuiden van San Diego van Romeinse sla, met knoflook geroosterde croutons, versgeraspte parmezaan en een dressing van olijfolie, citroensap, worcestersaus en eidooiers een salade maakte, kon hij niet vermoeden dat hij daarmee de voorloper van de caesar salad schiep en zo de basis legde voor de *California cuisine* – vers en caloriearm. Tientallen jaren later bedachten baanbrekende chef-koks als Alice Waters van restaurant Chez Panisse in Berkeley (www.chezpanisse.com) en de inmiddels overleden Jean Bertranou van het legendarische restaurant L'Ermitage in Los Angeles een nieuw concept rond deze twee sleutelbegrippen en gaven daarmee het startschot voor de nieuwe Californische keuken, die een triomftocht zou maken door de tot dan toe nog niet zeer opwindende Amerikaanse restaurantwereld.

De twee culinaire grootheden namen afscheid van de traditionele bereiding van gerechten, die gebaseerd was op overal in de staat gebruikelijke dikmakende en zwaar op de maag liggende sauzen. In het kader van de gezondheidsgolf die Californië overspoelde gingen ze over tot het bereiden van licht verteerbare culinaire hoogstandjes. Daarbij maakten ze het overal in de Golden State populaire motto *anything goes* (alles is toegestaan) ook van toepassing op de culinaire aspecten van het leven. Fantasie, afwisseling en bijzondere creaties kregen in de Californische keuken voortaan ruim baan.

Alice Waters en Jean Bertranou waren echter niet de enigen die het Amerikaanse fastfoodimperialisme met nieuwe concepten verrijkten. Als reactie op de opening van een nieuw filiaal van een grote hamburgerketen bij de Spaanse Trappen in Rome zette de Italiaanse culinaire criticus Carlo Petrini in 1986 de inmiddels in ruim honderd landen vertegenwoordigde slowfoodbeweging op. De beweging werd geboren uit protest tegen de toename van de ongezonde snelle hap, maar ontwikkelde zich later tot de bevorderaar van voedzame gerechten op basis van regionale, verse producten, zowel onder de bevolking als binnen de nieuwe *California cuisine*.

Zeevruchten zijn hot!

In Californië kunnen hongerige toeristen aan de uitgestrekte kust van de Grote Oceaan aangenaam over de zee turen terwijl chef-koks licht verteerbare en eiwitrijke gerechten met vis en zeevruchten voor ze bereiden. Binnen de nieuwste voedingstrend is de toverformule *low carb* – met weinig koolhydraten. Naast specialiteiten uit de oceaan als mahi-mahi (goudmakreel), snapper, grote garnalen, zwaardvis en tonijn staat in het krabseizoen (half november tot juni) met name in San Francisco de *Dungeness crab* op de kaart, die zich bij een groot publiek in een enorme populariteit mag verheugen. Dit soms wel 2 kg wegende schaaldier leeft in een 800 km² groot gebied voor de kust van Midden-Californië en ontketent jaar in jaar uit een stormloop van lekkerbekken op de visrestaurants. Het hoogtepunt van het seizoen is het jaarlijks in februari plaatsvindende krabfeest, dat aan het begin van de maand met kookdemonstraties en wijnproeverijen wordt geopend en eind februari op dezelfde manier wordt afgesloten. Fijnproevers peuteren het zoete, sappige krabvlees uit de schaal en eten dat met een verse baguette en een goed gekoelde chardonnay. Het vlees van dit zeedier wordt echter ook in de meest uiteenlopende gerechten verwerkt. Een klassieker is *cioppino*, een eenpansgerecht van zeevruchten in een wijn-tomatensaus met verse vis, schelpdieren, garnalen en

krabvlees. In de restaurants in de Chinatown van San Francisco wordt het vlees van de krab geserveerd met gefermenteerde zwarte bonen en veel knoflook.

Scherpmakers in de keuken

Mexico, een land met een enorme latinobevolking, is dankzij zijn nabijheid uiteraard van grote invloed op de Californische keuken, met name in het zuiden van de staat. Niemand zou echter durven beweren dat *chimichanga*, bonenpasta, guacamole en zure room caloriearm zijn. Omdat deze snel verzadigende lekkernijen tot de onwankelbare pijlers van de Mexicaanse keuken behoren, zijn ze nog altijd enorm populair – zelfs in het *low carb*-tijdperk. De Spaanse peper is niet meer uit deze keuken weg te denken.

Al aan het begin van de 19e eeuw waren de venijnig scherpe rode vruchten van de plant uit het geslacht *Capsicum* een onmisbaar ingrediënt in de regionale keuken. Als ze niet rauw worden gegeten, worden ze geroosterd, gebakken of op zijn minst gedroogd en gemalen in de dagelijkse maaltijden verwerkt – zelfs in het ontbijt. Een handelaar uit die tijd beklaagde zich er al over dat de peper zo scherp is dat hij de smaak van een gerecht overheerst. De lokale bevolking wuift dergelijke kritiek weg met de gelatenheid van een professional die met een stelletje amateurs te maken krijgt. Want dankzij hun grote ervaring met de Spaanse peper zijn de Californiërs vertrouwd gemaakt met een natuurwet: hoe meer Spaanse pepers men eet, des te groter het verlangen ernaar wordt.

Niet alleen de hele peper, ook het ervan gemalen chilipoeder wordt veel gebruikt. Voor het nationale gerecht chili con carne heeft bijna elke familie wel een eigen recept. Er zijn chilikookwedstrijden en een krant die uitsluitend over de kookervaringen van chilivrienden bericht. De gemoederen kunnen zeer verhit raken als de vraag wordt gesteld of er nu wel of geen bonen in de chili horen. Vaak zijn de bijzondere recepten zo heet dat niet-ingewijden soms al een loopneus krijgen voor ze het gerecht hebben geproefd. Voor kenners is het geen geheim dat de tantaluskwelling van de mond niet met ijskoud bier, maar hooguit met melkproducten of *sopaipillas* (met honing en boter gegeten, platte, ronde koeken uit de frituur) kan worden gestild. Ook met zure room of een verse avocadocrème met limoensap (guacamole) kunt u de brand in uw mond blussen.

Voorzichtiger mensen doen er goed aan eerst de minder gevaarlijke schatten uit de Californische keuken te proeven, zoals de van mais- of tarwemeel gemaakte tortilla's. Afhankelijk van de vulling, bijvoorbeeld met gehakt, tomaten, Spaanse peper, kleingesneden sla of kaas, komen ze als enchilada's, burrito's, taco's of tostada's op tafel, met een saus van rode of groene Spaanse pepers. Vraag welke het scherpst is, want anders dan de meeste mensen denken, zijn de tortilla's met rode pepers niet altijd de heetste.

Snel tafelen

Food courts

Toen in de jaren 80 plannen werden gemaakt voor restauratieve voorzieningen op luchthavens en in winkelcentra, werd het concept *food court* geboren. Daarbij ging het om een verzameling verschillende, in een bepaalde zone gelegen zelfbedieningsrestaurants, waar men aan toonbanken zijn gerechten en drankjes kon afhalen, om ze aan een tafeltje te nuttigen. De meeste van deze etablissementen en een klein aantal cafetaria's behoren tot de bekende ketens, die pizza's, Chinese of Griekse gerechten, sandwiches, hamburgers en koffie met zoetigheid aanbieden. Wie tijdens het winkelen honger krijgt of even de benen wil strekken bij een kop thee of koffie, is in een *food court* aan het juiste adres. In de meeste gevallen vindt u er ook openbare telefoons en wc's.

Take away

Wat men in de Verenigde Staten onder *take away* verstaat, behoort net als de drive-in en het fastfoodrestaurant tot de randverschijnselen van de door een grote mobiliteit gekenmerkte Amerikaanse arbeidswereld. In de cafetaria's en restaurants in de VS is men vaak veel beter ingesteld op gasten die hun maaltijd verpakt willen meenemen dan in Europa. Dat geldt niet alleen voor de talrijke buitenlandse eetgelegenheden, maar ook voor de in Amerika zeer populaire pizzarestaurants, die zich van Italiaanse pizzeria's onderscheiden door pizza's met een dikke bodem en een machtig beleg *(topping)*. Ook als hotel- of motelgast kunt u een pizza op uw kamer laten bezorgen.

Gezonder fastfood?

De gezondheidsmanie is in de VS al geruime tijd geleden uit zijn voegen gebarsten en heeft met zijn joggingprogramma's en aerobiccursussen de voedingssector in het nauw gedreven. Gezond eten luidt het nieuwe devies in een land dat zucht onder het gewicht van zijn bevolking, waarvan 60% te zwaar is. Niet alleen uit de Californische statistieken blijkt dat er op gezondheidsgebied een ware revolutie aan de gang is. De Amerikaanse filmmaker Morgan Spurlock draaide de documentaire *Super size me* over zijn heldhaftige zelfkwelling: hij at dertig dagen lang uitsluitend hamburgers van een bekende fasfoodketen, waardoor zijn gewicht met 12 kg toenam. Een ander gevolg van de documentaire was een brede discussie over gezonde voeding. De betreffende hamburgerketen besloot onder druk van de publieke opinie calorie-, vet- en suikerarme gerechten aan te bieden.

Toen uit wetenschappelijk onderzoek bleek dat chemisch gemodificeerde transvetzuren schadelijk zijn voor de gezondheid, besloot een keten die in de hele VS is gevestigd zijn gefrituurde kipnuggets en -vleugels niet langer in het gebruikelijke vet te bereiden, maar in een gezondere sojabonenolie. Ook andere fastfoodketens die tot het uitkomen van de documentaire op traditionele wijze friet bakten, namen afscheid van het levensgevaarlijke *killer fat*. In sommige grote steden werd zelfs besloten om olie en vet met transvetzuren geheel voor consumptie te verbieden. Een internationale koffieketen haalde bovendien de in het vermaledijde vet gebakken koekjes uit zijn assortiment.

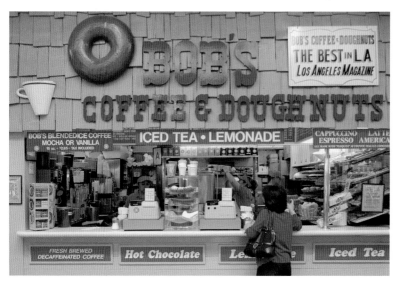

Bob's: een van de populairste cafetaria's aan de promenade langs Venice Beach

Nieuwe gastronomische trends

Vroeger was het in Amerika ongebruikelijk motel- en hotelgasten kamers inclusief ontbijt aan te bieden, maar dat is de afgelopen jaren compleet veranderd. Vaak krijgt u bij uw overnachting een *continental breakfast*. Daar moet u echter niet te veel van verwachten. Meestal gaat het om een in de lobby opgebouwd ontbijtbuffet met koffie uit kartonnen bekers en iets zoets. In bed and breakfasts is de eerste maaltijd van de dag echter vaak uitgebreid en gevarieerd.

Koken als vorm van entertainment

Al jaren bestaan er in de hele wereld restaurants waar trouwe gasten onder welhaast samenzweerderige omstandigheden aan keukentafels mogen plaatsnemen, vlak bij het fornuis en het kookgerei. Sommige restaurateurs hebben dit concept in de afgelopen tijd verder ontwikkeld en hun keukens midden in de eetzalen geplaatst, om hun culinaire aanbod van een zekere amusementswaarde te

voorzien. Steeds meer eetgelegenheden stappen over op dit concept, waarbij keukens veranderen in theaterpodia, koks in acteurs en hongerige gasten in betalend publiek, dat tijdens de voorstelling iets van de fijne kneepjes van het kookvak hoopt op te pikken. Maar dat laatste helaas vaak tevergeefs, want de professionals met hun potten en pannen gaan vaak even snel te werk als een mecanicien bij een pitstop. De open showkeukens zijn het vaakst in restaurants van de hoogste prijsklasse aan te treffen.

Culinaire bijzonderheden

Ongeveer 90% van de wereldwijd geconsumeerde hoeveelheid kaviaar komt uit de Kaspische Zee. Maar omdat dit 'zwarte goud uit de zee' steeds vaker met conserveringsmiddelen als boorzuur wordt behandeld, onder andere om de steureitjes van overtollig zout te ontdoen en steviger van substantie te maken, mag het in Amerika niet worden geïmporteerd. Twee visfarms in Sacramento wilden daarom een nieuwe weg inslaan en leveren

Voor de arbeidsintensieve wijnoogst zijn arbeidskrachten uit Mexico onmisbaar

sinds enige tijd Amerikaanse kaviaar van de witte steur, die in de Sacramento River en de American River een ideale leefomgeving heeft gevonden. Andere inheemse kaviaarsoorten worden geleverd door de zalm en de forel. De steureitjes uit Sacramento zijn qua smaak en consistentie volgens kenners echter beter dan de andere kaviaar.

Tot de populairste ontbijtproducten in Amerikaanse huishoudens behoren niet alleen net als bij ons eieren, sinaasappelsap en chocoladepasta, ook pindakaas is een vast nummer op de ontbijttafel. De *peanut butter* is er in twee varianten: smeuïg of met grove stukjes pinda. Een *peanut butter & jelly sandwich* (PBJ) bestaat uit twee sneetjes getoast wittebrood, besmeerd met pindakaas en marmelade. Het zou te ver gaan om deze typisch Amerikaanse sandwich een culinair hoogstandje te noemen, maar populair is hij wel. De specialiteit is bovendien minder smakelijk als er bruin in plaats van wit brood wordt gebruikt.

Op de menukaarten van veel restaurants duikt het buiten Californië verregaand onbekende begrip *tri-tip* op. Dit is de benaming van een groot driehoekig stuk rund-

vlees van de rug, dat net als een steak wordt gebakken en in dunne plakken wordt opgediend. Bij juiste bereiding smelt het vlees op uw tong.

Wijn

Tot diep in de jaren 80 waren in de grote steden maar een paar restaurants met een goede wijnkaart te vinden en meestal ging het daarbij om eetgelegenheden met een Franse keuken. Een generatie later bestond er in de Verenigde Staten een bloeiende wijncultuur, met goede Californische wijnen, toppers uit wijnstreken in de hele wereld en een uitstekende keus aan literatuur en cursussen voor wijnkenners of beginners die zich graag willen laten inwijden in de wereld van het nobele druivennat. Een acceptabel wijnaanbod is in Amerikaanse restaurants al lang niet meer een kwestie van imago, maar een absolute must voor succes, omdat restaurants voor ongeveer 30% van hun inkomsten afhankelijk zijn van de wijn die de gasten bestellen. Inmiddels zit de wijnconsumptie zo in de lift dat veel restauranthouders, bijvoorbeeld in San Francisco en Los Angeles, handenwringend op zoek zijn naar gekwalificeerde sommeliers, die een steeds beter ingewijde gastenkring van wijndrinkers – met steeds hogere eisen – op zijn wenken kan bedienen. Volgens een interessante prognose zullen de VS binnen afzienbare tijd tot de grootste wijnconsumenten ter wereld behoren.

Tegenwoordig is in Californië met de verkoop van wijn een omzet van ruim 3 miljard dollar per jaar gemoeid. Het best verkocht worden wijnen gemaakt met de chardonnaydruif, gevolgd door merlot en cabernet sauvignon. Rode wijn van de zinfandeldruif is weliswaar populair, maar wordt steeds minder goed verkocht. Rijzende sterren aan het wijnfirmament zijn de rosés, die tot dusver goed waren voor 1% van de totale wijnomzet, maar die steeds gewilder worden. Volgens experts uit het wijnvak is de opkomst van de rosé te danken aan de steeds verdere verbreiding van de mediterrane keuken. Bij de gerechten op basis van olijfolie, knoflook en kruiden past rosé voortreffelijk.

Koffie

Wie bekend is in de wereld van de Hollywoodfilm, kent ook de Amerikaanse koffiecultuur. Zo is er de cowboy die naar zijn koffiekan op het kampvuur grijpt, de overwerkte politieman die tussen zijn stapels papierwerk naarstig op zoek is naar zijn koffiemok of de taxichauffeur die met een kartonnen bekertje zwart vocht het tankstation verlaat. Sinds het tijdperk van de pioniers begeleidt het zwartbruine goedje de Amerikaanse bevolking dag in dag uit en voor velen is het een ware obsessie geworden. Anders valt niet te verklaren hoe koffieketen Starbucks in elke Amerikaanse stad cappuccino en macchiato aanbiedt en met ruim 12.000 vestigingen in Noord-Amerika, Latijns-Amerika, Europa, het Midden-Oosten en in het Aziatisch-Pacifisch gebied vanaf 1971 kon uitgroeien tot wereldleider op de koffiemarkt. De geur van koffie hangt niet alleen in tankstations, waar de opwekkende drank vaak in grote kannen staat te pruttelen tot hij zo ver is ingedikt dat je er een boot waterdicht mee zou kunnen maken, maar ook in de talrijke koffiebars, die meestal ook in boekhandels, foodcourts, supermarkten en winkelcentra *(shopping malls)* zijn te vinden.

Europeanen gaven hun tijdgenoten in de Nieuwe Wereld vroeger graag – en niet geheel ten onrechte – te verstaan dat het legendarische Amerikaanse bocht de naam koffie niet verdiende. Maar sinds de nieuwe koffietrends het Amerikaanse continent overspoelen, hebben zich in de wereld van de koffie grote veranderingen voorgedaan. In de afgelopen jaren is de verkoop van koffiebonen van topkwaliteit in de VS met ruim 50% gestegen. In veel hotels uit de hoogste prijsklasse is het koffiezetapparaat op de kamer, inclusief voortreffelijke koffie, inmiddels standaard. Espresso, mokka en café latte zijn reeds lang in Amerika ingeburgerd en het waterige bakkie leut heeft het veld moeten ruimen voor een veel geconcentreerder en smakelijker kopje koffie.

Voor traditionele koffiedrinkers is koffie met toegevoegde vanille- of sinaasappelessence of een mix van espresso en Coca-Cola op zijn minst even wennen. Zelfs de groepen binnen de Californische maatschappij die zich volledig aan de gezondheidsmanie hebben overgegeven, zijn bevattelijk voor de ontwikkelingen in de koffie-industrie. En dat is niet geheel onlogisch, omdat de Californiërs stimulerende middelen als nicotine of alcohol op commando hebben afgezworen. Asceten hebben de keus uit diverse ijsen yoghurtsoorten, zonder vet en suiker – niet onsmakelijk, maar helaas nog het meest verwant aan voegenkit en caloriearm. Zo blijft er ook voor de Californische bevolking met het smakelijke kopje espresso tenminste nog één geestverruimend middel over, waarvan het gebruik niet direct tot criminaliteit leidt.

Dankzij de nieuwe koffiecultuur kwamen er niet alleen avontuurlijk varianten van de verkwikkende warme drank op de markt, maar werd een nieuwe subcultuur geschapen. De trendy koffiebars kunnen tegenwoordig niet meer zonder poëzievoordrachten, tentoonstellingen, happenings, livemuziek en openingstijden tot vier uur 's ochtends. Wie zich als uitbater van een koffiebar serieus neemt, heeft een eigen koffietijdschrift met recepten, een evenementenagenda en vermakelijke verhalen. Ook informatie over koffiebranderijen, koffiesoorten en nieuwe koffiebars is ideale lectuur bij een mokka of een caffeïnevrije koffie met magere melk, die in jargon *unleaded and skinny* (loodvrij en mager) heet.

De nieuwe theecultuur

Afgezien van bezoekers en bewoners van de Chinatowns wisten de Amerikanen tot de jaren 90 nauwelijks meer van thee dan dat de geschiedenis van hun land met de *Boston Tea Party* een grote wending had genomen. De theecultuur was zo onderontwikkeld in Amerika dat het door de ware theeliefhebbers verafschuwde theezakje pas in 1908 in de VS werd geïntroduceerd. Maar net als eerder bij koffie begint voor thee in de afgelopen jaren een nieuw enthousiasme te ontstaan. Hierdoor worden vooral in de grote steden steeds meer verzorgde theehuizen geopend, waar de 5000 jaar oude geschiedenis van de opgeschonken bladeren van de theestruik in de Verenigde Staten wordt voortgezet. Groene thee, geurige darjeeling, fluweel-zachte java, jasmijn en oolong genieten een grote populariteit.

Een ander soort thee ligt al tientallen jaren hoog opgetast in de schappen van de supermarkten: *iced tea* (ijsthee). Deze ijskoud gedronken dorstlesser werd volgens de overlevering tijdens de Wereldtentoonstelling in St. Louis van 1904 bij toeval uitgevonden. Een theehandelaar wilde de bezoekers een kop warme thee laten proeven. Maar omdat de stad destijds door een hittegolf werd geplaagd, had niemand belangstelling. De doorgewinterde verkoper deed daarop ijs in zijn thee en vond zo de ijsthee uit, die in St. Louis een groot succes werd.

Restaurantetiquette

Het is goed om iets te weten van de etiquetten in Amerikaanse restaurants en de gewoonten en gebruiken waarmee u tijdens een

een restaurantbezoek in de VS te maken krijgt. Een restaurant op badslippers of in strandkleding bezoeken is *not done* – mannen die een stropdas en een colbert dragen worden door de Amerikanen niet als overdressed beschouwd, hoewel een das geen must is. Bij aankomst per auto staat een medewerker u op te wachten naast een bordje met de tekst *valet parking*. Hij rijdt uw auto naar een parkeerplaats en geeft u een bon met het nummer van de parkeerplaats. Betaal de gebruikelijke fooi van een à twee dollar echter pas na het restaurantbezoek, als uw auto weer is opgehaald.

In de lobby staat een bord met *Wait to be seated* (Wacht tot u naar uw tafel wordt gebracht). Wanneer u plaats hebt genomen, stelt de *waiter/waitress* (ober/serveerster) zich voor met zijn of haar naam en overhandigt de menukaart. Bij het opnemen van de bestelling wordt vaak eerst gevraagd: *Soup or salad?* (Soep of salade?). Als u voor een salade kiest, kunt u de volgende vraag verwachten: *What kind of dressing do you prefer?* (Welke dressing wilt u?). Gangbaar zijn *French*, *Italian*, *thousand islands*, *blue cheese*, *ranch* of *oil & vinegar* (olie en azijn). Als u vlees bestelt, kunt u een bereidingswijze kiezen (*How would you like your steak cooked? Medium, well done or rare?* – Hoe wilt u uw steak? Medium, doorbakken of saignant? Daarna hebt u de keus uit de volgende bijgerechten: *baked potatoe* (gepofte aardappelen), *rice* (rijst), *french fries* (friet), *vegetables* (groente) enzovoort.

Het nagerecht *(dessert)* is meestal iets zoets, bijvoorbeeld ijs of een stuk gebak. Als u de laatste hap nog maar net door uw keel hebt, komt de bediening al met de laatste vraag: *Anything else you want tonight?* (Had u nog iets anders gewenst?). Als u ontkennend antwoordt, wordt direct de rekening *(check)* gebracht. Uitgebreid natafelen met een glas wijn of een digestief is in Amerika niet gebruikelijk. Als u na het eten nog iets wilt drinken, kunt u zich het best naar de bar van het restaurant verplaatsen of een gelegenheid in de buurt zoeken, bijvoorbeeld een kroeg, die Amerikanen verwijzend naar de

In dit fastfoodrestaurant ziet u duidelijk wanneer het tijd is om aan te vallen

pionierstijd graag een *watering hole* (watergat) noemen.

Alcohol

Hoewel de wijnconsumptie in de VS enorm is toegenomen, zijn Amerikanen van oudsher bierdrinkers. Vooral bier uit blik is geliefd, sinds het gerstenat in 1935 in Richmond (Virginia) voor het eerst in een blik met een etiket op de markt werd gebracht. Vanaf die tijd maakte het sixpack een triomftocht door de hele wereld. Amerikaans bier uit blik en fles is er in vele soorten en maten. Naast Amerikaanse merken zijn ook bieren uit de rest van de wereld overal verkrijgbaar. Zeer geliefd, maar iets duurder dan het goudgele vocht van Amerikaanse merken is het Mexicaanse importbier. In biercafés, bars en restaurants zijn donkere en lichte bieren ook van de tap verkrijgbaar, maar zonder schuimkraag. De Amerikanen geven de voorkeur aan ijskoud bier. Vaak wordt het zelfs in glazen uit de vriezer geserveerd. Het alcoholpercentage ligt rond de 4,5%; bieren met een hoger percentage mogen uitsluitend onder de naam *malt liquor* worden

verkocht. Bij de overal verkrijgbare alcoholarme bieren ligt het percentage meestal onder de 0,5. In de afgelopen jaren schoten de mini- of microbrouwerijen als paddenstoelen uit de grond, die uitsluitend op lokaal of regionaal niveau de concurrentie aangaan met de grote bierconcerns. De omgeving van Santa Barbara staat bekend als wijnstreek, maar in de afgelopen tijd hebben zich in dit gebied ook diverse bierbrouwerijen gevestigd. Veel wijnproducenten zien hierin geen probleem, omdat ze het brouwsel van gerst, water en hop zelf dagelijks drinken, gehoor gevend aan de aloude wijnboerenspreuk 'Je moet veel bier drinken om wijn te maken'.

Eten uit de supermarkt

Supermarkten zijn goed gesorteerd en hebben ruime openingstijden. Als u in het bezit bent van een gratis klantenkaart van een supermarktketen, kunt u profiteren van vele kortingen. In grote supermarkten vindt u meestal een saladebar en aan speciale counters zijn vaak kant-en-klare spareribs en gebraden kip te koop.

Culinair lexicon

In het restaurant

Ik wil graag een tafel reserveren.	I would like to book a table.
Wacht even tot u een tafel krijgt toegewezen.	Please wait to be seated.
Zoveel eten als u kunt voor een vaste prijs	All you can eat
De menukaart, graag.	The menu, please.
wijnkaart	wine list
De rekening, graag.	My check, please.
voorgerecht	appetizer
soep	soup
hoofdgerecht	main course
nagerecht	dessert
bijgerechten	trimmings
dagschotel	meal of the day
couvert	cover
mes	knife
vork	fork
lepel	spoon
glas	glass
fles	bottle
zout/peper	salt/pepper
suiker/zoetjes	sugar/sweetener
ober/serveester	waiter/waitress

Bereidingswijze/specialiteiten

boiled egg	gekookt ei
broiled	gegrild
burrito	tortilla met gehakt, bonen enz.
caesar's salad	salade met ansjovis-filets en parmezaan
chef salad	ijsbergsla met ham
chili relleno	met kaas gevulde chilipepers
cole slaw	kool-wortelsla
deep fried	gefrituurd
eggs (sunny side up/ over easy)	spiegeleieren (een-zijdig/aan beide zijden gebakken)
enchiladas	opgerolde tortilla's met chili con carne

fried	gebakken
guacamole	avocadopasta
onion rings	uienringen
nachos	tortillachips met kaas
rare/medium rare	saignant/rosé
scrambled eggs	roerei
stuffed	gevuld
tacos	gevulde maistortilla's
tamales	chili en gehakt in maisbladeren
tortilla	dun mais- of tarwe pannenkoekje
well done	doorbakken

Vis en zeevruchten

bass	baars
clam chowder	venusschelpjessoep
cod	kabeljauw
crab	krab
flounder	bot
haddock	schelvis
halibut	heilbot
gamba	grote garnaal
lobster	kreeft
mussel	mossel
oyster	oester
prawn	langoustine
salmon	zalm
scallop	jakobsschelp
shellfish	schaaldieren
shrimp	garnaal
sole	zeetong
swordfish	zwaardvis
trout	forel
tuna	tonijn

Vlees en gevogelte

bacon	ontbijtspek
beef	rundvlees
chicken	kip
drumstick	kippenpootje
duck	eend
ground beef	rundergehakt
ham	ham
meatloaf	gehaktbrood

porc chop	varkenskarbonade
prime rib	malse runderkotelet
rabbit	konijn
roast goose	gebraden gans
sausage	worstje
spare ribs	spareribs
turkey	kalkoen
veal	kalfsvlees
venison	hertenvlees
wild boar	wild zwijn

Groenten en bijgerechten

bean	boon
cabbage	kool
carrot	wortel
cauliflower	bloemkool
cucumber	komkommer
eggplant	aubergine
french fries	friet
garlic	knoflook
lentils	linzen
lettuce	(krop)sla
mushroom	paddenstoel
pepper	paprika
peas	erwten
potatoe	aardappel
hash browns	gebakken aardappelen
squash/pumpkin	pompoen
sweet corn	mais
onion	ui
pickle	augurk

Fruit

apple	appel
apricot	abrikoos
blackberry	braam
cantaloup	suikermeloen
cherry	kers
fig	vijg
grape	druif
lemon	citroen
melon	honingmeloen
orange	sinaasappel
peach	perzik
pear	peer

pineapple	ananas
plum	pruim
raspberry	framboos
rhubarb	rabarber
strawberry	aardbei

Kaas

cheddar	pittige kaas
cottage cheese	hüttenkäse
goat's cheese	geitenkaas
curd	kwark
soft cheese	zachte kaas

Dessert en gebak

brownie	chocoladecakeje
cinnamon roll	opgerold kaneel-broodje
french toast	wentelteefje
maple sirup	ahornsiroop
muffin	muffin (cakeje)
pancake	pannenkoek
pastries	gebak
sundae	ijs met zoete saus
waffle	wafel
whipped cream	slagroom

Dranken

beer (on tap/draught)	bier (van de tap)
brandy	brandewijn
coffee	koffie
(decaffeinated/decaf)	(caffeïnevrij)
lemonade	limonade
icecube	ijsblokje
iced tea	ijsthee
juice	sap
light beer	alcoholarm bier
liquor	sterkedrank
milk	melk
mineral water	mineraalwater
red/white wine	rode/witte wijn
root beer	limonade van wortel-extract
soda water	mineraalwater
sparkling wine	mousserende wijn
tea	thee

De Pacific Coast Highway volgt de Sonoma Coast in Noord-Californië

Reisinformatie

Informatiebronnen

Californië op internet

www.visitcalifornia.com: De officiële website van de California Travel & Tourism Commission met informatie over twaalf reisgebieden in de staat, tips voor vakantieactiviteiten en een hotelboekingsmachine.

www.nps.gov: De officiële portal van de National Park Service (NPS) die verantwoordelijk is voor het beheer van de Californische nationale parken en monumenten.

www.discoveramerica.com: Officiële toeristische website van de Verenigde Staten met informatie over steden, staten, reisblogs en veel praktische tips.

www.infoplease.com/ipa/A0108187.html: Feiten en cijfers van Californië: geschiedenis, bevolking, geografische bijzonderheden enzovoort.

http://earthquake.usgs.gov/earthquakes/recenteqscanv: Geactualiseerde kaart van aardbevingen en hun kracht in Californië en Nevada.

http://quickfacts.census.gov/qfd/states/06000.html: Uitgebreide statistische gegevens van de bevolking in de staat Californië (omvang, leeftijd, veranderingen, werkgelegenheid, etnische samenstelling).

http://www.wunderground.com/us/ca: Het weer in Californië per plaats en met meerdaagse vooruitzichten.

www.californiahistoricalsociety.org: Geschiedenisportal van de California Historical Society met een gedetailleerd historisch overzicht, van de oorspronkelijke bewoners tot de jongste geschiedenis. Met zoekmachine.

www.usatourist.com: Aan de VS gewijde reisportal met allerlei relevante thema's voor de toerist en reserveringsmogelijkheden.

www.usatoday.com: Interessante website met het laatste nieuws en veel informatie over reizen, geld, sport, het dagelijks leven en techniek.

www.sfjourney.com: Wetenswaardigheden over de top tien van bezienswaardigheden in San Francisco en uitstapjes in de omgeving.

www.latimes.com: Website van een van de grootste dagbladen in Californië; u kunt hier een abonnement op een nieuwsbrief nemen.

Informatiebureaus

... in Nederland

De Amerikaanse ambassade in Den Haag beantwoordt schriftelijke vragen of kan u doorverwijzen naar instellingen die beschikken over relevante informatie over Californië. Het Amerikaanse consulaat is vooral bestemd voor visumaanvragen en staatsburgers van de VS. US Embassy, Lange Voorhout 102, 2514 EJ Den Haag, tel. 070-3102209, fax 070-3614688, http://netherlands.usembassy.gov.

Enkele organisaties die de relaties Nederland–VS behartigen zijn:

Stichting Nederland-Verenigde Staten
Wolweverslaan 27
3454 GK De Meern
tel. 030-6662631

Nederland-Amerika Instituut Limburg (NAIL)
Schumannstraat 4
6164 EE Geleen
tel. 046-47479081

Atlantic and Pacific Exchange Program
's Gravelandseweg 258
3125 BK Schiedam
tel. 010-2424182
fax 010-2424184
www.apep.nl

Stichting Dutch International Society Nederland
Secr. Joubertstraat 49
2806 GA Gouda
tel. 018-2511900

... in de VS
In elke grote plaats in de VS vindt u een Visitor Center (toeristenbureau) of een Chamber

of Commerce (Kamer van Koophandel), waar u informatie kunt inwinnen over het dorp of de stad, bezienswaardigheden, hotels en restaurants. De toeristenbureau's kunnen vaak ook informatie geven over voordelige hotelaccommodatie.

Californië: California Travel & Tourism Commission, P. O. Box 1499, Sacramento, CA 95812-1499, tel. 916-444-4429, www.visitcalifornia.com.

Diplomatieke vertegenwoordigingen

... in Nederland
Amerikaanse ambassade
Lange Voorhout 102
2514 EJ Den Haag
tel. 070-3102209
fax 070-3614688
http://netherlands.usembassy.gov

Amerikaans consulaat
Museumplein 19
1071 DJ Amsterdam
tel. 020-5755309
fax 020-5755310
Vooral voor visumaanvragen.

... in België
Amerikaanse ambassade
Regentlaan 27
1000 Brussel
tel. 02-8114000
fax 02-8114500
http://belgium.usembassy.gov

... in Californië
Nederlands consulaat in Los Angeles
11766 Wilshire Blvd., suite 1150
Los Angeles, CA 90025
tel. 001-877-388-2443
fax 001-310-478-3428
nclosangeles@gmail.com

Nederlands consulaat in San Francisco
One Montgomery Street, suite 3100
San Francisco, CA 94104
tel. 001-877-388-2443
fax 001-415-291-2049
nfo@dutchhelp.com

Belgisch consulaat in Los Angeles
6100 Wilshire Blvd., suite 1200
Los Angeles, CA 90048
tel. 001-323-857-1244
fax 001-323-936-2564
losangeles@diplobel.fed.be
www.diplomatie.be/losangeles

... in de Verenigde Staten
Nederlandse ambassade in Washington
4200 Linnean Avenue N.W.
Washington D.C. 20008
tel. 001-877-388-2433
fax 001-202-362-3430
nid@the-netherlands.org
www.nederlandse-ambassade.nl/Washington.html

Belgische ambassade in Washington
3330 Garfield Street N.W.
Washington D.C. 20008
tel. 001-202-333-6900
fax 001-202-338-4960
washington@diplobel.fed.be
www.diplobel.us

Kaarten
Als u voor vertrek een route door Californië wilt uitstippelen, is de Road Atlas van Rand McNally (bij de betere boekhandel of kaartenwinkel verkrijgbaar) aan te bevelen. In de VS zijn bij alle toeristenbureaus gratis kaarten van Californië te krijgen. ANWB-leden krijgen bij vestigingen van de AAA (American Automobile Association) op vertoon van hun lidmaatschapskaart gratis wegenkaarten en informatie.

Leestips

Romans

Allende, Isabel: *Fortuna's dochter*, Wereldbibliotheek 1999. Allende vertelt de geschiedenis van een meisje dat in de 19e eeuw in Chili als vondeling door een rijke Engelse familie wordt opgevoed. Eliza wordt later verliefd op een man uit een arme familie, die aangestoken wordt door de goudkoorts in Californië en naar de Golden State vertrekt. De jonge vrouw hoopt hem daar terug te vinden.

Boyle, T. C.: *De tortillagrens*, Anthos 2006. De roman van deze veelgelezen auteur gaat over vijandigheid tegen buitenlanders, armoede, milieuvernieling en illegale immigranten in Zuid-Californië, een heikel thema dat in de Verenigde Staten nog altijd actueel is.

Boyle, T. C.: *Verloren nachten*, Anthos 2003. In deze roman beschrijft Boyle een groep hippies in de flowerpowertijd, die uit hun toevluchtsoord in Californië worden verdreven.

In het werk van **Leon de Winter** spelen de Verenigde Staten vaak een rol. In *De hemel van Hollywood* (1997), geschreven als een filmscript, beramen drie acteurs op leeftijd een kraak. In *God's Gym* (2005) zoekt een door verdriet overmande vader in Los Angeles naar het hoe en waarom van zijn dochters dood. Ook een belangrijk deel van *Recht op terugkeer* (2009) speelt zich af in en om LA.

Non-fictie

Hellinga, Gerben Graddesz: *Goudkoorts*, Uitgeverij de Fontein 2001. Met hartstocht en oog voor detail beschrijft de auteur de avonturen van een groep jonge mensen die op zoek gingen naar een plaats in de Nieuwe Wereld.

Kalse, Egbert en Daan van Lent: *Bankroet*, NRC Boeken 2009. Dit boek begint met de huiseigenaren in de Californische Orange County, die hun hypotheeklasten niet meer konden opbrengen. Drie jaar later is hun misère uitgegroeid tot een economische crisis van wereldformaat. De auteurs beschrijven de oorzaken en gevolgen van de zwaarste economische crisis sinds de Grote Depressie en gaan op zoek naar de schuldigen.

Lyotard, Jean-François: *Le Mur du Pacifique*, Galilée 1979. Filosofische vertelling van een Franse auteur die geruime tijd als gasthoogleraar in Californië doceerde. Centraal staan overdenkingen over over racisme, antisemitisme en kapitalisme.

Priore, Domenic: *Riot on Sunset Strip: Rock 'n' Roll's Last Stand In Hollywood*, Berkeley 2007. Over de bloei van de rockscene in het Hollywood van de jaren 60 en alle gebeurtenissen die daarmee te maken hadden.

Schulenburg, Silke: *Pacific Palisades*, Hamburg 2007. De Duitse publiciste Schulenburg belicht aan de hand van boeken van historici en germanisten alle facetten van het emigratievraagstuk. Ook met vele citaten van naar Californië geëmigreerde schrijvers en wetenschappers, zoals Bertolt Brecht, Alfred Döblin, Lion Feuchtwanger, Heinrich en Thomas Mann, Walter Mehring, Franz Werfel en Ludwig Marcuse.

Starr, Kevin: *California. A History*, New York 2005. De historicus Starr schreef dit 7-delige epos over de geschiedenis van Californië.

Misdaadromans

Chandler, Raymond: Raymond Chandler schreef zeven misdaadromans, die zich allemaal in Los Angeles afspelen. *The Big Sleep* (1939), *Farewell, My Lovely* (1940) en *The Long Goodbye* (1959) zijn de bekendste. Ze werden ook alle drie verfilmd.

Follet, Ken: *De vuist van Eden*, Van Holkema & Warendorf 1999. Misdaadverhaal over een hippiegemeenschap in Californië die met een kunstmatig opgewekte aardbeving de bouw van een stuwdam dreigt te verhinderen.

Koontz, Dean: *Middernacht*, Luitingh-Sijthoff 1990. Als literatuur bedenkelijk, maar Koontz schreef als *master of suspense* een spannend boek. Hoofdthema: opheldering van een zelfmoord in een Californisch stadje.

Reizen door Californië

Californië behoort tot de staten van de VS die jaarlijks een grote stroom toeristen trekken. Dit heeft te maken met de grote natuurlijke verscheidenheid van het land, de wereldse sfeer in de grote steden en het aanbod aan cultuur, amusement en activiteiten die het hele jaar door worden georganiseerd. De attracties liggen verspreid over een gebied dat bijna zo groot is als Groot-Brittannië en Ierland samen. Daarom kunt u de afstanden in de staat beter niet onderschatten. De kortste route van San Diego in het zuiden naar Crescent City in het uiterste noorden, bij de grens met Oregon, is bijna 1370 km lang.

Ook de hoogteverschillen zijn opmerkelijk. Van de Grote Oceaankust rijst het land op tot de Sierra Nevada, met als hoogste berg Mount Whitney (4416 m). Californië wordt niet alleen gekenmerkt door enorme agglomeraties als Los Angeles, maar ook door verlaten kusten, hooggebergten en woestijnlandschappen, die net als de demografische en culturele verscheidenheid bijdragen aan de rijke diversiteit van de staat.

Ook de klimatologische verschillen zijn groot in Californië. In het noorden van de staat liggen de temperaturen laag en kunnen de winters net zo streng zijn als in de berggebieden, maar Zuid-Californië staat terecht bekend als paradijs voor zonaanbidders. En dat geldt niet alleen voor de beroemde surfstranden, maar vooral ook voor de oostelijker gelegen woestijnen, die bezoekers hartje zomer met grote droogte en hitte verwelkomen.

Niet minder divers is het natuurschoon in deze Amerikaanse staat, gelegen aan de Grote Oceaan. De Golden State is in het zuiden zonovergoten en rijk aan zand- en surfstranden en wordt in het noorden gekenmerkt door grillige, soms moeilijk toegankelijke rotskusten, waar de machtige zee al sinds mensenheugenis tegen klippen en eilanden beukt. In de betoverende sequoiabossen rijzen al duizenden jaren lang woudreuzen tot in de hemel. De sequoia's zijn de grootste levende wezens op aarde. Ten oosten van de vruchtbare Central Valley met zijn uitgestrekte groentenvelden en fruitplantages verrijzen de grijze graniettoppen van de majestueuze Sierra Nevada. Verder naar het noorden steken vergletsjerde vulkaankegels als stille getuigen van de sluimerende platentektoniek boven de Cascade Range uit. Een exotisch contrast met deze noordelijke berggebieden vormen de Mojave- en de Sonorawoestijn in het uiterste zuiden, waar de stekelige vegetatie in het voorjaar in een zee van de prachtigste bloemen verandert.

Bijzonder

Natuurschoon

Bijna nergens ter wereld zijn de landschappen zo grandioos en de natuurwonderen zo bijzonder als in de Golden State. Californië dankt zijn grote landschappelijke aantrekkingskracht onder meer aan acht nationale parken – waarvan een aantal wereldberoemde – met hooggebergten, woestijngebieden, eilanden en mammoetboombossen. Ook veel *national monuments* en *state parks* trekken grote aantallen bezoekers. Door de slechte toestand van de staatsfinanciën zijn de autoriteiten echter gedwongen sommige *state parks* voor onbepaalde tijd te sluiten. Een lijst van bedreigde parken vindt u onder www.parks.ca.gov.

Modern stadsleven

Wie Californië bezoekt, moet prioriteiten stellen, want maar weinig mensen hebben een maand de tijd om alles van het land te zien. Als u een liefhebber bent van het moderne stadsleven, bent u in San Francisco, Los Angeles en San Diego aan het juiste adres. De beroemde kustmetropolen varen wel bij hun fantastische ligging, vibrerende stadsleven,

De prachtige steile rotskust in de buurt van Fort Bragg in Noord-Californië

nauwelijks te overtreffen en zeer gevarieerde cultuuraanbod, enorme gastronomische veelzijdigheid en charmante wijken, waarin op sommige plaatsen de grote etnische diversiteit van de bevolking wordt weerspiegeld. Het 's avonds in neonlicht gehulde Las Vegas is als grootste amusementsbedrijf ter wereld natuurlijk een uitgelezen plaats om op avontuur te gaan in de grote stad, of u nu uw geluk beproeft met een gokje aan een van de speelautomaten of aan de pokertafel, een van de zinderende shows bezoekt of op verkenning gaat in de hotel- en restaurantwereld.

Cultuur

Het aanbod aan cultuur is bijna onuitputtelijk in de drie grote steden aan de kust: musea, tentoonstellingen, theaters, concerten, musicals enzovoort. In Los Angeles, dat in de jaren 80 nog genoegen moest nemen met een reputatie van achtergestelde cultuurstad, wordt alles in het werk gesteld om alle andere metropolen aan de Oostkust op cultuurgebied te overtreffen.

Wie belangstelling heeft voor geschiedenis, kan de zogenoemde Mission Trail volgen, waarlangs in de decennia na 1769 in totaal 21 Spaanse missieposten werden opgericht. Ook in het vroeger Russische Fort Ross krijgt u een kijkje in het verleden, evenals in de dorpjes in de Gold Country, waar de goudkoorts zichtbare sporen heeft achtergelaten.

Tips voor de reisplanning

Huurauto of openbaar vervoer?

Het openbaar stads- en streekvervoer is in de VS minder populair dan in Europa. Grote delen van Californië, waaronder berggebieden en woestijnen, zijn per bus of trein soms moeilijk of zelfs helemaal niet bereikbaar. In dichterbevolkte gebieden kunt u gebruikmaken van de diensten van de Californische spoorweg- en busmaatschappijen (zie blz. 81–82). In grote steden als San Francisco, Los Angeles en San Diego kunt u zich per metro, tram of bus verplaatsen – sommige lijnen zijn nog in aanleg. Voor het afleggen van langere afstanden door de staat is een huurauto aan te bevelen, omdat u daarmee van een grote vrijheid kunt genieten. De voorzieningen voor het huren van een auto zijn uitstekend in de Golden State. Autoverhuurbedrijven zijn te vinden in elke grote stad en er zijn auto's uit elke prijsklasse te huur (zie blz. 80).

Voor vertrek of tijdens de reis een hotelkamer boeken?

Na een afmattende trans-Atlantische vlucht zult u blij zijn als u voor vertrek een hotelkamer hebt gereserveerd, mede omdat u soms voor vertrek al een adres op uw plaats van bestemming moet opgeven. U doet er goed aan daar al bij het inchecken rekening mee te houden en het juiste verblijfadres (inclusief de *zip code* van de stad en het postadres) gereed te houden.

Het hotelaanbod is uiteraard afhankelijk van de plaats waar u wilt verblijven. In de grote metropolen is het aanbod aan hotels en motels zo groot dat u altijd wel een kamer kunt vinden. Heel anders gaat het toe in de nationale parken. Als u bijvoorbeeld binnen de grenzen van Yosemite National Park of Death Valley een accommodatie zoekt, doet u er goed aan vooral voor een verblijf in het weekend in het hoogseizoen ruim van tevoren te boeken. Ook aan de kust moet u op feestdagen als Independence Day (Onafhankelijkheidsdag) of Columbus Day rekening houden met grote bezoekersaantallen. Als u voor deze dagen niet enkele dagen van tevoren hebt kunnen reserveren, kunt u het best op de feestdag zelf vroeg in de middag op zoek gaan naar een hotelkamer.

Georganiseerde rondreizen

Voor een comfortabel verblijf is een all-inarrangement inclusief professionele reisbegeleiding aanbevolen. Een groot voordeel daarvan is dat u zich niet hoeft te bekommeren over de organisatie van uw reis of eventuele taalbarrières. Een nadeel is dat u zich moet aanpassen aan een uniform reisplan en er weinig ruimte is voor persoonlijke wensen.

De ANWB biedt diverse rondreizen door Californië en het Westen van de VS aan. Op de 18-daagse rondreis *Beste van het Westen* (u vliegt met KLM) wordt u meegenomen langs alle hoogtepunten van het Westen. Na een bezoek aan het Hollywood van Los Angeles staan natuurspektakels als de Grand Canyon, Bryce Canyon, Arches National Park en Capitol Reef op het programma. Uiteraard brengt u ook een bezoek aan de ultieme gokstad Las Vegas. In het Yosemite National Park treft u een wonderlijke natuur met imposante rotsen, watervallen en de reusachtige mammoetbomen. U bezoekt de Wine Country, het hart van de Californische wijnindustrie, en de reis eindigt in San Francisco, de mooiste stad van Amerika.
Een andere rondreis van de ANWB is de 30-daagse *Camperreis Californië en de Canyons*.

Deze groepsrondreis per camper wordt begeleid door een Nederlandstalige reisleider en is geschikt voor mensen die nog nooit met een camper hebben gereisd. Laat u fascineren door de weidsheid van Amerika, de verbijsterend mooie en gevarieerde landschappen en geniet! Na aankomst in San Francisco en een stadsexcursie rijdt u zuidwaarts langs de schitterende kustlijn waar u na Los Angeles de 'beschaving' achter u laat. U beleeft de ruige wilderns vol indrukwekkende en bizarre landschappen. Hoogtepunt is the Grand Canyon. De extravagante gokstad Las Vegas zal u sprakeloos achterlaten, zo ook de adembenemende schoonheid van Bryce Canyon. Tot slot bezoekt u Napa Valley, alwaar u Californiës topwijnen kunt proeven. Neem voor meer informatie over deze rondreizen contact op met de ANWB of kijk op www.anwb.nl.

Als u van plan bent per camper of huurauto door Californië te gaan reizen, kunt u uw reis ook tot in de kleinste details door een gespecialiseerde reisorganisatie als Travel World Online laten organiseren, zodat u zich volledig op de bezienswaardigheden kunt concentreren (www.travelworldonline.com).

Gehandicapt op reis

Veel hotels en motels hebben voorzieningen voor gehandicapten, met grote badkamers en brede deuren. Grote musea en attractieparken beschikken vaak over rolstoelen en hellingbanen. Informatie hierover is te vinden op de website van de Society for Accessible Travel & Hospitality (SATH), een organisatie voor gehandicapte reizigers (www.sath.org). Aan het gemeentebestuur van grote steden in Californië kunt u een verzoek met een bijgevoegde medische verklaring richten voor een parkeervergunning voor gehandicapten. Autoverhuurbedrijven stellen bij tijdige reservering speciale auto's voor gehandicapten ter beschikking.

Reizen met kinderen

Als kinderen op de leeftijd zijn gekomen dat ze lange autoreizen geen kwelling meer vinden, is Californië met zijn voortreffelijke infrastructuur een ideaal reisland voor het hele gezin. Kinderen tot 18 jaar kunnen normaal gesproken gratis op de kamer van hun ouders verblijven. Zelfs de kleinere motels beschikken vaak over een zwembad. Veel musea hebben speciale tentoonstellingen voor kleine bezoekers. In dierentuinen en aquaria kunnen de kinderen zich vaak vermaken met speciale *touch tanks,* open bassins waarin de kleintjes de zeedieren zonder gevaar mogen aanraken. De meeste restaurants hebben een kindermenu. De Golden State is met zijn schitterende landschappen en uitstekende sport- en ontspanningsmogelijkheden vooral een topbestemming voor een vakantie in de vrije natuur. Het op een zinvolle manier bezighouden van de kleintjes kan bijdragen tot een geslaagde vakantie. U kunt ze bijvoorbeeld laten meedoen aan de speciale kinderprogramma's van de rangers in nationale parken als Yosemite en Redwood, waarbij ze op een speelse manier vertrouwd raken met de natuur.

Midden in de zomer is de Californische zon allesverzengend. Het is zeer aan te raden kleine waterratten met de juiste zwemkleding en zonnebrand te beschermen. Kleine kinderen naakt laten zwemmen is tegen de Amerikaanse zeden. Als u uw gezinsvakantie niet wilt verpesten, doet u erg goed aan het volgende in acht te nemen: kinderen van welke leeftijd dan ook, dus ook baby's, hebben voor een verblijf zonder visum een met de computer leesbaar paspoort nodig (zie onder).

Douane

Ingezetenen van de EU hebben voor een verblijf van maximaal 90 dagen een met de computer leesbaar paspoort nodig, dat ten minste voor de duur van het verblijf geldig is. Paspoorten die na oktober 2005 zijn afgegeven, moeten voorzien zijn van een digitale pasfoto en twee vingerafdrukken van de eigenaar. De vingerafdrukken zijn verplicht voor kinderen vanaf 12 jaar. Sinds oktober 2006 moet uw paspoort ook zijn voorzien van biometrische gegevens in chipvorm (het *E-passport)*. In het vliegtuig moet u al een douaneformulier invullen. Een strookje van dit formulier wordt in uw paspoort geniet en wanneer u teruggaat bij het inchecken op de luchthaven ingenomen.

Iedere reiziger zonder visum moet minstens 72 uur voor het passeren van de douane een elektronische reisvergunning (Electronic System for Travel Authorization – ESTA) aanvragen. U kunt deze voor $14 downloaden op de website https://esta.cbp.dhs.gov/esta (ook in het Nederlands). Het is aan te raden de vergunning te printen en bij uw reisbescheiden te voegen. Met dit formulier kunt u in een tijdsbestek van 2 jaar net zo vaak naar Amerika reizen als u wilt. U kunt het ook via uw reisbureau aanvragen.

Voorschriften voor handbagage

Vloeistoffen moeten worden verpakt in flacons van maximaal 100 milliliter (0,1 l). Flessen of tubes (maximaal 10) moeten worden vervoerd in een doorzichtige, hersluitbare plastic tas met een inhoud van maximaal 1 l. Vloeistoffen zijn volgende de huidige EU-wetgeving niet alleen dranken, voedingsmiddelen (water, soep enzovoort) of parfums, maar ook gels, sprays, shampoos, zonnebrand, oliën, crèmes, deorollers, vochtige doekjes, tandpasta, lippenstift en lipgloss. Babyvoeding, medicijnen en levensmiddelen voor diabetici mogen – als dat tijdens de vlucht noodzakelijk is – onbeperkt in uw handbagage worden meegenomen en hoeven niet in plastic tassen te worden vervoerd; u moet ze bij de bagagecontrole wel aangeven. Als u medicijnen meeneemt, is het aanbevolen om ook de bijbehorende dokters-verklaring bij uw reisbescheiden te voegen. Taxfreeproducten die u na het passeren van de douane aanschaft, mag u meenemen aan boord. Informeer bij uw luchtvaartmaatschappij hoeveel handbagage u mag meenemen in het vliegtuig, zodat u die probleemloos in de bagagevakken kunt opbergen. Koffers die u als ruimbagage hebt ingecheckt, mogen niet worden worden afgesloten.

Huisdieren/invoerbepalingen

Honden, katten en fretten hebben een EU-paspoort nodig als zij op reis gaan naar het buitenland. De Nederlandse versie van dit EU-paspoort kunt u krijgen via uw dierenarts. De dieren moeten ook zijn ingeënt tegen rabiës (hondsdolheid). Dit kan de dierenarts doen.

Het invoeren en het bezit van verdovende middelen, zoals hasj, cocaïne en heroïne, wordt overal op de wereld streng bestraft. De invoer van 200 sigaretten, 1 l alcohol en geschenken met een waarde van onder de $100 is belastingvrij voor volwassenen van 21 jaar en ouder. Als u de Europese Unie verlaat met €10.000 of meer aan liquide middelen, moet u hiervan aangifte te doen bij de douane. De invoer van verse, gedroogde of ingeblikte vis- en vleesproducten is niet toegestaan. Als u bloemen, planten, groenten of fruit (fytosanitaire producten) in Californië wilt invoeren, moet u een fytosanitair certificaat kunnen overleggen. Alleen bij kleine hoeveelheden is een certificaat niet nodig. Als u het certificaat niet kunt laten zien, neemt de douane de goederen in beslag. Bakkersproducten en houdbare kaas mag u vrij invoeren. Kijk voor meer informatie op www.douane.nl.

Vliegtuig

Als u per vliegtuig van Europa naar Californië reist, landt u meestal in Los Angeles, San Francisco of Las Vegas (Nevada). Van de luchthavens Schiphol en Brussel Zaventem gaan dagelijks directe vluchten naar deze drie grote steden. Omdat het vliegtuig binnen de VS vanwege de enorme afstanden een gebruikelijk vervoermiddel is, is het luchtverkeer in Amerika zeer uitgebreid. In het hoogseizoen (eind mei–half september) zijn vliegtickets over het algemeen duur. Met een Air Pass kunt u soms kortingen krijgen. Grote Amerikaanse luchtvaartmaatschappijen bieden de mogelijkheid om tegen een gereduceerd tarief uw trans-Atlantische vlucht te combineren met minstens drie binnenlandse vluchten. Daarbij moet u wel voor elke vliegreis precies aangeven waar u vertrekt en landt. Maatschappijen als Delta Airlines, KLM, Continental Airlines en Lufthansa bieden fly-drivearrangementen aan: vlucht inclusief huurauto ter plaatse. Informeer naar deze arrangementen bij uw reisbureau of kijk op internet (typ in uw zoekmachine fly + drive).

Binnenlands vervoer

Auto/camper

Een huurauto kunt u het best al voor vertrek reserveren. Bij Holiday Autos (tel. 0900-2022634, www.holiday-autos.nl) betaalt u voor een kleine auto inclusief allriskverzekering, verhoogde aansprakelijkheid, onbeperkt aantal kilometers en lokale belastingen op Los Angeles Airport circa €155 per week. Bij het ophalen van de auto hebt u uw rijbewijs, bijvoorkeur het nieuwste (in creditcardformaat) en een gangbare creditcard nodig. Oudere rijbewijzen met verouderde foto's kunnen tot problemen leiden. Als u nog geen 25 jaar bent, doet u erg goed aan bij het autoverhuurbedrijf te informeren of er een minimumleeftijd geldt. Op alle luchthavens en in de grote steden zijn vestigingen te vinden van de verhuurbedrijven Alamo (www.alamo.com), Avis (www. avis. com), Budget (www.budget.com), Dollar (www.dollar.com), Hertz (www.hertz.

com) en National (www.nationalcar.com). Filialen van Rent-a-Wreck (www.rentawreck. com) zijn alleen gevestigd in grote steden. U kunt er geen autowrakken huren, zoals de naam doet vermoeden, maar oudere modellen (oude brikken) voor een lage prijs. De service van dit bedrijf laat echter te wensen over. Als u bijvoorbeeld met pech langs de weg komt te staan, bent u beter uit bij een van de gevestigde autoverhuurbedrijven.

Sommige Amerikaanse verkeersregels wijken af van de Europese. Zo is het toegestaan om bij een rood stoplicht rechtsaf te slaan, dat wil zeggen als niet duidelijk staat aangegeven dat het verboden is. Bij kruisingen zonder stoplichten mag de bestuurder die het eerst aankomt als eerste doorrijden. Stilstaande gele schoolbussen met knipperende richtingaanwijzers mag u nooit inhalen of in de tegenovergestelde richting passeren. De maximumsnelheden op de Interstates lopen uiteen van 65 tot 70 mph (circa 105 tot 110 km/u). Het dragen van de veiligheidsgordel is voor alle inzittenden verplicht. Kinderen tot 12 jaar mogen alleen op de achterbank meerijden. De bestuurder mag absoluut geen alcohol hebben gedronken. Wanneer bij aanhouding blijkt dat u toch hebt gedronken, kunt u op een fikse boete rekenen. Op sommige Interstates dient de linkerrijbaan als carpoolstrook, waarop tijdens de spits (rush hour) alleen auto's met minimaal twee inzittenden mogen rijden.

Ook in het automobilistenparadijs Amerika zijn de benzineprijzen aanzienlijk gestegen. De prijs voor een gallon (3,785 l) ligt rond de $3,50–4. Het loont om de prijzen van de verschillende benzinestations met elkaar te vergelijken. Vooral in afgelegen gebieden als de Death Valley en de Sierra Nevada moet u rekening houden met benzineprijzen die een stuk hoger liggen dan in de rest van het land. Met een huurauto moet u altijd *unleaded* (loodvrije) benzine tanken. In veel gevallen kunt u direct aan de pomp met uw creditcard betalen (www.californiagasprices.com).

California Dreaming: highway door het woestijnlandschap ten zuiden van Los Angeles

Als u zich per camper *(rv = recreation vehicle)* door Californië gaat verplaatsen, is het af te raden om met het maximaal toegestane aantal inzittenden te gaan rijden. Vooral op tochten met de kinderen is voldoende ruimte in de camper belangrijk, want al te dicht opeengepakt reizen lijdt gauw tot irritaties. Bij het plannen van het aantal af te leggen kilometers kunt u beter niet te optimistisch zijn. Het te bereizen gebied is enorm en u wordt voortdurend verleid tot omwegen en uitstapjes.

Trein

Voor het overbruggen van lange afstanden tussen grote steden is de trein ideaal. In Californië rijden de volgende treinen van spoorwegmaatschappij Amtrak:

California Zephyr: San Francisco–Sacramento–Reno (NV)–Winnemucca–Salt Lake City–Grand Junction–Denver (CO)–Chicago

Capitol Corridor: San Jose–Oakland–Berkeley–Sacramento–Auburn (CA)

Coast Starlight: Los Angeles–Santa Barbara–San Jose–Oakland–Sacramento–Seattle (WA)

Pacific Surfliner: San Diego–Oceanside–Anaheim–Los Angeles–Santa Barbara–San Luis Obispo–Paso Robles (CA)

San Joaquins: Sacramento resp. San Francisco–Stockton–Fresno–Bakersfield (CA).

Southwest Chief: Los Angeles–Needles–Kingman (AZ)–Flagstaff–Gallup–Albuquerque–Chicago

Sunset Limited: Los Angeles–North Palm Springs–Yuma–Tucson–Benson (AZ)–Lordsburg (NM)–El Paso (TX)–Orlando (FL)

Passagiers kunnen verschillende kortingen krijgen op treinkaartjes. De Amerikaanse spoorwegmaatschappij Amtrak biedt op haar website tegen gereduceerde prijzen tickets (SmartFares) aan, maar die zijn alleen van dinsdag tot en met vrijdag beschikbaar (http://tickets.amtrak.com/itd/amtrak/smart-fares). Ook voor normale treinreizen kunt u gebruikmaken van het reserveringssysteem van Amtrak op internet.

Wie de VS per trein wil doorkruisen, doet er goed aan een **USA Rail Pass** aan te schaffen. Deze pas is beschikbaar voor drie periodes op diverse trajecten (15 dagen/8 trajecten, 30 dagen/12 trajecten of 45 dagen/18 trajecten) en kost respectievelijk $429, $649 en $829. Reserveren is aan te raden. Voor treinreizen in een slaapcoupé moet u bijbetalen. Kinderen van 2 tot 15 jaar reizen voor de helft van de prijs met hun ouders mee. De pas is tot 180 dagen na aanschaf geldig. Kijk voor meer informatie op www.amtrak.com.

Bus

De busmaatschappij **Greyhound Lines** verzorgt het vervoer per langeafstandsbussen door de VS, maar de Greyhounds rijden hoofdzakelijk tussen de grote steden (www.greyhound.com). Buitenlandse reizigers krijgen korting op busreizen met de **Nordamerikapass**, waarvan de geldigheid uiteenloopt van zeven tot 60 dagen (www.buspass.de/USA/Greyhound_Discovery_Pass/greyhound_buspass_usa.html). **Green Tortoise** biedt tochten voor jongeren aan: langs de kust, naar Death Valley, Yosemite National Park en door een aantal woestijngebieden, inclusief accommodatie (494 Broadway, San Francisco, CA 94133, tel. 415-8341000, www.greentortoise.com).

Lokale en regionale bustochten worden in veel steden door honderden maatschappijen aangeboden. Informeer hiernaar bij het plaatselijke kantoor van Visitor Informations. De Californische busmaatschappij **California Shuttle Bus** verzorgt voordelige busreizen van Los Angeles naar San Francisco ($40, maar één pauze) en binnen de agglomeraties Los Angeles en Anaheim (www.cashuttlebus.com).

Vliegtuig

Net als in Europa is de luchtvaart in Amerika kleurrijker geworden met de komst van **prijsvechters**, die met de gevestigde luchtvaartmaatschappijen concurreren. In de afgelopen jaren is echter gebleken dat de concurrentiestrijd voor sommige budgetmaatschappijen te zwaar was: ze zijn verdwenen. Prijsvechter **JetBlue Airways** vliegt op verschillende steden in Californië, waaronder San Francisco, Oakland, Sacramento, Long Beach, San Jose en Burbank (www.jetblue.com). Ook **Southwest Airlines** met de thuishaven Burbank, bij Los Angeles, is in Californië sterk vertegenwoordigd (www.southwest.com) en heeft in het verleden prijsvechter AirTran met zijn basis in Atlanta (Georgia) overgenomen. **Frontier Airlines** vliegt van Denver op meerdere steden in de Golden State (www.frontierairlines.com). Het beste overzicht van alle bestemmingen krijgt u als u op internet de *route map* van de maatschappij van uw keuze bekijkt. Daarop staan niet alleen de thuishavens van de maatschappijen, maar ook alle bestemmingen en vliegroutes.

Motor

Reizen per motor is populair in het hele westen van de Verenigde Staten. Dit is al zo sinds tochten op een gemotoriseerd stalen ros in de roadmovie *Easy rider* (1969) een cultstatus kregen. Zeer geliefd is de Californische Pacific Coast Highway 1, maar er zijn ook vele andere motorroutes die door schitterende landschappen voeren. Veel *bikers* beschouwen een rit op hun Harley-Davidson als de ultieme vakantie-ervaring.

Als u hulp wilt bij de planning van een motortocht door Californië, kunt u bijvoorbeeld contact opnemen met de organisatie California Motorcycle Tours, die diverse motortochten organiseert langs de Californische kust, door het historische goudgraversgebied en het Wilde Westen. Kijk voor meer informatie op www.ca-motorcycletours.com.

Ook de website www.roadtripamerica.com is een handige tool voor het plannen van een reis door Amerika, of u kunt contact opnemen met: RoadTrip America, 8275 S. Eastern Avenue, suite 200, Las Vegas, NV 89123, tel. 702-320-4866.

Accommodatie

Dankzij de voortreffelijke toeristische infrastructuur zijn grote delen van Californië goed bereisbaar. Als accommodatie kunt u kiezen voor een hotel (meestal in de stad), motel (praktisch, omdat u meestal voor de deur kunt parkeren), *inn* (plattelandsherberg) of een bed en breakfast (kamer bij particulieren, meestal in een zeer verzorgd pand).

In Amerikaanse accommodatie wordt over het algemeen veel aandacht besteed aan slaapcomfort. Net iets te smalle bedden met een breedte van 90 cm of 1 m zijn bij ons nog tamelijk gebruikelijk, maar zult u in Amerika niet snel tegenkomen. In de betere hotels en motels hebt u de keus uit een queensizebed, dat wil zeggen een twijfelaar van circa 1,40 m breed of een kingsizebed, met de vorstelijke afmetingen van 2 m x 2 m. Onder *twin beds* verstaat men twee losse queensizebedden.

Heel handig zijn de in veel motels aanwezige wasmachines en drogers die op munten werken. Wasmiddel kunt u uit een automaat of bij de receptie halen. In een enkel geval moet u zich voor wasmiddel naar de dichtstbijzijnde supermarkt begeven. Openbare wasserettes met eveneens op munten werkende wasmachines en drogers *(coin laundries)* zijn zelfs in de kleinste plaatsjes in Californië te vinden. In de betere hotels behoren een strijkijzer, een strijkplank en een koffiezetapparaat meestal tot de voorzieningen. In steeds meer hotels zijn naast (niet altijd) verwarmde binnen- en buitenbaden ook fitnessruimten ingericht, met een apparatenpark van variabele grootte.

Voordat u gebruikmaakt van de op uw kamer aanwezige minibar, kunt u het best eerst goed de bijbehorende prijslijst bestuderen, want voor de producten uit deze koelkast betaalt u meestal een veelvoud van het bedrag dat u voor hetzelfde drankje of dezelfde reep in de supermarkt kwijt bent. Het is aan te raden waardevolle spullen te bewaren in de hotelkluis of af te geven bij de hotelreceptie.

In veel Amerikaanse hotels kunt u een kamer met een al dan niet volledig ingerichte keuken krijgen. Afhankelijk van de hotelklasse is het ter beschikking gestelde keukengerei schoon en in goede staat. Het gebruik van zo'n keuken op uw kamer is vaak echter alleen rendabel bij een meerdaags verblijf, want bij eenmalig gebruik bent u vaak veel geld kwijt aan de aanschaf van schoonmaakmiddelen (waarin meestal niet wordt voorzien).

Als u in Californië pas tegen de avond op zoek gaat naar accommodatie, kunt u uw voordeel doen met een prettige bijkomstigheid uit de Amerikaanse hotelpraktijk: veel hotels en motels zetten na 18 uur lichtreclames met de woorden *vacancy* of *no vacancy* aan. U hoeft dus niet eens uit uw auto te stappen en het hotel/motel binnen te lopen om te vragen of er een kamer vrij is. Op de kamerprijzen wordt een hotelbelasting geheven, waarvan de hoogte afhankelijk is van de stad waar u verblijft (San Diego 10%, San Francisco en Los Angeles 14%). Soms komen daar ook nog andere lokale belastingen bij.

Hotelklassen

Discountmotels: Het voordeligst zijn grote motelketens als Motel 6 (www.motel6.com), Super 8 (www.super8.com), Red Roof Inns (www.redroof.com), Econo Lodge, Comfort Inn, Quality Inn, Sleep Inn, Rodeway Inn (alle te vinden op www.choicehotels.com) en Days Inn (www.daysinn.com), die standaardkamers zonder al te veel comfort aanbieden.

Middenklasse: Iets duurder, maar ook met betere voorzieningen zijn bijvoorbeeld de hotels van ketens als Travelodge (www.travelodge.com), Howard Johnson (www.hojo.com), Best Western (www.bestwestern.com), Embassy Suites (www.embassysuites.com), Hampton Inns (www.hamptoninn.com), Holiday Inn Express (www.ichotelsgroup.com), La Quinta (www.lq.com) en Ramada (www.ramada.com).

Luxehotels: Voor veeleisende reizigers zijn er de luxehotels van Hyatt (www.hyatt.com),

Marriott en Courtyard by Marriott (www. marriott.com), Hilton (www.hilton.com), Radisson (www.radisson.com), Ritz-Carlton (www. ritzcarlton.com), Westin, Sheraton (www.star woodhotels.com) en Fairmont Hotels (www. fairmont.com).

Bed and breakfasts

Bed and breakfasts zijn in Californië wijdverbreid. Vaak zijn ze gevestigd in fraaie particuliere huizen, met overdadig ingerichte kamers vol antiek, waar u vergeefs op zoek zult gaan naar een televisie of andere apparatuur. In plaats daarvan overnacht u er in een hemelbed: voor de traditionele Amerikanen het symbool van de goede oude tijd. Voor een overnachting in een luxueus ingerichte bed and breakfast betaalt u een vermogen. Op het platteland komt u echter ook vriendelijker geprijsde exemplaren tegen. Sommige bieden alleen onderdak aan niet-rokers. Als u zich goed in het Engels kunt uitdrukken, kan het prettig zijn om met andere gasten aan de ontbijttafel een praatje aan te knopen.

Ranches

Voor een bijzondere vakantie in Californië kunt u ook terecht op een ranch, waar u in de gelegenheid bent de authentieke westernsfeer op te snuiven. Een verblijf in de wereld van de cowboys en -girls is bijzonder kostbaar, maar bij de prijs zijn vaak ook de maaltijden en allerlei activiteiten inbegrepen. *Working ranches* zijn runder- of paardenfokkerijen die de mogelijkheid bieden om te helpen bij de dagelijkse werkzaamheden, maar ze kunnen soms slechts enkele gasten onderbrengen. *Dude- of guest ranches* zijn speciaal ingericht voor toeristen. Hier geniet u van het comfort van een hotel, kampvuren met muziek en barbecues. Ook in een *ranch resort* komt u

weinig te weten over het dagelijks bestaan van de cowboys, maar dankzij de rustieke sfeer waant u zich wel op een echte ranch (www.guest-ranches.com; www.totalescape. com/lodge/dude. html).

Vakantiehuisjes en vakantiewoningen

U kunt u in Californië kiezen uit een enorm aantal vakantiewoningen, uiteenlopend van rustieke cottages voor een romantisch verblijf met zijn tweeën tot luxevilla's die plaats bieden aan verscheidene gezinnen. Aanbieders zijn er genoeg. U kunt het beste op internet zoeken naar de gewenste locatie (staat, stad, dorp) en periode, waarna u een selectie kunt maken van wat het best bij u past (kijk bijvoorbeeld op www.homeaway.nl, http://ame rika.startpagina.nl of www.vakantiewoning en.org).

Jeugdherbergen

Als u tijdens uw verblijf in Californië moet zien rond te komen met een klein budget, kunt u veel geld besparen door in een jeugdherberg (hostel) te overnachten. Hostels zijn in de grote steden in de regel 24 uur per dag open (circa $30–40 per bed), maar in landelijke gebieden zijn ze overdag gesloten en gaan ze pas laat in de middag open (circa $15–20 per bed). Gewoonlijk krijgt u een bed in een slaapzaal, soms een iets duurdere privékamer. Niet alleen jonge rugzakreizigers overnachten in een hostel, maar ook ouderen en hele gezinnen. Meestal is een eigen slaapzak verplicht (Hostelling International-USA, 425 Divisadero St., San Francisco, CA 74117-2242, tel. 415-701-1320, fax 415-863-3865, www.hihostels.com). In Nederland: Stayokay, Timorplein 21-a, 1094 CC Amsterdam, tel. 020-5513133, www.stayokay.com).

Kamperen

In Californië wemelt het van de particuliere, gemeentelijke of staatscampings voor *recreation vehicles* (campers). Vooral de terreinen van de National Park Service en de Forest Service zijn voordelig (circa $5-15), maar lang niet zo luxueus toegerust als bijvoorbeeld de in het hele zuidwesten van de VS te vinden KOA-terreinen ($20-40 per nacht, www.koa.com), waar ook *cabins* te huur zijn. Dit zijn houten huisjes met één of twee kamers voor maximaal 6 personen, soms met airconditioning, afhankelijk van de ligging.

Nog comfortabeler zijn *camping lodges* en *camping cottages*, met een keuken, airconditioning en een bad. Slaapzak en keukenbenodigdheden moet u zelf meenemen. Voor een cottage voor 2 personen moet u rekenen op $50-60 per nacht, inclusief een plaats voor de auto (www.koa.com/states-provinces/california). Met een camper mag u in Amerika niet langs de weg overnachten, maar u moet van een kampeerterrein gebruikmaken. Bij de Chambers of Commerce en de Visitors Bureaus kunt u gratis een volledig overzicht van de kampeermogelijkheden krijgen.

Reserveren

Telefonisch gereserveerde kamers worden maar tot 18.00 uur vrijgehouden. U kunt ook gegarandeerd boeken met uw creditcard, maar dan worden de kosten wel van uw rekening afgeschreven, ook als u de reservering later afzegt. Tweepersoonskamers kunnen met een geringe toeslag door meer dan twee personen worden betrokken. De prijzen zijn altijd bedoeld voor één kamer en worden niet per persoon berekend. Voor het reserveren is het internet bijzonder praktisch, niet alleen voor vertrek, maar ook onderweg. Een bezoek aan een internetcafé of een paar minuten achter een hotelcomputer kunnen zeer de moeite waard zijn, want op internet vindt u doorgaans veel speciale aanbiedingen.

Voor het bespreken van een kamer geldt als vuistregel: in grote steden kunt u maar beter reserveren. Wanneer tijdens uw bezoek toevallig een congres of een belangrijk sportevenement plaatsvindt, kunt u de pech hebben dat alle kamers al bezet zijn. Op het platteland is de kans hierop klein, zodat u op goed geluk op zoek kunt gaan en kunt proberen om een paar dollar van de prijs af te krijgen met een coupon of een andere kortingsmogelijkheid. Het is ook aan te bevelen om voor uw eerste nacht in Californië een hotel gereserveerd te hebben, niet op de laatste plaats omdat het tegenwoordig verplicht is om uw eerste adres op te geven wanneer u in de VS arriveert. Zorg ervoor dat u daar voor het inchecken al op bent voorbereid en houd het adres (inclusief de *zip code* van de stad en het postadres) bij de hand.

Als u geen hotelkamer hebt gereserveerd, kunt u profijt hebben van de couponboekjes die gratis verkrijgbaar zijn bij toeristenbureaus en diverse fastfoodketens, of zijn te printen van internet. De Traveler Discount Guide is geldig voor 48 Amerikaanse staten en bevat coupons voor ruim 6000 accommodaties, waarmee u tot 20% korting kunt krijgen (www.travelerdiscountguide.com). Vergelijkbaar zijn de couponboekje Motel Coupons (www.motel-coupons.com), Room Saver (www.roomsaver.com) en Destination Coupons (www.destination coupons.com). In de kleine lettertjes op de coupons staat te lezen voor welke periode en voor hoeveel personen de kortingen gelden. In het hoogseizoen vallen veel hotels in het weekend en op feestdagen buiten de kortingsregelingen. De boekjes zijn ook handig omdat er gedetailleerde stads- en regiokaarten in staan, waarop de betreffende accommodaties duidelijk staan aangegeven. Bij Destination Coupons krijgt u niet alleen korting op accommodatie, maar ook op huurauto's en campings.

Sport en activiteiten

Wandelen

De wandelmogelijkheden in Californië zijn legio. Vooral op langeafstandswandelingen moet u zich goed voorbereiden, omdat het weer in het zuidwesten van de VS (hitte, stormen, bijzondere klimaatomstandigheden in hooggelegen gebieden) zeer grillig kan zijn. Van de **Bay Area Ridge Trail**, die langs de Baai van San Francisco voert en een totale lengte van 800 km heeft, nodigen niet minder dan 500 km uit tot wandelen, paardrijden en mountainbiken (www.ridgetrail.org). Daarnaast is er de 1910 km lange **California Coastal Trail** van de Mexicaanse grens naar Oregon. Ook als u deze route niet in zijn geheel wilt afleggen, kunt u de Pacific Coast tijdens een aantal geselecteerde etappes prima verkennen (www.californiacoastaltrail.info). Tot de beroemdste wandelroutes in het westen van de VS behoort de 340 km lange **John Muir Trail** van de Yosemite Valley naar Mount Whitney, met 4416 m de hoogste berg van de VS (Alaska en Hawaii niet meegerekend). De tocht over deze route door de Sierra Nevada is bijzonder zwaar en vraagt een tijdsbestek van 2–3 weken om af te leggen. De John Muir Trail maakt deel uit van de **Pacific Crest Trail**, die door het hooggebergte van de westelijke VS van de Canadese naar de Mexicaanse grens loopt (www.pcta.org). Mount Whitney is ook te beklimmen via een kortere route die begint in Whitney Portal in de Owens Valley (wandelkaart verplicht). Een wandelkaart is aan te schaffen op internet (zie blz. 337).

Fraaie wandelgebieden zijn de door de National Park Service beheerde nationale parken en *national monuments*, met boven aan de lijst Yosemite National Park. Maar midden in de zomer kan de wandeldrukte in Yosemite groot zijn. Een prima overzicht van de vele wandelmogelijkheden in heel Californië is te vinden op de website http://trails.gorp.com/TrailSearch?state=CA.

Mountainbiken

Californië zou weinig voorstellen als outdoorparadijs als er geen tientallen mountainbikeroutes dwars door de staat liepen, die elke fietser, van welk trainingsniveau dan ook, wat te bieden hebben. De routes lopen uiteen van ook voor beginners geschikte trajecten over vlak terrein tot adrenalineverhogende uitdagingen voor professionals, waarop men zelfs te voet langzaam vooruit zou komen. Dirtworld ontwikkelde op internet een website voor mountainbikers, waarop bijna alle routes in Californië zijn te vinden. Op deze pagina worden ook de lengte en de moeilijkheidsgraad genoemd en krijgen mountainbikers een goed beeld van de avonturen die hun te wachten staan (www.dirtworld.com/trails). Mammoth Lakes op de oostelijke hellingen van de Sierra Nevada onderhoudt een pendelbusdienst voor mountainbikers, die in het Mountain Bike Park op een van de talrijke routes op Mammoth Mountain in vorm willen blijven. Als u van plan bent om in Californië op een fietszadel actief te blijven, kunt u het best zelf fietsschoenen en klikpedalen van thuis meenemen, omdat fietsen met *clipless pedals* bijna nergens te huur zijn.

Surfen

De Grote Oceaankust tussen San Francisco en San Diego is een geliefde bestemming van surfers uit de hele wereld. De surfstranden zijn er dan ook weergaloos. **Surfrider Beach** ligt ten noorden van Santa Monica en in de buurt van de Malibu Pier en behoort volgens ingewijden tot de beste surfstranden van Zuid-Californië. Niet minder beroemd is **Mavericks** in Pillar Point Harbor, ten noorden van de stad Half Moon Bay, waar rotspartijen onder water vooral in de winter een enorme golfslag teweegbrengen. Ook in Santa Cruz, Santa Barbara en tal van stranden bij Los Angeles en tussen Los Angeles en San Diego zijn de surfmogelijkheden geweldig. Langs veel stranden zijn winkels gevestigd waar surfuitrusting te huur is.

Zwemmen

De eerste indruk is bedrieglijk. De Pacific Coast is landschappelijk een van de indrukwekkendste gebieden van Zuid-Californië, maar de zee is niet geschikt om te zwemmen. Het kustwater komt uit de grote diepten van de oceaan en is zeer koud, waardoor de watertemperatuur bijvoorbeeld aan de stranden van San Francisco midden in de zomer nauwelijks boven de 13 °C uitkomt en de Golden Gate Bridge vaak tot de middag in dichte mist is gehuld. Verder naar het zuiden is de Grote Oceaan iets warmer, maar ook daar is zwemmen geen groot genoegen. In binnenmeren als Lake Tahoe is de situatie anders. Zowel aan de Californische kust als aan de kust van Nevada liggen talrijke zwemstranden, waaraan de watertemperatuur echter niet hoger wordt dan 21 °C. De Colorado River, op de grens tussen Californië en Arizona, is in de loop der jaren een waar zwem- en watersportwalhalla geworden. In de zomer moet u daar echter rekening houden met een verzengende hitte.

Vakantie op een woonboot

Diverse stuwmeren zijn ontwikkeld tot bestemmingen voor woonbootliefhebbers, die een paar dagen de vaste grond onder hun voeten willen verlaten. Woonboten in allerlei soorten en maten zijn te huur aan het 27 km lange Trinity Lake in de Whiskeytown-Shasta Trinity National Recreation Area ten noordwesten van Redding, aan Whiskeytown Lake en aan het eveneens in deze regio gelegen Shasta Lake (120 km²). Een vaarbewijs hebt u niet nodig, een geldig rijbewijs volstaat. Na

De prachtige ligplaats van woonboten in Lake Kaweah

Sport of ontspanning? Te paard beleeft u Californië optimaal

een snelcursus kan het avontuur beginnen, want het manoeuvreren blijkt uiteindelijk eenvoudiger te zijn dan het besturen van een auto. De boten, normaal gesproken gebouwd voor 6 tot 12 personen, zijn uitgerust met verschillende cabines, douche, keuken met oven, magnetron en koelkast. Op het dek is veel ruimte voor allerlei activiteiten en er is meestal een speciaal zonnedek. Er zijn geen voorgeschreven routes. Een vakantie op een woonboot is niet goedkoop. Van juni tot augustus bent u het duurst uit. U dient altijd een aantal maanden van tevoren te reserveren (www.houseboating.org).

Wildwatervaren (raften)

Twee van de bekendste raftinggebieden van Californië zijn goed te bereiken vanuit de hoofdstad Sacramento: de South Fork en Middle Fork van de American River, waaraan in 1848 de goudkoorts begon. Wie al raftervaring heeft en een bijzonder avontuur wil meemaken, vindt in de Cherry Creek, een deel van de Tuolomne River ten westen van Yosemite National Park, in de periode van juni tot september een van de meest uitdagende wildwatervaargebieden van Californië. De smalle Cherry Creek stort zich per mijl (1609 m) 30 m omlaag en er zijn vijftien stroomversnellingen van categorie V (All-Outdoors California Whitewater Rafting, 1250 Pine St., Walnut Creek CA 94596, tel. 925-932-8993, www.aorafting.com).

Golfen

Op veel plaatsen in Californië zijn de omstandigheden het hele jaar door uitstekend voor het beoefenen van de golfsport. Alleen al de namen van verschillende gebieden of golfterreinen doen het hart van menig golfer sneller kloppen. Bijvoorbeeld Pebble Beach tussen Monterey en Carmel, waar de prachtige baan met 17 holes op een kaap boven de branding ligt.

Een aardig alternatief voor golfen in de vrije natuur is een middagje op de groene grasmat in het hart van 's werelds kansspelmetropool Las Vegas, waar u in het Wynn Las Vegas Resort de enige 18 holesbaan van de stad vindt, op een steenworp afstand van de Strip (www.wynnlasvegas.com). Golfuitrustingen zijn op veel plaatsen te huur. U kunt ze ook ter plaatse aanschaffen; golfbenodigdheden zijn in Californië over het algemeen goedkoper dan bij ons.

Paardrijden

Het is niet noodzakelijk op een ranch te logeren om Californië in het zadel te verkennen. In de hele regio zijn allerlei rijscholen gevestigd, waar buitenritten van uiteenlopende lengte per uur worden aangeboden. Bijzonder fraai zijn de georganiseerde tochten door het schilderachtige landschap van Yosemite National Park, waar drie maneges zijn te vinden (Yosemite Valley Stable, tel. 209-372-8348, Tuolumne Meadows Stable, tel. 209-372-8427, Wawona Stable, tel. 209-375-6502, www.yosemitepark.com).

Vanaf het moment dat de film *The horse whisperer* (1998), van en met Robert Redford, op het witte doek verscheen, veranderde Solvang in een bedevaartsoord voor paardenfreaks en paardenfokkers. Op de **Flag Is Up Farms** zette de enige echte paardenfluisteraar, Monty Roberts, al jaren daarvoor een trainings- en fokcentrum voor renpaarden op. De vroegere rodeorijder werd dankzij zijn bijzondere omgang met getraumatiseerde paarden en zijn methode voor dwangloze paardentraining wereldberoemd. In het Monty Roberts International Learning Center worden diverse cursussen aangeboden, waarbij paardenvrienden de juiste omgang met de rijdieren wordt geleerd (901 East Hwy 246, tel. 805-688-4382, www.montyroberts.com, dag. 9–17 uur, gratis bezichtiging).

Wintersport

Of u nu op zoek bent naar het eenzame avontuur op de piste, uitbundig après-skivertier, een gezinsvakantie in de sneeuw – bijvoorbeeld op ski's in langlaufloipen door de betoverendste landschappen of afdalend over duizelingwekkende hellingen – in de Sierra Nevada, een hooggebergte met de prachtigste skigebieden van de Verenigde Staten, komt elke skiër beslist aan zijn trekken. Onder skiërs en snowboarders heeft **Heavenly Valley** bij South Lake Tahoe (www.skiheavenly.com) de beste reputatie. In de omgeving van Lake Tahoe ligt ook **Squaw Valley**, waar in 1960 de Olympische Winterspelen werden gehouden (www.squaw.com). Een derde gerenommeerd skigebied ligt in de regio Mammoth Lakes, op de oostelijke hellingen van de Sierra Nevada (www.mammothmountain.com).

Wellness en fitness

In de meeste grote hotels vindt u een fitnessen/of een wellnessruimte, waarin tegemoet wordt gekomen aan de steeds grotere behoefte aan een gezond leven. Kuurcentra *(spas)* zijn er in alle soorten en maten. De verschillende therapeutische massages en behandelingen lopen uiteen van manicure en pedicure tot aromatherapieën, ayurveda en ontharen. Een van de beste kuurcentra in Californië is Golden Door in Escondido. Deze luxueuze spa in Japanse stijl is uitsluitend voor vrouwen toegankelijk, maar er zijn ook speciale weken waarin mannen welkom zijn (777 Deer Springs Rd., Escondido, CA 92046-3077, tel. 760-744-5777, www.goldendoor.com). Andere aanbevolen adressen: Spa Montage in Montage Resort (30801 South Coast Hwy, Laguna Beach, CA 92651, tel. 949-715-6010, www.spamontage.com) en Ojai Valley Inn & Spa (905 Country Club Rd., Ojai, CA 93023, tel. 805-646-1111, www.ojairesort.com/spa.php).

Winkelen

Winkelen is in Californië om twee redenen een bijzonder prettige bezigheid: het gigantische aanbod en de relatief lage prijzen, vooral sinds de euro een veel sterkere munt is dan de dollar. Bovendien zijn in bijna elke stad wel een winkelcentrum *(shopping mall)* en verschillende supermarkten voor de dagelijkse boodschappen te vinden. Veel winkels zijn 24 uur per dag geopend. Maar er is nog een reden *to shop till you drop*: u hoeft in Amerika niet op de zomer- of winteruitverkoop te wachten. Het hele jaar door is het uitverkoop *(sales)* en op feestdagen kunt u vaak gebruikmaken van speciale acties. De producten zijn fraai uitgestald in de etalages, zodat u de prijzen voor aanschaf goed kunt vergelijken. Voor u zich echter volledig overgeeft aan uw kooplust, moet u er even bij stilstaan dat op alle producten een btw van 7,25% wordt geheven, die niet bij de prijs wordt vermeld. Eind november op Black Friday, de dag na Thanksgiving, begint de kerstverkoop en gaan veel Amerikanen winkelen.

Factory outlets

In sommige plaatsen beslaan de fabrieksverkoophallen *(factory outlets)* van bepaalde firma's of merken hele stadsdelen, met parkeerterreinen ter grootte van voetbalvelden. In de knoflookhoofdstad Gilroy, ten zuiden van San Jose, zijn de **Gilroy Premium Outlets** gevestigd, ca. 200 winkels met mode, sportartikelen, kindermode, schoenen, sieraden, huishoudelijke artikelen, lederwaren en reisaccessoires. De kortingen in deze outlets kunnen oplopen tot 70%. Andere outlets van de keten Chelsea Premium zijn te vinden in San Diego, Camarillo (ten oosten van Oxnard), Carlsbad, Tracy, Cabazon, Petaluma, Napa, Folsom, Vacaville en in Nevada in Las Vegas (www.premiumoutlets. com/centers).

Een pionier op het gebied van outlets met vrijetijdskleding was een zekere L.L. Bean (www.llbean.com), die in 1912 aan de oostkust zijn eerste filiaal opende. Inmiddels is in de outletstores zo'n beetje alles verkrijgbaar, wat op de Amerikaanse en internationale kledingmarkt van enige betekenis is. De verkochte merken lopen uiteen van Levi's en Timberland tot Anne Taylor en Calvin Klein. De in de outlets aangeboden mode is niet altijd het nieuwste van het nieuwste. Vaak worden exemplaren uit oudere collecties of speciaal voor de oulets gemaakte kledingstukken aangeboden. Naast Premium is er de outletketen The Mills, met vestigingen in bijvoorbeeld Milpitas bij San Jose en in Westminster, ten noorden van Huntington Beach.

Souvenirs

Op Hollywood Boulevard komen veel filmliefhebbers die als vakantieherinnering filmposters, ansichtkaarten of kaarten met foto's en handtekeningen van beroemdheden, sleutelhangers en T-shirts met opdruk mee naar huis willen nemen. Voor exotische souvenirs als zijden kimono's, slippers, waaiers, gelakte bewaardoosjes en fraaie kopjes kunt u terecht in de Chinatown van San Francisco. Handelaren aan Olvera Street in Pueblo (Los Angeles) hebben zich gespecialiseerd in de verkoop van Mexicaanse souvenirs, zilverwerk en lederwaren.

Openingstijden

Omdat in de Verenigde Staten geen winkelsluitingstijdenwet bestaat, kunnen de openingstijden van winkels sterk variëren. Kleine winkels zijn ma.–za. geopend van 9.30–17 uur, supermarkten vaak tot 21 uur. Vooral in de grote steden vindt u veel winkels die 24 uur per dag geopend zijn. Winkelcentra gaan normaal gesproken om 10 uur open en sluiten om 20 of 21 uur (zo. 12–18 uur).

Vooral in de Californische kustmetropolen, maar ook in andere grote steden kunt u genieten van een nauwelijks te overtreffen uitgaansleven. De mogelijkheden zijn legio, van een avondje naar het theater, de schouwburg of een musical tot een bezoek aan een concertzaal of de bioscoop. Ook lokken de vele musea en galeries, die op sommige dagen tot 20 of 21 uur geopend zijn. Daar komt nog bij dat zelfs de kleinste steden een breed gastronomisch aanbod hebben, van cafetaria's tot de chicste restaurants. Op het platteland staat het uitgaansleven op een lager pitje.

Dit geldt in het bijzonder voor heel Noord-Californië, met uitzondering van Lake Tahoe, de berggebieden en uiteraard de woestijnregio's, waar eenvoudige, maar vaak wel sfeervolle saloons (biercafés) de enige uitspanningen zijn.

Anders gaat het toe in de casino's, die recentelijk in de indianenreservaten rond Nevada als paddenstoelen uit de grond schoten. In sommige casino's kunt u zich 24 uur per dag vermaken (een aantal is 's nachts tussen 2 en 6 uur gesloten) en het amusement blijft niet beperkt tot gokken aan de diverse speeltafels of gokautomaten. In een groot aantal van deze kansspeltempels kunt u genieten van shows, optredens van bekende bands en artiesten of aanschuiven aan een van de talrijke bijzonder ruim gesorteerde longdrinkbars of *all-you-can-eat-buffets,* waar u voor een betrekkelijk klein bedrag letterlijk zo veel kunt eten als u wilt. Het meest gevarieerd is het nachtleven in het uitgaansparadijs Las Vegas met zijn talloze gigantische casino's, die sinds de laatste steen werd gelegd geen dag gesloten zijn geweest. In het recente verleden is echter ook buiten de casino's het aanbod aan amusement gestaag gegroeid. Steeds vaker komen hier hele families op af.

Uitgaan op zijn best: in een *rooftop bar* van de skyline van Los Angeles genieten

Goed om te weten

Feestdagen

New Year's Day: 1 januari (Nieuwjaar)
Martin Luther King jr. Day: 3e ma. van januari
(gedenkdag van Martin Luther King)
Presidents' Day: 3e ma. in februari
(gedenkdag van George Washington)
Memorial Day: laatste ma. in mei (Dodenher-
denking; begin van het vakantieseizoen)
Independence Day: 4 juli (Onafhankelijk-
heidsdag)
Labor Day: 1e ma. in september (Dag van de
Arbeid; einde van het vakantieseizoen)
Columbus Day: 2e ma in oktober (viering ter
herinnering van de landing van Christoffel
Columbus in Amerika)
Veterans Day: 11 november (herdenking van
de oorlogsveteranen)
Thanksgiving Day: 4e do. in november (Oogst-
dankfeest)
Christmas Day: 25 december (eerste kerstdag)

In verkiezingsjaren wordt aan deze lijst **Elec-
tion Day** toegevoegd: de dinsdag na de eerste
maandag van november.

Wanneer een feestdag op een zondag valt, is
de daaropvolgende maandag een vrije dag,
met uitzondering van Independence Day.

Alleenreizende vrouwen

Alleenreizende vrouwen hoeven in Amerika
geen bijzondere voorzorgsmaatregelen te
nemen. Uiteraard moeten ze zich aan bepaalde algemene veiligheidsnormen houden. Alleen liften is bijvoorbeeld evenzeer af
te raden als 's nachts op pad gaan zonder begeleiding. Bij deelname aan een busreis
doen vrouwen er goed aan om in de gaten te
houden of ze niet midden in de nacht op de
plaats van bestemming aankomen, omdat
busstations vaak in niet al te veilige gebieden zijn gelegen.

Maten, gewichten en temperaturen

In de Verenigde Staten is jaren geleden begonnen met de omrekening naar het metrisch
stelsel. Maar de bereidheid tot aanpassing aan
dit stelsel is zowel in de industrie als onder de
bevolking bijzonder klein.

Oppervlaktematen
1 sq mile – 2,5899 km²
1 acre – 0,4047 ha
1 sq foot – 0,092903 m²
1 sq inch – 6,452 cm²

Gewichten
1 ounce (oz.) – 28,35 g
1 pound (lb.) – 453,592 g (16 ounces)
1 short ton – 1,102 ton = 1102 kg

Inhoudsmaten
1 pint (pt.) – 0,473 l
1 quart (qt.) – 0,946 l
1 gallon (gal.) – 3,785 l
1 fluid ounce – 29,5735 ml

Lengtematen
1 inch (in.) – 2,54 cm
1 foot (ft.) – 30,48 cm
1 yard (yd.) – 0,9144 m
1 mile (mi.) – 1,609 km

Ruimtematen
1 cubic yard – 0,765 m³
1 cubic foot – 28,32 dm³
1 cubic inch – 16,387 cm³

Temperaturen
De temperaturen worden overal in de Verenigde Staten aangegeven in Fahrenheit (°F).
Handig voor de snelle rekenaar is de volgende formule: Fahrenheit min 32, gedeeld
door 1,8 = °C. Omgekeerd: graden Celsius ver-
menigvuldigd met 1,8 plus 32 = graden Fahrenheit.

°Fahrenheit	°Celsius
0	-18
10	-12
20	-7
30	-1
40	4
50	10
60	16
70	21
80	27
90	32
100	38

Passen voor nationale parken

Nergens in de VS liggen de nationale parken zo dicht opeen als in Californië. De toegangsprijzen, tussen de $5 en $20 per personenauto, kunnen behoorlijk oplopen. Als u verschillende parken denkt te gaan bezoeken, bent u het voordeligst uit met de $80 kostende America the Beautiful Pass (http://store.usgs.gov/pass), die vanaf het moment van aanschaf een jaar geldig blijft. Met de pas krijgt u ook korting op andere attracties van de National Park Service, zoals national monuments en historische bezienswaardigheden. De pas is niet geldig voor grotten als de Kartchner Caverns en de Carlsbad Caverns.

Roken

Roken is in de VS een heikel onderwerp. Het is in alle openbare gebouwen verboden. In Californië (bijvoorbeeld in San Francisco) bestaat ook een rookverbod in restaurants en cafés. Ook op alle nationale en internationale luchthavens is roken niet toegestaan. Het is overduidelijk de bedoeling om rokers uit de maatschappij te weren. Veel Amerikanen steken inmiddels in het geheim een rokertje op, omdat ze de afkeurende reacties van andere mensen beu zijn. De prijs van sigaretten rijst op sommige plaatsen de pan uit.

Fooi

Een fooi wordt in Amerika tip of gratuity genoemd. Het is gebruikelijk om kruiers per stuk bagage $1 te geven. Taxichauffeurs verwachten ongeveer 15% boven op de ritprijs. Ook in restaurants is het normaal om een tip van 15% achter te laten, d.w.z. als het bedieningsgeld niet bij de prijs is inbegrepen. Of dit het geval is, staat op de rekening. Medewerkers van de roomservice in hotels rekenen op een fooi van circa $1 per nacht. Het geven van fooien in de betere hotels, bijvoorbeeld aan de valet boy (parkeerhulp), de bell boy (kruier) of roomservice kan een aanslag zijn op uw budget. Deze fooien worden niet als een gunst, maar als een vast onderdeel van het loon beschouwd.

Tijd

Californië en het naburige Nevada met Las Vegas liggen in de Pacific Standard Time Zone (MET -9 uur). Net als bij ons gaat in het warme seizoen de zomertijd in (Daylight Saving Time, DST), wat wil zeggen op de tweede zondag in maart wordt de klok een uur teruggezet. De zomertijd eindigt op de eerste zondag van november om 2 uur 's ochtends.

Anders dan in Europa is de dag niet onderverdeeld in 24 uur maar in twee keer 12 uur. Tussen middernacht en 12 uur 's middags worden aan de tijd de letters am (ante meridiem, voor de middag) toegevoegd en in de andere daghelft pm (post meridiem, na de middag). Bij de datum worden in de VS altijd eerst de maand en daarna de dag en het jaar genoemd. Voor 1 maart 2010 wordt dus de notatie 03/01/2010 gebruikt. Dit is vooral goed om te weten bij gebruik van een Amerikaans hotelreserveringssysteem.

Geld en reisbudget

Valuta/geld

Dollarbiljetten, vanwege de groene kleur ook wel *greenbacks* genoemd, hebben sinds 2003 een nieuw ontwerp: het biljet van 10 dollar is nu groen met rode tinten, dat van 20 kreeg gele tinten en dat van 50 blauwe tinten. De biljetten van 1, 2, 5, 100, 500 en 1000 dollar zien er nog altijd hetzelfde uit. Briefjes van twee dollar zijn zeer zeldzaam en daarom verzamelobjecten. Biljetten van 100 dollar worden vanwege de mogelijkheid dat ze vals zijn in veel winkels zeer argwanend bekeken of zelfs helemaal niet geaccepteerd. Wanneer u van huis dollars wilt meenemen, kunt u er direct bij aanschaf bij de bank beter voor zorgen dat er veel biljetten van lagere waarde bij zitten. Er zijn munten van 1 cent, 5 cent (*nickel*), 10 cent (*dime*), 25 cent (*quarter*), 50 cent en de goudkleurige munt van 1 dollar, die bij elke nieuwe uitgave van een ander portret van de president wordt voorzien. In september 2012 lag de waarde van $1 op €0,78.

Travellercheques en creditcards

Travellercheques in dollars zijn te gebruiken als contant geld, dat wil zeggen u hoeft ze niet om te wisselen, maar rekent er gewoon mee af, zonder commissiekosten te hoeven betalen. De coupures mogen niet groter zijn dan $50. Creditcards zijn handig in de meeste winkels, hotels, restaurants en zelfs bij de benzinepomp, omdat u bijna overal direct aan de pomp met uw creditcard bij een zuil kunt betalen. Zonder 'plastic geld' is het huren van een auto onmogelijk, of op zijn minst omslachtig, omdat er een grote som geld als waarborg moet worden neergelegd.

Met een van een pincode voorziene bankpas of creditcard kunt u bij een geldautomaat (ATM, Automatic Teller Machine) geld opnemen. De kosten voor het pinnen met een creditcard zijn hoog. Met uw pinpas kunt u ook geld opnemen bij automaten met het Cirrus- of Maestrologo.

Blokkeren van creditcard of bankpas bij verlies of diefstal

Creditcards
American Express: 0031-20 504 86 66
Diners Club: 0031-20 654 55 11
Mastercard: 0031-20 660 06 11
Visa: 0031-20 660 06 11

Bankpassen
ABN-Amro: 0031-10 241 17 20
Fortis: 0031-20 588 18 81
ING: 0031-58 212 60 00
Rabo: 0031-499 499 112
Overige banken: 0031-302 835 372

Prijsniveau

In de Verenigde Staten zijn sommige artikelen goedkoper dan bij ons, andere zijn juist duurder. De benzineprijzen liggen in de VS lager (hoewel ook die de laatste jaren flink omhoog zijn gegaan). Voor textiel (jeans!), schoenen en fruit betaalt u eveneens een stuk minder dan u gewend bent. Een bezoek aan een chic restaurant, de toegangskaartjes voor een museum of een pretpark, alcoholische dranken en sommige levensmiddelen zoals verse melk zijn in Amerika juist weer aanzienlijk duurder. Twaalf blikjes bier in de supermarkt kosten $8 à 10. Voor een ontbijt in een koffiebar moet u tussen de $5 en 8 rekenen. Als uw keus op de bar van een groot hotel is gevallen, bent u ongeveer het drievoudige kwijt. Een lunch of een diner in een *food court* kost inclusief een niet-alcoholisch drankje ongeveer $6 tot 7. In een gewoon café betaalt u $3 tot 4 voor een flesje bier. Een avondmaal inclusief een drankje in een behoorlijk Amerikaans restaurant kost $15 tot 25. In een Chinees restaurant of aan een buffet eet u voor ongeveer de helft van die prijs.

Reisperiode en -benodigdheden

In Amerika duurt het hoogseizoen van Memorial Day (laatste weekend van mei) tot Labor Day (eerste weekend van september). Binnen deze periode vallen de zomervakanties van de meeste scholen en veel gezinnen gebruiken deze maanden om eropuit te trekken. De bezienswaardigheden en landschappelijk interessante gebieden zoals *national parks* en *state parks* en ook badplaatsen zijn dan blootgesteld aan een enorme toestroom van binnenlandse toeristen. Ook schieten de prijzen van hotelkamers meestal omhoog en is het kameraanbod vaak beperkter dan in het laagseizoen.

De Californische kust kunt u het best in de zomer bezoeken, maar voor een verblijf in de verder oostwaarts gelegen woestijnen zijn het late voorjaar of de herfst beter geschikt, vanwege aangenamere temperaturen. Als u niet naar de Sierra Nevada of de Rocky Mountains reist voor een wintersportvakantie, kunt u deze berggebieden het best midden in de zomer of aan het begin van de herfst aandoen. De langgerekte bergmassieven vormen in de winter een grote hindernis voor het verkeer, omdat de I-80 (Interstate) tussen Sacramento en Reno (Nevada) normaal gesproken de enige oost-westverbinding door de Sierra Nevada is. Alle andere bergpassen zijn doorgaans van begin november tot mei/juni afgesloten. In het zuiden van Californië kunt u de Owens Valley of Las Vegas in de winter vanuit de Central Valley uitsluitend bereiken als u ter hoogte van Bakersfield een omweg over de lagere bergketen maakt. Ook in de Cascade Range in Noord-Californië veroorzaken sneeuw en ijs in de winter verkeersproblemen.

Het weer

In de staat Californië is het weer zeer veranderlijk. Dit komt door de bijzonder grote diversiteit van het landschap en door de enorme

Raften op een van de talloze bergrivieren in de Sierra Nevada

hoogteverschillen: van zeeniveau tot meer dan 4000 m. Wanneer San Francisco en de Golden Gate Bridge midden in de zomer 's ochtends in nevelen zijn gehuld en het kwik slechts oploopt tot lenteachtige temperaturen, wordt het aan de andere kant van het kustgebergte in de Central Valley aanzienlijk warmer. Ook verder naar het zuiden liggen de temperaturen hoger, vooral onder Los Angeles. In San Diego kan het zelfs in januari en februari overdag ongeveer 15 °C worden.

In de grote woestijngebieden is het 's zomers ondraaglijk heet. Dit geldt op de eerste plaats voor de Death Valley, waar temperaturen van 45 °C in de schaduw eerder regel dan uitzondering zijn. Ook de Colorado Valley, op de grens tussen Zuid-Californië en Arizona, is in de zomer zonovergoten. Het aangenaamst is het daar in het koele voorjaar, wanneer wilde bloemen en struiken beginnen te bloeien. De Cascade Range en de Sierra Nevada zijn in die tijd van het jaar nog met sneeuw en ijs bedekt en worden pas vanaf mei beter toegankelijk.

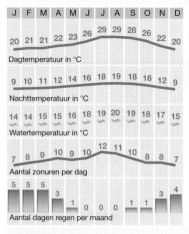

Het klimaat in Los Angeles

Weerbericht

Op de televisiezender Weather Channel wordt 24 uur per dag het weerbericht voor alle Amerikaanse staten uitgezonden. Dat is vooral handig wanneer uw reisroute niet vastligt: u kunt dan tijdig uitwijken voor slecht weer, stormen of aanhoudende regen. Waarschuwingen voor noodweer dient u absoluut serieus te nemen. U kunt ook voor uw vertrek de weersvoorspellingen bekijken, bijvoorbeeld op www.weathernews.nl. In het landelijk verschijnende dagblad USA Today van maandag tot vrijdag een overzichtelijke weerkaart afgedrukt (www.usatoday.com/weather/default.htm).

Kleding en benodigdheden

Als u uw vakantie in San Francisco begint, doet u er goed aan warme kleding mee te nemen. Die komt ook van pas in de bergen of in de talloze restaurants en supermarkten, waar het door de op volle toeren draaiende airconditioningsinstallaties soms ijzig koud kan worden. Verder is het in Amerika gebruikelijk om lichte vrijetijdskleding te dragen. Bij concerten en andere culturele evenementen kleedt men zich ook in het onconventionele Amerika vaak netjes. Belangrijke reisbenodigdheden kunt u het best voor vertrek aanschaffen, zodat u daaraan geen kostbare vakantietijd hoeft te verspillen.

Elektrische apparaten

De netspanning in de VS bedraagt 110 volt en sommige van huis meegenomen apparaten zijn alleen te gebruiken als ze zijn uitgerust met een 110/220 voltschakelaar of automatisch het juiste voltage aannemen (zoals veel laptops). U hebt in elk geval een wereldstekker nodig, omdat Europese stekkers niet in Amerikaanse stopcontacten passen. Deze zijn in elke elektronicazaak te koop.

Apotheken

Met een recept van een Amerikaanse arts kunt u terecht in *pharmacies* of *drugstores*, die vaak in grote supermarkten zijn gevestigd. Daar zijn ook talloze medicijnen vrij verkrijgbaar, zoals koortsverlagende en pijnstillende middelen, die bij ons alleen op recept – of helemaal niet – te krijgen zijn. Medicijnen die u beslist nodig hebt, kunt u tijdens de vliegreis het best meenemen in uw handbagage, want de mogelijkheid bestaat altijd dat er een koffer zoekraakt. Als u bijzondere medicijnen gebruikt die in de VS normaal gesproken onder de opiumwet vallen, is een doktersverklaring of -recept aan te raden.

Medische zorg

De Amerikaanse gezondheidszorg staat op een zeer hoog niveau en de behandelkosten zijn vergelijkbaar hoog. De kosten kunnen daarom behoorlijk oplopen. Het is gebruikelijk dat u een behandeling vooruit betaalt. Het is verstandig om een goede reisverzekering af te sluiten. Controleer of uw zorgverzekering ook in het buitenland (Californië) geldig is. Lees de polisvoorwaarden goed door en ga na of in noodgevallen ook het transport naar huis wordt gedekt. Op de gele bladzijden van Amerikaanse telefoonboeken vindt u de adressen van artsen *(physicians),* tandartsen *(dentists)* en ziekenhuizen *(hospitals).* Als u een adres zoekt, kunt u ook bij de receptie van grote hotels informeren of telefonisch contact opnemen met een *operator* (tel. o).

Gezondheidsrisico's

Bescherming tegen muggen is in Amerika belangrijk sinds bekend is dat het West-Nijlvirus door steekmuggen op mensen kan worden overgedragen. Deze infectie is in de meeste gevallen onschuldig. Bij kinderen, ouderen en mensen met een zwakke constitutie kunnen echter complicaties optreden. Besmetting kan alleen met antimuggenmiddelen worden voorkomen.

Veiligheidstips

Net als in de meeste andere grote steden van de wereld zijn er in Californische steden buurten waar u maar beter weg kunt blijven (no-go-areas). In het algemeen kunt u tijdens een autorit door de stad, waarbij u vaak moet stilstaan voor rode stoplichten of zebrapaden, de portieren het best van binnen afsluiten. Als u bij het stoplicht voldoende afstand houdt van de auto voor u, kunt u in noodgevallen gemakkelijker wegrijden. Bij ongevallen die er verdacht uitzien, kunt u beter niet uitstappen, maar verder rijden naar het dichtstbijzijnde grote hotel of politiebureau. Het is een kwestie van gezond verstand dat u zich in het donker beter niet in parken of afgelegen buurten kunt wagen.

In veel hotels is op uw kamer of bij de receptie een *safety deposit* (kluis), waarin u belangrijke documenten, vliegtickets, contant geld en sieraden kunt opbergen. Bewaar uw waardevolle spullen niet in het dashboardkastje of de kofferbak.

Als u door de politie wordt aangehouden wegens te hard rijden, moet u in de auto blijven zitten met uw handen aan het stuur tot de *officer* (agent) naast uw portier staat.

Alarmnummers

Voor heel Amerika: tel. 911.
Bij pech onderweg geeft u met een geopende motorkap te kennen dat u hulp nodig hebt. Het aantal praatpalen is in Amerika beperkt, maar wegenwachten zijn er daarentegen voldoende.

Communicatie

Post

De United States Postal Service (USPS) is een overheidsbedrijf en de voornaamste aanbieder van de posterijen in de VS, naast particuliere ondernemingen als UPS, Fedex, Airborne en DHL.

Portokosten: een ansichtkaart naar Europa kost $1,05, een brief per luchtpost (airmail) eveneens $1,05 (bij een gewicht tot 1 ounce = 28,3 g) of $1,92 (boven de 28,3 g). Postzegels kunt u kopen bij het postkantoor, hotelrecepties en souvenirwinkels. De meeste vestigingen van USPS zijn geopend van 8.30 tot 17.30 uur, in grote steden soms ook 24 uur per dag. De posterijen hebben in de VS niets te maken met de telefonie, die in handen is van particuliere maatschappijen. U kunt bij een Amerikaans postkantoor ook niet terecht voor een telegram. Die worden verstuurd door maatschappijen als ITT en Western Union Telegraph Company, waarvan de adressen en telefoonnummers in de Yellow Pages staan.

Telefoneren

Net als bij ons is de telecommunicatie in de VS in handen van particuliere bedrijven. Er zijn diverse mogelijkheden om vanuit uw hotelkamer of met een openbare telefoon te telefoneren. Het voordeligst zijn *prepaid phone cards*. Deze plastic kaartjes zijn net zo groot als een creditcard en te koop in supermarkten, souvenirwinkels, bij benzinestations en in veel andere winkels. De prijs hangt af van het aantal gekochte eenheden.

Voor hoeveel eenheden u kunt bellen, staat aangegeven op de achterkant van de telefoonkaart, maar het gaat hier om nationale eenheden. U kiest het op de kaart vermelde nummer en krijgt dan het verzoek de geheime code op de kaart door krassen bloot te leggen en in te voeren. Daarna kunt u gewoon het gewenste nummer bellen.

Lees voor de aanschaf van een telefoonkaart altijd eerst de kleingedrukte voorwaarden van de maatschappij die de kaart uitgeeft. De gunstigste telefoonaanbieder voor binnenlandse gesprekken heeft niet altijd de voordeligste tarieven voor internationaal telefoonverkeer. Wie van de telefooncentrale *(operator)* gebruik wil maken, kiest een 0. Voor gesprekken met het buitenland geldt de volgende nummervolgorde: 011 + landnummer + netnummer (zonder de 0) + abonneenummer (landnummer Nederland 31, België 32). 800- of 888-nummers zijn gratis nummers van hotels, restaurants en bedrijven. Deze nummers zijn echter alleen binnen de VS te bellen en in principe moet er een 1 voor worden gekozen. Sommige hotels vragen tegenwoordig ook een bedrag voor het kiezen van deze nummers.

Mobiele telefonie

In de VS hebt u een tri-bandtelefoon nodig om de beide frequenties (1900 MHz en 850 Mhz) te kunnen gebruiken. Een zogenaamd dualbandtoestel werkt in de VS niet. Bellen met uw Belgische of Nederlandse mobieltje in Amerika kan erg duur zijn, ook als u gebeld wordt, moet u rekening houden met hoge kosten. Een oplossing is de aanschaf van een goedkoop Amerikaans prepaidtoestel met een flink beltegoed. Een mobiele telefoon heet in de VS overigens *cell phone* of ook *mobile phone*.

Het voordeel van een prepaidtelefoon zonder abonnement is dat u geen activeringskosten betaalt. Via een codenummer is het apparaat op te laden. Dit kan ook wanneer u in een telefoonwinkel een nieuwe simkaart met codenummer aanschaft als het beltegoed opgebruikt is. Zulke kaarten en bijpassende mobiele telefoons zijn te koop in de filialen van grote computerwinkels en radio- en televisievakwinkels als CompUSA, Best Buy, Office Depot, Office Max, Radio Shack en AT&T Wireless Stores.

Internet

Ook op vakantie willen veel mensen tegenwoordig hun e-mail kunnen lezen en versturen. In de meeste steden zijn internetcafés te vinden, waar u voor een gering bedrag het internet op kunt. Soms betreft het normale cafés, die maar één internettoegang bezitten, waarvan u met uw laptop gebruik kunt maken. In openbare bibliotheken en filialen van hamburgerketen McDonalds wordt vaak gratis internettoegang aangeboden. Ook in grote computercentra kunt u normaal gesproken gratis e-mails lezen en versturen. Veel hotels, motels en luchthavens beschikken intussen over een wifi-hotspot (WLAN), via welke u met een laptop draadloos toegang tot het internet kunt krijgen. De website www.wifi freespot.com geeft een overzicht van alle gratis wifi-spots van luchthavens, hotels en kampeerterreinen.

Op de website www.worldofinternetcafes. de/North_America/USA zijn alle internetcafés van de VS te vinden, gerangschikt per staat. De koffieketen Starbucks heeft een digitaal medianetwerk en biedt klanten die zich met een laptop of smartphone aanmelden bij de gratis internetverbinding een keuze uit muziek, video's, nieuws, digitale boeken en zelfs een vacatureoverzicht.

Op reis met de laptop

Veel mensen die naar de VS reizen, hebben een laptop of een notebook bij zich. Dit geldt allang niet meer uitsluitend voor zakenreizigers, maar ook voor rugzaktoeristen, die tegenwoordig overal hele technische uitrustingen met zich meeslepen. De apparatuur loopt uiteen van laptops, mobiele telefoons, adapters, digitale camera's, batterijopladers, mp3-spelers en allerlei kabels. In Amerika is zelfs een naam bedacht voor dit soort toeristen: *flashpackers*. In veel hotels en motels is men goed voorbereid op de moderne communicatiebehoeften van de gasten en er wordt niet zelden gratis (draadloos) internet aangeboden.

Meestal vindt u in uw kamer wel een netwerkkabel (ethernet), waarmee u op uw laptop een internetverbinding tot stand kunt brengen. Wanneer u vervolgens uw browser opent, bent u direct verbonden met het internet. U kunt echter ook draadloos of via de telefoonlijn internetten. De meeste Amerikaanse telefoontoestellen zijn om die reden uitgerust met een datapoort, die u met een kabel op uw laptop kunt aansluiten. Providers beschikken meestal over telefoonnummers om verbinding met internet te maken via lokale inbelpunten.

Het is van belang om voor het inbelnummer het cijfer te toetsen waarmee vanuit het hotel verbinding kan worden gemaakt met de buitenwereld (meestal is dat een 9). Daarna volgt een pauze en kunt u het eigenlijke nummer kiezen.

In grote hotels kunnen gasten zonder eigen computer de nodige apparatuur huren, en andere benodigdheden zoals een modem of software.

Kranten en tijdschriften

Het wijdst verspreid is de landelijke krant USA Today, die u overal bij kiosken en op munten werkende automaten kunt kopen en die van maandag tot vrijdag uitkomt. Naast andere landelijke dagbladen, zoals de kwaliteitskranten New York Times en Washington Post, zijn er vele lokale en regionale bladen, waarin het meestal vergeefs zoeken is naar wereldnieuws. In de grote steden en op internationale luchthavens zijn buitenlandse kranten en tijdschriften te koop, maar de keus is vaak beperkt. De Californische dagbladen met de grootste oplagen zijn de Los Angeles Times, San Francisco Chronicle, San Francisco Examiner, San Diego Union-Tribune en de San Jose Mercury News.

Verklarende woordenlijst

Algemeen

Goedemorgen.	Good morning.
Goedemiddag.	Good afternoon.
Goedenavond.	Good evening.
Tot ziens.	Good bye.
Pardon.	Excuse me.
Hallo.	Hello.
Niet te danken.	You're welcome./
	Please.
Dank u.	Thank you.
ja/nee	yes/no
Pardon?	Pardon?
Wanneer?	When?
Hoe?	How?

Onderweg

halte	stop
bus	bus
auto	car
uitrit/uitgang	exit
benzinestation	petrol station
benzine	petrol
rechts	right
links	left
rechtdoor	straight ahead/
	straight on
informatie	information
telefoon	telephone
postkantoor	post office
spoorwegstation	railway station
luchthaven	airport
stadsplattegrond	city map
alle richtingen	all directions
eenrichtingsverkeer	one-way street
ingang	entrance
geopend	open
gesloten	closed
kerk	church
museum	museum
strand	beach
brug	bridge
plein	place/square
tweebaansweg	dual carriageway
snelweg	motorway
eenbaansweg	single track road

Tijd

3 uur ('s ochtends)	3 am
15 uur ('s middags)	3 pm
uur	hour
dag/week	day/week
maand	month
jaar	year
vandaag	today
gisteren	yesterday
morgen	tomorrow
's ochtends	in the morning
's middags	at noon time
's avonds	in the evening
vroeg	early
laat	late
maandag	Monday
dinsdag	Tuesday
woensdag	Wednesday
donderdag	Thursday
vrijdag	Friday
zaterdag	Saturday
zondag	Sunday
feestdag	public holiday
winter	winter
lente	spring
zomer	summer
herfst	autumn

Noodgevallen

Help!	Help!
politie	police
arts	doctor
tandarts	dentist
apotheek	pharmacy
ziekenhuis	hospital
ongeval	accident
pijn	pain
pech onderweg	breakdown
ambulance	ambulance
noodgeval	emergency

In het hotel

hotel	hotel
pension	guesthouse
eenpersoonskamer	single room

tweepersoonskamer	double room	goedkoop	cheap
met twee bedden	with twin beds	maat	size
met/zonder badkamer	with/without bathroom	betalen	to pay
met wc	ensuite		
wc	toilet		
douche	shower		
met ontbijt	with breakfast		
halfpension	half board		
bagage	luggage		
rekening	bill		

Winkelen

winkel	shop
markt	market
creditcard	credit card
geld	money
geldautomaat	cash machine
bakkerij	bakery
levensmiddelen	foodstuffs
duur	expensive

Getallen

1	one	17	seventeen
2	two	18	eighteen
3	three	19	nineteen
4	four	20	twenty
5	five	21	twenty-one
6	six	30	thirty
7	seven	40	fourty
8	eight	50	fifty
9	nine	60	sixty
10	ten	70	seventy
11	eleven	80	eighty
12	twelve	90	ninety
13	thirteen	100	one hundred
14	fourteen	150	one hundred and fifty
15	fifteen		
16	sixteen	1000	a thousand

Belangrijke zinnen

Algemeen

Spreekt u Nederlands?	Do you speak Dutch?
Ik begrijp het niet.	I do not understand.
Ik spreek geen Engels.	I do not speak English.
Ik heet ...	My name is ...
Hoe heet je/u?	What's your name?
Hoe gaat het?	How are you?
Dank u, goed.	Thanks, fine.
Hoe laat is het?	What's the time?
Tot gauw (later).	See you soon (later).

Onderweg

Hoe kom ik in/naar ...?	How do I get to ...?
Pardon, waar is ...	Sorry, where is ...?
Kunt u mij alstublieft ... laten zien?	Could you please show me ...?

Noodgevallen

Kunt u mij alstublieft helpen?	Could you please help me?
Ik heb een dokter nodig.	I need a doctor.
Hier doet het pijn.	Here I feel pain.

In het hotel

Hebt u een kamer?	Do you have any vacancies?
Hoeveel kost de kamer per nacht?	How much is a room per night?
Ik heb een kamer gereserveerd.	I have booked a room.

Winkelen

Hoeveel kost ...?	How much costs ...?
Ik heb ... nodig.	I need ...
Wanneer opent/sluit ...?	When opens/closes ...?

Onderweg op de legendarische Highway 1, niet ver van Big Sur

Onderweg

Openbare kunst met een symbolisch karakter: sculptuur van schroot tussen de wolkenkrabbers van het financiële centrum van Los Angeles

Los Angeles
en omgeving

Wereldberoemde filmmaatschappijen als Paramount, Metro-Goldwyn-Mayer, Universal en Warner Brothers, de beide Disney-pretparken in Anaheim, prachtige surfstranden aan de glinsterende kust van de Grote Oceaan, een ontspannen lifestyle, een hele reeks toprestaurants en volgens de statistieken 292 dagen zon per jaar hebben Los Angeles de reputatie van een pretmetropool bezorgd. Stadsdelen met klinkende namen als Hollywood, Beverly Hills, Santa Monica, Malibu en Venice dragen bij aan de glitter en glamour van de Zuid-Californische *fun city*. Bovendien doet de stad sinds enige jaren met succes zijn best om zijn op cultureel gebied niet erg beste reputatie te verbeteren met openbare kunst, spectaculaire architectonische hoogstandjes en een aantrekkelijk cultuuraanbod met meer dan 200 musea, theaters en galeries.

Deze beschrijving hoort bij een stedelijke moloch die, na New York, met ca. 14 miljoen inwoners de grootste stedelijke agglomeratie van de Verenigde Staten is. Een stad die net zozeer gekenmerkt wordt door torenhoge wolkenkrabbers en verstopte snelwegen als door wijken met veel criminaliteit en gewelddadige gangs.

Zelfs Moeder Natuur draagt bij aan het schizofrene karakter van de megastad. Alle subtropische paradijselijke plaatjes van palmen langs de boulevards en idyllische stranden ten spijt loopt het gevaarlijkste deel van de San Andreasbreuk, een beruchte veroorzaker van aardbevingen, dwars door het eindeloze tapijt van huizen, dat zich uitstrekt over een oppervlakte bijna twee en half keer de provincie Utrecht. Toen de aarde in 1994 voor het laatst beefde, kostte dit 57 inwoners van Los Angeles het leven.

In een oogopslag
Los Angeles en omgeving

Hoogtepunten

1 **Los Angeles:** De tussen de Grote Oceaan en het kustgebergte gelegen stad heeft zich in nauwelijks 150 jaar ontwikkeld van een onbeduidend door kolonisten bewoond gehucht tot een van de beroemdste steden ter wereld (zie blz. 108 e.v.).

Venice: Niets is hier te dol. De Ocean Front Walk is een podium voor straatartiesten en ieder die het wil worden (zie blz. 156).

Laguna Beach: Fijne zandstranden, steile rotsen en een subtropische vegetatie maken van deze kustplaats een van de meest door Moeder Natuur verwende plekken (zie blz. 166).

Aanbevolen routes

Hollywood Boulevard: Behalve de beroemde Walk of Fame is ook een wandeling langs de rest van de boulevard en een verkenning van het wolkenkrabbereiland Downtown met zijn architectonische en culturele hoogtepunten de moeite waard (zie blz. 126).

Rodeo Drive: De legendarische Rodeo Drive in Beverly Hills is een van de exclusiefste winkelstraten van de Amerikaanse Westkust (zie blz. 145).

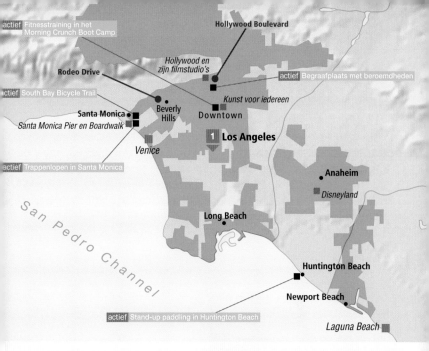

Map labels:
- actief Fitnesstraining in het Morning Crunch Boot Camp
- Hollywood Boulevard
- Rodeo Drive
- Hollywood en zijn filmstudio's
- actief Begraafplaats met beroemdheden
- actief South Bay Bicycle Trail
- Kunst voor iedereen
- Santa Monica
- Beverly Hills
- Downtown
- Santa Monica Pier en Boardwalk
- 1 Los Angeles
- Venice
- actief Trappenlopen in Santa Monica
- Anaheim
- Disneyland
- San Pedro Channel
- Long Beach
- Huntington Beach
- Newport Beach
- actief Stand-up paddling in Huntington Beach
- Laguna Beach

Tips

Kunst voor iedereen: Wie tijdens een wandeling door Downtown zijn ogen open houdt, kan op veel pleinen, in parken en de entreehallen van winkels en banken genieten van de openbare kunstwerken van bekende kunstenaars (zie blz. 117).

Hollywood en zijn filmstudio's: Rond Hollywood zijn er verscheidene mogelijkheden om filmstudio's te bezoeken en de plaatsen te leren kennen waar de beroemde sterren van het witte doek kind aan huis zijn (zie blz. 135).

Santa Monica Pier en Boardwalk: In Santa Monica zijn de grote pier (zie blz. 153) en in Venice de Boardwalk en Muscle Beach (zie blz. 156) interessante pronkboulevards met gekke, extraverte mensen.

actief

Fitnesstraining in het Morning Crunch Boot Camp: Midden in Downtown L. A. kunt u deelnemen aan een professionele training in de openlucht (zie blz. 125).

Begraafplaats met beroemdheden: Bijna nergens bent u zo dicht bij uw idolen als op het Hollywood Forever Cemetery (zie blz. 132).

South Bay Bicycle Trail: De klassieker onder de fietsroutes voert van Pacific Palisades naar Torrance (zie blz. 152).

Trappenlopen in Santa Monica: In totaal 320 treden vormen een uitdagende workout voor joggers (zie blz. 155).

Stand-up paddling in Huntington Beach: Het zogenaamde stand-up paddling (SUP) is een nieuwe sportdiscipline en in Californië een absolute rage (zie blz. 166).

Los Angeles is geen stad in de gebruikelijke betekenis van het woord. Het enorme stedelijke gebied bestaat uit een verzameling van meer dan 100 in vijf districten liggende gemeenten, waarvan Los Angeles de grootste en de belangrijkste is. Downtown verrijst als een wolkenkrabbereiland uit het eindeloze stadslandschap en geldt als historisch, economisch, financieel en cultureel centrum van de megacity.

De metropool van Zuid-Californië kreeg bij zijn stichting door een kleine groep kolonisten in het jaar 1781 de bijna onuitsprekelijke naam El Pueblo de Nuestra Señora la Reina de los Ángeles del Río de Porciúncula (Het dorp van Onze Lieve Vrouwe, koningin der Engelen van de rivier Portiuncula). Later raakte de ellenlange tongbreker in de vergetelheid, omdat langs de oever van de rivier waar de stad begon uit te dijen de naam Los Angeles in zwang kwam. Maar ook deze naam viel ten prooi aan de Amerikaanse voorliefde voor afkortingen. De hele wereld kent de Stad der Engelen tegenwoordig onder zijn afkorting L.A.

Het is niet moeilijk om Downtown als zakelijk en financieel centrum van de stad te herkennen. De wolkenkrabbers rijzen als een enorme batterij bankkluizen ten hemel en de infrastructuur lijkt in eerste instantie vooral op bankiers, zakenmensen en het kantoorpersoneel gericht. Dat blijkt met name rond het middaguur uit de drukte in de bars, cafés en restaurants.

Tussen Chinatown en Pershing Square

Kaart: blz. 110
In het noordelijke deel van Downtown, dat zich uitstrekt tussen Chinatown en Pershing Square, liggen de bekendste bezienswaardig-

heden en grote musea, maar u vindt hier ook het historische centrum van de stad met de overheidskantoren en het stadhuis.

Union Station 1
Het **Union Station** werd in 1939 in gebruik genomen, op de overgang van het trein- naar het autotijdperk. Deze architectonische mengeling van Spaanse missiestijl en art deco met Moorse versieringen was de laatste grote treinkathedraal van de Verenigde Staten. Spiegelende marmeren vloeren, ronde poortbogen, binnenplaatsen met prachtige tuinen, terracottategels met deels Azteekse motieven in de wachtruimte en verschillende muurschilderingen met de weergave van episodes uit de geschiedenis van de stad herinneren aan tijden vol glamour: de tijden dat beroemde sterren uit alle delen van het land met de trein naar Hollywood kwamen voor het maken van films.

Na de Tweede Wereldoorlog verloor het treinverkeer en daarmee het station aan betekenis. Pas in de jaren 90 kreeg het Union Station opeens een tweede leven als gevolg van de aanleg van de Metro Rail en door de aanleg van het nieuwe regionale railnetwerk. Met de bouw van de geplande hogesnelheidslijn – het traject Los Angeles–San Francisco in amper drie uur – zou dit historische spoorwegpaleis in de komende jaren nog wel eens een glorieuze toekomst tegemoet kunnen gaan.

El Pueblo de Los Angeles **2**

In de **Pueblo de Los Angeles**, de 'geboorte-plaats' van Los Angeles, gaat het er tamelijk on-Amerikaans aan toe. Rond een plaza met monumenten van de voormalige Californische gouverneur Felipe de Neve en de Spaanse koning Carlos III strekt zich een 18 ha grote toeristenwijk uit. Hier verzorgen mariachi-koren en violisten, straathandelaars en folkloristische danseressen tussen kraampjes en gezellige Mexicaanse restaurants de hele avond een levendig, bont straatfeest voor de drommen toeristen. In 1769 sloeg de Spaanse 'ontdekkingsreiziger' Gaspar de Portola op deze plaats zijn kamp op. Felipe de Neve droeg het rivierdal twaalf jaar later over aan een 44 man sterke groep deels zwarte kolonisten, die met hun eenvoudige hutten in 1781 de basis voor Los Angeles legden. In de omgeving van de centrale Olvera Street (dag. 10–19 uur) staan 27 van de oudste huizen van de stad, waaronder de Avila Adobe, die in 1818 uit ongebakken stenen in de stijl van een ranch uit die tijd werd opgetrokken (10 E. Olvera St., dag. 9–17, 's winters 10–16 uur).

Het er schuin tegenover gelegen Sepulveda House uit 1887 huisvest het **bezoekerscentrum Las Angelitas**, waar een achttien minuten durende film over de geschiedenis en ontwikkeling van Los Angeles wordt vertoond (ma.–za. 10–15 uur). La Placita Church werd rond 1820 ingewijd en zou, zo wil de legende, met zeven vaten brandy zijn gefinancierd (535 N. Main St.). Het Pico House uit 1870, uitgevoerd met een drie verdiepingen tellende façade in Italiaanse stijl, was destijds een van de beste hotels in Zuid-Californië (430 N. Main St.). Ook het Old Firehouse stamt uit de 19e eeuw en biedt een expositie blusapparaten en historische werktuigen (tussen Arcadia en N. Alameda St., di.–zo. 10–15 uur).

Chinatown **3**

Het is maar een paar stappen van de Mexicaanse ambiance van de historische Pueblo naar het rijk van het voor Europeanen overwegend onleesbare schrift. De nogal zakelijk ogende **Chinatown** van Los Angeles is niet te vergelijken met zijn exotische tegenhanger in

San Francisco. Veel oude huizen, waar in de tweede helft van de 19e eeuw hoofdzakelijk Chinese spoorwegarbeiders woonden, moesten in de jaren 30 plaatsmaken voor de bouw van het Union Station. Daarom bezoekt men de wijk niet zozeer vanwege de sfeervolle oosterse taferelen, maar in eerste instantie om de goede restaurants met hun dimsumspecialiteiten en de exotische winkels die de bezoeker een fascinerend aanbod aan oosterse waren bieden: van gerimpelde ginsengwortels, kimono's in felle kleuren en gedroogde haaienvinnen tot dikbuikige Boeddhabeelden (www.chinatownla.com).

City Hall **4**

Toen de televisieserie 'Superman' tussen 1950 en 1955 werd geproduceerd, zochten de makers naar een geschikt decor voor de redactie van de Daily Planet, alwaar de filmheld als journalist zou werken. De keus viel uiteindelijk op het gebouw van de **City Hall** van Los Angeles, dat eind jaren 20 voltooid werd. De 27 verdiepingen hoge vierkante art-décotoren met een gevel van Californisch graniet en een piramidevormig dak was tot 1959 het enige gebouw in de door aardbevingen bedreigde stad dat dankzij een speciale vergunning meer dan dertien verdiepingen hoog mocht worden. Het *observation deck* op de hoogste verdieping biedt uitzicht over de hele stad (200 N. Spring St., tel. 213-485-2121, ma.–vr. 8–17 uur, www.lacity.org).

Het in de tweede helft van 2012 geopende **Civic Park** strekt zich van de City Hall in westelijke richting uit tot aan Grand Avenue. Dit park met een fontein als middelpunt en daaromheen bomen, gazons, trappen, wandelpaden en hellingen is door de planners bedoeld als een 'groene' ontmoetingsplaats in de stadskern. Een belangrijk onderdeel van de stadsvernieuwing is ook **The Broad**, een nieuw museum voor hedendaagse kunst dat nog in aanbouw is en waarvan de futuristische architectuur met zijn honingraatachtige gevel op zichzelf al een kunstwerk is. Het ontwerp is afkomstig van Diller Scofidio & Renfro. De opening van de nieuwe kunsttempel staat gepland voor 2013.

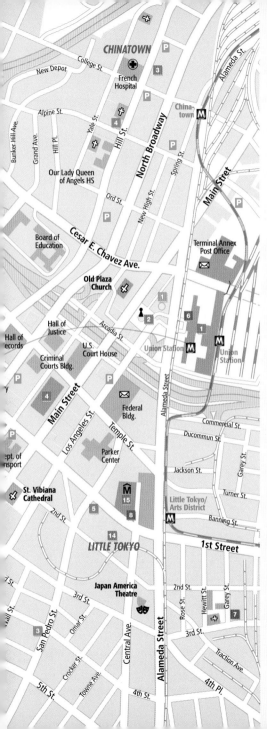

Downtown Los Angeles

Bezienswaardigheden

1. Union Station
2. El Pueblo de Los Angeles
3. Chinatown
4. City Hall
5. Cathedral of Our Lady of the Angels
6. Music Center
7. Walt Disney Concert Hall
8. Museum of Contemporary Art (MOCA)
9. Wells Fargo History Museum
10. Angel's Flight
11. Broadway
12. Bradbury Building
13. Grand Central Market
14. Little Tokyo
15. Geffen Contemporary at MOCA
16. Westin Bonaventure Hotel
17. U.S. Bank Tower
18. Los Angeles Central Library
19. Millennium Biltmore Hotel
20. Pershing Square
21. Jewelry District
22. L.A. Live
23. University of Southern California
24. Exposition Park

Accommodatie

1. Sheraton Los Angeles Downtown
2. Omni
3. Standard Downtown
4. Best Western Dragon Gate Inn
5. Miyako Hotel
6. Luxe City Center
7. Mayfair Hotel
8. Ritz Milner Hotel
9. Stillwell Hotel
10. Best Value Inn

Vervolg zie blz. 112

Downtown Los Angeles

Eten en drinken
1. Nick & Stef's
2. Wokcano
3. Roy's
4. Border Grill Downtown
5. Pete's Cafe
6. Traxx
7. R-23
8. Weiland Brewery

Winkelen
1. Olvera Street
2. Caravan Book Store

3. Macy's Plaza
4. Downtown Farmers' Market

Uitgaan
1. Checkers Hilton Uptown
2. Standard Hotel
3. Bona Vista Lounge
4. Broadway Bar
5. Club Mayan
6. The Edison
7. Redwood Bar & Grill
8. Orpheum Theatre

Actief
1. Los Angeles Conservancy Tours
2. Neon Cruises
3. JT Saniya
4. Staples Center
5. LA Dodgers Stadium
6. Courtyard Wellness
7. Hilton Checkers Spa
8. Morning Boot Camp

Our Lady of the Angels 5

Rond de City Hall ligt de grootste bestuurlijke wijk van de VS, met gerechtsgebouwen en administratiekantoren. Aan de noordgrens werd in het jaar 2002 de nieuwe, naar plannen van de Spaanse architect José Rafael Moneo gebouwde **Cathedral of Our Lady of the Angels** ingewijd. Het gebouw doet niet alleen dienst als kerk, maar dankzij het omliggende park, een conferentiecentrum, souvenirwinkels en een café wordt het ook gebruikt als ontmoetingsplaats. De door Robert Graham ontworpen monumentale bronzen ingang is versierd met reliëfs die aan de talrijke in Los Angeles vertegenwoordigde culturen herinneren (555 W. Temple St., tel. 213-680-5200, www.olacathedral.org, op wo. om 12.45 uur wordt regelmatig het orgel bespeeld, op za. om 20 uur zijn er klassieke concerten).

Bunker Hill

Kaart: blz. 110

Tussen Temple Street in het noorden en Third Street in het zuiden, de Harbor Freeway in het westen en Olive Street in het oosten strekt zich de wijk Bunker Hill uit, die tussen 1870 en 1900 werd aangelegd. Op de heuvel, die later deels werd afgegraven, stonden victoriaanse huizen. In de jaren 20–30 keerden veel bewoners deze omgeving de rug toe, omdat het hart van Downtown naar het zuiden verschoof en de buurt begon te vervallen. Om deze reden was Bunker Hill in de jaren 40–50 populair als filmlocatie. Schrijvers als Ray Bradbury en Raymond Chandler geven in hun romans een goed beeld van de toenmalige omstandigheden in de wijk.

Music Center 6

In dit deel van Downtown brak na de oorlog een nieuw tijdperk aan met het verrijzen van moderne kantoorgebouwen en culturele instellingen. Een van deze gebouwen was het **Music Center**, dat bestaat uit drie oude en één nieuwe concertzaal. Het **Dorothy Chandler Pavilion** (135 N. Grand Ave.) was tot 2003 de residentie van het Los Angeles Philharmonic, voordat het orkest naar de Walt Disney Concert Hall verhuisde. Tegenwoordig treedt er een dansgezelschap op en geeft de Los Angeles Opera (tel. 213-972-8001, www.losangelesopera.com), dat onder leiding staat van tenor Plácido Domingo, hier zijn uitvoeringen. In het **Ahmanson Theatre** kunt u terecht voor toneel, musicals en komedie. De opening in 1967 van het op experimentele theaterstukken en shows gerichte **Mark Taper Forum** ging gepaard met een schandaal in de media; de prominentste gast, de toenmalige gouverneur Ronald Reagan, liep boos weg tijdens de opvoering van *The devils* (tel. 213-972-7211, www.musiccenter.org).

Walt Disney Concert Hall 7

De **Walt Disney Concert Hall**, het nieuwste en spectaculairste deel van het Music Center, be-

De Walt Disney Concert Hall van de architect Frank Gehry is ook vanwege zijn fantastische akoestiek een bezoek waard

haalde eerder om architectonische dan om muzikale redenen wereldwijd de kranten-koppen. Het uiterlijk van de nieuwste, in deconstructivistische stijl gebouwde basis van het Los Angeles Philharmonic werd door critici al met veel zaken vergeleken – een schip met grote zeilen, een explosie van edelmetaal, een magnolia van fonkelend staal. Architect Frank Gehry sprak zelf over een zich openende roos.

De glinsterende bloem, oorspronkelijk tot ontbotten gebracht door een cheque van miljoen dollar van Lilian Disney, de weduwe van Walt, moest de stereotype kantoorarchitectuur van Downtown opfrissen. Sinds de opening zijn er inderdaad plannen ontstaan voor nieuwe projecten, die de Grand Avenue in een soort Amerikaanse Champs-Elysées moeten veranderen. Het futuristische ontwerp van Gehry is niet het enige dat indruk maakt aan deze concerttempel. Dat geldt ook voor zijn fantastische akoestiek, waarbij het gebouw van de Berliner Philharmonie als voorbeeld heeft gediend (111 S. Grand Ave., tel. 323-850-2000, www.laphil. com; informatie over rondleidingen vindt u op www.musiccenter.org/visit/tours.html).

Museum of Contemporary Art 8

Slechts enkele stappen verwijderd van de Walt Disney Concert Hall ligt het beroemdste kunstmuseum in Downtown. Kunstenaars als Robert Rauschenberg, Mark Rothko, Jasper Johns, Claes Oldenburg en Jackson Pollock zorgden ervoor dat het **Museum of Contemporary Art** tot ver buiten de stadsgrenzen aanzien kreeg. Het naar een ontwerp van de Japanse architect Arata Isozaki gebouwde MOCA heeft zich gespecialiseerd in eigentijdse Amerikaanse en Europese kunst vanaf 1940. Ook organiseert het museum het hele jaar door speciale tentoonstellingen met uiteenlopende thema's (250 S. Grand Ave., tel. 213-621-1741, www.moca-la.org, ma. en vr. 11–17, do. 11–20 uur, vanaf 17 uur toegang gratis, za.–zo. 11–18 uur, di.–wo. gesloten, $12).

Wells Fargo History Museum 9

Westerns zijn nauwelijks denkbaar zonder overvallen op postkoetsen. Meestal voeren de door vierspannen voortgetrokken transportmiddelen de naam van Wells Fargo, een bank die net zozeer onderdeel van het Wilde Westen was als de zesschots Peacemaker van de firma Colt. Tegenwoordig behoort de in 1852 gestichte bank tot de oudste financiële instellingen van Amerika, die zijn geschiedenis in Los Angeles gedenkt met het **Wells Fargo History Museum**. Op de expositie zijn een originele postkoets, een voor die tijd karakteristiek kantoor, documenten, historische foto's, goudklompen en gouddelverswerktuigen te zien; te midden van de wolkenkrabbers wekt het geheel de indruk van een nostalgisch relikwie uit een onrustig verleden (333 S. Grand Ave., tel. 213-253-7166, www.wellsfargohisto ry. com, ma.-vr. 9-17 uur, toegang gratis).

Angel's Flight 🔟

In het jaar 1901 werd de **Angel's Flight** gebouwd, een kabelspoorweg van 91 m lengte, die voor de inwoners van Bunker Hill het afleggen van de steile weg naar Broadway beneden vergemakkelijkte. Twee naar de Bijbelse bergen Olijfberg en Sinaï genoemde wagons vervoerden passagiers van het dalstation aan de Hill Street naar het bergstation op de California Plaza en weer terug. Na een ongeluk in 2001 werd de oldtimer tijdelijk stilgelegd, maar inmiddels is het kabelspoor weer in gebruik (351 Hill St., http://angelsflight. com, 50 cent per rit).

Broadway 🔟

Kaart: blz. 110

Dat Los Angeles een Mexicaanse metropool is die voor 56% door latino's wordt bevolkt, is nergens in Downtown beter te merken dan op **Broadway**. Rond 1930 werd de westelijke tegenhanger van New Yorks Broadway omzoomd door een tiental bioscopen waar de nieuwste films werden vertoond. De toenmalige flaneer-, uitgaans- en winkelboulevard, ooit het centrum van de stad, is tegenwoordig nog maar een schaduw van zichzelf. Oude façades en neonreclames van filmpaleizen doen de glitter en de glamour van weleer alleen nog vermoeden.

Het **Million Dollar Theatre** (3075 S. Broadway) behoort tot de weinige bioscopen in het onder monumentenzorg vallende Broadway Theater District die werden gerenoveerd (www.milliondollartheater.com). De neergang van Broadway ging ook de parallel lopende **Spring Street** niet voorbij. In de jaren 20 herbergde de toentertijd grootste verzameling art-decogebouwen van de VS vele banken en beursbedrijven, wat de straat de bijnaam 'Wall Street van het Westen' opleverde.

Kunstevenement in het MOCA: installatie met kledingstukken ter gelegenheid van de vernissage van de expositie *Skin and bones*

Met het verval van Broadway is de ooit kloppende slagader van Downtown zijn uitstraling en entertainmentimago kwijtgeraakt. De straten tussen Third Street en Olympic Boulevard zijn nu een aaneenschakeling van dicountwinkels, fastfoodrestaurants en etalages met goedkope modeaccessoires. Opvallend is dat in dit deel van de stad het vaak gebruikte cliché van een smeltkroes van culturen en etnische identiteiten geheel van toepassing is. Waar de rest van Los Angeles grotendeels gekenmerkt wordt door getto's, doet Downtown in de omgeving van Broadway nog het meest denken een grote Mexicaanse stad, waarin uiteenlopende etnische groepen naast elkaar leven.

Bradbury Building 12

Het Amerika van de roaring twenties ligt maar een paar stappen verwijderd van het Amerika van de belle époque. Hydraulische liften van sierlijk bewerkt zwart metaal, marmeren trappen, spiegelende tegelmuren, gietijzeren balustrades met houten leuningen en boogvormige ramen kenmerken de 40 m resp. vijf verdiepingen hoge lobby van het **Bradbury Building**, dat bekroond wordt door een sierlijk glazen dak. Dit architectonische sieraad verrees in 1893 en ontsprong vermoedelijk aan het idee van een architect die nog nooit eerder een gebouw had ontworpen en zich door een utopische roman had laten inspireren. Het kantoorgebouw diende als decor in films als *Citizen Kane*, *Chinatown*, *Lethal Weapon 4* en *Blade Runner* (304 S. Broadway, tel. 213-626-1893, zo. gesloten).

Grand Central Market 13

Al generaties lang voorziet de in 1917 geopende **Grand Central Market** de inwoners van Downtown van verse groenten, fruit, vlees, vis, gevogelte en exotische kruiden. Dag in dag uit laden de handelaars hun kraampjes en vitrines vol met Amerikaanse en uit het buitenland geïmporteerde producten, die de 'buik' van Downtown vullen. Aan de verse burrito's, Cubaanse sandwiches en geurige tortilla's die in talrijke snackbars worden aangeboden, is goed te merken dat het aanbod

vooral op het latinodeel van de bevolking is gericht (317 S. Broadway, www.grandcentral square.com, ma.–zo. 9–18 uur).

Little Tokyo 14

Kaart: blz. 110
De wijk **Little Tokyo** ontstond na de grote aardbeving in San Francisco van 1906, toen veel Japanners de verwoeste Baymetropool de rug toekeerden om zich in Los Angeles te vestigen. Toen in de Tweede Wereldoorlog de in Californië levende Japanners massaal geïnterneerd werden (zie blz. 333), maakte deze tegenwoordig wat eentonig ogende stadswijk een snelle neergang door; het daaropvolgende herstel vergde vele decennia.

Japanese American National Museum

Onder meer aan dit onderbelichte hoofdstuk in de geschiedenis van Californië besteedt het **Japanese American National Museum** aandacht. Zo worden er bijvoorbeeld tentoonstellingen gehouden van de foto's die de beroemde landschapsfotograaf Anselm Adams in 1943/1944 in het interneringskamp Manzanar in de Owens Valley (zie blz. 333) maakte (369 E. First St., tel. 213-625-0414, www.janm. org, di., wo. en vr.–zo. 11–17, do. 12–20 uur, vanaf 17 uur en elke derde do. in de maand toegang gratis, $9).

JACC

Het **Japanese American Cultural and Community Center** (JACC) is het culturele centrum van de grootste Japanse gemeenschap buiten Japan zelf (meer dan 200.000 inwoners) en het grootste etnische kunst- en cultuurcentrum van Amerika (244 S. San Pedro St., tel. 213-628-2725, www.jaccc.org, di.–vr. 12–17, za.–zo. 11–16 uur). Het in de buurt gelegen **Kyoto Grand Hotel** is niet alleen een rustpunt voor vermoeide gasten. De zogenaamde Hemeltuin op de derde verdieping is een miniatuurversie van een meer dan 400 jaar oude Japanse tuin in Tokio. De volgens de zeven traditionele zenbeginselen aangelegde tuin, die voorzien is van een beekje, een waterval, azalea's, magnolia's en een terras, nodigt uit tot mediteren (120 S. Los Angeles St., tel. 213-629-1200, www. kyotograndhotel.com).

Geffen Contemporary 15

Naast het in de lente georganiseerde Kersenbloesemfeest heeft deze dependance van het Museum of Contemporary Art zich ontwikkeld tot de grootste trekpleister van Little Tokyo. Tijdens de verbouwing van het hoofdgebouw werd een jarenlang leegstaande politiegarage door sterarchitect Frank Gehry omgebouwd tot uitwijkplaats voor bijzondere tentoonstellingen en grote kunstwerken. Hij deed dit zo succesvol dat het aldaar gevestigde **Geffen Contemporary at MOCA** sinds jaar en dag een gevestigd instituut is in de kunstwereld van L.A. In de grote zalen staan zowel enorme sculpturen van Richard Serra als ontwerpen van J. Mays, die een eigen filosofie op het gebied van automobieldesign ontwikkelde (152 N. Central Ave., tel. en openingstijden zie MOCA, $12).

Financial District

Kaart: blz. 110

Na 1950 verrezen op de zuidelijke helling van Bunker Hill steeds meer wolkenkrabbers. Door alle banken, verzekeringsmaatschappijen, advocatenkantoren en parkeergarages veranderde het hart van Downtown langzaamt in een voor voetgangers niet erg aantrekkelijke betonwoestijn. Pas in de loop der jaren begonnen de stadsplanologen hier en daar kleine parkjes, pleinen met openbare kunstwerken en verfraaiende elementen toe te voegen. Van de talrijke grote stadshotels is het uit 1976 daterende **Westin Bonaventure Hotel** 16 het beroemdst. Het hotel bestaat uit vijf 35 verdiepingen hoge, glazen cilinders, met langs de gevels lopende liftschachten. Het dankt zijn roem aan het feit dat het vanwege zijn buitengewone architectuur verscheidene malen als filmdecor werd gebruikt. De spiegelende gigant speelde een hoofdrol in de bioscoopfilms *Rain Man* met Dustin

Hoffman en Tom Cruise, *In the line of fire* met Clint Eastwood en John Malkovich, in de thriller *Nick of time* met Johnny Depp, en in de romantische komedie *Forget Paris* met Billy Crystal en Debra Winger (404 S. Figueroa St., tel. 213-624-1000, www.starwoodhotels.com).

U. S. Bank Tower 17

De typisch Amerikaanse skyline van Downtown wordt gedomineerd door de in 1990 gebouwde **U.S. Bank Tower**, met 310 m en 73 etages het hoogste gebouw ten westen van de Mississippi. Op zijn 's nacht verlichte glazen ronde kroon ligt de hoogste helikopterlandingsplaats van de wereld. De door architect Henry Cobb ontworpen wolkenkrabber diende onder meer als decor voor de uit 1996 stammende rampenfilm *Independence Day*. Tijdens een buitenaardse aanval wordt het gebouw van gewapend beton met behulp van door computers gegenereerde special effects binnen enkele seconden verkruimeld (633 W. Fifth St.).

In de schaduw van de Tower fungeren de in mediterrane stijl opgetrokken **Bunker Hill Steps** als een stedenbouwkundige oase te midden van de grauwe eenheidsworst van façades. De trap dateert van beginjaren 90 en verbindt Hope Street met Fifth Street. Het kunstwerk wordt begeleid door een klaterende beek, die ontspringt in een door beeldhouwer Robert Graham gemaakte fontein en langs de 103 treden omlaag stroomt.

Los Angeles Central Library 18

De **Los Angeles Central Library** behoort tot de opvallendste architectonische hoogstandjes in Downtown. Deze in 1930 gebouwde bibliotheek verbindt Byzantijnse, Spaanse, Romeinse, Egyptische en zelfs art-decostijlelementen met geometrische vormen als kubussen en prisma's tot een aantrekkelijk geheel onder een toren met een piramidevormig dak. Behalve de architect droegen ook beeldhouwers, muralisten, graveurs en landschapsarchitecten ideeën aan en schiepen gezamenlijk een complex dat in de schaduw van de betonnen reuzen eromheen nog het

Tip: Kunst voor iedereen

Wie zijn ogen goed de kost geeft in Downtown ziet overal op pleinen, in parken en entreehallen van bedrijven en banken openbare kunstwerken van beroemde kunstenaars als Joán Miró, Alexander Calder, Robert Rauschenberg en Jonathan Borofsky. Sinds de jaren 60 zijn projectontwikkelaars verplicht om 1% van de bouwsom in kunst te investeren. Dit voorschrift heeft ervoor gezorgd dat de betonwoestijn langzaam is veranderd in een openluchtmuseum.

Rond de kruising van de Figueroa en de 7th Street zijn op de zogenaamde **Poet's Walk** diverse kunstwerken te zien, die vergezeld gaan van in steen gemetselde of in bronzen plaquettes gegoten literaire teksten. Het beroemdste werk in deze collectie is **Corporate Head** van Terry Allan met een tekst van de dichter Philip Levine. De in 1991 geplaatste bronzen sculptuur stelt een zakenman met aktetas voor die zijn hoofd in de gevel van het gebouw steekt. Eerst was het beeld niet erg geliefd, maar voor veel voorbijgangers is het inmiddels een mascotte geworden (725 S. Figueroa St., Ernst & Younggebouw).

Op het hoogste punt van de Bunker Hill Steps staat een door Robert Graham gemaakt bronzen beeld van een naakte vrouw op een metershoge pilaar. Het beeld, met de naam **Source Figure**, siert een fontein. Op de Bank of America Plaza wordt de aandacht sinds 1974 getrokken door een oranjekleurig stalen sculptuur genaamd **Four Arches**. Het 20 m hoge kunstwerk is van de hand van de beroemde Amerikaanse beeldhouwer Alexander Calder (1898–1976), een van de belangrijkste vertegenwoordigers van de kinetische kunst die internationaal naam maakte met zijn mobiles (333 S. Hope St.). Aan de overkant van de straat worden bezoekers van het Wells Fargo Center (333 South Grand Ave.) begroet door **Le Dandy** van Jean Dubuffet. In het atrium van het gebouw zijn nog meer werken van Robert Graham te zien.

Alexander Calders *Four Arches* verrijken de openbare ruimte in Downtown

Aan Pershing Square, niet ver van Staples Center, klopt het hart van de metropool

meeste doet denken aan een kleurige knikker in een steengroeve. Niet alleen van buiten straalt de op twee na grootste openbare bibliotheek van de VS met zijn tuinen en waterpartijen veel flair uit. Binnen komen bezoekers in een rotonde met muurschilderingen, die scènes uit de stadsgeschiedenis voorstellen. De nieuwe Thomas-Bradleyvleugel bestaat uit een atrium met acht verdiepingen, waarvan er vier boven- en vier ondergronds liggen (630 W. 5th St., tel. 213-228-7000, www. lapl.org/central, di. en do. 10–20, ma., wo., vr. en za. 10–17.30, zo. gesloten, rondleidingen ma.-vr. 12.30, za. 11 en 14, zo. 14 uur).

Maguire Gardens

Naast de bibliotheek werd een voormalige parkeerplaats omgevormd tot een groene oase: in de **Maguire Gardens** kunt u zich even ontspannen op de gazons, omringd door olijfbomen, cipressen, fonteinen en vijvers, de vele openbare kunstwerken bewonderen of iets nuttigen in het tuincafé (hoek 5th & Flower St.).

Rondom Pershing Square

Kaart: blz. 110

Bij veel bioscoopgangers zal het **Millennium Biltmore Hotel** 19 een gevoel van déja vu oproepen. De oude deftige dame onder de hotels van Los Angeles speelde een rol in een groot aantal bioscoopfilms, waaronder kaskrakers als *Chinatown* van Roman Polanski, *The fabulous Baker Boys* met Michelle Pfeif-

's winters laat het stadsbestuur een ijsbaan aanleggen. Het Beethovenmonument van de beeldhouwer Arnold Foerster werd in 1932 geplaatst ter ere van William Andrews Clark jr., oprichter van het Los Angeles Philharmonia Orchestra en een groot fan van de Duitse componist.

Jewelry District 21

Aan de zuidrand van Pershing Square ligt het **Jewelry District**, een van de grootste concentratie sieradenwinkels in de VS. Vijftig jaar geleden hadden zich hier nog maar enkele juweliers gevestigd. De wijk kwam pas na 1970 tot bloei, toen de vraag naar edelmetalen toenam en er zich veel immigranten uit het Midden- en Verre Oosten vestigden.

Tegenwoordig zijn hier meer dan 3000 winkels, die de nieuwste trends in diamanten, gouden en zilveren sieraden en horloges aan de man brengen (tussen de 6th en 8th St. en tussen de Olive St. en Broadway, kijk voor een plattegrond bij www.lajd.net).

Ten zuiden van Downtown

Kaart: blz. 110

Ten zuiden van de kruising van de Olympic Boulevard en de Figueroa Street is in de afgelopen jaren een nieuwe hotspot verrezen. Het entertainmentcomplex **L. A. Live** 22 vormt op deze locatie de kern van een nieuwe wijk met appartementen, bioscopen, restaurants, clubs en hotels, die zich – zo hopen de investeerders – tot het levendige hart van Downtown zal ontwikkelen. U vindt hier ook een modern museum, dat aan de Grammy Award is gewijd. De sinds 1957 uitgereikte muziekprijs is de hoogste internationale onderscheiding voor mensen die werkzaam zijn in de muziekbrance, te vergelijken met wat de Oscars voor de film zijn. De locatie van het nieuw ontwikkelde gebied is zeker gunstig. Het **Los Angeles Convention Center** ligt ernaast en ook de belangrijke verkeersader Harbor Freeway loopt er vlakbij.

Een deel van L.A. Live wordt ingenomen door het ruim 7200 zitplaatsen tellende

fer en Jeff Bridges, *Beverly Hills cop* met Eddie Murphy en *A star is born* met Barbra Streisand. Terwijl de kamers zich nauwelijks meer kunnen meten met die van modernere luxehotels, overtreft het Biltmore zijn concurrenten ruimschoots door de weelderige inrichting van zijn lobby. In het Rendezvous Court heerst niet alleen 's middags tijdens het theeuur een sfeer als in een Spaanse kathedraal (506–515 S. Olive St., tel. 213-624-1011, www.millenniumhotels.com).

Het **Pershing Square** 20 bij het Biltmore Hotel onderging in zijn 150-jarige bestaan al heel wat veranderingen. De laatste keer in 1994 toen het rechthoekige plein werd omgetoverd tot het grootste openbare park in Downtown met een 40 m hoge campanile. 's Zomers worden er concerten gegeven,

Nokia Theatre, waar jaarlijks ca. 150 concerten en andere evenementen plaatsvinden. Het futuristisch ontworpen **Staples Center** ernaast werd al in 1999 met een concert van Bruce Springsteen ingewijd. Sindsdien traden er sterren op als U2, Madonna en Prince. Het aan 20.000 toeschouwers plaats biedende stadion is ook de thuisbasis van een aantal sportclubs, waaronder de basketbalsterren van de L.A. Lakers. In juli 2009 vond in het stadion de rouwplechtigheid voor Michael Jackson plaats, een van de grootste mediaspektakels ooit, die in de hele wereld op televisie te volgen was (865 S. Figueroa St., tel. 213-742-7326, www.staplescenter.com).

University of Southern California 23

Er staan tegenwoordig meer dan 30.000 studenten ingeschreven bij de **University of Southern California**, die in 1880 werd gesticht en als oudste particuliere universiteit van Zuid-Californië geldt. Aan de hoofdzakelijk om de faculteiten literatuur, kunst en natuurwetenschappen bekende instelling studeerden beroemdheden als Clint Eastwood, George Lucas, John Wayne, Steven Spielberg, Stevie Wonder en Frank Gehry en tevens verscheidene Amerikaanse astronauten, onder wie Neil Armstrong.

Tijdens de Tweede Wereldoorlog doceerde de uit zijn geboorteland Duitsland gevluchte schrijver Ludwig Marcuse hier literatuur en filosofie (rondleidingen van 50 minuten, Admission Center, 615 Childs Way, tel. 213-740-6605, www.usc.edu, ma.–vr. 10–15 uur).

Exposition Park 24

Het **Exposition Park** beleefde zijn eerste glorietijd met de bouw van het **Los Angeles Memorial Coliseum** en de organisatie van de Olympische Spelen in 1932. In 1984 vond het internationale sportevenement daar voor de tweede keer plaats. De beeldhouwer Robert Graham schiep speciaal voor de gelegenheid de twee naakte sculpturen zonder hoofd die bij de in art-decostijl gebouwde oostelijke ingang staan. Als het aan de vooruitblikkende investeerders ligt zullen de Olympische Spe-

len zelfs voor een derde keer op deze locatie plaatsvinden. In ieder geval maakte burgemeester Antonio Villaraigosa al plannen bekend om het Coliseum voor een bedrag van 112 miljoen dollar voor dit toekomstige evenement geschikt te maken.

Behalve sportfans komen ook cultuurliefhebbers in het Exposition Park aan hun trekken. Het **Natural History Museum** bezit meer dan 30 miljoen objecten, van het gigantische skelet van een *Tyrannosaurus rex* tot de zeldzaamste haai van de wereldzeeën, en van de prachtigste minerale gesteenten tot de grootste insectendierentuin van de Westkust (900 Exposition Blvd., tel. 213-763-DINO, www.nhm.org, dag. 9.30–17 uur, $12).

De interactieve installaties en tentoonstellingen die zich richten op creatieve geesten maken het **California Science Center** tot een paradijs voor bezoekers die in natuurwetenschappen zijn geïnteresseerd. Aankomende astronauten kunnen in de Air and Space Gallery het heelal bekijken, terwijl de expositie Creative World is gewijd aan de geniaalste ontdekkingen van de menselijke geest. Nu het Space-Shuttletijdperk ten einde is, zal ook de Space Shuttle Endeavour een plaats in het museum krijgen. In het naastgelegen **IMAX Theater** worden de adembenemendste avonturen op een enorm filmdoek vertoond (700 State Dr., tel. 323-724-3623, www.california sciencecenter.org, dag. 10–17 uur, gratis toegang tot de permanente tentoonstellingen, IMAX-theater $8,25).

Het gerenoveerde **California African American Museum** is gewijd aan de kunst, cultuur en geschiedenis van de Afro-Amerikanen. Een van de belangwekkendste tentoonstellingen in dit museum is getiteld *African American Journey West*, een verslag over de bijdrage van de oorspronkelijk uit West-Afrika stammende bevolking bij de ontsluiting en ontwikkeling van het Westen van de Verenigde Staten. Eens per maand vinden tijdens de zogenaamde Target Sundays culturele bijeenkomsten plaats met Afro-Amerikaanse kunstenaars (600 State Dr., tel. 213-744-7432, www.caamuseum.org, di.–za. 10–17, zo. 11–17 uur, toegang gratis).

Informatie

Downtown Los Angeles Visitor Information Center: 685 S. Figueroa St., Los Angeles, CA 90017, tel. 213-689-8822, 1-800-228-2452, http://discoverlosangeles.com, www.downtownla.com. Kijk voor een plattegrond op www.downtownla.com/o_o_dcbid_map.asp.

Accommodatie

Toplocatie ▶ Sheraton Los Angeles Downtown **1**: 711 S. Hope St., tel. 213-488-3500, fax 213-488-4110, www.starwoodhotels.com. In het hart van de bankenwijk gelegen zakenhotel met bijna 500 zeer goed geoutilleerde kamers en alle zakelijke faciliteiten. 2 pk vanaf ca. $270.

Superhotel ▶ Omni **2**: 251 S. Olive St., tel. 213-617-3300, www.omnihotels.com. Degelijk luxehotel op de Bunker Hill met alles wat zakenlieden nodig hebben. Veel kamers kijken uit op de schitterende Disney Concert Hall. Wie aan het zwembad op het dak ligt, kan de hectiek van de stad ongemerkt aan zich voorbij laten gaan. 2 pk vanaf ca. $260.

Trendy ▶ Standard Downtown **3**: 550 S. Flower St., tel. 213-892-8080, www.standardhotel.com. Het nieuwste trendy hotel met zijn coole flair behoort tot de populairste accommodaties in Downtown. 's Avonds ontmoet men elkaar op het dak in de Rooftop Bar of men vlijt zich neer op een waterbed naast het zwembad en geniet van het overweldigende uitzicht op Downtown. 2 pk vanaf $240.

Betaalbaar ▶ Best Western Dragon Gate Inn **4**: 818 N. Hill St., tel. 213-617-3077, fax 213-680-3753, www.dragongateinn.com. 50 kamers telt dit hotel in Chinatown, waar zich ook enkele winkels bevinden. Tot de voorzieningen behoren airco, gratis wifi, een koffiezetapparaat en een koelkast. 2 pk vanaf $100.

Het geld waard ▶ Miyako Hotel **5**: 328 E. First St., Little Tokyo, tel. 213-617-2000, fax 213-617-2700, www.miyakoinn.com. Comfortabele kamers met koffiezetapparaat, strijkijzer, snel internet, bureau en kluis. Businesscenter, restaurant, café, sauna en fitnessstudio zijn aanwezig. 2 pk vanaf $100.

Heel netjes ▶ Luxe City Center **6**: 1020 S. Figueroa St., tel. 213-748-1291, www.luxecitycenter.com. Alle 195 kamers van het bij het Staples Center gelegen hotel zijn gerenoveerd en bieden veel ruimte. Behalve een restaurant met grote ramen biedt het hotel ook fitnessapparaten en een zwembad met uitzicht op de skyline. 2 pk vanaf $90.

Kleine, schone kamers ▶ Mayfair Hotel **7**: 1256 W. Seventh St., tel. 213-484-9789, www.mayfairla.com. Wat verouderd hotel met tegen de 300 kleine airconditioned kamers en een gunstige ligging voor een verkenning van Downtown. De omgeving is echter niet heel aantrekkelijk. Het hotel heeft ook een restaurant en een afgesloten parkeerterrein. 2 pk vanaf $80.

Goedkoop en op een goede locatie ▶ Ritz Milner Hotel **8**: 813 S. Flower St., tel. 213-627-6981, fax 213-623-9731, www.milner-hotels.com. Slechts met de noodzakelijke faciliteiten ingerichte, tamelijk kleine kamers in een oud gebouw. Inclusief ontbijt. De prijzen zijn wel aantrekkelijk. 2 pk vanaf $79–99.

Oud, maar oké ▶ Stillwell Hotel **9**: 838 S. Grand Ave., tel. 213-627-1151, fax 213-622-8940. De 230 kamers zijn niet erg comfortabel, maar hebben wel airconditioning, koelkast en telefoon. Hotel met twee restaurants. U kunt er voordelig parkeren. Het Stillwell behoort tot de goedkoopste hotels van Downtown. 2 pk vanaf ca. $70.

Weinig comfort ▶ Best Value Inn **10**: 906 S. Alvarado St., tel. 213-388-3137, fax 213-487-1973, www.americasbestvalueinn.com. Eenvoudig maar schoon motel van twee verdiepingen met 37 kamers die allemaal kabeltv hebben. U kunt gratis parkeren op de afgesloten binnenplaats. In de lobby is snel internet voorhanden. 2 pk vanaf $60.

Eten en drinken

Voor gourmets ▶ Nick & Stef's **1**: 330 S. Hope St., tel. 213-680-0330, www.patinagroup.com/restaurant.php?restaurants_id=6, ma.–vr. 11.30–14.30, ma.–do. 17.30– 21.30, vr.–za. tot 22.30, zo. 16.30–20.30 uur. Stijlvol steakhouse met uitstekende, goed gerijpte T-bonesteaks ($47) en sirloinsteaks ($33). Daarnaast worden hier gevogelte en pasta geserveerd. Hoofdgerechten $31–52.

Voor sushiliefhebbers ▶ Wokcano 2: 800 Seventh St., tel. 213-623-2288, www.wokcanores taurant.com, dag. 11–24 uur. Superchic, trendy café met smakelijke specialiteiten uit het Verre Oosten, een sushibar en een cocktaillounge waar gasten kunnen kiezen uit het zeer uitgebreide assortiment van deels exotische dranken. $30–50.

Ketenrestaurant met kwaliteit ▶ Roy's 3: 800 S. Figueroa St., tel. 213-488-4994, www.roys restaurant.com, ma.–do. 11.30–22, vr. 11.30–22.30, za. 11–22.30, zo. 17–21 uur. Wie een keer de exotische keuken van Hawaï wil proeven, kan dat hier doen. Vooral de visgerechten zijn zeer de moeite waard. $30–50.

Pittige keuken ▶ Border Grill Downtown 4: 445 S. Figueroa St., tel. 213-486-5171, www. bordergrill.com, ma.–vr. 11.30–15 en 16–22, za. 17–22, happy hour ma.–vr. 16–19, vr. en za. vanaf 21, zo. 16–21 uur. Dit restaurant serveert een goede Latijns-Amerikaanse keuken. Elke di. avond paella, elke zo. avond tapas van hoog niveau. Op wo. en vr. avond worden de gasten getrakteerd op livemuziek op de patio. Diner $16–30.

Goed en populair ▶ Pete's Cafe 5: 400 S. Main St., tel. 213-617-1000, www.petescafe. com, ma.–vr. 11–15, happy hour in de bar 17–19, za, zo brunch 9–15, diner dag. 17–2 uur. Hamburgers, steaks, gevogelte, vis, soepen, salades. Hoofdgerechten $12–30.

Stijlvol ▶ Traxx 6: 800 N. Alameda St., tel. 213-625-1999, www.traxxrestaurant.com, lunch ma.–vr. 11.30–14.30, diner ma.–za. 17–21.30 uur, zo. keuken gesloten, bar 13.30–20 uur. Stationsrestauraties staan doorgaans niet bekend om hun goede kwaliteit of aantrekkelijke ambiance. Traxx is een uitzondering. In de stijlvolle ambiance van het historische Union Station serveert men gegrilde lamskoteletten, wilde zalm uit Alaska en garnalen in een korst van rode peper. Hoofdgerechten $12–30.

Het beste uit Japan ▶ R-23 7: 923 E. Second St., tel. 213-687-7178, www.r23.com, ma.–vr. 11.30–14 en 18–22, za. 17.30–22 uur. Dit modern ingerichte etablissement behoort tot de beste sushirestaurants van Los Angeles. Kleine gerechten al vanaf $10.

Stevige kost ▶ Weiland Brewery 8: 400 E. First St., tel. 213-680-2881, www.weilandbre wery.net, ma.–vr. 11-2, za. 12–2, zo. 17-2, happy hour 15–19 en 22-2 uur. Ongecompliceerd restaurant met levendige bar, die vooral na kantoortijd druk bezocht wordt. Tijdens het happy hour kosten de gerechten maar de helft. Hoofdgerechten $9–17.

Winkelen

Mexicaanse bazaar ▶ Olvera Street 1: De vele winkels langs de Olvera Street in de Pueblo de Los Angeles overdonderen de bezoeker met een nauwelijks te overzien aanbod van Mexicaanse kunstnijverheid.

Boeken ▶ Caravan Book Store 2: 550 S. Grand Ave., tel. 213-626-9944, ma.–za. 11–18 uur. Een van de oudste boekwinkels van de stad en een ware schatkamer van boeken over de geschiedenis van Los Angeles en Zuid-Californië.

Warenhuis ▶ Macy's Plaza 3: 750 W. 7th St., www.macysplaza.com, ma.–do. 10–19.30, vr.–za. 10–18, zo. 11–18 uur. In deze kolos van roodbruin baksteen vindt u enkele tientallen winkels, modeboetieks en restaurants.

Boerenmarkt ▶ Downtown Farmers' Market 4: 735 S Figueroa St., Ernst & Young Plaza. Elke do. van 9–15 uur verkopen boeren uit de omgeving hier vers fruit, groenten, bloemen en zelfgemaakte kaas.

Uitgaan

Rooftop Bar ▶ Checkers Hilton Uptown Lounge 1: 535 Grand Ave., tel. 213-624-00 00, www.hiltoncheckers.com. Coole sfeer.

Bar met uitzicht ▶ Standard Hotel Downtown 2: (zie ook bij hotels). De bar op het dak is 's avonds een trendy ontmoetingsplaats.

In de hemel boven L.A. ▶ Bona Vista Lounge 3: In het Westin Bonaventure Hotel, 404 S. Figueroa St., tel. 213-624-1000, www.starwood-hotels.com. De bar op de 35ste verdieping draait eenmaal per uur een rondje om zijn as.

Coole drankjes ▶ Broadway Bar 4: 830 S. Broadway, tel. 213-614-9909, http://213night life.com/broadwaybar, di.–vr. 17-2, za. 20-2 uur. Een groot blauw neonbord wijst gasten 's avonds de weg. De naast het historische

Voor Grauman's Chinese Theatre – de jaarlijks in maart gehouden marathon voert van Hollywood naar Downtown

Orpheum Theatre gelegen bar zou geïnspireerd zijn op de club van bokslegende Jack Dempsey in New York.

Opzwepende ritmes ▶ Club Mayan **5**: 1038 S. Hill St., tel. 213-746-4674, www.clubmayan. com, vr.-za. tot 3 uur. Chique dansclub in een in 1927 gebouwde bioscoop in de buurt van het Convention Center. Met supergeluidssysteem, salsa-avonden en gogogirls. Nette kleding verplicht.

Chique club ▶ The Edison **6**: Second/Main St., tel. 213-613-0000, www.edisondowntown. com, wo.-za. 19-2 uur. Chique club voor een welvarende cliëntèle, met muziek om op te dansen en goede keuken. Men vertoont er ook bijzondere films.

Piratensfeer ▶ Redwood Bar & Grill **7**: 316 W. Second St., tel. 213-680-2600, www.thered woodbar.com, ma.-vr. 11-2, za.-zo. 17-2 uur. Hippe lounge in piratenstijl met touwladders, oude drankvaten en tot kroonluchters omgevormde stuurwielen.

Musicals en klassiek ▶ Music Center **6**: Zie blz. 112. Dit centrum omvat een drietal theaters: de Los Angeles Opera onder leiding van Plácido Domingo, het Ahmanson Theatre,

waar producties als *Phantom of the Opera* van Andrew Lloyd Webber worden uitgevoerd, en het gerenoveerde Mark Taper Forum, met musicals en Broadwaystukken.

Klassieke muziek op zijn best ▶ Los Angeles Philharmonic Orchestra **7**: Dit symfonieorkest onder leiding van dirigent Gustavo Dudamel speelt in de spectaculaire Walt Disney Concert Hall (zie blz. 112).

Nostalgiepaleis ▶ Orpheum Theatre **8**: 842 S. Broadway, tel. 877-677-4386, www.laorphe um.com. In 1933 stond Judy Garland al op het toneel van dit auditorium, later gevolgd door jazzsterren als Ella Fitzgerald en Duke Ellington. Little Richard, Aretha Franklin en Stevie Wonder luidden hier een nieuw tijdperk in. Tegenwoordig dient dit theater uit 1926 als podium voor concerten, filmfestivals en diverse theaterproducties.

Actief

Wandelroutes ▶ Los Angeles Conservancy Tours **1**: 523 W. 6th St., tel. 213-623-2489, www.laconservancy.org, za., zo. vanaf 10 uur, $10, reserveren verplicht. Diverse wandelexcursies onder professionele leiding met uiteenlopende thema's en bestemmingen in de stad.

Nachtelijke bustochten ▶ Neon Cruises 2: 814 S. Spring St., tel. 213-489-9918, www.neon mona.org. Het Museum of Neon Art biedt nachtelijke bustochten aan langs oude, sfeervol verlichte filmpaleizen en aantrekkelijke neonkunst.

Fietsverhuur ▶ JT Saniya 3: 417 S. San Pedro St., tel. 213-626-7786. Hier kunt u alle soorten fietsen huren. Een stadskaart met gemarkeerde fietsroutes is te vinden op de website www.metro.net/riding_metro/bikes/images/la_bike_map.pdf.

Sport- en cultuurevenementen ▶ Staples Center 4: 865 S. Figueroa St., tel. 213-742-7340, www.staplescenter.com. In dit stadion spelen onder andere de basketbalsterren van de L.A. Lakers hun thuiswedstrijden. Ook worden er concerten gegeven. **Los Angeles Dodgers Stadium 5:** 1000 Elysian Park Ave., tel. 323-224-1507, http://losangeles.dodgers.mlb.com. Ten noorden van het centrum ligt dit 56.000 plaatsen tellende stadion van het bekende lokale honkbalteam.

Wellness ▶ Courtyard Wellness 6: 515 S Flower St., tel. 213-689-1500, www.courtyard-well ness.com. Fitness, acupunctuur en massagetherapieën; **Hilton Checkers Spa 7:** 535 S. Grand Ave., tel. 213-300-0456, www.hilton checkers.com/spa.php. Hier kunt u zich laten masseren met aromatische oliën of een gezichtsbehandeling ondergaan; **Miyako Hotel Spa 5:** Zie blz. 121. In de spa van dit hotel kunnen vermoeide reizigers weer op krachten komen met onder meer Aziatische massages en een sauna.

Fitnesstraining ▶ Morning Crunch Boot Camp 8: Zie blz. 125.

Evenementen

Chinese New Year (begin feb.): Met groot kabaal gepaard gaand nieuwjaarsfeest in Chinatown met drakenoptocht (www.lagolden dragonparade.com).

Mardi Gras (feb.): Carnaval in El Pueblo met sambadansers, steltlopers en een uitgelaten sfeer (www.olvera-street.com).

Los Angeles Marathon (mrt.): De marathon begint in de heuvels van Hollywood en eindigt tussen de wolkenkrabbers van Downtown (www.lamarathon.com).

St. Patrick's Day (mrt.): Ierse feestdag met kleurige optochten; zowel de doedelzakspelers als de deelnemers aan muzikale parades dragen overwegend de symbolische kleur groen (www.stpattysfest.com).

Cinco de Mayo (begin mei): Op deze dag vieren de Mexicanen in El Pueblo de overwinning van hun troepen op de Fransen tijdens de slag in Puebla in 1862 (www.olvera-street.com/fies tas.html).

Nisei Week (aug.): Japans cultureel festival met autoshow, taikovoorstellingen, kunstactiviteiten en een grote parade (www.nisei week.org).

Las Posadas (dec.): Religieus feest rond de tocht van Jozef en Maria naar Betlehem, met processies in de omgeving van Olvera Street, in het historische centrum (www.olvera-street.com).

Downtown Art Walk (elke tweede do. van de maand): In Downtown zijn talrijke musea en galeries van 12–19 uur gratis toegankelijk, waaronder ook het Geffen Contemporary. Op het internet staat een routekaart met alle deelnemende organisaties (http://downtown artwalk.org).

Vervoer

Vliegtuig: Internationale vluchten arriveren op het Los Angeles International Airport (LAX) aan de kust tussen Marina del Rey en Manhattan Beach (tel. 310-646-5252, www.lawa.org/lax, de vliegtijd vanaf Europa bedraagt ca. 11 uur). Los Angeles is rechtstreeks te bereiken, of via tussenstops op Amerikaanse luchthavens zoals Houston en Chicago.

Tussen de verschillende terminals van de luchthaven rijden bussen. De gratis shuttlebus G rijdt naar het Metro Rail Green Line Aviation Station. Om het Union Station in Downtown te bereiken, moet u overstappen op de Metro Blue Line (ritduur 45 min., $1,80). De Supershuttle of een taxi naar de stad kosten afhankelijk van de bestemming $15–35 (tel. 310-782-6600, www.super shuttle.com). Fly-Awaybussen rijden elk half

actief

Fitnesstraining in het Morning Crunch Boot Camp

Informatie

Plaats: 919 South Grand Ave., parkeren bij de FIDM Fashion School

Tijd: Ma., wo., vr. 6.50–7.50 uur

Duur: 1 uur per trainingseenheid

Belangrijk: Tel. 1-888-54-ALIST, e-mail: info@ alistfit.com, www.morningcrunch.com/ downtownbootcamp.html, breed cursusaanbod, 1–5 x per week ($95–225)

Kaart: Blz. 110

Wat doet de moderne mens niet allemaal om fit te worden en te blijven en de strijd tegen de overtollige kilo's te winnen? In Downtown Los Angeles ontmoeten mensen elkaar regelmatig in het **Morning Crunch Boot Camp** 8 , en allemaal zijn ze begeesterd door het idee van een gezond en actief leven.

De term bootcamp is eigenlijk afkomstig uit de militaire terminologie en verwijst naar een trainingskamp voor rekruten. Maar zo streng gaat het er 's ochtends vroeg bij het fitnessprogramma in een park in het hart van Los Angeles niet aan toe. In plaats van brullende instructeurs leiden enthousiaste trainers de work-out. En in plaats van barse bevelen te gebruiken, proberen de instructeurs de deelnemers positief te stimuleren bij hun buikspier- en stretchoefeningen, intervaltraining en korte sprints.

Iedereen kan meedoen en men hoeft geen sportieve achtergrond te hebben. Sportkleding, een handdoek, een matje voor grondoefeningen en een fles water zijn voldoende. Alle trainingen vinden plaats in de openlucht. Er zijn geen douches maar wel toiletten op het terrein. De groepen zijn maximaal 12 personen groot en bieden naast een sportieve uitdaging de kans om leuke mensen te ontmoeten.

uur tussen LAX en Union Station (www. lawa.org, rit ca. 45 min., volw. enkele reis $7, kind tot 5 jaar gratis).

Trein: Het station voor langeafstandsverbindingen is Union Station (800 N. Alameda Ave., tel. 213-624-0171, 1-800-872-7245, www.am trak.com). Voorbeelden van prijzen: Los Angeles–Tucson $85; Los Angeles–Seattle $133. De regionale treinen van Metrolink bedienen de gehele regio van Los Angeles (www.metro linktrains.com). Tussen Los Angeles en Chicago rijdt de trein Southwestern Chief, die tussenstops maakt in Albuquerque en Kansas City. Voor deze treinreis moet u ongeveer twee dagen uittrekken. Kaartjes (enkele reis) zijn er vanaf $244.

Bus: Greyhound Terminal, 1716 E. 7th St., tel. 213-629-8401 od. 1-800-229-9424, www. grey hound.com. Greyhound heeft busverbindingen in alle richtingen.

Vervoer in de stad

Het Metro Rail System bestaat uit zes lijnen. Blauwe lijn: Downtown Los Angeles–Long Beach; Groene lijn: Norwalk–Redondo Beach; Rode lijn: Downtown–North Hollywood; Paarse lijn: Downtown–Mid-Wilshire; Gouden lijn: Union Station–Pasadena. In 2012 is de Expolijn tussen Downtown en Culver City in bedrijf gegaan. De Metro Day Pass kost $5 en is op alle bus- en metrolijnen 24 uur geldig; een enkele reis kost $1,50 (www.metro.net). DASHbussen rijden in Downtown, Hollywood en de West Side (tel. 213-808-2273, www.ladottran sit.com, per rit $0,50).

Taxi: Voor de rit met de taxi van de luchthaven naar Downtown betaalt u een vast tarief van $42. De eerste 230 m (het eerste zevende deel van een mijl) kost $2,65, elke volgende mijl $2,45. De taxi's in Los Angeles zijn meestal wit of geel. Ze zijn telefonisch oproepbaar en staan op taxistandplaatsen.

Hollywood en omgeving

Hollywood! Een naam die vanaf de begindagen van de film een magische klank heeft gehad. De Amerikaanse stad is zozeer synoniem geworden met de op het bioscoopscherm geprojecteerde dromen dat hij zelf een legende is geworden. Waar een eeuw geleden de mythe Hollywood begon, toen beelden plotseling bewegen konden, wordt men overal geconfronteerd met herinneringen aan grote en kleine sterren.

Hollywood mag zich terecht de invloedrijkste en beroemdste filmmetropool van de wereld noemen. Feitelijk is dat niet helemaal correct omdat in Hollywood zelf nog slechts één grote filmmaatschappij actief is: Paramount. De meeste andere zijn uit kostenoverwegingen tientallen jaren geleden al naar elders verhuisd, hoofdzakelijk naar Burbank en Culver City. Niettemin teert de stad nog altijd op zijn reputatie als wieg van de Amerikaanse film en tooit zich met de glans van zijn vroegere glamour. Lopend door de straten wordt men te pas en te onpas geconfronteerd met herinneringen aan sterren en sterretjes, wier extravagante gedrag en schandalen Hollywood de stof opleverden waar dromen op celluloid van zijn gemaakt.

De naam Hollywood valt recentelijk vaak samen met het begrip renaissance. Hollywood Boulevard ondergaat sinds het begin van het nieuwe millennium inderdaad zijn wedergeboorte, nadat hij in de jaren 80-90 niet alleen door de economische neergang verwaarloosd was geraakt, maar tevens het domein was geworden van drugsdealers, junkies, straatjeugd, ganglieden, hoeren en daklozen. Na een eerste facelift kan de inmiddels op leeftijd gekomen diva Hollywood zich weer in het openbaar vertonen. Stedenbouwkundigen, bouwbedrijven, lokale politici en investeerders hebben voor Hollywood Boulevard nu nog maar één toekomstperspectief voor ogen: de herontdekking van glans en glamour door een typisch Amerikaans succesverhaal, dat alleen maar kan worden afgesloten met een happy end.

Hollywood Boulevard
▶ 15, B 1

Kaart: blz. 128

Dwars door het historische hart van de Californische filmindustrie loopt de **Hollywood Boulevard**. De langzaam weer kloppende hoofdslagader van het ooit aan lager wal geraakte stadsdeel probeert sinds het begin van de 21e eeuw opnieuw oude, glansrijke tijden te laten herleven. De beroemdste herinnering aan dit tijdperk werd eind jaren 50 bedacht op de afdeling toerisme van de plaatselijke Kamer van Koophandel.

Walk of Fame

De Walk of Fame is een aan beide zijden van de Hollywood Boulevard aangelegd trottoir, waarin ter ere van de levende en gestorven iconen van de filmindustrie ongeveer 2500 granieten sterren zijn gelegd. Dit pad met beroemdheden begint op passende wijze bij de kruising van Hollywood Boulevard en La Brea Avenue met de **Walk of Fame Gateway Gazebo** ▮1▮. Het kleine, open paviljoen rust niet op zuilen, maar op vier ondersteunende sculpturen die de filmactrices Dorothy Dandridge, Dolores del Rio, Mae West en Anna

May Wong voorstellen. Op het dak van de Gazebo poseert filmgodin Marilyn Monroe, die in Hollywood eigenlijk iets beters verdient dan als pin-upversiering van een paviljoen te dienen.

De celebrityfactor oefent al tientallen jaren grote aantrekkingskracht uit. Elk jaar trekken miljoenen pelgrims over de Walk of Fame om hun in de bestrating vereeuwigde idolen te bezoeken. Een lijst met alle vereeuwigde sterren en een beschrijving van de locatie van de sterren vindt u op de webpagina www.seeing-stars.com (klik op 'Where the Stars Are Immortalized', vervolgens op 'Star Memorials, Monuments, Statues & Halls of Fame' en ten slotte op 'The Hollywood Walk of Fame').

Hollywood Roosevelt Hotel 2

Sinds zijn opening in het jaar 1927 was het **Hollywood Roosevelt Hotel** de centrale ontmoetingsplaats in Hollywood van iedereen die rijk, invloedrijk en beroemd was en van diegenen die net begonnen op het moeizame pad naar het succes. Twee jaar later zou dit hotel, met zijn in Spaanse stijl gehouden lobby, door de eerste Oscaruitreiking het middelpunt van de filmwereld worden. Het hotelzwembad ontwikkelde zich in de afgelopen jaren tot de hotspot van snobs, of beter gezegd de kleingeestige partyscene van modeontwerpers, paparazzi en geblondeerde trofeeën van de plastische chirurgie.

Wie een plaats aan de Tropicana Bar heeft veroverd, gebruikt dit succes in de regel als bewijs dat men geschikt is voor het grotere werk. Marilyn Monroe leverde hiervoor al het bewijs toen zij op de springplank van het Rooseveltzwembad voor een zonnebrandcrème poseerde, wat het begin was van haar internationale carrière. Het spreekt vanzelf dat later ook de leiding van het hotel wilde meeliften op de naam van de filmster. Tegenwoordig kunnen filmliefhebbers in de Marilyn-Monroesuite logeren of in het Gable-Lombard Penthouse overnachten en eer bewijzen aan Clark Gable, een van de hoofdrolspelers in de beroemde film *Gejaagd door de wind*, die regelmatig met zijn vrouw Carol Lombard

in het Roosevelt te gast was. Ook Montgomery Clift verwierf een plaats in de annalen van de filmgeschiedenis toen hij in 1953 in kamer 923 zijn tekst voor *From here to eternity* uit het hoofd leerde.

Grauman's Chinese Theatre 3

Net als het Roosevelt Hotel leeft ook het in 1927 geopende **Grauman's Chinese Theatre** van herinneringen aan filmdiva's en helden van het witte doek. In het witte cement van het plein aan de voorzijde van het weliswaar niet erg mooie, maar wel bijzondere theater in Aziatische fantasiestijl, liet de acteerlegende Mary Pickford op 30 april 1927 als eerste een duidelijk zichtbare schoenafdruk achter. Sindsdien volgden veel sterren haar voorbeeld en lieten op de grond hand- of zelfs neusafdrukken achter als persoonlijke handtekeningen – voor bezoekers een goede gelegenheid om de omvang van de eigen hand of voet te vergelijken met die van John Travolta, Bruce Willis, Johnny Depp, George Clooney, Matt Damon of Brad Pitt. Natuurlijk is ook de voormalige Californische gouverneur en Hollywoodster Arnold Schwarzenegger vertegenwoordigd, niet ver van de cementafdrukken van Tom Cruise, Mel Gibson en Meryl Streep.

Door al dit sterrenvertoon zou men bijna vergeten dat de exotische tempel nog altijd fungeert als filmtheater, waar elk jaar weer succesvolle producties hun wereldpremière beleven, zoals in 2010 de thriller-komedie RED met Bruce Willis en Helen Mirren.

Tijdens backstagerondleidingen kunnen ook gewone stervelingen een blik werpen achter de coulissen van het theater en in de viplounge (6925 Hollywood Blvd., tijden van rondleidingen en prijzen onder tel. 323-463-9576, www.chinesetheatres.com).

Hollywood & Highland Center 4

Sinds de voltooiing van dit enorme complex is het plein voor het **Hollywood & Highland Center** veranderd in een openluchttoneel voor spontane amateuracteurs. Ze laten zich als Marilyn Monroe, Shrek, Charly Chaplin of

Hollywood

Bezienswaardigheden

1. Walk of Fame Gateway Gazebo
2. Hollywood Roosevelt Hotel
3. Grauman's Chinese Theater
4. Hollywood & Highland Center
5. Madame Tussauds
6. El Capitan Theater
7. Egyptian Theatre
8. Hollywood Museum
9. Hollywood Wax Museum
10. Hollywood & Vine
11. Hollywood Forever Cemetery
12. Paramount Pictures
13. Griffith Observatory
14. Los Angeles Park Zoo
15. Autry National Center
16. Universal Studios
17. Hollywood Bowl
18. West Hollywood

Accommodatie

1. Hollywood Roosevelt Hotel
2. Renaissance Hollywood Hotel
3. Best Western Hollywood Hills
4. Highlands Gardens Hotel
5. Best Western-Hollywood Plaza
6. Vagabond Inn Executive
7. Motel 6
8. Rodeway Inn
9. Vibe Hotel

Eten en drinken

1. Magnolia
2. Hungry Cat
3. El Floridita
4. Osteria Mozza
5. Miceli Restaurant
6. Palm's Thai
7. Pink's

Vervolg zie blz. 130

Winkelen	Uitgaan	Actief
1 Tower Records	1 Roxy Theatre	1 Red Line Tours
2 Frederick's of Hollywood	2 Whisky A Go-Go	2 Starline Tours
3 La Brea Avenue	3 Viper Room	3 Hollywood Skies Helicopter Tour
4 Lisa Kline Men	4 Hollywood Bowl	4 Roosevelt Golf Course
5 B. Boheme	5 Gibson Amphitheater	5 Kinara Spa
6 Candle Delirium		

Frankenstein voor een paar dollar op de foto zetten met toeristen die een persoonlijk souvenir mee naar huis willen nemen. Met al zijn bioscopen, restaurants, cafés, bowlingbanen, winkels, twee nachtclubs, het Renaissance Hollywood Hotel en televisie- en radiostations is Hollywood & Highland uitgegroeid tot het nieuwe centrum aan de Hollywood Boulevard. De gebouwen, die verbonden zijn door open gangen, liggen rond een met palmen omzoomd plein waar opvallende op hoge zuilen gezeten betonnen olifanten de aandacht trekken. In de richting van het achterland en de bergen bezit het centrum een geweldige poort die vrij uitzicht biedt op een van de bekendste symbolen van dit deel van Los Angeles: het 137 m lange, uit witte letters bestaande woord HOLLYWOOD (6801 Hollywood Blvd., tel. 323-817-0200, www.hollywoodandhighland.com, ma.–za. 10–22, zo. 10–19 uur).

Er gaat een grote aantrekkingskracht uit van het in het Hollywood & Highland Center geïntegreerde **theater**, waar sinds 2001 de meest begeerde filmprijzen, de Academy Awards (Oscars) worden uitgereikt. Dit mediaspektakel heeft de afgelopen jaren veel bijgedragen aan het positieve imago van Hollywood. Bezoekers kunnen het voormalige Kodak Theatre van binnen bewonderen tijdens een van de shows van het Canadese Cirque du Soleil, of deelnemen aan een van de interessante rondleidingen (tel. 323-308-6300, rondleidingen dag. elk half uur van 10.30–16 uur, volw. $15, kind tot 17 jaar $10).

Madame Tussauds 5

Direct naast Grauman's Chinese Theatre zijn bij **Madame Tussauds** nog meer prominenten te vinden. Dit nieuwste wassenbeeldenmuseum van Los Angeles heeft afdelingen gewijd aan thema's als de *spirit of Hollywood*, de western, misdaad, moderne klassiekers, regisseurs en sport- en actiehelden. U ziet hier de in was vereeuwigde beeltenissen van beroemdheden als de Amerikaanse president Barack Obama, Brad Pitt, Angelina Jolie, Samuel L. Jackson, Nicole Kidman, Jennifer Lopez, Denzel Washington, Johnny Depp, James Dean, Clark Gable, Justin Timberlake, Shakira en Britney Spears. De vervaardiging van de nauwelijks van echt te onderscheiden wassen beelden kostte in sommige gevallen $150.000 (6933 Hollywood Blvd., tel. 323-467-8277, www.madametussauds.com/Hollywood, ma.–do. 10–18, vr.–zo. 10–20 uur, volw. $30, kind tot 12 jaar $23, online diverse kortingsmogelijkheden).

El Capitan Theatre 6

Behalve het beroemde Grauman's Chinese Theatre verrezen op de Hollywood Boulevard in de jaren 20 nog twee andere grandioos ingerichte filmpaleizen die het nieuwe medium film voor een groot publiek bereikbaar maakte. Toen in 1926 met veel vertoon het **El Capitan Theatre** werd geopend, vormde dit slechts het begin van een succesvol bestaan als schouwtoneel voor sterren als Buster Keaton, Henry Fonda, Will Rogers en Clark Gable. In 1941 ging *Citizen Kane* van Orson Welles hier in première. Het theater werd in 1989 aangekocht door Disney, dat het in zijn oude glorie herstelde en het ging gebruiken voor filmpremières en andere evenementen. Tegenwoordig neemt de tv-zender ABC in dit theater vijf dagen per week de populaire talkshow *Jimmy Kimmel Live* op (6838 Hollywood Blvd., kaartjes via http://elcapitan.go.com/tickets.html).

Egyptian Theatre [7]

De jaren 20 werden niet alleen gekenmerkt door de opkomst van de film, maar ook door de plotseling gegroeide belangstelling voor archeologie, wat mede kwam door de vondst van het graf van Toetankhamon in Egypte. Ook de architecten Meyer & Holler raakten in de ban van de opgravingen en maakten bij hun ontwerp voor het **Egyptian Theatre** gebruik van oriëntaalse elementen. Toen *Robin Hood* met Douglas Fairbanks hier in 1922 als eerste film in première ging, was het publiek niet alleen onder de indruk van het filmepos, maar ook van het sprookjesachtige interieur van het theater. Na de Tweede Wereldoorlog werden voor de bioscoop tientallen jaren lang geen rode tapijten meer uitgerold. Pas aan het eind van de 20e eeuw werd het exotische paleis weer opgeknapt en het dient tegenwoordig als zetel van de American Cinematheque. Nu worden in deze bioscoop regelmatig films vertoond, zoals de door Kevin Spacey, John Travolta en Salma Hayek van commentaar voorziene documentaire *Forever Hollywood*, over de 100-jarige geschiedenis van Hollywood (6712 Hollywood Blvd., tel. 323-466-3456, www.egyptiantheatre.com, rondleidingen op aanvraag).

Musea in Hollywood

Kaart: blz. 128

Wie geïnteresseerd is in sterren van vroeger, zoals Marilyn Monroe, Mae West, Elvis of Barbara Stanwyck, of decorstukken uit beroemde Hollywoodfilms, zoals het cellenblok van de seriemoordenaar Hannibal Lecter uit de thriller *Silence of the lambs*, wordt in het **Hollywood Museum** [8] op zijn wenken bediend. Op de vier etages van het voormalige Max Factor Building worden decors, kostuums, draaiboeken en filmposters getoond. Het gebouw is genoemd naar een Russische immigrant die in de gouden jaren van Hollywood beroemd werd als maker van maskers. Als eerbetoon aan de grimeur toont het museum op de eerste verdieping de voormalige werkplaats van Factor met hele batterijen fla-

cons en historische foto's (1660 N. Highland Ave., tel. 323-464-7776, www.thehollywoodmuseum.com, wo.–zo. 10–17 uur, volw. $15, kind tot 12 jaar $12).

Wie de sterren van dichtbij wil bewonderen, kan ook een bezoek brengen aan het **Hollywood Wax Museum** [9]. Daar vindt dagelijks een bijeenkomst plaats met vips als Robert Redford, Julia Roberts, Harrison Ford, Tom Hanks, Catherine Zeta-Jones en meer dan 220 andere prominenten uit de filmwereld, showbusiness, sport en politiek. Sommige van de wassen beelden staan er al meer dan 30 jaar en ze zijn in die tijd geen dag ouder geworden. Dat is niet in de laatste plaats te danken aan de vaardigheden van de makers. Om het gezicht van een onsterfelijke op basis van foto's en opgegeven maten op natuurgetrouwe wijze te herscheppen hebben ze voor elk beeld ongeveer twee kilo was nodig, waarvoor 56.000 bijen hebben moeten ploeteren. Daarna is het de beurt aan haardesigners en oog-, gebit- en kledingspecialisten. Een beeld van Angelina Jolie of Brad Pitt kost uiteindelijk zo'n $25.000 (6767 Hollywood Blvd., tel. 323-462-5991, dag. 10–24 uur, volw. $15,95, kind 5–12 jaar $8,95).

Muziek- en filmindustrie

Kaart: blz. 128

Hollywood & Vine [10]

Voor de inwoners van Hollywood is **Hollywood & Vine** de historische kruising van de Hollywood Boulevard en de Vine Street. Hier strekt zich ook het naar de Amerikaanse entertainer genoemde Bob Hope Square uit. Dit is de plaats waar Hollywood ontstond toen in 1887 een Californische pionier zijn aldaar gelegen ranch met de aanleg van twee straten opsplitste. Later vestigden zich op het kruispunt hoofdzakelijk bedrijven uit de radio- en televisiewereld. Tot de bekendste gebouwen van Hollywood behoort de ronde, dertien verdiepingen hoge **Capitol Records Tower**, waarvan het ontwerp is gebaseerd op een stapel grammofoonplaten op een draaitafel.

actief

Begraafplaats met beroemdheden

Informatie

Start: Hoofdingang van de Hollywood Forever Cemetery, 6000 Santa Monica Blvd.
Afstand: Ca. 2–3 km; **Duur:** 1–2 uur.

De **Hollywood Forever Cemetery** ⑪ heeft zijn faam niet alleen te danken aan zijn beroemde bewoners, maar ook aan het parkachtige terrein met waterpartijen, monumenten, bijzondere grafstenen, standbeelden en twee neoklassieke mausoleums. Tijdens haar leven was toneelspeelster **Joan Hackett** niet erg beroemd, maar na haar overlijden maakte ze deze onvolkomendheid goed met een opvallend grafschrift: 'Laat mij met rust, ik slaap'. De gangstercarrière van **Benjamin 'Bugsy' Siegel**, die in ongenade was gevallen door zijn duistere contacten met de maffia, eindigde in 1947 geheel in stijl in een regen van kogels.

Een van de grootste sterren van de stomme film was acteur, regisseur, scenarioschrijver en producent **Douglas Fairbanks**. Met Mary Pickford vormde hij tot aan zijn dood in 1939 het Hollywoodglamourpaar bij uitstek. In 1929 presenteerde hij de eerste Oscaruitreiking.

Slechts een paar passen verderop hebben in het Cathedral Mausoleum drie groten van het filmdoek hun laatste rustplaats gevonden: **Peter Lorre**, die in 1931 filmgeschiedenis schreef met zijn rol als kindermoordenaar in *M* van Fritz Lang, hartenbreker **Rudolph Valentino** en film- en theateracteur **Peter Finch**, die in 1977 postuum een Oscar kreeg voor zijn rol in *Network*.

Aan de oever van een meertje bevindt zich de laatste rustplaats van **Tyrone Power**, die hoofdzakelijk beroemd is geworden door zijn rollen in westerns en avonturenfilms. Films als *The Maltese falcon* met Humphrey Bogart, *The treasure of the Sierra Madre* en *The misfits* met Marilyn Monroe en Clark Gable behoren tot de belangrijkste werken van **John Huston**, wiens carrière als regisseur bijna vijftig jaar omspant. Heel andere kwaliteiten waren het kenmerk van het fenomeen **Jayne Mansfield**, wier graf gesierd wordt door een hartvormige steen.

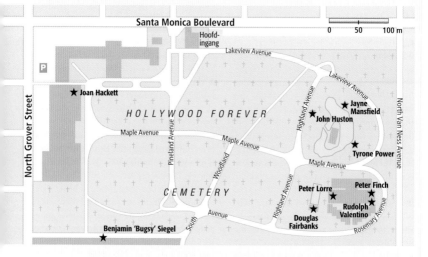

Het aldaar gevestigde Capitol Records ontwikkelde zich na zijn oprichting in 1942 al snel tot een van de grootste bedrijven in de muziekindustrie. Vroeger had de platenmaatschappij Frank Sinatra, de Beach Boys, de Beatles en Jimi Hendrix onder contract, tegenwoordig is het de maatschappij van muzieksterren als Kylie Minogue, Red Hot Chili Peppers, Robbie Williams, Kate Perry en R.E.M. Ook het metrostation **Hollywood & Vine** kan niet zonder de relikwieën uit de amusementsindustrie. Het plafond van het ondergrondse station is versierd met cinematografische elementen als oude filmspoelen. Om dit deel van Hollywood nieuw leven in te blazen verrees bovengronds een nieuw hotel met meer dan 300 kamers, appartementen en winkels.

Paramount Pictures 12

Aan de zuidgrens van Hollywood Forever Cemetery ligt het terrein van de laatste grote filmmaatschappij van Hollywood. Oude sterren als Maurice Chevalier, Marlene Dietrich, Audrey Hepburn, Bing Crosby, Gary Cooper, James Stewart en Dean Martin droegen bij aan de internationale bekendheid van **Paramount Pictures**, dat tegenwoordig sterren als Leonardo DiCaprio, Tom Hanks, Harrison Ford, Demi Moore, Madonna, Sean Connery, Russell Crowe en Morgan Freeman in zijn stal heeft. Achter de Bronson Gate, een smeedijzeren poort waar de filmster Charles Bronson zijn artiestennaam aan zou hebben ontleend, en in de schaduw van een oude watertoren strekt zich het in 1926 in gebruik genomen terrein uit. Op het terrein, dat bijna net zo groot is als Disneyland, werken op een doordeweekse dag meer dan 5000 mensen (zie blz. 135).

Griffith Park ▶ 15, C 1

Kaart: blz. 128
Met een totale oppervlakte van 17 km² geldt het in 1882 als struisvogelboerderij aan de rand van Hollywood opgerichte **Griffith Park** als een van de grootste en bekendste stadsparken van Noord-Amerika. Het aanzien van

dit aan de voet van de Santa Monica Mountains gelegen natuurgebied veranderde de afgelopen eeuw regelmatig als gevolg van branden, overstromingen en droogte. Dit is evenwel niet ten koste gegaan van de populariteit van de groene oase bij de inwoners van Los Angeles.

Behalve wandel- en fietspaden, tennisbanen, voetbalvelden, golfterreinen en andere recreatieve activiteiten biedt het Griffith Park de bezoeker een aantal interessante attracties. Wie de James Deanklassieker *Rebel without a cause* heeft gezien, kent het **Griffith Observatory** 13, dat in de film als decor is gebruikt. Een bezoek aan het in art-decostijl op een rotspunt gebouwde observatorium, dat na een renovatie van vijf jaar werd heropend, is niet alleen voor astronomieliefhebbers een must, maar voor iedereen die van 300 m hoogte de stad wil bewonderen. Vooral bij zonsondergang is Los Angeles gehuld in een orgie van licht en kleuren.

Niet alleen de stukken steen van Mars en de maan, delen van meteorieten, een model van de Hubbletelescoop en een kopie van de slinger van Foucault, maar ook de voorstellingen in het planetarium trekken een groot publiek (2800 E. Observatory Rd., tel. 213-473-0800, www.griffithobservatory.org, wo.-vr. 12–22, za.-zo. 10–22 uur, ma. en di. gesloten, openbare bus op za. en zo., planetariumvoorstelling $7).

De **Los Angeles Park Zoo** 14, beroemd om zijn fokprogramma van Californische condors, telt daarnaast ca. 2000 andere dieren, zoals capucijnaapjes, schildpadden, sneeuwluipaarden, leeuwen, Sumatraanse tijgers, orang-oetans, reptielen als anaconda's en alligators, papegaaien, Afrikaanse visarenden en flamingo's. Ook is er een chimpanseekamp ingericht. Kinderen beleven veel plezier aan de kameel- en olifantenritten. Wie last krijgt van vermoeide benen, kan in de safaribus stappen (5333 Zoo Dr., tel. 323-644-4200, www.lazoo.org, dag. 10–17 uur, volw. $16, kind 2–12 jaar $11).

Voor elke Amerikaanse scholier is filmster en zingende cowboy Gene Autry (1907–1998) een begrip. Hij is de enige beroemdheid op de

In de voetstappen van de sterren: dansvoorstelling op de Walk of Fame

Walk of Fame in Hollywood aan wie vijf sterren zijn gewijd: voor zijn activiteiten in de disciplines film, radio, televisie, plaatopnames en liveoptredens. De volksheld die rijk en beroemd werd als filmster, zanger, tv-held en eigenaar van radiostations en hotels stichtte in 1988 de voorloper van het **Autry National Center** 15. Deze instelling laat met behulp van twee musea en een instituut voor de geschiedenis van het Amerikaanse Westen zien hoe dit deel van Amerika de rest van de wereld beïnvloedde.

De exposities in het **Museum of the American West** behandelen de hele geschiedenis van het Amerikaanse westen. Ze beginnen met de tijd van de nomadische oerbewoners en behelzen vervolgens het tijdperk van de Spaanse missionarissen, de Russische pelsjagers, de Franse ontdekkingsreizigers en de vroege Amerikaanse kolonisten, om te besluiten met de 20e eeuw, toen moderne media als radio, film en televisie zijn intrede deed in het westelijke deel van de VS.

De tentoongestelde objecten reiken van een meer dan 200 exemplaren omvattende verzameling Colts, tot ruiterzadels en memorabilia van vele beroemdheden uit het Wilde Westen, zoals Buffalo Bill en Wyatt Earp. Het **Southwest Museum of the American Indian** is tot 2013 gesloten. Met een gespecialiseerde bibliotheek en wetenschappelijk materiaal bevordert het **Institute for the Study of the American West** het onderzoek naar het Westen van de Verenigde Staten (4700 Western Heritage Way, tel. 323-667-2000, www.theautry.org, di.-za. 10-16, zo. 11-17 uur, elke 2e di. van de maand toegang gratis, volw. $10, kind 3-12 jaar $4).

Tip: Hollywoord en zijn filmstudio's

Voor veel toeristen die de wereldberoemde droomfabriek Hollywood bezoeken, is een bezichtiging van een van de filmstudio een ervaring die ze absoluut niet zouden willen missen. De mogelijkheden daartoe zijn echter beperkter dan men wellicht zou denken. Er hebben zich in de loop der tijd weliswaar verscheidene honderden grote en kleine filmmaatschappijen in Los Angeles gevestigd, maar slechts enkele hiervan bieden rondleidingen voor bezoekers aan. Bij daadwerkelijke opnames heerst op de sets doorgaans een strenge discipline en is er sprake van grote professionaliteit, waarbij natuurlijk geen ruimte is voor toeschouwers.

De laatste grote filmmaatschappij in Hollywood zelf is **Paramount** met een ca. 30 ha groot terrein, dat ruimte biedt aan talrijke studio's en kantoren. Deelnemers aan de twee uur durende rondleidingen worden met kleine trolleys door de droomfabriek gereden, die meestal een veel zakelijker indruk maakt dan de bezoekers zich over het algemeen hadden voorgesteld. Paramount en andere maatschappijen promoten hun rondleidingen weliswaar met de belofte dat men af en toe een ster kan zien, maar de kans daarop is bijzonder klein (5555 Melrose Ave., rondleidingen ma.–vr. 9–14.30 uur elk half uur, reserveren verplicht tel. 323-956-1777, www.paramountstudiotour.com/Reserve.html, minimum leeftijd 12 jaar, fotograferen verboden, $48).

Bij de **Warner Bros. Studios** gaat het niet, zoals bij de **Universal Studios** (zie blz. 137), om een aan de film gewijd pretpark, maar om een echt filmcomplex waar televisieprogramma's en films worden geproduceerd en bezoekers een blik achter de coulissen mogen werpen. Na een inleidende film van tien minuten over de geschiedenis en de producties van Warner Bros. rijdt u met wagentjes door de coulissen van *Ocean's 13* met George Clooney en Brad Pitt, door een New York op klein formaat en een decorwijk van Chicago. De normale rondleiding eindigt in een mu-

seum met decorstukken uit bekende films en memorabilia van beroemde sterren (75 minuten durende viptour, VIP Tour Center, 3400 Riverside Dr., Burbank, tel. 877-492-8687, http://vipstudiotour.warnerbros.com, ma.– vr. 8.30–16 uur, in de zomer langer, $49; 5-urige Deluxe Tour inclusief lunch ma.–vr. 10.30 uur, $250).

In de **NBC Television Studios** draait het niet om bioscoopfilms, maar om televisieproducties. NBC zendt onder andere de *Tonight Show* met Jay Leno uit, die door Johnny Carson tot een klassieker is gemaakt. Wie als toeschouwer een uitzending wil bijwonen moet vier tot zes weken van tevoren een schriftelijke aanvraag indienen (formulieren onder www.nbc.com/the-tonight-show/tickets/request-form). Voor het begin van elke show wordt een beperkt aantal tickets gratis onder de wachtenden verdeeld (3000 W. Alameda Ave., Burbank, tel. 818-840-3537, www.nbc.com/the-tonight-show).

In het recente verleden haalden de **Sony Pictures Studios** in Culver City, waartoe sinds enkele jaren ook Metro-Goldwyn-Mayer (MGM) en United Artists behoren, de krantenkoppen met bioscoopfilms als *Spider Man*, de *Da Vinci Code* en de James-Bondkraker *Casino Royale*, waarmee flink geld werd verdiend. Voor de tv maakte Sony verscheidene bekende soaps, quiz- en spelshows, evenals de comedyserie *Seinfeld*. Tijdens wandelingen flaneren bezoekers door de coulissen waarin *Men in Black* Will Smith en Tommy Lee Jones buitenaardse wezens bestreden en beroemde films ontstonden als *Air Force One* en *Close encounters of the third kind*. In de lente van 2007 introduceerde Sony voor het eerst de Twilight Tours op zijn eigen studioterrein. Tijdens deze twee uur durende avondtour (begin 18.30 uur) krijgen de deelnemers veel wetenswaardigheden over het filmbedrijf te horen (10202 W. Washington Blvd., Culver City, reserveren tel. 310-244-8687, www.sonypicturesstudiostours.com, ma.–vr. 9.30–14.30 uur, $35, reserveren verplicht).

Toen de beelden bewegen konden

De filmgeschiedenis van Hollywood begon rond 1906, toen de pioniers George Van Guysling en Otis M. Gove de eerste studio oprichtten en op een paardenranch de eerste film produceerden. In snel tempo werd hun voorbeeld gevolgd door andere maatschappijen en onafhankelijke filmmakers, die zich wilden onttrekken aan de invloed van de aan de Amerikaanse Oostkust heersende filmmonopolie.

Als de drijvende krachten achter de opkomende filmindustrie bewezen zich toenterijd vooral Joodse immigranten. De uit Hongarije afkomstige Adolph Zukor bouwde in 1912 met een verhuurbedrijf de voorloper van Paramount Pictures op. Carl Laemmle, die uit het Zwabische Laupheim afkomstig was, stichtte de Universal Film Manufacturing Company en liet in de San Fernando Valley met Universal City een complete studiostad verrijzen.

William Fox stichtte de Fox Film Corporation, Benjamin Warner zat achter Warner Brothers en Louis B. Mayer begon het beroemde bedrijf Metro-Goldwyn-Mayer (MGM). Als destijds arme immigranten kenden de zogenaamde Hollywood Jews de smaak van het publiek en hadden dezelfde Amerikaanse droom van geluk en geld voor ogen. Rond 1915 bedroegen de winsten uit het lokale filmbedrijf al 20 miljoen dollar. Door de voor die tijd forse winsten van de filmmaatschappijen en producenten oefende de bedrijfstak grote aantrekkingskracht uit op nieuwkomers. Vanaf ca. 1920 tot na de Tweede Wereldoorlog vestigden zich 250 filmmaatschappijen in Hollywood, die met beroemde regisseurs en acteurs samenwerkten. Onder hen waren ook Europese sterren, zoals Peter Lorre, Marlene Dietrich en Greta Garbo, en de regisseurs Ernst Lubitsch en Fritz Lang.

Nadat in 1927 met *The jazz singer* de eerste film met geluid werd vertoond en de jaren 30 in het teken van de ontwikkeling van de kleurenfilm stonden, brak voor Hollywood het Gouden Tijdperk aan. Alleen de grote maatschappijen waren nog in staat om de hoge technische kosten te dragen. Een van de pioniers van de kleurenfilm was Walt Disney, die het technicolorprocédé voor zijn tekenfilms gebruikte. De doorbraak van de kleurenfilm kwam in 1939 met het melodramatische Burgeroorlogepos *Gone with the wind*.

Met de opkomst van de televisie vanaf de jaren 50 kreeg de filmindustrie te kampen met geduchte concurrentie, die Hollywood het hoofd probeerde te bieden door middel van een serie technische vernieuwingen, zoals film in cinemascope en stereogeluid. Daar kwam bij dat destijds grote regisseurs als Alfred Hitchcock en John Ford eveneens aan het einde van hun loopbaan waren gekomen, net als vele succesvolle filmsterren uit het Gouden Tijdperk, zoals Gary Cooper, Cary Grant, Humphrey Bogart en John Wayne. Pas toen de filmmakers in het zuidelijke Californië ook thematisch leerden omgaan met de nieuwe maatschappelijke verhoudingen, lukte het hen om verloren terrein op de televisie terug te veroveren.

De herontdekking van de computeranimatie bij de productie van tekenfilms als *Shrek* en *Avatar* zorgde de afgelopen tijd voor hernieuwd succes. Hollywood ziet ook mogelijkheden in de ontwikkeling van nieuwe 3D-technologieën.

Rondleiding door de Universal Studios: hier worden dromen (bijna) werkelijkheid

Universal Studios ► 15, B 1

Kaart: blz. 128

Omdat de productiekosten te hoog dreigden te worden, verplaatsten de meeste filmmaatschappijen al tientallen jaren geleden hun studio's naar de rand van de stad. Dat deden ook de **Universal Studios** 16, die tot de aantrekkelijkste en meest bezochte filmfabrieken van Hollywood behoren, omdat zij de bekoring van de filmwereld op zeer onderhoudende wijze combineren met de attracties van een pretpark. Rondom de oorspronkelijke filmstudio's ontstond in de loop van decennia een enorm terrein met filmdecors, die grotendeels goed bij de tijdgeest aansluiten, gecombineerd met tegenwoordig bijna verplichte pretparkattracties.

Voorafgaand aan het eigenlijke park maken bezoekers eerst kennis met de **Universal City Walk** (waarvoor geen toegang hoeft te worden betaald). Dit winkel- en amusementscentrum vormt haast een kleine stad op zich. Aan de centrale boulevard liggen enkele tientallen restaurants, kiosken, clubs, een zes verdiepingen tellende IMAX 3D-bios-coop en veel winkels met een gigantisch aanbod aan souvenirs, Harley Davidsonaccessoires, cosmetica, sieraden en mode. Hongerige bezoekers komen aan hun trekken met specialiteiten uit Louisiana, de Mexicaanse keuken en Amerikaanse steaks. Voor muzikale verstrooiing zorgen de chique **Infusion Lounge**, de coole pianoclub **Howl at the Moon** en het **Hard Rock Café**. Voor wie dat allemaal niet genoeg is: in het 6000 zitplaatsen tellende **Gibson Amphitheatre** treden regelmatig bekende artiesten op (100 Universal City Plaza, tel. 818-622-4440). Behalve eten en muziek biedt de Universal City Walk gevarieerd amusement, dat uiteenloopt van een bowlingbaan tot een NASCAR-racesimulator (www.citywalkhollywood.com, zo.–do. 11–21, vr.–za. 11–23 uur).

De eigenlijke **Universal Studios Hollywood** openden hun deuren in 1964. Sindsdien trokken de spectaculaire rondleidingen bijna 100 miljoen bezoekers. Jurassic Park, Back to the future, King Kong, Terminator 2 en Revenge of the Mummy zijn slechts enkele van de succesfilms waarvan de decors werden omgebouwd tot vaak zeer spannende *indoor*

Tip: De meest begeerde filmprijs ter wereld

Hij draagt de naam **Oscar**, is vier kilo zwaar en 4 cm hoog. Het met 24 karaats goud bedekte beeldje stelt een ridder op een filmrol voor, die op een zwaard leunt. De door de Academy of Motion Picture Arts en Sciences (AMPAS) vergeven prijs wordt sinds 1929 elk jaar in verschillende categorieën uitgereikt. Nederlandse winnaars van de filmprijs waren *Glas* van Bert Haanstra in 1958, *De Aanslag* van Fons Rademakers in 1986, *Antonia* van Marleen Gorris in 1995 en *Karakter* van Mike van Diem in 1997. De laatste Nederlandese winnaar was de animatiefilm *Father and Daughter* van Michael Dudok de Wit in 2001.

coasters. De avontuurlijke achtbanen zijn meestal voorzien van de special effects die ook op het bioscooppubliek indruk maken. Computertechnologie speelt ook een rol op de achtergrond bij de *Waterworld*-stuntshow en *Jaws*, waarbij het enorme zeemonster net als de bezoekers op een ogenschijnlijk ongevaarlijk stuk water varen plotseling naar de boot hapt. Een al even spannend hightechavontuur beleven de bezoekers tijdens *Transformers – The Ride*. Op een platform rijden ze langs coulissen en projectieschermen, die dank zij de polariserende brillen tot een 3D-ervaring worden.

Het hoogtepunt van de Universal Studios is de **Studio Tour**, die ook in de toegangsprijs is inbegrepen. In een open treintje rijden de bezoekers over het filmterrein, waar de decors staan van televisieseries als *Desperate housewives, CSI (Crime Scene Investigation)* en *Ghost Whisperer*. Hier en daar wordt men verrast op special effects, bijvoorbeeld tijdens de rit door een namaakdorp uit de film *Flash Flood*, waar een plein in enkele seconden door een computergestuurde regenbui in een woeste rivier wordt veranderd. De studio brengt voortdurend veranderingen aan in de tour, die door een virtuele Whoopi Goldberg

van commentaar wordt voorzien. Deze veranderingen dienen om reclame te kunnen maken voor de nieuwste films (100 Universal City Plaza, Universal City, tel. 818-777-1300, www.universalstudioshollywood.com, 's zomers ma.–do. 9-20, vr.–zo. 9-21, de rest van het jaar dag. 10-18 uur, een overzicht van de ticketprijzen vindt u op www.universalstudioshollywood.com/tickets.html).

Hollywood Bowl ▶ 15, C 1

Kaart: blz. 128

De lijst van artiesten die hebben opgetreden in de **Hollywood Bowl** 17 leest als een *Who is Who* van de muziek. Sinds de Los Angeles Philharmonic op 11 juli 1922 het Open-Air-Auditorium inwijdde met een concert, stonden Igor Strawinsky, Herbert von Karajan, Arthur Rubinstein, Plácido Domingo, Nat 'King' Cole, Ella Fitzgerald, Billie Holiday, Frank Sinatra, de Beatles, Luciano Pavarotti, Barbra Streisand, Elton John en Garth Brooks – om slechts enkele namen te noemen – er op het podium. Sinds 1991 bezit het 18.000 plaatsen tellende theater zelfs een eigen huisorkest, het Hollywood Bowl Orchestra. Het grootste natuurlijke openluchttheater van Amerika is geen gewoon cultuurpaleis, wat onder meer blijkt uit de gedragsregels die gelden voor het publiek.

Het is gebruikelijk dat toeschouwers een eigen koelbox met eten en drinken naar de concerten meenemen, terwijl anderen zich voor het begin van het concert in hun boxen laten vertroetelen door een cateraar met vooraf bestelde maaltijden en dranken (2301 N. Highland Ave., tel. 323-850-2000, www.hollywoodbowl.com, kaartjes voor de achterste zitplaatsen $1, op de eerste rij tot $100, afhankelijk van het concert).

West Hollywood ▶ 15, B 1

Kaart: blz. 128

Van Hollywood in zuidwestelijke richting loopt de bekendste straat van Los Angeles,

Sunset Boulevard. De naar Santa Monica voerende 'boulevard der dromen' wordt op het stuk tot Beverly Hills ook wel de Sunset Strip genoemd. In 1950 maakte Billy Wilder zijn genadeloze cinematografische afrekening met de droomfabriek Hollywood, die hij de titel *Sunset Boulevard* meegaf. Ook de enkele jaren later gemaakt detectiveserie *77 Sunset Strip* en een musical van Andrew Lloyd Webber werden naar de straat genoemd.

Als u van Hollywood de Sunset Boulevard in westelijke richting volgt, komt u uit bij **West Hollywood 18**, tegenwoordig de ontmoetingsplaats van iedereen die rijk, mooi en succesvol is. Restaurants, cafés, boetieks en clubs worden afgewisseld met modellenbureaus, filmproductiebedrijven, showrooms, galeries en legendarische uitgaansgelegenheden. De door de grootste reclameborden van Los Angeles omzoomde Sunset Strip werd door filmregisseurs reeds lang geleden als hét ideale stadsdecor ontdekt en wordt nog altijd veel gebruikt bij het filmen van scènes in Los Angeles.

Sinds ruim twee decennia is het 36.000 inwoners tellende West Hollywood een zelfstandige gemeente, waar het vooral in de avonduren levendig aan toe gaat. Voor modebewuste consumenten is dit deel van L.A. een waar paradijs, omdat het aan Melrose Avenue en Robertson Boulevard wemelt van de kledingzaken en boetieks.

Chateau Marmont en Sunset Tower Hotel

Het op een kasteel lijkende **Chateau Marmont** was vroeger een populaire ontmoetingsplaats voor filmsterren. Het hotel haalde in 1982 de internationale krantenkoppen toen de filmacteur John Belushi er na een overdosis heroïne overleed (8221 Sunset Strip, tel. 323-656-1010, www.chateaumarmont.com, 2 pk vanaf $350).

Een al even illustere geschiedenis kent het **Sunset Tower Hotel**, een zestien verdiepingen tellende art-decotoren aan de Sunset Strip. Het in 1929 onder de naam Argyle Hotel gebouwde luxehotel behoorde vroeger tot de hotspots van West Hollywood, met stamgasten als Clark Gable, Jean Harlow, Marilyn Monroe, Frank Sinatra, Elizabeth Taylor en John Wayne (8358 Sunset Blvd., tel. 323-654-7100, www.sunsettowerhotel.com, 2 pk ca. $325).

Pacific Design Center

In de jaren 70 verrees in West Hollywood een met blauw glas bedekt gebouw, dat in de volksmond ook wel de 'blauwe walvis' werd genoemd. In het door architect Cesar Pelli ontworpen **Pacific Design Center** richtten in decoratie en meubels gespecialiseerde bedrijven toonzalen en verkoopruimten in. Sinds het vijftien jaar later werd uitgebreid met een groen, kubusvormig gebouw, herbergt het door een klein park met een fontein omgeven complex behalve een restaurant en een café van sterkok Wolfgang Puck nu ook een theater, een conferentiecentrum en een afdeling van het **Museum of Contemporary Art**. Dit museum toont nieuwe werken van gevestigde en opkomende kunstenaars, ontwerpen van designers en architecten, foto's en andere eigentijdse kunst (tel. 213-626-6222, www.moca.org, di.-vr. 11–17, za. en zo. 11–18 uur, feestdagen gesloten, toegang gratis). In 2009 werd aan het Pacific Design Center een nieuw rood complex toegevoegd (8687 Melrose Ave., tel. 310-657-0800, www.pacific designcenter.com, ma.-vr. 9–17 uur).

Informatie

Visitors Information Center: 6801 Hollywood Blvd., tel. 323-467-6412, http://discoverlosange les.com. **West Hollywood Convention & Visitors Bureau:** 8687 Melrose Ave., Suite M-38, West Hollywood, CA 90069, tel. 310-289-2525 of 1-800-368-6020, www.visitwesthollywood. com.

Accommodatie

Klassieker ▶ Hollywood Roosevelt Hotel 1: 7000 Hollywood Blvd., tel. 323-466-7000, www.thompsonhotels.com/hotels/la/hollywo od-roosevelt. Traditioneel hotel waar vroeger de grote sterren kwamen. Veel van de 300 modern ingerichte kamers bieden fraai uitzicht op de Hollywood Boulevard. 's Avonds kan het

Tip: Southern California CityPass

Met de veertien dagen geldige **Southern California CityPass** bent u in veel gevallen voordelig uit. U kunt de sterattracties San Diego Zoo of San Diego Zoo's Wild Animal Park, alsmede SeaWorld in San Diego en Disneyland in drie dagen, en de Universal Studios in Hollywood in één dag bezoeken (www.citypass.com, volw. $279, kind $239).

hier nogal lawaaierig worden. 2 pk gemiddeld $290.

Heel comfortabel ▶ Renaissance Hollywood Hotel 2: 1775 N. Highland Ave., tel. 323-856-1200, www.renaissancehollywood.com. Nieuw megahotel dat deel uitmaakt van het Hollywood & Highland Center. In dit luxueuze zakenhotel logeren tijdens de Oscaruitreikingen veel sterren met hun mediagevolg. Het hotel beschikt over een zwembad, een restaurant, bars en winkels. 2 pk vanaf ca. $260.

Mooie kamers ▶ Best Western Hollywood Hills 3: 6141 Franklin Ave., tel. 323-464-5181, www.bestwestern.com/hollywoodhillshotel. Alle kamers zijn voorzien van airconditioning, draadloos internet en koelkast. Met buitenbad. 2 pk vanaf $160.

Oud, maar netjes ▶ Highland Gardens Hotel 4: 7047 Franklin Ave., tel. 323-850-0536, www.highlandgardenshotel.com. Dit hotel, waar Janis Joplin, Jefferson Airplane en Siegfried & Roy overnachtten, biedt onderkomens variërend van standaardkamers tot suites voor zes personen. 2 pk vanaf $130.

Schitterende ligging ▶ Best Western-Hollywood Plaza 5: 2011 N. Highland Ave., tel. 323-851-1800, www.bestwestern.com. Het aan de voet van de Hollywood Hills gelegen hotel bezit een groot buitenzwembad, een fitnesscentrum en kamers met koffiezetter, magnetron en snel internet. 2 pk vanaf $100.

Goed voor een nacht ▶ Vagabond Inn Executive 6: 1133 Vine St., tel. 323-466-7501, www.vagabondinn-hollywood-hotel.com. Twee verdiepingen tellend hotel met zwembad, 800 m

ten zuiden van de Hollywood Boulevard gelegen. De ruime kamers hebben internettoegang, satelliettelevisie en een koelkast. Gratis parkeerplaatsen. 2 pk vanaf $79.

In het epicentrum ▶ Motel 6 7: 1738 Whitley Ave., tel. 323-464-6006, www.motel6.com. Voordelig, centraal gelegen filiaal van een motelketen met eenvoudige, slechts met de noodzakelijkste voorzieningen ingerichte kamers. 2 pk vanaf $76.

Doorsnee ▶ Rodeway Inn 8: 777 Vine St., tel. 323-463-5671, www.rodewayinnhollywoodca.com. Filiaal van een motelketen voor budgetreizigers die niet veel nodig hebben, in de buurt van de Paramount Studios. Kamers met wifi. 2 pk ca. $70.

Voor wie weinig eisen stelt ▶ Vibe Hotel 9: 5922 Hollywood Blvd., tel. 323-469-8600, www.vibehotel.com. Accommodatie in de stijl van een motel. Er zijn kleine en grote kamers. Soms laat de hygiëne te wensen over, maar gunstige ligging voor het bekijken van de bezienswaardigheden van Hollywood. 2 pk vanaf $70.

Eten en drinken

Coole ambiance ▶ Magnolia 1: 6266 1/2 Sunset Blvd., tel. 323-467-0660, www.magnoliala.com, ma.–do. 11.30–23, vr., za. 11.30–1, zo. 11–23 uur. Overgestileerd, ietwat donker restaurant met een lange bar. Hoofdgerechten met vlees, vis en gevogelte, ook kleinere gerechten. Ca. $10–30.

Voor liefhebbers van vis en zeevruchten ▶ Hungry Cat 2: 1535 N. Vine Street, tel. 323-462-2155, www.thehungrycat.com, ma.–do. 12–23, vr., za. 11–24, zo. 11–23 uur, brunch zo. 11–15 uur. Cool interieur met matzwarte muren en een ivoorkleurige bar. Er worden hier uitstekende vis- en zeevruchtenschotels geserveerd. Diner ca. $12–27.

Pikante gerechten uit Cuba ▶ El Floridita 3: 1253 N. Vine St., tel. 323-871-8612, www.elfloridita.com, ma.–vr. 11–22 uur. Hier vierden Gary Cooper en Ernest Hemingway in 1952 samen kerst. In een sfeervolle omgeving met livemuziek worden Cubaanse specialiteiten geserveerd. Veel gasten komen enkel voor de heerlijke *mojitos*. Diner $12–26.

Fabelachtig ▶ Osteria Mozza 4**:** 6602 Melrose Ave., tel. 323-297-0100, www.osteria mozza.com, dag. 12–24 uur. Dit restaurant serveert het hele arsenaal Italiaanse specialiteiten. Pizzaliefhebbers zouden hier wel elke dag willen eten. Pizza's $9–17, vleesgerechten $10–24.

Origineel Italiaans ▶ Miceli Restaurant 5**:** 1646 N. Las Palmas Ave., tel. 323-466-3438, www.micelisrestaurant.com, dag. lunch en diner. Traditioneel familiebedrijf met typisch Italiaanse gerechten en grote keuze aan pizza's en pasta's. Hier aten J. F. Kennedy, Richard Nixon en de Beatles. $10–20.

Thaise keuken ▶ Palm's Thai 6**:** 5900 Hollywood Blvd., tel. 323-462-5073, www.palmsthai. com, dag. 11–24, vr. en za. tot 2 uur. Uitstekende oosterse keuken. Vlees, vis en soepen vanaf ca. $8.

Snackkoning ▶ Pink's 7**:** 709 N. La Brea Ave., tel. 323-931-4223, www.pinkshollywood. com, dag. 9.30–2, vr. en za. tot 3 uur. In deze legendarische snackbar die al sinds 1939 bestaat, heeft bijna elke beroemdheid wel een keer zijn honger gestild. Velen van hen zijn op de muren met een foto vereeuwigd. Op de menukaart vindt u bijna elke variatie op de hot dog en de hamburger. Geen enkel gerecht kost meer dan $8.

Winkelen

Muziekimperium ▶ Tower Records 1**:** 8801 Sunset Blvd., tel. 310-657-7300, www.tower. com, dag. 10–24 uur. Al sinds tientallen jaren een instituut op het gebied van country, rock en pop. Handtekeningensessies van muzieksterren zijn in deze enorme winkel bijna aan de orde van de dag.

Dessous ▶ Frederick's of Hollywood 2**:** 6751 Hollywood Blvd., tel. 323-957-5953, www.frede ricks.com. Dit beroemde adres voor geraffineerd ondergoed verkoopt ook schoenen, accessoires en sportieve bovenkleding. Modellen uit de oudere collectie soms met een korting van 70 %. In een deel van het bedrijf zit een museum voor erotische lingerie.

Modeparadijs ▶ La Brea Avenue 3**:** In deze straat tussen Fairfax Avenue en Wilshire Boulevard zitten veel winkels.

Mode voor hem ▶ Lisa Kline Men 4**:** 138 S. Robertson Blvd., West Hollywood, tel. 310-385-7113, www.lisakline.com. Modewinkel voor mannen.

Verleidelijke sieraden ▶ B. Boheme 5**:** 9013 1/2 Melrose Ave., West Hollywood. tel. 310-275-4149, geen website. Handgemaakte sieraden en unieke accessoires.

Kaarsengekte ▶ Candle Delirium 6**:** 7980 Santa Monica Blvd., West Hollywood, tel. 1-888-656-3903, www.candledelirium.com. Wie dol is op kaarsen in alle vormen en kleuren, kan hier zijn hart ophalen.

Uitgaan

Al sinds tientallen jaren speelt het gevarieerde uitgaansleven in West Hollywood zich hoofdzakelijk af op de legendarische Sunset Strip. Onder de vele rock-, pop-, jazz-, rhythm & blues- en comedyclubs zijn enkele beroemde namen:

Vipclub ▶ Rocky Theatre 1**:** 9009 W. Sunset Blvd., tel. 310-278-9457, www.theroxyonsun set.com. Hier braken grootheden als Rod Stewart, David Bowie, Bruce Springsteen, Neil Young en Prince door.

Podium voor sterren ▶ Whisky A Go-Go 2**:** (8901 Sunset Blvd., tel. 310-652-4202, www. whiskyagogo.com. Wie hier het podium betreedt, doet dat in de voetsporen van pophelden als Jim Morrison, The Doors, The Who, The Byrds, Led Zeppelin, AC/DC, Jimi Hendrix en Guns N'Roses.

High-societyclub ▶ Viper Room 3**:** 8852 W. Sunset Blvd., tel. 310-358-1881, www.viper room.com. Voor deze club, die vroeger eigendom was van Johnny Depp, stierf in 1993 de jonge acteur River Phoenix aan een overdosis cocaïne.

Muziek in de openlucht ▶ Hollywood Bowl 4**:** 2301 N. Highland Ave. In de zomer vinden hier vaak openluchtconcerten (klassiek, rock en pop) plaats.

Hedendaags geluid ▶ Gibson Amphitheater 5**:** 100 Universal City Plaza, Universal City, tel. 818-622-4440, www.citywalkhollywood. com. Dit 6000 zitplaatsen tellende theater bij de Universal Studios is gespecialiseerd in grote rock- en popconcerten.

Tip: Cinema nostalgie op de begraafplaats

Met veel sterren die op de **Hollywood Forever Cemetery** hun laatste rustplaats hebben gevonden (zie actief blz. 132) wordt door de achterblijvers op bijzondere wijze contact gehouden. Maar dat niet alleen. Al enige tijd vinden op de begraafplaats in het weekend nostalgische **filmvoorstellingen** plaats. Niet alleen de plaats van handeling is bijzonder, ook de manier waarop dit populaire evenement zich voltrekt is heel ongebruikelijk. Alsof het een picknick betreft komen de toeschouwers aanzetten met drankjes, hapjes, bekers, borden, bestek, dekens en ligstoelen en nestelen ze zich in het gras om van de openluchtvoorstelling te genieten. Voor en na de film zorgt een dj voor muzikaal vermaak (6000 Santa Monica Blvd., tel. 323-469-1181, www.hollywoodforever.com, kijk voor het programma op www.cinespia.org, $10).

Actief

Stadsrondleidingen en thematische excursies

▶ **Red Line Tours** **1**: Hollywood Tour Center, 6708 Hollywood Blvd., tel. 323-402-1074, www.redlinetours.com. Red Line Tours biedt een groot aantal rondleidingen door de stad met diverse thema's. Tijdens de Hollywood Behind-the-Scenes Tour maakt u een wandeling langs beroemde gebouwen en plaatsen in de filmgeschiedenis. **Starline Tours** **2**: 6925 Hollywood Blvd., tel. 323-463-3333, www.starlinetours.com. Kaartjesloket voor Grauman's Chinese Theatre. Favoriet onder de stadstochten zijn de Movie Stars' Homes Tours, waarbij de deelnemers met een minibus langs de huizen van beroemdheden rijden.

Rondvluchten ▶ **Hollywood Skies Helicopter Tour** **3**: 9830 Ballanca Ave., tel. 310-641-8114, www.viptoursandcharters.com/tourlisting.cfm?tNum=48. Spectaculaire helikoptervluchten van 30 minuten over Hollywood, Santa Monica en Venice.

Golf ▶ **Roosevelt Municipal Golf Course** **4**: 2650 N. Vermont Ave., tel. 323-665-2011, www.thegolfcourses.net/golfcourses/CA/14816.htm, dag. 6 uur tot zonsondergang. Schitterend gelegen 9 holesgolfbaan. Als u zich inschrijft, maakt u een goede kans om binnen een week na reservering te kunnen spelen, en in de ochtenduren zelfs direct.

Massages, wellness en schoonheidsbehandelingen ▶ **Kinara Spa** **5**: 656 N. Robertson Blvd., West Hollywood, tel. 310-657-9188, www.kinaraspa.com. Behalve met massagetherapieën, nagelverzorging en gezichtsmaskers kunnen de gasten zich laten verwennen met een groot aantal andere behandelingen. Er is ook een kapper.

Een bijzondere bioscoopervaring ▶ **Hollywood Forever Cemetery** **11**: Zie Tip links.

Evenementen

Gay Pride Parade and Celebration (eerste helft van juni): Groot homofeest in West Hollywood (www.lapride.org).

Los Angeles Film Festival (juni/juli): Verspreid over de hele stad filmvoorstellingen en daarnaast een cultureel programma (www.lafilmfest.com).

Halloween (31 okt./1 nov.): Nachtelijk Halloweenfeest op de Santa Monica Boulevard in West Hollywood, waarvoor men zich griezelig uitdost.

Vervoer

Metro Rail: Met de treinen van de Metro Red Line kunt u van het Union Station in Downtown naar Hollywood en daarvandaan verder via de Universal Studios naar de San Fernando Valley te rijden (www.metro.net). De basisprijs voor elke rit is $1,50. Een dagkaart kost $5, vanaf 62 jaar $1,80.

DASH: Door Hollywood resp. West Hollywood lopen verscheidene DASH-buslijnen. De bussen kosten per rit maar 50 cent. Ga voor een routekaart naar www.ladottransit.com/dash/routes/hollywood/hollywood.php.

Hollywood Trolley: Deze trolleybus rijdt over de Hollywood Boulevard, de Sunset Boulevard en omliggende straten (do.–za. 6.30–2.30 uur, om de twaalf minuten, $1). Ga voor een routekaart naar www.ladottransit.com/dash/routes/hollywood/hollywood.php.

Midtown en Westside

Tussen Downtown Los Angeles en Santa Monica strekt zich een stadsgebied uit dat zijn aantrekkingskracht dankt aan zijn interessante bezienswaardigheden en het zeer uiteenlopende karakter van de *neighborhoods*. In het oostelijke deel vormt de langgerekte Wilshire Boulevard de centrale levenslijn. Verder naar het westen stralen Beverly Hills, Bel Air en Brentwood in de gloed van jetset en high society.

Wilshire Boulevard

▶ 15, A/B/C 2

Net als de Hollywood Boulevard en de Sunset Strip is de 26 km lange Wilshire Boulevard een van de centrale straten van Los Angeles. Als u hem af rijdt, ziet u een in zekere mate representatieve doorsnede van het moderne Los Angeles met al zijn facetten en minder mooie kanten. Twee voorbeelden laten zien hoe verschillend de langs deze weg gelegen gemeenschappen zijn. Het 200.000 inwoners tellende **Koreatown**, dat tussen Vermont en Western Avenue ligt, wordt gekenmerkt door theehuizen, exotische supermarkten, bars, clubs en meer dan 600 restaurants, die – heel on-Amerikaans – al bij het ontbijt *samgyetang* serveren, een soort soep die wordt bereid van rijst, ginseng, knoflook en pijnboompitten gevulde kip.

De grotendeels uit Azië stammende bevolking is allesbehalve homogeen. Behalve Koreanen wonen in de wijken veel Indonesiërs, Japanners, Taiwanezen, Thais en Vietnamezen. De bedrijfsreclames verraden meestal de herkomst van de winkeleigenaar of winkelhuurder. In contrast daarmee presenteert het exclusieve **Beverly Hills** zich als een van alle maatschappelijke oneffenheden gezuiverde enclave, die met zijn designershops, modewinkels, chique restaurants en luxehotels een zeldzame afstand tot het normale leven uitstraalt.

Aan het eind van de 19e eeuw begon de boulevard bij het huidige MacArthur Park. Makelaar en speculant H. Gaylord Wilshire kreeg in 1895 van het stadsbestuur de toestemming om een 35 m brede weg in westelijke richting naar de zee aan te leggen. Het doel van de investering was om in Zuid-Californië een wintervakantieparadijs te scheppen voor rijke bankiers en industriëlen uit het koude middenwesten. In de jaren 20 stelde een kapitaalkrachtige investeerder voor om op een tot dan toe braakliggend terrein tussen La Brea Avenue en Fairfax Avenue een kantoren- en winkelcentrum te bouwen, later de Miracle Mile (wondermijl) genoemd. Destijds was in de architectuur de art-decostijl in de mode en tegenwoordig resteren daarvan nog enkele onder monumentenzorg vallende gebouwen, zoals het **Bullock's Wilshire Building** met een 73 m hoge toren (3050 Wilshire Blvd.) en het twaalf verdiepingen tellende **Wiltern Theatre** (3790 Wilshire Blvd.). Het intussen afgebroken **Ambassador Hotel** haalde op 6 juli 1968 het wereldnieuws toen Robert Kennedy er werd neergeschoten.

Farmers Market en The Grove

De verschillen kunnen nauwelijks groter zijn. Op de landelijk gebleven **Farmers Market** buigen de kramen door onder het gewicht van groente en fruit uit de omgeving, Chinese noedelgerechten en Japanse soepen, hamburgers van de houtskoolgrill, potten met zelfgemaakte pindakaas, heerlijk geurend gebak en vers geperste vruchtensappen. Maar een paar stappen verder lokken de winkelstraten en etalages van **The Grove**, met de nieuwste modetrends en hippe accessoires, state-of-the-art-computertechniek en eetgelegenheden in de stijl van Franse brasseries.

In het stedelijke landschap van Los Angeles oogt de **Farmers Market** als een nostalgische oase. Op de plaats waar tijdens de Grote Depressie boeren hun kraampjes opstelden, staan rond een klokkentoren meer dan 100 eenvoudige houten hutten waar vlees en gevogelte, vis en zeevruchten, snoep en bloemen worden aangeboden. Op schaduwrijke pleintjes en in gangen slijt men op eenvoudige tafels uitgestalde gastronomische lekkernijen, variërend van Franse café au lait tot Koreaanse soepen, van kip teriyaki tot spareribs en van sushi tot Louisianagumbo – dit alles tegen betaalbare prijzen en in een zeer ontspannen sfeer (6333 West Third St., tel. 323-933-9211, www.farmersmarketla.com, ma.–vr. 9–21 uur, za. 9–20 uur, zo. 10–19 uur).

Hiernaast vindt u in **The Grove**, rond een leuk plein met vijvers, bloemperkjes, cafés, restaurants en bioscopen, winkels van modeketens zoals Banana Republic, Gap, Abercrombie & Fitch, Nike, Nordstrom en Victoria's Secret. Laat uw parkeerkaart in een van de talrijke winkels afstempelen, parkeer de auto gratis en wandel vervolgens op uw gemak door het shoppingcenter, dat met zijn geplaveide straatjes, winkelpuien en oldtimertram aangenaam aandoet (189 The Grove Dr., tel. 323-900-8080, www.thegrovela.com, ma.–do. 10–21, vr.–za. 10–22, zo. 11–20 uur).

La Brea Tar Pits en Page Museum

Direct aan de Wilshire Boulevard ligt een kleine, zeer bijzondere vijver, waarin gassen uit zwarte, viskeuze teer opborrelen: de **La Brea Tar Pits**. Duizenden jaren lang maakten de in deze regio levende Chumashindianen met dit natuurlijke materiaal hun kano's waterdicht. In de loop der tijden moeten in dit moeras veel tegenwoordig al lang uitgestorven dieren zijn verdronken. Aan de oever

staan beelden van mastadonten, die voor een prehistorische sfeer zorgen. Wetenschappers hebben in de loop der jaren in de teervijver meer dan 1 miljoen dierlijke en plantaardige resten uit de laatste grote ijstijd ontdekt, in sommige gevallen van 40.000 jaar oud. Recentelijk deden paleontologen een nieuwe, spectaculaire ontdekking. Bij graafwerkzaamheden voor een naburige ondergrondse parkeergarage stuitten ze op een bijna volledig geconserveerde mammoet uit de ijstijd, die alleen zijn linker achterpoot, een rugwervel en zijn schedeldak mist. Na de eerste analyses is geconstateerd dat het fossiel, dat 'Zed' werd gedoopt, tussen de 10.000 en 40.000 jaar oud moet zijn.

De geprepareerde skeletten, schedels en botten van oerdieren worden in het naburige **George C. Page Museum** tentoongesteld, waar ook de resten van sabeltandtijgers en mammoeten hun laatste rustplaats hebben gekregen. Zo beschouwd is het moeras weliswaar een historische begraafplaats, maar dat wil niet zeggen dat hij geen teken van leven meer geeft. Elke dag komt uit de diepte tot zo'n 50 liter teer omhoog (5801 Wilshire Blvd., tel. 323-934-7243, www.tarpits.org, dag. 9.30–17 uur, $11, elke eerste di. van de maand toegang gratis behalve juli/aug.).

Musea in Midtown

Het **Los Angeles County Museum of Art** (LACMA) behoort tot de grootste en belangrijkste musea van de VS. Het complex, gelegen in het Hancock Park, bestaat uit diverse gebouwen, die zijn gewijd aan verschillende genres, tijdperken en delen van de wereld. De hoofdingang zit in het **Modern & Contemporary Art Building**, waar kunst te zien is vanaf 1960. Het **Bing Center** houdt zich bezig met film en muziek. Het **Pavilion for Japanese Art** exposeert schilderijen, gravures, sculpturen, textiel en decoratieve kunst uit het land van de rijzende zon, terwijl het **Ahmanson Building** is gevuld met kunst uit Azië, Afrika, Amerika en Europa. In het **Hammer Building** ten slotte worden foto's en een belangrijke verzameling postimpressionistische kunst getoond.

In de buurt van de **LACMA-westvleugel**, dat speciale programma's voor kinderen biedt, verrees naar plannen van de architect Renzo Piano het **Broad Contemporary Art Museum**. Deze uitbreiding van het museum toont Amerikaanse en precolumbiaanse kunst en ca. 2000 werken van eigentijdse kunstenaars (5905 Wilshire Blvd., tel. 323-857-6000, www. lacma.org, ma., di. en do. 12–20, vr. 12–21, za. en zo. 11–20 uur, volw. $15, kind tot 18 jaar gratis, elke tweede di. van de maand en dag. vanaf 17 uur toegang gratis).

Met zijn vaste en wisselende tentoonstellingen zet het **Craft and Folk Art Museum** zich in voor begrip voor de verschillende culturen van de wereld. Bezoekers krijgen keramische kunst uit Amerika en Zuid-Afrika, Latijns-Amerikaans textieldesign, carnavalskostuums en pruiken, voodoo-objecten uit Haïti en vliegerkunst te zien (5814 Wilshire Blvd., tel. 323-937-4230, www.cafam.org, di.–vr. 11–17, za. en zo. 12–18 uur, volw. $7, kind tot 10 jaar en elke eerste wo. van de maand gratis toegang).

In het **Petersen Automotive Museum** worden al jaren interessante exposities getoond, samengesteld aan de hand van uiteenlopende thema's. Op drie verdiepingen zijn bijvoorbeeld auto's uit de rock-'n-rolltijd, glanzende bolides uit bekende filmproducties en de gepantserde wagens van presidenten en gekroonde staatshoofden te zien. Het museum weet steeds weer iets nieuws te bedenken, wat ze bewijzen met een speciale tentoonstelling over mini-auto's, een show met cabrio's onder de titel 'topless met stijl' en een verzameling van de snelste auto's van de wereld (6060 Wilshire Blvd., tel. 323-930-2277, www.petersen. org, di.–zo. 10–18 uur, volw. $10, senioren $8, kind $3).

In het **Museum of Tolerance** wordt op beklemmende wijze en met behulp van de modernste computertechniek ingegaan op de massamoord op de Joden in het Derde Rijk. Daarnaast komen de problemen van intolerantie, racisme en onderdrukking in het algemeen aan de orde. Het museum, in 1993 gesticht door de beroemde nazi-jager Simon Wiesenthal, heeft ook een speciale multimediatentoonstelling die over de multiculturele maatschappij van de VS gaat en die door acteur Billy Crystal van commentaar wordt voorzien.

In het eigen Wosktheater worden films over bijvoorbeeld de genocide in Armenië, de oprichting van de staat Israël en de grondlegger van het museum Simon Wiesenthal vertoond (9786 W. Pico Blvd., tel. 310-553-8403, www.museumoftolerance.com, ma.–vr. 10–17, 's winters tot 15, zo. 11–17 uur, za. en feestdagen gesloten, verboden te fotograferen, volw. $15, senioren $12, kind van 5 tot 18 jaar $11,50).

Beverly Hills   ► 15, B 1

De 33.000 inwoners tellende plaats aan de Wilshire Boulevard heeft iets kunstmatigs en onwerkelijks over zich. Dit is blijkbaar ook de verantwoordelijke stedenbouwkundigen opgevallen, die een deel van de beroemde **Rodeo Drive** meer charme hebben proberen te geven door middel van een voetgangerszone met cafés en bankjes. Tot dusverre stond de straat bekend als een van de exclusiefste winkelboulevards in West-Amerika. In de etalages van designerboetieks als Gucci, Prada, Yves Saint Laurent, Tiffany, Chanel, Armani, Hugo Boss en Ferragamo kunnen zondig dure voorwerpen worden bewonderd, en niet zelden staan chauffeurs in livrei er met hun exclusieve auto's voor geparkeerd, wachtend op hun vanzelfsprekend spectaculair geklede werkgeefsters, die hun verveling lijken te verdrijven met winkelen. Naar het schijnt flaneren hier 14 miljoen bezoekers per jaar.

Beverly Hills is een van de favoriete woonoorden voor de high society van Los Angeles. In de heuvels boven de stad bewoont Hugh Hefner, de uitgever van de Playboy, een paleis, te midden van bankiers en beursgoeroes. Ook de Engelse stervoetballer David Beckham woont hier, als buurman van Tom Cruise. In 2012 tekende hij een nieuw contract bij de soccerclub Los Angeles Galaxy en kocht een miljoenen kostende villa waarin hij zich voor de paparazzi kan verschuilen.

Beverly Hills in de film

Gezien het grote aantal beroemdheden dat domicilie heeft gekozen in Beverly Hills spreekt het voor zich dat deze chique plaats veelvuldig figureert in de dromenfabriek Hollywood. Dat geldt niet alleen voor de filmserie *Beverly Hills cop* met Eddie Murphy. Het legendarische **Beverly Hills Hotel** speelde een rol in talrijke films, zoals in 1980 in *American gigolo* met Richard Gere en Lauren Hutton. Gekroonde hoofden, pop- en rocksterren, beroemdheden uit de film- en showbusiness en steenrijke zakenlieden laten zich achter de roze gevel van het 'Pink Palace' steeds weer betoveren door de romantische ambiance. Greta Garbo, John F. Kennedy, Charlie Chaplin, John Wayne, Henry Fonda, Cindy Crawford, John Travolta, John Lennon, Yoko Ono, Jon Bon Jovi en Robert De Niro zijn slechts enkele van de namen in het gastenboek van het hotel. Elizabeth Taylor bracht de wittebroodsweken van haar eerste huwelijk door in bungalow nr. 5. Jean Harlow trainde haar service op de tennisbaan van het hotel. Yves Montand maakte het gezellig in de Fountain Coffee Shop met de vermaarde Deense appeltaart. Toen popkoning Elton John enkele jaren geleden zijn verjaardag vierde in de Polo Lounge in het Beverly Hills behoorden vips als Sharon Stone, Dennis Hopper en Ben Kingsley tot zijn gasten (9641 Sunset Blvd., tel. 310-276-2251, www.beverlyhillshotel.com, 2 pk vanaf $395).

Al net zo beroemd is het glamourhotel **Beverly Wilshire**, dat wereldwijd bij het bioscooppubliek bekend werd door films als *Pretty woman* met Julia Roberts en Richard Gere (9500 Wilshire Blvd., tel. 310-275-5200, www.fourseasons.com/beverlywilshire).

Films als *Indecent proposal* met Robert Redford en Demi Moore en *The bodyguard* met Kevin Costner en Whitney Houston werden deels opgenomen in het zogenaamde **Greystone Mansion**. Dit enorme paleis in de stijl van een oud kasteel met zware houten portalen en betegelde binnenplaatsen werd in 1928 voor 4 miljoen dollar door een oliemiljardair gebouwd. Nu vinden er culturele evenementen plaats. Het park en de binnenhof

van de villa zijn gratis te bezichtigen (905 Loma Vista Dr., www.greystonemansion.org, dag. 10–17 uur).

Paley Center for Media

Het in 1996 opgerichte **Paley Center for Media** is geen gewoon museum, maar een enorm archief met ca. 140.000 radio- en televisieprogramma's en reclamefilmpjes die teruggaan tot 1918. Bezoekers kunnen ze beluisteren of bekijken. Het gaat daarbij om lang geleden uitgezonden beelden van sport en cultuur of documentaires over spectaculaire gebeurtenissen, zoals de moord op John F. Kennedy in 1963 in Dallas, of de dramatische berichtgeving van ABC-sterverslaggever Peter Jennings over de aanslag op het World Trade Center op 11 september 2001.

In het museum bevinden zich diverse bioscopen. Hier worden films vertoond over popsterren als David Bowie en Johnny Cash en de uitvinder van de 'Muppets' Jim Henson (465 N. Beverly Dr., tel. 310-786-1000, www.paleycenter. org, wo.–zo. 12–17 uur, volw. $10, kind tot 14 jaar $5).

Informatie

Beverly Hills Visitors Bureau: 239 S. Beverly Dr., Beverly Hills, CA 90212, tel. 310-248-1015, www.beverlyhillscvb.com en www.lovebeverly hills.org. Een interactieve stadsplattegrond met hotels, restaurants en winkels vindt u op de website www.mapquest.com/maps?city= Beverly%20Hills&state=CA.

Accommodatie

Onderdompelen in luxe ▶ Luxe Hotel Rodeo Drive: 360 N. Rodeo Dr., tel. 310-273-0300, www.luxerodeo.com. 88 kamers en suites, groot, zeer verzorgd boetiekhotel in het hart van Beverly Hills, met enkele zeer chique winkels binnen de muren. De exquise voorzieningen laten niets te wensen over. 2 pk vanaf $300.

Puur comfort ▶ Avalon Hotel: 9400 W. Olympic Blvd., tel. 310-277-5221, www.avalonbever lyhills.com. Waar vroeger Marilyn Monroe logeerde en Dean Martin samen met Frank Sinatra de bloemetjes buiten zette, komen tegenwoordig gasten uit de hele wereld. In het restaurant Blue on Blue eet men uitstekend, ook aan het zwembad. 2 pk vanaf ca. $260.

Onberispelijk juweel ▶ Best Western Plus Carlyle Inn: 1119 S. Robertson Blvd., tel. 310-275-4445, fax 310-859-0496, www.carlyle-inn. com. Onberispelijk boetiekhotel in de chique wijk Beverly Hills met 32 kamers en suites incl. kabeltelevisie, koelkast, snel internet, koffiezetapparaat en strijkijzer. 2 pk vanaf $170.

Eten en drinken

Trendy restaurant ▶ Spago: 176 N. Canon Dr., tel. 310-385-0880, www.wolfgangpuck.com, Keukenpaus Wolfgang Puck startte zijn huidige fijnproeversimperium met dit inmiddels beroemde etablissement. Gasten uit de filmwereld zijn hier kind aan huis, wat weer veel nieuwsgierigen trekt. Reserveren is daarom aan te bevelen. Door glazen panelen kunt u de koks in de showkeuken op de vingers kijken. De mooiste plaats om te eten is het tuinterras. Vanaf $50.

Uitstekend ▶ French Quarter Market Place: 7985 Santa Monica Blvd., West Hollywood, tel. 323-654-0898, www.frenchquarterwest.com, zo.–do. 7–24, vr.–za. 7–3.30 uur. Steakhouse dat stevige kost serveert, waarvan u ook op de patio kunt genieten. Diner ca. $20.

Fijne keuken ▶ Le Petit Four: 8654 W. Sunset Blvd., West Hollywood, tel. 310-652-3863, www.lepetitfour.com, dag. 11.30–23 uur. Uitnodigend etablissement met tafels op het trottoir. Op de menukaart staan op de Franse en Italiaanse keuken geïnspireerde gerechten. Diner vanaf ca. $15.

Toppizza ▶ Mulberry Street Pizzeria: 240 S. Beverly Dr., tel. 310-247-8100, www.mulberry pizzeria.com, dag. 11–23 uur. Restaurant met levensgrote afbeeldingen van Cathy Moriarty en James Caan op de muren. Behalve goede pizza's kunt u hier ook heerlijke nagerechten krijgen. Ca. 8–15 $.

Exotische keuken ▶ Natalee Thai Cuisine: 998 S. Robertson Blvd., tel. 424-354-3395, www.na taleethai.com, dag. 11–22 uur. Authentieke Thaise keuken in een vertrouwde, weinig spectaculaire ambiance. Op tafel komen smakelijke noedelschotels, pittige curry's, uitstekende gerechten met vis en zeevruchten en vegetarische specialiteiten. Ca. $8–10.

Beverly Hills: winkelparadijs voor beroemdheden van alle leeftijden

Het terras van de cafetaria van het Getty Center kijkt uit op L.A.

Winkelen

Speciale souvenirs ▶ Signature Shop: In het Beverly Hills Hotel (zie blz. 146). Wie thuis wil komen met roze tennis- of golfballen, superchique badjassen, koffiekopjes of sleutelhangers, voorzien van het hotellogo of een herinnering aan Beverly Hills in de vorm van een glazen sneeuwbol met daarin het Pink Palace, dan bent in deze hotelshop aan het juiste adres.

Shopping mall ▶ Beverly Center: 8500 Beverly Blvd., tel. 310-854-0070, www.beverly center. com, ma.–vr. 10–21, za. 10–20, zo, 11–18 uur. Met zijn 160 winkels, restaurants, een bioscoopcomplex met dertien zalen en een dakterras met uitzicht op de stad biedt deze *mall* een bijzondere winkelervaring. Delen van *Scenes from a mall* met Bette Midler en Woody Allen, en de rampenfilm *Volcano* met Tommy Lee Jones en Anne Heche werden in het winkelcentrum opgenomen.

Uitgaan

Bar met geschiedenis ▶ Polo Lounge in het Beverly Hills Hotel: 9641 Sunset Blvd., tel. 310-276-2251, www.thebeverlyhillshotel.com. De meeste sterren uit de film- en showbusiness hebben deze legendarische bar weleens bezocht. Wie zijn bezoek geheel in stijl wil laten verlopen, bestelt een Pink Palace Cocktail met gin, grand marnier, grenadine en limoensap.

Chique bar ▶ Trader Vic's: 9876 Wilshire Blvd., im Beverly Hilton Hotel, tel. 310-276-6345, www.tradervics.com, dag. 12–1 uur. De in Polynesische stijl ingerichte Mai Tai Bar bij het zwembad, die deel uitmaakt van het populaire restaurant, is een exotische oase waar u kunt ontspannen met een drankje.

Actief

Stadsexcursies ▶ Beverly Hills Trolley: Rondleidingen door Beverly Hills van 40 minuten met ter zake kundig commentaar (vertrek hoek Rodeo Drive & Dayton Way, 's zomers dag. behalve ma. 11–16 uur, volw. $10, kind tot 12 jaar $5, bij regen gaan de tochten niet door).

Westside ▶ 15, A/B 1

Bel Air

In het westen van Beverly Hills ligt de 8000 zielen tellende gemeenschap **Bel Air**, die slechts om één enkele reden bekend is geworden. In het heuvellandschap gaat een zogenaamde *gated community* verscholen. In de talrijke paleisachtige huizen van deze als een soort Fort Knox door beveiligingspersoneel bewaakte woonwijk wonen beroemdheden als Nicholas Cage, Clint Eastwood, Steve Martin, Lionel Richie en Helen Hunt – om maar enkelen te noemen.

Een prachtige oase in dit deel van de stad vormt het **Hotel Bel Air**, met bijna 100 vorstelijk ingerichte kamers en suites, dat over een uitbundige tuin met een zwanenmeer beschikt (701 Stone Canyon Rd., tel. 310-472-1211, www.hotelbelair.com, 2 pk vanaf $325).

Westwood

Het bijna 50.000 inwoners tellende **Westwood** is een dwerg in de grootstedelijke agglomeratie Los Angeles. De gemeente ontstond na de stichting van de Los Angelescampus van de University of California (UCLA) in 1929. Twee bezienswaardige musea maken deel uit van de universiteit.

Hammer Museum

Een van de twee musea van de University of California is het **Hammer Museum**, dat een prachtige collectie werken heeft van belangrijke Europese en Amerikaanse schilders, onder wie Claude Monet, Camille Pissarro, John Singer Sargent, Vincent van Gogh, Rembrandt, Goya, Rubens, Tintoretto en Titiaan. In het 300 zitplaatsen tellende Billy Wilder Theatre worden hoogstaande films vertoond (10899 Wilshire Blvd., tel. 310-443-7000, www.hammer.ucla.edu, di.–wo., vr.–za. 11–19, do. 11–21, zo. 11–17 uur, volw. $10, senioren $5, kind tot 17 jaar gratis, do. toegang gratis).

Het **Fowler Museum** is gewijd aan oude en hedendaagse culturen in Afrika, Latijns-Amerika, Azië en de Pacific. De gigantische collectie van 150.000 kunstwerken en volkenkundige objecten en 600.000 archeologische vondsten is ondergebracht in een rood bakstenen gebouw (op de campus, tel. 310-825-4361, www.fowler.ucla.edu, wo.–zo. 12–17, do. tot 20 uur, toegang gratis).

Westwood Village is het interessantste deel van de gemeente Westwood, omdat de straten daar niet zijn aangelegd voor autoverkeer maar om te flaneren. Wie de graven van beroemde kunstenaars wil bezoeken, kan gegarandeerd zijn hart ophalen op de **Westwood Village Memorial Park Cemetery**, die wat sterrengehalte betreft zelfs de Hollywood Forever Cemetery ruimschoots overtreft.

Behalve Marilyn Monroe (1926–1962) en de schrijver Truman Capote (1924–1984) vonden hier de acteurs John Cassavetes (1929–1989), Burt Lancaster (1913–1994), James Coburn (1928–2002), Jack Lemmon (1925–2001), Dean Martin (1917–1995), Walter Matthau (1920–2000), George C. Scott (1927–1999), de bandleider Ray Conniff (1916–2002) en de rock-'n-rollster Roy Orbison (1936–1988) hun laatste rustplaats (1218 Glendon Ave.).

Brentwood

De Wilshire Boulevard loopt in het westen van Los Angeles door het stadsdeel **Brentwood**, dat dankzij beroemde inwoners als Gary Cooper, Henry Fonda en Judy Garland reeds tientallen jaren geleden een chique reputatie had. Die heeft Brentwood behouden, omdat er, behalve de voormalige Californische gouverneur Arnold Schwarzenegger, ook prominente figuren als Alanis Morissette en Steven Spielberg wonen. Rondom de tudorvilla van de voormalige footballster en acteur O.J. Simpson in Brentwood brak in 1994 een enorme mediarel uit omdat hij zijn vrouw en haar vriend zou hebben vermoord. In een wilde achtervolging, die live op televisie werd uitgezonden en door bijna 100 miljoen mensen werd bekeken, zat de politie de verdachte op de hielen. O.J. Simpson werd in de herfst van 1995 na een spectaculair proces vrijgesproken.

Getty Center

Als een vesting van wit travertijn rijzen de vijf gebouwen van het **Getty Center** ten hemel en ze zijn al van verre zichtbaar in het groene heuvellandschap ten noorden van Brentwood. Het beroemdste kunstmuseum van Los Angeles, dat dateert uit 1997, werd ontworpen door de bekende architect Richard Meier, die bij de bouw streefde naar licht en transparantie. Behalve het museum maken nog twee andere instellingen deel uit van het complex: het Getty Conservation Institute houdt zich vooral bezig met de restauratie van kunstwerken, terwijl het Getty Leadership Institute een opleidingscentrum voor museumpersoneel is.

De Gettystichting is dankzij de nalatenschap van Jean Paul Getty (1892–1976) bijzonder rijk. De uit Minnesota stammende oliemiljardair en kunstmecenas bracht zijn laatste levensjaren door in een koninklijk kasteel in het Engelse Sutton Place in de omgeving van Londen. Hij bewees over een altruïstische inborst te beschikken toen hij een deel van zijn gigantische vermogen in kunst- en onderzoeksinstellingen stak. In zijn testament schreef hij dat de tijdens zijn leven en na zijn dood verworven kunstvoorwerpen moesten worden tentoongesteld in musea die gratis toegankelijk dienden te zijn. Dat geldt ook voor het Getty Center.

Van de parkeergarage (die niet gratis is) rijden de bezoekers met een geautomatiseerd treintje tot vlak voor het museum. De exposities strekken zich uit van meubilair uit de 17e en 18e eeuw tot zeldzame sieraden, bijzonder aardewerk, middeleeuwse boeken die met religieuze motieven zijn geïllustreerd, hedendaagse en historische fotografie en sculpturen tot wereldberoemde schilderijen van onder andere Van Gogh, Rubens, Monet en Rembrandt.

Rond het gebouwencomplex strekt zich een schitterend park uit, met een zonneweide, een vijver en een groot aantal exotische planten. Vanaf het terrein kijkt u uit over heel Los Angeles, tot aan de wolkenkrabbers in Downtown en de Grote Oceaan (1200 Getty Center Dr., afrit van I-405, tel. 310-440-7300, www.getty.edu, di.–vr. en zo. 10–17.30, za. 10–21 uur, toegang gratis, parkeerplaats $15).

De agglomeratie Los Angeles strekt zich uit over een afstand van 120 km langs de Grote Oceaankust. Tussen Malibu in het noordwesten en Orange County in het zuidoosten biedt de kuststrook van de Californische metropool een contrastrijke aanblik met aantrekkelijke steden en gemeenschappen, stranden waar het heerlijk zwemmen, zonnen en surfen is, lifestyle in de bontste kleuren naast ingedutte gebieden, en op sommige plaatsen exclusieve miljonairsenclaves.

Malibu en
Pacific Palisades ▶ 15, A 2

Het bijna 13.000 inwoners tellende Malibu ligt aan een ruim 30 km lange kuststrook die, in tegenstelling tot wat over het algemeen wordt verondersteld, niet van noord naar zuid, maar van oost naar west loopt. De talrijke zandstranden hebben de gemeente de reputatie van een aantrekkelijke badplaats bezorgd. Dit imago werd nog versterkt door de televisieserie *Baywatch*, die voor een deel hier werd opengenomen, en het feit dat Malibu als woonplaats van veel filmsterren een soort dependance van Hollywood vormt.

Hoog boven de Grote Oceaankust ligt het **Adamson House**, met een uitzicht dat zich uitstrekt tot de Malibu Pier. Deze uit 1930 stammende villa laat zien hoe een rijke familie in die tijd leefde. Karakteristiek voor de villa zijn de decoratieve tegels die in veel delen van het huis zijn verwerkt. De door lokale bedrijven gefabriceerde tegels zijn tegenwoordig verzamelaarsstukken. De omliggende idyllische tuin is in tegenstelling tot de villa zelf gratis toegankelijk (23200 Pacific Coast Hwy., tel. 310-456-8432, www.adamsonhouse.org, rondleidingen wo.–za. 11–15 uur, volw. $5, kind tot 16 jaar $2).

Getty Villa

Toen in 79 n. Chr. bij Napels de Vesuvius uitbrak, verwoestten aswolken en lavastromen onder meer een villa in Herculaneum, die in de 18e eeuw door wetenschappers deels weer werd uitgegraven. Vanwege de talrijke papyrusrollen die men daar aantrof, kreeg de villa de naam Villa dei Papiri. Kunstmecenas Jean Paul Getty nam het voorname paleis als voorbeeld voor een kunsttempel die hij in 1974 liet bouwen in een nauwe canyon bij de kustplaats **Pacific Palisades**. Aan het eind van de 20e eeuw voldeed het gebouw niet meer aan de eisen die aan een museum werden gesteld en moest het worden verbouwd, ook om het beter bestand te maken tegen aardbevingen. Sinds de heropening in 2006 exposeert de Getty Villa een deel van de antieke kunstwerken van de Getty Foundation, die in het Getty Center in Brentwood een tweede vestiging bezit (zie links).

Rond de hoofdingang is een amfitheater gebouwd, waarvan het podium bestaat uit de twee verdiepingen tellende hoofdgebouwen. Schaduwrijke zuilengangen omsluiten een tuin in Florentijnse stijl met planten uit het Middellandse Zeegebied, een door open kanalen gevoed waterbekken en talrijke antieke beelden. Op twee etages worden waardevolle kunstwerken geëxposeerd van Griekse, Romeinse en Etruskische oorsprong, naast een grote verzameling antieke munten, religieuze voorwerpen en zilver- en glaswerk. In het museumcafé, met een openluchtterras, kunt u onder het genot van gerechten uit de mediterrane keuken op adem komen (17985

actief

South Bay Bicycle Trail

Informatie

Start: Will Rogers State Beach in Pacific Palisades

Informatie: Zie voor kaarten, routesuggesties en nuttige tips www.bicyclela.org

Fietsverhuur: Blazing Saddles, 320 Santa Monica Pier, tel. 310-393-9778, vanaf $15 per dag; Daniel's Bicycle Rentals, 13737 Fiji Way, Marina del Rey, tel. 310-980-4045, http://danielsbikerentals.com, $17-38 per dag

Alternatieve routes: Op de internetsite www.labikepaths.com vindt u een interactieve kaart met overige fietsroutes in Los Angeles en omgeving

Kaart: ▶ 15, A 2-B 3

Een duidelijk bewijs dat men in Los Angeles de noodzaak van een alternatief voor de auto onderkent, is de al sinds enige tijd heersende populariteit van de fiets. Terwijl in het centrum van de stad de overstap van de auto naar de fiets als gevolg van de grote verkeersdichtheid niet noodzakelijkerwijs wordt aan-bevolen, is de Pacifische kust tussen Santa Monica en Long Beach een waar paradijs voor wielerliefhebbers.

Een ware klassieker onder de talrijke in Los Angeles aangelegde fietspaden is de geasfalteerd **South Bay Bicycle Trail**, die ook onder de naam **The Strand** bekendstaat. De route voert van Will Rogers State Beach in Pacific Palisades in zuidelijke richting door tal van kustplaatsjes naar het 30 km verderop gelegen **Torrance**. Het niet erg vermoeiende, vlakke traject volgt de kustlijn en biedt voortdurend schitterende uitzichten op de zandstranden en de zee. In de buurt van sommige pieren staan borden die aangeven dat dit een voetgangerszone is en dat fietsers hier tijdelijk moeten afstappen (let op: politiecontroles). Sommige delen van het pad moet de fietser delen met groepen joggers en skaters. Aangezien de route regelmatig door bewoond gebied voert, zijn er onderweg voldoende mogelijkheden om iets te eten en te drinken of de fiets te repareren.

Pacific Coast Hwy., tel. 310-440-7300, www.getty.edu, wo.-ma. 9-17 uur, de toegang tot het museum is gratis, maar kaartjes moeten online voor een bepaalde dag en tijd worden gereserveerd; u kunt ook kaartjes voor dezelfde dag bestellen, parkeerplaats $15).

Immigrantenkolonie

Aan de Grote Oceaankust ten westen van Santa Monica vonden niet alleen Grieken, Romeinen en Etrusken een nieuw thuis, maar ook Duitsers. Tussen 1936 en 1943 kwamen er veel immigranten naar Los Angeles, onder wie 130.000 Duitsers die op de vlucht waren voor het nationaalsocialisme. Onder hen waren talrijke schrijvers, acteurs en regisseurs, zowel Joden als niet-Joden, waarvan enkelen in Pacific Palisades neerstreken. Het kleine Weimar aan de Grote Oceaan werd destijds met Bertolt Brecht, Thomas en Heinrich Mann, Franz Werfel, Alfred Döblin en Walter Mehring het nieuwe thuis van de Duitse literatuur in ballingschap. Met name de Villa Aurora, waar Lion Feuchtwanger en zijn vrouw Martha woonden, ontwikkelde zich tot een ontmoetingsplaats van Amerikaanse cultuurdragers en Duitstalige bannelingen. Ondanks de palmenstranden, de blauwe zee en de zonneschijn voelden deze zich niet erg goed thuis in hun nieuwe vaderland. Dit had verschillende oorzaken. Veel vluchtelingen spraken zo slecht Engels dat het de communicatie aanzienlijk bemoeilijkte, waardoor de immigranten goeddeels onbekend bleven met de Californische levensstijl. Ook de werkomstandigheden waren een steen des aanstoots. Grote filmmaatschappijen huurden de Duitse literaire elite in als scriptschrijvers, maar tegelijk waren zij niet geïnteresseerd in hoog-literaire werk, maar in onderhoudende, lichte teksten. De bannelingen, die thuis als beroemdheid golden, waren in Californië bij het grote publiek onbekend, wat hun ego natuurlijk geen goed deed. Ten slotte werd hun onvrijwillige verblijf in de VS vergald door de Amerikaanse overheid. Sommige bannelingen, zoals Alfred Döblin, Erich Maria Remarque, Vicki Baum en Ludwig Marcuse, werden verdacht van on-Amerikaanse, d.w.z. communistische activiteiten en door de FBI voortdurend in de gaten gehouden.

Villa Aurora

Wat hun behuizing betreft hadden de Feuchtwangers echter weinig te klagen over de omstandigheden in Pacific Palisades. In de voor $9000 gekochte **Villa Aurora**, genoemd naar de Romeinse godin van het ochtendgloren, hadden ze de beschikking over veertien kamers en een woonoppervlak van 600 m². Het in 1927 naar het voorbeeld van een Zuid-Spaans kasteel gebouwde paleis was voorzien van gesneden en beschilderde houten deuren en plafonds met decoratieve Moorse motieven. Ook bezat het enorme huis een grote tuin en voor die tijd welhaast revolutionaire faciliteiten, zoals een moderne keuken met gasfornuis, koelkast en vaatwasser, en een automatische garagedeur. De fraaie woning werd enkele jaren geleden gerenoveerd en fungeert tegenwoordig als centrum voor culturele uitwisseling tussen Duitsland en de VS (520 Paseo Miramartel. 310-454-4231, www. villa-aurora.org, rondleidingen na reservering, $10 per persoon).

Santa Monica ▶ 15, A/B 2

Deze bijna 90.000 inwoners tellende plaats gold al in de 19e eeuw als aantrekkelijk. Destijds was de baai over een hobbelige weg verbonden met het almaar uitdijende Los Angeles. Pas in de jaren 30 kreeg het kustplaatsje een autowegverbinding met de rest van Los Angeles, waardoor Santa Monica zich ontwikkelde tot een populaire bestemming voor dagjesmensen, die aan zee kwamen recreëren of hun zuurverdiende centen op casinoschepen wilden vergokken.

De kustplaats heeft tot op heden nog niets aan populariteit ingeboet. De meest landinwaarts gevestigde inwoners van Los Angeles zouden hun woning maar wat graag ruilen voor een huis in de evenwel duur geworden kustplaats, waar de zeewind de lucht schoon houdt en het gemeentebestuur zorgt voor voetgangersvriendelijke straten en uitstekende winkelmogelijkheden.

Deze omstandigheden hebben ervoor gezorgd dat de **Third Street Promenade** een bekende winkelstraat werd. In de voetgangerszone vindt u speciaalzaken, modeboetieks, boekwinkels, kiosken en restaurants, en u kunt uw schoenen glanzend laten poetsen bij een ouderwetse schoenpoetser. 's Avonds verandert de winkelboulevard in een openluchttheater voor straatartiesten, zoals muzikanten, goochelaars, clowns en pantomimespelers (Third St.).

Santa Monica Pier

In 1983 raakte de oudste zeeboulevard aan de Amerikaanse Westkust door een verschrikkelijke storm zo zwaar beschadigd dat hij grotendeels moest worden herbouwd. De houten pier, die in 1916 werd geopend en bijna 300 m de zee insteekt, heeft zijn oude status als ontmoetingsplaats voor jong en oud inmiddels alweer ruime tijd heroverd. Souvenir- en cadeauwinkels, cafés, restaurants, winkels voor hengelaarsbenodigdheden, een historische draaimolen met 44 gelakte houten paarden uit de film *The sting* en een pretpark met een achtbaan en een reuzenrad bieden afleiding voor wie is uitgekeken op het uitzicht op het strand en de kust.

Wie interesse heeft in de zeefauna voor de kust kan een bezoek brengen aan het **Santa Monica Pier Aquarium** (1600 Ocean Front Walk, tel. 310-393-6149, www.healthebay.org, di.–vr. 14–18, za. en zo. 12.30–18 uur, volw. $5, kind tot 12 jaar gratis).

Santa Monica dankt zijn aantrekkingskracht niet in de laatste plaats aan zijn mooie zandstranden, zoals het Santa Monica State

Beach en het Will Rogers State Beach. Een prachtig uitzicht op de zee en de kust biedt het **Palisades Park**, dat bij zonsondergang veel door inwoners van Santa Monica wordt bezocht. Het park is zowel van de Third Street Promenade als de Santa Monica Pier goed te voet te bereiken (851 Alma Real Dr., tel. 310-458-8974).

Musea in Santa Monica

Het in een uit 1894 daterend victoriaans complex gevestigde **California Heritage Museum** exposeert decoratieve kunst, meubilair, aardewerk, schilderijen en volkskunst. Er worden speciale tentoonstellingen georganiseerd met thema's als hoe Hawaii de Californische lifestyle beïnvloedde (2612 Main St., tel. 310-392-8537, http://web.mac.com/calmuseum/Site/Home.html, wo.–zo. 11–16 uur, volw. $8, kind tot 12 jaar gratis toegang).

In het **Santa Monica Museum of Art** kunt u werken van moderne en eigentijdse kunstenaars zien. De tentoonstellingen zijn ondergebracht in het zogenaamde Bergamot Station. Dit historische station diende van 1875 tot 1953 als halteplaats van de trams die tus-

sen Los Angeles en Santa Monica reden. Na een tijdlang als industriecomplex in gebruik te zijn geweest herbergt het station tegenwoordig naast het museum ruim dertig galeries, architecten- en ontwerpbureaus en een café (2525 Michigan Ave., tel. 310-586-6488, www. smmoa.org, di.–za. 11–18 uur, zo., ma. en feestdagen gesloten, volw. $5, studenten en senioren $3).

Het **Museum of Flying** is gewijd aan de bewogen geschiedenis van de civiele en militaire luchtvaart. In het museum staat een twintigtal vliegtuigen uit alle episodes van de luchtvaarthistorie, van oldtimers zoals een kopie van het toestel waarmee de gebroeders Wright hun eerste experimentele vluchten maakten tot moderne *jets* van de Douglas Aircraft Company, die tot 1967 in Santa Monica was gevestigd. Het museum presenteert ook een collectie luchtvaartkunst, zeldzame artefacten en memorabilia van beroemde vliegeniers. Een deel van het museum is ingericht als een interactief leercentrum (3100 Airport Ave., tel. 310-398-2500, www.museumoffly ing.com, vr.–zo. 10–17 uur, volw. $10, senioren $8, kind 6–12 jaar $6).

De pier in Santa Monica – een mekka voor alle amusementsliefhebbers

actief

Trappenlopen in Santa Monica

Informatie

Start: Eind van 4th Street, waar deze de Adelaide Drive kruist
Lengte: Ca. 900 m
Duur: Ongeveer 10 min. per *loop*; in het weekend is het 's ochtends vaak spitsuur.

Sommigen bereiden zich voor op een marathon, anderen zoeken ontsnapping aan de routine van de sportschool. Weer anderen hebben gehoord dat die en die beroemdheid, zoals Hollywoodacteur Matthew McConaughey, 'gladiator' Ralf Möller of wereldkampioen boksen Vitali Klitsjko hier komen trainen, met of zonder personal assistent. Maar ongeacht welke motivatie u hebt om de beroemde Santa Monica Stairs te gaan lopen: het parcours is beestachtig zwaar!

De Santa Monica Stairs zijn twee lange, steile trappen in een woonwijk, die in de loop der jaren zijn uitgegroeid tot sportieve trainingsklassiekers. De eerste trap, waarin ook enkele bochten zitten, bestaat uit ca. 150 smalle betonnen treden, die de meeste joggers om tegenliggers te vermijden bergop lopen. Wanneer u de top van de Adelaide Drive hebt bereikt, begeeft u zich ongeveer 100 m in oostelijke richting. Daar voert een bredere en niet zo steile tweede trap met meer dan 170 houten treden naar beneden. Onder insiders staat de totale afstand bekend als de *loop* (lus). Wie het zichzelf extra zwaar wil maken, neemt op de weg omhoog twee treden tegelijk. En wie voorafgaand aan het trappenlopen wat rek- en strekoefeningen wil doen, kan hiervoor gebruikmaken van een grasveld in 4th Street.

Informatie

Santa Monica Information Center: 1920 Main St., Suite B, Santa Monica, CA 90405, tel. 310-393-7593 of 1-800-544-5319, www.santamonica.com.

Accommodatie

Geweldige ervaring ▶ Viceroy: 1819 Ocean Ave., tel. 310-260-7500, www.viceroyhotelsandresorts.com/santamonica. Vlak bij het strand gelegen luxehotel. Alle 162 kamers en suites zijn stijlvol en chic ingericht. Veel kamers bieden uitzicht op zee of op het zwembad. 2 pk vanaf ca. $300.

Goede ligging en service ▶ Best Western Ocean View: 1447 Ocean Ave., tel. 310-458-4888, www.oceanviewsantamonica.com. Geniet van de zonsondergang vanuit de lobby van dit nieuwe hotel, in de buurt van de pier en het strand. Veel kamers met balkon en uitzicht op zee. Bij de standaarduitrusting horen airconditioning, snel internet en een koffiezetapparaat. 2 pk $90–190.

Voor de minder veeleisende reiziger ▶ Travelodge: 1447 Ocean Ave., tel. 310-451-0761, www.travelodge.com. Gunstig gelegen, twee verdiepingen tellende vestiging van een motelketen, op slechts enkele stappen van het strand en de Third Street Promenade. Het buitenzwembad biedt verkoeling. In de directe omgeving liggen diverse restaurants. 2 pk vanaf $120.

Voor een klein budget ▶ Hostel International: 1436 2nd St., Santa Monica, tel. 310-393-9913, www.HILosAngeles.org. Budgetaccommodatie met slaapzalen met 4 tot 10 bedden en sobere tweepersoonskamers met douche op de etage. Een keuken en een televisiekamer maken deel uit van de gemeenschappelijke ruimten. Ook fietsen te huur. Bedden vanaf $26.

Eten en drinken

Voor fijnproevers ▶ Josie: 2424 Pico Blvd., tel. 310-581-9888, www.josierestaurant.com, diner di.-zo. Amerikaanse keuken van hoog niveau met Frans-mediterrane invloeden. Denk aan

Tip: Een tikje fris

Ondanks de schone, bewaakte stranden is de **kust van Los Angeles** maar ten dele geschikt voor zwemmen in zee. De watertemperatuur komt bijvoorbeeld zelden boven de 22 °C. En zelfs in de zomer blaast bijna constant een koele wind, zodat de wetsuit niet alleen voor surfers een handig kledingstuk is aan het strand.

gerechten als Marokkaanse tajine met couscous en amandelyoghurt ($32), forel 'van het kampvuur' met groene bonen en asperges ($26) en in zoutkorst gebakken kipfilet met jonge worteltjes ($27).
Ongecompliceerde keuken ▶ Yankee Doodles: 1410 Third St. Promenade, tel. 310-394-4632, www.yankeedoodles.com, dag. 11–2 uur. Typisch Amerikaanse *sports bar* met enorme televisieschermen waarop de hele dag sportuitzendingen te bekijken zijn. Uw honger kunt u stillen met Buffalo Wings ($11) en Onion Rings ($7).

Winkelen

Winkelcentrum met boerenmarkt ▶ Third Street Promenade: Third St. Levendige, door speciaalzaken en boetieks omzoomde voetgangerszone, met het pas verbouwde winkelcentrum Santa Monica Place. Boerenmarkt, wo. en za. 8.30–13.30, www.farmersmarket.smgov.net).
Boerenmarkten ▶ Santa Monica Farmers Market: In Santa Monica vinden vier boerenmarkten plaats: wo. (Arizona Ave. & 2nd St.), za. (Arizona Ave. & 3rd St. en 2200 Virginia Ave.) en zo. (2640 Main St., bij het museum, www01.smgov.net/farmers_market).

Uitgaan

Pleisterplaats voor bierdrinkers ▶ Sonny McLeans: 2615 Wilshire Blvd., tel. 310-449-1811, www.sonnymcleans.com, dag. 11.30–2 uur. Naast de twintig verschillende biersoorten hebben ook de gezellige sfeer deze New Englandpub 's avonds tot een populaire ontmoetingsplaats gemaakt.

Actief

Rondleidingen ▶ Santa Monica Conservancy: Tel. 310-496-3146, www.smconservancy.org. De twee uur durende voettochten door het centrum van Santa Monica geven een interessant beeld van het heden en verleden van de stad, elke za. om 10 uur vanaf 1436 Second St., verplichte reservering mogelijk tot do., $10.
Surfboardverhuur ▶ ZJ Boarding House: 2619 Main St., tel. 310-392-5646, www.zjboardinghouse.com. Grote keuze aan surfplanken. Surfboards $30 per dag, wetsuits $15 per dag.

Vervoer

Big Blue Bus: Deze openbare bussen rijden tussen Venice, Santa Monica en de University of California in Westwood en stoppen onderweg vele malen. Een rit kost slechts $1, expres $2 (www.bigbluebus.com).

Venice ▶ 15, B 2

De **Boardwalk** in Venice, ook wel **Ocean Front Walk** genoemd, is een krankzinnig podium voor egotrippers en hun publiek, dat men met eigen ogen aanschouwd moet hebben. Velen beschouwen de knotsgekke strandboulevard als iets wat het midden houdt tussen een catwalk voor ijdeltuiten en een open psychiatrische inrichting. Maar één ding is zeker: de door T-shirtwinkels, verkopers van designerzonnebrillen en kraampjes met eten omzoomde boulevard biedt het amusantste straattheater dat men zich maar kan voorstellen. Wonderlijke waarzegster lezen de toekomst in de handpalm van hun goedgelovige klanten. Leden van christelijke groepen bieden zelfgehaakte en geknutselde waren te koop aan, terwijl een ouder echtpaar een gemiste loopbaan op het podium hier alsnog probeert waar te maken, hun krakerig geworden stemmen ten spijt. Zwarte tieners verdienen een paar grijpstuivers met asfaltacrobatiek. Spiderman zeilt op rollerskates door de verwonderd toekijkende mensenmassa, waar mooi geklede aankomende filmsterretjes hun gecorrigeerde neuzen net iets verder omhoog steken dan de rest.

Boardwalk Venice Beach: boulevard van ijdelheid en lichaamscultus

Geschiedenis van de stad

Venice is niet zomaar aan zijn naam gekomen. Een rijke sigarettenfabrikant liet aan het eind van de 19e en begin 20e eeuw naar Venetiaans voorbeeld een uit 26 km aan waterwegen bestaand kanalensysteem aanleggen om de kust van de Grote Oceaan te verrijken met een lagunestad naar Italiaanse snit. Het droombeeld van aria's zingende gondeliers bleek een illusie, grachten en kanalen verzandden of werden gedempt, waardoor het Californische Venice zijn ondergang nog sneller tegemoet ging dan zijn Italiaanse voorbeeld.

In de jaren 50 zagen hippies, bohemiens en andere vertegenwoordigers van de tegencultuur de ingedutte kustgemeente als een ideale plaats voor zelfbewustwording. Het in hun voetsporen volgende creatieve volkje, onder wie Jim Morrison van The Doors, veranderde Venice in een ver van het woelen van de wereld verwijderde kunstenaarskolonie, die werd gekenmerkt door enorme trompe-l'oeilmotieven en psychedelische muurschilderingen. Sindsdien heeft de stad zijn imago als alternatieve dolce-vitametropool aan de rand van de moloch Los Angeles behouden, terwijl veel levenskunstenaars en alternatievelingen de plaats al lang de rug hebben toegekeerd vanwege de steeds oplopende huurprijzen.

Venetië op zijn Amerikaans

In de jaren 90 herinnerde deze stad zich zijn wortels en bracht zes van de oorspronkelijke kanalen weer in hun oorspronkelijke staat terug: tegenwoordig een romantisch plaatje voor een ansichtkaart. Een mooie wandelroute gaat langs de door eenden bevolkte en door veertien bruggen overspande waterwegen, die omzoomd worden door villa's en bungalows met prachtige rozen- en jasmijntuinen. Hier en daar tonen Tibetaanse gebedsvlaggen dat het alternatieve verleden van Venice nog niet helemaal in de vergetelheid is geraakt. Het oude Venice ligt tussen

Washington Avenue en Venice Boulevard, enkele stratenblokken ten oosten van Pacific Avenue (een parkeerplaats vindt u het gemakkelijkst op de parallel aan het strand lopende Ocean Street of Dell Ave.). Ook de Abbot Kinney Boulevard met zijn chique cafés en restaurants, boetieks en kunstgaleries is een bezoek waard.

Strandleven

Vooral in de zomerweekenden is het een levendige bedoening op de Ocean Front Walk van Venice en met name op de zogenaamde Muscle Beach. Vroeger was dit een onpersoonlijk, omheind fitnessplatform in de openlucht. Door zijn toenemende populariteit kreeg het complex het karakter van een echt sportcentrum. Krachtpatsers en bodybuilders ploeteren in het zweet des aanschijns met ijzeren gewichten en andere fitnesstoestellen, terwijl buiten op de toeschouwerstribune de kippenborsten en kneuzen deze demonstratie van menselijke volharding bewonderend, jaloers, geamuseerd of hoofdschuddend gadeslaan. Nergens anders levert de lichaamscultus van Zuid-Californië zulke fraaie beelden op als hier.

Accommodatie

Aanbevelenswaardig ▶ Hotel Erwin: 1697 Pacific Ave., tel. 310-452-1111, www.mphotel. com. Slechts enkele stappen van de Ocean Front Walk gelegen hotel. Veel van de fraai en in heldere kleuren ingerichte kamers hebben uitzicht op zee. Standaard uitgerust met snel internet. 2 pk ca. $180.

Een juweel ▶ Venice Beach House: 15 30th Ave., tel. 310-823-1966, www.venicebeach house.com. Charmante B & B op slechts één huizenblok van het strand en de Boardwalk gelegen, in een met klimop begroeide villa, die ondanks zijn ligging toch veel rust biedt. 2 pk $170.

Heel eenvoudig ▶ Venice Beach Cotel: 25 Windward Ave., tel. 310-399-7649, Fax 310-399-9030, www.venicebeachcotel.com. Aan het strand gelegen hotel voor niet al te veeleisende gasten. Meerpersoonskamers vanaf $30 per bed, 2 pk vanaf $60.

Eten en drinken

Trefpunt van de wereld ▶ Sidewalk Café: 1401 Ocean Front Walk, tel. 310-399-5547, www.thesidewalkcafe.com, dag. 8–23 uur. Door zijn ligging vlak aan de Boardwalk is dit plaatselijk instituut ideaal om eens rustig naar de mensen te kijken. U kunt hier voor de deur onder schaduwrijke arcaden genieten van salades, sandwiches, pizza's, pasta's en hamburgers, de laatste genoemd naar schrijvers als Charles Dickens en Dylan Thomas. $6–15.

Actief

Fitness en sport ▶ Venice Beach Recreation Center: 1800 Ocean Front Walk, tel. 310-399-2775, okt.–april 8–18, de rest van het jaar tot 19 uur. Dit stedelijke sportcomplex tussen de Boardwalk en de zee biedt tennisbanen, basket- en volleybalvelden en speeltuinen voor kinderen. Het bekendst is Muscle Beach, waar men onder meer met gewichten traint.

Marina del Rey ▶ 15, B 2

Tussen Venice en de internationale luchthaven van Los Angeles verrees in 1962 de grootste kunstmatige jachthaven van de VS met 5300 aanlegplaatsen. Jaar in jaar uit gaan hier talloze bootliefhebbers voor anker om te genieten van de levendige sfeer in bijvoorbeeld **Fisherman's Village.**

Dit dorp in de stijl van een vissersdorp in New England bestaat uit een verzameling restaurants, fastfoodzaken en winkels rond een mooie vuurtoren. Op het Lighthouse Plaza worden in de zomerweekenden 's middags regelmatig gratis rock-, pop- en jazzconcerten gegeven.

Een van de populairste activiteiten van januari tot maart is het door verschillende bedrijven aangeboden **Whale Watching.** Dan trekken jaarlijks grote groepen walvissen langs de Californische Grote Oceaankust op hun reis van Baja California naar de poolzee (Marina del Rey Sportfishing, Dock 52, 1350 Fiji Way, tel. 310-822-3625 en 1-800-822-3625, www.mdrsf.com.

Informatie

Marina del Rey Convention and Visitors Bureau: 4701 Admiralty Way, Marina del Rey, CA 90292, tel. 310-305-9545, fax 310-306-6605, www.visitmarinadelrey.com. Een handige interactieve stadskaart vindt u op de website www.mapquest.com/maps?city=Marina%20Del%20Rey&state=CA.

Accommodatie

Tophotel ▶ **Ritz-Carlton:** 4375 Admiralty Way, tel. 310-823-1700, fax 310-823-2403, www.ritzcarlton.com/en/Properties/MarinadelRey/Default.htm. Aan de noordkant van de haven gelegen hoogbouw met een terras, dat prachtig uitzicht biedt over duizenden zeilboten die hier voor anker liggen. Dit chique hotel, dat op veeleisende gasten is toegespitst, bezit naast een aantrekkelijk zwembad tevens een nieuw fitness- en massagecentrum en een luxeueze spa. 2 pk vanaf ca. $230.

Klein, maar verzorgd ▶ **Foghorn Harbor Inn:** 4140 Via Marina, tel. 310-823-4626, www.foghornhotel.com. Klein hotel aan de Mother's Beach met een pendeldienst naar de luchthaven. Alle 23 kamers zijn voorzien van snel internet, een koelkast en een magnetron. 2 pk vanaf $140.

Uitgaan

Gratis concerten ▶ **Burton Chace Park:** 13650 Mindanao Way, tel. 310-305-9565, www.chacepark.com. In juli en augustus worden in dit aan drie kanten door water omgeven park gratis concerten gegeven: do. klassiek, za. pop.

Actief

Voor romantici ▶ **Gondolas D'Amore:** 14045 Panay Way, tel. 310-736-7301, www.gondolasdamore.com. Typische Venetiaanse gondeltripjes, vergezeld van muziek, hapjes en drankjes.

Zwem- en kinderparadijs ▶ **Mother's Beach:** Palawan Way aan het Basin D. Bij het bewaakte Mother's Beach kunnen gezinnen met kinderen veilig zwemmen, omdat het zandstrand tegen golven is beschermd. Bovendien is er een kleine avonturenspeelplaats met piratenschip en picknickplaats.

Fietsverhuur ▶ **Spokes & Stuff Bike Rentals:** 4200 Admiralty Way, tel. 310-306-3332, www.spokes-n-stuff.com. Als u een tochtje wil maken rond de haven van Marina del Rey of de bewegwijzerde fietspaden in noordelijke of zuidelijke richting wilt volgen, kunt u hier fietsen en rollerskates huren.

De kust van South Bay ▶

15, B 3

Manhattan Beach

Ten zuiden van de internationale luchthaven liggen drie gerenommeerde kustplaatsen. De tien kilometer lange zandstranden van het 35.000 inwoners tellende **Manhattan Beach** behoren volgens velen tot de mooiste van Zuid-Californië. Hier zou het beachvolleyball zijn uitgevonden en er vinden en jaarlijks vele grote wedstrijden in deze tak van sport plaats. Wie geen plezier beleeft aan deze inspannende discipline, geeft misschien de voorkeur aan de kampioenschappen zandkastelen bouwen die altijd in augustus worden gehouden, of gaat op de pier genieten van de zoute zeelucht in zijn neus.

Aan het einde van de pier staat het achthoekige paviljoen van het kleine **Roundhouse Aquarium**. Hier vindt u een bekken met haaien en ondiepe bassins waarin bezoekers wat minder gevaarlijke zeebewoners kunnen aanraken (Manhattan Beach Pier, tel. 310-379-8117, ma.-vr. 15 uur tot zonsondergang, za. en zo. 10 uur tot zonsondergang, $2).

Hermosa Beach

Het feit dat beachvolleyball sinds 1996 een Olympische sport is, kan voor een belangrijk deel op het conto van de strandsporters in **Hermosa Beach** worden geschreven, die deze tak van sport zeer populair maakten. Net als in het naburige Manhattan Beach vinden ook hier elk jaar grote professionele toernooien plaats. Op enkele wedstrijdbanen zijn webcams opgesteld, die het mogelijk maken om de verrichtingen van de sporters via het internet op afstand te volgen (www.hermosawave.net). Het kuststadje is ook in trek bij sur-

De kust van Los Angeles: een van de aantrekkelijkste surfgebieden van Californië

fers. Wie op de golven wil leren balanceren, kan dat hier doen (Campsurf, 2120 Circle Dr., tel. 424-237-2994, www.campsurf.com, dag- en weekcursussen half juni–begin sept., een surfplank en een wetsuit worden u ter beschikking gesteld). Als blijk van waardering voor de historische rol van de lokale pioniers legde een zakenman in 2003 de **Surfers Walk of Fame** aan. Net als op de beroemde Hollywood Walk of Fame worden prominente surfers op deze lokale pier met bronzen sterren vereeuwigd.

Niet alleen overdag heeft Hermosa Beach een afwisselend strandleven te bieden, ook na zonsondergang hoeft men zich hier niet te vervelen. Het beste bewijs daarvoor is het meer dan 50 jaar oude **Lighthouse Café**, dat onder meer door optredens van Miles Davis een bekend adres voor jazzliefhebbers werd (30 Pier Ave., tel. 310-376-9833, www.thelight housecafe.net, ma.–do. 18–2, vr. 16–2, za. en zo. vanaf 11 uur).

Een even goede reputatie op dit gebied bezit **Cafe Boogaloo**. Het serveert pittige cajun-specialiteiten uit Louisana en *hot jazz* (1238 Hermosa Ave., tel. 310-318-2324, www.booga loo.com, livemuziek wo.–zo. 's avonds).

Redondo Beach

Verschillende kustplaatsen in Zuid-Californië claimen een pioniersrol op het gebied van de surfsport. In **Redondo Beach** zou al in 1907 een zekere George Freeth op een 90 kg zware surfplank van sequoiahout hebben gestaan. Een in brons gegoten monument op de pier gedenkt de pionier. Daarna duurde het nog tot in de jaren 50 voordat de uitvinding van een lichtgewicht surfplank van fiberglas surfen tot een populaire sport maakte. Popgroepen als de Beach Boys zorgden er vervolgens met hun surfliedjes voor dat ook de rest van de wereld met het Zuid-Californische lifestylevirus werd besmet.

In de winter woeden er in dit deel van de Grote Oceaan soms zware stormen die gepaard gaan met enorme golven, waardoor de pier sinds zijn bouw in 1889 enkele malen zwaar is beschadigd. De huidige pier is dan ook deels van stevig beton gemaakt. Met zijn talrijke restaurants, fastfoodzaken en winkels is de promenade een populaire weekendbestemming voor inwoners van Los Angeles. Redondo Beach is door middel van de Metro Rail Green Line met het centrum van Los Angeles verbonden (www.redondopier.com).

Eten en drinken

Eten boven het water ▶ **Old Tony's:** 210 Fisherman's Wharf, tel. 310-374-1442, www.oldto nys.com, ma.–do. en zo. 11.30–22, vr.–za. tot 23 uur, dag. livemuziek. Dit Italiaanse visrestaurant behoort tot de oudste instituten op de pier. Op de bovenste verdieping kunt u tijdens het eten genieten van het uitzicht over de hele kust tot aan Malibu. Diner $18–30.

Palos Verdes Peninsula

▶ **15, B 0**

Ten zuiden van Redondo Beach eindigen de zand- en surfstranden van de South Bay bij het Palos Verdes Peninsula, dat als een rotsachtige punt met bossen, diepe canyons, steile klippen en golvende heuvels in de Grote Oceaan steekt. Een bankier uit New York kocht in 1913 een deel van het schiereiland om er een afgeschermde miljonairskolonie te stichten. Later in de 20e eeuw begon toch de ontsluiting van deze groene uithoek, die op een uur rijden van het centrum van Los Angeles ligt. De chique villa's vormen tegenwoordig een enclave voor mensen die hoge eisen stellen aan hun woonomgeving (www.palosverdes.com).

Een overtuigend bewijs daarvoor is de **Trump National Golf Club**. De Amerikaanse onroerendgoedmagnaat Donald Trump investeerde meer dan 250 miljoen in het adembenemende terrein, dat tot de exclusiefste golfclubs van de wereld wordt gerekend (1 Ocean Trails Dr., tel. 310-265-5000, www.trumpnatio nallosangeles.com).

Wayfarer's Chapel

Ten oosten van het Point Vicente Lighthouse, waar de Palos Verdes Drive uitziet op de Abalone Cove, staat de in 1951 uit glas en hout opgetrokken **Wayfarer's Chapel**, die is gewijd aan de bekende Zweedse wiskundige, natuuronderzoeker en theoloog Emanuel von Swedenborg (1688–1772), de stichter van de zogenaamde Swedenborgian Church. Deze sektarische christelijke geloofsgemeenschap staat tegenwoordig ook bekend onder de naam New Church en is in talrijke landen over de hele wereld vertegenwoordigd. Frank Lloyd Wright jr., de zoon van de beroemde architect Frank Lloyd Wright, was verantwoordelijk voor het ontwerp van de kapel. Indrukwekkend om te zien zijn de reusachtige sequoia's die het godshuis als een groene verdedigingsmuur omringen (5755 Palos Verdes Dr. S., tel. 310-377-1650, www. wayfarerschapel.org).

South Coast Botanic Garden

Van 1929 tot 1956 was er op het schiereiland een open groeve in bedrijf waar diatomeeënaarde werd gewonnen. Sinds het begin van de jaren 60 legde men op het aan de natuur teruggeven terrein de **South Coast Botanic Garden** aan. Dit park telt 2000 verschillende boomsoorten, waaronder sequoia's, gingko's en soorten uit Australië en zuidelijk Afrika. Een kruidentuin, een Engelse rozentuin, een Japanse tuin, een cactustuin en kleine weiden en beken hebben van dit voormalige industriegebied een natuuroase en een vogelbeschermingsgebied gemaakt (26300 Crenshaw Blvd., tel. 310-544-1948, www.southcoast botanicgarden.org, dag. 9–17 uur, volw. $8, kind tot 12 jaar $3).

San Pedro ▶ 15, C 4

Sinds de bouw in 1913 bij de ingang van de haven van het Angel's Gate Lighthouse is het aanzien van **San Pedro** volledig veranderd. Tegenwoordig is de Port of Los Angeles zowel de grootste maritieme goederenoverslagplaats als de grootste passagiershaven van de Amerikaanse westkust. Highway 47 loopt via de Vincent Thomas Bridge over de belangrijkste vaargeul van de haven. Vooral 's avonds biedt het sierlijke bouwwerk met zijn blauwe verlichting een prachtige aanblik.

Ports O'Call Village

Over de mooi geplaveide straten van **Ports O'Call Village** kunnen bezoekers kennismaken met de winkels, restaurants en gazons, en de in het water dansende jollen en jachten die het dorpje een maritieme flair geven. In de haven liggen pleziervaartuigen die worden gebruikt voor rondvaarten, brunch- en danscruises, en van januari tot maart voor walvisobservatietochten. Het Lobster Festival trekt jaarlijks in juni honderdduizenden bezoekers. Tijdens een veelzijdig cultureel programma wordt kreeft uit Maine geserveerd (www.sanpedrolobsterfest.com)

Zeeaquarium

Het door sterarchitect Frank Gehry ontworpen en in 1981 voltooide **Cabrillo Marine Aquarium** aan Cabrillo Beach is gewijd aan de zeeflora en -fauna van Zuid-Californië. In een dertigtal zoutwaterbekkens kunt u haaien, alen, inktvissen, krabben, zeeanemonen en natuursponzen bewonderen (3720 Stephen M. White Dr., tel. 310-548-7562, www.cabrilloma rineaquarium. org, di.–vr. 12–17, za.–zo. 10–17 uur, volw. $5, kind $1).

L. A. Maritime Museum

Het **Los Angeles Maritime Museum** is gewijd aan de zeevaartgeschiedenis van de Grote Oceaankust van Californië. Het in een voormalig veerbootstation ondergebrachte museum informeert de bezoeker in afzonderlijke exposities over de visserij en de visverwerkende industrie, het werk van professionele duikers, door zeelui gemaakte kunstnijverheid en historische schepen (Berth 84, einde van 6th St., tel. 310-548-7618, www.lamaritime museum.org, di.–zo. 10–17 uur, volw. $3, kind gratis).

Long Beach ▶ 16, D 4

San Pedro is vastgegroeid aan het ernaast gelegen, 465.000 inwoners tellende **Long Beach** en vormt nu samen met deze plaats een aaneengesloten stadslandschap. De op vier na grootste stad van Californië bezit een door moderne hoogbouw gekenmerkt centrum, maar langs de waterkant liggen door palmen omzoomde boulevards en groene parken die uitnodigen tot flaneren. In de jaren 80 stond de havenstad nog in een kwade reuk als kaal en onguur centrum van vermaak voor passa-

gierende zeelui. Sindsdien zijn miljoenen geïnvesteerd in de vernieuwing van de stad, waardoor Long Beach tegenwoordig flink is opgeknapt.

Tijdens zonsondergang en het aansluitende avondeten komt de lokale bevolking graag bijeen in het **Shoreline Village**, dat als een moderne versie van een traditioneel walvisvaardersdorp rond de zuidflank van de Rainbow Harbor ligt. De restaurants, ijssalons, souvenirwinkels, modeboetieks, verhuurders van watersportbenodigdheden en pleziervaartuigen maken deze kustplaats tot een populaire flaneerbestemming (Shoreline Village Dr., www.shorelinevillage.com, dag. 10–21 uur).

Pacifisch aquarium

Het meer dan 12.500 zeebewoners tellende **Aquarium of the Pacific** heeft zich ontwikkeld tot een ware publiekstrekker. De aan afzonderlijke regio's gewijde tentoonstellingen over de zee bij Zuid-Californië, het noorden van de Grote Oceaan en de tropische riffen in het zuiden van de Grote Oceaan brengen de bezoekers in contact met vele onbekende soorten en laten zien hoe de golven ontstaan die aan de kust de branding veroorzaken en waarin vele levensvormen met behulp van speciale overlevingstechnieken gedijen. In talrijke bassins, die samen meer dan 1 miljoen liter zeewater bevatten, kunt u zeeleeuwen, zeeschildpadden, robben, zebrahaaien en pijlstaartroggen bewonderen. De voorstellingen in de 3D-bioscoop maken toeschouwers met behulp van de nieuwste technieken bekend met het avontuurlijke leven in de zee (100 Aquarium Way, tel. 562-590-3100 www.aquariumofpacific.org, dag. 9–18 uur volw. $24,95, senioren vanaf 62 jaar $21,95 kind 3–11 jaar $13,95).

Queen Mary en Scorpion

Het aquarium ligt vlak bij de **Queen Mary** Deze in 1934 te water gelaten oceaanreus wa destijds het snelste en grootste luxeschip op de Noord-Atlantische route. Na 1001 maal tus sen Amerika en Europa te hebben gevaren werd het schip uit de vaart genomen. De drij

In de haven van Long Beach dient de beroemde Queen Mary nu als hotelschip

vende legende ligt sinds 1967 in Long Beach Harbor voor anker als hotel en museum. Ook wie niet overnacht in een van de kajuiten, kan een bezoek brengen aan een tiental dekken, de brug, salons, scheepshutten en de machinekamer (1126 Queens Hwy., tel. 1-800-437-2934, www.queenmary.com, dag. 10–18 uur, volw. $24,95, kind 5–11 jaar $12,95).

Ernaast ligt de **Scorpion** permanent voor anker, een in 1972 gebouwde Russische onderzeeboot. Dit overblijfsel uit de Koude Oorlog was de grootste conventionele onderzeeër van de Sovjet-Unie (dag. 9–18 uur, volw. $10,95, kind 5–11 jaar $9,95).

Musea

Liefhebbers van decoratieve kunst uit Amerika, Europese kunst uit het begin van de 20e eeuw en eigentijdse Californische kunst (met name videokunst) komen aan hun trekken in het **Long Beach Museum of Art**. De exposities zijn ondergebracht in een op de kust uitkijkend complex uit 1912 (2300 E. Ocean Blvd., tel. 562-439-2119, www.lbma.org, do. 11–20,

vr.–zo. 11–17 uur, volw. $7, kind tot 11 jaar en elke vr. toegang gratis).

Tot de nieuwste aanwinsten van de lokale museumwereld behoort het **Museum of Latin American Art**, dat is gewijd aan Latijns-Amerikaanse kunst, literatuur, muziek en mode, maar ook de kookkunst van Midden- en Zuid-Amerika tot onderwerp van kleurige exposities maakt. Het museum benadrukt bovendien dat de Latijns-Amerikaanse cultuur een amalgaam van uiteenlopende etnische en raciale invloeden en factoren is (628 Alamitos Ave., tel. 562-437-1689, www.molaa.org, wo.–zo. 11–17 uur, do. tot 21 uur, volw. $9, senioren $6, kind tot 12 jaar toegang gratis).

Informatie

Convention and Visitors Bureau: 301 E. Ocean Blvd, Suite 1900, tel. 1-800-452-7829, www.visitlongbeach.com.

Long Beach Area Chamber of Commerce: 1 World Trade Center, Suite 206, Long Beach CA 90831-0206, tel. 562-436-1251, fax 562-436-7099, www.lbchamber.com. Kijk voor een stadsplattegrond op www.discoverymap.com/California/map-of-long-beach-seal-beach-california.html.

Accommodatie

Op wankele fundamenten ▶ Dockside Boat and Bed: 316 E. Shoreline Dr., tel. 562-436-3111, www.boatandbed.com. Overnachting op motorjachten van uiteenlopende omvang, die in de Rainbow Harbor in de onmiddellijke omgeving van winkels en restaurants voor anker liggen. Qua voorzieningen blijft er niets te wensen over. Vanaf $200.

Met alle comfort ▶ The Westin Long Beach: 333 E. Ocean Blvd., tel. 562-436-3000, www.westinlongbeachhotel.com. 16 verdiepingen hoog hotel met 460 luxueus ingerichte kamers en suites. Gasten hebben een zwembad, een fitnessstudio en een professioneel businesscenter tot hun beschikking. 2 pk vanaf $180.

Pure nostalgie ▶ Queen Mary Hotel: 1126 Queens Hwy, tel. 562-435-3511, www.queenmary.com. Gasten verblijven aan boord van een stevig aangemeerde oceaanstomer (zie blz. 162). Het hotelschip biedt 314 kajuiten in verschillende prijsklassen. Airconditioning, draadloos internet, koelkast, tv, telefoon en koffiezetapparaat behoren tot de standaarduitrusting. 2 pk vanaf ca. $110.

Museale ambiance ▶ Turret House: 556 Chestnut Ave., tel. 562-624-1991, www.turrethouse.com. B&B in een mooi victoriaans huis met dakkapellen en omlopend terras. De vijf kamers hebben alle een eigen inrichting en beschikken over een open haard, tv en een bad. 2 pk vanaf $90.

Eten en drinken

Verspreid over het centrum telt Long Beach meer dan 100 eetgelegenheden. U kunt kiezen uit een grote verscheidenheid aan keukens: van eenvoudige fastfoodkost tot Franse haute cuisine.

Italiaan op niveau ▶ L'Opera: 101 Pine Ave., tel. 562-491-0066, http://lopera.com, lunch ma.–vr., diner dag. Verzorgd Italiaans restaurant. Aan te bevelen zijn de spaghetti met zeevruchten ($18) en de filet mignon (ossenhaas) met polenta en gekarameliseerde uien ($35).

Gerechten met pit ▶ The Reef: 880 Harbor Scenic Dr., tel. 562-435-8013, www.reefrestaurant.com, lunch ma.–za. 11–15, diner zo.–do. 16–22, vr., za. 16–23, brunch zo. 9–15 uur. Aan de haven gelegen restaurant met uitzicht op Long Beach. Bij de vis- en vleesgerechten worden Californische en internationale wijnen geschonken. ca. $12–40.

Winkelen

Souvenirs ▶ Shoreline Village: (zie blz. 162). Wie een souvenir uit Long Beach wil meenemen, zal dat gegarandeerd hier vinden .

Wijn ▶ The Wine Crush: 3131 E. Broadway, tel. 562-438-wine, www.thewinecrush.com. In de winkel kunt u wijnen uit vele delen van de wereld kopen.

Winkelparadijs ▶ The Pike at Rainbow Harbor: 95 S. Pine Ave., www.thepikeatlongbeach.com. Winkelen en amusement laten zich goed met elkaar combineren in dit uit winkels, restaurants, cafés, bioscopen en een kermis met reuzenrad bestaande complex in het hart van de stad.

Uitgaan

Populair ▶ Sevilla Night Club: 140 Pine Ave., tel. 562-495-1111, www.sevillanightclub.com. Het restaurant met Spaanse keuken en goede tapas verandert do.–zo. in een nachtclub met overwegend Latijns-Amerikaanse muziek.

Ook voor late gasten ▶ The Yard House: 401 Shoreline Village Dr., tel. 562-628-0455, www.yardhouse.com, zo.–do. 11–24, vr.-za. 11–2 uur. Restaurant met muziek en lange openingstijden voor nachtbrakers.

Levendige sfeer ▶ Tequila Jack's: 407 Shoreline Village Dr., tel. 562-628-0454, www.tequilajacks.com. Ma.–vr. 15–18 uur happy hour. Dit café in Shoreline Village behoort met zijn 20 televisieschermen en een enorm aanbod van bier- en tequilasoorten tot een van de populairste ontmoetingsplaatsen.

Actief

Fietsverhuur ▶ Bikestation: 110 W. Ocean Blvd., tel. 562-733-0106, http://home.bikestation.com. Grote keuze aan fietsen voor liefhebbers van het buitenleven.

Eilandexcursies ▶ **Catalina Express:** Berth 95, tel. 1-800-481-3470, www.catalinaexpress.com, 's zomers dag. meerdere overtochten per catamaran naar het 22 mijl voor de kust gelegen Santa Catalina Island.

Evenementen

Long Beach Grand Prix (april): Elk jaar komen er honderdduizenden naar Long Beach voor de grote race (www.gplb.com).

Long Beach Sea Festival (juni–sept.): Groot feest midden in de zomer met vele ook voor gezinnen interessante evenementen (www.longbeachseafestival.com).

Orange County

Ten zuidoosten van Long Beach ligt Orange County. Deze plaats dankt zijn naam aan de citrusvruchten die hier nog in de eerste helft van de 20e eeuw op grote schaal werden verbouwd. De agrarische sector speelt intussen nog maar een ondergeschikte rol in dit gebied. Omdat de bevolking sinds de jaren 50 enorm is toegenomen, begon de economie zich meer en meer op de dienstensector te concentreren. Van doorslaggevend belang voor de verandering van de economische structuur was ten slotte de stichting in 1955 van **Disneyland** (zie blz. 167). Dit pretpark in Anaheim trekt jaarlijks miljoenen bezoekers. Een aantal plaatsen aan de kust ontwikkelde zich tot populaire vakantiebestemmingen, met enerzijds een op gezinnen gericht aanbod en anderzijds voorzieningen voor de rijke bovenlaag.

Huntington Beach ▶ 16, E 4

Deze 194.000 inwoners tellende stad met zijn 14 km lange zandstrand wedijvert met Hermosa Beach om de reputatie als plaats waar de surfsport werd uitgevonden, die na Californië de Verenigde Staten veroverde en daarna de hele wereld. Met jaarlijks gehouden wedstrijden en kampioenschappen, zoals de **U.S. Open of Surfing** in augustus (www.usopenofsurfing.com), proberen de verschillende kustplaatsen hun vooraanstaande po-

sitie op het gebied van de surfsport te versterken.

Daartoe dient ook het **International Surfing Museum** met surfplankexposities, spectaculaire sportfoto's, memorabilia uit het verleden, surfmuziek en spannende films (411 Olive Ave., tel. 714-960-3483, www.surfingmuseum.org, ma., wo.–vr. 12–17, di. 12–21, za. en zo. 11–18 uur, $2). Bovendien eert de stad de beroemdste surfers met de **Surfers Hall of Fame** en een monument voor de pionier Duke Kahanamoku, die Huntington Beach zijn reputatie bezorgde.

Beroemde sporters hebben zichzelf met hand- of voetafdrukken en handtekeningen vereeuwigd in de **Surfing Walk of Fame**, die de bezoeker in de richting van de Municipal Pier voert, met 560 m de langste betonnen pier van de VS (dag. 5–24 uur, toegang gratis).

Newport Beach ▶ 12, E 4

Een van de eersten die in de naoorlogse periode het 80.000 inwoners tellende **Newport Beach** kwam verrijken was John Wayne. In 1966 vestigde de westernlegende zich in deze kustplaats, die per helikopter slechts enkele minuten vliegen van Hollywood ligt, en droeg met zijn geld bij aan de verbetering van de plaatselijke infrastructuur. Tot dan toe hadden de inwoners hoofdzakelijk van de verkoop van agrarische producten geleefd. Tegenwoordig combineert de plaats de sfeer van een kleine stad met een levendig winkelaanbod en een onopvallende maar aanzienlijke miljonairsscene. Met zijn schandalig dure drijvende huizen, exclusieve clubs, chique restaurants en een van de grootste jachthavens van Amerika is te merken dat deze kust sinds de jaren 80 een stuk welvarender is geworden. Met een inkomen van boven de $60.000 per hoofd van de bevolking behoort Newport Beach tot de rijkste gemeenten van de Verenigde Staten.

Het **Balboa Peninsula** ligt als een van het vasteland afgebroken splinter langs de kust. Aan beide zijden heeft de landtong prachtige stranden. Van het schiereiland lopen twee pieren, de Newport Pier en de Balboa Pier, de zee in. De Boardwalk tussen beide pieren

Stand-up paddling in Huntington Beach

Informatie

Plaats: Huntington Beach
Surfboardverhuur: Sunset Stand Up Paddle Boards, 16802 Pacific Coast Hwy, tel. 562-592-5483 of aanbieders van opleidingen (zie hieronder)
Individuele of groepscursus: McKinnon Shapes & Designs, tel. 714-377-6101, www.mckinnonsurfboards.com/standupSurf%20lessons.htm. Een privéles voor twee personen $150 inclusief uitrusting; OEX Sunset Beach, 16910 Pacific Coast Hwy, tel. 562-592-0800, www.oexsunsetbeach.com
Kaart: ▶ 12, E 4

Niet alleen maar toekijken maar ook zelf proberen! Alweer maakt Zuid-Californië zijn naam als sportieve trendsetter waar. In de surfmetropool **Huntington Beach** is men ermee begonnen, maar nu is het **stand-up paddling (SUP)** elders ook aangeslagen. Bij deze nieuwe vorm van watersport, die ondertussen in veel landen populair is geworden, staat de beoefenaar rechtop op een surfplank en beweegt zich voort met een peddel, ook als er geen golven zijn. De nieuwste rage op het gebied van watersport lijkt op het eerste gezicht vrij gemakkelijk. Degenen die al ervaring hebben opgedaan weten echter dat de discipline in werkelijkheid moeilijker is dan hij lijkt. Wie op een SUP-board staat, dat breder en langer is dan een surfplank, krijgt al gauw het gevoel dat SUP in principe meerdere sporten in zich verenigt, zoals **wielrennen, kanoën en fitness**. Het voordeel van deze discipline is dat men in principe op elk water kan surfpeddelen.

In Huntington Beach bieden professionele surfers SUP-cursussen aan. Beginners starten op het droge met de basisprincipes van de sport. In tegenstelling tot golfsurfen staat men niet dwars, maar met het gezicht naar voren op het board, omdat op deze wijze de peddel meer grip heeft. De peddel wordt voornamelijk gebruikt om het board voorwaarts te bewegen, te sturen en de surfer meer stabiliteit te geven. De eerste voorzichtige probeersels op het water vinden plaats in de rustige, beschutte haven. Kinderen kunnen zich het beste eerst zittend met het board vertrouwd maken.

Ervaren peddelers kunnen hun vaardigheden op verschillende plaatsen in zee aanscherpen. Of ze gebruiken daarbij korte en lichte boards, om de golven als op een normale surfplank te nemen, of de klassieke, grote paddle boards, waarmee u goed voor de golven uit kunt peddelen. Het plezier is in beide gevallen gegarandeerd.

heeft zich in de loop der jaren tot een langgerekt kermisterrein ontwikkeld, waar bezoekers zich op allerlei manieren kunnen vermaken.

Laguna Beach ▶ 12, E 3

Aan de voet van de San Joaquin Hills strekt zich langs de door palmen omzoomde boulevard het 24.000 inwoners tellende **Laguna Beach** uit. Diep ingesneden baaien, grillige rotsen die uit het water omhoogsteken, door klippen omzoomde landtongen en vriendelijke stranden hebben bijdragen aan het paradijselijke karakter van dit deel van de Grote Oceaan.

Het is echter niet aan de sieraden van Moeder Natuur te danken dat het plaatsje bekend werd, maar aan een slimme zet van het lokale toeristenbureau, die ervoor zorgt dat jaar in jaar uit veel bezoekers hiernaartoe komen. Toen in 1932 in Los Angeles de Olympische Spelen plaatsvonden, ontwikkelde het stadsbestuur namelijk het plan voor het **Festival of the Arts & Pageant of the Masters**, dat bezoekers naar de kust van Orange County moest lokken. Nog altijd beelden als levende kunstwerken geschminkte en gekostumeerde vrijwilligers van juli tot augustus zo getrouw mogelijk beroemde schilderijen uit (www.la gunafestivalofarts.org).

Rond het grote feest dat jaarlijks ruim 200.000 toeschouwers trekt, ontwikkelde zich een levendige kunstscene met meer dan 70 galeries en het **Laguna Art Museum**, waar Californische kunstenaars tentoonstellingsruimte voor hun beste werken ter beschikking wordt gesteld (307 Cliff Dr., tel. 949-494-8971, www.lagunaartmuseum.org, do.–di. 11–17 uur, volwassende $7, eerste di. van de maand 17–21 uur toegang gratis).

Anaheim ▶ 12, E 2

Walt Disney had zich zelfs in zijn stoutste dromen niet kunnen voorstellen dat zijn idee voor een amusementspark zo succesvol zou kunnen worden. Sinds de stichting van Disneyland in 1955 zijn niet alleen in Orlando (Florida), maar ook in Parijs, Tokio en Hongkong filialen geopend. Voor de komende jaren zijn nieuwe vestigingen gepland in Melbourne (Australië) en Shanghai (China). Bovendien bleek Disneys park een baanbrekend amusementsconcept te zijn dat intussen door vele soortgelijke bedrijven over de hele wereld met veel succes is nagebootst.

Het Disneyimperium
Disneyland bestaat sinds het begin van het nieuwe millennium uit twee van elkaar gescheiden delen: Disneyland Park en California Adventure Park. Het oudere Disneyland-pretpark betreedt u via de **Main Street USA**. In deze straat, die wordt omzoomd door ouderwetse straatlantaarns en winkels in victoriaanse stijl, staan beroemde Disneyfiguren als Mickey Mouse, Goofy, Donald Duck, Katrien Duck en Broer Konijn in levensgroot formaat klaar om met wie dat maar wil op de foto te gaan. Achter een rondeel met een monument voor de stichter van het park verheft zich in het centrum van **Fantasyland** het beroemde

Sleeping Beauty Castle (kasteel van Doornroosje), waarvoor het Beierse kasteel Neuschwanstein model zou hebben gestaan. Attracties met bekende sprookjesfiguren als Peter Pan, Dumbo de olifant, Pinokkio, Alice in Wonderland en Sneeuwwitje vallen vooral bij jonge bezoekers in de smaak. Natuurlijk biedt Fantasyland, net als andere delen van het park, ook avontuurlijke attracties, zoals de **Matterhorn**, met een supersnelle sleerit door tunnels en over bergbeekjes, die eindigt in een vijvertje.

Als u de tocht door het park voortzet (met de wijzers van de klok mee), komt u terecht in het enerverende **Adventureland**. Hier vindt u niet alleen piratengrotten en het boomhuis van Tarzan, maar ook een spannende Indiana-Jonesachtbaan en geheimzinnige boottochten door een jungle vol computergestuurde nabootsingen van dieren. Rondom het naastgelegen **New Orleans Square** met zijn decoratieve huizengevels hangt de sfeer van de zuidelijke Amerikaanse staten, zoals Louisiana, 150 jaar geleden.

Frontierland met zijn wildwestambiance roept bij avontuurlijke bezoekers de lust op om op ontdekkingsreis te gaan. Per vlot kunt u het Tom Sawyereiland bezoeken, dat gelegen is in een meer. Met de op hol geslagen achtbaan Big Thunder Mountain Railroad schieten *thrillseekers* met een enorm tempo door een bergmijn. **Critter County** staat met Splash Mountain, waarbij men via een enkele verdiepingen hoge waterval naar beneden stort, garant voor natte pret. In de hete zomer van Zuid-Californië is dit een bij het publiek zeer populaire attractie. Het laatste deel van het park is het futuristische **Tomorrowland**, met Star-Warsthema's, ruimtevaartavonturen en een bezoek aan de diepzee met reuzenoctopussen en inktvissen. De nieuwste attractie is de onderzeebootexpeditie *Finding Nemo*, genoemd naar de succesvolle tekenfilm.

California Adventure Park
Dit pretpark is thematisch in verschillende gebieden onderverdeeld. In Hollywood Pictures Backlot draait het vooral om de film. In de

Spanning en sensatie in een van de snelle achtbanen in Anaheim

Tower of Terror, dat aan de buitenkant doet denken aan een afgebrande hoteltoren, zitten de bezoekers gevangen in een donkere lift die volledig onverwacht met een ijzingwekkende snelheid naar beneden valt.

Er zijn echter ook minder huiveringwekkende kermisattracties, die geschikter zijn voor kinderen. Liefhebbers van achtbanen kunnen hun hart ophalen in de helse pretparkattracties van Paradies Pier. Rond een meer liggen, behalve een reuzenrad, de hogesnelheidsrollercoaster California Scream, die een topsnelheid van 90 km/uur bereikt, en de Katapult Maliboomer, waarmee u, vastgesnoerd in een stoel, in slechts enkele seconden 60 m de lucht in wordt geschoten. Een ander deel van het park is gewijd aan de natuur van Californië (1313 Harbor Blvd., Anaheim, tel. 714-781-4565, http://disney land.disney.go.com/disneyland, dag. 9–21, za. tot 24 uur, in het hoofdseizoen langer. Kijk voor de actuele toegangsprijzen op disney land.disney.go.com/tickets.

Knott's Berry Farm

In de jaren 30, lang voor Walt Disney zijn eerste pretpark opende, ontwikkelde een boerenfamilie in de stad Buena Park bij Anaheim eenzelfde idee. De boeren, die oorspronkelijk bessen verkocht, bouwde later een straatkeuken waar zij goedkope maaltijden bereidde voor passerende automobilisten. Om haar klanten tijdens het wachten te vermaken, timmerde haar echtgenoot met primitieve middelen een westerndecor dat steeds verder werd uitgebreid en uiteindelijk uitgroeide tot een populair vermaakcentrum. **Knott's Berry Farm** bestaat nog altijd en heeft zich intussen ontwikkeld tot een respectabel pretpark.

Het park omvat zes delen, zoals de spookstad en de waterwildernis, die overwegend zijn gevuld met pretparkattracties, variërend van een oldtimerdraaimolen voor kleine kinderen tot een hogesnelheidsachtbaan voor adrenalinejunks (8039 Beach Blvd., Buena Park, tel. 714-220-5200, www.knotts.com, ma.-vr. 10–18, za. 10–22, zo. 10–19 uur, langer in

het hoogseizoen. Kijk voor de actuele toegangsprijzen op www.knotts.com/plan-a-visit/ admission).

In de buurt biedt **Knott's Soak City Water Park** 's zomers welkome verkoeling. Het waterpark bestaat uit een golfslagbad, kanalen, kleine waterbekkens en glijbanen, die voor ongeoefende bezoekers heel spannend zijn (tel. 714-220-5200, www.knotts.com/soakcity, dag. 10–19 uur. Kijk voor de actuele toegangsprijzen op www.soakcityoc.com/plan-a-visit/ tickets.

Informatie

Anaheim Convention Center: 800 W. Katella Avenue, Anaheim, CA 92802, tel. 714-765-8950, www.anaheimconventioncenter.com. Op de website is een reeks praktische stadskaarten beschikbaar.

Accommodatie

Ideaal gelegen ▶ Disney's Grand Californian Hotel & Spa: 1600 S. Disneyland Dr., tel. 714-520-5050, http://disneyland.disney.go.com/ grand-californian-hotel. In de buurt van de beide Disneyparken gelegen viersterrenhotel met ca. 750 kamers en suites inclusief snel internet en eigen ingang tot het California Adventure Park. 2 pk vanaf $340.

Accommodatie met attracties ▶ Disneyland Hotel: 1150 Magic Way, tel. 714-778-6600, http://disneyland.disney.go.com/disneyland-hotel. Bijna 1000 rookvrije kamers en suites verdeeld over drie hoteltorens in de driesterrenklasse. Het gezinsvriendelijke hotel bezit ook een zwembadlandschap met lagunes, stranden, een piratenschip en een 35 m lange waterglijbaan. 2 pk ca. $300.

Uitstekende keuze ▶ Candy Cane Inn: 1747 S. Harbor Blvd., Anaheim, tel. 714-774-5284, www.candycaneinn.net. Aantrekkelijk boetiekhotel voor niet-rokers. Elke kamer is voorzien van een koffiezetapparaat en een strijkplank. Het ontbijt (bij de prijs inbegrepen) wordt geserveerd aan het zwembad. Vanaf het hotel rijden pendelbussen naar Disneyland. 2 pk $99.

Goede ligging, prima service ▶ Travelodge: 1057 W. Ball Rd., tel. 714-774-7600, www.travelodge.com. Op 15 minute lopen van Disneyland gelegen motelaccommodatie, onderdeel van een keten, met verwarmd zwembad, draadloos internet en een bescheiden ontbijt. 2 pk vanaf $75.

Eten en drinken

Voor elk wat wils ▶ Katella Family Grill: 1325 W. Katella Ave., tel. 714-997-9191, www.katellafamilygrill.com, dag. 6–23 uur. Veelgeprezen familierestaurant dat constante kwaliteit biedt. Steaks $11–16, gemarineerde varkenskoteletten $14, prime rib met mierikswortelsaus $12,50.

Goede keuken ▶ La Casa Garcia: 531 W. Chapman Ave., tel. 714-740-1108, http://lacasagarcia.com, zo.-do. 8–22, vr.-za. 8–23, dag. brunch 8–14 uur. In dit al jaren bestaande etablissement serveert men een overdonderende hoeveelheid authentieke Mexicaanse klassiekers, zoals Texasenchilada's ($10), garnalen*fajitas* ($14) en gegrilde varkenskoteletten ($11).

San Fernando en San Gabriel Valley

Al jaren breidt Los Angeles zich in alle windrichtingen uit, uitgezonderd de natuurlijke kustbarrière. Tot de bekendste buitenwijken behoren de San Fernando Valley ten noordwesten van Hollywood en de San Gabriel Valley ten noorden van Downtown. Het daar gelegen Pasadena is er, ondanks modernisering, meer dan andere steden in geslaagd zijn klein-stedelijke charme en nostalgische flair te behouden.

San Fernando Valley
▶ 12, D2

Als inwoners van Los Angeles het hebben over de *valley*, bedoelen ze over het algemeen de San Fernando Valley. Dit dal strekt zich uit tussen de bergruggen van de Santa Monica en de San Gabriel Mountains in het noordwesten van Los Angeles. Wie genoeg tijd heeft, kan dit woongebied bereiken via de bochtenrijke **Mulholland Drive**, waarop u met de auto komt door de Cahuenga Exit van de Hollywood Freeway (U.S. 101) te nemen, of via de Laurel Canyon aan het westelijke uiteinde van de Hollywood Boulevard.

Op veel plaatsen langs de Mulholland Drive hebt u een prachtig uitzicht op Los Angeles, op de schitterende bergen en op de talrijke trotse villa's en herenhuizen, waaronder veel vorstelijke residenties van beroemdheden uit de film- en showbusiness. De tweebaanspanoramaweg is genoemd naar de waterbouwkundig ingenieur William Mulholland. Hij verbond in 1913 het zich voortdurend uitbreidende Los Angeles via het 371 km lange Los Angelesaquaduct met de Owens Valley, waarbij de strijd om de waterrechten uitmondde in een regelrechte oorlog met de lokale boeren. Filmregisseur Roman Polanski maakte deze geschiedenis tot leidraad in zijn bekende misdaadfilm *Chinatown* uit 1974, waarin Jack Nicholson, Faye Dunaway en John Huston de hoofdrollen spelen.

San Fernando Valley bezit geen grote bezienswaardigheden, maar bezoekers krijgen wel een levendige indruk van de levensstijl van de typische Amerikaanse middenklasse. Een op de drie inwoners van deze tot 400 m boven de zeewaterspiegel gelegen vallei, met in totaal ca. 1,8 miljoen inwoners, woont in een eengezinshuis. Minimalls, filialen van fastfoodketens, door wapperende vlaggenwouden omgeven autodealers, supermarkten met enorme parkeerplaatsen en reusachtige reclameborden volgen elkaar op als evenzovele mijlpalen van de moderne beschaving. Juist vanwege zijn dertien-in-een-dozijn-uiterlijk is de *valley* in het verleden vele malen als filmdecor gebruikt, want de straten lijken hier het welzijn te weerspiegelen waarop de Amerikanen hun optimisme en hun zelfbewustzijn baseren.

Mission San Fernando Rey de España

De **Mission San Fernando Rey de España**, genoemd naar de heilig verklaarde koning Ferdinand III van Castilië (1217–1252), herinnert aan de pioniertijd van Californië. De San Fernando ontstond in september 1797 als zevende missiepost aan de Camino Real. In de daaropvolgende jaren werd hij echter verscheidene malen getroffen door ongeluk. Een aardbeving richtte in 1812 zware verwoestingen aan. En toen in de buurt goud werd gevonden, gingen veel gelukszoekers zelfs onder de vloer van de kerk op zoek naar het edelmetaal, waardoor de missiepost nog verder in verval raakte. Tegenwoordig is het godshuis een normale parochiekerk (15151 San Fernando Mission Blvd., Mission Hills, tel. 818-361-0186, www.missiontour.org/sanfernando, dag. 9–16.30 uur).

Kindermuseum

Het nieuwe **Children's Museum of Los Angeles** bij de Hansen Dam Recreation Area is nog steeds in aanbouw. Het museum zal over veel interactieve installaties beschikken, waarbij het zwaartepunt ligt op het thema ecologie. Hierbij worden kinderen spelenderwijs zorg voor de natuur bijgebracht. Naast de exposities in het museum biedt het complex een zwembad, een paardenstal, een golfterrein en verschillende wandelpaden (www.childrensmuseumla.org).

Accommodatie

Goed standaardhotel ▶ Ramada Limited Canoga Park: 7126 De Soto Ave., Canoga Park, tel. 818-346-9499, www.ramada.com. Slechts 8 km van de Universal Studios. Kamers met kabel- of satelliettelevisie, kluisje, magnetron en koelkast. 2 pk vanaf ca. $70.

Eten en drinken

Lekkers uit het Verre Oosten ▶ Bistro Ka: 6600 Topanga Canyon Blvd., Canoga Park, tel. 818-340-1300, www.bistroka.com. Dit Japanse restaurant biedt niet alleen sushi en sashimi, maar ook noedel-, vlees- en visgerechten, soepen en salades. $8–20.

San Gabriel Valley ▶ 16, D/E 1

Net als in de San Fernando Valley ging de stichting van een missiepost vooraf aan de ontwikkeling van de San Gabriel Valley. **San Gabriel Arcángel** was in 1771 de vierde missiepost op Californische bodem. Hij lag oorspronkelijk elders en verhuisde pas in 1775 naar zijn huidige locatie. De enkele jaren geleden met een nieuwe kapel uitgebreide missiekerk werd pas dertig jaar later voltooid. Hij

bezit nog steeds zijn oorspronkelijke kansel met een eigen trapopgang en een altaar uit 1790, dat in Mexico City werd gebouwd. San Gabriel groeide uit tot de rijkste missiepost in Californië met de destijds grootste wijngaard en de waarschijnlijk oudste wijnstok in de VS: de in 1826 geplante wijnstok overleeft tot op de dag van vandaag. Behalve door middel van de wijnbouw hielden de franciscaner monniken zich voornamelijk in leven met de verbouw van graan en de veehouderij. Hun vroegere slaapvertrekken zijn omgebouwd tot een missiemuseum met tal van historische objecten (428 S. Mission Dr., San Gabriel, tel. 626-457-3048, www.sangabrielmissionchurch.org, museum 9–16.30 uur, volw. $5, kind 6–17 jaar $3).

Pasadena ▶ 12, D 2 en 16, D 1

De 146.000 inwoners tellende stad aan de voet van de San Gabriel Mountains dankt zijn ontstaan aan welvarende zomergasten afkomstig van de Amerikaanse Oostkust. Zij werden in het laatste kwart van de 19e eeuw naar de Grote Oceaankust gelokt door de toen al legendarische Zuid-Californische lifestyle. Hoewel de agglomeratie Los Angeles zich in de 20e eeuw steeds verder landinwaarts uitbreidde, is het historische centrum van **Pasadena** in veel geringere mate dan in andere steden ten prooi vallen aan de vooruitgang, maar koos het stadsbestuur voor behoud van veel oude gebouwen.

Old Town

Vooral **Old Town**, waar meer dan 200 huizen uit de jaren 1880-1900 een beschermde status genieten als monument, profiteert tegenwoordig van deze maatregel. Enkele jaren geleden zaten achter de vervallen gevels nog pandjesbazen en kleine bedrijfjes, maar na zijn sanering heeft het historische centrum rond de kruising van de Colorado Boulevard en de Fair Oaks Avenue zijn oude glans teruggekregen met moderne winkels en uitstekende horeca. Kenners beweren dat Pasadena meer restaurants en cafés telt dan enig andere

Amerikaanse stad. De ruim twintig parken en 60.000 bomen die de straten omzomen, dragen bij aan de uitstraling van de stad.

Tournament House

Al 120 jaar wordt op 1 januari het Tournament of Roses georganiseerd, een in de hele VS bekende optocht van met bloemen versierde praalwagens. Voor dit evenement in Passadena worden meer dan 1 miljoen rozen gebruikt (www.tournamentofroses.com). Wie de vele rozensoorten liever in hun natuurlijke omgeving bewondert, moet beslist een bezoek brengen aan de tuin van het **Tournament House**.

In deze tussen 1906 en 1914 in de stijl van de Italiaanse renaissance gebouwde witte villa van de vroegere kauwgomkoning William Wrigley Jr. zetelt tegenwoordig de organisatie van het Tournament of Roses. In het huis worden veel objecten geëxposeerd die met het feest samenhangen. Het huis met zijn in bijzondere houtsoorten beklede muren, marmeren trappen, open haarden, waardevolle kroonluchters en weelderige stucwerk is te bezichtigen (391 S. Orange Grove Blvd., tel. 626-449-4100, www.tournamentofroses.com/PasadenaTournamentofRoses/TheHouse/TourseoftheHouse.aspx, rondleidingen feb.–aug. elke do. 14 en 16 uur, toegang gratis).

Op de dag van de grote optocht vindt in het **Rose Bowl Stadium** traditioneel een wedstrijd tussen collegefootballteams plaats die veel sportliefhebbers trekt. Tijdens de Olympische Zomerspelen van 1984 werden enkele wedstrijden van het Olympisch voetbaltoernooi in dit stadion gespeeld.

Huntington Arts Collection

Als trots van het lokale culturele leven gelden de **Huntington Arts Collection, Library and Botanical Gardens**, waar elk jaar meer dan een half miljoen bezoekers op afkomen. De voormalige villa van de spoorwegmiljonair Henry E. Huntington (1850–1927), die in 1901 die Pacific Electric Railway Company oprichtte, staat in een meer dan 80 ha groot park met prachtige botanische tuinen, rozenstruiken, cactussen, een Australische tuin

en een gerenoveerde en uitgebreide Japanse meditatietuin met een grote koivijver. Bezoekers kunnen de hemelse rust uitstralende sfeer van deze groene oase op zich laten inwerken tijdens een kopje thee in de Rose Garden Tea Room of een cappuccino in het museumcafé.

Aan het begin van de 20e eeuw ontdekte Huntington zijn passie voor zeldzame boeken en geschriften. Uit zijn verzamelwoede is de **Huntington Library** ontstaan, met meer dan een miljoen zeldzame boeken en 6,5 miljoen historische manuscripten.

Tot de waardevolste objecten die in de bibliotheek worden getoond, behoren een Gutenbergbijbel, documenten over de vroegere Amerikaanse president Abraham Lincoln, het manuscript van Benjamin Franklin's autobiografie, de eerste aanzetten van Henry David Thoreau's *Walden* en het hoofdwerk *De vogels van Amerika* van de Amerikaanse ornitholoog en tekenaar John James Audubon. De verzameling eerste drukken van werken van Shakespeare behoort tot de exclusiefste ter wereld. De bibliotheek geniet een uitstekende reputatie als wetenschappelijke instelling en wordt veel gebruikt door onderzoekers die zich bezighouden met de geschiedenis van het Amerikaanse Westen.

De kunstwerken uit de Huntingtonverzameling zijn ondergebracht in vier aparte galeries. In de voormalige privéwoning van de stichter van het museum is de **Huntington Gallery** ingericht, die zich vooral concentreert op Britse en Franse kunstenaars uit de 18e en 19e eeuw. De **Virginia Steele Scott Gallery of American Art** is gewijd aan de Amerikaanse schilderkunst tussen 1730 en 1930, met onder andere werken van John Singer Sargent en Mary Cassatt. In het middelpunt van een andere permanente tentoonstelling staan de ontwerpen van twee lokale architecten uit het begin van de 20e eeuw.

Liefhebbers van Europese kunst komen aan hun trekken in de **Lois and Robert F. Erburu Gallery**, waar onder meer werken van Reynolds, Gainsborough en Lawrence worden getoond. In de **Arabella Huntington Memorial Collection** zijn sculpturen, waardevol porselein, meubels uit het Frankrijk van de 18e eeuw en schilderijen uit de renaissance te zien. Het museum bezit ook een grote collectie prenten en tekeningen, met onder andere meesterwerken van Dürer en Rembrandt (1151 Oxford Rd., tel. 626-405-2100, www.hun tington.org, eind mei–begin sept. wo.–ma. 10.30–16.30, de rest van het jaar ma. en wo.–vr. 12–16.30, za.–zo. 10.30–16.30 uur, volw. $15, kind 5–11 jaar $6, elke eerste do. van de maand na reservering toegang gratis).

Norton Simon Museum

Rafaël, Rubens, Rembrandt, Monet, Degas, Renoir, Van Gogh, Cezanne, Dürer, Dix, Klee, Kandinsky, Feininger en Picasso zijn slechts enkele namen van beroemde kunstenaars die in het **Norton Simon Museum** met kunstwerken zijn vertegenwoordigd. Het zwaartepunt ligt weliswaar op Europese en Amerikaanse kunst (sculpturen, schilderijen, lithografieën, gravures en foto's), maar u ziet er ook kunstwerken uit India en Zuidoost-Azië (411 W. Colorado Blvd., tel. 626-449-6840, www.nortonsi mon.org, ma., wo.–do. en za.–zo. 12–18, vr. 12–21 uur, di. gesloten, volw. $10, kind tot 18 jaar gratis, elke eerste vr. van de maand 18–21 uur toegang gratis).

Gamble House

Het **Gamble House** werd in 1908 in bungalowstijl gebouwd voor het echtpaar David en Mary Gamble van het Amerikaanse levensmiddelenbedrijf Procter & Gamble. In het huis zijn zeventien verschillende houtsoorten verwerkt, zoals teak, mahonie, ceder, eik, esdoorn en sequoia, en het demonstreert de grote artistieke vaardigheid van de ontwerpers. Het huis, dat tot 1966 in het bezit van de familie is gebleven, geldt ook tegenwoordig nog als een toonbeeld van de verwerking van hout (4 Westmoreland Pl., tel. 626-793-3334, www.gamblehouse.org, rondleidingen van één uur do.–zo. 12–15 uur, bezoekers mogen geen schoenen met hoge hakken dragen, $10).

Pacific Asia Museum

Waar de architectuur en het interieur van het Gamble House als Japans geïnspireerd gel-den, is dat nog in veel sterkere mate het geval voor het **Pacific Asia Museum**: voor de bouw zou een Noord-Chinees paleis model hebben gestaan. De exposities die hier zijn ondergebracht omvatten kunst- en decoratieve voorwerpen, waaronder Chinees porselein, boeddhistische kunst uit Thailand en schilderijen en blokdrukken uit Japan (46 N. Los Robles Ave., tel. 626-449-2742, www.paci ficasiamuseum.org, wo.–zo. 10–18 uur, volw. $9, kind tot 12 jaar en elke vierde vr. van de maand toegang gratis).

City Hall

Het stadsbestuur van Pasadena resideert in een van de mooiste raadhuizen van de agglomeratie Los Angeles. Het in 1927 in de stijl van de Spaanse barok en de Italiaanse renaissance opgetrokken gebouw heeft een prachtige gevel en een 63 m hoge filigrane koepeltoren en oogt daarmee eerder als een luxueus paleis dan als een onder bergen met akten begraven administratiekantoor. Het raadhuis dankt zijn aantrekkelijkheid ook aan de arcadegangen en een klein parkje met fonteinen, azalea's, rododendrons en eiken. Binnen schittert het gebouw door zijn trappen van Alaskamarmer en balustrades van smeedijzer. Recentelijk werd de City Hall onderworpen aan een grootscheepse renovatie, waarbij het gebouw ook werd voorzien van aardbevingsbestendige structuren (100 N. Garfield Ave., tel. 626-744-4000, www.cityofpasadena.net, ma.–do. en elke tweede vr. 7.30–17.30 uur).

Informatie

Pasadena Convention & Visitors Bureau: 300 E. Green St., Pasadena, CA 91101, tel. 626-795-9311, fax 626-795-9656, www.visitpasadena. com.

Accommodatie

Victoriaanse oase ▶ **Bissell House B & B:** 201 Orange Grove Ave., South Pasadena, Tel. 626-441-3535, www.bissellhouse.com. Victoriaanse B & B uit 1887 met speels, romantisch interieur. De comfortabele kamers zijn ingericht met een mengeling van modern meubilair en antiek. 2 pk vanaf $175.

De City Hall – een architectonische mix van neobarok en –renaissance

Prachtig ▶ Artists' Inn & Cottage B & B: 1038 Magnolia St., South Pasadena, tel. 626-799-5668, www.bnbadvisor.com/inn/1026/Artists'-Inn-and-Cottage-B–B. Leuke cottage in een tuin met twee kamers met airconditioning en drie suites met een open haard, hemelbedden en een jacuzzi. Met de Gold Line van de metro (drie straten verder) rijdt u in ongeveer 20 minuten naar Downtown Los Angeles. 2 pk $120–205.

Ontspannende plek ▶ **Ramada Inn:** 2156 E. Colorado Blvd., tel. 626-793-9339, www.ramada.com. Motel met eigen restaurant en bar. De kamers zijn voorzien van snel internet, koelkast en magnetron. Het hotel stelt ook een zwembad en een fitnesscentrum ter beschikking van zijn gasten. Een bescheiden ontbijt is in de prijs van de kamer inbegrepen. 2 pk vanaf $72.

Eten en drinken

Heerlijke kip ▶ **Roscoe's House of Chicken & Waffles:** 830 N. Lake Ave., tel. 626-791-4890, www.roscoeschickenandwaffles.com, dag. ontbijt, lunch en diner. Dit restaurant is een aanrader voor liefhebbers van gebraden kip. De uitgelezen schotels worden met talrijke bijgerechten geserveerd. Hoofdmaaltijd vanaf $12.

Vleesloos ▶ **Souplantation:** 201 S. Lake Ave., tel. 626-577-4798, www.sweettomatoes.com, ma.-do. 11-21, vr.-za. 11-22, zo. 9-21 uur. Vegetarisch buffet dat zo goed is dat het ontbreken van vlees nauwelijks opvalt. Gasten kunnen de salades naar eigen believen samenstellen. Het aanbod wordt gecompleteerd met soepen, noedelgerechten en goede desserts. Diner $10-13.

Fijne Aziatische keuken ▶ **Saladang Song:** 363 S. Fair Oaks Ave., tel. 626-793-5200, geen website, dag. 10-22 uur. Met name in het weekend staan de gasten hier in de rij voor de uitstekende Thaise keuken. De keuze aan gerechten is groot. Tot de erkende klassiekers behoren de vaak extreem pittige soepen. Gerechten $8-12.

Klassesandwiches ▶ **Wheatberry Bakery Cafe:** 165 S. Lake Ave., tel. 626-795-7175. Lunch en diner dag. behalve zo. Met name tijdens de lunch is dit restaurant een populaire ontmoetingsplaats, omdat men er dan voor minder dan $7 een uitstekend en uitgebreid maal krijgt, inclusief een drankje. De bakkerij van het huis staat bekend om zijn uiteenlopende soorten brood en gebak.

Uitgaan

Concerten en shows ▶ **Ice House:** 24 N. Mentor Ave., Tel. 626-577-1894, www.icehousecomedy.com, dag. behalve ma., wisselende aanvangstijden, maar meestal vanaf 20.30 uur. Dit theater combineert vanaf zijn opening in 1960 komedie en muziek. Grootheden als Kenny Rodgers, Linda Ronstadt, Steve Martin, Billy Crystal, Robin Williams, Jerry Seinfeld en David Letterman stonden hier al op het toneel.

Winkelen

Mooie herinneringen ▶ **City Hall Souvenirs:** Pasadena City Hall, 117 E. Colorado Blvd., tweede verdieping, tel. 626-744-4755. In het stadhuis vindt u een souvenirwinkel waar u onder meer T-shirts, koffiemokken, posters, sleutelhangers en ansichtkaarten kunt kopen. De meeste souvenirs zijn versierd met het rozensymbool, dat naar de jaarlijkse Tournament of Roses Parade verwijst.

Vlooienmarkt ▶ **Rose Bowl Flea Market:** 1001 Rose Bowl Dr., 9-16.30 uur, volw. $7. Deze rommelmarkt wordt elke tweede zo. van de maand gehouden bij het stadion de Rose Bowl. Meer dan 2000 handelaars bieden hun waren aan.

Actief

Zwemmen ▶ **AAF Rose Bowl Aquatics:** 360 N. Arroyo Blvd., tel. 626-564-0330, www.rosebowlaquatics.com, dag. vanaf 6, zo. vanaf 8 uur. Het openluchtzwembad in het Brookside Park beschikt over twee aparte zwembaden.

Evenementen

Tournament of Roses Parade (1 jan.): De grote rozenparade is het belangrijkste feest van het jaar (www.tournamentofroses.com).

Pasadena Summerfest (mei): Kunst- en cultuurfeest met muziek en een veelzijdig culinair aanbod.

Vervoer

Streekvervoer: De 22 km lange metrolijn Gold Line verbindt het Union Station in Downtown Los Angeles met Pasadena (enkele reis $1,25). In de stad rijden de bussen van het Pasadena Area Rapid Transit System (ARTS) op 7 routes (tel. 626-398-8973, www.ci.pasadena.ca.us/Transportation/Public_Transit, enkele reis 75 cent).

Het Gaslamp Quarter in Downtown San Diego: de wijk ontleent zijn naam aan de replica's van de gaslantaarns van vroeger

San Diego
en omgeving

Door zijn spectaculaire ligging aan de Grote Oceaankust, met een beschutte haven, lente-achtig weer, zelfs in hartje winter, eindeloze, ongerepte stranden, fantastische mogelijkheden voor activiteiten in de buitenlucht, een indrukwekkend cultureel aanbod en talloze attracties, is deze miljoenenstad een fantastische bestemming.

De 1,3 miljoen inwoners grote agglomeratie in het uiterste zuiden van Californië is na Los Angeles de grootste stad van de staat en de op zes na grootste metropool van de Verenigde Staten. Als u de stad hebt leren kennen, zult u inzien waarom zelfs de meeste lokale inwoners doorlopend een vakantiegevoel hebben. De redenen daarvoor zijn niet moeilijk aan te wijzen. Zelfs in januari en februari daalt de temperatuur in deze Zuid-Californische zonnebank zelden onder de 14 °C. Terwijl Los Angeles bijna voortdurend wordt bedekt door een grijs-gele laag smog, koestert San Diego zich in helder mediterraan licht en een frisse bries van de oceaan. 's Winters trekken kuddes grijze walvissen vlak langs de kust, op weg van de Noordelijke IJszee naar de warme wateren voor de Mexicaanse kust om zich daar voort te planten. Behalve aan de walvissen heeft San Diego zijn reputatie aan twee andere, wereldberoemde instellingen te danken: de zeedierentuin Sea World en de San Diego Zoo, zonder twijfel de beste dierentuin van de VS.

Het verzorgingsgebied van de metropool strekt zich uit tot ver naar het noorden. Daar liggen direct aan zee enkele charmante kustplaatsjes met prachtige surfstranden. In het zuiden grenst Californië aan Mexico en tijdens een dagtochtje naar het naburige Tijuana kunnen bezoekers de Midden-Amerikaanse lucht opsnuiven.

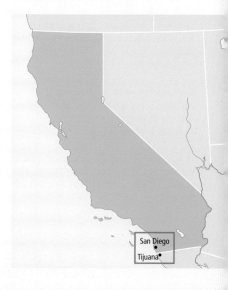

In een oogopslag
San Diego en omgeving

Hoogtepunten

2 **Het stadscentrum van San Diego:** De meest zuidelijk gelegen metropool van Californië heeft de afgelopen decennia een enorme verandering ten goede doorgemaakt. Vroeger verkeerde het centrum in een nogal vervallen staat, maar tegenwoordig zit San Diego geweldig in de lift als supermoderne miljoenenmetropool (zie blz. 180).

Coronado Peninsula: Midden in de San Diego Bay ligt op een schiereiland een voornaam deel van de stad, met mooie huizen en prachtige stranden (zie blz. 199).

La Jolla: Als u de Coast Walk volgt langs de indrukwekkende rotskust, toont de kustgemeenschap zijn meest idyllische gezicht (zie blz. 204).

Aanbevolen routes

Van Gaslamp Quarter naar Embarcadero: Broadway, ten noorden van de Horton Plaza, vormt de noordelijke grens van het historische Gaslamp Quarter, gelegen tussen 4th en 6th Avenue. Als u via Market Street naar het westen gaat, komt u uit in het veelzijdige Seaport Village met veel winkels, restaurants en regelmatig georganiseerde openluchtconcerten. U loopt verder naar het noorden over Harbor Drive langs het vliegdekschip USS Midway naar het Maritime Museum, en keert vervolgens langs het Santa Fe Train Depot en Broadway terug naar de Horton Plaza (zie blz. 180).

El Prado in Balboa Park: De mooie wegen in het Balboa Park voeren niet alleen door een weelderig natuurparadijs. Aan de in oost-west-richting lopende pronkboulevard El Prado staan zeer interessante musea en gebouwen met prachtige gevels (zie blz. 182).

Oceanside — Idyllisch kustplaatsje
Carlsbad — Flower Fields

Gulf of Santa Catalina

Escondido — Logeren in het Wild Animal Park

Lake Henshaw

actief Rondwandeling door het Old Town San Diego State Historic Park

ief Zwemmen, fietsen en joggen in Mission Bay Park

La Jolla

CALIFORNIË VS

2 Het stadscentrum van San Diego

Van Gaslamp Quarter naar Embarcadero

El Prado in Balboa Park

Coronado Peninsula

actief Outdoorparadijs: Point Loma

actief Uitstapje naar het Mexicaanse Tijuana

Tijuana

MEXICO

Tips

Flower Fields: De uitgestrekte velden met ranonkels in de omgeving van het plaatsje Carlsbad zorgen elk voorjaar voor een overweldigende kleurenpracht (zie blz. 210).

Logeren in het Wild Animal Park: Een bijzonder 'Afrikaans' avontuur is een kampeerovernachting in deze dependance van de beroemde San Diego Zoo (zie blz. 211).

Idyllisch kustplaatsje: Voor romantici is de bijna 600 m lange pier van Oceanside een goede kans om de perfecte zonsondergang te beleven (zie blz. 212).

actief

Uitstapje naar het Mexicaanse Tijuana: Na zonsondergang komt het feest op de Avenida de la Revolución pas goed op gang (zie blz. 187).

Rondwandeling door het Old Town San Diego State Historic Park: Ontdek hoe San Diego eruitzag in de jaren 1820 tijdens een wandeling door het Historic Park (zie blz. 188).

Zwemmen, fietsen en joggen in Mission Bay Park: Voor wie wil watersporten of vissen, tennissen of basketballen: het kan allemaal in dit park in San Diego (zie blz. 200).

Outdoorparadijs: De zuidpunt van Point Loma: Op dit schiereiland kunt u niet alleen genieten van een prachtig uitzicht, maar ook wandelen, walvissen kijken en in getijdenpoelen het zeeleven van de Grote Oceaan bestuderen (zie blz. 203).

Door de beschutting die de rotsen van het schiereiland Point Loma en de zandbank van het Coronado Peninsula bieden, is de haven van San Diego een van de mooiste natuurlijke havens van de VS. De geweldige ligging, het heerlijke klimaat, de buitengewone kwaliteit van leven en de vele recreatieve mogelijkheden maken de metropool een van de aantrekkelijkste reisbestemmingen aan de Amerikaanse westkust.

Downtown San Diego

Kaart: blz. 184

Wie bij zonsondergang vanaf de steiger van de veerpont op Coronado Peninsula over de San Diego Bay naar de in het avondlicht badende binnenstad kijkt, ziet de moderne skyline van een typisch Amerikaanse metropool zoals die op menige poster is afgedrukt. Toch zijn het eigenlijk helemaal niet de wolkenkrabbers van glas en staal die het karakter van Downtown bepalen, maar veeleer de romantische haventaferelen aan de Embarcadero en de bekoorlijke bakstenen gevels van de victoriaanse 19e-eeuwse panden in het Gaslamp Quarter.

Gaslamp Quarter 1

De chique boetieks en galeries, de elegante restaurants, de gezellige terrassen – ja zelfs de gaarkeukens en ijssalons lijken in het historische **Gaslamp Quarter** meer karakter te hebben dan waar ook. Op 5th Avenue en in de omliggende straten bruist het leven tot in de kleine uurtjes. Schijnwerpers toveren licht- en schaduweffecten op de daardoor speels lijkende façaden uit de victoriaanse tijd. In de bomen hangen lichtslingers met gekleurde lampjes – zij zouden een bijna kerstachtige sfeer oproepen, ware het niet dat er ook blinkende verchroomde sleeën rondrijden met neonblauwe verlichting aan de onderkant, die in de subtropische nacht over het hete asfalt zoeven als door spoken bestuurd. Verschil-

lende theaters en de opera zorgen samen met muziekclubs en -cafés voor amusement en een gevarieerd cultuuraanbod.

Bijna was het eerbiedwaardige Gaslamp Quarter ten prooi gevallen aan een ingrijpende stadsvernieuwing. De verlopen bordelen, schemerige speelhallen, sjofele winkels en armoedige straten deden menigeen denken dat alleen de sloopkogel nog uitkomst kon bieden. Pas toen een groep burgers het initiatief nam en met alternatieven kwam voor de bestaande plannen, was het stadsbestuur bereid om de redding en het herstel van het oude San Diego ter hand te nemen. Ondanks de duidelijke banden met het verleden ademt de wijk geen stilstand, zoals de nieuwe Central Library (330 Park Blvd.) en het nog in aanbouw zijnde Horton Plaza Park (voltooiing 2014) bewijzen.

Tegenwoordig bekommert hoofdzakelijk de Gaslamp Quarter Historical Foundation zich om het historische aanzien van de wijk. De stichting beheert een klein maar interessant museum in het **William Heath Davis House 2**. Hier wordt onder meer de nagedachtenis levend gehouden van historische personen die in de geschiedenis van het Gaslamp Quarter een belangrijke rol hebben gespeeld. Het witgekalkte houten pand zelf werd tot in zijn details geprefabriceerd aan de Oostkust en in 1850, na een lange zeereis om Kaap Hoorn, in San Diego weer opgebouwd. Het is nu het oudste gebouw in het centrum

(410 Island Ave., tel. 619-233-4692, www.gas lampquarter.org, di.– za. 10–18, zo. 9–15 uur, $5).

Toen in de jaren 80 de nieuwe gedaante van het oude San Diego vaste vorm begon aan te nemen, speelde daarbij **Westfield Horton Plaza** 3 een belangrijke rol. Dit enorme winkel- en amusementscomplex is geen Amerikaanse mall in de gebruikelijke zin des woords. De boetieks, winkels, restaurants en snackbars zijn verdeeld over zes open verdiepingen en gegroepeerd rond een lichte binnenhof, zodat het geheel de indruk wekt van een buitenformaat terras. Het aantrekkelijke labyrint werd het symbool voor de nieuwe ontwikkelingen in de binnenstad en stuwde het Gaslamp Quarter in de beleving van de lokale bevolking op tot het commerciële en gastronomische centrum van de stad. In de belendende parkeergarages kunt u drie uur gratis parkeren, mits u iets koopt, en het parkeerticket door de winkelier laat afstempelen (www. westfield.com/hortonplaza).

Het **Museum of Contemporary Art San Diego** 4 is onlangs uitgebreid en ondergebracht in een nieuw gebouw, waarmee het de beschikking kreeg over twee keer zoveel ruimte om de verzameling moderne kunst tentoon te stellen. Het oorspronkelijk voor de Panama-California Exposition in 1915 gebouwde bagagedepot van het Santa Fespoorwegstation werd geheel verbouwd. Daarmee ontstond in de hoge hallen een expositieruimte van meer dan 1000 m², waar plaats is voor grote sculpturen en installaties. De naastgelegen nieuwe David C. Copleyvleugel biedt ook expositieruimte, verdeeld over drie verdiepingen. De museumdirectie gaf onder meer de beeldhouwer Richard Serra en de installatiekunstenares Jenny Holzer opdracht voor de ruimte passende kunstwerken te scheppen (1100 & 1001 Kettner Blvd. tussen Broadway & B St., tel. 858-454-3541, www.mcasd.org, do.–di. 11–17, derde do. van de maand 17–19 uur toegang gratis, wo gesloten, 10 $).

Embarcadero

Vanaf het **Visitor Information Center** (kruising W. Broadway en Harbor Dr.) kunt u de water-kant verkennen, die de komende jaren in een groene boulevard zal veranderen.

In noordelijke richting loopt u langs de kades, waar rondvaart- en veerboten naar Coronado afmeren en nieuwsgierige zeehonden in het water spelen. Het **USS Midway Museum** 5 is ondergebracht op het langst dienende vliegdekschip van de Amerikaanse marine: de reusachtige USS Midway. Het gevaarte, gebouwd in 1945, werd nog in 1991 tijdens de Golfoorlog ingezet en kort daarna buiten dienst gesteld. In 2004 werd het schip naar San Diego overgebracht. Bezoekers kunnen de drijvende stad op eigen houtje verkennen. Te zien zijn onder meer 24 gerestaureerde vliegtuigen, het hangardek, de machinekamer, een postkantoor en de kapiteinshut (910 N. Harbor Dr., tel. 619-544-9600, www.midway.org, dag. 10–17 uur, volw. $18, kind 6–17 jaar $10).

In tegenstelling tot de USS Midway gaat het er in het **Maritime Museum** 6 een stuk romantischer aan toe. Hier zijn diverse drijvende oldtimers te bezichtigen, waaronder de in 1863 in Engeland gebouwde driemaster *Star of India*, die als vrachtschip meermaals rond de aarde heeft gezeild, en een replica van de *California*, die in 1847 in de vaart werd genomen. De ruim 100 jaar oude *Berkley* heeft meer dan 60 jaar lang heen en weer gependeld in de Baai van San Francisco. Tijdens de aardbeving van 1906 bood het schip duizenden mensen een veilig heenkomen. Het luxueuze motorjacht *Medea* liep in 1904 van stapel, om vervolgens een steenrijke Schotse grootgrondbezitter ten dienste te staan. Op de *Harbor Pilot Boat* uit 1914 kunt u een rondvaart door de baai maken (1492 N. Harbor Dr., tel. 619-234-9153, www.sdmaritime.org, 's zomers 9–21, de rest van het jaar tot 20 uur, volw. $15, kind 6–12 jaar $8).

Seaport Village 7

Bij het zuidelijke deel van de Embarcadero komt Harbor Drive uit in **Seaport Village**, dat sinds de opening in 1980 een populaire attractie is geworden. De huizen en gebouwen van dit direct aan het water gelegen plaatsje zijn grotendeels van hout, waardoor het oogt als een ouderwets vissersdorpje. Er zijn tientallen boetieks, souvenirwinkels, galeries, restaurants en cafés. In het weekend vinden er tussen de fonteinen, parken en verharde wandelpaden tal van activiteiten plaats, waarbij rock- en popgroepen, zangers en zangeressen, goochelaars en straatartiesten het publiek vermaken. Bij de B Street Pier kunt u aan boord van een rondvaartboot een tochtje door de haven maken (circa $13) of walvissen spotten (849 West Harbor Dr., tel. 619-235-4014, www.seaportvillage.com, dag. 10–22 uur; als u iets consumeert of koopt, mag u 2 uur lang gratis parkeren, daarna $3 per uur).

Op slechts enkele passen afstand van het Seaport Village verrijst het moderne **San Diego Convention Center 8**. Dit ontzagwekkende complex omvat een zestigtal congres- en eetzalen en twee balzalen. In de garages is ruimte voor meer dan 5000 auto's (111 W. Harbor Dr., tel. 619-525-5000, fax 619-525-5005, www.sdccc.org).

Balboa Park 9

Kaart: blz. 184

In 1915–1916 werd naar aanleiding van de opening van het Panamakanaal in Zuid-Californië de Panama-California Exposition gehouden. San Diego liet in het kader daarvan in het **Balboa Park** een reeks tentoonstellingsgebouwen optrekken die tegenwoordig tot de architectonische hoogtepunten van de stad behoren. De tussen 1840 en 1890 in Engeland populaire historiserende stijl had op dat moment zijn langste tijd gehad, maar in het verre Californië zong deze nog enige tijd na. Aldus ontstonden hier te midden van het weelderige lommer van bekoorlijke, exotische parklandschappen gebouwen die schatplichtig waren aan de Gothic Revival-architectuur. Nu zijn achter de soms rijkelijk geornamenteerde façades de zeventien musea en expositieruimtes van het park gevestigd.

Een bezichtiging van het park kunt u het beste beginnen bij het **House of Hospitality**, waar u in het bezoekerscentrum een plattegrond van het park en de benodigde informatie kunt krijgen. Het bezoekerscentrum is,

evenals enkele van de grootste en belangrijkste musea, gelegen aan **El Prado**, een in oost-westrichting lopende autovrije boulevard, geflankeerd door de prachtigste gevels (Balboa Park Visitors Center, 1549 El Prado, tel. 619-239-0512, www.balboapark.com).

San Diego Museum of Man en Alcazar Garden

Het **San Diego Museum of Man** is ongetwijfeld het gemakkelijkst te vinden, niet in de laatste plaats vanwege de 60 m hoge California Tower met filigraanwerk en het elk kwartier spelende carillon met 100 klokken. De tentoonstellingen, waarvan een deel regelmatig wisselt, zijn gewijd aan de kunst van verdwenen beschavingen uit allerlei gebieden van de wereld. Er worden bijvoorbeeld Peruaanse mummies, oud-Egyptische grafgiften en artefacten van de Maya's uit Midden-Amerika geëxposeerd (1350 El Prado, tel. 619-239-2001, www.museumofman.org, dag. 10–16.30 uur, volw. $12,50, kind 13–17 jaar $8).

Schuin daartegenover ligt **Alcazar Garden**, aangelegd naar het voorbeeld van een park in het Spaanse Sevilla. Met zijn rijkelijk versierde fonteinen en duizenden bloeiende planten is het een ware lust voor het oog.

Kunstmusea

Het **Mingei International Museum** probeert met zijn tentoonstellingen het begrip voor vreemde culturen te bevorderen en toont daartoe volkskunst uit allerlei delen van de wereld. De regelmatig wisselende tentoonstellingen behandelen interessante kunstnijverheid, zoals munten uit Afrika, rituele voorwerpen uit India en zilverwerk uit China (1439 El Prado, tel. 619-239-0003, www.mingei.org, di.–zo. 10–16, 's zomers do. tot 19 uur, ma. gesloten, volw. $8, kind 6–17 jaar $5).

Ter hoogte van de plaats waar El Prado zich verbreedt tot het Plaza de Panama staat het **San Diego Museum of Art**. De gevel van dit kunstmuseum is een neogotisch sieraad, waarachter zich buitengewone schatten verbergen. Denk hierbij aan hoogtepunten uit de Italiaanse renaissance en de Nederlandse en Spaanse barok. Daarnaast zijn hier werken

Het House of Hospitality in het Balboa Park bezit een Spaanse charme

van Henri de Toulouse-Lautrec, Paul Gauguin, Edward Hopper, Käthe Kollwitz, Emil Nolde, Maurice Pendergast, Marc Chagall, Salvador Dalí, Raoul Dufy, Alexander Calder en Paul Klee te bewonderen (1450 El Prado, tel. 619-232-7931, www.sdmart.org, di.–za. 10–17, zo. 12–17, 's zomers do. 10–21 uur, volw. $12, kind 7–17 jaar $4,50).

Een andere zeer bezienswaardige kunsttempel is het vlakbij gelegen **Timken Museum of Art**. Hier worden naast Russische iconen werken van Europese meesters als Fragonard en Veronese, van Amerikaanse kunstenaars als John Singleton Copley en Eastman Johnson tentoongesteld. Timken is overigens het enige museum in San Diego dat een schilderij van Rembrandt bezit (1500 El Prado, tel. 619-239-5548, www.timkenmuseum.org, di.–za. 10–16.30, zo. 13.30–16.30 uur, ma. en in sept. gesloten, toegang gratis).

Botanical Building

Naast het Timken Museum ligt een bekoorlijke lelievijver. Tijdens de Tweede Wereldoorlog gebruikten de matrozen van een opleidingscentrum de vijver als zwembad; nu vormt hij samen met het aan de noordkant staande, 80 m lange **Botanical Building** een van de meest fotogenieke aspecten van het park. Het langgerekte Botanical Building werd oorspronkelijk gebouwd als stationshal; met zijn gewelfde dak van houten planken is het een van de grootste constructies in zijn soort ter wereld. Plantenliefhebbers treffen binnen honderden subtropische en tropische planten aan en een indrukwekkende verza-

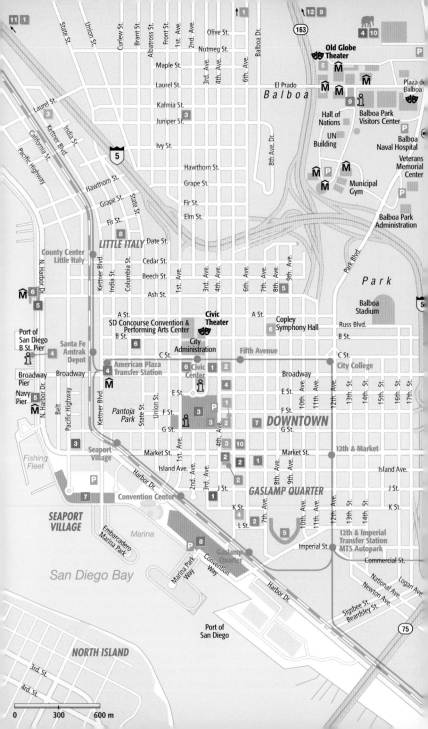

Downtown San Diego

Bezienswaardigheden
1. Gaslamp Quarter
2. William Heath Davis House
3. Horton Plaza
4. Museum of Contemporary Art
5. USS Midway Museum
6. Maritime Museum
7. Seaport Village
8. San Diego Convention Center
9. Balboa Park
10. San Diego Zoo
11. Old Town
12. Mission San Diego de Alcalá

Accommodatie
1. US Grant Hotel
2. Omni
3. Keating House

4. Gaslamp Plaza Suites
5. Days Inn Downtown
6. Bristol
7. Comfort Inn
8. La Pensione Hotel
9. Hotel Circle Drive
10. Hosteling International

Eten en drinken
1. Dick's Last Resort
2. Blue Point
3. Pacific Fish Co.
4. Albert's
5. Anthony's Fish Grotto
6. Karl Strauss Brewery & Grill

Winkelen
1. Babette Schwartz
2. Le Travel Store
3. Shorelines Gallery

Uitgaan
1. Croce's Restaurant & Jazz Bar
2. House of Blues
3. The Casbah
4. Altitude Sky Lounge
5. Globe Theatres
6. San Diego Symphony

Actief
1. Starline Tours
2. Gaslamp Guided Walking Tour
3. Another Side of San Diego Tours
4. San Diego Harbor Excursion
5. San Diego Padres

---

meling varens en orchideeën (1549 El Prado, tel. 619-239-0512, www.balboapark.org, vr.–wo. 10–16 uur, do. gesloten, toegang gratis).

Museum of San Diego History en Casa del Prado

Het **Museum of San Diego History** biedt sinds enige tijd een heel bijzondere dienst aan. Bij een bezoek aan het museum krijgt u een lijst met telefoonnummers uitgereikt die u tijdens uw rondgang kunt bellen, waarna u informatie krijgt over het betreffende tentoongestelde voorwerp of over de geschiedenis van San Diego. In hetzelfde gebouw zijn een museum voor modelspoorbanen (1649 El Prado, tel. 619-696-0199, www.sdmrm.org, di.–vr. 11–16, za.–zo. 11–17 uur, ma. gesloten, volw. $8, kind tot 15 jaar gratis) en het Museum of Photographic Arts (1649 El Prado, tel. 619-238-7559, www.mopa.org, di.–zo. 10–17, do. tot 21 uur, ma. gesloten, volw. $6, kind tot 12 jaar toegang gratis) ondergebracht.

Tegenover het gebouw met de musea staat het **Casa del Prado**, een van de mooiste staaltjes architectuur van het park. De hoofdingang bestaat uit drie boogportalen, waarvan het middelste wordt geflankeerd door kunstig bewerkte dubbele zuilen. De drie vensters in de façade zitten bijna verscholen tussen de weelderige ornamentiek van de Spaanse koloniale revivalstijl, waarin de steenhouwers en metselaars het steen in talloze vormen tot leven hebben gewekt. Het gebouw is overigens geenszins authentiek, maar een reconstructie uit 1971. Het doet tegenwoordig dienst als theater.

Techniekmusea

Niet alle musea in het Balboa Park zijn gewijd aan kunst, cultuur of geschiedenis, u vindt hier ook enkele instellingen voor natuurwetenschap en techniek. In het **Reuben H. Fleet Science Center** kunnen bezoekers aan de hand van interactieve opstellingen meer te weten komen over bepaalde natuurwetten, experimenteren met tonen en geluiden of zelf een tornado veroorzaken. De hoofdattractie van het centrum is het IMAX Dome Theater, waar op de binnenzijde van de koepel avontuurlijke films en planetariumshows worden geprojecteerd (1875 El Prado, tel. 619-238-1233, www.rhfleet.org, ma.–do. 10–17, vr.–za 10–20, zo 10–18 uur, volw. $15,75, kind 3–12 jaar $12,75, inclusief filmvoorstellingen).

Een grote publiekstrekker onder de musea in het Balboa Park is het **San Diego Air & Space Museum**, waar aan de hand van meer dan 60 vliegtuigen en echt gebruikte ruimtevaartuigen de geschiedenis van de lucht- en ruimtevaart wordt gedocumenteerd. Er zijn reconstructies te zien van de toestellen waarmee de gebroeders Wright het luchtruim kozen, naast modellen van Leonardo da Vinci, gevechtsvliegtuigen uit de Tweede Wereldoorlog, de Korea- en de Vietnamoorlog, een Apollocapsule en raketten en ruimtevoertuigen van de Mercury- en Geminiprogramma's uit de jaren 50 en 1960 (2001 Pan American Plaza, tel. 619-234-8291, www.sandiegoairandspace.org, dag. 10–16.30 uur, volw. $17,50, kind $7).

Spanish Village

In het noordelijke deel van het Balboa Park staat het **Spanish Village Art Center**, dat bestaat uit enkele tientallen kunstenaarsstudio's, ateliers en werkplaatsen. Hier werken in totaal ruim 200 schilders, beeldhouwers, keramisten, houtsnijders, edelsmeden, glasblazers en fotografen. Rond een met grote kleurige tegels geplaveide plaza staan grappige huisjes in allerlei verschillende bouwstijlen. Hun met exotische planten begroeide miniscule voortuintjes en verborgen achtertuinen verlenen het dorp een idyllische charme. Nu en dan worden festivals georganiseerd. Beroepskunstenaars en de kunsthandwerkers demonstreren dan ten overstaan van de toeschouwers hun kunnen (1770 Village Pl., tel. 619-233-90 50, www.spanishvillageart.com, dag. 11–16 uur, iedere vierde do. van de maand tot 21 uur, toegang gratis).

San Diego Zoo 10

Alligators, luipaarden, gorilla's, giraffen, koala's, panda's, tijgers, Galapagosschildpadden, pythons – in de beroemdste en mooiste dierentuin van Amerika leven ruim 4000 dieren van meer dan 800 soorten, in omstandigheden die in grote lijnen hun natuurlijke leefomgeving zo dicht mogelijk benadert. Maar de **San Diego Zoo**, in 1916 ontstaan uit een expositie van exotische dieren, is niet alleen beroemd vanwege de authentieke inrichting van de dierenverblijven. Wereldwijde bekendheid kreeg de dierentuin door zijn inzet voor de bescherming van bedreigde diersoorten, onder meer door kweekprogramma's van dieren waarvan de populaties in het wild steeds verder teruglopen. Dat de inspanningen in San Diego met succes worden bekroond, blijkt uit het feit dat de gorilla, de Californische condor en de reuzenpanda jaar na jaar meer nakomelingen krijgen. In 1987 leende China voor een periode van 200 dagen een paar panda's uit aan de San Diego Zoo, waarmee de basis werd gelegd van een samenwerking die nog altijd voortduurt. Nu is de San Diego Zoo een van de weinige dierentuinen in de wereld met reuzenpanda's.

In 1999 bracht de panda Bai Yun de eerste in Noord-Amerika geboren pandababy ter wereld. Miljoenen toeschouwers konden via een webcam de kleine Hua Mei zien opgroeien. In 2004 keerde de inmiddels goed ontwikkelde tienerpanda terug naar het Rijk van het Midden. Omdat panda's bijna uitsluitend van bamboe leven, liet de dierentuin zowel op eigen terrein als in de omgeving bamboeplantages aanleggen, speciaal voor de aandoenlijke publekslievelingen.

Voor een overzicht van het gehele 40 ha grote complex kunt u een tochtje maken met de Skyfaria Aerial Tram, waarmee u ter hoogte van de boomkruinen over het park scheert. U kunt ook een bustocht van een half uur maken onder leiding van een gids. Vanuit de hoogte kunt u een Afrikaans regenwoud ontwaren met gorilla's, een arctische taiga en toendra met ijsberen, een Afrikaanse savanne met olifanten, leeuwen en giraffen en volières met vogels uit de hele wereld. Het mooie aan deze kunstmatige habitats voor de dieren is het feit dat ze zonder zichtbare hekken, muren of kooien zijn aangelegd, zodat het lijkt alsof ze gewoon in het wild leven. Dit dierentuinconcept werd onder andere in San Diego ontwikkeld (2920 Zoo Dr., tel. 619-231-1515, www.sandiegozoo.org, dag. 9–16 uur, 's zomers langer, volw. $42, kind 3–11 jaar $32, interactieve plattegrond op www.sandiegozoo.org/zoo/zoo_map.html).

actief

Uitstapje naar het Mexicaanse Tijuana

Informatie

Start: Trolley-eindhalte en grensovergang San Isidro

Lengte: Naar Avenida de la Revolución heen en terug ca. 2,5 km

Informatie: Tijuana Convention & Visitors Bureau, Paseo de los Heroes 9365-201, Zona Rio, Tijuana, B.C. 22320, tel. 011-52-664-687-9600, fax 011-52-664-684-7782, www.tijuanaonline. org. Bij de grens kunt u informatie en stadsplattegronden krijgen.

Kaart: ▶ 3, B 4

De Mexicaanse grens ligt maar een halfuur rijden ten zuiden van Downtown San Diego en is de klok rond geopend. Een dagtochtje naar de Mexicaanse grensstad **Tijuana** is geen probleem. Huurauto's kunt u aan de Amerikaanse kant van de grens parkeren voor bedragen vanaf ongeveer $8-10 per dag. Nog makkelijker is een rit met de Blue Line van de San Diego Trolley van Santa Fe Depot tot aan de grens in San Ysidro (diverse keren per dag, tel. 619-595-4949, reisduur 45 minuten; een One-Day Tripper Ticket kost $5). Op de heenreis vindt bij de grens geen documentencontrole plaats. Bij terugkeer naar de VS moet u uw paspoort overleggen en eventueel uw bagage laten controleren. Dat kan enige wachttijd vergen. Haastige reizigers kunnen de wachtrij omzeilen met behulp van ijverige runners, die voor enkele dollars per fiets een speciale, weinig gebruikte grensoversteekplaats opzoeken. Eenmaal over de grens in de VS laat u de fiets eenvoudig achter bij de runner. De weg van de grens via de brug over de Tijuana River tot de Avenida de la Revolución kunt u niet missen. Restaurants, geldwisselkantoren en kraampjes met kleding rijgen zich hier aaneen en tal van straathandelaars verkopen souvenirs en producten van huisvlijt, zoals sombrero's, speelgoed, religieuze parafernalia en kleurige dekens.

Dat Tijuana een miljoenenstad is, zou men hier dicht bij de grens niet snel vermoeden. De **Avenida de la Revolución** doet zijn naam als toeristisch kermisterrein eer aan, met een overweldigend aanbod aan souvenirwinkels, kroegen, restaurants, Amerikaanse fastfoodketens en apotheken. De zogenaamde *Tijuana zebras*, in zwart-witte strepen geschilderde ezels die door Mexicaanse kunstnijverheidshandelaren aan de kant van de straten worden neergezet, dienen als blikvangers en fotogenieke objecten voor toeristen.

Pas na zonsondergang begint het leven op de Avenida de la Revolución echt te bruisen. Vooral in het weekend stromen jongeren uit San Diego en masse naar de kroegen, biercafés, discotheken en nachtclubs van Tijuana, simpelweg omdat hier geen waard op het idee komt om de klant aan de toog naar zijn leeftijd te vragen. Daarbij komt dat de prijzen van alcohol hier veel lager liggen dan in de VS. Toch is voorzichtigheid geboden: dat maken de in de straten patrouillerende politie en op motoren rijdende Fuerzas Especiales duidelijk. Tijuana heeft namelijk niet alleen een reputatie als uitgaansstad, maar ook als drugsoverslagplaats die zich sinds lang onttrekt aan de controle van de overheid.

De belangrijkste culturele bezienswaardigheid is het ca. 1 km ten oosten van de Avenida gelegen **Centro Cultural Tijuana**. Uit de verte ziet het gebouw eruit als een grote opgeblazen ballon. Binnen is het **Museo de las Californias** gevestigd, waar tentoonstellingen te zien zijn over het noorden van Mexico. Er worden ook concerten gegeven in een concertzaal met een uitstekende akoestiek, een beeldentuin biedt gelegenheid tot ontspannen flaneren en in het IMAX-theater worden – ook Engelstalige – films vertoond (Paseo de los Héroes & Mina, Zona Río, tel. 664-687-9650, www.cecut.gob.mx, ma.–vr. 9–19, za.– zo. 10–19 uur).

actief

Rondwandeling door Old Town S. D. State Hist. Park

Informatie

Start: Ingang Old Town San Diego State Historic Park, San Diego Ave., Ecke Twiggs St., tel. 619-220-5422, www.oldtownsandiegoguide. com, dag. 10–17 uur, toegang gratis
Lengte: Ca. 800 m
Duur: 1–2 uur

Hoe zag het centrum van San Diego eruit in de jaren 1820, toen de huidige miljoenenstad

nog een Mexicaans dorp was? In het **Old Town San Diego State Historic Park** 11 loopt u door straten en historische gebouwen die een beeld van die tijd geven. In de meeste gevallen gaat het om replica's van de oorspronkelijke huizen, die in 1872 ten offer vielen aan een grote brand. Het in 1968 opgericht park geldt als een 'historic landmark' en is al diverse malen uitgeroepen tot het populairste staatspark van Californië.

Bij de **hoofdingang** van het park stuit de bezoeker allereerst op de **Old Town Market**, een openluchtmarkt met een enorm aanbod van Mexicaanse kunstnijverheid. Wie nog een souvenir zoekt, kan hier zijn slag slaan. Even voorbij de mineralen- en sieradenwinkel **Casa de Pedrorena**, het voormalige woonhuis van een in 1850 naar San Diego gekomen Spaanse familie, komt u bij het **Casa de Estudillo**, dat in 1825 werd gebouwd voor een Spaanse aristocraat. De uit adobe opgetrokken gebouwen liggen rond een mooie tuin en hebben in oorspronkelijke stijl ingerichte kamers en een keuken. Hoe de mensen in die tijd in Zuid-Californië reisden, toont een verzameling van houten wagens en paardenkoetsen in het **Seeley Stables Museum**. Op diverse plaatsen in het State Park demonstreren gekostumeerde vrijwilligers oude ambachten, zoals de smid in de **Blacksmith Shop**. Na zijn voltooiing in 1829 was het **Casa de Bandini** de woning van een Peruaanse immigrant. Het kreeg 40 jaar later een bovenverdieping en diende toen als een hotel. Nu is het een Mexicaans restaurant.

Presidio Hill

De exacte locatie waar de stad werd gesticht is een heuvel ten noorden van Old Town. In 1769 richtte de van Mallorca afkomstige franciscaner pater Junípero Serra samen met een groep soldaten onder leiding van de toenmalige Californische gouverneur Gaspar de Portolá op **Presidio Hill** de Mission San Diego de Alcalá op. Het was de eerste van uiteindelijk 21 missieposten in Californië. In 1774 werd de nederzetting verplaatst naar de huidige locatie in Mission Valley. Presidio Hill werd een Spaanse vesting, die tot 1837 bemand bleef. Op de plaats van de eerste missiepost staat te-

tel. 619-232-6203, www.sandiegohistory.org/
serra_museum.html, dag. 10–16.30 uur, volw.
$6, kind 6–17 jaar $3).

Waar tegenwoordig het restaurant- en winkelcomplex **Fiesta de Reyes** bezoekers uitnodigt om een adempauze te nemen, werd in
1821 de Mexicaanse nederzetting gevestigd
waaruit zich later San Diego ontwikkelde.
Zo'n 30 jaar later liet een uit Texas afkomstige advocaat het huidige **Robinson-Rose
House Visitor Information Center** neerzetten.
Er waren toen de drukkerij van de krant San
Diego Herald, spoorwegkantoren en privé-
accommodatie in ondergebracht. Nu vindt u
hier onder meer een maquette van San Diego
in 1872 en gedetailleerde brochures over de
oude stad.

Het witgekalkte **McCoy House Museum** is de
reconstructie van het huis dat de sheriff en
senator James McCoy in 1869 voor zichzelf
liet bouwen. Het huis geeft een goed beeld
van hoe de elite toen leefde. Waar de gewone
mensen zich mee bezighielden demonstreren de tentoonstellingsstukken in de **Casa de
Machado y Stewart**. Oorspronkelijk was het
Colorado House een hotel, later kwam hier
een vestiging van het post- en bankbedrijf
Wells Fargo. Achter de westernfaçade ligt nu
het Wells Fargo Museum verborgen, met onder meer een kantoor in de stijl van de jaren
1850 en een originele 19e eeuwse koets. Mary
Chase Walker was de eerste schooljuf die les
gaf in het in 1865 gebouwde **Mason Street
School**, de eerste openbare school van Californië. Niet ver hier vandaan behandelde
tandarts **Dr. George McKinstry** zijn patiënten
met behulp van methoden die vandaag de
dag de mond open doen vallen.

genwoordig het sneeuwwit gekalkte, in
Spaanse missiestijl gebouwde **Serra Museum**.
Het museum, een eerbetoon aan Junípero
Serra, geeft met zijn collectie meubilair, huishoudelijke voorwerpen en alledaagse objecten een beeld van de jaren twintig van de vorige eeuw (2727 Presidio Dr., Presidio Park,

Mission Valley ▶ 13, B 4

Kaart: blz. 184

Ten noorden van het centrum voert de Interstate 8 naar het oosten. Daarlangs strekt de
Mission Valley zich uit, met de grootste malls
van de omgeving en veel voordelige motels.
De in 1769 door Junípero Serra gestichte en
vijf jaar later naar zijn huidige locatie verplaatste **Mission San Diego de Alcalá** 12 biedt
een kijkje in de geschiedenis van de stad. De
basiliek stamt uit het jaar 1813 en wordt tegenwoordig nog gebruikt als parochiekerk. Na
de onafhankelijkheid van Mexico verloor de
post zijn religieuze functie, maar het Amerikaanse Congres gaf in 1862 een beperkt deel
van het voormalige bezit van de missepost terug aan de Kerk. De meeste gebouwen waren
rond die tijd vervallen en van de kerk stond
alleen nog de gevel overeind. Pas 70 jaar later
was de post door de teruggekeerde paters geheel gerenoveerd tot zijn huidige staat (10818
San Diego Mission Rd., tel. 619-281-8449,
www.missionsandiego.com, dag. 9–16.45 uur,
$3).

Informatie

International Visitor Information Center: 1040
1/3 West Broadway hoek Harbor Dr., San
Diego, CA 92101, tel. 619-236-1212, www.san
diego.org. Kijk voor een interactieve stadsplattegrond op http://sandiego.discoverymap.
com.

Accommodatie

Stijlvol grandhotel ▶ **US Grant Hotel** 1: 326
Broadway, tel. 619-232-3121, www.usgrant.net.
De 'éminence grise' onder de hotels van de
stad biedt 270 stijlvolle kamers, 47 luxueuze
suites, een fitnessruimte, een dakterras en
een vorstelijke lobby. Het bijbehorende restaurant Grant Grill is beroemd om zijn top-
klasse keuken, maar met al zijn elegantie ook
wel wat stijfjes. 2 pk gemiddeld $370.

Tip: Geld besparen

Met de **Go San Diego Card** (1 dag $74, 2 dagen $106) kunt u voordelig de belangrijkste bezienswaardigheden in de stad bezoeken. De kaart omvat rondleidingen en musea (gratis toegang dan wel korting op de entreeprijs) een telefoonkaart en korting in restaurants (de kaart is online te koop via www. smartdes tinations.com, bij San Diego > Go San Diego Card).

Comfortable oase ▶ Omni `2`**:** 675 L St., tel. 619-231-6664, www.omnihotels.com. Tussen het Petco Park en het Convention Center gelegen stadshotel met ruim 500 kamers voor veeleisende gasten. Het hotel beschikt over een visrestaurant, een koffiebar en een fitnessruimte met wellnessvoorzieningen, buitenbad en een zonnig terras. 2 pk gemiddeld $210.

Altijd een genoegen ▶ Keating House `3`**:** 2331 2nd Ave., tel. 619-239-8585, www.keating house.com. Veelgeroemd B & B in een speels victoriaans pand. De negen kamers, elk genoemd naar de kleur waarin ze zijn ingericht, zijn gelegen in het hoofdgebouw en in een aanpalende cottage. 2 pk vanaf $119.

Centraal en ideaal ▶ Gaslamp Plaza Suites `4`**:** 520 E St., tel. 619-232-9500, www.gaslamp plaza.com. Dit elf verdiepingen tellende victoriaanse hotel uit 1913 was het eerste hoge gebouw van San Diego. De ruime kamers zijn alle genoemd naar schrijvers, zoals Ralph Waldo Emerson, Émile Zola en Scott Fitzgerald. Ze zijn uitgerust met airconditioning, draadloos internet, een magnetron en een koelkast. Het dakterras biedt fraai uitzicht over de stad. 2 pk vanaf $110.

Zonder veel franje, maar goed ▶ Days Inn Convention Center `5`**:** 833 Ash St., tel. 619-239-2285, www.daysinn.com. Gerieflijk ketenmotel met nogal gehorige, maar keurige kamers. Zeer voordelig als er geen congressen worden gehouden. 2 pk ca. $110.

Mooi boetiekhotel ▶ Bristol `6`**:** 1055 1st Ave., tel. 619-232-6141, www.thebristolsandiego.com. De gasten worden ontvangen in een moderne,

kleurige lobby. Modern en kleurig zijn ook de kamers, die beschikken over comfortabele bedden, een koffiezetapparaat en snel internet. 2 pk ca. $100.

Prijs en kwaliteit kloppen ▶ Comfort Inn `7`**:** 660 G St., tel. 619-238-41 00, www.comfortinn gaslamp.com. Gunstig gelegen ketenmotel in het centrum met keurige kamers voor niet al te veeleisende gasten. 2 pk vanaf $85.

Centraal en netjes ▶ La Pensione Hotel `8`**:** 606 West Date St., tel. 619-236-8000, www.la pensionehotel.com. Dit hotel in een modern gebouw in de wijk Little Italy biedt 75 kamers met eigen badkamer, telefoon, tv en koelkast. Twee restaurants. 2 pk $90.

Het ene motel na de ander ▶ Hotel Circle Drive `9`**:** parallel aan de I-8 loopt in Mission Valley de Hotel Circle Drive met een aantal voordelige motels (Holiday Inn, Days Inn, Travelodge, Comfort Inn, Super 8, Vagabond Inn, 2 pk vanaf ca. $65).

Schoon en goedkoop ▶ Hosteling International `10`**:** 521 Market St., tel. 619-525-1531, www. sandiegohostels.org. Accommodatie in de stijl van een jeugdherberg. U kunt hier overnachten in slaapzalen voor 4 tot 8 personen en er zijn gezamenlijke badkamers op de verdieping; beddengoed en handdoeken bij de prijs inbegrepen. Bed op slaapzaal vanaf $25, 2 pk vanaf $70.

Eten en drinken

Gezellige sfeer ▶ Dick's Last Resort `1`**:** 345 4th Ave., tel. 619-231-9100, www.dickslastre sort.com, dag. 11–1.30 uur. Behalve hamburgers, garnalen en bergen patat worden hier ook dampende *crab legs* met emmers tegelijk opgediend. Tot het vaste patroon in dit etablissement behoort dat de bediening niet al te veel respect toont voor de gasten. Als u in dit restaurant wil opvallen kunt u het beste uw tafelgenoten bekogelen met geknoopte servetten. Hoofdgerechten $20–30.

Respectabele keuken ▶ Blue Point `2`**:** 565 5th Ave., tel. 619-239-2400. Diner dag. vanaf 17 uur. Door kenners zeer gewaardeerd restaurant met een nautische inrichting en een levendige sfeer. Op de kaart prijken vis en zeevruchten, zoals in citroen gemarineerde

De aantrekkelijke Mall Westfield Horton Plaza nodigt uit tot winkelen

zwaardvis en *linguine* met mosselen, maar ook goede gerechten met rund- en lamsvlees en kip. Het restaurant heeft ook een oesterbar. Diner vanaf $25.

Uitstekend ▶ Pacific Fish Co. **3**: 601 Pacific Hwy, tel. 619-239-2400, geen eigen website, dag. 11–1 uur. Dit restaurant serveert steaks, gevogelte en salades, maar staat vooral bekend vanwege de uitstekende gerechten met vis en zeevruchten. Met de *today's catch,* de vis van de dag, zit u eigenlijk altijd goed. Vanaf ca. $20.

In de haven van San Diego meren vooral plezierboten af

Primaten als tafelgenoten ▶ Albert's 4 : San Diego Zoo, tel. 619-685-3200, www.sandiego zoo.com, dag. 9–16 uur, 's zomers langer. Dit restaurant in de dierentuin ligt niet ver van de gorillaonderkomens. In deze exotische omgeving kunt u genieten van kleine snacks, maar ook van hoofdgerechten als kerriekip met abrikozensaus ($16) en Creoolse jambalaya ($17).

Goed uitzicht, geweldig eten ▶ Anthony's Fish Grotto 5 : 1360 N. Harbor Dr., tel. 619-232-5103, www.gofishanthonys.com, dag. 11–22 uur. Dit traditionele restaurant bestaat al sinds 1946 en is gespecialiseerd in vis en zeevruchten. Het ligt direct aan het water op een steenworp afstand van het Maritime Museum. Hoofdgerechten $10–26.

Ongedwongen ▶ Karl Strauss Brewery & Grill 6 : 1157 Columbia St., tel. 619-234-2739, www.karlstrauss.com, dag. 11–23 uur. Pasta, pizza's, vis en zeevruchten zijn de culinaire publiekstrekkers in dit populaire brouwerij-restaurant, waar de sfeer zeer ongedwongen is. Er wordt ook wijn geschonken. $12–20.

Verleidelijke decoraties ▶ Shorelines Gallery
3: 401-411 Market St., tel. 619-727-4080, www.slsdgallery.com. Een grote keuze aan sieraden, glaskunst, prenten, wanddecoraties, metalen en bronzen voorwerpen en decoratieve kunsten en ambachten.

Uitgaan

Viprestaurant ▶ Croce's Restaurant & Jazz Bar
1: 802 5th Ave., tel. 619-233-4355, www.croces.com, dag. vanaf 17 uur. De weduwe van de in 1973 overleden singer/songwriter Jim Croce drijft een restaurant, een jazzcafé (met elke avond liveoptredens) en de in blues gespecialiseerde Croce's Top Hat Club.

Een instituut ▶ House of Blues 2: 1055 5th Ave., tel. 619-299-2583, www.houseofblues. com, dag. 11–24 uur. Muziekzaal met regelmatig optredens, een dansvloer en een café. Het restaurant serveert een smakelijke, typisch zuidelijke keuken.

Goede muziek ▶ The Casbah 3: 2501 Kettner Blvd., tel. 619-232-4355, www.casbahmu sic.com. Bijna dagelijks presenteert deze club livemuziek met veel avant-gardebands. Grote namen als Nirvana en de Smashing Pumpkins hebben hier al opgetreden.

Bar met uitzicht ▶ Altitude Sky Lounge 4: 660 K St., tel. 619-446-6086, www.altitudesky-bar.com. Openluchtbar gelegen op de 22e verdieping van een hotel, met uitzicht op het centrum en de haven. Met dj.

Afwisselend programma ▶ Globe Theatres
5: 1363 Old Globe Way, tel. 619-234-5623, www.oldglobe.org. In het theatercomplex in het Balboa Park, dat het Old Globe Theatre, het Cassius Carter Center Stage en het Lowell Davis Festival Theatre omvat, worden velerlei producties op het gebied van de podiumkunsten op de planken gebracht, van toneel tot Broadwaymusicals.

Voor liefhebbers van klassieke muziek ▶ San Diego Symphony 6: Copley Symphony Hall, 750 B St., tel. 619-235-0804, www.sandiego symphony.com. Het concertseizoen van het orkest duurt van oktober tot mei. Behalve avondvullende programma's worden er ook *rush hour concerts* van een uur gegeven. Van juli tot september geeft het orkest onder de

Winkelen

Originele en geestige cadeau's ▶ Babette Schwartz 1: 421 University Ave., tel. 619-220-7048, www.babette.com. Een naar een lokale *drag queen* vernoemde zaak vol kitsch en snuisterijen, van Elvisherinneringskaarsen tot handpoppen van boksende nonnen.

Outdoor- en reisspecialist ▶ Le Travel Store
2: 745 4th Ave., tel. 619-544-0005, www.letra velstore.com. Hier kunt u alles krijgen wat u onderweg aan uitrusting nodig hebt en thuis bent vergeten.

noemer Summer Pops populaire concerten in de openlucht.

Actief

Stadsrondritten ▶ Starline Tours 🔟: 415 San Diego Ave., www.starlinetours.com/san-diego-tour-12.asp. Van half negen 's ochtends tot acht uur 's avonds anderhalf uur durende stadsrondritten in een Londense dubbeldekker met open bovendek. Uw kaartje is 48 uur geldig.

Stadsrondleidingen ▶ Gaslamp Guided Walking Tour 2️⃣: Tel. 619-233-4692, www.gaslamp quarter.org. Iedere za. om 11 uur rondleidingen vanaf het William Heath Davis House (zie blz. 178) door het Gaslamp Quarter. De nadruk ligt op de geschiedenis van het stadscentrum. Volw. $10, kind tot 17 jaar $8.

Segwaytours ▶ Another Side of San Diego Tours 3️⃣: 308 G St., tel. 619-239-2111, http://anothersideofsandiegotours.com. Excursies door verschillende delen van de stad met de futuristische Segway Personal Transporter, waarop u rechtop staat, en stuurt door uw gewicht te verplaatsen.

Boottochten ▶ San Diego Harbor Excursion 4️⃣: 1050 North Harbor Dr., tel. 619-234-4111, www.sdhe.com. Diverse rondvaarten, *brunch cruises* en *diner cruises* in de haven van San Diego en langs de kust.

Honkbal ▶ San Diego Padres 5️⃣: Petco Park, 100 Park Blvd., tel. 619-881-6500, http://san diego.padres.mlb.com. Het thuisstadion van het in de Major League spelende honkbalteam de San Diego Padres is het Petco Park (seizoen: april–sept.).

Evenementen

Whale Festival (jan.): Kleurig feest in de Embarcadero met voordelige walvisobservatietochten (www.whaledays.com).

Mardi Gras (feb.): Carnaval in het Gaslamp Quarter met optocht (www.gaslamplocal.com, kijk onder Events > Mardi Gras in the Gaslamp).

Fiesta Cinco de Mayo (mei): Mexicaans festival in Old Town met een zeer uitgebreid programma, gekostumeerde acteurs en mariachibands (www.fiestacincodemayo.com).

U. S. Open Sandcastle Competition (juli): Groots opgezette zandsculpturenwedstrijd op de Imperial Beach Pier (www.sandiego.org/event/Visitors/176).

Festival of Sail (sept.): Grote botenparade in de haven van San Diego; tegen betaling kunt u ook een bezoek brengen aan veel van de drijvende schoonheden (www.sdmaritime.org/festival-of-sail).

San Diego Bay Wine and Food Festival (nov.): Vijfdaags gourmet- en wijnfestival in het Embarcadero Marina Park North, waarbij vele topkoks hun vaardigheden tonen (http://world ofwineevents.com).

Vervoer

Vliegtuig: San Diego International Airport, 3665 N. Harbor Dr., tel. 619-400-2400, www.san.org. In 15 minuten rijdt bus 992 ($2,50) naar de binnenstad. Een taxi en de Cloud 9 Shuttlebus kosten ca. $8 (tel. 1-800-974-8885, www.cloud9shuttle.com).

Trein: Santa Fe Station, 1050 Kettner Blvd., tel. 1-800-USA-RAIL, www.amtrak.com. Op dit station stoppen de Amtraktreinen die naar Los Angeles rijden.

Bus: Greyhound Terminal, 1313 National Ave., tel. 619-515-1100.

Cruises: San Diego B Street Cruise Ship Terminal; namen van de lijnen op www.sandiego coastlife.com/attractions/san-diego-bay/other-cruise-ship-terminal.html. De haven van San Diego wordt aangedaan door negen grote cruisevaardiensten die naar Mexico, Hawaii, door het Panamakanaal en langs de oceaankust varen.

Vervoer in de stad

MTS-trolleys: Het Metropolitan Transit System exploiteert naast enkele taxidiensten ook een licht stadsspoor. De Blue, Orange en Green Line van het lokale trolleysysteem verbinden Downtown met stadsdelen als Old Town, Mission Valley, Santee, El Cajon, La Mesa, Lemon Grove en National City. De kaartjesautomaten accepteren vaak alleen gepaste bedragen. In Downtown kunt u voor $2,50 twee uur lang van alle lijnen gebruikmaken (www.sdmts.com).

De kust van San Diego

De metropool San Diego ligt dicht bij het water. De haven, die in de beschutting ligt van Point Loma Peninsula, strekt zich uit van open zee tot aan de rand van de binnenstad. Ook het schiereiland Coronado schermt San Diego Bay af van de oceaan en bezit prachtige zandstranden. De aantrekkelijk vormgegeven Mission Bay, verder naar het noorden, is een van de beste waterrecreatiegebieden van de stad.

Mission Bay ▶ 12, F 1

Kaart: blz. 197

Mission Bay Park 1

San Diego heeft wat recreatie betreft de lat zeer hoog gelegd. In de jaren 50 schiep de stad met **Mission Bay Park** een van de grootste door mensen gemaakte waterparken ter wereld, waar water en land een gelijk aandeel hebben (zie 'actief' blz. 200). Het park ligt in het noorden, waar de San Diego River uitmondt in de Grote Oceaan, en omvat de eilanden Vacation Isle en Fiesta Island, talrijke schiereilanden, stranden en jachthavens. Het is bij de inwoners van de stad een van de populairste recreatiegebieden.

Mission Beach

Mission Bay wordt van de oceaan gescheiden door het uitgestrekte **Mission Beach**. Dit smalle, ruim drie kilometer lange stuk land is wellicht het drukste zeestrand van de stad. In de zomerweekenden is het strand een soort kermisterrein voor jong en oud, waar men van de nabijheid van de zee geniet en over de betonnen *boardwalk* flaneert, waar auto's niet mogen komen. De boulevard biedt plaats aan diverse restaurants, terrassen en snackbars en leent zich uitstekend voor *people watching*. 's Zomers staat op de belangrijkste secties van het strand vanaf 9 uur 's ochtends een strandwacht paraat. De gedeelten waar

gezwommen mag worden, zijn gescheiden van de surfgedeelten. Het strand is gratis toegankelijk.

Badgasten die de strandpret willen combineren met een adrenalinekick komen op het zuidelijke deel van het Mission Beach aan hun trekken. Het **Belmont Park** is een pretpark met talloze attracties, zoals de Crazy Submarine, Chaos en de bijna 800 m lange achtbaan Giant Dipper. The Plunge geldt sinds zijn opening in 1925 als het grootste overdekte zwembad van Zuid-Californië (3146 Mission Blvd, tel. 858-228-9283, www.belmontpark.com, lente–herfst dag. 11–23 uur, volw. $26,95, kind $16 voor onbeperkte toegang tot de attracties).

Sea World

Aan Mission Bay, ongeveer 16 km ten noordwesten van het centrum van San Diego, ligt **Sea World**, de beroemdste gezinsattractie en een van de belangrijkste bezienswaardigheden van Zuid-Californië. U kunt hier gemakkelijk een dag doorbrengen zonder u een moment te vervelen. De zeedierentuin is een activiteit van het brouwerijconcern Anheuser-Busch. De bekoring ervan is te danken aan een dubbele strategie. Aan de ene kant zijn in de enorme bassins allerlei vormen van zeeleven te zien die voorkomen in de grote oceanen van de wereld; in samenwerking met internationale dieren- en milieuorganisaties wordt daarbij ook veel aan-

De kust van San Diego

dacht besteed aan de bescherming van vele diersoorten. Aan de andere kant is Sea World een spannend en opwindend amusementspark met vermakelijke dierenshows en bloedstollende attracties.

Als u het gehele parkterrein vanuit vogelperspectief wilt overzien, hebt u hiertoe zelfs twee mogelijkheden. U kunt plaatsnemen in een van de gondels van de **Skyridekabelbaan**, waarmee u 6 minuten lang over het terrein zweeft en kunt genieten van het uitzicht op Mission Bay. Nog spectaculairder is het uitzicht van het 80 m hoge uitkijkplatform van de Skytower, waarbij u tot wel 150 km ver in de omgeving kunt kijken.

Sinds jaar en dag zijn de grootste publiekstrekkers de **orkashows**, die met grote regelmaat worden opgevoerd in een waterarena in de openlucht. In Sea World leven zeven enorme orka's. Deze publakslievelingen betonen zich onder leiding van hun trainers tijdens de shows volleerde acrobaten. In de warme zomermaanden zijn vooral de dicht bij het bassin gelegen tribunebankjes zeer populair bij de bezoekende kinderen. Als de *killer whales* pijlsnel uit het water schieten en er met hun volle gewicht weer in terug plonzen krijgt het jonge volkje op de voorste rijen namelijk regelmatig een uitvoerige douchebeurt. Behalve shows met deze zwart-witte waterreuzen zijn er ook shows waarbij dolfijnen, zeehonden en zeeleeuwen de hoofdrollen vervullen (500 Sea World Dr., tel. 619-226-3901, www.seaworld.com, eind mei–begin sept. dag. 9–23, de rest van het jaar 10–17 uur, een dagkaart voor volw. kost $73, voor kind jonger dan 10 jaar $65).

Pacific Beach 2

Kaart: rechts

Ten noorden van Mission Bay ligt **Pacific Beach** 2, een stadsdeel van San Diego met ca. 40.000 inwoners. In vroeger tijden was dit een slaperig kustplaatsje, maar in de loop der jaren zijn er steeds meer mensen met een goed gevulde portemonnee neergestreken. Ook is het een trefpunt geworden van jonge, dynamische stedelingen, aangetrokken door de recreatieve waarde van dit stadsdeel met maar liefst 150 restaurants. Wie buitensporten als kajakken, fietsen, volleyballen of joggen wil combineren met een bezoek aan een terras of winkelen op Mission Boulevard, Grand Avenue of op Garnet Avenue, is in Pacific Beach aan het juiste adres (tussen Mission Beach en La Jolla, toegang gratis).

De vitaliteit van de plaats wordt jaarlijks gedemonstreerd tijdens de Pacific Beach Block Party in mei en het Pacific BeachFest in oktober, wanneer het strand verandert in een reusachtige discotheek en Garnet Avenue vol staat met kraampjes met kunst en kunstnijverheid (www.pacificbeach.org).

Crystal Pier

Aan het westelijke eind van Garnet Avenue ligt de **Crystal Pier**, die in 2007 zijn 80-jarig bestaan vierde, hoewel het einde al in 1987 leek gekomen. Door een geweldige storm stortte toen een groot deel van de constructie

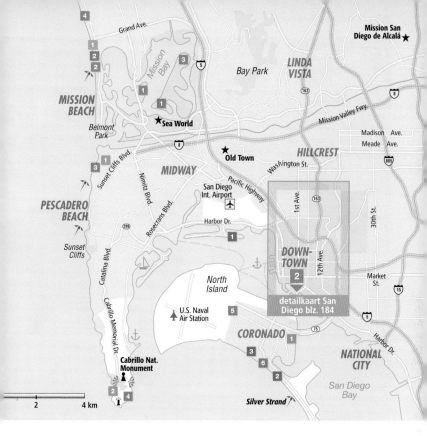

in, maar men besloot de schade te herstellen en het markante bouwwerk aan zee voor Pacific Beach te behouden. De Crystal Pier is immers geen gewone strandattractie. De historische constructie wordt niet alleen hogelijk gewaardeerd door vissers en flaneurs, maar ook door nostalgische hotelgasten, voor wie de ligging en het uitzicht belangrijker zijn dan luxe en airconditioning. Zij kunnen overnachten in een van de 29 huisjes die dateren uit de jaren 30 en waarvan de meeste direct aan de pier zijn gelegen (4500 Ocean Blvd., tel. 858-483-6983, www.crystalpier.com, half juni–sept. minimaal verblijf drie, overige maanden minimaal twee nachten, 2 pk vanaf $165).

Tourmaline Surfing Park

Ten noorden van de Crystal Pier gaat de vlakke kuststrook bij **Tourmaline Surfing Park**

over in een steile rotskust en worden de zandstranden steeds smaller. De kust hier ontleent zijn naam niet aan de edelsteen toermalijn, maar aan de gelijknamige straat die erop uitkomt. Surfers komen hier graag voor de altijd ruimschoots aanwezige golven. Vooral in de zomerweekenden wordt het park druk bezocht door de koelbloedige golvenacrobaten (www.beachcalifornia.com/turmo.html).

Ocean Beach 3

Kaart: boven

Toen enkele jaren geleden een Amerikaanse koffiebarketen een filiaal opende in **Ocean Beach** 3 leidde dat onder de plaatselijke bevolking tot menige verhitte discussie over het thema *gentrification*, de opwaardering van

197

De orkashows in Sea World zijn erg indrukwekkend

een buurt of stadsdeel op sociaal, cultureel en economisch gebied. In tegenstelling tot andere stadsdelen van San Diego hadden de oorspronkelijke bewoners van Ocean Beach blijkbaar geen enkele behoefte aan sociale herstructurering of opwaardering van hun woonomgeving. Het liefst blijft men onder elkaar en houdt men alles bij het oude. Deze houding is ook best begrijpelijk: Ocean Beach ligt een heel eind van het drukke centrum van San Diego verwijderd, zoals goed is te merken aan de gemoedelijke sfeer op de **Ocean Beach Municipal Pier** en tijdens een heerlijke tocht langs de **Sunset Cliffs** tijdens zonsondergang.

Toch is Ocean Beach ook weer niet geheel van de wereld afgezonderd. Het beste bewijs daarvoor is het feit dat hier jaarlijks rond eind juni het Ocean Beach Street Fair & Chili Cook-Off wordt gehouden, een kleurig straatfeest met livemuziek, straatkunstenaars, tentoonstellingen, honderden eettentjes en de befaamde chilikookwedstrijd.

De zee bij Ocean Beach is berucht vanwege de gevaarlijk onderstromingen. Daarom is het verstandig, als u wilt zwemmen, daarvoor het stuk strand ter hoogte van Abbott Street te gebruiken. Het Lifeguardstation hier is elke dag vanaf 9 uur bemand (sanitaire voorzieningen beschikbaar, surfen is alleen toegestaan op een daartoe aangewezen deel van het strand, toegang gratis). Het noordelijke

richting kijkt u over het vlakke Coronado Peninsula naar de stad en de bergen daarachter. In het westen ligt de eindeloze blauwgroene Grote Oceaan uitgestrekt, waar u tijdens de eerste maanden van het jaar met een goede verrekijker grijze walvissen kunt spotten op hun trek tussen de Noordelijke IJszee en Baja California in Mexico.

Coronado Peninsula 5

Kaart: blz. 197
Al meer dan een eeuw vormt het **Coronado Peninsula** 5 een trekpleister voor beroemde en minder beroemde persoonlijkheden. Keurige lanen, in weelderige tuinen verscholen villa's, deftige residenties van gepensioneerde generaals en kapiteins, elegante restaurants, speciaalzaken, aantrekkelijke terrassen en ruim 20 km strand verlenen dit deel van de stad een fotogenieke charme. Het door de oceaan omgeven schiereiland is met Downtown verbonden door de 3,5 km lange Coronado Bridge.

De enige landverbinding van het schiereiland is het smalle **Silver Strand**, dat naar het zuiden leidt. Het vormt al nauwelijks meer een scheiding tussen het zuidelijke deel van de San Diego Bay en het zoute water van de oceaan. Over de lange, smalle zandbank loopt de Silver Strand Boulevard, die uitkomt op het vasteland bij Imperial Beach. Bepaalde gedeelten van het strand zijn militair terrein, andere vormen enkele van de aantrekkelijkste stranden in de omgeving van San Diego. **Silver Strand Beach** aan de kant van de oceaan is met drie voetgangerstunnels onder de weg verbonden met het strand aan de kant van de baai, waar het water overigens niet zo schoon is (5000 Hwy 75, Coronado, tel. 619-435-5184, www.parks.ca.gov/?page_id=654, wc's en douches beschikbaar, dagkaart $10 per auto).

De noordelijke punt van het schiereiland is militair terrein en verboden gebied, omdat daar de **Naval Base Coronado** is gelegen, na Norfolk in Virginia de grootste marinebasis van de VS. Het is de thuishaven van twee vlieg-

deel van het strand kunt u beter mijden, want daar mogen hondenbezitters hun viervoeters vrij laten rondlopen.

Point Loma 4

Kaart: blz. 197
Ten zuiden van Ocean Beach wordt het heuvelachtige Point Loma Peninsula, dat als een gekromde vinger om San Diego Bay heen buigt, steeds smaller en smaller totdat het eindigt bij **Point Loma** 4. De rit ernaartoe neemt weliswaar enige tijd in beslag, maar is bij mooi weer zeker de moeite waard vanwege de fantastische vergezichten. In oostelijke

actief

Zwemmen, fietsen en joggen in het Mission Bay Park

Informatie

Start: Mission Bay Park, 2688 E. Mission Bay Dr., www.sandiego.gov/park-and-recreation/parks/missionbay

Parkgrootte: 1800 ha, waarvan 46 % land en 54 % water

Voorzieningen: 43 km kust, 30 km stranden, 32 km geasfalteerde fiets- en joggingpaden (op de kaart rood gemarkeerd); San Diego Visitor Information Center, Clairemont Dr. aan de Mission Bay; San Diego Bike Rentals, 3689 Mission Blvd., tel. 858-488-9070, vanaf $5 per uur.

Jaarlijks komen 15 miljoen bezoekers naar het **Mission Bay Park** 1 bij San Diego. Voor het grootste deel gaat het om liefhebbers van het buitenleven, die vooral komen voor de fantastische sport- en recreatiemogelijkheden. Het vernuftig aangelegde park heeft een uitstekende infrastructuur, waar alle voorzieningen aanwezig zijn. Er zijn ook hotels en motels.

In de vele baaien van de Mission Bay Park overheerst het zwemplezier. Op sommige plaatsen gaat het strand echter abrupt over in diep water. Het meest geschikt om te zwemmen is het door grote ligweiden omgeven **Bonita Cove**, waar 's zomers een strandwacht is. Het is ook een ideale plaats om te picknicken en te barbecuen, omdat er – net als op veel andere plaatsen – speciale vuurplaatsen en vaste tafels zijn. Alcoholische dranken zijn verboden. Vergelijkbaar ingericht is **Ventura Cove**. Als u tijdens het picknicken onverwacht wordt overvallen door

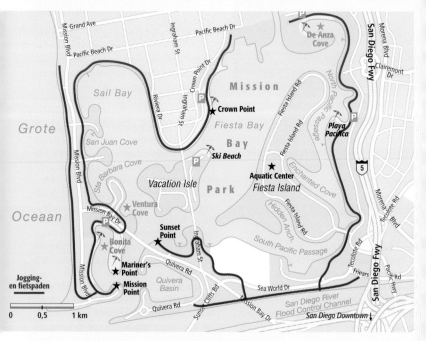

slecht weer, kunt u naar het zanderige schiereiland **Mariner's Point** vluchten, waar een groot overdekt paviljoen met tafels en stoelen beschikbaar is. Zwemmen is daar niet toegestaan, in tegenstelling tot het zuidelijker gelegen **Mission Point**. Dit lokale, nietbewaakte strand ligt aan de Mission Bay Channel, waar het water tussen de Grote Oceaan en de baai doorheen stroomt.

Sunset Point is een van de plaatsen in het park waar fiets- en joggingpaden zijn aangelegd. Via de in noordelijke richting lopende Ingraham Street bereikt u **Vacation Isle**, waar u (de naam zegt het al) veel ruimte en voorzieningen treft voor een ontspannen dag in de vrije natuur. Liefhebbers laten op dit eiland graag hun modelboten varen in de Model Yacht Pond. Het luxe Paradise Point Resort ademt met zijn palmbomen en hibiscusstruiken een tropische sfeer. U kunt zich hier laten verwennen in het vlak aan het strand gelegen restaurant Baleen. Op de noordpunt van het eiland ligt bij **Ski Beach** een startpunt voor waterskisporters, een picknickpaviljoen en een kinderspeelplaats.

Crown Point is een bewaakt strand, uitgerust met recreatieve voorzieningen. Vanhier bereikt u in een wijde boog rond de noordelijke baai **De Anza Cove**. De vele voorzieningen in dit recreatiegebied omvatten een zwemstrand, volleybalvelden, fiets- en joggingpaden, douches, banken, tafels en een lanceerplatform voor jet-skisporters. U vind hier ook een standplaats voor kampeerwagens, inclusief elektriciteit (http://missionbayrvresort. com). Niet ver van het Hilton Hotel aan het **Playa Pacifica** liggen basketbalvelden.

Op het **Fiesta Island** in het centrum van het park kunt u in het Aquatic Center (1001 Santa Clara Pl., tel. 858-488-1000, www.mba quaticcenter.com) kajaks, windsurfuitrusting, zeil- en roeiboten en alle overige watersportbenodigdheden huren.

dekschepen en het opleidingscentrum van de Navy SEALs, een speciale eenheid van de marine. Ten zuidoosten van de basis liggen de voorname wijken van Coronado rond het centrale Spreckels Park.

Hotel del Coronado [6]

Aan Coronado Beach staat het beroemdste hotel van San Diego: **Hotel del Coronado** [6] (zie blz. 202). Het werd in 1888 opgeleverd en heeft sindsdien onderdak geboden aan menig staatshoofd, captain of industry, beroemde wetenschapper en schrijver. De illustere uitvinder Thomas Edison liet zich hier graag verwennen en in 1927 vond er een banket plaats ter ere van de eerste nonstop transatlantische solovlucht van Charles Lindbergh. Enige jaren eerder zou de aankomende Engelse koning Edward VIII in dit hotel het burgermeisje Wallis Spencer Simpson tegen het lijf zijn gelopen, met wie hij in 1936 trouwde – na eerst afstand te hebben gedaan van de troon. Het luxehotel is met zijn ongewone victoriaanse torentjesarchitectuur een echte blikvanger. Het figureert dan ook in talloze films, waaronder Billy Wilders briljante komedie *Some like it hot* met Marilyn Monroe, Jack Lemmon en Tony Curtis. Ook andere groten van het witte doek, zoals Ronald Reagan, Frank Sinatra, Peter O'Toole, Barbara Hershey, Brad Pitt en Madonna hebben gelogeerd in Hotel Del, zoals het door de lokale bevolking liefkozend wordt genoemd.

Het zanderige **Coronado Beach**, waar het hotel aan ligt, is van oudsher een van de mooiste stranden van de VS (langs de Ocean Boulevard tussen de Avenida Lunar in het zuiden en het Naval Air Station in het noorden).

Informatie

Coronado Visitor Center: 1100 Orange Ave., Coronado, CA 92118, tel. 619-437-8788, www. coronadovisitorcenter.com.
www.a-zsandiegobeaches.com: Informatieve website over de mooiste stranden in en rond San Diego, met surfberichten, weerberichten en geïllustreerde kaarten.

Accommodatie

Polynesische flair ▶ **Paradise Point Resort & Spa** **1**: 1404 Vacation Rd., Mission Bay, tel. 858-274-4630, www.paradisepoint.com. De tropische inrichting van dit op een eiland gelegen vakantiehotel wordt vervolmaakt door palmen, hibiscushagen en zwembaden in de vorm van een lagune. De 462 kamers en suites zijn smaakvol en comfortabel ingericht. 2 pk vanaf ca. $260.

Filmdecor ▶ **Hotel del Coronado** **6**: 1500 Orange Ave., Coronado, tel. 619-435-6611, www.hoteldel.com. Legendarisch superhotel in victoriaanse stijl met een historische charme en moderne kamers. Het bekoorlijke terras met zwembad strekt zich uit tot de oceaankust. Het hotel heeft verschillende restaurants en winkels. 2 pk vanaf ca. $215.

Toplocatie ▶ **Surfer Beach Hotel** **2**: 711 Pacific Beach Dr., Pacific Beach, tel. 858-483-7070, www.surferbeachhotel.com. Dit hotel uit 1964 met uitzicht op zee is een geslaagde combinatie van stijl, luxe en functionaliteit. Pal voor de deur ligt de drukke Oceanfront Walk. Alle kamers zijn voorzien van kabel-tv en een koelkast. 2 pk vanaf $140.

Geen overmatig comfort ▶ **Red Roof Inn**: **3**: 4545 Mission Bay Dr., Mission Bay, tel. 858-483-4222, www.innatpacificbeach.com. Nietrokenhotel, kamers met koelkast, magnetron, koffiezetapparaat, tv, wifi, een bescheiden ontbijt. 2 pk vanaf $80.

Geweldige ligging ▶ **Beach Haven Inn** **4**: 4740 Mission Blvd., tel. 858-272-3812, www.beachhaveninn.com. Motelachtig hotel van twee verdiepingen vlakbij het strand met een zwembad op de binnenplaats. Daaromheen liggen de kamers (met keuken) gegroepeerd. 2 pk vanaf ca. $80.

Eten en drinken

Hoge kwaliteit ▶ **Island Prime** **1**: 880 Harbor Island Dr., tel. 619-298-6802, www.islandprime.com, dag. lunch 11.30–16, diner 17.30–22 of 23 uur. Stijlvol steakhouse, gebouwd op palen. Tijdens een maaltijd met Australische kreeftenstaart ($48), gegrilde zalm met zwarte *linguine* ($32) of lamsrug ($43) kunt u genieten van het uitzicht over het water. Hoofdgerechten vanaf $25.

Charmant, maar toeristisch ▶ **Coronado Boathouse** **2**: 1701 Strand Way, Coronado, tel. 619-435-0155, www.coronado-boathouse.com, zo.–do. 17–22, vr.–za. tot 23 uur. Dit restaurant, niet ver van Hotel del Coronado, is gebouwd in dezelfde stijl als het historische hotel. Het staat direct aan het water. Specialiteiten: gevulde grote garnalen ($29), Alaskaheilbot met macadamianoten ($32). Zeevruchten $27–47.

Uitstekende keuken ▶ **Primavera Ristorante** **3**: 932 Orange Ave., Coronado, tel. 619-435-0454, www.primavera1st.com, dag. 17–22.30 uur. Volgens kenners de beste Italiaan van de stad. Ook de gezellige inrichting laat niets te wensen over. Italiaanse klassiekers, maar ook vis en gevogelte. $17–30.

Winkelen

Verse lokale waar ▶ **Farmers' Market** **1**: Iedere woensdag komen in Ocean Beach op Newport Avenue tussen Cable St. en Bacon St. boeren uit de omgeving groenten, fruit en bloemen verkopen.

Uitgaan

Gezellige bar ▶ **Pacific Beach Bar** **1**: 860 Garnet Ave., tel. 858-272-4745, http://pbbarandgrill.com, dag. 11–2 uur. Overdag restaurant met Amerikaanse en Mexicaanse gerechten, 's avonds een sportcafé en een populaire ontmoetingsplaats voor jongeren. Op tientallen video- en televisieschermen worden actuele sportwedstrijden uitgezonden.

Actief

Zwemmen, fietsen, lopen ▶ **Mission Bay Park** **1**: Zie 'actief' blz. 200.

Golf ▶ **Coronado Municipal Golf Course** **1**: Tel. 619-435-3121, www.golfcoronado.com. Deze onder het westelijke bruggenhoofd van Coronado Bridge gelegen 18 holesgolfbaan is dagelijks geopend.

Wandeling ▶ **Point Loma** **2**: Zie 'actief' rechts.

Vervoer

Veerboot: De Coronado Ferry Landing (oostelijke einde van 1st St.) op het Coronado Pen-

Outdoorparadijs: Point Loma

Informatie

Start: Cabrillo National Monument, Visitor Center, 1800 Cabrillo Memorial Dr., tel. 619-557-5450, www.nps.gov/cabr, dag. 9–17 uur, $5 per auto)

Afstand: Ca. 4 km te voet (een kortere weg is mogelijk), 3 km met de auto

Duur: 2–3 uur.

Uitrusting: Voor de excursie naar de getijdepoelen zijn vanwege de gladde grond schoenen met goede zolen aanbevolen

Het slechts een halve vierkante kilometer grote Cabrillo National Monument op de zuidpunt van het schiereiland **Point Loma** 2 is niet alleen een historisch monument, maar ook een geweldig outdoorparadijs. Nadat u de historische tentoonstelling in het Visitor Center hebt bestudeerd, het daar vlakbij gelegen, meer dan 4 m hoge, ca. 7 ton zware **Cabrillo-monument** hebt bezichtigd en het uit 1854 daterende **Old Point Loma Lighthouse** met een bezoek hebt vereerd, kunt u in de frisse zeelucht genieten van de natuurlijke attracties van het schiereiland. Op heldere dagen biedt Point Loma een uniek uitzicht over het hele stadslandschap tot aan de San Bernadino Mountains.

Als u een goede verrekijker of een camera met een telelens hebt, dan kunt u vooral aan het begin van het jaar vanaf het uitkijkpunt **Whale Overlook** grijze walvissen voorbij zien trekken tijdens hun seizoensgebonden migraties. De beste tijd daarvoor is van half december tot maart. De ervaring leert dat de meeste van deze enorme zoogdieren half januari langs het schiereiland Point Loma komen.

Vanaf het uitkijkpunt is een korte wandeling mogelijk via de in totaal 3,2 km lange **Bayside Trail**. De wandeling biedt een goede gelegenheid om het bijzondere ecosyteem van de kust te leren kennen. In de zomerhitte oogt het landschap dor, maar na de eerste winterregens tooit het zich met fris groen en kleurige bloemen (febr.–mei).

Vanaf de ingang van het National Monument voert een asfaltweg over de westflank van het schiereiland omlaag tot aan de kustlijn. U kunt uw auto parkeren op een van de drie parkeerplaatsen. Daar vandaan wandelt u naar een van de kleine en grotere **getijdenpoelen** *(tide pools)*. Getijdepoelen zijn inzinkingen in de rotsachtige bodem langs de kustlijn. Tijdens eb blijven in het restwater kleine dieren zoals mosselen, krabben, zeesterren en zeeslakken achter. Pas bij de volgende vloed worden de zeedieren weer uit hun tijdelijke gevangenschap bevrijd. Het is niet toegestaan om de dieren mee te nemen. Raadpleeg voor de beste tijd voor een bezoek aan de getijdenpoelen een getijdenkalender, of informeer bij het bezoekerscentrum. Parkwachters bieden rondleidingen aan langs deze vensters op de onderwaterwereld van de Grote Oceaan.

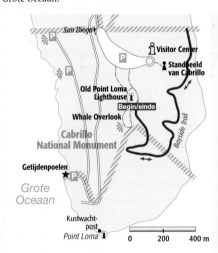

La Jolla en North San Diego County

Californiërs zien de 65 kilometer lange kuststrook tussen San Diego en Oceanside als de Amerikaanse tegenhanger van de Franse Rivièra. Net als de meeste van dit soort vergelijkingen gaat ook deze mank, maar wel staat vast dat de oceaankust van het zogenaamde North County met plaatsen als Del Mar, Carlsbad en Oceanside tot de bekoorlijkste gedeelten van de Zuid-Californische kust behoort.

La Jolla ▶ 13, A 4

De detectiveschrijver Raymond Chandler woonde de laatste dertien jaar van zijn leven (van 1947 tot 1959) in een huis op nummer 6005 aan de Camino de la Costa in **La Jolla**. Zeer gecharmeerd van de sfeer ter plaatse moet hij overigens niet zijn geweest: hij beschreef zijn laatste woonplaats als een stad waar oudere mensen nog bij hun ouders wonen. Chandler was trouwens niet de enige beroemdheid die deze voorstad van San Diego als woonplaats koos. In 1967 opende dr. Jonas Salk hier een onderzoeksinstituut, dat nu deel uitmaakt van een aanzienlijke plaatselijke biomedische en biotechnische industrie. Salk werd in de jaren 50 wereldberoemd door de uitvinding van een vaccin tegen kinderverlamming, dat hij bij zichzelf en zijn eigen gezin had getest.

La Jolla is de laatste decennia aanmerkelijk veranderd. Het stadje met een kleine 30.000 inwoners is vanouds een conservatief bolwerk van mensen met goede oudedagsvoorzieningen en welgevulde spaarrekeningen, die het actieve arbeidsleven vaarwel hebben gezegd. Tegelijkertijd maakt het stadje met zijn kronkelige straten, Spaans-Mexicaanse architectuur, verzorgde tuinen en een aan Zuid-Europa herinnerende charme in de ogen van veel bezoekers een bijna on-Amerikaanse indruk. Skimboarden en surfen is erg populair op de stranden van La Jolla.

Museum of Contemporary Art

Als u over de centrale Prospect Street of Garnet Avenue wandelt, krijgt u het levendige aspect van La Jolla te zien, met zijn bruisende kunst- en cultuurscene en gastronomische etablissementen. Het middelpunt daarvan wordt gevormd door de dependance van het **Museum of Contemporary Art** in San Diego, met een verzameling schilderijen, beeldhouwwerken, fotografie en multimediale installaties. Extra aandacht krijgen de regionale en Latijns-Amerikaanse kunst (700 Prospect St., tel. 858-454-3541, www.mcasd.org, dag. behalve wo. 11–17, derde do. van de maand 17–19 uur, bezoekers jonger dan 25 jaar gratis, volw. $10). Verder zijn er nog tientallen galeries, antiekzaken, modeboetieks, prijzige hotels en elegante restaurants.

Coast Walk

De meeste bezoekers komen echter niet naar La Jolla voor kunst en cultuur, maar voor de natuur: om te flaneren over de **Coast Walk** langs de steile kust, om de frisse, zilte zeelucht op te snuiven. Zo'n wandeling is alleen al de moeite waard vanwege de **Children's Pool**, een kleine baai, beschut door een havenhoofd, waar vroeger gezinnen met kinderen veilig konden badderen. Maar die tijd is allang voorbij, want jaren geleden hebben kolonies zeehonden en zeeleeuwen het strand in bezit genomen. Ze liggen er te zonnebaden en brengen er hun kleintjes groot. Het is een van de grootste publiekstrekkers van dit deel van de kust (850 Coast Blvd.).

Sunny Jim Cave

Aan de steile, verweerde kust van La Jolla liggen zeven door de branding uitgeholde grotten. Enkele daarvan zijn bereikbaar per kajak – slechts één, **Sunny Jim Cave**, is ook te voet toegankelijk. Vanuit een souvenirwinkel leiden 145 treden door een aan het begin van de 20e eeuw door mensenhanden uitgehakte tunnel naar de verlichte grot. Hij vormt een plastische illustratie van het brute geweld waarmee de bulderende golven de afgelopen 200.000 jaar de grotten in het 75 miljoen jaar oude zandsteen van de rotskust hebben uitgehold (1325 Cave St., tel. 858-459-0746, www. cavestore.com, dag. 10–17 uur, volw. $4, kind jonger dan 16 jaar $3).

Birch Aquarium at Scripps

Het **Birch Aquarium at Scripps** beschikt over meer dan 60 bassins, waarin op spannende en tegelijkertijd leerzame wijze het exotische leven in de oceaan wordt gepresenteerd. Van de wereldwijd 370 bekende soorten haaien zijn er in La Jolla heel wat te zien, waaronder de voor de Californische kust voorkomende luipaardhaai met zijn opvallende tekening. De experts van het Aquarium zijn er met veel moeite in geslaagd zelfs hun eigen koraal te kweken, dat een tropisch rif moet vormen. Om een bezoek zo onderhoudend mogelijk te maken heeft het Aquarium speciale programma's samengesteld, zoals een kajaktocht onder leiding van een gids en tochten waarbij walvissen kunnen worden gespot in de wateren voor de kust.

Tot de hoogtepunten behoren de momenten dat de dieren worden gevoederd. Duikers dalen daarbij af in een 250.000 liter groot zeewaterbassin met zijn grandioze kelpwoud om de daar levende vissen hun maaltijd te serveren. In het Splash Café kunt u zelf iets gebruiken (2300 Expedition Way, tel. 858-534-FISH, http://aquarium.ucsd.edu, dag. 9–17 uur, voedertijden di. en do. 12.30, za. 14 en zo. 10.30 uur, volw. $14, kind jonger dan 18 jaar $9,50).

Torrey Pine State Reserve

Enkele decennia geleden werd een plaatsje in dit gebied tot natuurreservaat verklaard, omdat daar (en op het Channel Island Santa Rosa) nog enkele exemplaren voorkwamen van de nagenoeg verdwenen naaldboomsoort *Pinus torreyana*. In het bezoekerscentrum van het huidige **Torrey Pine State Reserve** is een klein museum ingericht met als thema de culturele en natuurlijke historie van het gebied. Rond het adobegebouw uit 1923, dat vroeger een restaurant was, staan veel bomen en struiken die kenmerkend zijn voor de vegetatie in deze regio.

U kunt het gebied verkennen via wandelpaden met een lengte van in totaal 13 km. De **Broken Hill Trail** voert bergafwaarts naar een plaats bij het strand waar het kleine rotseilandje Flat Rock uit de zee omhoog rijst. Ook de **Beach Trail** meandert naar de kust om uit te komen bij Yucca Point, waar u kunt genieten van het uitzicht langs de kustlijn en op La Jolla. In het uiterste zuiden ligt het **Black Beach**, een onofficieel naaktstrand (N. Torrey Pines Rd., tel. 858-755-2063, www.torreypine. org, dag. 8 uur tot zonsondergang, toegang tot het park $10 per auto).

Informatie

La Jolla Visitor Center: 7966 Herschel Ave., La Jolla, CA 92037, tel. 619-236-1212, www. lajolla bythesea.com.

Accommodatie

Fantastisch ▶ **Lodge at Torrey Pine:** 11480 N. Torrey Pine Rd., tel. 858-453-4420, www.lodge torreypines.com. Deze schitterend gelegen *lodge* met 170 kamers en suites bestaat voor een groot gedeelte uit een zeer stevige houten constructie en is een van de exclusiefste hotels in het gebied rond San Diego. Zelfs het buitenbad is iets bijzonders, omdat u in zeewater en niet in chloorwater zwemt. Direct voor de deur ligt een 18 holesgolfbaan. Vanaf ca. $400.

Pure luxe ▶ **Hotel Parisi:** 1111 Prospect St., tel. 858-454-1511, www.hotelparisi.com. Dit luxehotel met 20 kamers biedt een all-inverwenpakket voor gestreste reizigers: yogamassages,

Thaise massages, fitness en wellness. Elke kamer is voorzien van snel internet. 2 pk vanaf ca. $245.

Eten en drinken

Het beste uit de zee ▶ George's California Modern: 1250 Prospect St., tel. 858-454-4244, www.georgesatthecove.com, dag. lunch en diner. De keuken van dit restaurant wordt tot de beste van Zuid-Californië gerekend. Op de kaart staat elke avond een specialiteit van de chef. De beste plaatsen zijn die op het terras met uitzicht over de zee. Hoofdgerecht ca. $50.

Chic en lekker ▶ Roppongi Restaurant & Sushibar: 875 Prospect St., tel. 858-551-5252, www.roppongiusa.com, dag. lunch en diner. De specialiteiten die dit restaurant dagelijks serveert getuigen onmiskenbaar van Aziatische, Chinese en Polynesische invloeden. Hoofdgerecht ca. $20–36.

Gezellig en eenvoudig ▶ Rock Bottom Restaurant & Brewery: 8980 Villa La Jolla Dr., tel. 858-450-9277, www.rockbottom.com, lunch ma.–vr. 11–16, za.–zo. 11.30–16, diner zo.–do. 16–22, vr.–za. 16–23 uur, happy hour dag. 16–19, 22–24 uur. Stevige Amerikaanse gerechten, zoals steaks van de grill, hamburgers, spareribs, pizza's, salades, maar ook Creoolse jambalaya en taco's en prima desserts. Het bier komt uit de eigen brouwerij. Hoofdgerecht ca. $14.

Winkelen

Antiek ▶ King and Company: 7470 Girard Ave., tel. 858-454-1504, geen website. Antiekzaak met decoratieve voorwerpen uit de VS, Europa en het Verre Oosten.

Top designerlabels ▶ Mister B: 7925 Girard Ave., tel. 858-454-3310, www.misterbattheranch.com. Europese herenmode van bekende merken zoals Hugo Boss, Pal Zileri, Bernard Zins, Zanella en Pancaldi.

Alles onder één dak ▶ Westfield UTC: 4545 La Jolla Village Dr., ma.–vr. 10–21, za. 10–20, zo. 11–19 uur. In dit enorme winkelcentrum met 188 afzonderlijke winkels, vijf restaurants en een *food court* kunt u gemakkelijk een dag doorbrengen.

Uitgaan

Historische hotelbar ▶ Whaling Bar: 1132 Prospect St., tel. 858-551-3765, www.lavalencia.com. Het café van het historische La Valencia Hotel doet met zijn nautische inrichting denken aan een Engelse pub. De keuken is 's middags en 's avonds geopend. Onder de drankjes geniet de *whaler*-cocktail (vermoedelijk een mix van brandy, kahlua en roomijs) een cultstatus. De barkeeper bewaakt de precieze receptuur van de cocktails als waren het staatsgeheimen.

Podium voor beroemdheden ▶ La Jolla Playhouse: 2910 La Jolla Village Dr., tel. 858-550-1010, www.lajollaplayhouse.org. Dit theater werd in 1947 door de acteur Gregory Peck opgericht. Het is een van de meest gerenommeerde schouwburgen van San Diego.

Actief

Surfen ▶ Windansea Beach: 6800 Neptune Place, www.sandiego.gov/lifeguards/beaches/windan.shtml, toegang gratis. Dit door zandsteenkliffen omgeven strand geldt onder surfers als een insidertip. Dat komt ook door de rotsen die zich voor het strand vanaf de zeebodem verheffen, waardoor er grote brekers ontstaan. De strandwacht is alleen 's zomers in de weekenden actief. Er zijn geen wc's of douches.

Golf ▶ Torrey Pines Golf Course: 11480 N. Torrey Pines Rd., tel. 858-452-3226, www.torreypinesgolfcourse.com. Hoog boven de kliffen gelegen golfbaan (twee keer 18 holes) met schitterende vergezichten.

Wellness en fitness ▶ Gaia Day Spa: 1299 Prospect St., tel. 858-456-8797, www.gaiaoasis.com. Voor een dagje ontspanning volgens de beginselen van feng shui bent u in deze wellnessoase aan het juiste adres.

Evenementen

Nations of San Diego International Dance Festival (jan./feb.): Uitbundig festival van etnische dans in Zuid-Californië op de universiteitscampus.

La Jolla Art Festival (juni): Groot festival met tentoonstellingen op het gebied van kunst en cultuur en tal van etensstalletjes. De op-

In de Children's Pool liggen zeeleeuwen op het warme zand te luieren

brengsten zijn bestemd voor gehandicapten (www.lajollaartfestival.org).

Del Mar ▶ 13, A 4

Het 4500 inwoners tellende dorpje **Del Mar** met zijn 5 km lange zandstrand heeft zijn ontstaan eind 19e eeuw te danken aan twee factoren: de aanleg van een spoorlijn tussen San Bernardino en San Diego, en het idee van toenmalige projectontwikkelaars om de uitzonderlijke schoonheid van de omgeving te gelde te maken door een complete badplaats uit de grond te stampen.

Vanaf de jaren 20 logeerden in de inmiddels verrezen hotels regelmatig Hollywoordsterren, destijds nog van de stomme film, die rust en ontspanning zochten aan het strand. De ontwikkeling van het plaatsje kwam vooral in de jaren 30 in een stroomversnelling, toen men een geschikte locatie zocht

voor de San Diego County Fair en die vond in Del Mar. De beurs vindt nog altijd jaarlijks plaats in de maanden juni en juli (www.sdfair.com).

Hippodroom

Een nog belangrijkere rol in de ontwikkeling van het plaatsje op lange termijn speelde de oprichting van de Del Mar Thoroughbred Club en de aanleg van een **paardenrenbaan** op slechts een steenworp afstand van de kust. De beroemde zanger en acteur Bing Crosby had hierbij een belangrijke vinger in de pap. De paardenrenweken, die hartje zomer worden gehouden, zijn niet alleen een sportieve gebeurtenis, maar ook een societyevenement. Dat geldt vooral voor de openingsdag van het nieuwe seizoen, die bekend staat als Hat Day. En dat is niet zo gek, want het is inmiddels vaste traditie dat op die dag modebewuste hippodroombezoeksters tot groot genoegen van het soms wel 40.000 koppige publiek met

207

Een idyllische baai aan de kust van La Jolla

de creatiefste hoofddeksels de aandacht op zich trachten te vestigen (2260 Jimmy Durante Blvd., tel. 858-755-1141, www.dmtc.com).

Solana Beach ▸ 13, A 4

Al jaren doen de 13.000 inwoners van de kustplaats **Solana Beach** hun best om hun woonplaats niet te laten verpesten door de talloze langs de wegen opgestelde reclameborden en de trieste resultaten van de spuitorgies van zelfbenoemde graffitikunstenaars. Ten slotte hebben de stadsverbeteraars maar echte kunstenaars aangetrokken om kleurloze schakelkasten van nutsbedrijven, grauwe muren en betonnen oppervlakken te beschilderen of met mozaïeken te verfraaien. De **Coastal Rail Trail**, een oud spoortracé, is op deze manier onder professionele handen veranderd in een

nert aan het feit dat Solana Beach begin vorige eeuw nog een agrarisch gebied was, waar voornamelijk avocado's werden verbouwd.

Rancho Santa Fe ► 13, A 4

Ten oosten van Solana Beach ligt aan de voet van het kustgebergte **Rancho Santa Fe** een idyllische miljonairsenclave waar het lidmaatschap van de plaatselijke golfclub $300.000 moet kosten. De basis van dit exclusieve plaatsje werd gelegd door een spoorwegmaatschappij, die in het verleden op het terrein productiebossen met eucalyptusbomen liet aanplanten, waarvan bielzen voor de spoorrails gemaakt zouden worden. Toen het hout voor dit doel bij nader inzien te zacht bleek, liet men er een gastenverblijf in Spanish Revivalstijl van bouwen, dat in 1940 overging in particuliere handen en werd verbouwd tot hotel. Intussen zijn er andere ranches en villa's bijgekomen. Samen vormen zij een klein maar beslist aangenaam plaatsje.

Accommodatie

Vipoase ► **Inn At Rancho Santa Fe:** 5951 Linea del Cielo, Rancho Santa Fe, CA 92067, tel. 858-756-1131, www.theinnatrsf.com. In de jaren 20 koos het filmpaar Mary Pickford en Douglas Fairbanks dit hotel tot vaste residentie. Sindsdien hebben in dit exclusief vormgegeven etablissement koningen en presidenten, first ladies en filmsterren gelogeerd. Er zijn 87 prachtig ingerichte kamers (niet-roken), voorzien van alle mogelijke comfort. 2 pk vanaf $200.

openbare kunstroute, die overspannen wordt door sierlijk vormgegeven houten bogen.

Winkelen

Vers van de boerderij ► **Farmers' Market:** hoek Cedros Ave. & Rosa St., www.ci.solana-beach.ca.us. Op zondagmiddag doen de plaatselijke bewoners inkopen op deze traditionele boerenmarkt waar verse groente, fruit en bloemen worden verkocht. De markt herin-

Encinitas ► 13, A 4

Het met een mild klimaat gezegende stadje **Encinitas** heeft zichzelf uitroepen tot Flower Capital of the World. Schaamteloze zelfoverschatting misschien, maar de talloze tuinbouwbedrijven leggen zich met hun enorme kassen jaar in jaar uit toe op de kweek van plantjes die in het voorjaar in het hele land aftrek vinden.

San Diego Botanic Garden en Swami's Beach

Voor liefhebbers van exotische planten is de **San Diego Botanic Garden** een must. In het complex zijn regenwouden, bossen met zeldzame bamboesoorten, een woestijntuin met allerlei soorten cactussen, een afdeling voor vetplanten en een subtropische boomgaard ondergebracht (230 Quail Gardens Dr., tel. 760-436-3036, www.sdbgardens.org, dag. 9–17 uur, volw. $12, kind 3–13 jaar $6).

Behalve voor hobbytuiniers is Encinitas ook interessant voor watersporters. Surfers kunnen hun hart ophalen op het ten zuiden van het Seacliff Roadside Park gelegen **Swami's Beach**. De extreme branding heeft een grote aantrekkingskracht op stoere golvenridders (tel. 760-633-2740, www.beachcalifornia.com/swami. html).

Evenementen

Oktoberfest: Mountain Vista Dr. & El Camino Real. Een vochtig evenement van geheel andere aard beleeeft de bezoeker tijdens het jaarlijkse Oktoberfest (www.encinitasoktober fest.com).

Carlsbad ▶ 13, A 3

In de jaren 1880 stuitte een putdelver bij toeval op een waterader. Toen men ontdekte dat de minerale samenstelling van het water interessant was voor kuurders, dacht men meteen aan het beroemde Tsjechische kuuroord Karlsbad en gaf de plaats dezelfde naam. De vondst voldeed echter bij lange na niet aan de verwachtingen en de plaatselijke bedrijvigheid op kuurgebied kwam niet echt van de grond. Een decoratief overblijfsel uit de oude tijd is het sinds 1882 in een fraai vakwerkhuis gevestigde **Carlsbad Mineral Water Spa**, met badinrichtingen deels in oriëntaalse stijl (2802 Carlsbad Blvd., tel. 760-434-1887, www.carlsbadmineralspa.com, dag. 9–18 uur). Door de ligging direct aan de oceaankust bleef de plaats met waterrecreatie verbonden. Bovendien liggen zowel aan de noord- als de zuidrand van het stadje twee grote lagunes.

Flower Fields

Carlsbad kreeg een grote bekendheid door zijn tuinbouwbedrijven, met name de bloementeelt. Jaar in jaar uit komen er zo'n 150.000 bloemenliefhebbers naar de **Flower Fields**, een soort Keukenhof, om te wandelen door de gigantische velden vol bloemen in alle mogelijke kleuren. Slechts ca. 2% van de bloemen wordt ook daadwerkelijk verkocht, want het gaat eigenlijk om de productie van de bloembollen (5704 Paseo del Norte, tel. 760-431-0352, www.theflowerfields.com, mrt.–mei dag. 9–17 uur, volw. $11, kind 3–10 jaar $6).

Legoland

Voorbij de toegangspoorten van **Legoland** strekt zich een bonte wereld uit van plastic. Knappe legobouwers hebben hier met miljoenen kunststof steentjes van het bekende speelgoed allerlei imposante werkstukken vervaardigd: exotische dieren, sprookjesfiguren als Roodkapje, Hans & Grietje en Sneeuwwitje, miniaturen van steden als San Francisco en New York, en wereldberoemde bezienswaardigheden als Mount Rushmore, het Vrijheidsbeeld, de Taj Mahal en de Eiffeltoren. De nieuwste publiekstrekker is de beroemde rij hotels in Las Vegas in miniatuurformaat, waar 2 miljoen legosteentjes en 16.000 manuren werk in zitten. Natuurlijk ontbreken ook attracties als de achtbaan Bionicle Blaster niet, tegenwoordig in bijna elk pretpark een verplicht onderdeel (1 Legoland Dr., tel. 760-918-5346, www.california.legoland.com, 's zomers 10–20 uur, de rest van het jaar korter, volw. $72, kind 3–12 jaar $62).

Informatie

Carlsbad Chamber of Commerce: 5934 Priestly Dr., Carlsbad, CA 92008, tel. 760-931-8400, fax 760-931-9153, www.carlsbad.org.

Accommodatie

Droomlocatie ▶ Beach Terrace Inn: 2775 Ocean St., tel. 760-729-5951, http://beachter raceinn.com. Het enige direct aan de kust gelegen hotel beschikt over 49 eenkamersuites en een terras met zwembad aan de kant van

Tip: Logeren in het Wild Animal Park

Het zou zo een scène kunnen zijn uit de film *Out of Africa:* vanaf de verhoging, waar het tentenkamp is opgezet, dwaalt de blik over het dauwfrisse savannelandschap. Een geur van vochtig gras overheerst, waarvan de eerste zonnestralen de dauw doen verdampen. Twee giraffen lopen op stakerige poten door het beeld, terwijl een kleine kudde impala's graast in buurt van enkele gnoes. Nu en dan heffen zij de kop op en laten hun blik vallen op een neushoorn, die verderop in de zon staat als een levend monument voor de fauna van donker Afrika.

Geen slecht begin van de dag, als u niet wordt gewekt door de wekker, maar door een brullende leeuw. Toch is Afrika ver weg. Het **Wild Animal Park** (▶ 13, B 3), dat onderdeel uitmaakt van de San Diego Zoo, ligt in de buurt van Escondido, in het achterland ten oosten van Oceanside.

Veel dierentuinen, musea en aquaria in Zuid-Californië organiseren sinds enige jaren zogenaamde *sleepover*-programma's, waarbij de bezoekers kunnen overnachten bij de betreffende instelling. Een van de aantrekkelijkste mogelijkheden in dit genre is logeren in het Wild Animal Park. De diverse categorieën tenten zijn voorzien van bedden en ander meubilair en (naar gelang het jaargetijde)

van kachels dan wel ventilatoren. De prijs van zo'n echt Californisch Afrika-avontuur ligt in de buurt van dat van een verblijf in een beter hotel inclusief diner. Het voordeligst zijn de tenten met kunststof matten en gedeelde douches.

Een vast onderdeel van zo'n zogeheten *roar-and-snore*-programma vormen verschillende rangerbijeenkomsten op Kilima Point. Na een eenvoudige avondmaaltijd aan een campingtafel vermaken medewerkers van het park het publiek met spannende verhalen over de wilde dieren en krijgen kinderen de gelegenheid ongevaarlijke parkbewoners te aaien. Tegen een uur of 10 's avonds trekken de meeste kampeerders zich terug in hun tent, om de nu en dan in de verte brullende leeuwen concurrentie aan te doen. Om een uur of 6 wordt iedereen gewekt. Een uur later zitten de gasten weer bij Kilima Point aan roerei, worstjes en vers fruit. Nog voordat de poorten van het park voor de dagelijkse bezoekers opengaan, vertrekken de kampeerders alweer met de rangers voor een bijzondere excursie (15500 San Pasqual Valley Rd., tel. 619-718-3000, www.sdzsafaripark.org/safaritickets/roar_snore.html, de kosten zijn afhankelijk van het aanbod en zijn na te lezen op de website).

het strand. Veel suites zijn voorzien van een keukentje en een balkon. 2 pk met klein ontbijt vanaf $120.
Gezellige B&B ▶ **Pelican Cove Inn:** 320 Walnut Ave., tel. 760-434-5995, www.pelican-cove.com. De 10 kamers (niet-roken) hebben alle een eigen badkamer. 2 pk incl. ontbijt vanaf $100.
Beproefde kwaliteit ▶ **Ramada Suites:** 751 Macadamia Dr., tel. 760-438-2285, http://ramadacarlsbad.com. Veel kamers zijn uitgerust met een kitchenette, kabel-tv, draadloos internet, een magnetron, een broodrooster en een koffiezetapparaat. Het hotel beschikt over een cafetaria, een fitnessruimte en een buitenbad. 2 pk met ontbijt vanaf $90.

Keurig ketenmotel ▶ **Motel 6 Downtown:** 1006 Carlsbad Village Dr., tel. 760-434-7135. www.motel6.com. Budgetmotel met standaardkamers. 2 pk $52.

Eten en drinken

Verdienstelijke keuken ▶ **West Steak Seafood and Spirits:** 4980 Avenida Encinas, tel. 760-930-9100, www.weststeakandseafood.com, zo.–do. 16.30–22, vr.–za. tot 23 uur. De Italiaanse chef-kok kan prima uit de voeten met vis en zeevruchten. Daarnaast ook heerlijke steaks, lamskoteletten en gebraden Nieuw-Zeelands hert. $30–50.
Romantische sfeer ▶ **Cafe Sevilla:** 3050 Pio Pico Dr., tel. 760-730-7558, www.cafesevilla.

com, dag. lunch en diner. Spaanse gerechten en tapas, van wo. tot zo. *dinnershows* met flamencovoorstellingen en tango. Vanaf ca. $18.

Stevige kost ▶ Daily News Café: 3001 Carlsbad Blvd., tel. 760-729-1023, www.dailynewscafe. com, dag. 6.30–16 uur. Vanwege de uitgebreide ontbijtkaart bij uitstek geschikt voor ochtendmensen. Langslapers kunnen hier ook lunchen, want de keuken is tot laat in de middag geopend. $5–12.

Winkelen

Grote keuze ▶ Carlsbad Village Art & Antique Mall: 2752 State St., www.carlsbadartandantiques.com, dag. 10.30–17 uur. Circa 100 winkels met kunstnijverheid, antiek, decoratie, souvenirs en geschenken.

Korting ▶ Carlsbad Premium Outlets: Centrum met 90 fabriekswinkels voor kleding, schoenen, tassen en accessoires (5620 Paseo del Norte, www.premiumoutlets.com, dag. 10–20 uur).

Oceanside ▶ 13, A 3

Sinds jaar en dag laat het 165.000 inwoners tellende **Oceanside** zich erop voorstaan de langste houten pier (592 m) van de Amerikaanse Westkust te bezitten. De geschiedenis van de plaats gaat terug tot het jaar 1888, toen de eerste steiger werd aangelegd ter hoogte van de huidige Wisconsin Avenue. Nog vier andere aanlegsteigers vielen ten prooi aan de zware stormen die het gebied regelmatig teisteren en waarover de inwoners hele verhalen kunnen vertellen. Het is 5 minuten lopen naar het einde van pier nr. 5, waar familierestaurant Ruby's Diner uitnodigt tot een smakelijk vismaaltijd of een kleine snack (www.rubys.com).

Voor 50 cent kunt u zich ook door een shuttle over de hobbelige houten planken laten brengen. Wandelen is echter veel leuker, omdat u dan kunt genieten van de maritieme charme en het betoverende uitzicht. Romantisch aangelegde mensen kunnen de pier 's avonds bezoeken om van de prachtige zonsondergang te genieten.

Musea

Oceanside kent twee musea. Het **Oceanside Museum of Art** in Downtown is gevestigd in een gebouw uit de jaren 30. De komende tijd is er een grote verbouwing gaande waarbij het museum wordt uitgebreid met nieuwe vleugels. Zolang zijn er alleen tijdelijke tentoonstellingen (704 Pier View Way, tel. 760-435-3720, www.oma-online. org, di.–za. 10–16, zo. 13–16 uur, $8).

Het van 1986 daterende **California Surf Museum** houdt zich bezig met alle mogelijke aspecten van de surfsport. Er zijn bijvoorbeeld tentoonstellingen over het door de tijden heen veranderende ontwerp van surfplanken, over de grote pioniers van deze tak van sport en exposities met spectaculaire actiefoto's (312 Pier Way, tel. 760-721-6876, www.surfmuseum.org, dag. 10–16 uur, toegang $5).

Mission San Luis Rey de Francia

De lange geschiedenis van Oceanside gaat terug op een van de grootste historische missieposten van Californië, de **Mission San Luis Rey de Francia**. Het complex werd in 1798 gesticht door pater Fermin Lasuen als de achttiende post aan de Camino Real. De naam van de missiepost komt van Lodewijk IX, koning van Frankrijk en beschermer van de orde der franciscanen. Zijn beeld staat in het museum. Op geen enkele andere zendingspost in de VS woonden zoveel indianen als in San Luis. Ten tijde van zijn bloeiperiode leefden hier 3000 mensen, aangetrokken voor uiteenlopende arbeidstaken.

In de tuin van de nog steeds door paters bewoonde post staat de oudste peperboom *(Schinus molle)* van Californië, geplant in 1830. In het museum zijn religieuze kunst en diverse leerzame tentoonstellingen te zien: over het pioniersleven op de missiepost, over de periode van de Mexicaanse secularisatie en over de periode tijdens de Mexicaans-Amerikaanse oorlog, toen de missiepost tijdelijk een Amerikaanse militaire buitenpost was (4050 Mission Ave., tel. 760-757-3651, www. sanluisrey.org, museum dag. 10–17 uur, volw. $5, kind jonger dan 18 jaar $3).

Informatie

Oceanside Chamber of Commerce: 928 N. Coast Hwy, Oceanside, CA 92054, tel. 760-722-1534, veel informatie op de website www.oceansidechamber.com.

Accommodatie

Goede keus ▶ La Quinta Inn: 937 N. Coast Hwy, tel. 760-450-0730, www.laquintaocean side.com. Vrij nieuw hotelcomplex niet ver van het strand. De kamers (niet-roken) zijn uit-gerust met een magnetron, kabel-tv, een schrijfbureau, een koffiezetapparaat en snel internet. 2 pk met ontbijt vanaf $189.

Klein, maar heel verzorgd ▶ Harbor Inn and Suites: 1401 N. Coast Hwy, tel. 760-722-1244, www.harborinnoceanside.com. Motel van twee verdiepingen onder adequate leiding. Inter-net, magnetron, koelkast en tv behoren tot de standaarduitrusting. 2 pk vanaf $60.

Uitgaan

Casino ▶ Ocean's Eleven: 121 Brooks St., tel. 1-888-439-6988, www.oceans11.com. In dit ca-sino kunt u uw geluk beproeven bij diverse kaartspelen, zoals poker, blackjack en bacca-rat. Wo.-zo. avond live-entertainment

Actief

Surfen en surfwedstrijden ▶ World Bodysur-fing Championships: Bij de Oceanside Pier, tel. 800-350-7873 of 760-722-1534, www.world bodysurfing.org. Half/eind aug. komen de surfgroten uit de hele wereld hier naartoe voor een spannende wedstrijd. **Longboard Surf Club Competition:** Bij de Oceanside Pier, www. oceansidelongboardsurfingclub.org. De surf-wedstrijden trekken 's zomers duizenden be-zoekers naar de stad. Het is ook een populair surfgebied.

Wijnproeven ▶ Belle Marie Winery: 263 12 Mesa Rock Rd., Escondido, www.bellemarie. com. In het achterland van Oceanside kunt u in de omgeving van Escondido een heuvel-achtige wijnregio bezoeken. Hier zijn diverse wijnbouwbedrijven actief. Via Hwy. 78. **Orfila Vineyards:** 13455 San Pasqual Rd., www.or fila.com. Bij dit bekroonde wijnhuis kunt u het ter plaatse geproduceerde druivennat ook proeven.

Surfen is voor veel Californiërs een dagelijkse bezigheid

Zabriskie Point in Death Valley

De Californische woestijnen en Las Vegas

Met Death Valley, het Joshua Tree National Park en het Anza Borrego Desert State Park heeft het zuidoosten van Californië maar liefst drie populaire toeristenbestemmingen in huis. Geen enkele andere streek in de Golden State maakt het imago van buitengewoon, exotisch en geheimzinnig gebied zozeer waar als deze door de zon uitgedroogde dorre streek, die geografisch gezien is verdeeld in drie verschillende woestijnen.

Maar met wilde bloemen, bloeiende cactussen en zeer bijzondere landschappen zijn we er nog niet; dit woestijngebied heeft nog meer te bieden. Naast indrukwekkende natuurfenomenen trekt de steeds verder oprukkende beschaving inmiddels ook mensen naar de woestijn. Al tientallen jaren geleden groeide Coachella Valley, met een dozijn stadjes in de omgeving van Palm Springs en 330 zonovergoten dagen per jaar, uit tot een populaire winterbestemming voor Hollywoodsterren van het podium en het witte doek. Ook steenrijke industriemagnaten en beursgoeroes maken gretig gebruik van het uitgebreide recreatieaanbod, de luxehotels en de gastronomische restaurants.

In Las Vegas kunnen toeristen midden in de woestijn een vrijwel nergens ter wereld overtroffen stadsavontuur beleven. Rond de legendarische Strip draait het inmiddels niet meer alleen om de gokpaleizen, maar ook om de exclusieve ultraluxeueze hotels, de voortreffelijke fijnproeversrestaurants en de ontelbare vermaaksmogelijkheden voor het hele gezin, zoals spectaculaire achtbanen, tropische zwemparadijzen en piratenshows.

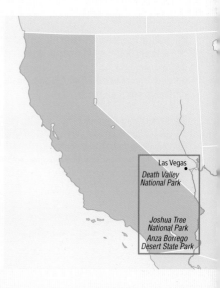

Las Vegas
Death Valley
National Park

Joshua Tree
National Park
Anza Borrego
Desert State Park

In een oogopslag
De Californische woestijnen en Las Vegas

Hoogtepunten

3 Anza Borrego Desert State Park: Woestijnpark met een zeer gevarieerde plantengroei, van teddybeercactussen tot zeldzame *elephant trees* (zie blz. 222).

4 Joshua Tree National Park: Dit nationale park ligt op de grens tussen de Mojave- en de Sonorawoestijn en vormt voornamelijk in het noorden een woestijnparadijs met een indrukwekkende flora (zie blz. 238).

5 Death Valley National Park: De 'Vallei des Doods' heeft zijn slechte reputatie al lang geleden afgeschud. Tegenwoordig staat het bekend als het beroemdste Amerikaanse woestijnpark (zie blz. 245).

Fraaie routes

Door de Californische 'Sahara': Ten westen van Glamis aan Highway 78 strekt zich aan beide zijden van de weg een adembenemend duinlandschap uit – een outdoorparadijs zowel voor liefhebbers van crossmotoren en quads als van de natuur (zie blz. 221).

Door de Coachella Valley: Route 111 voert van de woestijnmetropool Palm Springs tot aan de Salton Sea door de Coachella Valley, die in de afgelopen tijd is veranderd in een bloeiende oase (zie blz. 234).

Tips

Winkelen in indiaanse stijl: Vlak naast het casino ligt te midden van tuinen, klaterende fonteinen en vijvers met waterlelies het Viejas Outlet Center, waar u in de sfeer van een indiaanse pueblo in ongeveer 50 winkels en boetieks kunt winkelen (zie blz. 218).

Appeloogst in Julian: Rondom de gemeente Julian staan ruim 17.000 appelbomen in gaarden van lokale boeren. In de herfst is het vanwege de appel- en perenoogst een drukte van jewelste, als uit het verse fruit een heerlijk, ongegist sap wordt geperst (zie blz. 226).

Zwerftocht door het Wilde Westen: In Calico Ghost Town bij Barstow is het Wilde Westen voor het nageslacht bewaard gebleven met verzakte saloons, paardenstallen, mijnbouwwerktuigen en een gevangenis (zie blz. 243).

actief

Woestijnwandeling op de Palm Canyon Trail: Door de in indianengebied liggende Palm Canyon bij Palm Springs loopt een fraaie wandelroute, die wordt geflankeerd door ruim 6000 palmbomen (zie blz. 234).

Klimmen in het Joshua Tree National Park: De in het noorden van het Joshua Tree National Park liggende granietformaties trekken klimmers uit de hele wereld. De loodrechte wanden zijn het best te bedwingen in de koelere jaargetijden. Midden in de zomer zijn sommige rotsen namelijk zo heet van de zon dat u tijdens het klimmen uw vingers eraan kunt branden (zie blz. 241).

Mojave National Preserve verkennen: Het 6500 km² grote Mojave National Preserve is een van de veelzijdigste woestijngebieden van de VS en biedt een breed scala aan outdooractiviteiten (zie blz. 254).

Van San Diego naar de Zuid-Californische woestijnen

Californiëgangers uit Europa voelen zich in de Golden State behalve door de kust van de Grote Oceaan vooral aangetrokken tot de geheimzinnige woestijnlandschappen en hun exotische plantengroei. Daar komen ze niet in contact met de in hoog tempo levende maatschappij van de onbegrensde mogelijkheden, maar met een heel ander Amerika, waar Moeder Natuur het op onnavolgbare wijze het voor het zeggen heeft.

Via de Interstate 8 naar het oosten

Kaart: rechts
Voor het eerste deel van deze tocht door de bergen en de woestijn in het zuiden van Californië kunt u het best de Interstate 8 nemen, de zuidelijkste oost-westverbinding tussen San Diego en de buurstaat Arizona. Zodra

Tip: Winkelen in indiaanse stijl

Vlak naast het casino ligt te midden van tuinen, klaterende fonteinen en vijvers met waterlelies het **Viejas Outlet Center**, waar u in de sfeer van een indiaanse pueblo kunt winkelen in ongeveer 50 winkels en boetieks. Het betreft echter niet zozeer indiaanse winkels, maar hoofdzakelijk vestigingen van lokale modeketens. Bovendien vindt u er een *food court*, waar de al even geijkte restaurantketens zijn vertegenwoordigd.

Een openluchtpodium, dat in de stijl van een indiaanse tipi is gebouwd, maakt ook deel uit van het winkelcomplex. Bij de hier georganiseerde concerten stonden in het verleden beroemde artiesten als de Gipsy Kings, Julio Iglesias, Blondie en Al Jarreau op het podium (5000 Willows Rd., tel. 619-659-2070, www.viejas.com).

u de buitenwijken van de kustmetropool achter u hebt gelaten, beginnen het landschap en het klimaat met de toenemende hoogte te veranderen. Terwijl in de lente in San Diego de weiden hun prachtige bloesem tonen, kan het tegelijkertijd in de bergen rond Julian zo hard sneeuwen – meestal in de loop van de nacht – dat de ochtend daarop veel secundaire wegen urenlang onbegaanbaar blijven.

Alpine ▶ 13, B 4

De Viejasgroep van de Zuid-Californische Kumeyaayindianen leeft weliswaar in een klein reservaat van 6,5 km² bij **Alpine 1**, maar heeft zich met twee zaken wel op de toeristische landkaart weten te zetten, namelijk met gokken en winkelen. Al geruime tijd geleden bouwden zij een reusachtig entertainment- en winkelcomplex langs de I-8, dat niet alleen vanwege zijn omvang, maar ook vanwege het mooie, geheel Zuidwest-Amerikaanse ontwerp diverse architectuurprijzen in de wacht heeft gesleept.

Het zuiden van het Anza Borrego Desert State Park ▶ 13, C 4

Ten noordwesten van het plaatsje **Ocotillo 2** loopt de zijweg S-2 in bochten door het zuidelijke deel van het **Anza Borrego Desert State Park** (zie kaart rechts en blz. 227). Enkele kilometers na de afslag naar Mountain Palm Springs Campground volgt de weg een deel van de Southern Immigrant Trail. Via deze

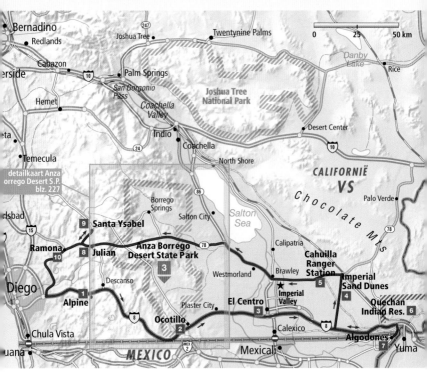

route bereikten onder aanvoering van onder anderen de beroemde verkenner Kit Carson ontdekkingsreizigers, missionarissen, goudzoekers en in 1858 de Butterfieldpostkoetsdienst het grondgebied van Californië. Hun sporen zijn hier nog steeds zichtbaar. Het Vallecito Stage Station diende als een soort pleisterplaats voor postkoetsen. De Box Canyon vormde een gevaarlijke smalle pas, die met primitieve werktuigen moest worden verbreed, zodat er voertuigen ter breedte van een huifkar doorheen konden rijden.

Een van de eerste ontdekkingsreizigers in het zuiden van het woestijngebied was de Spanjaard Juan Bautista de Anza, naar wie een National Historic Trail (een nationale historische route) is vernoemd. In de kerstperiode van het jaar 1775 leidde hij een groep van tweehonderd kolonisten van het toenmalige Nieuw-Spanje (Mexico) naar Californië. Het doel van de expeditie was de kust van

de Grote Oceaan, waar Juan Bautista de Anza in het voorjaar van 1776 de basis voor het latere San Francisco zou leggen (www.solideas.com/DeAnza/TrailGuide).

Imperial Valley ▶ 14, D 4

Kaart: boven

Plat en heet als een bakblik: zonder irrigatie zou dit deel van de Sonorawoestijn tussen de Colorado River en de Salton Sea in economisch opzicht totaal nutteloos zijn. Maar aan het begin van de 20e eeuw brachten de kolonisten hier met de aanleg van irrigatiekanalen verandering in. De eerste kunstmatige waterleiding liep in 1901 van de Colorado via Mexico naar het grondgebied van Californië. In de jaren daarna brachten projecten als het All American Canal en het Coachella Canal steeds meer water naar de woestijnregio,

Populair bij quad– en motorcrossers: de Imperial Sand Dunes

waardoor hier geleidelijk een enorm agrarisch centrum ontstond.

El Centro ► 14, D 4

De naam zegt het al: **El Centro** **3** is zowel het bestuurlijke centrum als het economische hart van de Imperial Valley, waar men door uitgekiende irrigatietechnieken tot twaalf maal per jaar kan oogsten. Midden in de winter rijpen op de plantages, die hier en daar enorme oppervlakken beslaan, citroenen, aardbeien, grapefruits, bloemkolen en avocado's. Maar ook de veeteelt in de streek baart opzien. Om de reusachtige hoeveelheden mest van de ranches (veeboerderijen) te verwerken, werd in 1989 een elektriciteitscentrale aangepast om er dagelijks honderden tonnen gedroogde koemest konden te kunnen verbranden en daarmee elektriciteit op te wekken.

Sinds de jaren 60 is de toestroom van arbeidskrachten, met name uit het buurland Mexico, bijzonder groot en de 38.000 koppen tellende bevolking bestaat inmiddels voor ruim driekwart uit hispanics. Vreemd genoeg ligt de gehele stad onder zeeniveau. Op de plaatselijke watertoren staat dit niveau aangegeven met een dikke streep. 's Zomers zijn temperaturen van zo'n 45 °C in El Centro geen uitzondering.

Schoonheden van lak en metaal van vooral Amerikaanse automerken zijn te bewonderen in het **Alford Auto Museum**. Het betreft voor het merendeel technisch in perfecte staat verkerende modellen die tussen 1910 en 1960 van de band rolden (599 E. Main St., tel. 760-353-3920, www.alfordmuseum.com, ma.–vr. 8–17 uur, gratis toegang).

Informatie

El Centro Chamber of Commerce & Visitors Bureau: 1095 S. 4th St., El Centro, CA 92243, tel. 760-352-3681, www.elcentrochamber.org.

Accommodatie

Aangenaam hotel ► **Best Western John Jay Inn:** 2352 S. 4th St., tel. 760 337-8677, www. bestwestern.com. Met zwembad, fitnesscentrum en een restaurant uitgeruste accommodatie. Alle 58 kamers zijn voorzien van een snelle internetverbinding, een koelkast en een magnetron. 2 pk vanaf $75.
Goede prijs-kwaliteitverhouding ► **Howard Johnson Inn:** 1575 Ocotillo Dr., tel. 760-336-

2927, www.hojo.com. De accommodatie beschikt over 46 schone kamers, verdeeld over twee etages, en een openluchtzwembad. Bij de prijs is een licht ontbijt inbegrepen. 2 pk vanaf $46.

Imperial Sand Dunes ▶ 14, E 4

Een zeer populair recreatiegebied is het op oudere kaarten vaak nog als Algodones Dunes aangeduide landschap ten oosten van Centro, dat tegenwoordig beter bekend is onder de naam **Imperial Sand Dunes** 4 – een ongeveer 65 km lange, mooie zandwoestijn, die zich langs een denkbeeldige noord-zuidas uitstrekt van de Mexicaanse grens tot aan de kleine gemeente Glamis in de Imperial Valley. Zowel natuurvrienden als motorcrossers hebben het schitterende duingebied toegankelijk gemaakt voor diverse avontuurlijke sporten. De enorme hoeveelheden kwartszand zijn volgens geologen afkomstig van de voormalige stranden rond de Blake Sea, een prehistorische binnenzee die al lang geleden is opgedroogd.

Een toegang tot dit duinparadijs ligt bij Gordon's Well Road Exit. Aan de noordkant van de afslag kunnen quad- en motorrijders zich uitleven op een speciaal voor hen aangewezen terrein. Aan de zuidkant van de I-8 zijn in de droge hitte resten van de historische **Old Plank Road** bewaard gebleven, een schier onmogelijk staaltje ingenieurswerk. Toen aan het begin van de 20e eeuw nagedacht over een zuidelijke verbindingsweg tussen Arizona en San Diego, werd geconcludeerd dat de duinen van de Imperial Valley een dergelijk project in de weg zouden staan. Vervolgens werd in 1915 met de aanleg van een houten plankenweg begonnen aan de oplossing van dit probleem. Al binnen enkele maanden was er een goed begaanbare weg van in totaal 13.000 planken aangelegd. Deze zou echter helaas geen lang leven zijn beschoren, omdat de onderhoudskosten te hoog opliepen. In 1926 liet de staat Californië ter vervanging een weg aanleggen van beton en asfalt, de voorloper van de huidige Interstate 8. Enkele overblijfselen herinneren nog aan de Old Plank Road. De meeste planken

zijn al tientallen jaren geleden meegenomen als souvenir of als brandhout.

Een nog grotere trekpleister dan die in het uiterste zuiden vormt het duingebied ten westen van Glamis aan Highway 78. Van het aldaar gelegen **Cahuilla Ranger Station** 5 voert de Gecko Road in zuidelijke richting naar een tiental uitstekende kampeerplaatsen, waar echte woestijnliefhebbers het het hele jaar door naar hun zin zullen hebben. Ten noorden van Highway 78 strekt zich de **Algodones Dunes Wildlife Area** uit, dat de hoogste zandduinen omvat en waarin flora en fauna kunnen gedijen zonder te worden verstoord door knetterende motoren en quads.

'Driestatenpunt' bij de Colorado ▶ 14, E 4

Kaart: blz. 219

Waar Mexico aan de staten Californië en Arizona grenst en de Colorado River de *Golden State* verlaat, ligt de **Quechan Indian Reservation** 6 een door indianen bestuurd gebied dat alleen door de rivier is gescheiden van de stad Yuma in Arizona. Sinds daar naast de in 1922 gebouwde missiekerk St. Thomas het Paradise Casino California is verrezen, lokken de speelautomaten en poker- en blackjacktafels ieder jaar meer bezoekers naar deze uithoek van Californië (450 Quechan Dr., tel. 1-888-777-4946, http://500 nations.com/casinos/caParadise.asp).

Een paar kilometer verderop ligt de Mexicaanse grensplaats **Algodones** 7, die is uitgegroeid tot de grootste tandartspraktijk voor de Zuid-Californische bevolking. In het centrum van de plaats maakt een woud van reclameborden de voorbijganger erop attent dat hij zijn gebit ter plekke veel goedkoper kan laten behandelen dan op Amerikaanse bodem. Wie zijn gezonde gebit eens wil testen op Mexicaanse specialiteiten, heeft daartoe gelegenheid in een van de vele restaurants. Om die te bereiken moet u eerst de grens over, maar dit gaat doorgaans probleemloos (vervolg van de route 8 – 10 zie blz. 225).

Bij de straatkraampjes van Algodones zijn Mexicaanse hapjes te krijgen

3 Anza Borrego Desert State Park ▶ 13, C 3-4

Kaart: blz. 227

De rit gaat in westelijke richting verder over Highway 78 tot aan het **Anza Borrego Desert State Park.** Vanwege zijn gevarieerde exotische vegetatie is het grootste woestijnpark van Amerika een echte publiekslieveling geworden. Het enorme verschil in hoogte in het reservaat is opvallend: in het uiterste westen liggen bergen tot 1890 m hoogte en bij de Salton Sea in het oosten bent u op zeeniveau.

Ronde barrelcactussen, ranke waaierpalmen, rood bloeiende ocotillo's *(Fouquieria splendens)* en teddybeer- en *beavertail*-cactussen (respectievelijk *Opuntia bigelovii* en *Opuntia basilaris)* komen ook in andere woestijngebieden in de Golden State voor. Maar dit bijna 2500 km² grote park bezit botanische curiositeiten die zelfs veel plantkundigen nog nooit hebben gezien. Daartoe behoren ook de zeer zeldzame *elephant trees (Bursera microphylla)*, die ten zuiden van Ocotillo Wells bij de Split Mountain Road groeien langs een 2,4 km lange natuurleerroute, de **Elephant Trees Discovery Trail 1**.

Font's Point 2

De overige natuurfenomenen van het park zijn misschien iets minder toegankelijk, maar daarom niet minder indrukwekkend. Ten noordoosten van het plaatsje Borrego Springs loopt vanaf Highway S-22 een landweg naar het ca. 6,5 km verder naar het zuiden gelegen **Font's Point**. Wees wel voorzichtig, want de weg kan zeer hobbelig zijn en in geval van zandverstuivingen en hevige regenval is hij zelfs onbegaanbaar. De weg eindigt abrupt bij een praktisch loodrechte, afbrokkelende bergkam. Aan de voet van dit ravijn strekt zich een fantastisch maanlandschap uit, met kale, geërodeerde leemheuvels. Dit schouwspel is vooral 's ochtends vroeg of laat in de middag bijzonder indrukwekkend, wanneer de laag-

Tip: Lentebloei

Anza Borrego is het bekendst om zijn in het voorjaar bloeiende wilde bloemen, die gebieden als **Blair Valley** `3`, **Indian Gorge** `4` en **Culp Valley** `5` met hun weelderige pracht in een zee van kleuren veranderen. Wie ermee bekend is hoe het verschroeide, dorre landschap er in de zomer uitziet, gelooft bij een bezoek tussen februari en mei zijn ogen bijna niet. Het hoogtepunt van de bloei kan afhankelijk van het weer en de hoeveelheid neerslag variëren, maar in normale jaren laat het landschap zich in maart en april van zijn mooiste kant zien.

De **Borrego Palm Canyon** `6`, die begint bij het kampeerterrein ten noorden van het bezoekerscentrum, vormt in deze tijd niet alleen een grote toeristische trekpleister, maar ook een hot-mediaitem, dat in alle kranten en op televisie breed wordt uitgemeten. Langs de heen en terug ongeveer 5 km lange trail door de canyon staan, net als langs een leerroute, genummerde bordjes. De daarbij behorende informatie is vervolgens terug te lezen in een folder die kan worden afgehaald in het Visitor Center. Via de speciale Wildflower Hotline kunt u inlichtingen krijgen over de beste periode van de bloei (tel. 760-767-4684).

staande zon lange schaduwen werpt over de Borrego Badlands (zie foto blz. 224). Een filmpje over Font's Point kunt u op internet bekijken via: www.desertusa.com/video_pages/fonts.html.

Borrego Springs `7`

De 2600 inwoners tellende centrale 'stad' **Borrego Springs**, dat 80 km van het volgende stoplicht ligt, is minstens zo landelijk als het park. Desondanks verschijnt hier iedere donderdag de Borrego Sun, de krant met de allerlaatste nieuwtjes uit de regio. Dit voormalige agrarische centrum dat, in tegenstelling tot wat veel mensen denken, geen deel uitmaakt van het Anza Borregopark, leeft tegenwoordig van het toerisme. Met zijn hotels, motels, restaurants

en winkelmogelijkheden vormt het de voornaamste uitvalsbasis voor de bezoekers van het park.

Informatie

Visitor Center: 200 Palm Canyon Dr., Borrego Springs, CA 92004, tel. 760-767-4205, www. parks.ca.gov/?page_id=638. Het Visitor Center van het Anza Borrego Desert State Park, ten westen van Borrego Springs, is bijna geheel in een berghelling gebouwd. Toegang per auto per dag $5.

Accommodatie

Comfortabele oase ▶ **Borrego Springs Resort:** 1112 Tilting T Dr., tel. 760-767-5700, fax 760-767-5710, www.borregospringsresort.com. Vakantiehotel met honderd kamers en suites. Diverse sportfaciliteiten, waaronder tennisbanen en een 9 holes golfbaan, maken ook deel uit van het hotel. 2 pk vanag $75.

Voor bescheiden wensen ▶ **Stanlunds Resort Inn & Suites:** 2771 Borrego Springs Rd., tel. 760-767-5501, www.stanlunds.com. Een eenvoudig, door palmbomen omgeven motel met zwembad en 21 standaardkamers met airconditioning, waarvan vele uitgerust met keuken. 2 pk vanaf ca. $55.

In de vrije natuur ▶ **Kamperen:** Met een vergunning (permit, verkrijgbaar in het bezoekerscentrum, zie boven) op zak mag u in het Anza Borregopark kamperen in niet-omheind wildgebied.

Eten en drinken

Even genieten ▶ **Krazy Coyote Bar & Grille:** 2220 Hoberg Rd., tel. 760-767-7788, www.the palmsatindianhead.com. Prima drankjes en gerechten in een zeer ontspannen sfeer. Diner vanaf ca. $25.

Winkelen

Kruidenier ▶ **Village Liquors & Mini Mart:** 659 Palm Canyon Dr., tel. 760-767-3100, dag. 7–21 uur. Een verplichte stop voor toeristen die hun eigen potje willen koken.

Alles wat u nodig hebt ▶ **Center Market:** 590 Palm Canyon Dr., tel. 760-767-3311. Supermarkt.

Het spel van licht en schaduw op de berghellingen in de Badlands

Actief

Paardrijden ▶ **Smoketree Arabian Ranch:** 302 Palm Canyon Dr., tel. 760-207-1427, www. smoketreearabianranch.com. Ritten van enkele uren, *equine encounters*-programma's en cursussen paardenfluisteren.

Fietsen ▶ Het park wordt doorkruist door ruim **800 km aan paden**, waarop u ook kunt fietsen. Op wandelpaden is fietsen niet toegestaan. Mountainbikes zijn te huur bij The Palms at Indian Head (www.thepalmsatindian head.com, tel. 760-767-7788).

Wandelen ▶ **Anza Borrego Desert State Park:** Visitor Center, zie blz. 223. 's Winters en in het voorjaar kunnen bezoekers zich onder leiding van *rangers* over informatieve *hiking trails*, zoals de Narrows Earth Trail, bijvoorbeeld naar de Fish Creek of de Superstition Mountains laten voeren. Met twaalf wildernisgebieden en vele kilometers aan paden vormt het park een ideaal wandelgebied, mits u de hete zomermaanden mijdt. In de bergen in het uiterste westen van het park loopt het zuidelijke traject van de 4240 km lange Pacific Crest Trail, die zich uitstrekt van de Canadese tot de Mexicaanse grens.

Avontuurlijke tochten ▶ **California Overland:** 1233 Palm Canyon Dr., tel. 760-767-1232,

Julian 🔳

Kaart: blz. 219

In de koele Laguna Mountains, zo'n 1000 m hogergelegen dan Anza Borrego, ligt het charmante, tijdens de *gold rush* in 1869 gestichte gemeente **Julian**. In de begintijd, toen hier goud was gevonden, werden veel boerderijtjes gebouwd, die de tand des tijds hebben doorstaan. Tegenwoordig doen ze dienst als boetieks, sfeervolle bed-and-breakfasts of restaurants met een vleugje nostalgie. In de 19e eeuw kwamen veel gelukszoekers uit Duitsland, die in de omgeving hoopten goud te vinden. Dit verklaart waarom tegenwoordig nog altijd een kwart van de inwoners van Duitse kolonisten afstamt.

Eagle & High Peak Mine en Julian Pioneer Museum

Aan de lang vervlogen gloriedagen, toen de Eagle Mining Company hier goud met een waarde van $13 miljoen naar boven haalde, herinnert de **Eagle & High Peak Mine**. Tijdens een rondleiding door de oude mijngangen leert u interessante feiten over het zware werk onder de grond (aan het eind van C St., tel. 760-765-0036, tijden op afspraak).

Ook het **Julian Pioneer Museum**, ondergebracht in een gebouw dat ooit dienstdeed als brouwerij en smidse, houdt zich bezig met de geschiedenis van Julian; u ziet er oude gereedschappen en indiaanse voorwerpen (2811 Washington St., tel. 760-765-0227, 's zomers dag. 10–16, overige jaargetijden za.–zo. 10–16 uur).

www.californiaoverland.com. Tochten van verschillende lengtes door het Anza Borregopark, ook meerdaagse tochten inclusief overnachting.

Evenementen

Pegleg Liars Contest (eerste za. in april): Zeer vermakelijke wedstrijd, waarbij de deelnemers het publiek moeten overtuigen van de meest ongeloofwaardige fantasieverhalen.
Borrego Springs Days Desert Festival (laatste weekend van oktober): Uitbundig feest in het Anza Borregopark met een zeer gevarieerd programma aan het begin van het seizoen.

Informatie

Julian Chamber of Commerce: Town Hall, 2129 Main St., Julian, CA 92036, tel. 760-765-1857, www.julianca.com. Aan de hand van de hier verkrijgbare gedetailleerde plattegrond kunt u historische gebouwen opsporen.

Accommodatie

Victoriaans ▶ **Butterfield B&B Inn:** 2284 Sunset Dr., tel. 760-765-2179, www.butterfieldbandb.com.In het historische centrum van Julian gelegen B&B met vijf kamers, waarvan de

Tip: Appeloogst in Julian

Met name in de herfst is Julian een interessante plaats om te bezoeken. Op de fruitboomgaarden in de omgeving staan ongeveer 17.000 appelbomen. Van begin september tot en met Thanksgiving (Oogstdankfeest) in oktober is het een drukte van jewelste in Julian, wanneer de appel- en perenoogsten worden binnengehaald. Uit het vers geplukte fruit wordt vervolgens een heerlijk sap geperst, dat u overal kunt proeven. In de bakkerij Mom's Pie House is het in deze periode vanwege de sublieme appeltaart een komen en gaan van hongerige klanten (2119 Main St.). Na telefonische aanmelding kunt u op een aantal boomgaarden terecht voor een rondleiding (Apple Lane Orchard, 2641 Apple Lane, tel. 760-765-2645; Calico Ranch, 4200 Hwy 78, tel. 858-586-0392, www.calicoranch.com, sept.–okt. vr.–zo. 9–17 uur).

inrichting het midden houdt tussen kitsch en romantiek. 2 pk $135–210.

Betoverend ▶ Julian Gold Rush Hotel: 2032 Main St., tel. 760-765-0201, www.julianhotel.com. Aantrekkelijke B&B uit de 19e eeuw met meubilair uit dezelfde periode. Het Honeymoon House, dat beschikt over een gietijzeren kachel en een ouderwetse badkuip op leeuwenpoten, is zeer romantisch voor pasgetrouwde stelletjes. 2 pk $135–210.

Actief

Voor amateurastronomen ▶ Observer's Inn: 3535 Hwy 79, tel. 760-765-0088, www.observersinn.com, ma.–wo., vr.–zo., alleen op afspraak. Amateurastronomen kunnen in de Observer's Inn een demonstratie krijgen (duur: 1 uur), maar ook zelf door een telescoop een blik werpen op het heelal. U kunt hier tevens overnachten.

Paardrijtochten ▶ Julian Stables: P. O. Box 881, tel. 760-765-1598, www.julian active.com. Midden in het groen gelegen lodge. Overnachtingen en ritten met gidsen. **Kenner Horse Ranch:** 17550 Harrison Park Rd., tel. 760-473-5681, www.julianhorsebackriding.com. Excursies.

Paardrijcursussen ▶ Integrity Stables Riding & Training Center: P.O. Box 1841, tel. 760-484-2929, www.integritystables.com. Rijlessen, lange ritten, ruiterkamp.

Op de terugweg naar San Diego ▶ 13, B 3

Kaart: blz. 219

In **Santa Ysabel** 9 verrees in 1818 een dependance van de missiepost in San Diego, waar nu niets meer van over is. De vlak bij de plaats van de voormalige missiepost gelegen kapel dateert uit 1924. Een klein museum buigt zich over de kerkklokken van de zendingspost, die in 1926 op mysterieuze wijze verdwenen en waarvan alleen de klepels werden teruggevonden. De afgelopen jaren trekt het dag en nacht geopende **Santa Ysabel Resort & Casino** (25575 Hwy 79, tel. 760-787-0909, www.santaysabelresortandcasino.com), dat op indiaans grondgebied ligt, meer bezoekers.

De laatste halteplaats van deze rondreis is de in een breed dal, bijna 58 km van San Diego gelegen stad **Ramona** 10. De 21.000 inwoners van deze gemeente genieten van het milde klimaat met aangename zomertemperaturen en een niet al te koude winter. Bij verschillende wijnboeren (zie onder) kunt u terecht om zowel witte als rode wijnen te proeven, die lokaal zijn vervaardigd van zelfgeteelde druiven .

Actief

...in Ramona:

Wijnproeven ▶ Lenora Winery: 251 Steffy Lane, tel. 760-788-1388, www.lenorawinery.com, vr.–zo. 11–18 uur of op afspraak. In de bodega kunnen tien verschillende wijnen worden geproefd.

Gespecialiseerd in rode wijn ▶ Pamo Valley Vineyards & Winery: 20849 Burma Road N., P.O. Box 2143, tel. 760-271-3090, www.pamovalleyvineyards.com, op afspraak. Deze wijngaard produceert rode wijnen van druivensoorten als merlot, cabernet sauvignon, sangiovese en syrah.

Anza Borrego Desert State Park

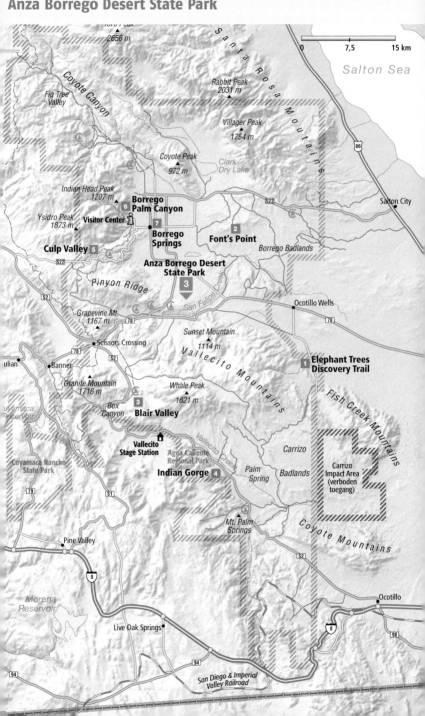

Toro Peak
2656 m

Santa Rosa Mountains

Salton Sea

0   7,5   15 km

Coyote Canyon

Fig Tree Valley

Rabbit Peak
2031 m

Villager Peak
1754 m

Coyote Peak
972 m

Clark Dry Lake

86

Indian Head Peak
1207 m

Borrego Palm Canyon 6

Visitor Center

S22

Salton City

Ysidro Peak
1873 m

Culp Valley 5

Borrego Springs 7

Anza Borrego Desert State Park 2
Font's Point

Borrego Badlands

S22

Anza Borrego Desert State Park 3

Pinyon Ridge

S2

San Felipe Creek

Ocotillo Wells

Grapevine Mt.
1167 m

78

78

Sunset Mountain
1114 m

Scissors Crossing

78

Banner

S2

ulian

Granite Mountain
1716 m

Vallecito Mountains

Elephant Trees Discovery Trail 1

uyamaca Reservoir

Box Canyon

3

Whale Peak
1621 m

Blair Valley

Fish Creek Mountains

Vallecito Stage Station

Agua Caliente Regional Park

Vallecito Creek

Carrizo Badlands

Carrizo Impact Area
(verboden toegang)

Indian Gorge 4

Cuyamaca Rancho State Park

79

S1

Palm Spring

Mt. Palm Springs

Coyote Mountains

Pine Valley

S2

8

Ocotillo

Morena Reservoir

8

98

Live Oak Springs

94

San Diego & Imperial
Valley Railroad

94

Coachella Valley en Joshua Tree National Park

Met 10.000 zwembaden, honderden golf- en tennisbanen, polotoernooien, eersteklas winkelmogelijkheden, een groot cultuuraanbod en luxehotels en toprestaurants in overvloed is de 70 km lange Coachella Valley rond Palm Springs veranderd van een woestijngebied in een gewilde woon- en vrijetijdsoase. Het Joshua Tree National Park, een prachtig woestijnpark, ligt vlakbij.

Wanneer op vrijdagmiddag in Los Angeles het weekend begint, heeft het verkeer uit het stedelijke gebied van de miljoenenstad vooral op de naar het oosten voerende Interstates veel last van vertragingen en files. Veel inwoners maken in het weekend een uitstapje naar de casino's van Las Vegas. Anderen gaan op weg naar de langgerekte Coachella Valley, die met zijn uitstekende infrastructuur uitermate geschikt is voor weekendtrips en bovendien een prima uitvalsbasis vormt voor avontuurlijke tochten in de omringende woestijngebieden. Voordat in de jaren negentig van de 20e eeuw in Palm Springs en omgeving de onroerendgoedhausse begon, telde het dal nog geen 200.000 inwoners. Inmiddels is het aantal bewoners meer dan verdubbeld, waarmee Coachella Valley een van de snelst groeiende regio's in Californië is. Volgens voorspellingen van experts zal deze groei zich ook in de komende decennia doorzetten.

Dinny en Mr. Rex zijn praktisch uitgegroeid tot Californische iconen

Op weg naar Palm Springs

Kaart: blz. 231

Het Morongo Casino in Cabazon ▶ 13, B 2

Buiten het grootstedelijke gebied van Los Angeles vormt het **Morongo Casino**, 145 km ten oosten van de 'Stad van de Engelen' in het plaatsje **Cabazon** **1**, de enige hoogbouw in de wijde omtrek. Dit gokparadijs met een 300 kamers tellend hotel staat op het gebied van het Morongo Indian Reservation, dat in 1865 door de Amerikaanse president Ulysses Grant werd ingesteld. Op de plaats waar enkele jaren geleden een hal uitnodigde tot een spelletje bingo, lieten de Native Americans een indiaans gokpaleis bouwen met meer dan 2000 speelautomaten, blackjack- en pokertafels, hetgeen de financiële situatie van het reservaat de afgelopen jaren aanzienlijk heeft verbeterd. De gasten overnachten in comfortabele kamers en suites. Diverse restaurants en het dagelijks voor lunch en diner geopende Potrero Canyon Buffet zorgen voor de inwendige mens. Verder vindt u er de op de 26e verdieping gevestigde 360 Ultra Lounge, de nachtclub Vibe, dansbar Mystique en bowlingcentrum Canyon Lanes; u zult zich geen moment vervelen (49500 Seminole Dr., Cabazon, tel. 1-800-252-4499, www. morongocasinoresort.com, 2pk doordeweeks vanaf $99, in het weekend vanaf $199).

Achter het casino strekt zich over de steeds hoger wordende bergen het reservaat uit, waar ongeveer duizend Cahuilla-, Serrano- en Cupeño-indianen een teruggetrokken bestaan leiden. Een kleine begraafplaats vol kunstbloemen, Mariabeeldjes, borstbeelden van indianen en plastic windmolentjes biedt een interessant kijkje in de tradities en gebruiken van deze inheemse bevolkingsgroepen.

Winkelen

Consumptiepaleis ▶ **Desert Hills Premium Outlets:** www.premiumoutlets.com, zo.–do. 10–20, vr., za. tot 21 uur. Nabij het casino gelegen outletwinkelcentrum. Groot aanbod tegen gereduceerde prijzen.

Voordelig winkelen ▶ **Cabazon Outlets:** www. cabazonoutlets.com, zo.–do. 10–20, vr., za. tot 21 uur. Fraai vormgegeven outletstore in de buurt van het casino met merkproducten, van kleding en schoenen tot huishoudelijke apparaten en accessoires.

Evenementen

Thunder & Lightning Powwow (eind sept.): Dit grote, meerdaagse indianenfeest wordt elk jaar gehouden in het Morongo Indian Reservation. Onder andere indiaanse danswedstrijden, gezang en indiaanse trommelmuziek. De deelnemers aan de danscompetitie dragen moderne indiaanse klederdrachten (www.morongonation.orgcontent/thunder-lightning-pow-wow).

Dinny en Mr. Rex

Vanaf de I-10 in Cabazon, ten noorden van de snelweg, kunt u de twee reusachtige **dinosaurusbeelden Dinny en Mr. Rex** zien, die al meer dan 30 jaar op deze parkeerplaats staan. Ieder schoolkind in Californië kent het duo uit reclamespotjes of tv-documentaires. De bedenker van de betonnen monsters was een moteleigenaar, die de enorme oerbeesten liet neerzetten om klanten naar zijn accommodatie te lokken (50800 Seminole Dr., www. cabazondinosaurs.com).

San Gorgonio Pass ▶ 13, B 2

Op de 670 m hoge **San Gorgonio Pass** **2** eindigt het klimatologisch nog onder invloed van de Grote Oceaankust staande landschap van het Los Angelesbekken. Ten oosten van de pas begint de broeierig hete, tot aan Arizona reikende Mojave- en Sonorawoestijn. San Gorgonio vormt een nauwe doorgang tussen de 3500 m hoge San Gorgonio Mountain in het noorden en de iets lagere San Jacinto Mountain in het zuiden. Hier botsen luchtstromingen uit de koelere kustregio's en de woestijn zo hevig op elkaar dat de locatie ideale omstandigheden biedt voor een windmolenpark; er staan dan ook honderden molens. Ze verlenen het landschap een dusdanig futuristisch aanzien dat filmregisseur Jeffrey Jacob Abrams in 2005 in deze omgeving een aantal scènes liet opnemen van zijn actiefilm *Mission impossible III* met Tom Cruise.

Palm Springs ▶ 13, B 2

Kaart: zie rechts

De aantrekkingskracht van het 44.000 inwoners tellende **Palm Springs** ❸ aan de noordwestkant van de Coachella Valley (zie blz. 234) is geen nieuw fenomeen. Deze stad, aan het eind van de 19e eeuw een kuuroord voor longpatiënten, ontwikkelde zich aan het begin van de 20e eeuw tot een golfparadijs voor gepensioneerden en trok vanaf de jaren 30 veel Hollywoodsterren die hier kwamen overwinteren. In deze tijd kon de lokale tennisvereniging Racquet Club beroemdheden als Ginger Rogers, Clark Gable en Humphrey Bogart onder zijn leden rekenen en kon het gemeentebestuur zich een ereburgemeester als Bob Hope veroorloven. Later werd Sonny Bono, de ex-man van zangeres Cher, hier tot burgemeester gekozen.

Ofschoon veel gefortuneerde inwoners er nog steeds een luxe levensstijl op nahouden, is de chique scene tegenwoordig vrij beperkt. De woestijngemeente raakte een aantal jaar geleden weer in zwang bij stadsyuppies, gays en filmsterren als Nicole Kidman, Kevin Spacey, Samuel L. Jackson en Liam Neeson. De tijden waarin bij gebrek aan hippe nachtclubs, tot laat geopende bars en andere spannende verzamelplaatsen tegen tien uur 's avonds de terrassen werden opgeruimd, zullen waarschijnlijk spoedig tot het verleden behoren.

Toch willen de burgervaders de transformatie van bedaarde golfoase tot een bruisende resortmetropool niet te haastig laten voltrekken. Dat vond vooral in 1998 bij een skiongeluk in de buurt van Lake Tahoe omgekomen vip-burgemeester Sonny Bono heel belangrijk. Toen studenten Palm Springs als bestemming kozen voor hun beruchte *spring break*-vakantie, verbood hij eenvoudigweg de vaak zeer uitbundige festiviteiten waar de alcohol rijkelijk vloeide. Als dank voor zijn betrokkenheid bij de stad richtte Palm Springs een standbeeld op voor de belangrijkste burger van de gemeente, die als vertolker van *I got you babe* met zijn partner Cher internationale roem vergaarde. De bronzen versie van Sonny Bono slaat op de rand van een fontein gezeten de drukte gade op de South Palm Canyon Drive (tussen Amado en Baristo Rd.).

Palm Springs Walk of Stars

Wie geïnteresseerd is in de beroemdheden uit de goede oude tijd, kan het beste een bezoekje brengen aan de **Palm Springs Walk of Stars**, waar u van alles over de sterren komt te weten. Net als op de Hollywood Walk of Fame zijn met in het trottoir verzonken marmeren sterren langs Canyon Drive, Tahquitz Canyon Way en Museum Drive een kleine 300 bekende personen vereeuwigd, onder wie Lauren Bacall, Rock Hudson, Catherine Deneuve en Marlene Dietrich, die zich op de een of andere manier verdienstelijk hebben gemaakt voor de stad (www.palmsprings.com/stars).

Bezienswaardige musea

Het **Palm Springs Art Museum** biedt de bezoeker een uitstapje in de hedendaagse kunst, met werken van onder anderen Robert Motherwell en Helen Frankenthaler. Ook de 'klassieke' westernkunst van Thomas Moran, Charles Russell en Frederic Remington is hier te zien. Speciale aandacht wordt besteed aan indiaanse en Mexicaanse kunst. Thematische exposities belichten architectonische ontwerpen (101 Museum Dr., tel. 760-322-4800, www.psmuseum.org, di.-wo., vr.-zo. 10-17, do. 12-20 uur, volw. $12,50, kind 6-17 jaar $5, do. 16-20 uur gratis toegang).

Het **Palm Springs Air Museum** biedt tekst en uitleg bij de rol van de Amerikaanse luchtmacht tijdens de Tweede Wereldoorlog. Hier is een van de grootste collecties nog vliegwaardige militaire vliegtuigen van de VS te zien (745 N. Gene Autry Trail, tel. 760-778-6262, www.palmspringsairmuseum.org, dag. 10-17 uur, volw. $15, kind 13-17 jaar $13).

In het **Ruddy's General Store Museum** kunnen mensen met een hang naar nostalgie hun ogen uitgebreid de kost geven aan ruim 6000 uit de jaren 30 stammende artikelen die in de schappen van deze ouderwetse winkel liggen

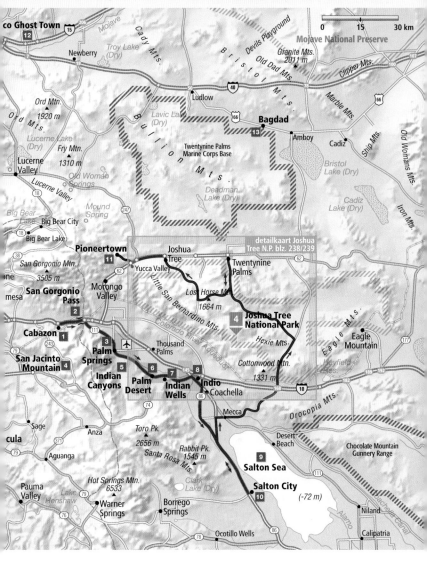

uitgestald (221 S. Palm Canyon Dr., tel. 760-327-2156, okt.–juni do.–zo. 10–16, juli-sept. za., zo. 10–16 uur, toegang $0,95).

Het **Agua Caliente Cultural Museum** biedt informatie over de Native Americans van Palm Springs. Toen in 1896 het huidige reservaat voor de Agua Calientegroep van de Cahuilla-indianen in het leven werd geroepen, bestond

Palm Springs nog niet. Stukje bij beetje ontwikkelde zich een stad die in de jaren 40 een enorme bouwgolf doormaakte. De rechtban-ken kregen een stroom aan eigendomsaan-spraken te verwerken, omdat de huizen en straten voor het merendeel op de grond van de indianen waren verrezen. Aangezien het terrein inmiddels bijna was volgebouwd, was een pachtsysteem de enig mogelijke oplossing. Door deze nieuwe bron van inkomsten groeide de indianenstam van Palm Springs uit tot een van de welvarendste van Amerika. Het museum exposeert een verzameling mooi gevlochten Cahuillamanden en historische foto's (219 S. Palm Canyon Dr. bij het Village Green Heritage Center, tel. 760-778-1079, www.accmuseum.org, 's zomers vr.–za. 10–17, zo. 12–17 uur, overige perioden korter, gratis toegang).

Moorten Botanical Garden

Liefhebbers van woestijnflora zullen de **Moorten Botanical Garden** interessant vinden. In deze miniatuurwoestijn gedijen ruim 3000 verschillende cactussen en andere plantensoorten uit het zuidwesten van de Verenigde Staten, Latijns-Amerika en Zuid-Afrika. Daarnaast leven er ook dieren die zich wonderwel hebben aangepast aan de extreme klimatologische omstandigheden in deze regio's. De eigenaar van de Garden is beroemd geworden als tuinarchitect van sterren als Michael Douglas (1701 S. Palm Canyon Dr., tel. 760-327-6555, http://palmsprings.com/moorten, do.–di. 10–16 uur, volw. $4, kind $2).

Informatie

Palm Springs Visitors Information Center: 2901 N. Palm Canyon Dr., Palm Springs, CA 92262, tel. 760-778-8418 en 1-800-347-7746, www.visitpalmsprings.com.

Accommodatie

In jarenvijftigstijl ▶ **Movie Colony Hotel:** 726 N. Indian Canyon Dr., tel. 760-320-6340, www. moviecolonyhotel.com. Dit boetiekhotel werd ontworpen door de bekende architect Neutra. Zwembad met palmbomen. De lichte kamers beschikken over wifi. 2 pk gemiddeld $200.

Romantiek ten top ▶ **Korakia Pensione:** 257 S. Patencio Rd., tel. 760-864-6411, www.kora kia.com. Romantici lopen warm voor de kamers in deze twee met bougainville begroeide villa's. 2 pk vanaf $179.

Een pareltje ▶ **Calla Lily Inn:** 350 S. Belardo Rd., tel. 760-323-3654, www.callalilypalmsprings. com. Aardig hotel met negen gastenkamers

rond een binnenplaats met zwembad. 2 pk vanaf $129 (in het weekend minimaal twee nachten).

Eten en drinken

Topkeuken ▶ **Falls Prime Steakhouse:** 155 S. Palm Canyon Dr., tel. 760-416-8664, www.the fallsprimesteakhouse.com, zo.–do. 17–22, vr., za. tot 23 uur. Op het menu staan onder meer lamsrug in een blauwschimmelkaaskorst ($38), Porterhousesteak met paddenstoelen ($48) en oesters in de schelp ($14).

Uitstekend fastfood ▶ **Tyler's Burgers:** 149 S. Indian Canyon Dr., tel. 760-325- 2990, ma.–za. 11–16 uur. Naar verluidt de lekkerste hamburgers van de stad in dit voormalige busstation. Vanaf $6.

Uitgaan

Cool ▶ **Zelda's Nightclub:** 611 S. Palm Canyon Dr., tel. 760-325-2375, www.zeldasnightclub. com, do.–za. 21–2 uur. Club verdeeld over twee verdiepingen met een restaurant, een dansvloer en dj's.

Gaybar ▶ **Toucan's Tiki Lounge:** 2100 N. Palm Canyon Dr., tel. 760-416-7584, www.toucans tikilounge.com, dag. 12–2 uur. Gaybar met junglethema en liveamusement, van gogodanseressen tot rockbands. Het beschikt over twee terrassen waar ook rokers terecht kunnen.

's Avonds livemuziek ▶ **Village Pub:** 266 S. Palm Canyon Dr., tel. 760-323-3265, www. palmspringsvillagepub.com, dag. 11–2 uur. Populiare kroeg met een binnen- en buitengedeelte, ook om te dansen. Keuken geopend tot 1.30 uur.

24 uur per dag entertainment ▶ **Spa Resort Casino:** 401 E. Amado Rd., tel. 1-888-999-1995, www.sparesortcasino.com, 24 uur per dag geopend. Door de plaatselijke Cahuilla-indianen gerund casino met poker, blackjack, speelautomaten en videospellen en verschillende restaurants en bars.

Dynamische senioren ▶ **Palm Springs Follies:** 128 S. Palm Canyon Dr., tel. 760-327-0225, www.psfollies.com, okt.–mei. Drie uur durende variétévoorstellingen vol glamour met muziek uit de jaren 30 en 40. In dit professioneel uitgedoste gezelschap is de minimumleeftijd 59 jaar.

Actief

Paardrijden ▶ Smoke Tree Ranch: 1850 Smoke Tree Lane, tel. 877-730-4409, www.smoketreeranch.com. Deze ranch organiseert diverse in duur variërende rijtochten en tal van andere activiteiten. Walt Disney had vroeger op dit landgoed een vakantieverblijf.

Architectuurtochten ▶ Palm Springs Modern Tours: Minibusrondrit langs zowel vroeg- als midden-20e-eeuwse villa's van voormalige filmsterren en andere beroemdheden (op afspraak, tel. 760-318-6118).

Evenementen

Palm Springs Villagefest (elke do.): Kleurige straat-, boeren- en delicatessenmarkt op elke donderdagavond van 18 tot 22 uur op de South Palm Canyon Drive (tussen Amado en Baristo Rd.).

Palm Springs Film Festival (jan.): Terwijl de Palm Springs Walk of Stars de bioscoophelden van vroeger in het zonnetje zet, presenteert dit jaarlijks gehouden festival de hedendaagse sterren van het witte doek. Het is na het Sundance Film Festival in Utah het op een na grootste filmfestival van de VS (www.psfilmfest.org).

Film Noir Festival (eind mei/begin juni): Op dit festival worden uitsluitend zwart-witfilms uit de jaren 40 en 50 vertoond (www.visitpalmsprings.com).

Vervoer

Vliegtuig: Palm Springs International Airport, 3400 E. Tahquitz Canyon Way, tel. 760-318-3800, www.ci.palm-springs.ca.us, klik op 'PSP Airport'. Veel vluchten van en naar de Californische kust. Ruim twintig verschillende limousinetaxibedrijven rijden de passagiers naar de stad (Soprano Limousine, tel. 760-321-4001; First Class Limousine, tel. 760-343-4910). Voordeliger zijn AM/PM Shuttle Service (tel. 760-409-8826) en Skycap Shuttle (tel. 760-272-5988).

Trein: Amtrakstation, N. Indian Ave. & Palm Springs Station Rd., tel. 1-800-872-7245, www.

amtrak.com. De Sunset Limited rijdt dagelijks vanuit Los Angeles via Palm Springs naar het oosten.

Bus: Busstation Greyhound, 311 N. Indian Canyon Dr., tel. 760-325-2053, www.greyhound.com. Regelmatig dienstrooster.

De omgeving van Palm Springs ▶ 13, B 2

Kaart: blz. 231

San Jacinto Mountain 4

Wanneer Palm Springs in hartje zomer zucht onder de hitte, wagen bewoners en toeristen zich af en toe buiten de gebouwen met airconditioning om elders een paar uur verkoeling te zoeken. De **Palm Springs Aerial Tram** overbrugt in een kwartier tijd het hoogteverschil van de woestijnbodem op 1791 m naar het 3234 m hooggelegen bergstation op de **San Jacinto Mountain**, waar zelfs in juli en augustus een frisse bries staat. Bijzonder aan de kabelbaan is dat de cabines draaien en plaats bieden aan 80 personen.

Voor wandelaars zijn in het bergmassief aantrekkelijke routes uitgestippeld, variërend van een 1,6 km lang natuurpad door de Long Valley achter het kabelstation tot een 8,8 km lang pad naar de top op 3302 m hoogte. Parkwachters verzorgen gratis rondleidingen. In het koude seizoen zijn voor wintersportliefhebbers in het Adventure Center ski's en sneeuwschoenen te huur (1 Tramway Rd., tel. 760-325-1391, www.pstramway.com, elk halfuur ma.–vr. 10–22.30, za., zo. 8–22.30 uur, volw. $23,95, kind 3–12 jaar $16,95).

Indian Canyons 5

Voor een andere vorm van verkoeling kunt u naar de ten zuiden van Palm Springs gelegen **Indian Canyons**. Op het territorium van het Agua Caliente Indian Reservation liggen drie bijzonder mooie kloven – de Murray Canyon, de Andreas Canyon en de Palm Canyon – die zich over een afstand van meer dan 20 kilometer het berglandschap in de woestijn doorklieven.

Woestijnwandeling op de Palm Canyon Trail

Informatie

Start: Palm Canyon 11 km ten zuiden van Palm Springs, Trading Post bij het parkeerterrein, tel. 760-323-6018, dag. 8–17 uur, wolw. $9, senioren vanaf 62 jaar $7, kind 6–12 jaar $5 (onder meer incl. routekaarten en drankjes)

Lengte: 1–15 km

Rangertochten: Dag. om 10 uur ($3 toeslag), ca. 1,5 uur en 1,5 km lengte

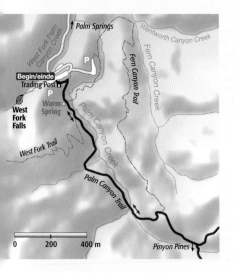

Van de **Trading Post** daalt een kort, verhard pad af naar een prachtig bos met imposante Californische waaierpalmen *(Washingtonia filifera)*, waar de **Palm Canyon Trail** begint. Aan veel van de ruim 6000 exemplaren in de canyon hangen afgestorven bladeren als een groene rok rond de stam, waardoor ze ook wel petticoatpalmen worden genoemd. Deze tot 15 m hoge, robuuste en snelgroeiende wonderen der natuur omzomen het wandelpad, dat licht omhoog loopt langs een zelfs midden in de zomer stromend riviertje. Langs de flanken van de niet al te diep uitgesleten kloof bloeien in het voorjaar diverse wilde bloemen die het landschap een prachtig aanzien geven. Veel van de palmen vertonen nog altijd sporen van een bosbrand, die enkele jaren geleden veel schade toebracht aan de Palm Canyon.

Na zo'n 1 km kruist de Palm Canyon Trail de rivierbedding en loopt vervolgens aan de linkerzijde van de waterloop bergop. Na ongeveer 400 m bereikt u een splitsing, waar de rechtervertakking ca. 20 km verderop ten zuiden van Pinyon Pines bij de Highway 74 uitkomt. Als u deze route wilt lopen om te genieten van de weelderige vegetatie langs het traject, kunt u zich over het algemeen tevreden stellen met een wandeling van heen en terug ongeveer 3 tot 5 km.

Coachella Valley ► 13, C 2–3

Kaart: blz. 231

Tussen de San Jacinto en Santa Rosa Mountains in het westen en de Little San Bernardino Mountains in het oosten ligt de bijna 80 km lange **Coachella Valley**, die zich uitstrekt tussen Palm Springs in het noorden en de Salton Sea in het zuiden. Deze vallei vormt het dichtstbevolkte gebied in de Zuid-Californische woestijnregio, met ruim 400.000 inwoners verspreid over steden als Palm Springs,

Coachella, Desert Hot Springs, Cathedral City, Rancho Mirage, Palm Desert, Indian Wells en Indio. Het zo'n 1000 jaar geleden nog door een zee gevulde dal maakt geografisch weliswaar deel uit van de hete Sonorawoestijn, maar heeft door de van oudsher toegepaste kunstmatige bevloeiing het karakter van een oase met fruitbomen en groenteakkers. Hier groeit zo ongeveer alles wat op de groente- en fruitafdelingen van de Amerikaanse supermarkten te koop is. Het belangrijkste product zijn dadels, die al meer dan een eeuw geleden werden gekweekt uit Irakese, Egyptische en Algerijnse stekken.

Palm Desert 6

Sierlijke villa's, weelderig groene golfbanen, winkelcentra, hotels met turquoise zwembaden, fraaie tuinen en netjes gesnoeide palmbomen geven het dal langs de centrale Route 111 een tropisch aanzien. Een van de bezienswaardigste halteplaatsen in dit gebied, dat door de Spanjaard Juan Bautista de Anza als eerste blanke in 1774 werd verkend, is de 50.000 inwoners tellende plaats **Palm Desert**, die vanwege zijn talrijke winkelcentra als het commerciële centrum van het dal geldt.

Wanneer uw hoofd meer naar natuur staat dan naar consumptie, kunt u de **Living Desert Zoo & Gardens** bezoeken, een park dat in 1970 werd aangelegd om de woestijnflora en -fauna te beschermen. In tien verschillende ecosystemen zijn dieren en planten te zien zoals ze in het Amerikaanse zuidwesten en op de Afrikaanse savanne in de vrije natuur voorkomen. Het park biedt ook *starry safaris*, kampeertochten met rondleidingen door het park en kampvuren (47900 Portola Ave., tel. 760-346-5694, www.livingdesert.org, okt.–eind mei dag. 9–17, overige perioden 8–13.30 uur, volw. $14,25, senioren vanaf 62 jaar $12,75, kind 3–12 jaar $7,75).

Winkelen

Winkelgebied ▶ El Paseo Gardens: 73061 El Paseo, www.thegardensonelpaseo. com, ma.–za. 10–18, zo. 12–17 uur. Ongeveer vijftig winkels en tal van restaurants, bistro's, cafés en snackbars in een fraai tuinlandschap. In navolging van de beroemde winkelstraat in Beverly Hills wordt dit de 'Rodeo Drive van de woestijn' genoemd.

Alles wat u nodig hebt ▶ Westfield Shoppingtown: 72840 Hwy 111, http://westfield. com/palmdesert, ma.–vr. 10–21, za. 9–21, zo. 9–20 uur. Winkelcentrum met restaurants, een *food court* en een bioscoopcomplex.

Markt ▶ College of the Desert Street Fair: 43500 Monterey Ave., http://cod streetfair. com, za., zo. 7–14 uur. Bonte straatmarkt op het universiteitsterrein.

Evenementen

Golf Cart Parade (begin nov.): Vermakelijke optocht op El Paseo met versierde golfkarretjes en verklede deelnemers (www.golfcartparade. com).

Indian Wells 7

De gemeente **Indian Wells** is weliswaar niet meer dan een flink dorp met 5000 inwoners, maar voor kenners in de sportwereld heeft het een klinkende naam. In de Indian Wells Tennis Garden, het op een na grootste tenniscomplex op Amerikaanse bodem, wordt traditioneel in maart de ATP Masters gespeeld, het eerste toernooi van de Tennis Masters Series, waar de wereldtop acte de présence geeft. Toen de $75 miljoen kostende zeshoekige reuzenarena, waar 20 andere banen omheen liggen, in 2000 werd geopend, werd hij door een Amerikaans tennisblad een tikje overdreven 'het meest ambitieuze woestijnproject sinds de bouw van de Sfinx' genoemd. Als er geen tennistoernooien worden gehouden, worden grote concerten georganiseerd, waarbij in het verleden al artiesten als The Eagles, Tom Petty, Luciano Pavarotti en Andrea Bocelli het podium beklommen (78200 Miles Ave., tel. 760-200-8400, www.iwtg.net).

Indio 8

Indio, met 76.000 inwoners de grootste stad in de Coachella Valley, verdient zijn bijnaam City of Festivals met drukbezochte evenementen. Ieder jaar in december vieren de latino's uit de omgeving het **International Tamale Festival**, waarbij behalve om parades en wedstrijden alles draait om de zogenaamde *tamale*, een in maisblad geserveerde Latijns-Amerikaanse specialiteit (www.tamalefestival.net). In januari volgt dan het **Southwest Arts Festival**, waarbij vaak meer dan 250 kunstenaars hun werk presenteren (www.indiochamber. org/southwest).

In de voorbije jaren trok het **National Date Festival** in februari soms tot wel 300.000 bezoekers. Het evenement vermaakt zijn gasten onder meer met struisvogel- en kamelenrennen, concerten, vuurwerk, een overvloed aan eten en drinken en de verkiezing van de

Dadelkoningin Sheherazade en haar hofhouding (www.datefest.org).

Salton Sea en Salton City

Aan het zuideinde van de Coachella Valley ligt de 920 km² grote **Salton Sea** 9 , het grootste meer van Californië, dat in 1905 is ontstaan na een overstroming van de Colorado River. Het 66 m onder zeeniveau gelegen meer wordt door geen enkele rivier gevoed, waardoor verzilting en uiteindelijk droogvallen onvermijdelijk zijn. In de jaren 50 lag rond de huidige spookstad **Salton City** 10 op de westoever van het meer nog een vakantieparadijs waar de *rich and famous* uit Los Angeles op afkwamen. Toen het meer echter steeds zouter werd en het door het afvalwater uit de omringende kwekerijen vergiftigd raakte, veranderde het in een ware beerput en bleven de vakantiegangers massaal weg. Vandaag de dag is Salton City een van de vreemdste plaatsjes van Californië. U vindt er geen supermarkten of bioscopen, zelfs geen verkeerslichten of telefooncellen. Geen enkele andere plaats ligt zo verwijderd van de beschaving, midden in een dor woestijnlandschap waar de thermometer regelmatig 46 °C of meer aanwijst.

Des te opvallender is het dat een onroerendgoedinvesteerder al jaren met de gedachte speelt om de 'Amerikaanse Dode Zee' met de bouw van duizenden huizen nieuw leven in te blazen; dit ondanks het feit dat hier tot 1961 atoombommen werden getest, raketten werden afgeschoten en de grond onder de stad al jaren wordt gebruikt als vuilstortplaats. Milieubeschermers vrezen dat deze commercialisering verregaande gevolgen zal hebben voor de ecologie van het plaatselijke trekvogelreservaat. Toch is de voorspelde grondprijzenexplosie uitgebleven. Veel speculanten proberen nu zelfs hun in allerijl gedane investering zo snel mogelijk weer van de hand te doen (www.desertusa.com/salton/salton.html; vervolg van de route 11 – 13 zie blz. 243).

Teddybeercactussen in het Joshua Tree National Park

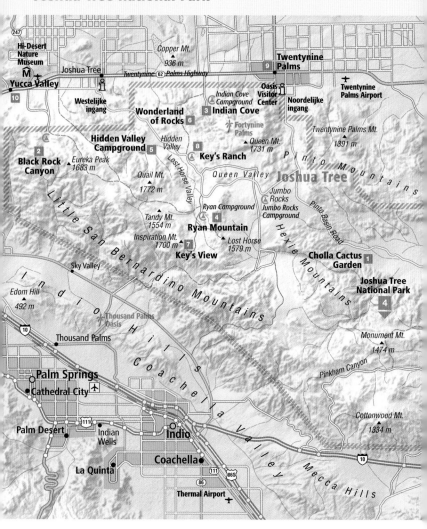

Hi-Desert
Nature
Museum
M
Yucca Valley
10

Joshua Tree
Twentynine 62 Palms Highway

Copper Mt.
936 m

Twentynine
Palms
9

Westelijke
ingang

Wonderland
of Rocks 6

Indian Cove
Campground

Indian Cove 3

Oasis
Visitor
Center

Noordelijke
ingang

Twentynine
Palms Airport

Fortynine
Palms

Hidden Valley
Campground 5

Hidden
Valley

8

Queen Mt.
1731 m

Twentynine Palms Mt.
1391 m

Black Rock
Canyon 2

Eureka Peak
1683 m

Key's Ranch

Pinto Mountains

Quail Mt.
1772 m

Lost Horse Valley

Queen Valley

Joshua Tree

Ryan Campground

Tandy Mt.
1554 m

Ryan Mountain 4

Jumbo
Rocks

Jumbo Rocks
Campground

Pinto Basin Road

Inspiration Mt.
1700 m

7

Key's View

Lost Horse
1579 m

Hexie Mountains

Cholla Cactus
Garden 1

Sky Valley

Joshua Tree
National Park
4

Indio Hills

Edom Hill
492 m

Thousand Palms
Oasis

Little San Bernardino Mountains

Thousand Palms

Monument Mt.
1474 m

Palm Springs
Cathedral City

Coachella Valley

Pinkham Canyon

Cottonwood Mt.
1334 m

Palm Desert

Indian
Wells

Indio

111

La Quinta

Coachella

86 86S

Mecca Hills

Thermal Airport

10

4 Joshua Tree National Park ▶ 13, C 2

Kaart: zie boven

Het 2250 km² grote **Joshua Tree National Park**, een van de mooiste woestijnparken van de Verenigde Staten, biedt een schitterend landschap vol contrasten en een bijzonder gevarieerde vegetatie. De zuidelijke, beneden de 900 m gelegen helft van het park maakt deel uit van de Sonorawoestijn, een kurkdroog gebied met creosootstruiken, ocotillo's en teddybeercactussen *(teddy bear chollas)* met hun satijnzacht ogende stekels. Maar u dient wel voorzichtig met deze cactussen te zijn, want met hun venijnige stekels valt niet te spotten. Van de zuidelijke ingang van het park bij het Cottonwood Visitor Center voert de Basin Pinto Road naar de 32 km verderge-

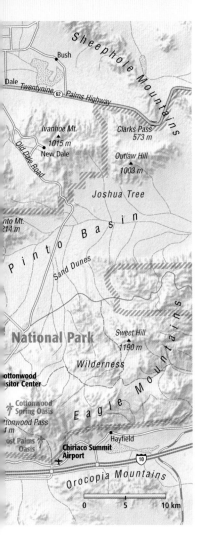

vele *Joshua trees*. Deze tot wel ruim 10 m hoge yuccasoort *(Yucca brevifolia)* ziet er met zijn grote bossen puntige bladeren zeer decoratief uit, in het bijzonder tijdens het bloeiseizoen in april en mei, wanneer de stammen zijn omgeven door grote bedden wilde bloemen.

De Highway 62 biedt vier toegangswegen tot het park. Twee daarvan eindigen vlak achter de parkgrens in respectievelijk de **Black Rock Canyon** **2** en de **Indian Cove** **3**. Van het **West Entrance Station**, ten zuiden van de plaats Joshua Tree, en van het **North Entrance Station**, ten zuiden van Twentynine Palms, voeren grotendeels geasfalteerde wegen door de interessantste delen van het park naar de zuidelijke uitgang aan de I-10. Het noordelijke gedeelte van het nationale park wordt behalve door grote *Joshua tree*-bossen gekenmerkt door een tweede fenomeen: kogelronde granietrotsen die als reusachtige knikkers tegen de berghellingen liggen.

Meer dan 100 miljoen jaar geleden koelde vloeibaar gesteente af onder het aardoppervlak en stolde, waarna het vervolgens door grondwater werd afgeslepen en uiteindelijk door erosie aan de oppervlakte kwam in de vorm van enorme granieten bollen. Door hun ruwe oppervlak vormen ze sinds jaar en dag een alombekend klimparadijs (zie 'actief' blz. 241).

Uitzichtpunten

Twee van de hoogste bergen in het nationale park bieden een goed panoramisch overzicht van het terrein en zijn beide per auto of te voet na een betrekkelijk korte wandeling te bereiken. Niet ver van de centrale weg door het park ligt de 1660 m hoge **Ryan Mountain** **4**. Een 2,5 km lang, niet al te moeilijk begaanbaar pad voert naar zijn top. Hierboven hebt u een weids uitzicht over de Hidden Valley in het noorden en de Queen Valley in het noordoosten.

Van de Hidden Valley voert een verharde (doodlopende) weg in zuidelijke richting door de uitlopers van de Little San Bernardino Mountains. Op een bergplateau ligt met **Key's View** **7** op 1576 m hoogte nog een punt met

legen **Cholla Cactus Garden** **1**. Op een ongeveer 500 m lang educatief pad dat het gratis toegankelijke terrein doorkruist, leert u interessante details over deze in Zuid-Californië veel voorkomende cactussoort.

Het noordelijke deel van het park, dat in zijn geheel 900 m en hoger ligt, is het interessantst en behoort met zijn gematigder temperaturen en rijkere vegetatie tot de Mojavewoestijn, die u kunt herkennen aan de

Klimmen in het Joshua Tree
National Park

actief

Klimmen in het Joshua Tree National Park

Informatie

Start: Vanuit elke kampeerplaats, zie onder
Uitrusting: Nomad Ventures, 61795 Hwy 62, Joshua Tree, tel. 760-366-4684, www.joshuatree village.com/515/nv.htm (alles wat klimmers nodig hebben, tevens verhuur van uitrusting). – Coyote Corner, 6535 Park Blvd., tel. 760-366 9683, www.joshuatreevillage.com/546/546.htm (proviand, uitrusting en routegidsen voor klimmers. Achter de winkel staan warme muntdouches, $4).
Klimschool: Joshua Tree Rock Climbing School, HCR Box 3034, Joshua Tree, CA 92252, tel. 760-366-4745, 1-800-890-4745, www.joshua treerockclimbing.com. Cursussen voor zowel beginners als gevorderden.
Op internet: www.nps.gov/jotr/planyourvisit/ climbing.htm; www.joshuatreeclimb.com
Noodtelefoon: Intersection-Rockparkeerplaats bij de Hidden Valley Campground
Kaart: Blz. 238

Ruim 400 klimrotsen en 8000 routes vormen in het noorden van het nationale park een bergbeklimgebied van wereldklasse, waar in de lente en de herfst klimmers massaal naartoe trekken. Midden in de zomer zijn de rotsen daarentegen zo heet door de brandende zon, dat u al snel uw vingers kunt branden aan de metalen zekeringshaken. De klimroutes zijn relatief kort en daardoor bij uitstek geschikt voor beginners en mensen die niet zo'n goede conditie hebben, maar ook voor gevorderden en professionals die wat afwisseling zoeken.

De populairste klimgebieden liggen in de buurt van eenvoudige kampeerterreinen. Brandhout dient u van buiten het park mee te brengen. Drinkwater is alleen te krijgen op de Black Rock en de Cottonwood Campground, toiletten staan op alle locaties. Als u door de westingang **10** het park inrijdt, komt u eerst bij de **Hidden Valley Campground** **5**, die vanwege zijn populariteit vaak volgeboekt is ($10). In de omgeving bieden bijna vijftien klimsecties deels moeilijke routes, die met namen als 'Masochism' en 'Geronimo' weinig te raden overlaten; het **Wonderland of Rocks** **6** is het bekendste klimgebied en vormt een paradijs van steen.

Bij de **Ryan Campground** staan weliswaar minder routes tot uw beschikking, maar dat wordt goedgemaakt door de beroemde Headstone Rock, een enorme rotspunt waar twee klassieke *trails* over de top voeren. Andere mooie klimplaatsen, waaronder de overhangende noordflank van de Timbuktu Towers, vindt u bij de **Jumbo Rocks Campground.** In de winter kunt u naar de **Indian Cove Campground** ($10), waar het warmer is en minder wind staat. Rond het terrein liggen veertig klimrotsen met ruim 300 routes, waarvan de meeste in het gebied Feudal Wall.

Wanneer u op eigen houtje de minder of zelfs geheel niet bezochte regio's wilt verkennen, dient u zich absoluut aan de regels te houden die door het parkbeheer strikt worden nageleefd. Zo is bijvoorbeeld voor kamperen in de vrije natuur een vergunning vereist, die verkrijgbaar is in het bezoekerscentrum. Niet aangewezen kampeerplaatsen in het achterland moeten minimaal een mijl (1,6 km) verwijderd liggen van de weg, 150 m van elk pad en vanwege wilde dieren 400 m van waterplaatsen. Bij *trailsheads* van de meeste wandelpaden hebt u de mogelijkheid zich voor bepaalde *trails* in te schrijven. Wanneer u besluit na een bergwandeling te willen overnachten in de vrije natuur, moet u drooggevallen rivieren absoluut vermijden. Als ergens in het achterland regen valt, kunnen deze *washes* zich binnen korte tijd met water vullen en levensgevaarlijke stromen vormen. Drinkwater dient u zelf mee te nemen, want er zijn vrijwel

een adembenemend panoramisch uitzicht; ditmaal reikt het zicht tot aan Palm Springs en op heldere dagen zelfs helemaal tot aan de Salton Sea aan het eind van de Coachella Valley.

Key's Ranch 8

Menselijke sporen zijn vrijwel niet aan te treffen in het nationale park, mits u de kampeerterreinen, bandensporen en het magnesiumpoeder van de klimmers niet meerekent. Lang voor de komst van de blanken werd dit gebied bewoond door Serrano-, Cahuilla- en Chemehuevi-indianen. Vele rotstekeningen en diverse in het graniet uitgehakte holtes voor het vermalen van noten en zaden wijzen op de aanwezigheid van de oerbewoners.

In de 19e eeuw bereikten goudzoekers en veeboeren het gebied, onder wie Bill Keys, die eigenaar was van de ten zuidwesten van Twentynine Palms gelegen **Key's Ranch**. Hij woonde daar met zijn gezin van 1917 tot aan zijn dood in 1969, afgezien van de vijf jaar die hij in de gevangenis doorbracht, omdat hij – zoals later bleek uit zelfverdediging – een buurman had neergeschoten. Tegenwoordig vormen de diverse gebouwen, de oude mijnbouwwerktuigen, de afgedankte auto's en een moestuin een kleine spookstad. Het schoolgebouw werd door Keys zelf gebouwd voor zijn vijf kinderen (90 min. durende rondleidingen okt.–mei dag. 10 en 13 uur, volw. $5, kind 6–12 jaar $2,50).

Twentynine Palms en Yucca Valley

De noordelijke uitgang van het park ligt bij het dorpje **Twentynine Palms** 9, waar ook het informatieve hoofdkwartier van het park is gevestigd. Dit plaatsje vormt een handige uitvalsbasis voor wandeltochten door het park, met name vanwege het ruime aanbod aan overnachtings- en bevoorradingsmogelijkheden. Op ongeveer twintig grote muurschilderingen staat de pioniersgeschiedenis van het zuidelijke deel van Californië afgebeeld.

De 17.000 inwoners tellende gemeente **Yucca Valley** 10, verder naar het westen aan

Highway 62, fungeert net als Twentynine Palms als een soort dienstencentrum. In het **Hi-Desert Nature Museum** zijn tal van woestijnbewoners ondergebracht die veel mensen in de vrije natuur liever niet tegen het lijf zouden lopen, zoals slangen en schorpioenen. Het museum toont bovendien mooie mineraalvondsten en indiaanse kunstnijverheid (57090 Twentynine Palms Hwy, tel. 760-369-7212, www.hidesertnaturemuseum.org, di.–za. 10–17 uur, gratis toegang).

Informatie
...in Twentynine Palms:
Joshua Tree National Park: Oasis Visitor Center, 74485 National Park Dr., Twentynine Palms, CA 92277, tel. 760-367-5500, www.nps.gov/jotr, auto $15/week.

Accommodatie
...in Twentynine Palms:
Toplocatie ▶ **29 Palms Inn:** 73950 Inn Ave., tel. 760-367-3505, www.29palmsinn.com. Uit leem opgetrokken landhuisjes met restaurant en zwembad. 2 pk vanaf $75, in het weekend duurder.
...in Yucca Valley:
Keurig onderkomen ▶ **Best Western Joshua Tree Hotel:** 56525 Twentynine Palms Hwy, tel. 760-365-3555, www.bestwestern.com. Moderne accommodatie met zwembad, 2 pk ca. $90.
...in het Joshua Tree National Park:
Beperkt aanbod ▶ **Negen kampeerplaatsen:** Voor campers, geen caravans. Black Rock en Indian Cove kunnen in het weekend tussen september en mei worden gereserveerd (tel. 1-877-444-6777, www.recreation.gov). Het park beschikt niet over hotels, motels of restaurants.

Eten en drinken
...in Joshua Tree:
Eenvoudig en goed ▶ **Crossroads:** 61715 29 Palms Hwy, tel. 760-366-5414, www.crossroadscafeandtavern.com, dag. 7–21 uur. Dit rustiek gelegen stamcafé van veel van de inwoners serveert ontbijt (ca. $4), lunch en diner (vanaf $5), en heeft een grote selectie bieren op tap.

Winkelen

...in Joshua Tree:

Basis voor outdoorfans ▶ Joshua Tree Outfit-ters: 61707 29 Palms Hwy, tel. 760-366-1848, www.joshuatreeoutfitters.com. Deze winkel verkoopt en verhuurt kampeer- en klimuit-rustingen en biedt tevens excursies met pro-fessionele gidsen door het nationale park aan. U kunt hier ook uw uitrusting laten re-pareren.

Filmdecors en spookstadjes

Kaart: blz. 231

Pioneertown ▶ 13, B 2

Tien kilometer ten westen van Yucca Valley voert de zijweg 247 naar **Pioneertown** 11. Dit woestijnplaatsje werd in 1946 gebouwd en diende oorspronkelijk uitsluitend als decor voor westerns. Pioneertown schitterde in de jaren 50 vervolgens in ruim tien producties.

Op Gene Autry en Barbara Stanwyck na verleenden echter weinig filmsterren hun medewerking aan deze tweederangsproduc-ties. In juli 2006 was het bijna gedaan met de oude houten filmgebouwtjes toen een bos-brand de vegetatie rond het dorp verwoestte, maar de brandweer de historische *movie set* net op tijd wist te behoeden voor de vlam-menzee. Langs Mane Street profiteren ama-teurfotografen volop van de karakeristieke wildwestonderwerpen.

Van april tot oktober ensceneren gekostu-meerde 'inwoners' wilde schietpartijen. Een van de nog in de oorspronkelijke staat verke-rende filmlocaties is Pappy and Harriet's Pio-neertown Palace. In de bar worden koude drankjes geserveerd en u kunt er regelmatig genieten van livemuziek (53688 Pioneertown Rd., tel. 760-365-5956, www.pappyandharriets. com, do.–zo. vanaf 11, ma. vanaf 17 uur, di.–wo. gesloten).

Tip: Zwerftocht door het Wilde Westen

Hebt u ooit al eens met een blikken schaal grind gespoeld om goudklompjes te vinden? Of hebt u misschien rondgewandeld door een echte zilvermijn of deelgenomen aan een wildwestshow die gehuld is in kruitdampen? In **Calico Ghost Town** 12 (▶ 9, C 4), 18 km ten noordoosten van Barstow is het Wilde Wes-ten nog altijd springlevend met zijn verzakte saloons, gevangenis, paardenstallen, restau-rants, cafés en stapels roestige mijnbouw-werktuigen.

Door een rijke zilverader ontstond in 1881 binnen slechts enkele maanden een stad met 3000 inwoners. Na de zilverboom ging men over op de boraxwinning, maar toen die in 1907 werd gestaakt, ging het al snel bergaf-waarts met het stadje tot het uiteindelijk ge-heel was verlaten. Waarschijnlijk was er niets van de plaats overgebleven als de eigenaar van pretpark Knott's Berry Farm niet had besloten om de spookstad te verbouwen tot een toeris-tische attractie.

Wanneer u langs de winkels in Main Street loopt, ontmoet u nors uitziende cowboys, maar ook huisvrouwen gekleed in bollende jurken en kanten hoedjes. De General Store, waar de schappen vol potten en glazen staan, roept net als de apotheek nostalgische beel-den op, zoals we die allemaal kennen uit boe-ken en films. Het oude schoolgebouw stamt nog uit de tijd van krijtjes, griffels en lei. Wanneer u zich liever op meer comfortabele wijze wilt laten vervoeren, stapt u in een an-tieke smalspoortrein die door het dorp rijdt. In Calico mag u kamperen, maar u kunt er ook voor kiezen te overnachten in een een-voudige slaapbarak.

Informatie: Calico Ghost Town, P.O. Box 638, Yermo, CA 92398, tel. 760-254-2122, www.cali cotown.com, dag. 9 uur tot zonsondergang, volw. $6, kind $6–15 jaar $5, voor veel attrac-ties moet worden bijbetaald. Veel winkels en instellingen hebben verschillende openings-tijden.

Accommodatie

...in Barstow:

Aan Route 66 ▶ Best Western Desert Villa Inn: 1984 E. Main St., tel. 760-256-1781, www.best westernbarstow.com. Onderkomen met 95 kamers en achttien suites. Een snelle internetverbinding en een ontbijt zijn bij de prijs inbegrepen. 2 pk ca. $95.

Bagdad ▶ 13, C 1

De Old National Trail Highway ten zuiden van de I-40 is een restant van de historische Route 66. Tussen Amboy en Ludlow herinnert alleen nog een boom aan het gehucht **Bagdad** 13, dat in 1883 langs de spoorlijn van Barstow naar Needles werd gesticht. Met de aanleg van autowegen verdween het plaatsje.

Regisseur Percy Adlon nam hier in 1986 de cultfilm *Bagdad Café* op, met de actrice Marianne Sägebrecht in de hoofdrol. Van de decors die in de film zijn te zien, is niets meer overgebleven, want deze werden speciaal voor de film gebouwd. Een kroeg in de gemeente Newberry Springs, 64 km ten westen van Bagdad, moest doorgaan voor het café waar het hele verhaal om draait. Na het wereldwijde succes van de film werd de naam van deze kroeg veranderd in, hoe kan het ook anders, Bagdad Café. Toch had Bagdad ook al voor het succes van de film faam verworven, omdat het in 1910 meer dan twee jaar niet had geregend en met 767 opeenvolgende dagen zonder ook maar een druppel neerslag een Amerikaans record vestigde.

Calico Ghost Town ziet er nog steeds uit als een echte wildweststad

Death Valley, Mojavewoestijn en Las Vegas

Death Valley heeft nog altijd de onheilspellendste reputatie van alle woestijngebieden in de Verenigde Staten. Toch bezit de 'Vallei des Doods' bijzondere landschappelijke pareltjes als prachtige duinen, kleurige canyons, een in zout uitgekristalliseerd meer en het laagste punt van het westelijk halfrond. Ook de temperaturen bereiken regelmatig recordhoogtes. U kunt over de grens met Nevada verkoeling zoeken in een van de talloze casino's met airconditioning in Las Vegas.

 Death Valley N. P.

▶ 9, C 2–3

Kaart: blz. 248

Death Valley dankt zijn weinig opbeurende naam aan vroege pioniers, die het meedogenloze klimaat op hun tocht naar het westen van de VS maar ternauwernood overleefden. In december 1849 raakte een groep van 100 mensen verdwaald toen zij op weg naar de Californische goudvelden een kortere route zochten. Voor ze uiteindelijk een uitweg over de zoutvlakten en de bergketens hadden gevonden, ging de groep wekenlang door een ware hel, waarbij een van hun metgezellen het leven liet. Toen het konvooi uiteindelijk een passage had gevonden, keken de aan de dood ontsnapten voor de laatste maal om naar het dal en noemden het Death Valley.

Behalve het onherbergzame terrein met plotseling opdoemende zoutvlakten en onbegaanbare duinen werd ook de verzengende hitte de pioniers bijna noodlottig. Er is geen enkel gebied op het westelijk halfrond dat zulke **extreme temperaturen** kent als Death Valley. 's Zomers wijst het kwik in de schaduw regelmatig 45 °C aan en de nachten brengen ook maar weinig verkoeling. Op 10 juli 1913 bereikte het kwik zelfs 56,7 °C, in die tijd een wereldrecord, dat later werd gebroken door een iets hogere temperatuur in

de Libische woestijn. In juli 1972 werd bij de Furnace Creek Ranch de bijna ongelofelijke grondtemperatuur van 93 °C gemeten. Geen wonder dat veel Amerikanen het nationale park in het warme seizoen mijden en liever in de winter met zijn lenteachtige temperaturen van het landschap komen genieten. Voor autofabrikanten die de airconditioning en andere apparatuur onder zo zwaar mogelijke omstandigheden willen testen, vormt Death Valley in de zomer daarentegen een ideaal testgebied.

Ondanks de extreme temperaturen is 'Vallei des Doods' een weinig toepasselijke en zelfs ronduit misleidende naam voor het sinds 1994 als nationaal park beschermde landschap met zijn unieke flora en fauna. De diversiteit aan levensvormen is hier namelijk ronduit frappant. Binnen de grenzen van het park leven zo'n 400 verschillende **diersoorten**, van coyotes, wangzakmuizen, chuckwalla's (leguanen), rode lynxen, antilopegrondeekhoorns met hun witte staart en woestijndikhoornschapen, tot kleine zoutwatervisjes *(cyprinodon salinus)* die verder nergens anders ter wereld voorkomen. De **flora** doet hier met meer dan 1000 soorten niet voor onder en laat zien met wat voor geraffineerde beschermingsmechanismen planten in de genadeloze hitte weten te overleven. Zo graaft bijvoorbeeld de veel voorkomende mesquitestruik zijn paalwortels 18 m in de grond om op grote diepte liggende water-voorraden te kunnen aanboren, terwijl de creosootstruik met zijn wijdvertakte, opper-vlakkige wortelstelsel in staat is om zelfs de geringste hoeveelheden dauw en neerslag op te nemen.

De naam 'Vallei des Doods' is ook met het oog op de **ontstaansgeschiedenis** van het landschap niet correct. Death Valley is name-lijk in werkelijkheid niet een door stromend water uitgesleten rivierdal, maar een bekken dat is ontstaan toen de gebergtes van de Pa-namint Range in het westen en de Amargosa Range in het oosten zich verhieven. Ongeveer 25.000 jaar geleden lag er een 180 km lang en bijna 200 m diep meer op de bodem van de vallei. Herinneringen aan dit vochtige verle-den worden gevormd door de tot wel 1,80 m dikke zoutkorsten die grote delen van de diep-ste plaatsen bedekken. Vondsten als speer-punten en werktuigen doen concluderen dat hier in de afgelopen 10.000 jaar minstens vier verschillende indianenculturen zijn voorge-komen. Toen de eerste blanke goudzoekers doordrongen tot Death Valley, was dit nog het jachtgebied van de Shoshone, maar zij zijn in-middels al lang geleden uit de regio verdwe-nen. Ondertussen heeft het nationale park met zijn unieke landschappen door het toe-risme internationale faam verworven. Jaren geleden dienden de duinen bij Stovepipe Wells al als decor voor de film *Star Wars* en lie-ten de rockbands Oasis en U2 in dit gebied vi-deoclips opnemen.

Stovepipe Wells Village en Dunes

Wie vanuit het westen over Highway 190 het nationale park nadert, merkt al iets van het landschappelijke drama waarop Death Val-ley zijn bezoekers trakteert. Als u de 1511 m hoge Towne Pass bent gepasseerd, het hoog-ste gedeelte van de weg door de Panamint Range, begint de strook asfalt af te dalen naar de in de hete lucht trillende, kleurloze vallei, die wel iets wegheeft van een wazige streep in een waterverfschilderij.

Overnachtings- en foerageermogelijkheden zijn zeer schaars in Death Valley. De eerste

plaats met enige beschaving langs Highway 190 is **Stovepipe Wells Village** **1**, waar veel reizigers stoppen voor een korte pauze of een overnachting. Alle 83 rookvrije kamers van het plaatselijke motel zijn uitgerust met air-conditioning en een badkamer, maar be-schikken niet over een telefoon. Dit 'dorp' wordt gecompleteerd door verscheidene faci-liteiten, zoals een restaurant waar u terecht kunt voor zowel het ontbijt en de lunch als het diner. Verder vindt u hier de rustieke Bad-water Saloon, een souvenirwinkel, een *gene-ral store*, een met bronwater gevoed zwem-bad, een camperterrein, een benzinestation, een *rangerstation* en een landingsbaan voor kleine vliegtuigen (Hwy 190, P.O. Box 559, tel. 760-786-2387, www.escapetodeathvalley.com, 2 pk $100–160).

Veel reizigers verkeren in de veronderstel-ling dat Death Valley een grote zandbak is. Niets is echter minder waar: in werkelijkheid is maar ongeveer 1 procent van het parkge-bied bedekt met zand. Het mooiste en een-voudigst bereikbare woestijngebied is **Stove-pipe Wells Dunes** **2** in de buurt van het dorp. Deze ca. 40 km² grote 'Sahara' ligt in de zoge-naamde Mesquite Flats en bestaat uit stuif-zand. Het kwarts- en veldspaatzand is ver-moedelijk afkomstig uit de in het westen ge-legen Cottonwood Mountains, die deel uitmaken van de Panamint Range. U kunt uw duinwandeling het best ondernemen in de koele ochtenduren. Er zijn geen gemarkeerde routes over de door wind geplooide duinen, waar op de hellingen sporen zijn te zien van alleen 's nachts actieve knaagdieren en rep-tielen, die de hitte overdag mijden. Een duin-wandeling op eigen houtje is vooral bij volle maan een waar avontuur, maar neem voor de zekerheid een zaklamp mee, ondanks het hel-dere maanlicht.

Scotty's Castle **3**

Aan de voet van de Grapevine Canyon in het uiterste noorden ligt **Scotty's Castle**, een met legenden omgeven kasteeltje dat door zijn bouwstijl en palmbomen, groene gazons en bloeiende oleanders iets wegheeft van een Spaans landgoed. De uit Chicago afkomstige verzekeringsmagnaat Albert M. Johnson liet in de jaren 20 om gezondheidsredenen een huis bouwen in het droge woestijnklimaat. Tot de vriendenkring van Johnson behoorde een zekere Walter E. Scott, die in het Amerikaanse Westen naam had gemaakt als circusartiest en goudzoeker, maar vooral als bedenker van fantastische verhalen. Zo verspreidde Scotty, zoals hij bij iedereen bekendstond, het gerucht dat Johnson onder zijn huis een goudmijn exploiteerde. Hij overleefde zijn weldoener en stierf zes jaar later dan Johnson. Na zijn dood in 1954 werd hij begraven op een heuvel naast het kasteel. Een houten kruis en een grafsteen met een borstbeeld markeren zijn laatste rustplaats. Het inschrift op een messing plaat zou in een notendop Scotty's levensfilosofie kunnen beschrijven: 'Zeg niets wat iemand zou kunnen kwetsen. Geef geen goede raad, want er wordt toch niet naar geluisterd. Beklaag je niet en rechtvaardig je gedrag nooit.'

Het ter bezichtiging geopende kasteeltje geeft met zijn rustiek-elegante inrichting met houtsnijdecoraties en sierlijk smeedijzeren traliewerk blijk van de luxe levensstijl van de voormalige bewoners. In de grote salon stroomt ter verkoeling water over een stenen muur in een bekken. In de muziekkamer liet Johnson, die een bevlogen kunstliefhebber was, voor zijn muzikale ontwikkeling een orgel met 1121 pijpen installeren (rondleidingen van 50 minuten door het complex dag. 10–16 uur, volw. $15, kind 6–15 jaar $7,50). Scotty wekte in zijn vertellingen maar al te graag de indruk dat het kasteel niet het eigendom van Johnson was, maar van hem. In werkelijkheid woonde de fantast van Death Valley echter in de **Lower Vine Ranch**, een eenvoudige blokhut die zijn gefortuneerde vriend in de buurt van het kasteel voor hem had laten bouwen (bezichtigingen alleen jan.–apr. uitsluitend op afspraak via tel. 760-786-2392-226).

Een stukje Sahara midden in Californië: de Stovepipe Wells Dunes

Ubehebe Crater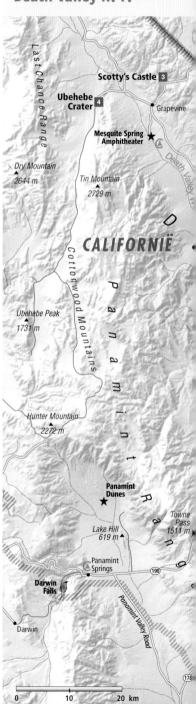

Ten westen van Scotty's Castle ligt de **Ubehebe Crater**, een 800 m breed en 140 m diep gat in het aardoppervlak. De krater is ontstaan toen duizenden jaren geleden heet magma in een daar gelegen meer stroomde en het water in één grote explosie verdampte. In de onmiddellijke omgeving liggen diverse kleinere kraters, asheuvels en gestolde lavastromen, nog meer aanwijzingen voor de geologische activiteit die hier vroeger heeft plaatsgevonden. Rond de Ubehebe loopt een wandelpad en een tweede, steiler pad daalt af naar de bodem van de krater. Ten noorden van de krater voert een traject in het uiterste noorden van het park door de moeilijk bereikbare Eureka Valley, waar de hoogste zandduinen van Californië staan. In een grote boog voert deze deels hobbelige weg naar Big Pine in de Owens Valley.

Furnace Creek

Het eigenlijke centrum van het nationale park ligt ten zuiden van de kruising van Highway 190 en Highway 374 in de door dadelpalmen omgeven **Furnace Creek**. Hier zijn onder andere het bezoekerscentrum en het parkkantoor van Death Valley te vinden. In het bezoekerscentrum krijgt u alle benodigde informatie over het park, kunt u deelnemen aan programma's onder leiding van *rangers* en overnachten in de nabije **Furnace Creek Ranch** (adres zie blz. 250). Rond de oase liggen een aantal kampeerterreinen, waarvan de meeste alleen over de hoogst noodzakelijke voorzieningen beschikken.

Aan de noordrand van het 'dorp' komt in de **Harmony Borax Works**, een oud fabriekscomplex naast de doorgaande weg, de industriële geschiedenis van Death Valley aan het licht. In de jaren 1880 werd op deze plaats uit kristallijne afzettingen borax gemaakt, een stof die werd gebruikt bij de productie van aardewerkglazuur, ontsmettings- en reinigingsmiddelen en als hulpstof bij het solderen en lassen. Met door muildieren getrokken karren werd in tien dagen tijd zo'n 33 ton borax naar de dichtstbijzijnde spooroverslagplaats in het 290 km verderop gelegen Mojave vervoerd. In 1890 staakte het bedrijf de on-

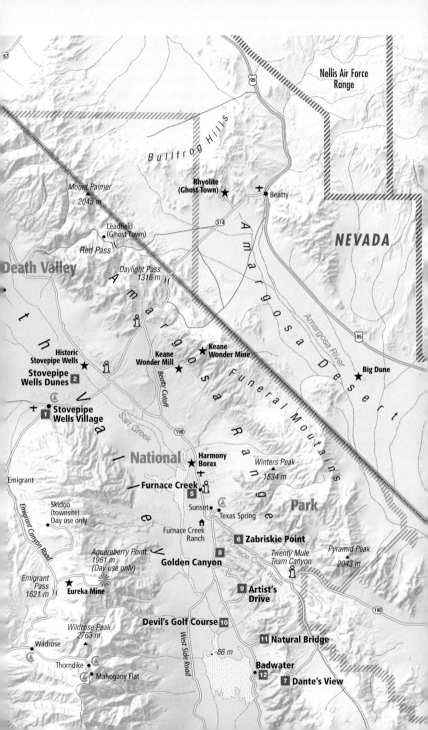

rendabel geworden productie. Van het grotendeels vervallen fabriekscomplex kunt u terugrijden door de **Mustard Canyon**, waarbij dient te worden gezegd dat deze omweg alleen 's ochtends vroeg en in de namiddag de moeite waard is. In het licht van de laagstaande zon krijgt het sediment aan weerszijden van de weg de fraaie mosterdgele tint waaraan de canyon zijn naam dankt.

Informatie

Furnace Creek Visitor Center: Hwy 190, Furnace Creek, P. O. Box 579, Death Valley, CA 92328, tel. 760-786-3200, www.nps.gov/deva. Personenauto $20 per week.

Accommodatie

Toevluchtsoord in de woestijn ▶ Furnace Creek Inn: Hwy 190, tel. 760-786-2345, www. furnacecreekresort.com, alleen half okt.–half mei. Aan de voet van de Funeral Mountains tussen palmbomen gelegen resort. 66 rookvrije kamers en suites met airconditioning, televisie, telefoon en koelkast. 2 pk vanaf $175. **Unieke ranch ▶ Furnace Creek Ranch:** Hwy 190, tel. 760-786-2345, www.furnacecreekre sort.com, het hele jaar door geopend. Deze voormalige ranch beschikt over 224 kamers, een steakrestaurant, een buitenzwembad, tennisbanen, een koffiehuis en de laagstgelegen golfbaan ter wereld. U vindt er ook een benzinestation, een supermarkt en een pinautomaat. 2 pk vanaf $134. **Kamperen ▶** In het nationale park liggen **negen kampeerterreinen**, waarvan er enkele gratis te gebruiken zijn. Sommige zijn het hele jaar geopend, andere alleen in bepaalde maanden. Uitgebreide informatie vindt u op www. nps.gov/deva/planyourvisit/camping.htm.

Eten en drinken

Restaurants op de Furnace Creek Ranch en in de Furnace Creek Inn (zie boven).

Zabriskie Point 6

Zo'n 3 km ten zuidoosten van de Furnace Creek Ranch splitst de parkweg zich. De ene tak loopt in de richting van Badwater en de andere naar de Death Valley Junction. Aan de

laatstgenoemde ligt op een steenworp afstand van de geasfalteerde rijweg **Zabriskie Point**, het mooiste uitzichtpunt van het nationale park (zie foto blz. 214), echter wel met een beperking. Voor dit uitzichtpunt geldt ook wat in principe voor het hele gebied van Death Valley geldt: een bezoek loont alleen vlak na zonsopkomst en vlak voor het intreden van de duisternis. Al vanaf 10 uur 's ochtends legt de hitte een soort waas over het dal, waardoor contouren vervagen en schaduwen verdwijnen. De mensen die dat weten, komen daarom al voor dag en dauw naar Zabriskie Point om het adembenemende schouwspel der natuur te aanschouwen, zoals de eerste stralen van de opkomende zon de ruige rotsen en kale, in 'vouwen' geplooide leemafzet-

Bij Badwater vormen zoutkristallen een netvormig patroon

tingen in de oude rivierbedding verlichten en de met de minuut veranderende taferelen met een bijna surrealistische schoonheid. Wie het krieken van de dag bij Zabriskie Point eenmaal heeft meegemaakt, zal dit natuurlijke spektakel van licht, schaduw en steeds veranderende kleuren nooit meer vergeten. De Italiaanse regisseur Michelangelo Antonioni noemde zijn aan het eind van de jaren 60 opgenomen cultfilm, die zich deels in de woestijn afspeelt, naar dit uitzichtpunt. Vlak voorbij Zabriskie Point buigt een bij droog weer redelijk goed begaanbare eenbaansweg af naar de **Twenty Mule Team Canyon**, om na 5 km weer aan te sluiten op Highway 190. De weg slingert zich door een schitterend woestijnlandschap met rotspartijen en sedimenten waarin het hele kleurenspectrum van geel, oker en bruin tot turquoise en terracotta voorkomt. Iets over de helft van de route versmalt de weg zich en wordt hij bochtiger en gedeeltelijk zeer steil, maar blijft toch zonder problemen goed berijdbaar met de auto.

Dante's View [7]

Na de afsplitsing van Highway 190 blijft de weg naar **Dante's View** 20 km gestaag stijgen en eindigt op de bergkam van de Amargosa Range, bij een 1669 m hoog gelegen uitzichtpunt. Bij het aanbreken van de dag, wanneer de ochtendwind op deze hoogte nog koel is, tovert de lichterkleurende hemel zachte pastelttinten op Death Valley, dat zich op 1,5 km diepte uitstrekt tussen de Panamint Range en de Amargosa Range. In feite biedt Dante's View de parkbezoekers een voor Californië werkelijk uniek uitzicht, want hier kunt u namelijk van een en dezelfde locatie Badwater zien liggen, het laagste punt van het westelijk halfrond, en tegelijkertijd aan de westelijke horizon de top van de 4418 m hoge Mount Whitney in de Sierra Nevada, het hoogste punt op het aaneengesloten grondgebied van de VS (dat wil zeggen zonder Alaska en Hawaii; de hoogste Amerikaanse berg is de Mount McKinley in Alaska).

De weg naar Badwater

De weg naar het zuidelijke deel van het park loopt langs de voet van de Amargosa Range naar de **Golden Canyon** 8, waar veel bezoekers een bijna 2 km lange wandeling maken langs de ruige, geelachtige rotsformaties, waaraan de canyon zijn naam dankt. Vooral aan het eind van de middag is het een mooie plaats om te vertoeven, als de zon langzaam wegzakt in de kloof. Ooit liep hier een autoweg doorheen en het brute geweld waarmee stromend water zich een weg kan banen door het woestijnlandschap wordt aangetoond door de restanten van de gebarsten rijbaan, die op enkele plaatsen nog is te zien. De meeste wandelaars lopen naar de Red Cathedral, een natuurlijk amfitheater van rode rotsen, en keren daarna weer terug.

De bijna 15 km lange eenbaansweg **Artist's Drive** 9 buigt in oostelijke richting van de doorgaande weg af en slingert zich aan de voet van de Amargosa Range door een ruig, gekloofd berglandschap met verschillende uitzichtpunten langs het smalle en deels steile traject. Halverwege ligt **Artist's Palette**, een door weer en wind blootgelegde bergflank die met zijn door metaaloxiden ontstane gesteenteverkleuringen inderdaad gelijkenis vertoont met een schilderspalet.

De volgende vertakking van de parkweg voert in westelijke richting naar de rand van van de enorme zoutvlakten, die zich uit lijken te strekken tot aan de voet van de Panamint Range. Met **Devil's Golf Course** 10 (de Golfbaan van de Duivel) gaven de beheerders van het park deze streek een treffende naam: in dit gebied liggen opgehoopte zoutlagen die eruitzien alsof ze pas zijn omgeploegd. U kunt op de zoutkorst lopen voor zover u schoenen draagt die tegen een stootje kunnen, want de zoutrichels hebben hier en daar scherpe randen. Zo'n 50 m van de parkeerplaats gaapt een gat in de dikke korst; hier is duidelijk te zien dat eronder een zoutmeer schuilgaat.

Via een 1,6 km lange, onverharde doodlopende weg die afbuigt naar de **Natural Bridge** 11 gaat u duizenden jaren terug in de geheimzinnige geschiedenis van Death Valley. Wat er vandaag de dag uitziet als een nauwe, in de rotsen uitgesleten kloof, was lange tijd een rivierbedding waarover water zich een weg baande naar een toen nog bestaand meer. Halverwege staat een door de elementen uitgeholde natuurlijke boog.

Badwater 12

Voor de meeste bezoekers van Death Valley is **Badwater** een verplicht nummer. Niet omdat deze plaats nou zo aantrekkelijk is, maar vanwege het feit dat dit niet alleen de laagstgelegen plaats is op het Noord-Amerikaanse continent, maar van het hele westelijk halfrond. Een aantal jaar geleden liet de National Park Service hier een groot parkeerterrein en een houten loopplank aanleggen, die de kleine, nooit geheel droogvallende waterplaatsen overbrugt en doorloopt over de schier eindeloze zoutvlakten die zich ten westen vanhier uitstrekken. Badwater ligt direct aan de voet van Dante's View (zie blz. 251). Aan de westelijke horizon doemt als een donkere muur de Panamint Range op, met de 3368 m hoge Telescope Peak als hoogste punt. Waarom de plek Badwater – 'slecht water' – heet, wordt duidelijk als u de stank van het brakke water in de kleine plassen ruikt. In het zuiden eindigt de Death Valley vlak achter de 390 m hoge Jubilee Pass, een pas die zich in januari en februari tooit met de mooiste wilde bloemen van het nationale park.

Jaren

Ultramarathon (juli): Ieder jaar wordt gedurende de heetste periode van het jaar in de

Gevaar: woestijn!

Toen in juli 2007 de thermometer bij de Furnace Creek Ranch in de schaduw 53,8 °C aangaf, sloten de parkwachters meteen een weddenschap af op het bereiken van een nieuwe recordtemperatuur. Maar die werd niet bereikt en het record uit 1913 bleef met 56,7 °C gehandhaafd – de hoogste luchttemperatuur die ooit op Amerikaans grondgebied is gemeten.

Deze extreme cijfers geven aan hoe genadeloos het klimaat in zuidelijk Californië kan zijn. Het is daarom geen overbodige luxe om tijdens de reis door het gebied enkele voorzorgsmaatregelen te nemen. Het spreekt voor zich dat u op een tocht door de woestijn altijd voldoende drinkwater bij u moet hebben. Wanneer u autopech krijgt in een afgelegen gebied, kunt u zonder voldoende drinken al snel in levensbedreigende situaties verzeild raken. Bescherming tegen de meedogenloos brandende zon is geen overbodige luxe, maar essentieel, vooral wanneer u langere tijd in de buitenlucht verblijft. Mensen die de lokale omstandigheden goed kennen, dragen om die reden een luchtdoorlatend hoofddeksel en geschikte kleding, die liefst een zo groot mogelijk deel van het lichaam bedekt. Ook zonnebrandcrème is een noodzaak.

Je hoort er zelden iets over, maar in de Californische woestijnen zijn meer mensen omgekomen door verdrinking dan door dorst. Het weer kan plotseling omslaan en plaatselijk stortregens veroorzaken die zeer gevaarlijk kunnen zijn. De door de warmte keihard opgedroogde woestijnbodem kan de hoeveelheden water bij hevige regenval niet opnemen, waardoor deze aan de oppervlakte wegvloeien. Als het terrein verspreiding over een groter oppervlak onmogelijk maakt, zoals in bekkens en op de bodem van dalen, kunnen binnen enkele minuten *flash floods* (stortvloeden) ontstaan die alles op hun weg meesleuren. Daarom dient u desbetreffende gebieden zelfs bij droog weer te mijden, omdat het weer binnen zeer korte tijd volledig kan omslaan. Vooral de smalle canyons zijn onder die omstandigheden veel wandelaars fataal geworden.

Wie ervaring heeft met woestijnen, maakt wandeltochten bij voorkeur vroeg in de ochtend of in de namiddag. In de uren daartussen is het op zijn heetst. Bovendien staat de zon dan op zijn hoogste stand in zo'n ongunstige hoek, dat schaduwen en contouren verdwijnen en amateurfotografen zich achteraf vaak afvragen waarom hun foto's er zo 'vlak' uitzien. Een typisch voorbeeld is Zabriskie Point in Death Valley. Bij zonsopkomst en zonsondergang zijn de geërodeerde modderheuvels daar adembenemend mooi. Maar wie dit uitzichtpunt rond het middaguur bezoekt, zal weinig onder de indruk zijn, omdat door het vrijwel ontbreken van schaduwen de schoonheid van het landschap totaal niet tot zijn recht komt.

Met name bergbeklimmers in het noordelijke deel van het Joshua Tree National Park (zie 'actief', blz. 241) mijden de hoge temperaturen in de zomer, want dan kunnen de rotsen zo heet worden dat u uw vingers eraan kunt branden. Daarom kiezen deze avontuurlijke sporters voor de koelere seizoenen. In het voorjaar laten de Californische woestijnen met hun kleurige bloementapijten zich van hun mooiste kant zien.

actief

Mojave National Preserve verkennen

Informatie

Start: De plaats Baker bij de kruising van Highway 127 en Interstate 15

Lengte/duur: 240 km, 1–2 dagen

Beste reisperiode: Maart, april, oktober en november (dagtemperatuur ca. 22–28 °C)

Belangrijke tip: Geen tankstations in het park, de dichtstbijzijnde staan in Baker, Nipton, Primm en Ludlow. Voor het traject is geen vierwielaandrijving nodig (bij verhuur informeren of u over grindpaden mag rijden).

Het 6500 km² grote **Mojave National Preserve** (▶ 10, E/F 4) heeft de rijkste flora en fauna van alle woestijngebieden in de VS. In deze wildernis bent u weliswaar aangewezen op een auto, maar de omgeving biedt ook talloze outdoormogelijkheden.

De geasfalteerde Kelbaker Road voert langs de **Cinder Cones**, vulkanische askegels die getuigen van vulkaanuitbarstingen van ongeveer 10.000 jaar geleden. De Ailken's Mine Road (niet aan te bevelen voor normale personenauto's) loopt naar een 12 km verderop gelegen mijn, die in 1990 is gesloten. Op deze hobbelige weg komt u dichter bij de vulkaankegels en kunt u ze vervolgens te voet bereiken. In het van 1923 tot 1985 als treinstation dienstdoende Kelso Depot bevindt zich

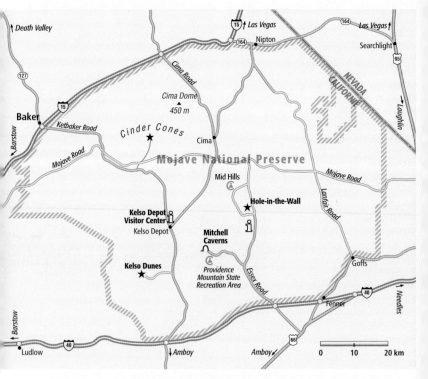

het **Kelso Depot Visitor Center**, waar u alle informatie over het reservaat kunt krijgen en een klein museum kunt bezoeken (tel. 760-252-6100, www.nps.gov/moja).

Verder naar het zuiden voert van de doorgaande weg een hobbelige route 5 km in westelijke richting naar de **Kelso Dunes**. Om het hoogste duin van ca. 200 m te bereiken, gaat u aan het eind van de weg recht op de 4 km verderop gelegen zandheuvel af, waarvan de beklimming door het losse zand behoorlijk inspannend is (heen en terug 3 uur). Let hier goed op, want in het duingebied waait regelmatig een stevige, zanderige bries die schadelijk kan zijn voor uw camera en andere apparatuur.

Een geheel ander landschap ontvouwt zich rond de 450 m hoge **Cima Dome**. Via de bewegwijzerde, heen en terug 6,4 km lange Teutonia Peak Trail (ca. 2 uur), die plusminus 10 km ten noorden van Cima begint bij de Cima Road, kunt u de granietheuvel beklimmen en krijgt u een goede indruk van de weelderige vegetatie met *Joshua trees*, yucca's of palmlelies, creosootstruiken en cactussen. De in de aarde uitgehouwen mijngangen vormen stille getuigen van de vroegere zoektocht naar zilveraders.

Via de ongeasfalteerde Cedar Canyon Road rijdt u met een grote stofwolk achter u aan naar het **Hole-in-the-Wallgebied**, waar in de rotsen van kwartsporfier zeldzame holtes getuigen van vroegere vulkanische activiteit. Vanaf het bezoekerscentrum en het nabijgelegen kampeerterrein komt u na een korte wandeling van heen en terug ongeveer 1 km uit bij de Rings Trail, die naar de Banshee Canyon voert. Op enkele steile gedeelten van dit traject moet u over de rotsen klimmen via in het steen verankerde, ijzeren ringen. De verder naar het zuiden gelegen **Mitchell Caverns** zijn op dit moment gesloten in verband met renovatiewerkzaamheden.

maand juli de extreemste marathon ter wereld gelopen. De wedloop voert van Badwater in de Death Valley op 86 m onder zeeniveau over een afstand van 219 km naar de 2548 m hoog gelegen uitlopers van Mount Whitney in de Sierra Nevada. Atleten in topconditie leggen deze moordende race af in ongeveer 25 à 26 uur (www.badwater.com).

Rhyolite ▶ 9, C 1

Kaart: blz. 248

Niet ver van Death Valley ligt net over de grens met Nevada de spookstad **Rhyolite**, die aan het begin van de 20e eeuw het centrum vormde van het zogenoemde Bullfrog Mining District. Wie nu een wandeling maakt door de grotendeels tot ruïnes vervallen plaats kan zich nauwelijks voorstellen dat dit stipje in de woestijn rond 1910 met meer dan 10.000 inwoners de op twee na grootste stad van Nevada was. Drie spoorlijnen bedienen in die tijd het mijnwerkerskamp, dat behalve vijftig mijnen een elektriciteitscentrale, meer dan twintig hotels, een schouwburg, een telegraafkantoor, een school en natuurlijk talloze saloons omvatte. Het was een drukte van jewelste in de straten met passanten, paardenkoetsen, wilde ezels en keurige dames die in hun stadse outfit een wandelingetje maakten. Jonge jongens verkochten kranten uit Denver, Salt Lake City en San Francisco, die moesten concurreren met drie lokale bladen.

Bezienswaardige gebouwen

Toen de economische bloeitijd in Rhyolite in 1916 ten einde was gekomen, nam de woestijn terug wat architecten en goudzoekers hem hadden afgenomen. Tegenwoordig rijst de ruïne van de voormalige **Cook Bank** met zijn geblindeerde ramen op naar de wolkenloze hemel. Tot de best bewaarde gebouwen behoort het voormalige stationsgebouw van de **Las Vegas & Tonopah Railroad**. Het zogenaamde **Bottle House** uit 1906 is evenwel beroemder, want de muren van dit huis bestaan uit zo'n 30.000 lege bierflesjes. De voormalige kroeg werd enkele jaren geleden van de ondergang gered, maar zo gerenoveerd dat het gebouw veel van zijn vroegere spookstad-charme heeft verloren.

Goldwell Open Air Museum

In de jaren 80 ontdekten enkele Belgische kunstenaars Rhyolite en plaatsten er in de buitenlucht allerlei moderne sculpturen, die tegenwoordig deel uitmaken van het **Goldwell Open Air Museum**. Een van de bekendste werken is een groep witte, met acryl bedekte gipsfiguren van Albert Szukalski, die *Het laatste avondmaal* van Leonardo da Vinci moeten voorstellen (tel. 702-870-9946, www.goldwell museum.org, het is doorlopend toegankelijk, gratis toegang).

Las Vegas ▶ 10, F 2

Atlas: blz. 258

Las Vegas is al heel lang verslaafd. Niet aan whisky of andere drugs, maar aan graafmachines en bouwkranen; alles moet almaar groter, mooier, hoger en luxueuzer. Volgens de laatste schattingen zal de bouwgekte die de stad al jaren in zijn greep houdt tot diep in het volgende decennium voortduren. Het voormalige gokbolwerk in de woestijn transformeert zich in hoog tempo tot de grootste amusementsmetropool ter wereld.

Als het aan de stadsplanners lag, zouden in de toekomst passanten zich op loopbanden over de 'Strip' begeven, zoals de door de grootste hotelcasino's geflankeerde Las Vegas Boulevard wordt genoemd. Roulette, poker en speelautomaten zijn allang niet meer de enige attracties. In de themacasino's wanen gasten zich in verre wereldsteden als Parijs, Venetië en New York, of in andere tijden, zoals het oude Egypte, het oude Rome of de tijd van koning Arthur. Sinds de bouw van het Hofbräuhaus, een gedetailleerde kopie van het Münchense bierlokaal, kunnen Las Vegasgangers een authentieke Beierse sfeer opsnuiven. Een enorm aanbod aan vermaak, van goochelshows, cabaret, musicals, popconcerten en variété tot aan vrijetijdsvoorzieningen als exotische zwemparadijzen, sauna's, fit-nesscentra, zenuwslopende achtbanen, aquaria en dierentuinen zorgt gegarandeerd dat u zich geen moment zult vervelen.

Themacasino's

Het geheim achter het succes was de uitvinding van de themacasino's. Het eerste gokbedrijf dat zich op alle mogelijke manieren op een thema richtte, werd in de jaren 60 in Las Vegas bedacht. Met **Caesar's Palace** ▮ hadden de stadsplanners een dependance van het antieke Rome op het oog; ze vertaalden het idee consequent in triomfbogen, zuilenrijen, fonteinen en standbeelden. Zelfs de kleding van het personeel werd erop afgestemd. Met een beetje geluk ontmoet u tussen de rinkelende eenarmige bandieten en roulettetafels de in antieke gewaden gehulde Cleopatra die aan de arm van Marcus Antonius majestueus door de zalen van het casino schrijdt. De aantrekkingskracht van Caesar's Palace deed andere

De avondlijke lichtzee in Las Vegas: de Strip met de grote casino's

casino-eigenaren er ook toe besluiten in te zetten op gokpaleizen met een thema. Het hotelcasino **Mirage** 2 liet in zijn lobby een heus regenwoud aanleggen, waar te midden van het glanzende junglegroen felgekleurde orchideeën groeien.

In het **Excalibur** 3 met zijn torentjes en ophaalbruggen wanen de gasten zich in de middeleeuwen, voor het casino **Paris Las Vegas** 4 werden kopieën van de Eiffeltoren en de Arc de Triomphe gebouwd, terwijl **The Venetian** 5 *gondolieri* in dienst heeft die de bezoekers in Venetiaanse gondels over vernuftig aangelegde kanalen vervoeren.

Wie het geld voor een reis naar New York wil uitsparen, begeeft zich naar het casino **New York New York** 6, waar een miniatuurversie van Greenwich Village de sfeer van Manhattan oproept.

Ook het oude Egypte is vertegenwoordigd in Las Vegas. Reeds wanneer u voor aankomst

boven de stad vliegt, is de zwarte piramide van het **Luxor** 7 te zien, waar voor de ingang een reusachtige sfinx de wacht houdt.

Waterspektakel in de woestijn

Om midden in de kurkdroge woestijn een gokmetropool voor honderdduizenden inwoners te bouwen, is op zich al een vrij gewaagd idee. Maar blijkbaar waren de plaatselijke casinostrategen altijd al gefascineerd door het idee om het onmogelijke mogelijk te maken, de zintuigen van de bezoekers te verwarren en hen hun alledaagse leven even te doen vergeten. Net als grote pretparken proberen casino-investeerders volmaakte illusies te creëren. Anders is het moeilijk te verklaren waarom de in belangrijke mate op waterbevoorrading aangewezen woestijnmetropool zo kwistig omspringt met het kostbare vocht, alsof het ruim voorhanden is. Vanzelfsprekend beschikt elk hotelcasino over een

Las Vegas

Bezienswaardigheden

1. Caesar's Palace en Forum Shops
2. Mirage en The Volcano
3. Excalibur
4. Paris Las Vegas
5. The Venetian
6. New York New York
7. Luxor
8. Bellagio en Bellagio Gallery of Fine Art MGM
9. Wynn Las Vegas
10. Treasure Island
11. Madame Tussaud's
12. City Center
13. Tropicana Casino
14. MGM
15. Flamingo Hilton
16. Mandalay Resort
17. Fremont Street Experience
18. Stratosphere Tower
19. Circus Circus
20. Mob Museum
21. Smith Center for the Performing Arts

Accommodatie

1. Wynn Las Vegas
2. Hard Rock Hotel

258

Eten en drinken
1 Picasso
2 Hofbräuhaus

Winkelen
1 Boulevard Mall
2 Las Vegas Outlet Center
3 Premium Outlets
4 Fashion Show Mall

Uitgaan
1 Mix Lounge
2 Playboy Club
3 Hard Rock Cafe

Actief
1 Qua Baths & Spa
2 Bathhouse
3 Nurture Spa

zwembadcomplex. Maar sinds het **Mirage** (zie blz. 257) aan het eind van de jaren 80 voor de hoofdingang een lagune met een waterval plaatste, wilde iedereen aan de Strip elkaar overtreffen met steeds onrealistischer attracties. Het **Bellagio** 8 liet een meer aanleggen waarop 's avonds onder de klanken van moderne of klassieke muziek een door 12.000 buizen gevoede watershow de bezoekers in vervoering brengt. Het casino **Wynn Las Vegas** 9 is opgesierd met een waterval en het Dream Lake, waarop na zonsondergang een licht- en geluidsshow wordt geprojecteerd die zelfs hightechfreaks de ogen doet uitwrijven.

Op slechts een steenworp afstand is een voor het hotelcasino **Treasure Island** 10 gelegen piratenbaai iedere avond het toneel van een 15 minuten durende combinatie van musical en actieshow. Bij dit acrobatische spektakelstuk onder de naam *Sirens of TI* (TI is de afkorting voor Treasure Island) krijgt de uit sexy sirenen bestaande bemanning van een oud zeilschip het aan de stok met een troep piraten, van wie het schip uiteindelijk in een crescendo van vuurwerkexplosies en rookwolken ten onder gaat. Het dramatische karakter van de zeeslag doet het publiek al gauw vergeten dat het zich midden in een gortdroge woestijn ophoudt, waar jaarlijks hoogstens een pannetje regen valt.

Musea en exposities

Vroeger kleefde aan de 'Glamour City' de reputatie een walhalla voor cultuurbarbaren te zijn, maar het moderne Las Vegas kan zulke kritiek nu slagvaardig weerleggen. Weliswaar cultiveert de stad net als vroeger attracties voor de bredere smaak, zoals het wassenbeeldenmuseum **Madame Tussaud's** 11 met een lange reeks roemrijke sterren uit de filmwereld, muziekindustrie, showbusiness en sport (3377 Las Vegas Blvd. S., tel. 702-862-7800, www.madametussauds.com, zo.–do. 10–21.30, vr., za. 10–22.30 uur, volw. $25, kind 7–12 jaar $15, onlinekaartjes ca. 25% goedkoper). Tot de nieuwere complexen aan de Strip behoort het ruim 30 ha grote **City Center** 12 met luxeappartementen, casino's, entertain-

mentfaciliteiten en bijna 5000 hotelkamers. Toch zijn er ook aspiraties om van Las Vegas een cultuurmetropool te maken, maar op de weg daarheen moeten telkens weer allerlei tegenslagen worden overwonnen. De reden hiervoor is waarschijnlijk omdat de stad zijn imago als het mekka van licht vermaak en amusement tot elke prijs vooropstelt. Dit betekende onder meer het einde voor enkele in de afgelopen jaren geopende cultuurtempels, waaronder het zeven jaar lang in het **Venetian Hotelcasino** (zie blz. 257) gevestigde Guggenheim Hermitage Museum, dat voorgoed zijn deuren moest sluiten.

Ook de voorheen in het Wynn Las Vegas tentoongestelde kunst moet het tegenwoordig noodgedwongen doen met een plaatsje achter de receptie van het hotelcasino. Het **King Tut Museum** in het **Luxor Hotelcasino** (zie blz. 257) heeft het echter overleefd. In dit museum kunt u een exacte reconstructie zien van de grafkamer van farao Toetanchamon, die in 1922 door de Britse archeoloog Howard Carter in Boven-Egypte werd ontdekt.

Van Las Vegas' flirt met kunst is momenteel alleen nog iets te bespeuren in de **Bellagio Gallery of Fine Art**, waar u onder meer werken ziet van kunstenaars als Andy Warhol, Frank Stella, Ellsworth Kelly, Sol LeWitt, Roy Lichtenstein en Ed Ruscha (3600 Las Vegas Blvd. S., tel. 702-693-7871, www.bellagio.com/de/amenities/gallery-of-fine-art.aspx, zo.–do. 10–18, vr., za. 10–21 uur, volw. $15, kind tot 12 jaar gratis).

In het **Tropicana Casino** 13 is de pas geopende attractie **Mob Attraction Las Vegas** ondergebracht, die zich net als het Mob Museum in het centrum (zie blz. 262) zich bezighoudt met een historisch thema: de georganiseerde misdaad die een grote rol heeft gespeeld in de geschiedenis van Las Vegas.

Dierenshows

De Duitse entertainers Siegfried & Roy waren de eerste artiesten in Las Vegas die in 1990 met een tijgershow in het **Mirage** bewezen dat ook dierenacts een breed publiek in het gokparadijs kunnen aanspreken. Daarin is geen verandering gekomen sinds een tragisch ongeval in oktober 2003 een abrupt einde maakte aan het podiumsucces. Behalve een showkooi met witte tijgers bij de casino-ingang is de Secret Garden met een weinig spectaculaire dierenverzameling en de Dolphin Habitat het enige dat is overgebleven van het optreden van het Duitse succesduo ('s zomers dag. 10-19 uur, overige perioden korter, volw. $20, kind $15).

Het Mirage Hotel liet in de muur achter de receptie een 75.000 l groot aquarium met koraalriffen en echte haaien aanleggen, een project dat zelfs buiten de VS de krantenkoppen haalde. Het **MGM** 14 wilde zijn tijd echter niet verdoen met zulke 'peulenschillen' en liet midden in het casino achter 12 m hoge plexiglaswanden een 270 m² grote Lion Habitat bouwen. In het kader van de laatste grote renovatie van het casino, die begin 2012 is begonnen, moest de glazen showroom voor de MGM-leeuwen helaas alweer wijken. Of de grote katten ooit weer in de buurt van gokkasten en pokertafels zullen terugkeren, is twijfelachtig.

Ook het hotelcasino **Flamingo Hilton** 15 gaat met een Wildlife Habitat prat op zijn dierenliefde. Een uitgestrekte binnenplaats werd samen met een aantrekkelijk zwembadcomplex omgetoverd tot een 6500 m² grote natuuroase, waar u zich tussen klaterende beekjes en palmbomen in het Caribisch gebied waant. Flamingo's, pinguïns, zwanen, eenden, waterschildpadden, vissen en kaketoes hebben hier een nieuw thuis gevonden. Bijzonder om bij te wonen zijn de voedersessies van de pinguïns, die dagelijks om 8.30 en 15 uur plaatsvinden (gratis toegang).

Het aan het zuidelijke deel van de Strip gelegen **Mandalay Resort** 16 biedt dierenliefhebbers een haaienaquarium. In een nagebouwde, verzonken antieke tempel zwemmen gevaarlijke en bijzondere waterdieren uit alle delen van de wereld, zoals ongeveer zestien verschillende haaiensoorten, krokodillen en zout- en zoetwatervissen. In een cilindervormig bassin drijven kwallen, waarvan hun schoonheid wordt benadrukt door fraaie verlichting (zo.-do. 10-20, vr., za. 10-22 uur, volw. $18, kind 5-12 jaar $12).

Gratis openluchtshows

Naast de iedere avond gehouden zeeslag voor het Treasure Island Casino (zie links) en de licht- en watershow voor het Bellagio (zie links) zijn er nog meer shows waarmee de Las Vegasbezoeker wordt vermaakt – en nog gratis ook. De **Fremont Street Experience** 17, een hightechspektakel in Downtown Las Vegas, blijkt elke avond weer een enorme publiekstrekker. Jaren geleden werd de kunstmatige 'hemel' boven de vier huizenblokken lange Fremont Street voor het eerst met ca. 12 miljoen ledlampen veranderd in een reusachtig projectiescherm, waarop computergestuurde programma's een door een geluidssysteem van 540.000 watt ondersteunde collage van videoclips afspelen (Fremont St., na het invallen van de duisternis tot 24 uur).

Verscheidene Romeinse fonteinen met 'antieke' beelden creëren in de winkelstraat **The Forum Shops** van **Caesar's Palace** (zie blz. 256) een sfeer waarin u zich in de Eeuwige Stad aan de Tiber zou moeten wanen. Badend in neonkleurig licht beginnen tijdens de voorstelling op twee van de fonteinen de zogenaamd gebeeldhouwde figuren plots in beweging te komen. Mistflarden stijgen op van het water, terwijl de 'stenen monumenten' in de loop van de uit luidsprekers schallende verhalen in fabeldieren veranderen (3570 Las Vegas Blvd. S., zo.-do. 10-23, vr., za. 10-24 uur ieder heel uur).

Een van de eerste gratis openluchtattracties langs de Strip was de in 1989 geopende **The Volcano** voor het **Mirage Hotel** (zie blz. 257). Sindsdien spuwt de 16 m hoge, door palmen en meertjes omgeven vuurberg elke avond vlammen en rook uit, terwijl gesmolten lava langs de hellingen naar beneden loopt en de grommende donder de volgende uitbarsting aankondigt (3400 Las Vegas Blvd. S., dag. 19-24 uur elke 15 minuten).

Attracties met een kick

Tegenwoordig heeft ieder pretpark, hoe klein ook, een zenuwslopende attractie in huis. Las Vegas kon natuurlijk niet achterblijven en er werden al snel enkele passende attracties toegevoegd aan het abonnement op superlatieven. Het beste voorbeeld daarvan is de 356 m hoge **Stratosphere Tower** 18. Rond het Observation Deck is op 270 m hoogte de X-Scream aangelegd, de hoogste achtbaan ter wereld. Bij Insanity worden bezoekers door een beweeglijke drager op bijna 300 m boven de grond in de lucht 'geslingerd' (2000 Las Vegas Blvd. S., tel. 702-380-7711, www.stratospherehotel.com, $12-13 per rit, lift naar het uitzichtplatform volw. $16, kind $10, voor een rit inclusief liftvervoer gelden kortingen).

Achtbaanfanaten komen ook aan hun trekken op 60 m hoogte boven de daken van **New York New York** (dag. 10.30-24 uur, $14). 'Gratis circus' luidt het credo van **Circus Circus** 19, het gezinsvriendelijkste hotelcasino van de stad, waar clowns, vliegende trapezeartiesten en jongleurs kosteloos vermaak bieden. Op het overdekte kermisterrein vindt u ook het **Adventuredome**, een van de grootste indoorpretparken van de VS (dag. 10-24 uur, www.adventuredome.com, dagpas volw. $26,95, kind $16,95). De georganiseerde misdaad, die ook zijn sporen heeft achtergelaten in de geschiedenis van Las Vegas, komt aan bod in het **Mob Museum** 20, waar onder meer gangsters als Al Capone figureren (300 Stewart Ave., tel. 702-229-2734, www.themobmuseum.org, zo.-do. 10-19, vr., za. 10-20 uur, volw. $18, kind 5-17 jaar $12).

Muziek, dans, theater en beeldende kunst hebben in het **Smith Center for the Performing Arts** 21 een nieuw onderkomen gevonden (361 Symphony Park Ave., tel. 702-749-2012, www.thesmithcenter.com, gratis rondleidingen wo. en za., reserveren verplicht).

De populairste buffetten

Las Vegas heeft niet alleen als amusementswalhalla een indrukwekkende carrière doorlopen, ook als fijnproeversparadijs heeft het een rijke geschiedenis. Tal van buffetten en restaurants, waar bekroonde chef-koks als Wolfgang Puck, Emeril Lagasse en Bradley Ogden de scepter zwaaien, hebben al geruime tijd geleden een vaste plaats veroverd in de fijnproevershemel.

Over het algemeen worden het **Bellagio Buffet** (tel. 702-693-7223, diner $37), **Le Village**

Buffet in het Paris Las Vegas Casino (tel. 702-946-7000, diner $35) en het **Carnival World Buffet** in het Rio Casino (tel. 702-777-7757, diner $27, hier is een fles huiswijn met $10 het goedkoopst) tot de beste buffettips gerekend. In de reeks van aanbevolen selfservicerestaurants horen **MGM Grand Buffet** (tel. 702-891-7433, diner $26), **Cravings** in het Mirage (tel. 702-791-7111, diner $26) en **Bayside Buffet** in het Mandalay Bay Hotel (tel. 702-632-7402, diner $28). **Wynn Las Vegas Buffet** is met zo'n $34-38 voor het diner verreweg het duurst, maar dit betekent niet automatisch dat het beter is dan de andere aanbevolen adressen.

Informatie

Las Vegas Visitor Information Center: 3150 Paradise Rd., Las Vegas, NV 89109, tel. 702-892-7575, www.visitlasvegas.com.

Accommodatie

Luxer is onmogelijk ▶ Wynn Las Vegas 1: 3131 Las Vegas Blvd. S., tel. 702-770-7000, www.wynnlasvegas.com. De ruime kamers, voortreffelijk uitgeruste suites, luxueuze restaurants, chique cafés, bars en exclusieve winkelmogelijkheden stellen zelfs gasten met de hoogste eisen tevreden. Het personeel biedt een perfecte service. Vanaf ca. $270.

Cool onderkomen ▶ Hard Rock Hotel 2: 4455 Paradise Rd., tel. 702-693-5525, www.hardrockhotel.com. Op enige afstand van de Strip gelegen hotel dat is geïnspireerd op de levensstijl van rocksterren. Groot buitenbad en diverse restaurants. Vanaf ca. $55.

Eten en drinken

Toprestaurant ▶ Picasso 1: 3600 Las Vegas Blvd. S., Bellagio Hotel, tel. 702-693-7223, www.bellagio.com, wo.-ma. 18-21.30 uur. Een van de in totaal drie restaurants in Las Vegas waarvan de kwaliteit volgens de beroemde fijnproeversgids twee Michelinsterren waard is. Vanaf ca. $60.

Een vleugje Beieren ▶ Hofbräuhaus 2: 4510 Paradise Rd., tel. 702-740-7888, www.hofbrauhauslasvegas.com, dag. vanaf 11 uur. Culinair toevluchtsoord met currywurst, geroosterd vlees met uien en zelfs een Beierse koffietafel

– niet uitsluitend voor Duitse toeristen met heimwee. Vanaf $8.

Winkelen

Enorm winkelcentrum ▶ Boulevard Mall **1**: 3528 S. Maryland Pkwy., www.boulevardmall. com, ma.–za. 10–21, zo. 11–18 uur. 140 winkels met kleding, sport, elektronica, speelgoed, boeken, sieraden.

Direct uit de fabriek ▶ Las Vegas Outlet Center **2**: Aan de zuidzijde van de Strip, www. premiumoutlets.com, ma.–za. 10–21, zo. 11–18 uur. Merkkleding ook voor kinderen; **Premium Outlets** **3**: ten zuiden van Downtown, www.premiumoutlets.com, ma.–za. 10–21, zo. 11–18 uur. Hetzelfde aanbod als bij het Las Vegas Outlet Center.

Het allerbeste ▶ Fashion Show Mall **4**: 3200 Las Vegas Blvd S., www.thefashionshow.com, ma.–za. 10–21, zo. 11–19 uur. Een vanbuiten futuristisch winkelcentrum met warenhuizen als Saks Fifth Avenue, Dillard's, Neiman Marcus en Macy's, evenals 250 winkels, boetieks en restaurants.

Uitgaan

Cool uitzicht ▶ Mix Lounge **1**: 3950 Las Vegas Blvd. S., THEhotel at Mandalay Bay, tel. 702-632-9500, www.mandalaybay.com. De Mix Lounge op de 43e etage biedt tegen het vallen van de avond een prachtig uitzicht op Las Vegas met zijn flonkerende lichtjes.

Voor nachtbrakers ▶ Playboy Club **2**: 4321 W. Flamingo Rd., Palms Hotel, tel. 702-942-6832, www.palms.com. Op de 51e etage lopen echte bunny's rond. Cocktails worden genutigd aan de Diamond Bar, die uit 10.000 kristallen bestaat. Twee verdiepingen hoger vindt u de Moon Nightclub met een verschuifbaar dak.

Rockmekka ▶ Hard Rock Cafe **3**: 4475 Paradise Rd., tel. 702-733-8400, www.hardrock hotel.com, zo.–do. 11–24, vr., za. 11–1 uur. Dit filiaal van de Hard Rockketen is verdeeld over drie etages met veel memorabilia van rocksterren, die zich zo nu en dan ook op het podium vertonen. In de winkel worden artikelen van het eigen merk, zoals T-shirts en souvenirs verkocht.

Actief

Wellness ▶ Qua Baths & Spa **1**: Caesar's Palace, 3570 Las Vegas Blvd. S., tel. 866-782-0655, www.harrahs.com/qua-caesars-palace. In de Arctic Ice Room is de temperatuur maar 13 °C en uit het koepeldak dwarrelt kunstmatige sneeuw.

Luxe sfeer ▶ Bathhouse **2**: THEhotel, 3950 Las Vegas Blvd. S., tel. 1-877-632-9636, www. mandalaybay.com. Stoombaden met marmeren vloeren, sauna's en massages.

Totale ontspanning ▶ Nurture Spa **3**: Luxor Hotel, 3900 Las Vegas Blvd. S., tel. 702-262-4444, www.luxor.com. Groot aanbod aan massages en therapieën. Met sauna en fitnesscentrum.

Vervoer

Vliegtuig: McCarran International Airport, slechts 1,6 km van de zuidzijde van de Strip, 5757 Wayne Newton Blvd., tel. 702-261-5211, http://mccarran.com. De luchthaven wordt aangedaan door nationale en internationale luchtvaartmaatschappijen, waaronder KLM en Delta Airlines vanaf Schiphol. Taxi's naar de Strip kosten $12–20. Bell Transpendelbussen rijden van de luchthaven naar de Strip (702-385-5466, $7) en naar Downtown ($8).

Trein: Er rijden geen treinen naar Las Vegas.

Bus: Greyhound Lines, 200 S. Main St., tel. 702-383-9792, www.greyhound.com. Centraal busstation.

Vervoer in de stad

Deucedubbeldekkers: Deze bussen rijden op de Strip tussen Downtown en de zuidzijde van de Strip ($5 per rit).

Las Vegas Strip Trolley's: Deze bussen rijden van en naar de grotere casino's (enkeltje $2,50, dagpas tot 17 uur $8,50, avondpas 17–24 uur $4,25).

Monorail: De trein van deze geautomatiseerde luchtspoorbaan pendelt op een 6,5 km lang traject tussen de MGM Grand en het Sahara Casino (rit $5, dagpas $9, www.lvmonorail. com).

Casinotreintjes: Deze bieden gratis vervoer tussen de casino's Mirage, Treasure Island, Excalibur, Luxor en Mandalay Bay.

Talloze uitzichtpunten kijken uit
op de steile kust van Big Sur

Tussen Los Angeles en San Francisco

Er is nauwelijks een plaats in Amerika te vinden waar zee en land op zo'n indrukwekkende wijze op elkaar botsen als bij de oceaankust tussen Los Angeles en San Francisco. Van de in totaal 1350 km lange Californische kust wordt het 480 km lange gedeelte tussen Los Angeles en de baai van Monterey de Central Coast genoemd.

De legendarische Highway 1 gaat in het zuiden over in de snelweg Highway 101, die via Oxnard en Ventura naar Santa Barbara voert. In het noorden leidt deze Amerikaanse *dream road* langs de idyllische Monterey Bay, gelegen tussen Monterey en Santa Cruz. Aan snelheidsduivels is dit traject niet besteed; u kunt de route alleen op waarde schatten als u rustig de tijd neemt om de magnifieke landschappen langs de kust in u op te nemen. Pas dan zult u het ervaren als een onvergetelijk avontuur.

Tijdens de tocht geniet u van het rijden over soms bijna achtbaanachtige trajecten en hebt u uitzicht op de werkelijk spectaculaire natuur: adembenemende landschappen met woeste klippen, stille baaien, uitstekende rotsen, interessante natuurreservaten voor zeehonden, zeeleeuwen en zeeolifanten – die u overigens van heel dichtbij kunt bekijken – weergaloze surfstranden en verscholen liggende *state parks* waar u kunt wandelen en kamperen.

In steden als Santa Barbara, Santa Cruz en Carmel herinneren 18e-eeuwse Spaanse missieposten aan de veelbewogen geschiedenis van Californië. Het in Scandinavische stijl opgetrokken Solvang houdt de pionierstijd levend en Monterey staat in het teken van economische activiteit.

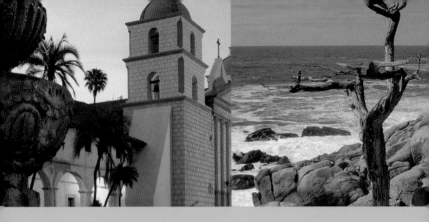

In een oogopslag
Tussen Los Angeles
en San Francisco

Hoogtepunten

6 Hearst Castle: In het heuvellandschap boven het kustplaatsje San Simeon liet de beroemde mediamagnaat William Randolph Hearst een kolossaal landhuis bouwen, dat tegenwoordig tot de belangrijkste bezienswaardigheden van Californië behoort. Jaar in jaar uit trekt het complex meer dan een miljoen bezoekers (zie blz. 284).

7 Monterey: Deze voormalige sardinemetropool is dankzij John Steinbecks roman *Cannery Row* de laatste decennia uitgegroeid tot een belangrijke toeristische trekpleister (zie blz. 290).

Fraaie routes

Over Highway 1 van San Simeon naar Carmel: Ook wanneer u niet genoeg tijd hebt om de gehele route langs de kust tussen Los Angeles en San Francisco Bay af te leggen, zou u ten minste het stuk tussen San Simeon en Carmel over Highway 1 niet mogen overslaan. Op dit traject volgt de smalle slingerweg direct de bochtige kust van de Grote Oceaan, zodat hij op talloze plaatsen een schitterend uitzicht biedt op de nog grotendeels ongerepte, met kloven doorsneden kust van Big Sur (zie blz. 286).

17 Mile Drive: Parallel aan de doorgangsweg loopt de 17 Mile Drive tussen Carmel en het charmante Monterey langs de gekloofde kuststrook. De tolweg vormt een prachtige panoramische route en is langs elke kilometer de tol waard die u ervoor moet neertellen (zie blz. 289).

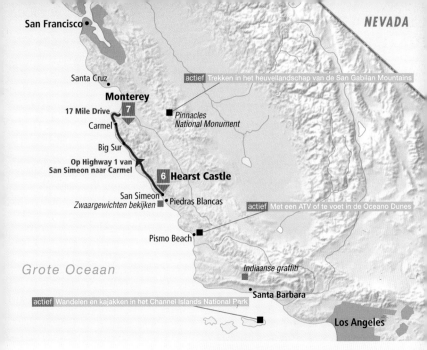

Tips

Indiaanse graffiti: In een kleine grot in de buurt van Santa Barbara zijn indiaanse rotsschilderingen te zien uit de periode waarin de eerste Europese zeevaarders en ontdekkingsreizigers hun oog op de Grote Oceaankust van Californië lieten vallen (zie blz. 278).

Zwaargewichten bekijken: In Piedras Blancas aan de kust ten noorden van San Simeon kunt u het hele jaar door een kolonie zeeolifanten van dichtbij gratis bewonderen (zie blz. 285).

actief

Wandelen en kajakken in het Channel Islands National Park: De vijf eilandjes Anacapa, San Miguel, Santa Barbara, Santa Cruz en Santa Rosa vormen voor de Californische kust het vrijwel ongerepte Channel Islands National Park, een kajak- en wandelgebied van hoog niveau (zie blz. 270).

Met een ATV of te voet in de Oceano Dunes: Het duin- en strandparadijs Oceano Dunes State Vehicular Recreation Area bij Pismo Beach is een ware openluchtspeeltuin voor groot en klein (zie blz. 282).

Trekken in het heuvellandschap van de San Gabilan Mountains: Via een bijna 14 km lange trail maakt u kennis met het door vulkanisme gevormde landschap van het Pinnacles National Monument (zie blz. 300).

Central Coast

De steile gekloofde rotskusten, de heerlijke baaien en de door de branding gladgestreken stranden maken de Californische centrale kuststrook tussen Los Angeles en Monterey tot een lust voor het oog. Grote steden als Santa Barbara zijn dungezaaid. U zult vaker door kleinere plaatsen en platteland slenteren, waar de lokale bevolking nog vrij immuun lijkt voor het hoge levenstempo in de rest van de Golden State.

Langs de weg naar Santa Barbara

Oxnard ▶ 11, C 2

De grootste stad van Ventura County, **Oxnard**, heeft een goede naam verworven als watersportcentrum. Voor activiteiten op het water, zoals walvisspotten, kajakken en duiken, vormt de Channel Islands Harbor een prima uitvalsbasis. Dat de in Californië op grote schaal beoefende landbouw ook deze stad in zijn greep heeft, blijkt uit het feit dat elk derde weekend van mei hier het **California Strawberry Festival** wordt gehouden, waarbij alles in het teken staat van de aardbei, die op uitgestrekte velden rond de stad wordt geteeld.

Ventura ▶ 11, C 2

Oxnard is in de loop der tijd vergroeid met **Ventura** tot één stedelijke agglomeratie. Ventura heeft zijn bestaan te danken aan de franciscaner pater Junípero Serra, die hier in 1782 de **Mission San Buenaventura** stichtte, zijn laatste missiepost. Het in het centrum van de stad gelegen complex, waarvan nu alleen nog de kerk resteert, heeft sindsdien veel van zijn oorspronkelijke charme verloren, omdat de in vroeger tijden omringende tuin heeft moeten wijken voor de aanleg van straten en huizenblokken. Een klein museum maakt het vroegere leven op een missiepost aanschouwelijk (211 E. Main St., tel. 805-643-4318, www.san buenaventuramission.org, museum ma.-vr.

10-17, za. 9-17, zo. 10-16 uur, volw. $2, kind $0,50). Een aanvulling op de getoonde collectie vormen de exposities in het nabijgelegen **Museum of Ventura County** (100 E. Main St., tel. 805-653-0323, www.venturamuseum.org, het hele jaar door di.-zo. 11-17 uur, gratis toegang) en het **Albinger Archaeological Museum** (113 E. Main St., tel. 805-648-5823, juni-aug. wo.-zo. 10-16, overige perioden wo.-vr. 10-14, za., zo. 10-16 uur).

Wanneer u meer belangstelling hebt voor het moderne stadsleven, kunt u aan het noordelijke eind van de San Buenaventura State Beach wandelen over de **Ventura Pier**, de langste houten pier langs de gehele Californische kust. Hier hebt u een eersteklas uitzicht op de vele vissers en surfers op Surfers' Point. In de jaren 1880 was deze pier het schouwtoneel van een ramp, toen in de onmiddellijke omgeving ervan een van de eerste olietankers ter wereld in vlammen opging en zonk. Een 21 km lang fiets- en wandelpad leidt langs de kust, waar u de zilte oceaanlucht kunt opsnuiven.

In Ventura woonde jarenlang Erle Stanley Gardner (1889–1971), die naam maakte als topjurist, maar nog veel meer beroemdheid verwierf als schrijver van detectiveverhalen. Onder het pseudoniem A.A. Fair was hij de geestelijk vader van de fictieve strafpleiter Perry Mason. Als u zich interesseert voor de locaties die in de misdaadverhalen van de auteur voorkomen, kunt u online informatie krijgen en een virtuele rondleiding volgen op www.phantombookshop.com/erlestanleygardner/virtualtour.htm

Actief

Boottochten ▶ **Island Packers:** vaart naar de Channel Islands, zie blz. 270.

Santa Barbara ▶ 11, B 1

Kaart: blz. 274

Witgepleisterde gevels, daken van rode dakpannen, balkons met smeedijzeren balustrades, bananenbomen die hun enorme bladeren over de adobemuren draperen, die zijn overwoekerd met kleurige bougainvilles – het 90.000 inwoners tellende **Santa Barbara** heeft met recht de naam de mooiste stad aan de centrale kust te zijn. Maar deze reputatie heeft ook een keerzijde: nergens anders zijn de onroerendgoedprijzen en kosten voor het levensonderhoud zo hoog als hier.

De Spaanse veroveraars noemden deze regio in de 18e eeuw *Tierra Adorada* ('aanbeden land') – en dat is gezien de natuurlijke omstandigheden ook begrijpelijk. De Santa Ynez Mountains en de San Rafael Mountains beschutten de stad en de kust tegen de uit het noorden waaiende koele winden en zorgen zo

De Channel Islands vormen het leefgebied van zeehonden en watervogels

actief

Wandelen en kajakken in het Channel Islands National Park

Informatie

Start: Scorpion Valley Campground
Duur: Drie uur tot enkele dagen
Beste watersportseizoen: Mei–okt.
Aanbieders van kajaktochten: Aquasports, 111 Verona Ave., Goleta bij Santa Barbara, tel. 805-968-7231, www.islandkayaking.com. – Paddle Sports Center, 117B Harbor Way, Santa Barbara, tel. 805-899-4925, www.channelislandso.com. Vervoer naar de eilanden en kajakuitrusting is altijd bij de prijs inbegrepen.
Online informatie: www.nps.gov/chis (officiële website van het nationale park)
Transport: Per boot: Island Packers, 1691 Spinnaker Dr., Suite 105 B, Ventura, tel. 805-642-1393, www.islandpackers.com (regelmatige veerbootdiensten) – per vliegtuig: Channel Island Aviation, 305 Durley Ave., Camarillo, Hwy 101, ca. 32 km ten zuiden van Ventura, tel. 805-987-1301, www.flycia.com (vlucht van 25 minuten naar Santa Rosa Island).

Voor de Californische kust tussen Los Angeles en Santa Barbara ligt een fascinerende archipel. Van deze acht eilandjes vormen Anacapa, San Miguel, Santa Barbara, Santa Cruz en Santa Rosa het door de moderne beschaving nagenoeg onaangetaste **Channel Islands National Park** (▶ 11, A/C 2). Rondom elk eiland strekt zich in een straal van 11 km een beschermd zeegebied uit om op die manier de unieke flora en fauna in dit prachtige paradijs te koesteren – ook vormt het park een prachtige locatie voor kajakkers. Sinds de stichting van het nationale park in 1980 valt echter ook het land onder strikte natuurbescherming, wat van de eilanden een afgelegen en ongerept wandelgebied maakt.

Maar hoe bereikt u eigenlijk dit paradijs? Van Ventura en Oxnard varen de schepen van Island Packers naar alle vijf eilanden van het nationale park. Anacapa, Santa Barbara en Santa Cruz zijn het eenvoudigst te bereiken en die zijn dan ook opgenomen in de programma's van de aanbieders van excursies (zie boven). De twee ondernemingen beheren op **Santa Cruz** in het uiterste oosten bij **Scorpion Anchorage** kajakkampen, die als basis dienen. Daar beginnen de een- of meerdaagse tochten, die hoofdzakelijk de noordzijde van het eiland aandoen. Gekloofde lavaformaties en de talloze door de branding uitgeslepen zeegrotten maken van de kust een adembenend decor.

De roeitochten duren over het algemeen ongeveer drie uur en zijn het best geschikt voor beginners die nog nooit in een kajak hebben gezeten. Overnachten is mogelijk op de **Scorpion Valley Campground** en op de 23 km verderop gelegen **Del Norte Campground** (reserveren is verplicht via tel. 877-444-6777 of via www.recreation.gov, $15 per dag). De twee kampeerterreinen zijn verbonden door een

voor een mediterraan aandoend klimaat. Ook de architectuur geeft een on-Amerikaanse indruk, alsof een stukje Andalusië is overgeplant naar deze streek aan de Grote Oceaan.

Toen de stad in 1925 werd getroffen door een aardbeving die de meeste gebouwen verwoestte, maakte het stadsbestuur van de gelegenheid gebruik een nieuw architectonisch begin te maken, waarbij gekozen werd voor de traditionele Spaanse missiestijl, die de 21 missieposten aan de Camino Real kenmerkt. Deze renovatie moest Santa Barbara weer een aantrekkelijk en stijlvol stadsbeeld geven. De nu door palmen en acacia's omzoomde straten zijn weliswaar aangelegd in het typische Amerikaanse rasterpatroon, maar hier en daar voeren passages en smalle steegjes naar bloemrijke binnenplaatsen met fonteinen of naar

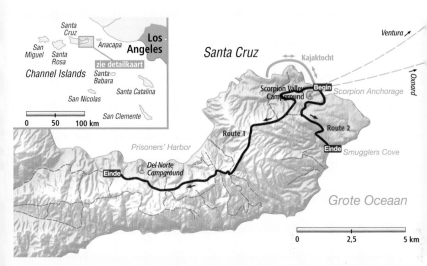

Santa Cruz

Ventura

Oxnard

Kajaktocht

Begin — Scorpion Anchorage

Scorpion Valley Campground

Route 1   Route 2

Einde — Smugglers Cove

Prisoners' Harbor

Del Norte Campground

Einde

Grote Oceaan

San Miguel   Santa Rosa   Santa Cruz   Anacapa   **Los Angeles**

zie detailkaart

Channel Islands   Santa Babara

San Nicolas   Santa Catalina

San Clemente

0   50   100 km

0   2,5   5 km

wandelpad, dat door het rotsige binnenland van het eiland en over de hoogste heuvels voert. Een kortere, maar net zo inspannende wandeltocht gaat naar het kiezelstrand bij Smugglers Cove (heen en terug 11,2 km). De Cavern Point Loop is slechts 3,2 km lang, maar biedt wel schitterende uitzichten.

Op het uit drie eilanden bestaande **Anacapa** meren de veerboten aan in het uiterste oosten van het eiland. Net als op Santa Cruz krijgen deelnemers ter plaatse uitgebreide instructies voor de drie uur durende tochten op zee, die onder meer de spectaculaire **Cathedral Cove** met zijn lange rotstunnel en de 12 m hoge

Arch Rock, een imposante natuurlijke boog, als doel hebben. Tijdens het kajakken langs de woeste kustlijn hebt u een goede kans zeeleeuwen, zeehonden en bruine pelikanen te zien, vanzelfsprekend afgezien van de scholen vissen in het kristalheldere water. Wandelen is alleen toegestaan op **East Anacapa**, waar ongeveer 3 km aan trails is aangelegd. Het kleinste eiland van het nationale park is het slechts 260 ha grote, bergachtige **Santa Barbara**, waar een in de **Landing Cove** gestationeerde ranger erop let dat bezoekers op de 8 km lange wandelpaden blijven. Kajakkers kunnen tijdens een dagtocht om het eiland varen.

open winkelcentra met aantrekkelijke buitencafés. Met de auto het centrum bezoeken kunt u beter niet doen, omdat het bijna onmogelijk is die ergens voordelig te parkeren.

Te voet door het centrum

Een bezichtiging van de stad kunt u het best aanvangen in het centrum bij een van de opvallendste gebouwen, het monumentale

County Courthouse 1. Het werd gebouwd in de stijl van een Mexicaanse haciënda en gaat door voor een van de mooiste overheidsgebouwen op Amerikaanse bodem. Het complex omvat een compleet stratenblok en werd vier jaar na de grote aardbeving van 1925 in gebruik genomen. Het kan niet alleen bogen op zijn fraaie architectuur, maar ook op de omringende exotische tuinen en parken. De Mural Room op de eerste verdieping werd door de lokale kunstenaar Dan Sayre Groesbeck voorzien van wandschilderingen die reiken tot aan het balkenplafond, waarop de geschiedenis van de Golden State en de Spaanse missieposten in stralende kleuren wordt uitgebeeld. Bezoekers kunnen de 26 m hoge klokkentoren El Mirador met een lift bestijgen, waar zij kunnen genieten van een schitterend uitzicht over de stad (1100 Anacapa St., tel. 805-962-6464, www.sbcourts.org, El Mirador ma.-vr. 8-16.45, za., zo. 10-16.45 uur, rondleidingen door het gebouw dag. behalve zo. 14 uur).

Bij de informatiebalie in het County Courthouse is een plattegrond verkrijgbaar voor de Red Tile Walking Tour, die door een twaalf stratenblokken groot gebied in het centrum langs diverse bezienswaardigheden voert. Daaronder valt **El Presidio de Santa Barbara** [2], waar de Spanjaarden in 1782 een vesting stichtten en daarmee de basis legden voor de latere stad. Het doel van dit complex was enerzijds om de zendingspost en de eerste kolonisten te beschermen tegen aanvallen van indianen, en anderzijds om een bestuurszetel te creëren die de aanspraak van de Spaanse Kroon op het gebied kracht moest bijzetten (123 E. Canon Perdido St., tel. 805-965-0093, www.sbthp.org/presidio.htm, dag. 10.30-16.30 uur, $5, kind tot 16 jaar gratis toegang).

Het **Historical Museum** [3] gaat nog verder terug in de stadsgeschiedenis dan het El Presidio. Enkele tentoongestelde voorwerpen van de vroeger in deze regio wonende Chumashindianen stammen uit de 15e eeuw. Tevens zijn er foto's, stoffen en meubilair te zien uit de Spaanse koloniale tijd, de Mexicaanse periode na 1823 en de Amerikaanse tijd na 1850 (136 E. De La Guerra St., tel. 805-966-1601, www.santabarbara museum.com, di.-za. 10-17, zo. 12-17 uur, ma. gesloten, gratis toegang).

Liefhebbers van winkelen kunnen hun hart op een bijzondere wijze ophalen in **El Paseo Nuevo** [4], dat stamt uit de jaren twintig van de vorige eeuw en daarmee een van de oudste winkelcentra van Californië is. Als een bont samenraapsel van gebouwen in een Mexi-

caans dorp rijgen de boetieks, de warenhuizen Macy's en Nordstrom, restaurants, buitencafés en souvenirwinkels zich aaneen. Sinaasappelbomen, bloeiende hibiscusstruiken, bloembakken, palmen, overwoekerde gevels, zitplaatsen om uit te rusten en klaterende fonteinen verlenen het geheel een romantische charme. Daarentegen zijn de prijzen in de chique speciaalzaken wel aan de hoge kant. In de omliggende parkeergarages kunt u de auto altijd wel kwijt. Door de drie fraaie pleinen met buitencafés, waar u heerlijk onder kleurige parasols kunt plaatsnemen, waant u zich in een mediterrane omgeving (812 State St.).

Het **Museum of Art** [5], gevestigd aan State Street verder naar het noorden, bezit een collectie kunst uit allerlei verschillende gebieden van de wereld. De nadruk van de stukken ligt op antieke Chinese, Japanse, Indiase en Tibetaanse kunst enerzijds en Europese schilderkunst uit de 19e en de vroege 20e eeuw anderzijds, maar het museum bezit ook werken van Amerikaanse kunstenaars als Albert Bierstadt, George Inness, John Singer Sargent, Edward Hopper en Frederic Remington. In het museumcafé kunt u onder het genot van een kopje koffie of thee en kleine gerechten even pauzeren (1130 State St., tel. 805-963-4364, www.sbmuseart.org, di.-zo. 11-17 uur, volw. $9, kind 6-17 jaar $6, zo. gratis toegang).

Van de centrale State Street voeren geplaveide steegjes naar **La Arcada** [6] met winkels, cafés, galeries, openbare kunstwerken en een ouderwetse barbier, waar de inrichting herinnert aan lang vervlogen tijden. U kunt voor of na uw zoektocht langs de vele winkels aan een tafeltje onder een parasol plaatsnemen met een kopje koffie en een taartje om zo de rustieke sfeer op u te laten inwerken (1114 State St., www.laarcadasantabarbara.com).

Aan de haven

Op weg van het stadscentrum naar de haven komt u langs een natuurlijke attractie, de **Moreton Bay Fig Tree** [7], naar verluidt de grootste vijgenboom (*Ficus macrophylla*) ter wereld. Volgens de legende zou de reuzenboom met zijn 50 m brede kroon door een zeeman in 1876 zijn meegebracht uit Australië en later zijn overgeplant naar zijn huidige locatie. Of dit nu een wereldrecord is of niet, de imposante boom dwingt in elk geval bij elke toeschouwer veel bewondering af. Volgens berekeningen zouden wel duizend mensen in zijn schaduw kunnen staan (hoek Chapala/Montecito Sts., www.beachcalifornia.com/sbtree.html).

Een populaire ontmoetingsplaats onder zowel de lokale bevolking als toeristen is de meer dan 800 m ver de oceaan in stekende **Stearns Wharf** **8** . De toegang tot deze enorme, op houten palen gebouwde pier uit 1872, aan het uiteinde van State Street, wordt gemarkeerd door een fontein met beelden van dolfijnen. Hij werd daar geplaatst ter gelegenheid van het 200-jarig bestaan van de stad. Vroeger gingen hier vracht- en passagiersschepen voor anker. In de jaren 30 werd de verbinding met de voor de kust drijvende casinopaleizen verzorgd door watertaxi's en veerbootjes. De winkels, snackbars, restaurants en visstekjes maken de Wharf tot een zeer populaire wijk in Santa Barbara. Het uitzicht van het uiterste puntje van de pier op de stad met daarachter als tribunes van een amfitheater oprijzende bergen is met name 's avonds bijzonder indrukwekkend (219 Stearns Wharf, www.stearnswharf.org, altijd geopend).

Het op de pier gelegen **Sea Center** **9** , onderdeel van het Museum of Natural History, heeft met allerlei soorten zeesterren, zee-egels en inktvissen het zeeleven voor de Californische kust tot thema. In de twee verdiepingen hoge lobby wordt de bezoeker begroet door een 12 m lang model van een grijzewalvismoeder met jongen (tel. 805-962-2526, www.sbnature.org/twsc/224.html, dag. 10–17 uur, volw. $8, kind 13–17 jaar $7).

Santa Barbara Zoo en Andree Clark Bird Refuge

In de **Santa Barbara Zoo** **10** , gelegen in het oostelijke deel van Downtown, zijn niet alleen typisch Californische diersoorten te zien, maar ook exotische dieren uit alle overige delen van de wereld. Met een treintje ($2) kunt u een eerste indruk krijgen van de dierentuin, waar olifanten, tijgers, leeuwen, gorilla's, alligators, flamingo's, pinguïns en vele soorten reptielen leven. Bezoekers mogen de giraffen en papegaaien zelf voeren (500 Ninos Dr., tel. 805-962-5339, www.santabarbarazoo.org, dag. 10–17 uur, volw. $14, kind 2–12 jaar $10, parkeren $6).

In het **Andree Clark Bird Refuge** **11** , nabij de Santa Barbara Zoo aan de oceaanzijde, vinden niet alleen wilde eenden en ganzen, maar ook talloze andere vogelsoorten een ideale leefomgeving. De onder natuurbescherming staande wetlands worden ontsloten door een fietsroute en wandel- en joggingpad (1400 E. Cabrillo Blvd., tel. 805-564-5418, dag. zonsopkomst tot zonsondergang, gratis toegang).

Mission Santa Barbara

De voor de gehele stad kenmerkende Spaanse bouwstijl is ook duidelijk terug te vinden in de **Mission Santa Barbara** **12** , die in 1820 werd voltooid op een heuvel buiten de stad. Initiatiefnemer voor deze 10e post aan de Camino Real was in 1786 pater Fermin Lasuen, een van de ijverigste koloniale stichters. Het is de enige missiepost in Californië die tot op heden zonder onderbreking in handen van de franciscanen is gebleven. Aan het begin van de 19e eeuw kreeg hij de status van hoofdmissiepost in Californië. Samen met de schilderachtige ligging en de goedgeproportioneerde architectuur met twee dubbele torens van lichte zandsteenblokken, mag hij met recht de 'koning der missieposten' heten. Het huidige gebouw kende drie voorgangers waar niets meer van overgebleven is. De kerk, die door de aardbeving van 1925 in deplorabele staat was geraakt, is weer in oude glorie hersteld. Een groot aantal Mexicaanse kunstwerken stamt uit de 18e en 19e eeuw. Twee voor in de kerk hangende schilderijen zijn ruim 200 jaar oud (2201 Laguna St., tel. 805-682-4713, http://santa barbaramission.org, dag. 9–17 uur, $5).

Museum of Natural History en Botanic Garden

Het in het noordoosten van de stad gelegen **Museum of Natural History** **13** presenteert op

Santa Barbara

aantrekkelijke wijze allerlei opgezette en geprepareerde exemplaren van de Californische flora en fauna. Bovendien biedt het informatie over de prehistorische Chumashindianen die aan dit gedeelte van de oceaankust woonden. In het Gladwinplanetarium kunt u nachtelijke liveshows van de sterrenhemel bijwonen. Buiten slingert een informatief leerpad zich langs de Mission Creek (2559 Puesta del Sol Rd., tel. 805-682-4711, www.sbnature.org, dag. 10–17 uur, volw. $11, kind 13–17 jaar $8).

Slechts enkele kilometers naar het noorden ligt de **Santa Barbara Botanic Garden** 14, het botanische Californië in het klein. Veel van de ongeveer 5800 inheemse plantensoorten in de Golden State zijn in deze tuin vertegenwoordigd. Maar liefst een derde van al deze soorten zullen de komende vijftig jaar met uitsterven worden bedreigd, vandaar dat zij hier met alle zorg worden omringd (1212 Mission Canyon Rd., tel. 805-682-4726, www.sbbg.org, mrt.–okt. dag. 9–18, overige perioden 9–17 uur, volw. $8, kind 13–17 jaar $6).

Informatie

Santa Barbara Visitor Center: 1 Garden St., Santa Barbara, CA 93101, tel. 805-965-3021, www.sbchamber.org.

Central Coast Tourism Council: 1601 Anacapa St., Santa Barbara, CA 93101-4851, www.centralcoast-tourism.com.

Accommodatie

Aanbevelenswaardig ▶ Harbor View Inn 1: 28 W. Cabrillo Blvd., tel. 805-963-0780, www.harborviewinnsb.com. Viersterrenhotel aan de kust bij Stearns Wharf, voorzien van een zwembad en een kleurige tropische tuin. De bijna 100 kamers en suites met marmeren badkamers laten geen wens onvervuld. Aan de zeezijde zijn veel kamers voorzien van een groot balkon. 2 pk ca. $280.

Uitstekende B&B ▶ White Jasmine Inn 2: 1327 Bath St., tel. 805-966-0589, www.whitejasmineinnsantabarbara.com. Alle 14 romantisch ingerichte kamers en suites beschikken over een eigen badkamer en open haard. Bij het complex hoort een weelderige tuin. Het warme ontbijt wordt op de kamer geserveerd. 2 pk $150–310.

Fraai gelegen ▶ West Beach Inn 3: 306 W. Cabrillo Blvd., tel. 805-963-4277, fax 805-564-4210, www.westbeachinn.com. De sfeer in dit op een steenworp afstand van het strand gelegen hotel is zeer ontspannen. De 46 kamers zijn uitgerust met airconditioning, gratis wifi,

een koffiezetapparaat en een keukentje. Parkeerplaatsen zijn bij de prijs inbegrepen. 2 pk vanaf ca. $150.

Goede prijs en kwaliteit ▶ Presidio Motel **4**: 1620 State St., tel. 805-963-1355, www.thepresidiomotel.com. Adequaat gerund motel op een rustige locatie. Keurige kamers voorzien van kabel-tv. Het bij de prijs inbegrepen ontbijt stelt niet veel voor. 2 pk ca. $100.

Keurig ▶ Mason Beach Inn **5**: 324 W. Mason St., tel. 805-962-3203, www.masonbeachinn. com. De 45 schone kamers zijn uitgerust met king- of queensizebedden, airconditioning en kabel-tv. De accommodatie beschikt verder over een restaurant en een buitenzwembad. Het centrum is eenvoudig te voet bereikbaar. 2 pk ca. $90.

Ideaal voor backpackers ▶ Santa Barbara Tourist Hostel **6**: 134 Chapala St., tel. 805-963-0154, www.sbhostel.com. Deze herberg ligt twee straten van het strand. Fiets- en skateverhuur. Bed op zaal vanaf $25, privékamer afhankelijk van het seizoen vanaf $69.

Fraai kamperen ▶ Carpinteria State Beach **7**: Carpinteria, tel. 805-968-1033, www.parks.ca. gov/?page_id=599. Aantrekkelijk kampeerterrein gelegen aan een lang zandstrand echter met nogal hoge prijzen, 20 km ten zuiden van Santa Barbara.

Eten en drinken

Als in het zuiden ▶ Tupelo Junction Café **1**: 1218 State St., tel. 805-899-3100, www.tupelojunction.com. Ontbijt, lunch en diner. Happy hour do. 17–19 uur. De gerechten vertonen sterke zuidelijke en cajuninvloeden. Vooral het ontbijt is zeer drukbezocht. Diner vanaf ca. $14.

Authentiek Italiaans ▶ Aldo's **2**: 1031 State St., tel. 805-963-6687, www.sbaldos.com, dag. lunch en diner. Chic Italiaans restaurant met een kleine veranda voor *people watching*. Specialiteiten als zalm in een witte wijn-limoensaus ($23) en *chicken marsala* ($20).

Hoge kwaliteit ▶ Petit Valentien **3**: 1114 State St., tel. 805-966-0222, geen website, ma.–wo. 11.30–17, do.–za. 11.30–21 uur. Dit restaurant is gevestigd in het winkelcentrum La Arcada. De kleine, op de Franse keuken geïnspireerde gerechten als saffraanmosselsoep, *crabcakes* en vijgen met geitenkaassalade zijn met liefde gemaakt en van hoge kwaliteit. $15–20.

Goede trattoria ▶ Palazzio **4**: 1026 State St., tel. 805-564-1985, www.palazzio.com, dag. lunch en diner. Italiaans restaurant met verfijnde pastaschotels en gelegenheid om op het terras te eten. Spaghettigerechten vanaf $14; de uitstekende *Caesar's salad* kost $13,95. Ruime porties.

Cajunkeuken ▶ Palace Grill **5**: 8 E. Cota St., tel. 805-963-5000, www.palacegrill.com, dag. 11–15 en 17.30–22 uur. In dit restaurant komen typische specialiteiten uit Louisiana op tafel, zoals jambalaya en *crawfish*. De perfecte bediening draagt bij aan de ontspannen, vriendelijke sfeer. $10–20.

Winkelen

Alles voor fans van westerns ▶ Jedlicka's **1**: 2605 De La Vina St., tel. 805-687-0747, www. jedlickas.com. Cowboys en cowgirls vinden hier alles wat hun hartje begeert: complete outfits, van de laarzen en de jeans met passende accessoires tot de stetson.

Souvenirs en cadeaus ▶ Brinkerhoff Avenue **2**: Ongeveer een tiental grotendeels in victoriaanse stijl ingerichte winkels zijn over het algemeen gespecialiseerd in antiek, cadeauartikelen en souvenirs.

Fairtradeproducten ▶ Arcobaleno Trade **3**: 1101 State St., tel. 805-963-2726, dag. 11–19 uur. Deze winkel verkoopt uitsluitend producten die op een eerlijke en duurzame manier zijn vervaardigd, zoals tassen, cosmetica, mode, accessoires en artikelen voor woningdecoratie.

Uitgaan

Orkestpodium ▶ Granada Theatre **1**: 1214 State St., tel. 805-899-2222, www.granadasb. org. Concertzaal van het Santa Barbara Symphony Orchestra. Uitvoeringen van concerten

De Mission Santa Barbara is in originele Spaanse stijl gerestaureerd

Tip: Indiaanse graffiti

Ten noordwesten van Santa Barbara voert Highway 154 naar de 680 m hoge San Marcos Pass. Zo'n 3,5 km voor de bergpas buigt de smalle, slingerende (niet voor campers geschikte) Painted Cave Road naar rechts af naar het **Chumash Painted Cave State Historic Park** (▶ 11, B 1). Daar bevindt zich een zandsteengrot die 140 jaar geleden werd ontdekt. Hierin zijn rotstekeningen uit de 17e eeuw te zien, die volgens experts afkomstig zijn van de priesters van de oude Chumashindianen. Behalve tekeningen van figuratieve en geometrische vormen van vermoedelijk jongere datum stellen de historische graffiti onder meer ook een zonsverduistering voor, die met zekerheid plaatsvond op 24 november 1677.

Onderzoekers hebben aan de hand van miniscule deeltjes niet alleen de leeftijd van het kunstwerk kunnen vaststellen, maar ook de samenstelling van de overwegend minerale kleurstoffen. Het rood werd gemaakt van ijzeroxide hematiet, het wit van kalk en het zwart van houtskool of mangaanoxide. De pigmenten werden vervolgens met water, dierlijk vet of plantensap vermengd, waarna ze met de vingers of met penselen gemaakt van dierenstaarten op de rotswand werden aangebracht.

Dergelijke schilderingen worden op diverse plaatsen in Californië gevonden. Om ze te beschermen, hangen de onderzoekers deze vindplaatsen over het algemeen niet aan de grote klok en melden dit uitsluitend aan wetenschappers binnen hun vakgebied. Een uitzondering daarop vormt de Chumash Cave bij Santa Barbara, een voormalig ritueel centrum. De grot is weliswaar afgesloten door een traliehek, maar u kunt toch naar binnen kijken. Zonder zaklamp en verrekijker zijn echter niet veel details te onderscheiden, omdat de opening van de grot op het noorden ligt (Painted Cave Rd., tel. 805-733-3713, www.parks.ca.gov/?page_id=602, van zonsopkomst tot zonsondergang).

vinden plaats tijdens het reguliere seizoen van okt.–mei.

Niet alleen voor pindaliefhebbers ▶ James Joyce 2 : 513 State St., tel. 805-962-2688, dag. 10-2 uur. Laat op de avond ligt de vloer van deze Ierse pub bezaaid met lege pindadoppen. Voornamelijk in het weekend liveoptredens dixieland-, jazz- en rockbands.

Populair trefpunt ▶ The Press Room 3 : 15 E. Ortega St., tel. 805-963-8121, www.press roomsb.com. Sportbar waar het altijd druk is, maar ook behoorlijk luidruchtig. Bier van de tap, muziek uit de jukebox, prettige bediening. Een uitstekend adres om met mensen in contact te komen.

Actief

Sightseeingtochten ▶ Trolley Tours 1 : www. sbtrolley.com. Rondritten van anderhalf uur in een trolleybus onder leiding van een gids door Santa Barbara, vanaf Stearns Wharf. Kaartverkoop in het Visitor Center (zie blz. 274).

Zwemmen ▶ Santa Barbara Beach 2 : De populairste stranden van de stad liggen in de omgeving van de Wharf. Door de beschutte ligging heeft het zeewater hier hartje zomer een aangename temperatuur, waardoor ze drukbezocht zijn.

Kajakken ▶ Adventure Company of Santa Barbara 3 : P.O. Box 208, tel. 805-884-9283, www. sbadventureco.com. Kajaktochten rond de Channel Islands.

Fietsen en skaten ▶ Wheel Fun Rentals 4 : 22 State St., tel. 805-966-2282, www.wheelfun rentalssb.com. Verhuurbedrijf voor allerlei soorten fietsen, rolschaatsen, scooters en andere ongemotoriseerde vervoermiddelen.

Paragliding ▶ Eagle Paragliding 5 : 1107 Castillo St., tel. 805-968-0980, www.eaglepara gliding.com. Dit bedrijf biedt zowel cursussen als tandemvluchten.

Golfsurfen ▶ Santa Barbara Seals 6 : 611 1/2 Coronel Pl., tel. 1-805-687-9785, www.santabar baraseals.com. Surfen onder professionele begeleiding.

Surfen ▶ **Santa Barbara Surf School** `7`: 3950 Via Real, Carpinteria, tel. 805-745-8877, www.santabarbarasurfschool.com. Surfcursussen voor beginners en gevorderden, ook dagcursussen en surfexcursies.

Evenementen

Onafhankelijkheidsdag (4 juli): Het Santa Barbara Symphony Orchestra treedt op in het park van het County Courthouse.

Old Spanish Days (eind juli, begin aug.): Santa Barbara viert zijn historische erfgoed (www.oldspanishdays-fiesta.org).

Santa Barbara International Film Festival (jan./feb.): Jaarlijks terugkerend internationaal filmfestival (www.sbiff.org).

Harbor & Seafood Festival (okt.): Dit culturele en culinaire festival in de haven van Santa Barbara vormt de aftrap voor het commerciële kreeftenseizoen (www.santabarbara.com/events/harbor_festival).

Vervoer

Vliegtuig: Santa Barbara Municipal Airport, tel. 805-683-4011, www.flysba.com. Het kleine regionale vliegveld ligt in Goleta, ongeveer tien minuten rijden ten noorden van de stad. Rechtstreekse vluchten naar Californische steden en naar Denver, Phoenix, Portland en Dallas.

Trein: Santa Barbara Rail Station, 209 State St., tel. 1-800-872-7245, www.amtrak.com. Dag. treinen naar Los Angeles en San Francisco Bay.

Solvang   ▶ 11, B 1

Het stadje **Solvang** gaat weliswaar terug op de vroegere Deense inwoners, maar in deze tijden van massatoerisme wordt er vooral op een internationaal publiek gemikt. Zo kunt u er Mexicaans eten, slapen in de Heidelberg Inn, bier uit St. Pauli drinken en Belgische wafels eten in de plaatselijke cafés – het veelzijdige plaatsje biedt zelfs zoetwaren uit Zwitserland, kookboeken uit Duitsland en alle mogelijke variaties van Hägar de Verschrikkelijke uit Noorwegen. Solvang doet geen enkele moeite om zijn kitscherige uitstraling te verdoezelen. Integendeel: al tientallen jaren vervolmaakt het lokale bedrijfsleven de huisjes in pseudovakwerkstijl, de schindelgevels, de peperkoekfaçades, de namaakwindmolens en verder nog alles wat in Amerika voor Scandinavisch doorgaat. Centraal in dit sprookjesoord staat het **Solvang Antique Center**, een kerkachtig vakwerkgebouw met een sierlijke toren, die met zijn metselwerk van roodbruin baksteen, klok en extern carillon naadloos in het geheel past.

Aan de rand van de plaats staat op het territorium van de Santa Ynez Indian Reservation de kleine **missiepost Santa Ynez**, die in 1804 als 19e van de in totaal eenentwintig Californische nederzettingen werd gesticht door Spaanse franciscanen. Net als voorheen fungeert hij nog altijd als parochiekerk. Een klein museum belicht de lang vervlogen geschiedenis (www.missionsantaines.org).

La Purisima Mission State Historic Park   ▶ 11, A 1

Zo'n 25 km van Solvang treft u ten oosten van Lompoc nog een missiepost aan, te midden van een gebied waar tuinders zich hebben toegespitst op de bloementeelt. In het voorjaar strekken zich hier onafzienbare bloementapijten uit. De in een State Historic Park gelegen **Purisima Mission**, waar tijdens de hoogtijdagen met indiaanse arbeidskrachten de missionarissen een veestapel van 23.000 schapen en koeien beheerden, werd in 1812 vrijwel volledig verwoest door een aardbeving. Na de wederopbouw raakte hij in verval door de secularisatie, maar de missiepost werd in 1934 volledig herbouwd volgens de originele tekeningen (2295 Purisima Rd., Lompoc, tel. 805-733-3713, www.lapurisimamission.org, dag. 9–17 uur).

Pismo Beach   ▶ 7, C 4

Tijdens een wandeling door **Pismo Beach** kunt u zich niet aan de indruk onttrekken dat deze kustplaats zijn beste tijd allang heeft

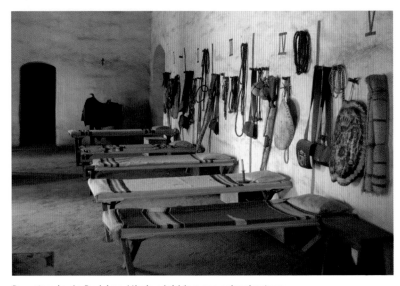

De paters in de Purisima Mission leidden een sober bestaan

gehad. Dat realiseert de lokale bevolking zich ook, maar toch is men ervan overtuigd dat hun woonplaats weer in opkomst zal raken. In de jaren 30 kon u op het aantrekkelijke strand menig schoon- en beroemdheid uit Hollywood tegen het lijf lopen, zoals Clark Gable of Spencer Tracy, die hier verbleven in luxe zomerhuizen. Het mag dus geen wonder heten dat Pismo Beach al snel uitgroeide tot een van de bekendste badplaatsen ten noorden van Los Angeles. Tegelijkertijd vestigden ook heel andersoortige bezoekers de aandacht op zich. Tussen november en februari maken namelijk in de eucalyptusbossen van **Pismo Beach Grove** tienduizenden monarchvlinders hun opwachting tijdens hun massale trektocht tussen Mexico en Canada, waarbij ze zich door bijna net zoveel tweevoeters laten bewonderen. Nergens anders in het westen van de VS is zo'n grote vlinderkolonie te vinden als in Pismo Beach (www. monarchbutterfly.org).

Informatie

Pismo Beach Chamber of Commerce: 581 Dolliver St, Pismo Beach, CA 93449, tel. 805-773-4382, fax 805-773-6772, www.pismochamber. com.

Accommodatie

Voor strandtoeristen ▶ **Sandcastle Inn:** 100 Stimson Ave., tel. 805-773-2422, www.sand castleinn.com. Uitgestrekt vakantiecomplex naast de pier met een onbelemmerd uitzicht op strand en zee. Ruime kamers en suites, veelal voorzien van een patio en een open haard; de prijs is inclusief een klein Amerikaans ontbijt. 2 pk vanaf $139, in het weekend vanaf $199.

Goede ligging ▶ **Dolphin Cove Lodge:** 170 Main St., tel. 805-773-4706, www.dolphincove motel.com. Dit keurige, rookvrije motel ligt direct naast de pier en biedt rechtstreeks toegang tot het strand; alle kamers hebben uitzicht op zee, sommige zijn voorzien van een keuken. 2 pk $80-150.

Kampeerterrein voor campers ▶ **Le Sage Riviera RV Park:** 319 Hwy 1, Grover Beach, tel. 805-489-5506, www.lesageriviera.com. Dit park biedt staanplaatsen voor caravans en campers op een steenworp afstand van het prachtige strand.

Eten en drinken

Eenvoudig en goed ▶ Splash Cafe: 197 Pomeroy St., tel. 805-773-4653, www.splashcafe. com, dag. vanaf 8 uur. Lokale klassieker met uitstekende chowders en fish-and-chips. De wanden zijn versierd met allerlei strand- en surfaterelen. Vanaf $6 $.

Winkelen

Voor de kleine beurs ▶ Premium Outlets: 333 Five Cities Dr., ma.-za. 10-21, zo. 10-19 uur. Outletcentrum met filialen van Calvin Klein, Ralph Lauren en Tommy Hilfiger. U kunt hier ook terecht voor tassen en koffers, schoenen en cosmetica.

Actief

Golf ▶ Pismo State Beach Golf Course: 25 W Grand Ave., Grover Beach, tel. 805-481-5215, www.pismogolf.com. 9 holesgolfbaan in de buurt van het strand.
Op twee of vier wielen ▶ Wheel Fun Rentals: 150 Hinds Ave., tel. 805-773-0197, www.wheelfunrentals.com/listlocations/154. Verhuur van alles wat door eigen lichaamskracht op pedalen kan voortbewegen.

San Luis Obispo ▶ 7–8, C/D 4

Ten noorden van Pismo Beach buigen Highway 1 en 101 af door het binnenland. Zo'n 20 km uit de kust ligt het 45.000 inwoners tellende **San Luis Obispo** bij het begin van de Salinas Valley (zie blz. 297). Een flink deel van de inwoners bestaat uit studenten van de plaatselijke California Polytechnic State University, waar de stad zijn levendige sfeer aan ontleent.

Mission San Luis Obispo de Tolosa

De basis voor San Luis Obispo werd in 1772 gelegd door Spaanse franciscanen met de stichting van de **Mission San Luis Obispo de Tolosa**. Decennia gingen voorbij voordat de aansluiting met de Southern Pacific Railroad in 1894 het startsein vormde tot de ontwikkeling van de moderne stad van nu. De oude missiepost fungeert nog altijd als parochiekerk en ziet er

Tip: Drukke avondmarkt

De beste gelegenheid om de sfeer van de stad San Luis Obispo te proeven is op donderdagavond, wanneer op Higuera Street, midden in het stadscentrum, de traditionele **Farmers' Market** wordt gehouden. Oorspronkelijk kwamen de boeren uit de omgeving op deze markt hun producten te koop aanbieden, maar inmiddels is de wekelijkse avondverkoop uitgegroeid tot een uitbundig evenement, waarbij in barbecuekraampjes lekkernijen worden bereid die door de klanten op straat worden genuttigd onder de klanken van livemuziek van lokale bands (www.ca farmersmarkets.com, elke do. 18-21 uur behalve als het regent).

na een restauratie weer net zo uit als in het begin van de 19e eeuw. Toch bezit hij niet de historische charme van de noordelijker in de Salinas Valley gelegen posten (zie blz. 299). Voor de kerk strekt zich de door veel bomen overschaduwde Mission Plaza uit, met een fontein die is versierd met bronzen sculpturen van een meisje en een grizzlybeer (hoek Monterey/Chorro Sts., tel. 805-781-8220, www. missionsanluisobispo.org, museum $5).

Madonna Inn

Aan de zuidrand van de stad is het waarschijnlijk gekste hotel van Californië gevestigd, zo niet van de hele Verenigde Staten: de **Madonna Inn**. De buitenkant van het gebouw ziet eruit alsof de verantwoordelijke architect victoriaanse stijlelementen heeft vermengd met designkenmerken die doen denken aan de Flintstones. Binnen blijkt de Gold Rush Dining Room een explosie van roze en fluweel. Het motel is pas echt uniek door de hotelkamers, die stuk voor stuk anders zijn vormgegeven. De gasten kunnen kiezen uit kamers ontworpen als grotten, als suikerbakkerswerk, met een safaristijl of in een Hawaïthema. Zelfs de herentoiletten vielen ten prooi aan de binnenhuisarchitecten, want hier ziet u urinoirs die zijn vormgegeven als opengesperde haaienbekken (100 Madonna

actief

Met een ATV of te voet in de Oceano Dunes

Informatie

Start: De toegang tot de Oceano Dunes ligt in het stadje Oceano bij de zogeheten Post 2, waar de Pier Avenue eindigt bij het strand.

Openingstijden/kosten: Het hele jaar door 24 uur per dag, dagoponthoud 6–23 uur, parktoegang $5

Contact: Ranger Station, 928 Pacific Blvd., Oceano CA, tel. 805-473-7220, http://ohv.parks.ca.gov/?page_id=1207

Twee miljoen bezoekers trekken jaar in jaar uit vol enthousiasme naar het ongeveer 5 km ten zuiden van Pismo Beach beginnende **Oceano Dunes State Vehicular Recreation Area**. De reden hiervoor is simpel: het landschap dat wordt gevormd door een vlak strand met de daarachter liggende duinen is een openluchtspeelplaats voor jong en oud, of u nu wilt zwemmen, kamperen, vissen, wandelen of met terreinwagens door de zandheuvels crossen.

Bij **Post 2** aan Pier Avenue begint het duinlandschap, dat zich over een lengte van 29 km uitstrekt naar Point Sal State Beach in het zuiden. Ruim 6 km² van de kuststrook vormt het bekendste offroadgebied langs de gehele Californische kust en is, op enkele afgezette natuurgebieden na, met allerlei soorten terreinvoertuigen kriskras te berijden. Bij Post 2 staat het mobiele verhuurbedrijf van **Steve's ATV**, waar u tal van ATV's (All-Terrain Vehicles) kunt huren (Sand Hwy, Pole 2, Oceano, tel. 805-474-6431, www.stevesatv.com). Afhankelijk van het voertuig is een eigen risico van minimaal $100 verplicht. Bestuurders jonger dan 18 jaar hebben bovendien een aansprakelijksheidsformulier nodig, dat op te vragen is via www.rideatvoregon.org. Tijdens vakantieweekenden patrouilleren behalve rangers ook vrijwilligers die hulp bieden bij problemen.

Kamperen is ten zuiden van Post 2, op het strand en ook in het niet-afgezette duingebied toegestaan. U bent vrij om zelf een plaats uit te zoeken, mits u bij de ingang per overnach-

Rd., tel. 805-543-3000, www.madonnainn.com, 2 pk buiten het hoogseizoen vanaf $189, absoluut tijdig boeken).

Bubblegum Alley en Historical Museum

Behalve op het mafste hotel kan de stad ook bogen op de vermoedelijk minst appetijte-

lijke, maar ook wonderlijkste straat van Californië. Een smal steegje bij de kruising van Broad Street en Higuera Street draagt de naam **Bubblegum Alley**: sinds de jaren 60 hebben voorbijgangers op de wanden van deze doorgang duizenden en nog eens duizenden uitgekauwde kauwgummetjes in alle kleuren en vormen achtergelaten.

wisselexposities die het alledaagse leven van de eerste kolonisten belichten (696 Monterey St., tel. 805-543-0638, http://historycenterslo. org, dag. 10–16 uur).

ting per personenauto $10 hebt betaald. Er is geen elektriciteit of stromend water, maar er zijn wel toiletten. Reserveren is het hele jaar mogelijk via tel. 1-800-444-7275. Als u niet beschikt over een terreinvoertuig, kunt u de auto beter aan Pier Avenue parkeren, want het zand op het strand is erg mul.

Het commerciële kampeerterrein **Pacific Dunes Ranch RV Resort** aan de rand van het duingebied biedt staanplaatsen met elektriciteit voor campers, een groot terrein om te barbecuen en een volleybalveld. Ook beschikt het complex over een **manege**, waarbij u een paard kunt huren en onder begeleiding een rit over het strand kunt maken (1205 Silver Spur Place, Oceano, tel. 805-489-7787, http://pacific-dunesranch.info).

Het ca. 9 km lange **zeestrand** is ideaal voor een zonvakantie. Maar wees voorzichtig met zwemmen in dieper water. Op een aantal plaatsen kunnen verraderlijke stromingen optreden. Van juni tot begin september is er strandbewaking. Mosselrapen is alleen toegestaan als u een visvergunning heeft.

Het noordelijkste deel van het duingebied, de **Oceano Dunes Preserve**, is een populaire wandelregio waar geen terreinvoertuigen mogen komen. Deze kleine Sahara laat zich het best verkennen door de diverse met elkaar verbonden paden van de Oceano Dunes Preserve Trail te bewandelen. Deze trail begint bij Post 2 en is in totaal enkele kilometers lang, waarbij hij ver weg blijft van het lawaaiige off-roadcircus.

Als u geïnteresseerd bent in de cultuur van de vroeger in dit gebied wonende Chumash- en Salinanindianen, moet u beslist het **San Luis Obispo County Historical Museum** bezoeken, dat behalve talloze andere historische objecten allerlei voorwerpen tentoonstelt over de materiële cultuur van deze indianenstammen. Het museum toont bovendien

Informatie

San Luis Obispo Chamber of Commerce: 1039 Chorro St., San Luis Obispo, CA 93401, tel. 805-781-2777, http://visitslo.com. Hier is alle praktische informatie beschikbaar.

Accommodatie

Leuk verblijf ▶ Garden Street Inn: 1212 Garden St., tel. 805-545-9802, www.gardenstreet inn.com. Stijlvolle en gezellige historische B&B, centraal gelegen, met fraai ingerichte kamers en suites. 2 pk $170–230.

Charmante accommodatie ▶ Heritage Inn B&B: 978 Olive St., tel. 805-544-7440, www. heritageinnslo.com. De gasten worden regelmatig begroet door de kater Blue. De 7 kamers zijn op leuke wijze, maar ietwat kitscherig ingericht. Het gebouw werd in 1980 per dieplader naar zijn huidige locatie vervoerd. 2 pk vanaf $95.

Keurig ketenmotel ▶ Motel 6 South: 1433 Calle Joaquin, tel. 805-549-9595, www.motel6. com. Keurige en zeer voordelige motelkamers, die alle zijn voorzien van een eigen badkamer en toilet, evenals een klein bureau. 2 pk vanaf ca. $55.

Eten en drinken

Wereldgerechten ▶ Novo: 726 Higuera St., tel. 805-543-3986, www.novorestaurant.com, dag. vanaf 11 uur. Braziliaanse, Zuid-Europese en Aziatische smaakinvloeden bepalen de gerechten in dit restaurant. Fooi is bij de prijzen inbegrepen. Vanaf $20.

Publiekslieveling ▶ F. McLintocks: 686 Higuera St., tel. 805-541-0686, www.mclintocks. com, dag. 7–21 uur. Een populair en daarom altijd druk restaurant met bar. Hier staat alles in het teken van barbecuegerechten. Iedere donderdag voeren de koks een onderhoudende show op, wanneer ze op Farmers' Market spareribs, die boven een enorme houtskoolgrill worden geroosterd, uitdelen aan de mensen. Vanaf $8.

De overdadige luxe van Hearst Castle balanceert op het randje van kitsch

Morro Bay ▶ 7, C 4

Ter hoogte van **Morro Bay** komt Highway 1 weer uit bij de kust. De naam van deze plaats is afkomstig van de piramidevormige **Morro Rock** aan de Estero Bay, een van de zeven lang geleden uitgedoofde vulkanen, die samen bekendstaan onder de naam Seven Sisters. De 175 m hoge berg diende in vroeger tijden als steengroeve, totdat er een reservaat werd ingesteld voor slechtvalken. De plaatselijke vissershaven is een van de belangrijkste aan de Californische kust.

6 Hearst Castle ▶ 7, C 3

Als u aan de kust bij San Simeon uw blik laat afdwalen naar de zonovergoten grasheuvels van het kustgebergte, ontwaart u op een verhoging een paleis dat in eerste instantie aan een fata morgana doet denken. Voor een bedrag dat tegenwoordig $400 miljoen zou zijn, liet de Californische krantenmagnaat William Randolph Hearst (1863–1951) in de jaren na 1919 midden in dit ranchlandschap het zogeheten **Hearst Castle** bouwen, waarmee de extraverte ondernemer zijn rijkdom en prestige onbeschaamd tentoon kon spreiden.

Onder leiding van de gerenommeerde architecte Julia Morgan werd in enkele jaren tijd een monumentaal complex opgetrokken, dat uniek was voor het westen van de VS. Het is uitgevoerd in een gedurfde mengeling van bouwstijlen, bestaande uit de kathedraalachtige Casa Grande met kleinere villa's voor gasten eromheen. Vrijwel elke bouwkundige en artistieke stijl die destijds in de architectuur en kunstwereld voor vol werd aangezien, is hier vertegenwoordigd: van Griekse en Romeinse godenbeelden tot Byzantijnse elementen en gotische stijlkenmerken.

De echtgenote van Hearst heeft nooit in dit vorstelijke onderkomen gewoond, aangezien haar wederhelft er de voorkeur aan gaf zijn leven te delen met actrice Marion Davies. Tien jaar voor zijn dood heeft Hearst nog gepoogd het uitkomen van *Citizen Kane*, het meesterwerk van Orson Welles, tegen te houden. In deze kritische rolprent bezit de hoofdpersoon, mediamagnaat Charles Foster Kane, karaktertrekken die niet geheel toevallig treffende overeenkomsten vertonen met die van de heer van Hearst Castle. Na het overlijden van Hearst liet zijn familie het landgoed na aan de staat, afgezien van een gebied van ongeveer 32.000 ha.

Hoewel er een weg naar het reusachtige landgoed voert, kunt u er niet met de auto komen. Een afrit van Highway 1 leidt naar een door de National Park Service aangelegd receptiecomplex, waar de honderdduizenden mensen die jaarlijks de bezienswaardigheid bezoeken, worden ontvangen (750 Hearst Castle Rd., San Simeon, tel. 916-414-8400, doorkiesnummer 4100 of 1- 800-444-4445, www. hearstcastle.org, vanaf 8.20 uur worden dagelijks vier verschillende rondleidingen aangeboden, in de lente en de herfst ook 's avonds).

Piedras Blancas ▶ 7, C 3

Toeristen zijn onder de indruk van de **zeeolifantenkolonie** van **Piedras Blancas**, 13 km ten noorden van San Simeon (zie Tip onder). De kolonie leeft direct naast Highway 1, waar natuurbeschermers parkeerplaatsen en houten loopplanken hebben aangelegd, vanwaar de in kuddes levende dieren van dichtbij kun-

Tip: Zwaargewichten bekijken

Eind 1990 keken de kustbewoners vreemd op toen bijna 13 km ten noorden van San Simeon enkele tientallen zeeolifanten op het strand neerstreken om daar hun jongen ter wereld te brengen. In de jaren daarna heeft de populatie van deze tot ruim 2 ton wegende dieren zich zo snel uitgebreid dat experts de omvang van de zeeolifantenkolonie recentelijk op ongeveer 15.000 exemplaren hebben geschat.

Aan de zeezijde van Highway 1 ligt een gratis parkeerplaats, vanwaar u slechts een kort stukje hoeft te lopen om de zwaarlijvige kolossen onder een ongeveer 5 m hoog talud op het vlakke strand te zien liggen. Op informatieborden is te lezen dat de zeereuzen acht tot tien maanden per jaar in open zee doorbrengen, waar zij op hun zoektocht naar voedsel soms wel meer dan 1000 m diepte duiken. Op gezette tijden komen de dieren aan land om te paren, te baren en te vervellen. Tussen eind november en maart is de drukste periode. Dan worden hier elk jaar weer ruim 3500 jonge zeeolifantjes ter wereld gebracht. Als eenmaal het ritueel van de paring en de geboorte van de jongen achter de rug is, keren de ouders terug naar open zee. Hun kroost blijft dan nog acht tot tien weken alleen en zonder voedsel achter op het strand en leert daar stapje voor stapje in de getijdenpoeltjes en de ondiepe zee zwemmen.

Om de dieren te kunnen beschermen en tegelijkertijd het bezoekers zo eenvoudig mogelijk te maken de kolossen te kunnen bezichtigen, werd boven het strand een houten vlonder aangelegd. Vanhier laat zich het luidruchtige en niet altijd even vriendelijke reilen en zeilen op het strand van soms minder dan 10 m afstand bestuderen en fotograferen. Met bijzondere vragen kunt u terecht bij docenten van de organisatie Friends of the Elephant Seal, die zijn te herkennen aan hun blauwe jas (Piedras Blancas Seal Rookery, ca. 12 km ten noorden van San Simeon, www. beachcalifornia.com/piedras.html; www.elephantseal.org).

nen worden gadegeslagen. Informatieborden lichten de bezoeker in over het gedrag van de zeedieren en over het ontstaan van de kolonie. Het is sinds jaren een van de belangrijkste publiekstrekkers ten zuiden van Big Sur (parkeren en bezichtiging gratis, www. beachcalifornia.com/piedras.html en www. elephantseal.org).

Big Sur ► 7, B 2

De kuststrook met de naam **Big Sur** vormt een indrukwekkend landschap met kleine bossen van enorme sequoia's, warmwaterbronnen, door mist omsluierde baaien en de legendarische Highway 1. Langs de weg heeft in het verleden een heimelijke bouwdrift gewoed, waardoor er ondanks strenge wetten aangaande bouwbeperking en natuurbescherming toch menig verscholen gelegen vakantiehuis is ontstaan. In de jaren 60 en 70 experimenteerden bloemenkinderen en drop-outs hier in gammele hutjes met een alternatieve levensstijl – tegenwoordig staan hier kapitale zelfvoorzienende weekendhuizen met zonnepanelen en drinkwatertanks, eigendom van rijkelui die volop willen profiteren van de romantische charme van dit unieke kustlandschap.

Het beroemdste gedeelte van **Highway 1** slingert zich tussen San Simeon en Carmel over een afstand van 140 kilometer langs de kust. Als een achtbaan van asfalt baant hij zich een weg tussen de Santa Lucia Mountains en de rotsachtige Grote Oceaankust door. Na elke haarspeldbocht doemen steeds weer nieuwe adembenemende landschappen op, die stuk voor stuk zo op een ansichtkaart kunnen staan. Pas halverwege de 19e eeuw arriveerden de eerste blanke immigranten in Big Sur, gevolgd door groepen houthakkers en veetelers, die hun kampen en ranches langs de kust vestigden. Daarna zou het nog

De baaien in het Julia Pfeiffer Burns Big Sur State Park lijken een paradijs op aarde

bijna een eeuw duren voordat in 1937 Highway 1 werd aangelegd.

Niettemin bleef de kust van Big Sur een geïsoleerde streek, zelfs nadat in de jaren 50 schrijvers als Henry Miller en Jack Kerouac hun bewondering voor deze afgelegen wereld in hun boeken hadden uitgesproken en de legendarische folkzangeres Joan Baez tien jaar later hier een jaarlijks te houden songfestival in het leven had geroepen.

Tekenen van menselijke beschaving, zoals de fotogenieke **Bixby Creek Bridge** uit 1932, 21 km ten zuiden van Carmel, de vuurtoren op het in zee uitlopende Point Sur of het smaakvolle Whalers' Café in Gorda, zijn dungezaaid. De inspanningen tot behoud van de ongerepte natuur zijn tot dusverre succesvol gebleken. Gehuchten als **Nepenthe**, de woonplaats van Henry Miller gedurende een periode van achttien jaar, doen als kleine enclaves van beschaving hier vrijwel niets aan af. In de naar Miller genoemde Memorial Library is een groot aantal eerste drukken van zijn werken tentoongesteld (tel. 831-667-2574, www.henrymiller.org, dag. behalve di. 11–18 uur).

Ook de schrijver Robert Louis Stevenson vond inspiratie aan de kust van Big Sur, zoals voor zijn roman *Schateiland*, waarin hij het gebied als volgt omschrijft: 'Big Sur is de plaats waar de bergen en de oceaan elkaar op spectaculaire wijze ontmoeten. Het is het fraaiste treffen van land en water ter wereld.

Julia Pfeiffer Burns Big Sur State Park

Het **Julia Pfeiffer Burns Big Sur State Park** is met zijn betoverende natuur en wandelpaden uitermate geschikt om de autorit even te onderbreken en met de benenwagen verder te gaan. De smalle Sycamore Canyon Road voert bijna helemaal tot het prachtige zandstrand, waar het water van de McWay Creek zich vanaf een 25 m hoge rots loodrecht in de branding van de zee stort. Een van de wandelpaden, de Ewoldson Trail, is vanwege eerdere bosbranden en bergverschuivingen voor onbepaalde tijd gesloten (ten zuiden van de gemeente Big Sur, tel. 831-667-2315, www.parks.

ca.gov/?page_id=578, geopend van zonsopkomst tot zonsondergang, toegang tot het park $10).

Informatie

Big Sur Chamber of Commerce: P.O. Box 87, Big Sur, CA 93920, tel. 831-667-2100, www.bigsur california.org.

Eten en drinken

Prachtige oase met panoramisch uitzicht ▶
Nepenthe Restaurant: Hwy 1, Big Sur, tel. 831-667-2345, www.nepenthebigsur.com, Lunch en diner. Hoog boven de steile rotskust kunt u zich op het terras van dit legendarische restaurant te goed doen aan de beroemde Ambrosiaburger ($14,50) en een portie kip met salie in cranberrysaus ($26,50) of een Phoenixsteak met gorgonzola en uienboter ($38). Onderussen geniet u van het grandioze uitzicht op de kust en de Grote Oceaan.

Point Lobos State Reserve

▶ 7, B 2

Het schiereiland ten zuiden van de baai van Carmel werd door de Spanjaarden Punta de los Lobos (Wolvenpunt) genoemd. De huidige naam van de **Point Lobos State Natural Reserve** is hier direct van afgeleid en vormt een van de parels onder de Californische natuurreservaten. Nergens anders ziet u zoveel Montereycipressen bij elkaar als hier aan deze ruige kust met zijn kleine baaien, waar u door het groenblauwe water heen tot op de bodem kunt kijken.

Diverse wandelroutes voeren langs loodrechte rotswanden naar adembenemende uitzichtpunten, vanwaar u vaak zeehonden en zeeleeuwen in de diepte onder u kunt zien liggen. Op veel plaatsen stuit u op overblijfselen van vroegere indiaanse nederzettingen en van de inmiddels niet meer bestaande visindustrie, die zich hoofdzakelijk richtte op de zeeorenvangst (Rte 1, Box 62, Carmel, CA 93923, tel. 831-624-4909, www.parks.ca.gov/?page_id= 571, dag. 9 uur tot zonsondergang, toegang per personenauto $10).

Monterey Bay en Salinas Valley

Carmel, Monterey en het universiteitsstadje Santa Cruz vormen zonder twijfel de belangrijkste trekpleisters aan de schilderachtige Monterey Bay. Het historische Monterey, omgeven door een woeste kust, was in vroeger tijden eerst de hoofdstad van Californië en schreef later als sardinemetropool van de VS literatuurgeschiedenis. In de nabijgelegen Salinas Valley groeide de beroemde Amerikaanse schrijver en Nobelprijswinnaar John Steinbeck op.

Carmel-by-the-Sea
▶ 7, B 2

In het centrum van **Carmel** zult u vergeefs zoeken naar neonreclames, hotdogkraampjes en hamburgerketens. Al decennialang cultiveert het stadje zijn reputatie als conservatief grootverdienersbolwerk met maatregelen die straatverlichting in de woonwijken, kunststof planten in de voortuin en de overal elders algemeen voorkomende brievenbussen verbieden, teneinde het stadsbeeld te beschermen. Tussen 1986 en 1988 was filmster Clint Eastwood hier burgemeester, waarmee de stad ook op bestuurlijk terrein zich probeerde te onderscheiden. U kunt zich aansluiten bij een twee uur durende rondleiding door de interessantste delen van Carmel (verzamelpunt: Lincoln St. & Ocean Ave., tel. 831-642-2700, www.carmelwalks.com, di.–vr. 10, za. 10 en 14 uur, $25).

Mission San Carlos Borromeo de Carmelo

Het historische fundament van dit brandschone stadje werd gelegd met de **Mission San Carlos Borromeo de Carmelo**, die in 1771 werd verplaatst van Monterey naar Carmel. In de tuin groeien bloeiende rozenstruiken en klimmen bougainvilles op tegen de bemoste muren. Het voorportaal van de neobarokke kerk wordt gesierd door een stervormig ven-ster. De aangebouwde toren met zijn gedrongen gestalte heeft een bijna oriëntaals aandoende koepel. Binnen, waar het zelfs op de heetste zomerdagen nog aangenaam koel is, herinnert een sarcofaag met de stoffelijke resten van de franciscaner pater Junípero Serra aan deze grondlegger van de eerste Spaanse zendingspost van het land. Op de geheel omsloten binnenplaats met een oude klaterende fontein vormt de missiepost een van de vredigste oorden die men zich kan voorstellen (3080 Rio Rd., tel. 831-624-1271, www.carmel-mission.org, ma.–za. 9.30–17, zo. 10.30–17 uur, volw. $6,50, kind tot 17 jaar $2).

17 Mile Drive

Carmel is van het noordelijk gelegen Monterey gescheiden door het in zee uitstekende schiereiland Monterey Peninsula en wordt daarmee verbonden door de zogeheten **17 Mile Drive**, die de kustlijn volgt. 'Eerst betalen, dan genieten' luidt hier het credo, want deze tolweg is eigendom van een hotelketen. Eenmaal voorbij het tolhuisje volgt de asfaltweg de kust door dennen- en wierookcederbossen en komt vaak vlak bij de machtige branding, die bulderend op de rotsen uiteenspat. Langs de route van 17 mijl (27 km) passeert u ruim twintig schitterende uitzichtpunten die Zuid-Californië van zijn mooiste kant laten zien. De midden in de branding liggende **Seal and Bird Rock** dient als toevluchtsoord voor zowel een

Bezienswaardigheden

1 Cannery Row
2 Monterey Bay Aquarium
3 Fisherman's Wharf
4 Custom House
5 Museum of Monterey
6 Pacific House
7 Casa Soberanes
8 Larkin House
9 Colton Hall
10 Stevenson House
11 Coast Guard Pier

Accommodatie

1 The Jabberwock
2 Monterey Plaza
3 Victorian Inn
4 Downtown Travelodge
5 Monterey Bay Lodge

Eten en drinken

1 Old Fisherman's Grotto
2 Montrio Bistro
3 Chart House
4 Fishhopper
5 Koto Restaurant

Uitgaan

1 The Mucky Duck

Actief

1 Ag Venture Tours

---

kolonie zeehonden als voor zeemeeuwen, pelikanen en zwarte aalscholvers. De bekendste halteplaats ligt bij **Lone Cypress**, waar een eenzame Montereycipres zich al ruim 250 jaar met zijn wortels in een door de woeste golven omspoelde rots vastgrijpt. Aan het zuidelijke eind van de weg ligt de in 1919 gebouwde **Lodge at Pebble Beach**, waar een van de mooiste golfbanen van Amerika is aangelegd. De 18e hole ligt op een rotspunt boven de kolkende oceaan en ook onder niet-golfers stokt hier de adem in de keel (www.pebblebeach. com, $9,50 per personenauto).

7 Monterey ▶ 7, B 2

Kaart: zie rechts

Monterey werd in de jaren 1770 gesticht als een van de eerste Spaanse nederzettingen aan de Amerikaanse Westkust. Tijdens de Spaanse en Mexicaanse periode was het de hoofdstad van Californië. Een jaar nadat hier in 1849 de Californische grondwet was aangenomen, sloot de Golden State zich aan bij de Amerikaanse Union en werd een Amerikaanse staat. In de daaropvolgende decennia verloor Monterey steeds meer aan politieke betekenis ten gunste van Sacramento. Toch groeide de stad door de walvisvaart en, sinds het begin van de 20e eeuw, door de sardinevangst uit tot de belangrijkste vissersplaats aan de West Coast. Rond 1913 liep de vloot van de sardinevissers elke nacht binnen met zo'n 25 ton vis, die vervolgens in achttien fa-

brieken werd verwerkt. De gevolgen van de decennialange overbevissing van de kustwateren bleven echter niet uit. De opbrengsten uit de Grote Oceaan werden gestaag minder, totdat aan het eind van de jaren 40 de sardinescholen geheel waren verdwenen en alle verwerkingsfabrieken noodgedwongen hun poorten moesten sluiten.

De schrijver **John Steinbeck** heeft in zijn beroemde roman *Cannery Row* uit 1946 op levendige en beeldende wijze het sfeervolle Monterey van de jaren 20 en 30 beschreven. Toen het boek in 1982 werd verfilmd door regisseur David S. Ward, met in de hoofdrollen Nick Nolte en Debra Winger, was het echte Cannery Row in Monterey al dusdanig veranderd dat alleen de in Hollywood gebouwde decors nog de gewenste romantische sfeer konden oproepen. De stinkende conservenfabrieken, opslagloodsen, vissersboten en volkswijken zijn al lang geleden uit het stadsbeeld verdwenen. Op **Cannery Row** 1 zelf, door Steinbeck aan de vergetelheid ontrukt, hebben de arbeiders in hun blauwe kiel, karren vol visafval over het hobbelige plaveisel trekkend, inmiddels plaatsgemaakt voor op massatoerisme ingestelde restaurants, winkelcentra en souvenirwinkels (www. canneryrow.com).

Monterey Bay Aquarium

Een onbetwist lichtpuntje te midden van alle toeristische drukte is het veelgeprezen **Monterey Bay Aquarium** 2 . 's Zomers staan er lange rijen voor de kassa's en heerst er voor de

Artillery St.

Monterey Bay

Lighthouse Ave.

Pacific St.

Vizcaino Serra
Landing

reno St.

1

3

O'Donnell
Library

Old Whaling
Station

Doud
House

First
Brick House

St.

4

Perry
House

Scott St.

First Theater

Casa
del Oro

6

Custom House
Plaza

M

M

5

Duarte Store &
Cole House

Van Buren St.

Monterey
Convention
Center

Portola Plaza

7

Del Monte Ave.

Del Monte Ave.

5 →

Merritt
House

Osio-
Rodriguez
Adobe

Alvarado St.

Tyler St.

Franklin St.

Sports Center

2

Capitular Hall

Casa
Serrano

Old
Monterey
Hotel

Washington St.

Franklin St.

Pierce St.

State
Theatre

5

Pacific St.

Casa
Sanchez

Ball Park

Lara-Soto
Adobe

Calle Principal

Bonifacio Pl.

Adams St.

Figueroa St.

on St.
do
e
es

Casa
de la Torre

Casa
Estrada

Alvarado St.

Casa
Alvarado

1

Pearl St.

Gordon
House

Dutra St.

8

Sherman
Qtrs.

Simoneau
Plaza

Tyler St.

Houston St.

Abrego St.

Alma St.

9

rey

House of
Four Winds

Casa
Amesti

10

M

Casa
Abrego

City Hall

M

Monterey
Museum of Art

Cooper Molera
Complex

Webster St.

Madison St.

Casa
Gutierrez

Gabriel de la
Torre Adobe

Munras Ave.

Casa
Pacheco

Madriaga
Adobe

Church St.

Public
Library

Stokes
Adobe

Fremont
Adobe

Hartnell St.

Cass St.

Casa
Munras

Abrego St.

Royal Presidio
Chapel

Fremont St.

75   150 m

bassins vaak zo'n gedrang dat het geduld van de bezoeker danig op de proef wordt gesteld. Veel glazen bassins zijn zo reusachtig groot dat u vanaf diverse verdiepingen het daarin voorkomende zeeleven kunt bewonderen. Als u onder aan een van die kolossale aquaria staat, krijgt u de indruk op de bodem van de oceaan te staan, met boven u een langzaam wuivend kelpwoud en scholen zilverachtig glinsterende vissen. In een ander deel van het aquarium voeren zeeotters hun onemanshow op, wanneer ze tot groot vermaak van het publiek op hun rug ronddobberen en zich te goed doen aan garnalen, die ze op een hoopje op hun buik hebben gelegd (886 Cannery Row, tel. 831-648-4800, www.mbayaq.org, mei–sept. 9.30–18, overige perioden 10–17 uur, volw. $32,95, kind 3–12 jaar $19,95).

Monterey State Historic Park

In tegenstelling tot de complexen die in verband stonden met de visserij, zijn de historische gebouwen uit de koloniale tijd niet opgeofferd aan de commercie. Veel gebouwen in het stadscentrum zijn voor het nageslacht behouden gebleven en vallen tegenwoordig onder bescherming van het Monterey State Historic Park (alle rondleidingen zijn gratis). Het vertrekpunt voor een stadstocht door de historische wijk is **Fisherman's Wharf** 3. In plaats van walvisvaarders en vissersboten meren hier nu zeewaardige jachten af, die inclu-

Zeeleeuwenrefugium

Een bezienswaardigheid van geheel andere orde in Monterey is van natuurlijke aard. Al in de jaren 90 streken enige tijd lang grote kolonies zeeleeuwen neer in de haven. Sommige dieren klauterden daarbij op bootjes en jachten, waarbij ze zeker niet alleen maar vrienden maakten. Tegenwoordig hebben honderden van deze dichtbehaarde waterreuzen zich gevestigd op de rotsachtige strekdam die de **Coast Guard Pier** 11 ten noordwesten van Fisherman's Wharf beschut. Ruim voordat u de dieren kunt zien, is hun luide geblaf al uit de verte te horen.

sief bemanning te huur zijn voor een dagje diepzeevissen. Op de pier uit 1846 staat het vol souvenirwinkels, restaurants en snackbars (www.montereywharf.com).

Het **Custom House** 4 is het oudste overheidsgebouw ten westen van de Rocky Mountains. Een deel stamt al uit 1827, waarna het complex werd uitgebreid met een vleugel om plaats te bieden aan een douanekantoor. In het **Museum of Monterey** 5, op slechts enkele passen afstand van het Custom House, zijn oude navigatie-instrumenten, scheepsmodellen, kustwachtuitrustingen en een film met als thema *Monterey and the Pacific* te zien (Stanton Center, 5 Custom House Pl., tel. 831-372-2608, www.museumofmonterey.org, di.–za. 10–17, zo. 12–17 uur, $10).

Het **Pacific House** 6 deed sinds de oplevering in 1847 dienst voor het leger als officiersgebouw en munitiedepot, maar beschikte tegelijkertijd over een balzaal voor maatschappelijke activiteiten. Op de begane grond zijn tentoonstellingen te zien over de geschiedenis van Monterey als hoofdstad van Californië ten tijde van de Spaanse en Mexicaanse overheersing. Op de bovenverdieping is het **Museum of the American Indian** gevestigd, waar gebruiksvoorwerpen van de oorspronkelijke bewoners van Amerika worden geëxposeerd (Custom House Pl., tel. 831-649-7118, www.parks.ca.gov/?page_id=961, dag. behalve di. en do. 10–15 uur).

Het van adobe gebouwde **Casa Soberanes** 7 uit 1842 werd vroeger door het hoofd van de toenmalige douaneautoriteiten gebruikt om zijn bruid in te huisvesten. Het twee verdiepingen tellende gebouw is nu ingericht met meubilair uit New England, kunstnijverheid uit Mexico en porselein uit China, waarmee onder meer het belang van de zeehandel in de 19e eeuw aanschouwelijk wordt gemaakt (Pacific St., hoek Del Monte Ave., tel. 831-649-7172, www.historicmonterey.org, rondleidingen ma., vr., za., zo. 11.30 uur).

Een van de invloedrijkste Amerikanen in het Californië van de Mexicaanse periode was Thomas O. Larkin (1802–1858). Hij verwierf geld en macht dankzij handel met Mexico en Hawaii, was tussen 1844 en 1848 Amerikaans consul in Monterey en nam in 1849 als afgevaardigde deel aan de grondwetgevende vergadering. Behalve het Pacific House liet hij in 1835 het naar hem genoemde **Larkin House** 8 van twee verdiepingen bouwen, dat nog altijd deels met authentiek meubilair is ingericht (464 Calle Principal, tel. 831-649-7118, www.historicmonterey.org, rondleidingen vr.–zo. 12 en 15 uur, volw. $5, kind tot 6 jaar gratis).

De in New Englandstijl tussen 1847 en 1849 gebouwde **Colton Hall** 9 was zowel een publieke vergaderzaal als een school. Op de bovenetage stemden in 1849 de 48 afgevaardigden van de grondwetgevende vergadering voor de Californische constitutie (Pacific St. tussen Jefferson & Madison St., tel. 831-646-5640, www.historicmonterey.org, dag. 10–16 uur).

Wat nu het **Stevenson House** 10 heet, was in 1878 nog een hotel dat enkele maanden een prominente gast huisvestte: de Schotse schrijver Robert Louis Stevenson. Twee jaar eerder had hij op reis door Frankrijk Fanny Osbourne leren kennen, op wie hij op slag verliefd was geworden. Hij volgde haar naar haar geboortegrond in Californië en trouwde haar in 1880, nadat ze van haar man was gescheiden. Het gebouw huisvest tegenwoordig een museum dat zich aan het leven en het werk van Stevenson wijdt (530 Houston St., tel. 831-649-7118, www.historicmonterey.org, za. en elke 4e zo. van de maand 13–16 uur, gratis toegang).

Informatie

Monterey Visitors & Convention Bureau: 765 Wave St., Monterey, CA 93940, tel. 831-657-6422, www.seemonterey.com.

Accommodatie

Aan de doorgaande weg in de voorstad Seaside liggen tal van voordelige motels.

Heerlijke B&B ▶ The Jabberwock 1 **:** 598 Laine St., tel. 831-372-4777, www.jabberwockinn.com. B&B met 7 kamers, gelegen in een rustige tuin; veel sfeer, aardige en dienstvaardige uitbaters en een uitgebreid ontbijt. 2 pk vanaf $169.

Pal aan zee ▶ Monterey Plaza 2 **:** 400 Cannery Row, tel. 831-646-1700, www.montereyplazahotel.com. Stijlvol vijfsterrenhotel met luxueus ingerichte kamers en suites, wellness, fitnesscentrum en twee restaurants. U kunt op een terras pal aan zee dineren. 2 pk vanaf ca. $180.

Aardig ingericht ▶ Victorian Inn 3 **:** 487 Foam St., tel. 831-373-8000, www.victorianinn.com. Dit ietwat gehorige hotel met ruim 60 kamers vormt een prima uitvalsbasis voor een bezoek aan het Aquarium en Cannery Row. 2 pk ca. $170.

Verzorgd onderkomen ▶ Downtown Travelodge 4 **:** 675 Munras Ave., tel. 831-373-1876, www.montereytravelodge.com. Praktisch motel met zwembad en 51 kamers op drie verdiepingen. Geen bijzondere, maar wel doelmatige inrichting. 2 pk vanaf ca. $95.

Fraaie ligging ▶ Monterey Bay Lodge 5 **:** 55 Camino Aguajito, tel. 831-372-8057, www.montereybaylodge.com. Nabij de baai gelegen *motorlodge* met 45 kamers, gratis internet en parkeerruimte. 2 pk vanaf $90.

Eten en drinken

Dineren met uitzicht ▶ Old Fisherman's Grotto 1 **:** 39 Fisherman's Wharf, tel. 831-375-4604, www.oldfishermansgrotto.com, dag. 11–22 uur. Dit in de haven gevestigde restaurant heeft een nautisch interieur. Tot de klassiekers op de kaart behoort de *clam chowder* in Montereystijl, een gebonden venusschelpensoep. Diner ca. $15–43.

Goed gekookt ▶ Montrio Bistro 2 **:** 414 Calle Principal, tel. 831-648-8880, www.montrio.com, dag. 16.30–22, vr., za. tot 23 uur. Een kleurrijke menukaart met pastagerechten, gevleugelte, zeevruchten en vleesspecialiteiten. Diner vanaf ca. $18.

Niet overslaan! ▶ Chart House 3 **:** 444 Cannery Row, tel. 831-372-3362, www.chart-house.com, lunch alleen in het warme seizoen za.–zo. 11.30–15, diner ma.-vr. vanaf 17, za.–zo. vanaf 16 uur. De goede vis en de sappige biefstukken hebben dit etablissement de laatste vijftig jaar een goede naam bezorgd. Als u een tafeltje bij het venster met uitzicht op zee wenst, dient u tijdig te reserveren. Diner vanaf ca. $20 $.

Geweldig uitzicht ▶ Fishhopper 4 **:** 700 Cannery Row, tel. 831-372-8543, www.fishhopper.

com/monterey. htm, dag. lunch en diner. Toe-
ristenrestaurant op palen. Op de kaart staan
zowel steaks als visgerechten en zeevruchten.
Met uitzicht op de baai. De populaire *clam
chowders* zijn verkrijgbaar vanaf $5,95,
zwaardvis in citroen-kappertjessaus $25. Di-
ner vanaf ca. $20.

Aziatische keuken ▶ **Koto Restaurant** 5 : 420
Tyler St., tel. 831-642-9041, geen website, dag.
lunch en diner. De sfeer van dit etablissement
komt wat koeltjes over, maar de gerechten,
waaronder sushi, zijn uitstekend en de prijs zeker waard. De bediening is vlot en vriendelijk.
Vanaf $8.

Uitgaan

Bierparadijs ▶ **The Mucky Duck** 1 : 479 Alvarado St., tel. 831-655-3031, www.muckyduck
monterey.com, dag. 11–2 uur, dag. happy hour
16–19 uur. Ruim twintig soorten bier op tap
worden aan de twee bars en in de tuin geserveerd onder live muzikale begeleiding.

Actief

Wijnproefexcursies ▶ **Ag Venture Tours** 1 :
P.O. Box 2634, tel. 831-761-8463, www.agven
turetours.com. Verschillende wijntochten
door de regio met afhaal- en terugbrengdienst
van en naar alle belangrijke hotels, inclusief
wijnproeverijen.

Langs
Monterey Bay ▶ 7, B 1–2

Tussen Monterey in het zuiden en Santa Cruz
in het noorden volgen de Highways 1 en 101
op enige afstand van de kust de gelijkmatige
bocht die de Monterey Bay daar beschrijft.
Toeristisch interessante plaatsen zult u langs
dit 70 km lange traject tussen beide steden
vergeefs zoeken. Aan weerszijden van de weg
strekken zich velden en akkers uit zo ver als
het oog reikt. Het achterland is dan ook een
belangrijke agrarische regio.

In het 7000 inwoners tellende stadje **Castroville** wordt sinds een halve eeuw elk jaar
in mei een grootschalig artisjokkenfestival
gehouden. Het gewas is voor de meeste plaatselijke boeren de belangrijkste bron van inkomsten. In 1948 werd hier de destijds 22-ja-
rige Norma Jeane Mortenson verkozen tot
artisjokkenkoningin. Later zou ze wereldberoemd worden onder de naam Marilyn Monroe (www. artichoke-festival.org).

De agrarische sector van **Watsonville** legt
zich toe op de kweek van aardbeien en rozen,
terwijl **Gilroy** zichzelf graag neerzet als 'de
knoflookhoofdstad van de wereld'. In deze gemeente draait dan ook alles om het sterkrie-
kende gewas, dat sinds 1979 elk jaar tijdens
het Gilroy Garlic Festival tegen het einde van
juli in het zonnetje wordt gezet (www.gilroy
garlicfestival.com).

De ruige rotskust bij Monterey

Santa Cruz ► 7, B 1

De belangrijkste winkelstraat in Downtown **Santa Cruz** is de drukke **Pacific Avenue** met aan weerszijden bomen, winkels, kiosken, restaurants en buitencafés. Als u van *people watching* houdt, bent u hier aan het juiste adres, want de stad heeft een reputatie als studentenstad, waar het aandeel excentriekelingen, drop-outs, straatmuzikanten en daklozen groter schijnt te zijn dan in vergelijkbare steden.

Afgezien van de Pacific Avenue speelt het leven in Santa Cruz zich voornamelijk af aan de kust. Op de **Municipal Wharf**, waar u een halfuur lang gratis mag parkeren, bevinden zich diverse restaurants en winkels, maar ook kiosken waar tochtjes kunnen worden geboekt voor walvis- en dolfijnspotten. Aan het eind van de pier zijn in de ruwe plankieren openingen uitgespaard waar u doorheen kunt kijken naar het water en de steunbalken eronder, waar de zeehonden en zeeleeuwen van hun zwemtochten liggen uit te rusten.

Langs het strand naast de Wharf ligt over een afstand van zo'n 800 m het inmiddels 100 jaar oude pretpark **Boardwalk**. De grootste publiekstrekkers van de ruim 30 attracties zijn een historische draaimolen met handgesneden paarden uit 1911 en de geheel uit hout gemaakte achtbaan Big Dipper uit 1924.

Vooral deze laatste trekt jaarlijks miljoenen bezoekers. De legendarische oldtimer is sinds zijn oplevering nauwelijks veranderd. De prijzen daarentegen wel. Ten tijde van de opening moest een bloedstollend ritje in het gevaarte $0,15 kosten – tegenwoordig moet daar $3–5 voor worden neergeteld (www.beach boardwalk.com, eind mei–begin sept. dag., overige perioden alleen in het weekend, toegang tot het pretpark is gratis, een dagkaart met onbeperkte toegang tot de attracties kost $29,95).

Ten westen van de Wharf loopt de West Cliff Drive langs de kustlijn en voert naar het **Lighthouse State Beach**, een bekend surfgebied met een kleine vuurtoren annex surfmuseum ('s zomers wo.–ma. 12–16 uur, overige perioden korter). Bij deze steile rotskust zijn de surfcondities bijna doorlopend ideaal en de plaats is daarom uitermate populair bij zowel de surfers zelf als bij de enthousiaste toeschouwers. Verder in oostelijke richting leidt de **East Cliff Drive** langs de schitterende zandstranden van het naburige plaatsje **Capitola**.

Over het maritieme leven voor de kust informeert het **Seymour Marine Discovery Center**, onder meer met een zeelaboratorium en speciale *touch tanks* (100 Shaffer Rd., tel. 831-459-3800, www.seymourcenter.ucsc.edu, di.–za. 10–17, zo. 12–17 uur, volw. $6). Wanneer uw interesse meer naar kunst uit gaat, kunt u naar het **Museum of Art & History**, dat hedendaagse kunst toont en informeert over de lokale geschiedenis (705 Front St., tel. 831-429-1964, www.santacruzmah.org, di.–zo. 11–17 uur, volw. $5).

Informatie

Santa Cruz County Conference and Visitors Council: 303 Water St., Santa Cruz, CA 95060, tel. 831-425-1234, fax 831-425-1260, www.santa cruzca.org.

Accommodatie

Pareltje aan zee ▶ Darling House: 314 W. Cliff Dr., tel. 831-458-1958, http://darlinghouse. com. Hotel uit 1910 in de buurt van het strand. Het beschikt over 8 kamers, die alle in-dividueel zijn ingericht. Sommige zijn voorzien van een keuken en een badkamer. 2 pk inclusief ontbijt vanaf $150.

Middenklasse ▶ Best Western Inn Santa Cruz: 126 Plymouth St., tel. 831-425-4717, www.best western.com/innsantacruz. Keurige accommodatie voor niet al te veeleisende gasten, ongeveer vijf minuten rijden van het strand. Inclusief een klein ontbijt. 2 pk vanaf $95.

Voor outdoorfans ▶ Big Basin Redwoods State Park: 21600 Big Basin Way, Boulder Creek, ca. 35 km ten noorden van Downtown Santa Cruz, tel. 831-338-8860, www.santacruz stateparks.org/parks/bigbasin. Kampeerterrein met winkels, een café, warmwaterdouches en picknicktafels. Geen aansluitingen voor campers.

Eten en drinken

Goed verstopt ▶ Shadowbrook: 1750 Wharf Rd., Capitola, tel. 831-475-1511, www.shadow brook-capitola.com, alleen diner ma.–vr. vanaf 17, za., zo. vanaf 16 uur. U bereikt het restaurant met de eigen *cable car* of u wandelt erheen door een weelderige tuin; beide dragen bij aan de romantische sfeer. De keuken serveert gerechten van goede kwaliteit. Hoofdgerechten vanaf ca. $20.

Een begrip ▶ Zachary's: 819 Pacific Ave., tel. 831-427-0646, geen eigen website, dag. behalve ma. 7–14.30 uur. Wanneer u na 9 uur wilt ontbijten, houdt dan wel rekening met een lange wachttijd. Het eenvoudige restaurant staat ook bekend vanwege zijn goede lunch. $6–15.

Actief

Wandelen ▶ Natural Bridges State Beach: 2531 W. Cliff Dr., www.parks. ca.gov/?page_id=541. De getijdenpoeltjes en de diverse wandelpaden maken het strand, dat onder natuurbescherming valt, tot een populaire locatie onder wandelaars. Van half oktober tot eind januari rusten hier duizenden monarchvlinders tijdens hun trektocht.

Zeeolifantenkolonies bezoeken ▶ Año Nuevo State Park: 40 km ten noorden van Santa Cruz aan Hwy. 1, reserveren tel. 1-800-444-4445 of 650-879-2033, www.parks.ca.

Kroppen sla, zo ver als het oog reikt bij een farm in Salinas Valley

gov/?page_id=523. Van december tot eind maart worden door professionele parkrangers en natuurbeschermers op gezette tijden excursies georganiseerd naar de verzamelplaats van honderden zeeolifanten, die zich hier in deze maanden voortplanten en hun jongen op de wereld zetten (telefonisch aanmelden verplicht). Van mei tot november is het spotten van de dieren op eigen houtje ook mogelijk. Vlak naast Highway 1 kunt u deze dieren eveneens zien in Piedras Blancas (zie blz. 285).

Evenementen

Shakespeare Santa Cruz (juli/aug.): Theaterfestival, georganiseerd door de lokale universiteit, waarbij niet uitsluitend stukken van Shakespeare worden opgevoerd (http://shakespearesantacruz.org).

Salinas Valley

Door de **Salinas Valley** voert geen bekende toeristische route – en toch groeide hier een van de beroemdste Amerikaanse schrijvers op: John Steinbeck. Het afgelegen landschap in de vallei tussen de Gabilan Mountains en de Santa Lucia Mountains beschreef hij ooit als de 'weidegronden van de hemel'. Sindsdien heeft het dal zich ontwikkeld tot een grootschalig agrarisch industriegebied. De enige romantiek in de regio is afkomstig van enkele oude missieposten.

Gedurende het laatste kwart van de 19e eeuw was de uit Duitsland afkomstige ondernemer Claus Spreckels (1828–1908) een zeer invloedrijke persoonlijkheid in de Salinas Valley. Hij was een van die immigranten voor wie de Amerikaanse droom 'van bordenwasser tot miljonair' ook werkelijkheid werd. Spreckels werkte eerst in een groentewinkel maar stapte over naar de suikerverwerking, om ten slotte in de Salinas Valley de basis te leggen voor de hele Californische suikerindustrie. Hij liet er rond 1900 de grootste suikerraffinaderij ter wereld bouwen. Weliswaar experimenteerde hij ook met de teelt en verwerking van suikerriet, maar zijn imperium was toch vooral gebouwd op suikerbieten, die ook tegenwoordig nog, naast vele andere gewassen, op de uitgestrekte velden worden verbouwd.

Salinas ▶ 7, B 2

Het 155.000 inwoners tellende **Salinas** vormt de noordelijke toegangspoort tot Salinas Valley, dat zich naar het zuiden uitstrekt tot Paso Robles en San Luis Obispo. Onder de lokale bevolking heeft de stad de bijnaam 'de slabak van Californië' gekregen – een toepasselijke bijnaam, want rondom Salinas liggen eindeloze velden met sla en kool. Hier en daar zorgt een akker met asperges of selderie voor variatie in de monotone groentegeometrie. Aan de rand van de stad steken de silo's van chemische fabrieken, waar kunstmest en pesticiden worden geproduceerd, af tegen de lucht. De naam Salinas is weliswaar verbonden met de vallei en de agrarische industrie, maar heeft wereldwijde bekendheid gekregen door de romans en vertellingen van auteur John Steinbeck, die hier in 1902 werd geboren.

In zijn roman *The grapes of wrath* uit 1939 vertelt Steinbeck aan de hand van de familie Joad, een gezin van twaalf personen, het verhaal van arme seizoenarbeiders die tijdens de economische crisis van de jaren 30 noodgedwongen de *dust bowl* in Oklahoma verlieten om over de legendarische Route 66 naar Californië te trekken. Maar in plaats van een beter leven wachtten hen daar hongerloontjes en beroerde arbeidsomstandigheden, zelfs de haat en afgunst van lokale arbeiders, die hen zien als onderkruipers tijdens stakingen. Uitgebuit door gewetenloze koppelbazen, geminacht door de lokale bevolking en door de overheid genegeerd, dwalen de Joads van de ene klus naar de andere.

Al in eerdere werken als *In dubious battle* (1936) en *Of mice and men* (1937) kwam de maatschappelijke betrokkenheid van deze schrijver aan het licht. *The grapes of wrath* is een aanklacht in literaire vorm tegen een samenleving waar mensen, die buiten hun eigen schuld in de problemen zijn gekomen, geen kans krijgen en gewetenloos worden misbruikt. Het boek riep in Californië soms heftige reacties op; het werd geïnterpreteerd als een oproep tot de klassenstrijd en werd verboden en soms zelfs verbrand. Tegelijkertijd werd het door literatuurcritici hoog aangeslagen, terwijl wetenschappers en de overheid het boek zagen als een aanzet tot serieus sociologisch onderzoek.

Halverwege de jaren twintig van de vorige eeuw keerde Steinbeck zijn geboortestad de rug toe, om in het liberalere New York te gaan wonen. Later verhuisde hij naar Monterey, dat grote bekendheid verwierf door zijn roman *Cannery Row*. Hij stierf in 1968 in de betonwoestijn van New York, ver verwijderd van zijn 'weidegronden van de hemel'. Hij werd in het familiegraf in de Garden of Memories Cemetery in Salinas ter aarde besteld.

Zelfs tientallen jaren na zijn dood leek Salinas nog altijd geen vrede te hebben gesloten met zijn omstreden en soms zelfs gehate zoon. Dat is tenminste het idee dat opkomt, als men ziet dat de stad er moeite mee had hem de passende eer te bewijzen. Het victoriaanse **Steinbeck House**, het geboortehuis van de schrijver waar hij ook zijn jeugd doorbracht, werd tegen alle verwachting in geen Steinbeckmuseum, maar het lunchrestaurant van een non-profitorganisatie, die in het souterrain een winkeltje drijft met souvenirs, werken en memorabilia van Steinbeck (132 Central Ave., tel. 831-424-2735, www.steinbeckhouse.com, di.–za. 11.30–14 uur lunch, $12,75). Jaren gingen voorbij voordat Steinbeck in 1998 met het **National Steinbeck Center** een passend eerbetoon kreeg. De gedeeltelijk interactieve tentoonstelling van dit museum maakt de bezoeker vertrouwd met de werken en de filosofie van Steinbeck. U ziet hier onder meer zijn camper Rosinante, waarmee de Nobelprijswinnaar van 1962 door Amerika trok (50 jaar later nagereisd door de Nederlandse schrijver Geert Mak). Tevens zijn er wisselexposities te zien over Amerikaanse kunstenaars en er is een bescheiden stadsmuseum. Het centrum vormt het middelpunt tijdens het vierdaagse Steinbeckfestival, dat ieder jaar in augustus wordt gehouden en telkens weer in het teken van een ander thema staat (1 Main St., tel. 831-775-4721, www.stein beck.org, dag. 10–17 uur, volw. $10,95, jongere $7,95, kind 6–12 jaar $5,95).

Informatie

Salinas Valley Chamber of Commerce: 119 E. Alisal St., P.O. Box 1170, Salinas, CA 93901, tel. 831-751-7725, www.salinaschamber.com en www.ci.salinas.ca.us.

Accommodatie

Goed stadshotel ▶ Residence Inn by Marriott: 17215 El Rancho Way, tel. 831-775-0410, www.marriott.com. Rookvrij hotel. Ruime suites met een volledig uitgeruste keuken en breedbandinternet. Parkeergelegenheid is bij de prijs inbegrepen. 2 pk ca. $180.

Voordelig motel ▶ Super 8: 131 Kern St., tel. 817-983-0741, www.super8.com. Motel van twee verdiepingen met een goede prijs-kwaliteit-verhouding. De kamers zijn keurig en beschikken veelal over breedbandinternet. 2 pk ca. $80.

Eten en drinken

Origineel Mexicaans ▶ Chiquita Taqueria and Grill: 32 San Miguel Ave., tel. 831-754-1321, geen website, dag. lunch en diner. Klein restaurant met smakelijke authentieke gerechten. Tot $14.

Winkelen

Vers van het land ▶ The Farm: Hwy 68, afslag Spreckels Blvd., P.O. Box 247, tel. 831-455-2575, http://thefarm-salinasvalley.com, ma.–za. 9–18 uur. Dit bedrijf biedt afhankelijk van het jaargetijde allerlei vers geoogste groente en fruit aan. Bezoekers kunnen de farm ook bezichtigen (di. en do. 13 uur, volw. $8).

Actief

Safari ▶ Vision Quest Ranch: 400 River Rd., tel. 831-455-1901, www.wildthingsinc.com, rondleidingen dag. 13 uur, juni–aug. ook 15 uur. Nadat ze hebben gefigureerd in Hollywoodproducties, brengen dieren als tijgers, leeuwen, olifanten en apen hun laatste levensdagen door in dit dierenpark op een ranch. Een B&B op de ranch biedt bezoekers tevens de mogelijkheid tot overnachten (volw. $10, kind tot 14 jaar $8).

Evenementen

California Rodeo (3e week van juli): Een van de grootste rodeo-evenementen van de VS vindt plaats in het Salinas Sports Complex (www.ca rodeo.com).
California International Airshow (sept.): Op deze vliegshow met acrobatische nummers komen ieder jaar wel 80.000 toeschouwers af (www.salinas airshow.com).

Missieposten aan de Camino Real ▶ 7, B/C 2 en C 3

De Salinas River vormt de levensader van de Salinas Valley. In de tweede helft van de 18e eeuw stichtten Spaanse missionarissen in de buurt van de rivieroever hun zendingsposten, telkens op een dagreis afstand van elkaar. Aldus ontstond de zogenaamde koninklijke weg, de Camino Real. Die weg loopt gedeeltelijk parallel aan Highway 101.

Ongeveer 40 km ten zuiden van Salinas stichtte de franciscaner pater Lasuen in 1791 bij het stadje Soledad de 13e Californische missiepost, **Nuestra Señora de la Soledad**. De Spaanse naam was goed gekozen ('soledad' betekent afzondering), want toen de monniken hier aankwamen was dat *in the middle of nowhere* en afgezonderd van elke vorm van beschaving. In 1831 stortte het oorspronkelijke gebouw in, nadat het al eerder was geseculariseerd en het werd deels herbouwd in 1954 (36641 Fort Romie Rd., tel. 831-678-2586, http://missiontour.org/soledad).

Nog afgelegener ligt de **Mission San Antonio de Padua**, bereikbaar ter hoogte van King City via een 43 km lange zijweg in zuidwestelijke richting door het bijna onbewoonde gebied van de Fort Hunter-Ligget Military Reservation. Bij de ingang van het verboden militaire terrein kunt u een gratis toegangsbewijs krijgen, waarmee u mag doorrijden

actief

Trekken in het heuvellandschap van de San Gabilan Mountains

Informatie

Start: Westingang van het Pinnacles National Monument aan het eind van Hwy 146 bij het Chaparral Ranger Station

Lengte/duur: 13,6 km, ca. 5 uur

Openingstijden en periode: Westingang 7.30–20 uur, auto $5. Lente en herfst zijn ideaal, 's zomers is het vaak boven de 35 °C.

Informatie: Pinnacles Visitor Center, tel. 831-389-4485, www.nps.gov/pinn (officiële website van het parkbestuur met veel gedetailleerde informatie). Reserveren van kampeerplaatsen tel. 877-444-6777 of via www.recreation.gov

Ten westen van Soledad in de Salinas Valley (Hwy 101) klimt Route 146 door de heuvels van de **San Gabilan Mountains** naar het **Pinnacles National Monument**, een landschap met bizarre vulkanische rotsformaties, die ruim 300 m boven het omliggende land uitsteken. In dit

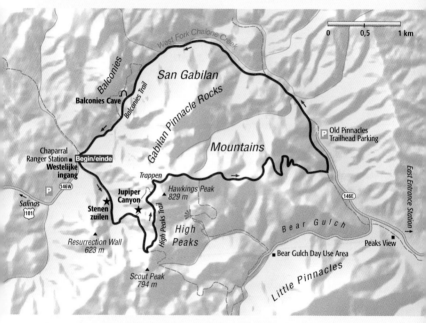

naar de zendingspost. De post werd in eerste instantie door Junípero Serra in 1771 op een andere plaats gesticht, maar twee jaar later werd hij verplaatst naar de huidige locatie vanwege de betere watertoevoer. Een interessant museum vertelt over de lange voorgeschiedenis van deze post, die tegenwoordig nog dienstdoet als parochiekerk. Met onder meer kerkelijke voorwerpen, een kaarsenmakerij en een op een dierenvel getekende plattegrond met de missieposten van Californië wordt de missionaire pionierstijd tot leven geroepen (Mission Creek Rd., Jolon, tel. 831-385 44 78, www.missionsanantonio.net, dag. 8–17

afgelegen natuurparadijs, de habitat van lynxen, wilde zwijnen, grijze vossen, valken, steenarenden en de sinds 2003 hier weer voorkomende Californische condors, kunnen trekkers naar hartenlust gebruikmaken van de ruim 50 km paden van verschillende lengtes en moeilijkheidsgraden die de streek doorkruisen. Veel van de *trails* zijn met elkaar verbonden en kunnen worden gecombineerd. Populaire startpunten zijn Bear Gulch Reservoir, High Peaks en het Balconiesgebied.

Een indrukwekkende wandeling start bij de westelijke **ingang tot het park**, waar de High Peaks & Balconies Cave Trail begint. Al snel komt u langs de eerste **stenen zuilen**, restanten van een 23 miljoen jaar oude vulkaan. U loopt door de **Jupiper Canyon** en u komt bij de **High Peaks Trail**, waar gedeeltelijk in de rotsen uitgehouwen en met ijzeren leuningen geflankeerde **treden** naar het hoogste punt van deze wandeltocht voeren. Voordat het pad weer slingerend afdaalt naar de Chalone Creek Road, moet u eerst even genieten van het **panoramisch uitzicht** op de prachtige omgeving. Op de **dalbodem**, waar Hwy 146 East doorheen loopt, komt u uit bij de Old Pinnacles Trail, die door een vlak terrein 3,7 km de Chalone Creek volgt naar de **Balconies Trail**. Vervolgens bereikt u de **Balconies Cave**, die door een bergverschuiving is ontstaan (hier is een zaklamp geen overbodige luxe). Zodra u een waterloop via een brug bent gepasseerd, bent u weer bij de westingang van het park en is de wandeltocht ten einde.

uur, museum $5, mis zo. 10.30 uur).

In 1797, ongeveer zestien jaar nadat San Antonio de Padua ontstond, werd in het huidige dorpje San Miguel de missiepost **San Miguel Arcangel** gesticht. Al in 1806 werd de post door brand verwoest, waarna het geheel moest worden herbouwd. Na de secularisatie

tijdens de Mexicaanse periode kwam het complex in 1928 weer in franciscaanse handen. Het nog grotendeels oorspronkelijke interieur van de kerk, met zijn schilderingen met organische stoffen als cactussap, raakte tijdens een aardbeving in 2003 zwaar beschadigd. Inmiddels is de schade gedeeltelijk hersteld, maar de sporen zijn nog altijd zichtbaar. Naast de kerk ligt achter een houten poort en scheve muren een fraaie tuin verscholen, waar allerlei cactussoorten groeien rond een fontein met bloeiende waterlelies (775 Mission St., San Miguel, tel. 805-467-3256, www.missionsanmiguel.org, dag. 9.30–16.30 uur, $5).

Paso Robles ▶ 7, C 3

Het te midden van eikenbossen, amandelboomgaarden en maisvelden gelegen **Paso Robles** markeert het zuidelijke eind van Salinas Valley. De naam van dit 25.000 inwoners tellende stadje is Spaans voor 'eikenpas' en is afkomstig van de Spaanse ontdekkingsreiziger Juan Bautista de Anza, die in 1775 vanuit Tubac in Zuid-Arizona de weg naar de San Francisco Bay verkende en daarbij de Salinas Valley doorkruiste. Highway 46 voert ten oosten van de stad door een gebied dat van Paso Robles een beroemde wijnregio heeft gemaakt. Rijdt u nog verder in oostelijke richting, dan bereikt u na ongeveer 16 km voor het plaatsje Cholame de legendarische kruising van de Highways 46 en 41. Daar verongelukte immers in 1955 de Hollywoodster **James Dean** met zijn zilverkleurige Porsche Speedster. Op de plaats van het tragische ongeval staat een door fans drukbezocht herdenkingsmonument.

Actief

Wijnproeven ▶ **EOS Estate Winery:** 2300 Airport Rd., www.eosvintage.com, dag. 10–17 uur. Rondleidingen, wijnproeverij. Eberle Winery, 3810 Hwy 46 E., www.eberlewinery.com. Wijnproeven in de Tasting Room. Meridian, 7000 Hwy 46 E., www.meridianvineyards.com, 10–17 uur. In de Tasting Room worden de wijnen van deze gaard geschonken.

Missieindianen:
Van kinderen Gods tot slaven

In het kader van de laatste poging van Madrid om dit deel van het Amerikaanse continent te koloniseren, werden na 1769 in Californië 21 Spaanse zendingsposten gesticht. Voor de indianen had de kerstening, die voor hen vaak gepaard ging met dwangarbeid, noodlottige gevolgen. Tienduizenden hebben ten gevolge van culturele ontworteling, slavernij en ziekte het leven gelaten.

In de strijd van de Europese grootmachten om gebiedsaanspraken aan de westkust deed Madrid in de tweede helft van de 18e eeuw een laatste inspanning om vanuit Nieuw-Spanje (Mexico) naar het noorden op te rukken. De Spanjaarden probeerden zo de Russen, de Engelsen, de Fransen en de Noord-Amerikanen een stapje voor te zijn. De eigenlijke verovering van Californië begon in 1769 met een expeditie onder aanvoering van Gaspar de Portola, die bestond uit een groep pioniers en de van Mallorca stammende franciscaner pater Junípero Serra. Bij San Diego stichtte Serra de eerste post aan de zogenaamde Mission Trail (Camino Real), waarop in de decennia erna twintig nederzettingen zouden volgen, telkens op een dagreis afstand van elkaar. Uit deze stichtingen zijn steden als Los Angeles en San Francisco ontstaan. De pater stierf in 1784 en ligt tegenwoordig begraven onder het al-

Het Junípero Serramonument van de Mission San Antonio de Padua

taar van de Mission San Carlos Borromeo de Carmelo in Carmel.

Aan het begin van de Spaanse verovering van Californië ging het hoogste organisatieniveau van de oorspronkelijke indiaanse bevolking niet verder dan het stamverband, wat de Spaanse missionering aanzienlijk vergemakkelijkte. Ter verbreiding van de Spaanse cultuur en religie in het toenmalige Alta California, vormde het geloof een goed alternatief voor grof geweld. De missieposten werden dus de voorposten van de verovering. Volgens historici was de kerstening er niet bewust op gericht om de indianen tot slavernij te brengen; het was de bedoeling dat de indianen na bekering tot het katholieke geloof zouden integreren in de Spaanse samenleving.

In de meeste zendingsposten vond dit proces niet met de gewenste voortvarendheid en doeltreffendheid plaats. De indianen werden immers gedwongen tot een radicale breuk met hun eigen cultuur en manier van leven. Jaarlijks lieten zich per missiepost maar gemiddeld een stuk of veertig indianen bekeren. Logistieke problemen en bureaucratische geschillen tussen het geestelijke en het wereldlijke gezag maakten het werk van de paters er niet gemakkelijker op. Tot 1833 werden 88.000 indianen gedoopt en sloten 12.000 paren een kerkelijk huwelijk. Meer dan 30.000 indianen werkten destijds in soms kleine nederzettingen in afgelegen gebieden onder toezicht van soldaten en franciscaner paters. Zij werden onderwezen en tewerkgesteld in verscheidene soorten ambachten en werkzaamheden, zoals smeden, spinnen, weven, leerlooien, het vervaardigen van adobe en dakpannen, het bewerken van akkers en het verzorgen van vee. Afgezien van de oorspronkelijke bewoners beschikten de missiepaters immers nauwelijks over werklieden die de zendingsposten konden bouwen en alle daar voorkomende werkzaamheden verrichten.

Om de belangstelling van de indianen voor het nieuwe geloof aan te wakkeren, probeerden de franciscaner monniken hen te verleiden met namaakparels, klatergoud, levensmiddelen, kleding en de belofte van een beter leven. Mocht na zo'n twee, drie maanden een indiaan ertoe besluiten zich te laten bekeren, dan werd hij geacht de normen en waarden van de Spanjaarden en de Spaanse manier van leven volledig te accepteren. Velen trachtten na verloop van tijd de benen te nemen. Als zij daarbij in handen vielen van de soldaten, dan moesten zij rekening houden met lijfstraffen en soms zelfs de doodstraf. Ontbrak het hen aan de gewenste ijver, dan waren er weer de soldaten van het nabijgelegen garnizoen om hun discipline bij te brengen. In veel gevallen kwam het zo tot regelrechte mensenroof, gedwongen doop en slavernij.

Het Californische zendingssysteem heeft bestaan tussen 1769 en 1834, tot de secularisatie van Mexico. Gedurende die periode slonk de Californische indianenpopulatie met ongeveer de helft tot 150.000. Ongeveer 35 jaar later waren het er nog maar 58.000 en in 1913 het schamele aantal van 17.000. De missionarissen, soldaten en pioniers brachten ook ziekten mee die de tienduizenden indianen noodlottig zijn geworden. Bovendien eisten dwangarbeid, slechte voeding en culturele ontworteling hun tol. De druk van de blanke beschaving op de oorspronkelijke bewoners nam nog verder toe na de goudkoorts van 1849, toen gelukzoekers uit alle delen van de wereld binnenstroomden tot zelfs in de afgelegen valleien van de Sierra Nevada, waar kleine groepen indianen nog redelijk ongestoord volgens hun traditionele leefwijze hadden kunnen wonen.

De Half Dome, het symbool van Yosemite National Park,
wordt weerspiegeld in het water van de Merced River

Central Valley en de Sierra Nevada

Hoog boven de sinaasappelbomen van de langgerekte Central Valley rijzen de grijze granietpieken van de majestueuze Sierra Nevada op. Met toppen van ruim 4400 m hoog is de Sierra naast de Rocky Mountains de bekendste bergketen in de VS. Ondanks de bevolkingsexplosie aan de nabijgelegen Grote Oceaankust is dit wildernisgebied tot op heden grotendeels ongerept. De enige uitzondering vormen de nationale parken Yosemite, Sequoia en Kings Canyon. Vooral in de legendarische Yosemite Valley is in de zomerweekenden van die ongereptheid niet veel te merken: het toeristische verkeer komt slechts stapvoets vooruit, de parkeerplaatsen zijn overvol en de kampeerplekken moeten ver van tevoren worden gereserveerd. Wie buiten deze toeristische epicentra blijft, kan hier nog ongerepte natuur, verlatenheid en een eindeloos berggebied zien waarin oeroude bossen met reusachtige mammoetbomen, sprookjesachtig mooie meren, groene weiden met wilde bloemen en watervallen verstopt liggen. Op een plateau hoog boven het Mono Lake herinnert de spookstad Bodie met zijn scheefgezakte huizen op schilderachtige wijze aan de ruige tijden waarin de mijnbouw hoogtij vierde.

In de Central Valley kunnen reizigers kennismaken met een heel andere kant van Californië. Landweggetjes, provinciale wegen en *interstates* verdelen de met een mild klimaat gezegende vlakte in reusachtige landerijen, waarop de rijen fruitbomen en groentevelden tot aan de horizon reiken. De door silo's, opslagplaatsen en watertorens omgeven slaperige dorpjes scheppen een grandioos monotoon beeld van provincialisme.

In een oogopslag
Central Valley en Sierra Nevada

Hoogtepunten

8 Sacramento: De hoofdstad van Californië is vergeleken met de kustmetropolen weliswaar klein, maar heeft aan bezienswaardigheden geen gebrek (zie blz. 315).

9 Yosemite National Park: Het beroemde nationale park is van oudsher een hotspot voor Californiëgangers (zie blz. 325).

10 Mono Lake: Het meer met zijn langs de oevers gelegen kalksteenformaties behoort tot de oudste en zonderlijkste meren van de VS (zie blz. 331).

11 Bodie: De spookstad laat zien hoe schilderachtig een kijkje in het mijnbouwverleden kan zijn (zie blz. 331).

Aanbevolen routes

Route door het Sequoia en het Kings Canyon National Park: Van Visalia in de Central Valley brengt Highway 198 u bij dit nationale parkduo met bossen reusachtige mammoetbomen en indrukwekkende berglandschappen. Via Highway 180 kunt u terugkeren naar Fresno in de weidse Central Valley (zie blz. 322).

Tioga Pass Road: Deze tot meer dan 3000 m hoogte stijgende bergroute over de Sierra Nevada geldt als een van de mooiste wegen tussen het westelijke en oostelijke Californië (zie blz. 327).

Highway 395: Een van de mooiste wegen van Californië voert door de Owens Valley en biedt adembenemende uitzichten op de Sierra Nevada in het westen en de uitlopers van het woestijnachtige Great Basin in het oosten (zie blz. 333).

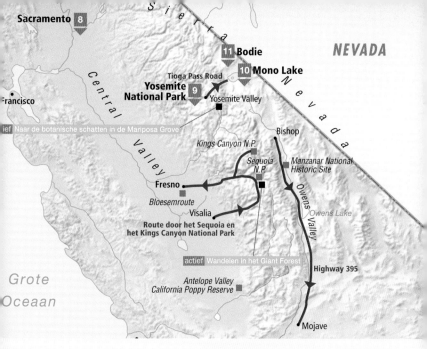

Sacramento **8**

11 Bodie

NEVADA

Sierra

10 Mono Lake

Tioga Pass Road

Yosemite
National Park **9**

Yosemite Valley

Francisco

Central

Nevada

ief Naar de botanische schatten in de Mariposa Grove

Bishop

Kings Canyon N.P.

Sequoia
N.P.

Manzanar National
Historic Site

Fresno

Bloesemroute

Owens Valley

Visalia

Owens Lake

Route door het Sequoia en
het Kings Canyon National Park

Valley

actief Wandelen in het Giant Forest

Grote

Highway 395

Oceaan

Antelope Valley
California Poppy Reserve

Mojave

Tips

Antelope Valley California Poppy Reserve: Dit gebied bij de grens van de Mojave woestijn en de Central Valley is het bekendste wildebloemenreservaat van Californië en verandert in het voorjaar in een zee van oranje bloesems (zie blz. 310).

Manzanar National Historic Site: De historische locatie Manzanar bij Independence roept een vergeten episode uit de Tweede Wereldoorlog in herinnering: 10.000 Amerikaanse burgers van Japanse afkomst zaten hier in een interneringskamp opgesloten (zie blz. 333).

Bloesemroute: De Blossom Trail bij Fresno is in het voorjaar bijzonder de moeite waard met zijn bloeiende boomgaarden met amandel-, abrikozen-, perzik-, nectarine- en pruimenbomen (zie blz. 314).

Wandelen in het Giant Forest: In het Giant Forest in het Sequoia National Park is een bezoek aan de enorme General Sherman Tree en de klim naar de Moro Rock vanwege het uitzicht niet te versmaden (zie blz. 324).

Naar de botanische schatten in de Mariposa Grove: In de Mariposa Grove van het Yosemite National Park nodigen ca. 200 mammoetbomen uit tot een bezoek (zie blz. 330).

Central Valley

De 720 km lange Central Valley, die dwars door Californië loopt, is waarschijnlijk de vruchtbaarste agrarische regio van Amerika. Een kwart van de gehele Amerikaanse consumptie aan groenten en fruit komt uit dit gebied, dat zich kenmerkt door een uitgesproken landelijke sfeer. Grote steden zijn dungezaaid, en zelfs deze worden zelden genoemd in toeristische beschrijvingen.

De graanschuur van Californië ▶ 1–8, C/D 1–4

De vruchtbare Central Valley strekt zich uit van Bakersfield in het zuiden tot aan Redding in het noorden midden in het hart van Californië en wordt terecht beschouwd als de wieg van de Amerikaanse agrarische industrie. Er worden hier niet alleen zoveel producten verbouwd omdat de bodem en het klimaat hiervoor uitermate geschikt zijn, maar ook doordat men uitgekiende teelt- en bevloeiingstechnieken en een hoge mate van mechanisering toepast. De fruitplantages, groenteakkers en wijngaarden in deze ruim 720 km lange en gemiddeld 80 km brede regio zijn zo groot, dat ze voor een groot deel alleen met behulp van kunstmatige bevloeiing, machines of zelfs alleen met helikopters of vliegtuigjes kunnen worden bewerkt.

Al in de tweede helft van de 19e eeuw begonnen ranchers met de aanleg van reusachtige veeboerderijen waar soms wel 1 miljoen koeien en 100.000 schapen op graasden. De aansluiting op de spoorlijn en de uitvinding van koelwagons brachten grote veranderingen met zich mee: ranchers en landbouwers hoefden zich niet meer te beperken tot de regionale markt. Ze konden hun producten voortaan ook in de verderweg gelegen, dichtbevolkte gebieden aan de oostkust verkopen. Bestierden de boeren in de eerste decennia reusachtige monoculturen met vooral graan, in de loop der tijd gingen ze over op gediversifieerde bedrijven met, behalve graan, alfalfa, suikerbieten, katoen, groente, wijn, olijven, pistachenoten, amandelen, walnoten en citrusvruchten. Tegenwoordig is ongeveer een kwart van alle voedingsmiddelen voor de ruim 300 miljoen Amerikaanse burgers afkomstig uit de Californische 'graanschuur'.

Verandering in de provincie

Weliswaar liggen in de warme en droge Central Valley verschillende grote steden, waaronder de Californische hoofdstad Sacramento, Bakersfield, Visalia, Fresno en Stockton, maar toch is deze streek uitgesproken landelijk, met slaperige agrarische dorpjes, waar het bevolkingsaandeel van Latijns-Amerikanen vanwege de grote behoefte aan landarbeiders bijzonder hoog is. Ook in een rurale streek als deze doen zich economische en maatschappelijke veranderingen voor. Vanwege de lagere prijzen voor onroerend goed en grond is de Central Valley interessant geworden voor gezinnen voor wie het leven aan de Grote Oceaankust te duur is geworden. En ook de agrarische productie is al geruime tijd aan het veranderen, omdat de consument anders is gaan denken. Al jaren zetten gezondheidsbewuste consumenten de boeren onder druk om het gebruik van kunstmest en chemische bestrijdingsmiddelen op te geven en biologisch te gaan verbouwen – geheel in de geest van de *California cuisine*.

Bakersfield ▶ 8, F 4

Een van de weinige grote steden in de Central Valley is **Bakersfield**. Deze plaats telt 348.000 inwoners en heeft door zijn geschiedenis een multicultureel karakter. In de jaren 1860 vonden pioniers goud in de bedding van de Kern River, wat tot gevolg had dat goudzoekers uit alle delen van de wereld hier in dit deel van Californië hun geluk kwamen beproeven.

Bij velen bleef het bij een poging, sommigen besloten te blijven en hun geluk in de opkomende landbouw te zoeken. Na de goud- en landbouwboom begon men in de jaren 20 met het winnen van olie. De jaknikkers, die vlak buiten de stad en zelfs op parkeerterreinen en in tuinen in het centrum staan, bepalen nog altijd het beeld. Het bescheiden centrum van Bakersfield ligt bij de kruising van Chester Avenue en 19th Street en onderscheidt zich van de rest van het stedelijke gebied alleen doordat de bebouwing hier boven het gebruikelijke niveau van één verdieping uitsteekt.

Kern Country Museum

Het **Kern County Museum** toont de geschiedenis van Bakersfield vanuit een geromantiseerd perspectief. Een uit zo'n 70 gebouwen bestaand pioniersdorp met ambachtelijke werkplaatsjes, een *general store*, een kleine bank met een nepgevel, een weinig vertrouwen wekkende dokterspraktijk en de mooie Beale Memorial Clock Tower, verschaft de bezoekers een indruk van het leven van de eerste kolonisten (3801 Chester Ave., tel. 661-868-8400, www.kcmuseum.org, di.–za. 9–17, zo. 12–17 uur, volw. $10, kind 6–12 jaar $8).

California Living Museum

Californië op klein formaat kunt u beleven in het **California Living Museum**, waar planten, dieren, fossielen maar ook kunstnijverheid uit de staat bijeen zijn gebracht. De bezoeker wordt meegenomen op een verkorte tour d'horizon door de Golden State. U ziet dieren uit de woestijn, watervogels, zwarte beren en reeën uit de Sierra Nevada en daarnaast vossen, stinkdieren, wasberen en lynxen, dieren die u in de vrije natuur alleen met veel geluk en geduld zou kunnen waarnemen (10500 Alfred Harrell Hwy, tel. 661-872-2256, www.calmzoo.org, dag. 9–17 uur, 's winters tot 16 uur, volw. $9, kind 3–12 jaar $4).

Informatie

Greater Bakersfield Convention & Visitors Bureau: 515 Truxtun Ave., Bakersfield, CA 93301, tel. 661-852-7282, fax 661-325-7074, www.visit bakersfield.com.

Accommodatie

Onberispelijke hotel ▶ Hilton Garden Inn: 3625 Marriott Dr., tel. 661-716-1000, http://hil tongardeninn.hilton.com. Alle kamers van dit degelijke hotel beschikken over een koffiezetapparaat, een koelkast, een magnetron en een snelle internetaansluiting. Bij het hotel horen een binnenbad en een fitness- en businesscenter dat 24 uur per dag is geopend. 2 pk ca. $137.

Voordelig ▶ Vagabond Inn: 6100 Knudsen Dr., tel. 661-392-1800, www.vagabondinn-bakers field-ca-hotel.com. Motel met gezellige kamers inclusief wifi en een licht ontbijt. Er is buiten een klein zwembad waar de gasten gebruik van kunnen maken. 2 pk vanaf $50.

Eten en drinken

Prima keuken ▶ Hungry Hunter Steakhouse: 3580 Rosedale Hwy, tel. 661-328-0580, lunch ma.–vr. 11.30–14, diner dag. vanaf 17 uur. *Prime rib*, zeebanket, steaks en een grote keus aan andere gerechten. Vanaf ca. $13.

Een beetje apart ▶ Wool Growers Restaurant: 620 E/19th St., tel. 661-327-9584, www.wool growers.net, ma.–za. 11–14 en 18–21 uur, zo. gesloten. Absoluut niet cool, maar razend populair Baskisch restaurant met verouderd bloemetjesbehang en felle verlichting die doet denken aan de eetzaal van een gaarkeuken. Het dagelijks wisselende dagmenu kan bijvoorbeeld bestaan uit een groot voorgerecht (soep, rode bonen, sla) en een hoofdgang van een niet minder grote portie spaghetti met twee soorten vlees. Er worden ook steaks, gebraden kippen en vis geserveerd. Lunch $10,50, diner $14,50

Tip: Antelope Valley California Poppy Reserve

Aan de zuidkant van de Central Valley stromen jaarlijks grote aantallen toeristen uit alle delen van Amerika naar een gebied dat het grootste deel van het jaar geen spectaculaire indruk maakt. Behalve in de lente. Tijdens het wildebloemenseizoen, dat in het **Antelope Valley California Poppy Reserve** normaal gesproken van ca. half maart tot half mei duurt, wordt dit stipje aan de rand van de Mojavewoestijn verrijkt met een ongelofelijke kleurenpracht.

Door het uit glooiende heuvels bestaande reservaat loopt een netwerk van gemakkelijk te volgen wandelpaden met een totale lengte van 13 km. Vanaf de paden kunt u volop genieten van de bloesemoverdaad, voorzover in de wintermaanden voldoende neerslag is gevallen. In het jongste verleden bleef de bloemenpracht bijna geheel uit vanwege de in Zuid-Californië heersende droogte. Maar wanneer het genoeg heeft geregend, veran-

deren de hellingen van de heuvels en de dalen in een adembenemend wildebloemenparadijs.

De kleur oranje overheerst. Weliswaar tonen ook dwerglupines en met gele bloemen bloeiende wilde asters *(Lasthenia californica)* zich van hun mooiste kant, maar echt beroemd geworden is de Antelope Valley door de Californische staatsbloem, het slaapmutsje *(California poppy/Eschscholzia californica)*. Hij bedekt de vallei met vierkante kilometers oranje tapijt. De eveneens in Europese tuinen wijd verbreide bloem mag er dan prachtig uitzien, delen van deze eenjarige zijn giftig (Jane S. Pinheiro Interpretive Center, 24 km ten westen van Lancaster, 15101 Lancaster Rd., tel. 661-946-6092, wildebloemenhotline tel. 661-724-1180, www.parks.ca.gov/?page_id=627, toegang tot het park $10 per auto. Fietsen is in het Poppy Reserve niet toegestaan).

Central Valley

Visalia ▶ 8, E 2

De 125.000 inwoners tellende plaats **Visalia** ligt tussen reusachtige sinaasappelplantages, die tijdens de bloei van de sinaasappelbomen in het voorjaar een bedwelmende geur verspreiden. Het centrum is meerdere stratenblokken groot en strekt zich uit rond de door bomen omzoomde Main Street, met aan beide zijden winkels, cafés en restaurants. Een handig oriëntatiepunt is het **Fox Theatre** met een toren in suikerbakkersstijl. Deze voormalige bioscoop wordt tegenwoordig gebruikt voor concerten en andere culturele evenementen. De gemeente maakt reclame met de slogan: 'Where the Valley meets the Giants' en beveelt Visalia aan als tussenstop tijdens een excursie naar het drie kwartier verderopgelegen Sequoia National Park met zijn reusachtige bomen.

Het **Mooney Grove Park** is ideaal voor een picknick in de openlucht. Machtige eiken en andere bomen werpen hun schaduw op een

vijver waar waterfietsen te huur zijn. Naast een klein pioniersdorp staat in het park ook een museum, dat zich bezighoudt met de indianen uit de streek.

Het monument *End of the trail* van James Earle Fraser (1876–1953) siert een fontein. De kunstenaar maakte dit beroemde beeld van een uitgeputte indiaan te paard voor de internationale Panama Pacifictentoonstelling van San Francisco in 1915 (27000 S. Mooney Blvd., tel. 559-733-6291, ma., do.-vr. 10–16, za.-zo. 13–16 uur, parkeerplaats $7).

Fresno ▶ 8, E 2

Dankzij zijn uitgestrekte druivenplantages kan de op één na grootste stad in de Central Valley, die ruim 510.000 inwoners telt, zich 'rozijnenhoofdstad van de wereld' noemen. In het centrum met zijn voetgangerszone onder de naam Fulton Mall rijzen enkele wolkenkrabbers op, die **Fresno** een grootsteedse uitstraling verlenen.

De slagader van het lokale zakencentrum is de Blackstone Street, die van Downtown

De Antelope Valley is in het voorjaar een bloemenzee

naar North Fresno voert. In dit stadsdeel verrees het **River Park**, een enorm winkelgebied met supermarkten, warenhuizen en speciaalzaken. In het hart van dit winkelparadijs staat een bioscoopcomplex met 21 filmtheaters. Het lommerrijke plein wordt omgeven door restaurants en cafés, die na zonsondergang voor een gezellige sfeer zorgen (www.shopriverpark.com).

Toeristisch gezien profiteert Fresno in niet onbelangrijke mate van zijn locatie vlak bij de nationale parken Kings Canyon, Sequoia en Yosemite. Maar ook de stad zelf bezit enkele bezienswaardigheden, zoals het **Fresno Metropolitan Museum**, met werk van Europese en Amerikaanse schilders, foto's van Anselm Adams en een permanente expositie over het leven van schrijver en Pulitzerprijswinnaar William Saroyan, die opgroeide in Fresno (1555 Van Ness Ave., tel. 559-441-1444, www.explorefresno.com/fresnoMetroplitan Museum.html, di.–zo. 11–17 uur, volw. $8, kind 3–12 jaar $3, de eerste do. van de maand gratis 17–20 uur). Wisselende tentoonstellin-

gen van Amerikaanse en buitenlandse kunstenaars zijn te zien in het **Fresno Art Museum** (2233 N. First St., tel. 559-441-4221, www.fresnoartmuseum.org, di.–zo. 11–17, do. 11–20 uur, volw. $5, kind 3–12 jaar $2).

Twee voormalige woonhuizen die zijn verbouwd tot musea bieden bezoekers een onderhoudend kijkje in het dagelijks leven van de plaatselijke elite aan het eind van de 19e en het begin van de 20e eeuw. Het in victoriaanse stijl opgetrokken **Meux Home Museum** uit 1888 was het huis van een chirurg (1007 R St., www.meux.mus.ca.us), terwijl het in 1906 voltooide **Kearney Mansion** werd bewoond door de rijke pionier van de lokale rozijnenindustrie (7160 W. Kearney Boulevard, http://historicfresno.org/nrhp/kearney.htm).

Een bijzondere bezienswaardigheid zijn de **Forestiere Underground Gardens**, een 4 ha groot, onderaards labyrint met lapjes grond, doorgangen en hoekjes waar een Siciliaanse immigrant enkele decennia geleden een nogal eigenaardige tuin aanlegde (5021 W. Shaw Ave., www.undergroundgardens.com).

Hengelaars bezig met hun hobby op een dam in Lake Kaweah

Informatie

Fresno Convention and Visitors Bureau: 1550 E. Shaw Ave., Fresno, CA 93710, tel. 559-981-5500, www.playfresno.org/visitors.

Accommodatie

Goed hotel in het centrum ▶ **La Quinta Inn:** 2926 Tulare St., tel. 559-442-1110, www.lq.com. In Downtown gelegen, drie etages tellend motel met een snelle internetverbinding in alle 130 kamers. Met zwembad en fitnesscentrum. 2 pk ca. $100.

Goed en schoon ▶ **Best Western Village Inn:** 3110 N. Blackstone St., tel. 559-226-2110, www.bestwestern.com. Ouder motel met 150 nette kamers met een eenvoudig comfort. 2 pk vanaf ca. $85.

Merced ▶ 1, F 9

Net als Fresno leeft ook het 64.000 inwoners tellende **Merced** hoofdzakelijk van de landbouw en de verwerking van landbouwpro-ducten. In de omgeving bepalen velden met amandelbomen, tomaten, katoen, alfalfa en zoete aardappelen het beeld, daarnaast zijn hier vee-, kalkoen- en kippenfokkerijen. Het in een mooi park gelegen **County Courthouse Museum**, een voormalig gerechtsgebouw uit 1875, toont een verzameling historische werktuigen, gebruiksvoorwerpen en foto's uit vervlogen tijden. Alleen het sneeuwwitte gebouw in neorenaissancistische stijl is al een lust voor het oog (21 St. & N. St., tel. 209-723-2401, www.mercedmuseum.org, wo.-zo. 13-16 uur, gratis).

In het **Castle Air Museum** in de ten noordwesten gelegen buurplaats Atwater zijn een kleine 50 historische militaire vliegtuigen uit diverse oorlogen tentoongesteld, van de Tweede Wereldoorlog tot de Korea- en de Vietnamoorlog (5050 Santa Fe Dr., tel. 209-723-2178, www.castleairmuseum.org, mei-okt. 9-17, overige perioden 10-16 uur, volw. $12, kind 10-17 jaar $5).

De geschiedenis van de Pony Express

Thema

In Old Sacramento herinneren niet alleen historische gebouwen, maar ook een bronzen ruitermonument aan het pioniersverleden van Californië. Dit beeld van een cowboy te paard tijdens een wilde rit herinnert aan de legendarische Pony Express, een avontuurlijke postbezorgingsdienst waarmee in de 19e eeuw de 3200 km tussen Californië en Missouri werd overbrugd.

In 1860 zette een firma in San Francisco een advertentie in de krant waarin werd gevraagd om jonge, taaie ruiters, liefst weesjongens, die bereid waren voor een salaris van $25 per week hun leven te riskeren. De advertentie leidde tot een ongekende golf van sollicitaties, terwijl de aangeboden baan nauwelijks riskanter en zwaarder had kunnen zijn. De firma in kwestie had het in zijn hoofd gehaald om tussen Sacramento in Californië en het zo'n 3200 km verderop gelegen St. Joseph in Missouri door bereden koeriers post te laten bezorgen. Tussen het begin- en eindpunt van de route lagen verlaten woestijnen, ruige gebergten, verraderlijke zoutmeren en bijna eindeloze grasvlakten – nog afgezien van de indianengebieden, waar blanken hun leven niet zeker waren.

Toen een zekere Sam Hamilton op 3 april 1860 in het Californische Sacramento in het zadel sprong om aan de eerste, 96 km lange etappe van de kersverse postroute te beginnen, was de zeer riskante onderneming die Pony Express was gedoopt een feit. Dag en nacht waren in de volgende maanden zowel naar het westen als naar het oosten ploegen van bijna 60 ruiters onderweg. Ze moesten de post zo snel en safe mogelijk van het ene naar het andere van in totaal 150 relaisstations brengen, waar de ruiters van paard wisselden, aten en dronken en de post doorgaven aan de volgende koerier. Er stonden 400 van de allerbeste rijpaarden ter beschikking, die speciaal voor het te overbruggen terrein waren uitgezocht. De eerste koerier brak al een record. Terwijl de post naar Californië er in het verleden nog maanden over deed, kregen de snelheidsduivels van de Pony Express al bij hun eerste poging de post in tien dagen op de plaats van bestemming.

De beroemdste Pony Expressruiter was William Frederick Cody, de latere Buffalo Bill. William Cody was nog maar vijftien jaar oud toen hij een rit van 520 (!) km moest maken omdat hij zijn estafettepartner bij een wisselstation dood aantrof. Ieder paard was berekend op een maximale last van 120 pond voor de ruiter, 25 pond uitrusting en 20 pond post, die in een lederen zadeltas, de zogenaamde *mochila*, werd vervoerd. Tot de standaarduitrusting van de ruiters behoorden verder een rood hemd, een blauwe broek, een licht geweer, een colt en een Bijbel.

Toen de spectaculaire koeriersdienst na slechts achttien maanden op 24 oktober 1861 werd gestaakt, omdat intussen de eerste transcontinentale telegraafverbinding tot stand was gekomen, waren in totaal 120 ruiters voor de Pony Express in het zadel geklommen en was er 1.040.000 km afgelegd. Daarbij had één persoon het leven gelaten en was één *mochila* met post verloren gegaan. Geen wonder dat het begrip Pony Express in het moderne Amerika nog altijd wordt geassocieerd met eigenschappen als snelheid, moed, daadkracht en uithoudingsvermogen.

In de Sacramentodelta

▶ 3, C 3–4

Ter hoogte van Stockton nadert de door de Central Valley voerende Interstate 5 een met rivierarmen, kanalen, eilanden en schiereilanden doorspekt gebied, dat op sommige plaatsen bijna een zuidelijke sfeer uitstraalt. Toen de vele ontgoochelde goudzoekers aan het einde van de goldrush van de jaren 1840 bij zinnen waren gekomen, wijdden ze zich in de uitgestrekte delta van de Sacramento River als farmers aan een betrouwbaardere bedrijfstak: de landbouw. Ook Chinese arbeiders die werkzaam waren geweest bij de aanleg van de spoorwegen vestigden zich daar in de volgende decennia als boeren. Nadat in Walnut Grove de bestaande Chinatown was afgebrand, gaf de grondeigenaar George Locke de Chinese bewoners toestemming om op zijn terrein de enige Chinese stad van de Verenigde Staten te bouwen. In die tijd mochten de Chinezen in Californië namelijk geen eigen land bezitten.

Vandaag de dag is het ooit door 15.000 mensen bewoonde **Locke** bijna een spookstad. Alleen de inspanningen van een speciaal in het leven geroepen stichting konden voorkomen dat het plaatsje geheel verdween. Langs de laatste straat van de stad staan eenvoudige houten huizen, waarvan de verf onder invloed van de elementen allang is afgebladderd. Een handjevol antiekzaken en een bar, Al the Wop, die vooral in het weekend een stevig doordrinkend publiek trekt, houden het halfvervallen dorp ternauwernood in leven (www.locketown.com).

Ook de buurgemeente **Walnut Grove** met zijn Japanse en Chinese wijk is in al zijn

bouwvalligheid in een diepe slaap verzonken, waaruit een ontwaken binnen afzienbare tijd niet waarschijnlijk is (www.walnutgrove. com). Voor de rit naar Sacramento kunt u gebruikmaken van Route 160 en aansluitend de secundaire weg E9. Aan het einde van de weg rijdt u over de dam langs de westelijke oever van de Sacramento River via katoen- en aspergevelden de hoofdstad binnen.

Tip: Bloesemroute

Ten zuidoosten van Fresno voert de ruim 100 km lange **Blossom Trail** van eind februari tot eind maart door bloeiende amandel-, abrikozen-, perzik-, nectarine- en pruimenplantages. Op www.gofresnocountry.com is een wegenkaart en een routebeschrijving te vinden.

Accommodatie

... in Lodi:

Aangenaam verblijf ▶ **Best Western Royal Host Inn:** 710 S. Cherokee Lane, in het ruim 25 km ten zuidoosten van Walnut Grove gele-

Het praktisch in een spookstad veranderde Locke
ademt een aangenaam dromerige sfeer

gen Lodi; tel. 209-369-8484, www.bestwestern.com. Uit 48 kamers bestaand niet-rokershotel; de kamers hebben een standaarduitrusting. 2 pk circa $90.

Eten en drinken
... in Walnut Grove:
Rustiek restaurant ▶ **Giusti's Place:** 14743 Walnut Grove-thornton Rd., tel. 916-776-1808, www.giustis.com, di.–za. lunch en diner, zo. brunch 11–14 uur. Dit restaurant in een midden in het landschap gelegen houten gebouw serveert gerechten met een mediterraan tintje, zoals minestrone, lamsrug en inktvisringetjes. Aan het plafond van de bar hangen

honderden petten en hoeden. In het weekend verandert dit café in een hotspot. Vanaf circa $12.

 **Sacramento** ▶ 4, E 2–3

Kaart: S. 316/317
Met zijn 470.000 inwoners (in de agglomeratie 1,8 miljoen) loopt Sacramento achter op de grote metropolen, maar desondanks heeft de stad het tot hoofdstad van Californië en zetel van de regering en het parlement geschopt. Met zijn door bomen en 19e-eeuwse victoriaanse huizen omzoomde straten doet het

stadscentrum niet echt grootsteeds aan, omdat er in tegenstelling tot bijvoorbeeld Los Angeles of San Francisco geen gigantische wolkenkrabbers staan. Het is evenwel te zien dat Sacramento bij de verwerking en verkoop van de agrarische producten die in de Central Valley worden verbouwd en bij de vestiging van nieuwe hightechbedrijven veel te danken heeft aan zijn politieke status. De stad ontleent bovendien zijn aantrekkingskracht aan zijn ligging bij de Sacramento River en de American River, wat Sacramento.

Kriskras door Old Sacramento

In de jaren 60 nam het stadsbestuur van Sacramento een gedurfd besluit. In plaats van het oude centrum af te breken, werd de vroeg-19e-eeuwse wijk met zijn talrijke historische gebouwen, verhoogde trottoirs met uitgesleten planken en oude straatlantaarns omgetoverd tot een levendig openluchtmuseum.

Komende uit Downtown kunt u te voet het beste via K Street naar de ingang van Old Sacramento gaan. Meteen op de hoek van Se-

cond Street komt u bij het **Visitor Center**, waar u informatie kunt krijgen. In het uit 1853 daterende B. F. Hastings and Co. Building is het **Wells Fargo History Museum** 1 ondergebracht, waar het kantoor van de Wells Fargo Bank uit het midden van de 19e eeuw in zijn originele staat bewaard is gebleven (dag. 10–17 uur). Op de verdieping erboven kunt u de originele rechtszaal van het Californische hooggerechtshof te bezoeken, dat hier van 1857 tot 1870 bijeenkwam. In het gebouw bevond zich ook het westelijke station van de beroemde Pony Express (zie blz. 313). Hieraan herinnert nog het **beeld van een Pony Expressruiter** tegenover het gebouw.

Het **California State Railroad Museum** 2 herinnert eraan dat Sacramento's moderne ontwikkeling begon met de aansluiting op de spoorlijn in 1856. In dit grootste spoorwegmuseum van Noord-Amerika zijn ruim twintig glimmende locomotieven en wagons te bewonderen. Enkele rijtuigen met een fraai interieur laten zien hoe luxueus sommige mensen in die tijd reisden. Een in uniform gestoken conducteur vertelt over de 19e-eeuwse

Sacramento

reisgewoonten. Het museum bevat ook een uit ca. 1870 stammend station van de Central Pacific Railroad, compleet met de oorspronkelijke wacht- en loketruimtes (111 I St., tel. 916-445-6645, www.californiastaterailroad museum.org, dag. 10–17 uur, volw. $9, kind tot 17 jaar $4). Vanaf het goederenstation kunnen spoorwegfans een 40 minuten durende **rondrit** 1 met een stoomtrein maken (mrt.–sept. za., zo. en feestdagen elk uur 11– 17 uur, volw. $10, kind 6–17 jaar $5).

Voor een spannende reis door de geschiedenis van de regio gaat u naar het **Sacramento History Museum** 3. Met vele voorwerpen en opstellingen wordt de ontwikkeling van het gebied aanschouwelijk gemaakt, van de vroege tijden van de oerbevolking tot het heden (101 I St., tel. 916-808-7059, www.historic oldsac.org/museum, dag. 10–17 uur, volw. $6, kind 6–17 jaar $4). Achter de aangrenzende spoorlijn stroomt het 's zomers trage water van de Sacramento River ontspannen naar de Baai van San Francisco. Aan de oever ligt de tot drijvend hotel en restaurant omgebouwde **raderstoomboot Delta King** 3 (zie blz. 319) voor anker. In de jaren 20 onderhield het schip een passagierslijn naar San Francisco, voordat hij in de Tweede Wereldoorlog voor troepentransport werd ingezet.

Voor een pauze leent zich vooral het **Rio City Café** 1 (zie blz. 320), want u kunt hier op het terras zitten en van het uitzicht op de Sacramento River genieten.

California State Capitol 4

In de rechthoek tussen Capitol Avenue en E Street en tussen 7th Street en 10th Street ziet Sacramento er op veel plaatsen nog uit als aan het einde van de 19e eeuw. De prachtige victoriaanse huizen maken de wandeling de moeite waard. Uw tocht eindigt bij het onmiskenbare symbool van de stad, de marmeren koepel van het tussen 1861 en 1869 gebouwde **State Capitol**. De zetel van het parlement en de regering van de Golden State ligt in een groene oase met monumenten, bloemperkjes en honderden genummerde bomen uit verschillende klimaatzones, zoals palmen, kurkeiken en dennen, waarvan nr. 59 op de hoek van 10th en N Street opvalt door zijn enorme kruin. De grote attractie in het Capitol is de 36 m hoge, met bladgoud versierde rotonde, die in de jaren 80 samen met de kristallen kroonluchters op basis van oude foto's in de oorspronkelijke stijl is teruggebracht. Direct onder de koepel stelt een 9 t zwaar monument van carraramarmer de Spaanse koningin Isabella I en Christoffel Columbus voor, die in dienst van de koningin in 1492 de Nieuwe Wereld ontdekte. Op dezelfde verdieping bevinden zich de museale kantoren van de procureur-generaal, de staatssecretaris, de

Het parlement in Sacramento, hoofdstad en regeringszetel van de Golden State

penningmeester en de gouverneur, die er nog uitzien als aan het begin van de 20e eeuw (10th St. & L St., tel. 916-324-0333, www.capitolmuseum.ca.gov, dag. 9–17 uur, rondleidingen 9–16 uur ieder uur).

De laatste bewoners van het **Governor's Mansion** waren Ronald Reagan en zijn vrouw Nancy. In dit prachtig met kroonluchters, Perzische tapijten en marmeren open haarden ingerichte herenhuis woonden dertien Californische gouverneurs. Iedere kamer van de in 1877 voltooide villa is ingericht in de stijl van een ander tijdperk, waardoor de residentie al in de tijd van de eigenaren een soort historisch museum was (1526 H St., tel. 916-323-3047, www.parks.ca.gov, rondleidingen wo.–zo. 10–17 uur ieder uur, volw. $4, kind 6–17 jaar $3).

Een kijkje in de 19e eeuw

Luxe als in de oude gouverneursresidentie zal men in **Sutter's Fort** vergeefs zoeken. Het decennia geleden al gereconstrueerde complex ontstond rond 1840 op aandringen van de Zwitserse immigrant Johann August Sutter, die in dit gebied samen met enkele volgelingen een kolonie begon onder de naam New Helvetia (zie blz. 34). De goudkoorts van 1848/1849 veranderde de situatie ingrijpend. Goud-

gravers uit de hele wereld stortten zich op zoek naar het edelmetaal op zijn land, waardoor de voormalige grootgrondbezitter in korte tijd alles verloor. In zomerweekenden zijn er demonstraties waarbij vrijwilligers in kostuums laten zien hoe kaarsenmakers, smeden, schrijnwerkers en keldermeesters vroeger te werk gingen (2701 L St., tel. 916-445-4422, http://parks.ca.gov/?page_id =485, dag. 10–17 uur, volw. 's zomers $6, overige perioden $5, kind $3).

Terwijl het fort een beeld geeft van de blanke pionierstijden, documenteert het naburige **California State Indian Museum** de materiële cultuur van de in de staat woonachtige indianen vóór de komst van de blanken. De tentoongestelde manden, visgerei, sieraden van veren en schelpen, kleding, een typische Yurokkano en een gereconstrueerde zweethut laten zien dat er tussen de groepen van de Californische indiaanse bevolking duidelijke verschillen bestonden (2618 K St., tel. 916-324-0971, www.parks.ca.gov, dag. 10–17 uur, $2).

Niet ver van het staatscapitool houdt het **California Museum** zich bezig met diverse aspecten van de staatsgeschiedenis. Een nieuwer deel van het gebouw is de op initiatief van de voormalige Californische *first lady*, Maria Shriver, in het leven geroepen California Hall of Fame, die een eerbetoon brengt aan persoonlijkheden en families die de Californische pioniersgeest belichamen en geschiedenis hebben geschreven. Enkele beroemde figuren die hier in het zonnetje worden gezet, zijn Ronald Reagan, Walt Disney, de pilote Amelia Earhart, Clint Eastwood, de architect Frank Gehry en natuuronderzoeker John Muir (1020 O St., tel. 916-653-7524, www.californiamuseum.org, di.–za. 10–17 uur, zo. 12–17 uur, volw. $8,50, kind 6–13 jaar $6).

Victoriaanse beauties

Het spoorwegtijdperk liet niet alleen in de Old Town zijn sporen na met oude stoomlocomotieven, maar ook elders in de stad in de vorm van schitterende villa's. Deze behoorden ooit toe aan de zogenoemde Californische spoorwegbaronnen, die bij de aanleg van de spoorwegen reusachtige vermogens hadden vergaard. Een van hen was Leland Stanford (1824–1893), die voor zichzelf in 1856 in de toen moderne victoriaanse stijl het **Leland Stanford Mansion** 8 had laten bouwen. Behalve spoorwegmagnaat was de ijverige heer des huizes de oprichter van de gerenommeerde universiteit van Stanford en van 1861 tot 1863 gouverneur van Californië. Door zijn voorname inrichting is het landgoed niet alleen geschikt als museum, maar ook als locatie voor officiële staatsontvangsten (800 N St., tel. 916-324-0575, www.stanfordmansion.org, rondleidingen dag. 10–17 uur ieder uur, volw. $8, kind 6–17 jaar $3).

Oorspronkelijk was het **Crocker Art Museum** 9 alleen in de in 1870 gebouwde residentie van een bankier gevestigd. Eind 2010 werd een moderne uitbreiding voltooid, waardoor de beschikbare tentoonstellingsruimte verdrievoudigde. Te zien zijn Amerikaanse, Europese en Aziatische kunst, beelden, fotografie, porselein en digitale kunst (216 O St., tel. 916-808-7000, www.crockerartmuseum.org, di.–zo. 10–17, do. tot 21 uur, volw. $6, kind 7–17 jaar $5.

In het **California Automobile Museum** 10 zijn de schoonheden uit lak en blik onderverdeeld in verschillende exposities die zich bezighouden met thema's als mobiliteit, luxe,

design en snelheid en daarbij passende auto's tonen (2200 Front St., tel. 916-442-6802, www.calautomuseum.org, dag. 10–18 uur, volw. $8, kind tot 4 jaar gratis).

Buiten het centrum

Twee musea zijn zeker een bezoek waard voor bezoekers die geïnteresseerd zijn in ruimtevaart en wetenschap. Het **Discovery Museum Science & Space Center** 11 beschikt onder andere over een planetarium (3615 Auburn Blvd., tel. 916-575-3941, www.thediscovery.org, di.–vr. 12–16.30, za., zo. 10–16.30 uur, volw. $6, kind 13–17 jaar $5). In het **Aerospace Museum of California** 12 kunt u in een vluchtsimulator zelf testen of u geschikt bent voor het pilotenvak (3200 Freedom Park Dr., tel. 916-643-3192, www.aerospacemuseumofcalifornia. org, di.–za. 9–17, zo. 10–17 uur, volw. $8, kind 3–17 jaar $6).

Informatie

Sacramento Convention & Visitors Bureau: 1002 2nd St., Old Sacramento, CA 95814, tel. 916-442-7644, www.discovergold.org.

Accommodatie

Tal van hotels en motels liggen slechts op een paar minuten rijden van Old Sacramento aan de I-5, afslag Richards Avenue.

Comfortabel ▶ Hyatt Regency 1 **:** 1209 L St., tel. 916-443-1234, http://sacramento.hyatt. com. Groot, comfortabel ingericht hotel met zwembad en fitnesscentrum in de buurt van het Capitol. De kamers zijn van alle gemakken voorzien. 2 pk vanaf $260.

Stadsjuweel ▶ Amber House 2 **:** 1315 22nd St., tel. 916-444-8085, www.amberhouse.com. B&B met een victoriaans interieur. In de Poets' Refuge hebben alle kamers dichtersnamen, in de Musician's Manor zijn ze allemaal genoemd naar componisten. 2 pk vanaf $169.

Op wankele fundamenten ▶ Delta King Hotel 3 **:** 1000 Front St., tel. 916-444-5464, www.deltaking.com. Drijvend hotel op een stevig vastgelegde Mississippiraderboot aan de oever van de Sacramento River in Old Town. De gasten worden ondergebracht in een van de 44 hutten. Aan boord vindt u verder een restaurant, een lounge en een theater. Tweepersoonshut $119–184.

Goede ligging en service ▶ Inn off Capitol Park `4` : 1530 N St., tel. 916-447-8100, www.inn offcapitolpark.com. Centraal bij Capitol Park gelegen hotel met 38 kamers/suites met een eigen badkamer, wifi en een koffiezetapparaat. 2 pk $120.

Rustig gelegen ▶ Travelodge Downtown `5` : 1111 H St., tel. 916-444-8880, www.travelodge. com. Motel op verschillende verdiepingen met nette standaardkamers. Prijs inclusief snelle internettoegang. 2 pk vanaf $80.

Voor prijsbewuste reizigers ▶ Sacramento International Hostel `6` : 925 H St., tel. 916-443-1691, www.norcalhostels.org/sac. Jeugdherberg in een mooi herenhuis uit de 19e eeuw. Accommodatie in slaapzalen, aparte een- of tweepersoonskamers of grotere gezinskamers. Vanaf $29 per persoon.

Eten en drinken

Superrestauramt ▶ Biba `1` : 2801 Capitol Ave., tel. 916-455-2422, www.biba-restaurant. com, lunch ma.-vr., diner ma.–za. Kok en kookboekenauteur Biba Caggiano houdt met zijn traditionele gerechten al 20 jaar het vaandel van de Italiaanse keuken hoog. Ter begeleiding van de voortreffelijke Italiaanse klassiekers kunnen gasten kiezen uit een aanbod van zo'n 200 wijnen. Vanaf circa $22.

Gewoon geweldig ▶ Waterboy `2` : 2000 Capitol Ave., tel. 916-498-9891, www.waterboyrestaurant.com, lunch ma.-vr. 11.30–14.30, diner dag. vanaf 17 uur. De nieuwkomer onder de beste restaurants van de stad. Californische bouillabaisse, jakobsschelpen met *linguini* en steak met aardappelgratin. Diner $18–30.

Heel stijlvol ▶ Paragary's Bar `3` : 1401 28th St., tel. 916-452-3335, www.paragarys.com, lunch ma.-vr. 11.30–14.30, diner dag. vanaf 17 uur. De gerechten zijn beïnvloed door de mediterrane keuken, maar zijn met hun nadruk op verse, lokale en regionale ingrediënten ook schatplichtig aan de Californische nouvelle cuisine. Diner vanaf ca. $20.

Van harte aanbevolen ▶ Il Fornaio `4` : 400 Capitol Mall, in het Wells Fargo Center, tel. 916-446-4100, www.ilfornaio.com, ma.-vr.

11–22, za. 17–22, zo. 16–21 uur. Italiaans restaurant met een voortreffelijke keuken en attente bediening. $8–32.

Drijvend restaurant ▶ Pilothouse Restaurant `5` : 1000 Front St., tel. 916-441-4440, www.del taking.com, dag. 7–21, vr.–za. tot 22 uur, zo. champagnebrunchbuffet 10–14 uur. Weer eens wat anders: een restaurant op de raderstoomboot Delta King, die in de Sacramento River is aangemeerd. U kunt hier genieten van kleinere gerechten, menu's of een mooi kaasassortiment met een passende wijn. Op de boot is een theater waar dinervoorstellingen worden gegeven. Vanaf ca. $14.

Populair restaurant ▶ Fox & Goose `6` : 1001 R St., tel. 916-443-8825, www.foxandgoose. com, dag. ontbijt, lunch en diner. Typisch Engelse pub met een smakelijk en overvloedig ontbijt. Ma., wo. en vr.-za. 's avonds livemuziek. Vanaf circa $7.

Winkelen

Consumptietempel ▶ Arden Fair `1` : 1651 Arden Way, tel. 916-646-2400, www.ardenfair. com. De droom van de doorgewinterde consument: 165 winkels, waaronder ook Gucci, Prada en Nordström. Ma.-za. 10-21, zo. 11-19 uur.

Shoppingmekka ▶ Westfield Downtown Plaza `2` : Tussen 4th & 7th St. en J & L St., www.westfield.com. Winkelgebied met een groot filiaal van warenhuis Macy's en restaurants als het Hard Rock Café. Ma.-za. 10-21, zo. 11-18 uur.

Voor koopjesjagers ▶ Folsom Premium Outlets `3` : 13000 Folsom Blvd. ten oosten van Sacramento, Hwy. 50, afslag Folsom Blvd. Ouletcentrum met circa 80 winkels, o.a. Tommy Hilfiger, Guess, Calvin Klein, Gap en Saks Fifth Avenue. Ma.-za. 10-21, zo. 10-18 uur.

Uitgaan

Om te ontspannen ▶ Rio City Café `1` : 1110 Front St., tel. 916-442-8226, www.riocitycafe. com. Dit is de ideale plek om de avond te beginnen: op een terras met uitzicht op de Sacramento River en een drankje binnen handbereik.

Voor nachtbrakers ▶ Harlow's `2` : 2708 J St., tel. 916-441-4693, www.harlows.com. Bekende

In Old Sacramento herinneren statige gebouwen aan lang vervlogen tijden

nachtclub met dansvloer, muzikale shows en themaparty's. Entree afhankelijk van het evenement, vanaf circa $12,50.

Actief

Tochtjes met de stoomtrein 1 Vanaf het goederenstation in Old Sacramento beginnen 40 minuten durende **rondritten** (mrt.–sept. za., zo. en feestdagen elk uur 11–17 uur, volw. $10, kind 6–17 jaar $5).

Boottochtjes ▶ Spirit of Sacramento Riverboat Cruises 2 : 1107 Front St.,tel. 916-552-2933, geen website. Uiteenlopende tochtjes op de Sacramento River.

Fietsverhuur ▶ Mad Cat Bicycles 3 : 3257 Folsom Blvd., tel. 916-488-8588, http://madcatbikes.com. Hier kunt u fietsen huren voor de Jedediah Smith Memorial Bicycle Trail, die langs de Sacramento en de American River naar het zo'n 50 km verderop gelegen Folsom Lake voert.

Evenementen

Sacramento Jazz Jubilee (laatste weekend van mei): Voor het grootste deel in Old Sacramento gehouden jazzfestival (www.sacjazz.com).

California State Fair (juli/aug.): De staatskermis, maar ook allerlei culturele evenementen en paardenrennen (http://bigfun.org).

Vervoer

Vliegtuig: Sacramento International Airport ligt 15 min. rijden ten noorden van Downtown. tel. 916-929-5411, www.sacramento.aero/smf. Met de **SuperShuttle** (tel. 1-800-258-3826) rijdt u voor ca. $14 naar de binnenstad. Taxi's naar Downtown kosten het dubbele.

Trein: Amtrakstation, 401 I St., tel. 1-800-872-7245, www.amtrak.com. De Capitol Corridortrein rijdt diverse malen per dag naar de San Francisco Bay, de San Joaquins bedient steden als Bakersfield, Fresno en Modesto in de Central Valley. Salt Lake City, Denver en Chicago zijn te bereiken met de California Zephyr.

Bus: Greyhound Terminal, 420 Richards Blvd., tel. 1-800-231-2222. Greyhoundbussen rijden naar alle grote steden.

Vervoer in de stad

In de overzichtelijke binnenstad zijn veel locaties goed te voet te bereiken. Voor grotere afstanden gebruikt u de tram (Light Rail, www.sacrt.com).

Sierra Nevada

Voor de eerste ontdekkingsreizigers en pioniers was de machtige Sierra Nevada een lastig obstakel op hun reis naar de Grote Oceaan. Tegenwoordig ziet men dat anders en worden de natuurfenomenen in dit berggebied, zoals het Yosemite National Park en Mount Whitney, de hoogste berg op het Amerikaanse continent, tot de mooiste bestemmingen voor een vakantie naar Californië gerekend.

De kroon van Californië ▶
2–9, B/E

Aan de oostkant van de Central Valley strekt zich het indrukwekkendste en hoogste gebergte van Californië uit: de Sierra Nevada. De reusachtige granietklomp met een lengte van 700 km en een breedte van 120 km vormde zich miljoenen jaren geleden onder het aardoppervlak uit vloeibare magma, voordat hij door tectonische krachten omhoog werd geperst. Terwijl de bergketen naar het westen toe geleidelijk hoogte mindert, is de oostelijke, langs de Owens Valley lopende helling veel steiler en laat de bergketen van zijn imponerende, hoogalpiene kant zien.

De voorlopig laatste episode in de ontstaansgeschiedenis van de Sierra Nevada werd bepaald door de ijstijden met hun enorme ijspakketten. Met een onvoorstelbaar gewicht schraapten ze over het gesteente, schuurden rotspunten glad, drongen slenken binnen en verdiepten deze tot U-vormige dalen toen het ijs ongeveer 12.000 jaar geleden onder invloed van klimaatopwarming begon te smelten. Het bekendste landschap dat in die tijd is ontstaan, is de beroemde Yosemite Valley. In het zuiden van de vallei ligt de 4416 m hoge Mount Whitney, de grootste verheffing in de VS (Alaska niet meegerekend). Van de vochtige, vanaf de oceaan binnenstromende lucht krijgt het gebergte zoveel neerslag dat het in de winter regelmatig wordt bedekt met een dik pak sneeuw. Anderzijds schermt de reusachtige granietbarrière oostelijker gelegen gebieden als het Great Basin zo goed af voor de regenwolken dat daar een enorme woestijn is ontstaan. Door de spectaculaire natuurlandschappen en voor verkeer uitstekend ontsloten gebieden en bezienswaardigheden is de Sierra Nevada een van de grote toeristische attracties van het Amerikaanse Westen geworden. Dat geldt met name voor de nationale parken, die zoveel natuurminnende bezoekers krijgen dat bescherming van de natuur er niet altijd meer de hoogste prioriteit heeft.

Sequoia and Kings Canyon National Parks ▶ 8, F 1–2

Veel vakantiegangers beginnen hun tocht in de Sequoia and Kings Canyon National Parks in Visalia. Ten oosten van de stad loopt Highway 198 langs Lake Kaweah door het voorgebergte van de Sierra Nevada – in het voorjaar een groen heuvellandschap met sappige weiden, in de zomer en de herfst een betoverend stuk natuur met geleidelijk oplopende heuvelrijen, bedekt met goudbruin gras en eikenbosjes; in de dalen liggen sinaasappel- en wijngaarden.

Bij de Ash Mountain Entrance (Foothills Visitor Center) in het **Sequoia National Park** ligt het begin van de Generals' Highway. Op het

Moro Rock biedt een grandioos uitzicht over het Sequia National Park

25 km lange stuk tot aan het Giant Forest Village zijn 142 haarspeldbochten geteld (voor grote campers is het traject vanaf de Potwisha Campground daarom niet geschikt). Een 's zomers verschroeide vegetatie van yucca's, struiken en loofbomen omzoomt de weg door het stenige landschap. De kale granietkoepel van de 2050 m hoge Moro Rock torent hoog boven de weg.

Op 1400 m hoogte verandert het landschap met het begin van de hoogopgaande bossen. Langs de kant van de weg duiken de eerste symbolen van het nationale park op – gigantische mammoetbomen *(Sequoiadendron giganteum)*, waarvan de bast in de schemering van het bos rood oplicht. Deze boomsoort is weliswaar iets kleiner dan zijn familieleden in de *redwood*-wouden aan de Noord-Californische kust, maar heeft daarentegen een grotere stamomvang. Aan deze sequoiadendronbestanden ontleende het in 1890 gestichte nationale park, dat met het naburige Kings Canyon National Park een 3500 km² groot gebied beslaat, zijn naam. Het reservaat is niet alleen bekend vanwege zijn indrukwekkende bomen, maar ook om zijn fantastische berglandschappen met verschillende ruim 3000 m hoge toppen, waaronder de boven alles uittorenende Mount Whitney.

Crystal Cave

Vanaf de Generals' Highway kunt u een geasfalteerde secundaire weg naar de **Crystal Cave** nemen, een onderaards sprookjesland. Van de parkeerplaats aan het einde van de weg volgt een ca. 1 km lang wandelpad de Cascade Creek tot aan de ingang van de grot, die tijdens een rondleiding door een ranger kan worden bezocht. De drie kwartier durende excursie voert over verlichte paden door een fascinerend wonderland met marmeren stalactieten en stalagmieten, waar het meestal 9 °C is (tickets alleen te koop in het Foothills Visitor Center of het Lodgepole Visitor Center, tel. 559-565-3759, www.sequoiahistory.org, excursies juni–sept. dag. 10.30–16.30 uur ieder halfuur, overige perioden korter, volw. $13, kind 5–12 jaar $7).

Grant Grove en Kings Canyon

Naast Giant Forest (zie 'actief' blz. 324) is **Grant Grove** het tweede centrum in het park

Wandelen in het Giant Forest

Informatie

Start: Parkeerterrein in het Giant Forest aan de Generals Hwy. 198
Lengte: De weg met de auto naar de parkeerplaats van het Giant Forest Museum bedraagt ca. 14 km, de wandeling naar de verschillende bezichtigingspunten ca. 7 km.
Duur: 4–5 uur

Het zuidelijke hart van het Sequoia National Park, waar veel mammoetbomen staan, heeft de toepasselijke naam Giant Forest ('bos der giganten') gekregen. Naast de parkeerplaats is in het **Giant Forest Museum** een tentoonstelling te zien met onder andere hout- en zaadmonsters, die veel informatie biedt over de imposante sequoiadendronbomen. Als levend demonstratiemateriaal dient de reus-

achtige Sentinel Tree aan de voorkant van het museum.

Een bochtige zijweg leidt in zuidelijke richting naar Crescent Meadow. Op de weg erheen mag u zich het uitstapje naar **Moro Rock** niet laten ontgaan: 400 in het steen uitgehouwen, deels met metalen leuningen beveiligde treden voeren naar de smalle top van de gladgepolijste granietrots. De klim wordt met name bij zonsondergang beloond met een prachtig uitzicht over het westelijk deel van het park.

Verder richting Crescent Meadow volgt de **Tunnel Tree**, een populair fotomoment. Hier rijdt u met uw auto onder een omgevallen mammoetboom door die dwars over de weg ligt. De weg eindigt bij **Crescent Meadow**, een open weidegebied waar u via de Crescent Meadow Trail in ongeveer een uur omheen kunt wandelen.

De populairste attractie van het drukbezochte Giant Forest, de **General Sherman Tree**, ligt 6 km ten noorden van het museum en is vanaf de **General Shermanparkeerplaats** in ca. 15 minuten over een steil voetpad te bereiken. De General Sherman Tree wordt zowel in omtrek als in hoogte door andere bomen overtroffen, maar geldt wat betreft volume als het grootste levend wezen op aarde. De getallen die het fenomeen samenvatten, wekken alleen maar verbazing: de 2100 jaar oude reus weegt meer dan 1200 ton, is 83,5 m hoog en heeft op de grond een omtrek van 31,40 m. De diameter van de grootste tak bedraagt ca. 2 m, en het volume waarmee de nog steeds groeiende boom jaar na jaar toeneemt staat gelijk aan een 20 m hoge boom met een diameter van 30 cm.

Bij de General Sherman Tree begint de ca. 3 km lange Congress Loop. Deze rondwandeling voert naar de zogenaamde **Congress Group**, een al even imponerende groep reuzenbomen.

waar paden naar diverse groepjes mammoet-bomen. Vlak bij de parkeerplaats staat de beroemde **General Grant Tree**, een exemplaar dat al heel lang tot de vijf grootste bomen op aarde wordt gerekend. De 2000 à 2500 jaar oude gigant bestaat uit 1343 m³ hout en weegt 1135 ton. Vanwege zijn symmetrische verschijning werd hij in 1926 officieel uitgeroepen tot nationale kerstboom. Ieder jaar met de feestdagen wordt aan de voet van de boom een kerstfeest gevierd dat via de televisie tot in de verste uithoeken van de Verenigde Staten wordt uitgezonden.

Ten noorden van Grant Grove voert de Kings Canyon Scenic Byway (Hwy. 180) naar de verlaten bergwereld van het **Kings Canyon National Park**. Over het landschap ligt een hemelse rust, die maar zelden wordt verstoord door een auto die over de enige weg van het park rijdt. De route voert op het laatste stuk van de South Fork Kings River langs overhangende rotswanden naar het eindpunt in Cedar Grove Village. Rond het dal rijzen de rotswanden van de Sierra meer dan 1500 m hoog op. Het gebergte is goed ontsloten via tal van wandelpaden.

Informatie

Sequoia & Kings Canyon National Parks: 47050 Generals Hwy, Three Rivers, CA 93271-9700, tel. 559-565-3341, fax 559-565-3730, www.nps.gov/seki. Toegang (zeven dagen geldig) $20 per auto. De parken zijn het gehele jaar door geopend, maar 's winters is een groot aantal wegen gesloten. In het park zijn geen benzinestations!

Accommodatie

Als in het park geen slaapplaatsen meer te krijgen zijn, kunt u uitwijken naar Three River bij de zuidelijke ingang van het park.
1980 m hoog gelegen ▶ John Muir Lodge: Grant Grove Village, tel. 559-335-5500, www.sequoia-kingscanyon.com. Een vrij nieuwe *lodge* met 24 kamers en 6 suites, die beschikken over een eigen badkamer en telefoon. 2 pk in de zomer ca. $180.
Voor bergwandelaars ▶ Bearpaw High Sierra Camp: Bereikbaar van Crescent Meadow over

een 18 km lang wandelpad, tel. 1-866-807-3598, www.visitsequoia.com. U overnacht in tenten met een houten vloer en twee grote bedden. Warme gemeenschappelijke douches, ontbijt en avondeten. Half juni–half sept. circa $180.
Modern onderkomen ▶ Wuksachi Village Lodge: Wuksachi Village, tel. 1-866-807-3598, www.visitsequoia.com. Ongeveer 3 km ten westen van het Lodgepole Village buigt de in noordelijke richting voerende toegangsweg af van de Generals' Highway. Na circa 1,5 km bereikt u deze op 1980 m hoogte gelegen *lodge* met ruim 100 hotelkamers in verschillende gebouwen en met een eigen restaurant. Het hele jaar door geopend. 2 pk vanaf $100.
Camping ▶ In de parken liggen **14 kampeer-terreinen**, waarvan sommige kunnen worden gereserveerd (www.recreation.gov of tel. 301-722-1257). Maximale verblijfsduur 14 dagen.

Vervoer

Van Visalia rijden **pendelbussen** voor ca. $15 (incl. entree) naar het Giant Forest Museum (tel. 1-877-287-4453). Daar kunt u overstappen op de gratis pendelbus van het park.

⑨ Yosemite National Park ▶ 5, C 3–4

Kaart: blz. 326
Het **Yosemite National Park** dankt zijn grote populariteit op de eerste plaats aan het landschap met spectaculaire dalen en hooggebergten. Maar er is nog een reden waarom Yosemite tot de meest bezochte nationale parken van de VS behoort: het ligt maar een paar uur verwijderd van grote stedelijke gebieden als San Francisco en Los Angeles. Yosemite, dat in 1864 werd uitgeroepen tot State Park, was 26 jaar al het tweede Amerikaanse nationale park na Yellowstone. De in Schotland geboren natuurvorser John Muir (1838–1914) was van onschatbare waarde voor de bescherming van het landschap, omdat hij de presidenten Grover Cleveland en Theodore Roosevelt warm maakte voor dit plan. Een van de bekendste langeafstandspaden is naar John

O'Shaughnessy Dam

Wapama Falls

Tiltill Creek

Rancheria Falls

Grand Canyon of the Tuolomne River

Hetch Hetchy Reservoir

Hetch Hetchy

Smith Peak 2363 m

Tuolumne River

Waterwheel Falls

Matterhorn Ca

Morrison Creek

Yosemite

Yosemite National Park

2

Tuolumne Peak 3306 m

Mather

Middle Tuolumne River

White Wolf

Mount Hoffmann 3307 m

Bald Mountain 2213 m

Tioga Road

Siesta Lake

Yosemite Creek

Porcupine Flat

Tena

120

6

Tene

Big Oak Flat Entrance

South Fork Tuolumne River

Yosemite Creek

Olmsted Point

7

Old Big Oak Flat Road (gesloten voor auto's)

National

Clouds Rest 3025 m

John M

Big Rock Flat Road

Tuolomne Grove

5

P

Crane Flat

Tamarack Flat

Ribbon Meadow

Yosemite Falls Trail

Yosemite Falls

North Dome

Mirror Lake

Half Dome 2693 m

Bunnel Point

Stanislaus National Forest

El Capitan 2307 m

Yosemite Valley

1

Valley View

Glacier Point

2

P

Vernal Falls

Mist Trail

Inspiration Point

Tunnel View

Bridal Veil Fall

Sentinel Dome 2476 m

Mount Starr King 2771 m

Arch Rock Entrance

El Portal

41

Glacier Point Road

Bridal Veil Creek

Horizon Ridge

Pa

Merced River

140

El Portal Road

Badger Pass Ski Area

Glacier Point Road verder oostelijk nov.-mei gesloten

Wilerene Creek

Merced P.

Yosemite West

Wawona Road

Buena Vista Peak 2959 m

Buck Cam

South Fork Merced River

Turner Ridge

Buena Vista Cre

Crescent Lake

41

Chilnualna Falls

Wawona

3

P

South Fork Merced River

Sierra National Forest

South Entrance

Mariposa Grove

4

P

0   5   10 km

Muir vernoemd; de trail voert als een 340 km lang onderdeel van de Pacific Crest Trail (www.pcta.org) naar de 4416 m hoge Mount Whitney.

Het middelpunt van het park is de lieflijke **Yosemite Valley** 1, die niet zomaar 'het onvergelijkbare dal' wordt genoemd. Op het hoogste punt van het dal, dat aan weerszijden wordt ingesloten door loodrechte granietwanden, storten zich verschillende watervallen in de diepte. Een ervan is de op drie niveaus gelegen Yosemite Falls, die 739 m hoog is. Aan de noordkant rijst de 2307 m hoge El Capitan op, een bijna loodrechte, 1000 m hoge rotswand – voor veel klimmers een droom, maar een nachtmerrie voor de bezoekers die de rotsacrobaten observeren bij hun voortgang op de steile wanden. Toeristische centra in het dal zijn Yosemite Village en Curry Village, met parkwachterkantoren, accommodatie, kampeerterreinen en winkels. Aan het einde van de vallei verheft zich het onmiskenbare symbool van het park, de 2695 m hoge **Half Dome**, als een reusachtige, in tweeën gespleten rotskegel. De vanaf het dal zichtbare, loodrechte wand ontstond echter niet door een breuk, maar door de schurende werking van een gletsjer. Een grandioos uitzicht op de Half Dome, de vlakbijgelegen Vernon Falls en Nevada Falls en de hoogalpiene landschappen van de Sierra hebt u vanaf **Glacier Point** 2, een van de spectaculairste uitzichtpunten in het park.

In het zuidelijke deel van het park voert Highway 41 door **Wawona** 3. In de jaren 1870 werd daar een van de eerste onderkomens van het park gebouwd, het victoriaanse Wawona Hotel. Ernaast toont het **Pioneer Yosemite History Center** verschillende historische gebouwen die vroeger elders stonden voordat ze in Wawona onderdeel werden van het openluchtmuseum (dag. 9–17 uur). Verder naar het zuiden bereikt u **Mariposa Grove** 4 (zie 'actief' blz. 330).

Het noorden van het park

In het noorden van de Yosemite Valley klimt de alleen van juni tot november begaanbare **Tioga Pass Road** (Hwy. 120) over een afstand

Het Yosemite National Park is een van de mooiste wandelgebieden van de VS

van circa 96 km langs bergweiden en wouden langzaam omhoog.

Net als in Mariposa Grove staan in **Tuolomne Grove** 5 mammoetbomen met een enorme omvang. Terwijl u observatiepunten met adembenemende uitzichten passeert, wint de weg geleidelijk aan hoogte. **Siesta Lake** 6 is het bekijken waard, want het verandert langzaam in een moeras. Vanaf **Olmsted Point** 7 ontvouwt zich een grandioos panorama over de hoge Sierra met grijze graniettoppen, waartussen zich kristalheldere bergmeren nestelen, zoals Tenaya Lake en Ellery Lake.

Een ander landschap beheerst de 2600 m hoog gelegen **Tuolomne Meadows** 8, het grootste subalpiene bergweidegebied van de

Sierra Nevada. Daarna bereikt de uitstekend onderhouden panoramaweg de oostelijke parkuitgang op de ruim 3030 m hoge **Tioga Pass** 9.

Voorbij de pas verandert het landschap plotseling. Spaarzame vegetatie bedekt de hellingen waarlangs de smalle, bochtige weg via de oostflank van de Sierra Nevada bergafwaarts het woestijnachtige Great Basin binnenloopt. Op de rand van het Grote Bekken ligt het vreemde Mono Lake met zijn bizarre kalksteenpilaren (zie foto blz. 332).

Informatie

Yosemite National Park: Visitor Information & Headquarters, P. O. Box 577, Yosemite

National Park, CA 95389, tel. 209-372-0200, fax 209-372-0220, www.nps.gov/yose, $20 per auto.

Accommodatie

Alle accommodaties in het park, op de kampeerterreinen na, worden beheerd door DNC Parks & Resorts (online reserveringen www.yosemitepark.com/Reservations.aspx of tel. 801-559-4884). In geval van nood kunt u uitwijken naar motels in Mariposa of Oakhurst.

Vlaggenschip onder de hotels ▶ The Ahwahnee: Yosemite Village, www.webportal.com/ahwahnee. Dit rustieke luxehotel met 123 kamers en suites en 24 huisjes werd in 1927 uit natuursteen opgetrokken. Voor het comfort en de ligging laat het hotel de bezoeker diep in de buidel tasten. 2 pk vanaf $426.

Doorsneecomfort ▶ Yosemite Lodge: Yosemite Village, onderkomen met 230 ruime standaardkamers, een verwarmd zwembad (eind mei–begin sept.), restaurant, *food court* en wifi-aansluiting. 2 pk 's zomers vanaf $160, in het laagseizoen door de week vanaf $110.

Met tent of kampeerwagen ▶ Camping: In het park kunt u terecht op 13 kampeerterreinen (reservering online via www.recreation.gov, telefonisch 877-444-6777). In het hoge deel van de Sierra liggen ook nog vijf uitsluitend te voet of te paard bereikbare *high sierra camps*. Meer informatie over deze 'hooggelegen kampen' op www.yosemitepark.com/Accomodations_HighSierraCamps.aspx.

Eten en drinken

Alle grotere hotels in het park zijn voorzien van restaurants. In het Curry Village en het Yosemite Village vindt u bovendien snackbars met een uitgebreid fastfoodaanbod (niet het hele jaar door geopend).

Actief

Fietsen/mountainbikes ▶ Yosemite Lodge/Curry Village: Fietsverhuur in de Yosemite Lodge in het Yosemite Village en Curry Village. Op wandelpaden is fietsen niet toegestaan.

Bergbeklimmen ▶ Yosemite Mountaineering School: Tel. 209-372-4386, www.yosemite.park.com/Activities_RockClimbing.aspx, cursussen van sept.– juni.

Wandelen ▶ Het park wordt doorkruist door een netwerk van paden met een totale lengte van 1200 km. Wie in de vrije natuur wil overnachten, heeft een *permit* nodig (gratis af te halen in het bezoekerscentrum).

Paardrijden ▶ Stallen: Yosemite Valley Stable, tel. 209-372-8348; Tuolumne Meadows Stable, tel. 209-372-8427; Wawona Stable, tel. 209-375-6502, www.yosemitepark.com/Activities_MuleHorsebackRides.aspx. In delen van het park worden rij-excursies aangeboden.

Wintersport ▶ Badger Pass Ski Area: Het populairste skigebied is de Badger Pass Ski Area langs de Glacier Point Road, met skiliften en

actief

Naar de botanische schatten in de Mariposa Grove

informatie

Start: Parkeerplaats Mariposa Grove vlak bij de zuidelijke ingang van het nationaal park.

Lengte/helling: Heen en terug ca. 12 km. Van de parkeerplaats naar het Wawona Point Vista moet een hoogteverschil van 369 m worden overbrugd.

Duur: 3–5 uur

Tip: Het Bos der Giganten is ook tijdens een 75 minuten durende tramrit te verkennen, met commentaar in diverse talen (mei–okt., volw. $26,50, kind tot 18 jaar $19).

In de buurt van de zuidelijke parkingang hebben in de **Mariposa Grove** 4 ca. 200 mammoetbomen de onbehouwen kaalslag van de 19e eeuw overleefd. Bij het **parkeerterrein** begint een goed gemarkeerd wandelpad, dat allereerst naar de **Fallen Monarch** voert, een

reusachtige boom die al eeuwen geleden is omgevallen. Dat hij nog in zo'n goede staat verkeert, is te danken aan het hout dat looizuur bevat. Dit voorkomt insectenvraat en zorgt voor conservering van de boom.

Langs een viertal dat de **Bachelor and Three Graces** heet, voert de wandeling naar de beroemdste boom in de Mariposa Grove, de 1800 jaar oude **Grizzly Giant**. Sinds hij bij een storm zijn top heeft verloren, is hij 'slechts' 64 m hoog, maar zijn omtrek is nog altijd bijna 30 m. In de buurt staat de **California Tunnel Tree**, een historisch voorbeeld van zinloze natuurvernietiging: de stam van de boom werd in 1895 bij wijze van toeristenattractie uitgehold. Bij de **Faithful Couple** gaat het om twee bomen, die aan de voet zijn samengegroeid, terwijl op de stam van de **Clothespin Tree** ('wasknijperboom') bosbranden diepe sporen hebben nagelaten.

Dat in de Mariposa Grove nog steeds zoveel mammoetbomen staan, is vooral te danken aan de natuurbeschermer Galen Clark, die in 1861 in dit gebied een kleine blokhut bouwde. Op de plaats van de blokhut staat tegenwoordig het **Mariposa Grove Museum**, dat diverse relevante milieuaspecten over het park aan bod laat komen.

Een levende herinnering aan Galen Clark is de **Galen Clark Tree**. Vanaf hier kunt u een kort uitstapje maken naar de 400 m verder op 2076 m hoogte gelegen **Wawona Point Vista**, om van het uitzicht te genieten. Terug bij de Galen Clark Tree zet u de wandeling voort naar de **Fallen Wawona Tunnel Tree**. Deze boom, die in 1881 was uitgehold, stortte in 1969 onder druk van een zware sneeuwlast om. Een echt natuurwonder is de door tal van branden uitgeholde **Telescope Tree**, die ondanks zijn ernstige wonden tot op de dag van vandaag overleeft en nog steeds zaden produceert. Keer nu via dezelfde route terug naar de parkeerplaats.

langlaufloipen (half dec.–begin apr., www.yo semitepark.com/Activities_WinterActivities. aspx). In het Curry Village kunt u ski-uitrustingen huren. 's Winters ligt er voor schaatsliefhebbers ook een ijsbaan. Er is ook een fietsverhuurpunt.

Bustochten door het park ▶ Yosemite Sightseeing Tours: Uitstapjes naar verschillende delen van het park met uiteenlopende thema's. Reserveringen bij de lodges of bij het Visitor Center tel. 209-372-4386, www.yosemite park.com/Activities_GuidedBusTours.aspx.

10 Mono Lake   ▶ 6, D 3

In het glinsterende licht van het woestijnlandschap aan de oostelijke voet van de Sierra Nevada en niet ver van het plaatsje Lee Vining strekt zich het **Mono Lake** uit, een lichtblauw meer met witte zoutranden. Dit vreemde meer lag er 700.000 jaar geleden al. Omstreeks 13.000 jaar geleden was het vijf keer zo groot als tegenwoordig. Het meer veranderde in de jaren 40 eeuw ingrijpend, toen Los Angeles begon met het aftappen van de vier in 'de Dode Zee van het Westen' uitmondende rivieren en het water liet omleiden naar Zuid-Californië. In de loop van 40 jaar is de waterspiegel met 14 m gedaald.

Daardoor onstond vooral op de zuidelijke oever, bij **Navy Beach**, een bijna surrealistisch aandoend landschap. Metershoge bizarre kalkformaties rijzen als bleke termietenheuvels op uit het water. Ze werden gevormd als gevolg van chemische reacties, die zich voordeden toen zoetwater uit de bodem de zoute zee binnendrong. Terwijl deze *tufas* (tufsteenformaties) aan de zuidkant grotendeels uit hoge, ranke torens bestaan, zijn ze op de noordoever vreemd genoeg kort en dik.

Sinds milieubeschermingsorganisaties in 1994 voor de rechtbank een belangrijk proces tegen de stad Los Angeles wonnen, is het waterniveau in het meer met ruim 2 m gestegen – voor het ecosysteem van de regio een enorme vooruitgang. Ieder jaar in de winter maken uit het noorden overvliegende trekvogels een tussenstop bij het 280 miljoen ton

zout bevattende meer, waar ze zich tegoed doen aan de daar voorkomende zoutwatergarnalen, die een uitstekende bron van voedsel vormen. Ook het toerisme heeft het bijzondere meer ontdekt en eraan bijgedragen dat de 'zaak Mono Lake' bij een breed publiek bekend werd.

In de herfst van 2007 werd het woestijnnachtige, op enkele plaatsen zeer moeilijk toegankelijke gebied ten oosten van het meer wereldnieuws, toen de Amerikaanse multimiljonair en avonturier Steve Fossett na een solovlucht in deze streek verdween. Pas een jaar later werden zijn resten teruggevonden.

Informatie

Mono Basin National Forest Scenic Area Visitor Center: Hwy. 395, Lee Vining, tel. 760-647-6595, www.monolake.org. Bezoekerscentrum met tentoonstellingen over de geologie, de ecologie en de geschiedenis van het meer. U kunt er een 20 minuten durende film bekijken ('s winters gesloten).

11 Bodie   ▶ 6, D 3

Ten noorden van het Mono Lake ligt in het verlaten gebied bij de grens tussen Californië en Nevada het oude mijnwerkerskamp **Bodie**, een van de mooiste spookstadjes van het Westen (zie foto blz. 33). In 1859 stuitte William W. Body, toen hij bezig was een haas uit zijn nest te graven, op goud. Maar het duurde nog tien jaar voordat het kamp op een 's zomers door hitte en 's winters door sneeuw geteisterde hoogvlakte uitgroeide tot de belangrijkste nieuwe mijn van het Westen. In een maand tijd vond de Bodie Company hier goud en zilver met een waarde van zo'n 600.000 dollar. Binnen een mum van tijd telde de nederzetting 2000 gebouwen, 65 permanent geopende saloons en een bevolking van 10.000 goudgravers, gokkers, avonturiers, hoeren, speculanten en oplichters.

De levensomstandigheden waren erbarmelijk, aan hygiëne en medische zorg deed men niet, de woningen waren haastig in elkaar geflanst en de kosten van levensonder-

De bizarre rotsformaties in het Mono Lake: bijna het decor van een sciencefictionfilm

houd torenhoog, omdat de eerste levensbehoeften over lange transportroutes moesten worden aangevoerd. Er ging geen week voorbij zonder dat er een moord, doodslag of diefstal werd gepleegd. De voor het zielenheil verantwoordelijke dominee F.M. Warrington zat er waarschijnlijk niet ver naast toen hij Bodie een 'door lusten en hartstochten beheerste poel des verderfs' noemde.

Het mijnbouwtijdperk eindigde in de jaren 50, toen de Standard Company zijn laatste mijn sloot en het afgelegen plaatsje in de vergetelheid raakte. In 1962 kreeg de staat Californië het beheer over Bodie. Men stichtte een State Park om de overblijfselen van het kamp te beschermen tegen souvenirjagers en vernieling. In tegenstelling tot andere mijnbouwkampen is Bodie nooit gerestaureerd, maar in de oorspronkelijke staat behouden, waardoor het nu een authentiek beeld weet op te roepen van de goudgraverstijd (Rte 270, tel. 760-647-6445, www.parks.ca.gov/?page_id=509, het hele jaar geopend dag. 8–18 uur, volw. $7, kind tot 16 jaar $5).

naar de evenknie in Europa. Buiten het van november tot mei durende skiseizoen is dit gebied al even mooi: tientallen bergmeren, wandelpaden in alle soorten en maten, de hoogste golfbanen van Californië en een aantal schitterende mountainbikeroutes lokken bezoekers hierheen.

Bij het **Devil's Postpile National Monument** vormen door vulkanische activiteit ontstane basaltzuilen een bijna 20 m hoge muur, alsof prehistorische reuzen hier enorme pijlers in de aarde hebben geramd (www.nps.gov/depo). Van het National Monument voert een 2,5 km lange weg naar de 30 m hoge waterval Rainbow Falls.

Mammoth Lakes ▶ 6, D 4

Het hoogseizoen in **Mammoth Lakes** begint in de herfst, wanneer de blaadjes goud kleuren. Zodra de eerste sneeuw op de bergkammen ligt, arriveren de wintersportfans uit de Zuid-Californische steden. Deze vakantieplaats met 7000 inwoners beschikt over dezelfde uitstekende toeristische infrastructuur die wintersportplaatsen in de Europese Alpen kenmerkt. Ook de namen – Kitzbühl Place, Garmisch Place en Innsbruck Lodge – verwijzen

Owens Valley ▶ 6, E 4

Van de top Sherwin Summit op een ruim 2000 m hoge vlakte stort Highway 395 zich in weids slingerende haarspeldbochten in de 's zomers broeierig warme, ruim 800 m lager gelegen Owens Valley. In de eerste helft van de 20e eeuw woedde in dit afgelegen boerendal een ware oorlog tussen lokale boeren en vertegenwoordigers van de stad Los Angeles, die door deels niet al te frisse praktijken de waterrechten had bemachtigd.

Bishop ▶ 6, E 4

Het 4000 inwoners tellende centrum van de Owens Valley bekoort niet alleen met zijn typische Amerikaanse kleinsteedse sfeer, maar vooral ook vanwege zijn schitterende ligging aan de voet van de ruim 4000 m hoge rotspieken van de Sierra Nevada. Het rijkelijk met overnachtings- en provianderingsmogelijkheden gezegende Bishop is zeer geschikt als basis voor uitstapjes in de omgeving, maar ook om te pauzeren tijdens de rit van het Yosemite National Park naar Death Valley.

Vanaf het centrum van de plaats kunt u via Highway 168 naar de bezienswaardige **Rock Creek Canyon** rijden. Aan het einde van de 32 km lange, doodlopende weg liggen de twee door majestueuze Sierratoppen omgeven meren South Lake en Lake Sabrina, vanwaar verschillende wandelpaden het hoogalpiene gebergte in voeren. Ten oosten van Bishop, in de verlaten White Mountains, ligt het **Ancient Bristlecone Pine Forest**, een *Pinus longaeva*-dennenbos. Hier groeien de oudste bomen op aarde.

De Carson & Colorado Railway, een smalspoor van Lake Owens naar Carson City in Nevada, werd in 1881 in gebruik genomen. Hiermee werd het goud, zilver, zink en koper uit de mijnbouwkampen in de omgeving vervoerd. In het gehucht **Laws**, 8 km ten noordoosten van Bishop, herinnert het **Laws Railroad Museum** aan de goede oude tijd. U kunt er een uit 1883 stammend, gerestaureerd station, twee stoomlocomotieven, oude wagons en een historisch dorp bekijken (Hwy. 6, tel. 760-873-5950, www.lawsmuseum.org, dag. 10–16 uur, vrijwillige bijdrage).

Informatie

Bishop Area Chamber of Commerce: 690 N. Main St., Bishop, CA 93514, tel. 760-873-8405, www.BishopVisitor.com.

Accommodatie

Heel aangenaam ▶ **Chalfant House B & B:** 213 Academy St., tel. 760-872-1790, www.chalfant house.com. Een schattig huisje uit 1898 met zes mooi ingerichte kamers en een suite met eigen badkamer. Een overvloedig ontbijt is bij de prijs inbegrepen. $90–125.

Fatsoenlijk onderkomen ▶ **Bishop Village Motel:** 286 W. Elm St., tel. 760-872-8155, www.bishopvillagemotel.com. Kamers in een rustig gelegen motel met koelkast en magnetron; sommige hebben een keuken. Verwarmd zwembad. 2 pk $59–110.

Gratis wifi ▶ **America's Best Value Inn:** 192 Short St., tel. 760-873-4912, www.AmericasBest

ValueInn.com. Motelkamers met koelkast, magnetron en koffiezetapparaat. Enkele gezinssuites hebben een eigen keuken. 2 pk vanaf $50.

Met uizicht op de Sierra ▶ Brown's Town Campground: 1,5 km ten zuiden aan de US 395, tel. 760-873-8522, www.brownscamp grounds.com. Kampeerterrein met bomen en plaatsen voor tenten en campers, stroomvoorziening, kabeltelevisie, warme douches en wasmachines (op munten).

Eten en drinken

Niet alleen sushi ▶ Yamatani Japanese Restaurant: 635 N. Main St., tel. 760-872-4801, geen website, dag. vanaf 16.30 uur. Hier serveert men de echte Japanse keuken, met alle specialiteiten uit het Land van de Rijzende Zon. Bij het restaurant hoort een cocktailbar. Diner ca. $14–25.

Goed en veel ▶ Amigos Mexican Restaurant: 285 N. Main St., tel. 760-872-2189. Klein, eenvoudig restaurant met gerechten als kip Acapulco, enchilada's Cancun en tacosalade met zure room en guacamole. Vanaf ca. $8.

Winkelen

Een beroemdheid ▶ Schat's Bakery: 763 N. Main St., tel. 760-873-7156, www.erickschats bakery.com. Café met bakkerij, waar u allerlei

Een schril contrast met de stenen barrière van de Sierra Nevada vormt de Owens Valley, met zijn groene weiden en golfbanen

Spectaculaire rotsformaties in de Alabama Hills bij Lone Pine

lekkernijen op basis van biologische ingrediënten kunt kopen. Liefhebbers komen van heinde en ver hiernaartoe, niet in de laatste plaats vanwege het al sinds 1938 gebakken 'schaapherdersbrood'.

Lone Pine ▶ 9, B 2

Vanuit het centrum van dit plaatsje voert de Whitney Portal Road in westelijke richting naar Mount Whitney, de met 4416 m hoogste berg op het vasteland van de VS. Vijf kilometer buiten Lone Pine loopt deze weg door de legendarische Alabama Hills. Hier werden in de jaren 50–60 meer dan 200 films met beroemde acteurs opgenomen. Het is te begrijpen waarom dit voorgebergte van de Sierra Nevada uitgroeide tot een buitenpost van Hollywood: in het landschap langs de onverharde, maar goed begaanbare Movie Road wisselen goudbruine, ronde heuvels af met bizarre steenformaties; een ideaal decor voor het opnemen van westerns.

Na circa 20 km eindigt de Whitney Portal Road aan de voet van Mount Whitney; vanhier is de top niet meer te zien. Verschillende kampeerterreinen liggen verspreid in de dennenbossen. Wie daar overnacht, moet etenswaren opbergen in speciale bakken, omdat

6222. Dit bezoekerscentrum biedt informatie over de Sierra Nevada en Death Valley..

Accommodatie

Waar de sterren sliepen ▶ Dow Villa Motel: 310 S. Main St., tel. 760-876-5521, www.dowvillamotel.com. Motel met twee verdiepingen in het centrum van Lone Pine, waar ooit sterren van het witte doek overnachtten, onder wie John Wayne. Bij het hotel hoort een klein filmmuseum, dat met een bonte mengeling van memorabilia het gouden tijdperk van de film tot leven brengt. 2 pk $105-155.

Goede keus ▶ Best Western Frontier: 1008 S. Main St., tel. 760-876-5571, www.bestwestern.com. Ten zuiden van het stadje gelegen hotel. Ontbijt en internettoegang zijn bij de prijs inbegrepen. 2 pk $80-114.

Eten en drinken

Gezellig restaurant ▶ Margie's Merry Go-Round: 212 S. Main St., tel. 760-876-4115, dag. diner vanaf 17 uur. De kok is gespecialiseerd in steaks en diverse *seafood*-gerechten. Vanaf $12.

Degelijke kost ▶ Mt. Whitney Restaurant: 227 S. Main St., tel. 760-876-5751, dag. ontbijt, lunch en diner. Gezinsvriendelijk restaurant waar u zich tegoed kunt doen aan typisch Amerikaanse gerechten, van hamburgers tot steaks. De muren zijn versierd met foto's van sterren die vroeger in de Alabama Hills voor de camera stonden. Vanaf $8.

dit gebied vaak wordt bezocht door beren. Ook in auto's mogen in geen geval eetbare waren achterblijven.

De top van Mount Whitney is te bereiken over een bijna 18 km lang wandelpad met een hoogteverschil van 1870 m. Voor de verplichte *permits* kunt u zich tot eind februari inschrijven; in maart worden de beschikbare vergunningen via internet onder de inschrijvers verloot (www.fs.usda.gov/Internet/FSE_DOCUMENTS/stelprdb5186537.pdf).

Informatie

Eastern Sierra InterAgency Visitor Center: Hwy. 395 & 136, Lone Pine, CA 93545, tel. 760-876-

Actief

Paragliding ▶ Lone Pine Chamber of Commerce: P.O. Box 749, Lone Pine, CA 93545, tel. 760-876-4444, www.lonepinechamber.org, info@lonepinechamber.org. Het gebied rond Lone Pine is dankzij de gunstige opwaartse stroming een uitstekend terrein voor paragliders. Bij de Chamber of Commerce kunt u de adressen krijgen van ondernemingen, die ook tandemvluchten aanbieden.

Golfen ▶ Mt. Whitney Golf Course: 2559 S. Main St., tel. 760-876-5795, www.mtwhitney golfclub.com. 9 holesbaan op een unieke locatie met een adembenemend uitzicht op de ruige massieven van de Sierra Nevada.

Victoriaanse panden aan Alamo Square,
Downtown San Francisco

San Francisco en de Bay Area

Geen andere Amerikaanse stad kan bogen op zo'n fabelachtige ligging als San Francisco, dat aan drie zijden omgeven wordt door water. Tegelijk oefent het stadsleven een bijna magische aantrekkingskracht uit. Een van de oorzaken daarvan is de ongelooflijke diversiteit van de verschillende stadsdelen, die alle een uniek uiterlijk hebben en een geheel eigen karakter bezitten: van het oosterse Chinatown tot het Latijns-Amerikaanse Mission District, van het typisch zakelijke Financial District tot North Beach met zijn bijna mediterrane sfeer, en van de schilderachtige victoriaanse omgeving rond Alamo Square tot het weelderige groene Golden Gate Park.

Voeg daarbij de *openmindedness* van de stadsbewoners, die bijna overal aan de dag treedt en die in het verleden tot uitdrukking kwam in de talloze alternatieve levensstijlen die in San Francisco werden 'uitgevonden' of tot cult werden verheven. Denk hierbij aan de schrijvers van de beatgeneration en de hippies van de flowerpower, aan de opstandige studentenbeweging en de velen die hebben gestreden voor de emancipatie van de homo's en lesbo's.

Tot in de jaren 30 lag San Francisco tamelijk geïsoleerd op de noordpunt van het schiereiland, tussen de Grote Oceaan, de Golden Gate en de baai. Verbindingen met het noorden en oosten waren alleen over het water mogelijk. De verkeersproblemen namen daardoor zulke vormen aan dat het stadsbestuur besloot tot de bouw van twee bruggen, eerst de Oakland Bay Bridge, die de stad met het oosten verbond, en later de Golden Gate Bridge in het noorden. Dat leidde in de periode daarna tot een uitbreiding van de invloed van de stad op de gehele Bay Area, en tegenwoordig zelfs op de wijnbouwgebieden in het noorden.

In een oogopslag
San Francisco en de Bay Area

Hoogtepunten

12 **Downtown San Francisco:** Zelfs wie enigszins gereserveerd staat tegenover Amerika in het algemeen kan zich niet onttrekken aan de unieke schoonheid en betoverende charme van San Francisco (zie blz. 342).

Mission District: Geen enkel stadsdeel in de Baymetropool heeft zo'n uitgesproken Latijns-Amerikaans karakter als deze oude wijk (zie blz. 366).

Sonoma: Wie een bezoek brengt aan dit plaatsje in de Sonoma Valley, interesseert zich niet alleen voor de historische locaties, maar ook voor de vriendelijke, kleinsteedse charme (zie blz. 377).

Aanbevolen routes

49 Mile Drive: Een van de belangrijkste bezienswaardigheden van San Francisco is de 49 Mile Drive, die u met de auto in vier uur kunt afleggen. De route is bewegwijzerd door middel van blauw-witte bordjes met het embleem van een meeuw en het getal 49 (zie blz. 355).

Over een bochtige weg de Twin Peaks op: Bocht voor bocht brengt de autoweg over deze twee heuvels u steeds hoger boven San Francisco (zie blz. 364).

Van Muir Woods naar Stinson Beach: Op de westflank van Mount Tamalpais loopt van Muir Beach tot aan het badplaatsje Stinson Beach een schitterende weg met uitzicht over de Grote Oceaan (zie blz. 376).

Sonoma Valley

Wijngoederen in
Sonoma Valley

Sonoma

actief Wandelen in het Muir Woods National Monument

actief Tocht met de cable car

Van Muir Woods naar
Stinson Beach

Stinson Beach
Muir Beach

Met een zeppelin
over de Golden Gate
Berkeley

actief Twee uur in de
rol van matroos

Golden Gate Vista Point
Dungeness crabs

Mission
District

Oakland

actief Met de fiets of te voet
in het Golden Gate Park

12 **Downtown
San Francisco**

Over een bochtige weg
de Twin Peaks op

49 Mile Drive

Grote
Oceaan

San José

Tips

Dungeness crabs: Tijdens het krabseizoen tussen november en juni verorberen de fijnproevers van San Francisco elk jaar meer dan een miljoen kilo Dungenesskrab en tijdens het San Francisco Crab Festival (zie blz. 357) doen ze zich een maand lang te goed aan deze gepantserde oceaanbewoners met hun malse, enigszins zoete vlees (zie blz. 357).

Golden Gate Vista Point: Vanaf de noordkant van de Golden Gate Bridge hebt u een fantastisch uitzicht op San Francisco (zie blz. 370).

Met een zeppelin over de Golden Gate: Bezoekers van de San Francisco Bay kunnen de omgeving vanaf grote hoogte in een zeppelin bezichtigen (zie blz. 372).

Wijngoederen in Sonoma Valley: Ten zuiden van Santa Rosa leidt Highway 12 door een landelijk gebied, waar de domeinen van de wijnhuizen met hun uitgestrekte wijngaarden zich naadloos aaneenrijgen (zie blz. 377).

actief

Twee uur in de rol van matroos: In het San Francisco Maritime National Historical Park kruipen bezoekers op klassieke zeeschepen in de rol van de vroegere zeelui (zie blz. 345).

Tocht met de cable car: Een ritje met het rijdend symbool van San Francisco is een hele onderneming, die een bepaalde etiquette vereist (zie blz. 359).

Met de fiets of te voet in het Golden Gate Park: Door het 5 km lange en 800 m brede Golden Gate Park lopen veel wandel- en fietspaden (zie blz. 364)

Wandelen in het Muir Woods National Monument: Een populaire recreatiebestemming in de openlucht is het ten noorden van de Golden Gate Bridge gelegen Muir Woods Nationaal Monument, met drie prachtige wandelroutes (zie blz. 375).

De kermisachtige sfeer op Fisherman's Wharf, de knoflookgeur uit de Italiaanse restaurantkeukens in North Beach, het woud van Chinese uithangbordjes in Chinatown, moderne consumptiepaleizen rond Union Square, kunst en cultuur in de wijk SoMa: in het veelzijdige stadscentrum van San Francisco kan de bezoeker zich onderdompelen in een zinderende grotestadskosmos met allerlei opwindende aspecten.

Geschiedenis van de stad

Als u bij uw eerste passen door San Francisco al meteen iemand op zijn tenen wilt trappen, moet u de stad 'Frisco' noemen. Bij de stadsbewoners is die benaming namelijk taboe. Zij spreken respectvol van *The City*. De stad werd in 1776 door Spanjaarden gesticht. Het oorspronkelijke plaatsje was waarschijnlijk een onopvallend bestaan beschoren gebleven als de kaarten niet radicaal opnieuw werden geschud door de goudkoorts van 1848. In 1849 kwamen tienduizenden gelukzoekers aan in de haven van San Francisco. De demografische gevolgen waren ongekend. Van ruim 800 inwoners in 1848 explodeerde de bevolking tot 400.000 aan het begin van de 20e eeuw.

Op 18 april 1906 deed 's morgens om 5.12 uur een aardbeving van 8,2 op de schaal van Richter het schiereiland van San Francisco op zijn grondvesten schudden. Twee minuten lang bewoog de aarde als een scheepsdek en hele huizenrijen tegelijk stortten in. Gas dat uit gescheurde leidingen ontsnapte vatte vlam en zette de grotendeels uit hout opgebouwde stad in lichterlaaie. Ruim de helft van alle inwoners was in een oogwenk dakloos geworden. De puinhopen rookten nog toen de mensen alweer aan de wederopbouw begonnen. Na de Eerste Wereldoorlog volgde er een explosie van bouwactiviteit die de skyline van de stad ingrijpend veranderde. In de jaren van de wereldwijde economische crisis werden twee grote projecten gerealiseerd, de Oakland Bay Bridge en de Golden Gate Bridge, waardoor de geografische isolatie, die de ontwikkeling van de stad tot dan toe had belemmerd, werd opgeheven.

In de jaren 60 en 70 kwam de stad in de ban van een leger excentriek geklede hippies, tot in de jaren 80 een aidsepidemie om zich heen greep en het thema homoseksualiteit in het middelpunt van de openbare discussie kwam. Tegen het einde van de 20e eeuw veroorzaakten aids, aardbevingsgevaar, economische neergang en toenemende criminaliteit de grootste afname in inwonertal die de stad ooit had beleefd. Niettemin kregen afgetakelde wijken als South of Market Street (SoMa) en Embarcadero door stadsvernieuwing en renovatie weer een aantrekkelijke uitstraling.

De haven aan de San Francisco Bay

Kaart: blz. 348

Fisherman's Wharf **1**

Nadat Californië halverwege de 19e eeuw een Amerikaanse staat was geworden, bruiste het in de San Francisco Bay van de activiteit. In de haven kwamen goudzoekers uit alle delen van de wereld aan land en aan de kades rond **Fisherman's Wharf** werd de vangst van de vissersschepen gelost. Tegenwoordig is de beroemde buurt bij het water nog altijd een levendige wijk, maar niet langer bepalen de bont beschilderde viskotters het beeld, maar het zijn nu de moderne veerboten die passagiers over de baai naar Alcatraz, Sausalito, Angel Island, Tiburon en de East Bay vervoeren. In hetzelfde tempo waarin Fisherman's Wharf door de jaren heen zijn vislucht van zich afschudde, veranderde het gebied in een kitscherig, hoewel misschien bezienswaardig kermisterrein, waar de maritieme sfeer moest wijken voor fastfoodrestaurants, wassenbeeldenmusea, T-shirtwinkels, straatmuzikanten en ambulante pretzelverkopers.

Bij Pier 45 is de Amerikaanse marine present met de onderzeeboot **USS Pampanito**, die tijdens de Tweede Wereldoorlog dienstdeed in het Pacifisch gebied en zes Japanse schepen naar de kelder joeg (dag. 9–17 uur, volw. $12, kind 6–12 jaar $6).

Alcatraz

Voor veel toeristen behoort een uitstapje naar het legendarische, tegenwoordig onder de National Park Service ressorterende gevangeniseiland **Alcatraz** tot de verplichte punten op het programma. Aan de Pieren 39 (zie onder) en 41 liggen de veerboten afgemeerd die u overzetten naar de Rock, zoals het beroemde rotsachtige eiland in de volksmond wordt genoemd. In 1934 is daar het eerste officiële civiele detentiecentrum gesticht – van aanvang af geen gewone bajes. De reglementen waren uitzonderlijk streng, volgens menig criticus zelfs 'barbaars'. De officiële versie luidt dat het geen enkele uitbreker is gelukt het twee kilometer verderop gelegen vasteland te bereiken. Dat werd niet alleen verhinderd door het vernuftige veiligheidssysteem, maar ook door het ijskoude water in de baai met zijn vele gevaarlijke stromingen. Op Alcatraz zaten Amerika's beruchtste criminelen achter slot en grendel, onder wie gansterbaas Al Capone, die tijdens de Drooglegging in Chicago fortuin had gemaakt. Tot de bekende gevangenen behoorde ook Robert Stroud, de 'vogelman'. Hij was wegens tweevoudige moord veroordeeld tot levenslange eenzame opsluiting en om de tijd te doden hield hij vogels en

schreef ornithologische boeken (naar Alcatraz varen plezierboten van Alcatraz Cruises, Pier 33, Alcatraz Landing, tel. 415-981-7625, www. alcatrazcruises.com, volw. $28, senior vanaf 62 jaar $26,25, kind 5–12 jaar $17).

Pier 39 **2**

Op **Pier 39** hebben zich rond een draaimolen en een podium voor straatartiesten allerlei zaken gevestigd die het publiek moeten vermaken, zoals fastfoodrestaurants, souvenirwinkels, pizzeria's, ijssalons en restaurants. De constructie uit 1978 met zijn planken vloeren en in retrostijl uitgevoerde gevels kan daarmee niet verhelen dat het hier om een regelrechte consumptiekermis gaat.

Twee meer dan 100 m lange plexiglazen tunnels leiden in het **Aquarium of the Bay** door een 2,7 miljoen liter water bevattend bassin en laten de bezoeker kennismaken met de flora en fauna in de onderwaterwereld van de San Francisco Bay. Bij enkele *touch tanks* krijgt het publiek de kans kleine roggen en haaien te aaien (Pier 39, tel. 415-623-5300, www.aquariumofthebay.com, 's zomers dag. 9–20 uur, de rest van het jaar korter, volw. $16,95, kind 3–11 jaar $10).

Het is aan het toeval te danken dat er nog een maritiem kantje kwam te zitten aan Pier 39. In 1989 doken op de deinende steigers aan de westkant van de pier opeens enkele zeeleeuwen op, die op hun nieuw ontdekte landingsplaats zichtbaar op hun gemak waren. In de zeeleeuwenwereld moet dit nieuws zich als een lopend vuurtje hebben verspreid, want sinds 1990 is de kolonie enorm gegroeid. Veel wetenschappers schrijven dit toe aan de Loma Prieta-aardbeving van 1989, die de zeedieren van hun voormalige verblijf op de Seal Rocks bij het Cliff House zou hebben verdreven. Intussen stelt de 600 exemplaren grote **zeeleeuwenkolonie** de kitscherige en commerciële toestand aan de Pier in de schaduw en is sinds lang de belangrijkste publiekstrekker op Fisherman's Wharf. Terwijl veel zeeleeuwen 's zomers de voorkeur geven aan een verblijf op de Channel Islands, komen ze in januari terug naar San Francisco, vooral met het oog op de scholen haring die ruim-

De zeeleeuwen van Pier 39 zijn zichtbaar op hun gemak

schoots voorhanden zijn in de baai.

The Cannery [3]

The Cannery was ooit de grootste conserven-fabriek ter wereld voor groente en fruit. Om-dat het leegstaande fabrieksgebouw uit 1907 door het te verbouwen kon worden ingericht als modern winkelcentrum, ontsnapte het in 1963 aan de sloopkogel. Tegenwoordig verde-len de galeries, stijlvolle restaurants, een ho-tel, een bioscoop en diverse boetieks zich over meerdere verdiepingen. Wat het winkelcen-trum vooral aardig maakt zijn de verscholen passages en open binnenplaatsen, die zich le-nen voor optredens van zowel bands als solis-ten (2801 Leavenworth St., www.delmontes-quare.com).

Ghirardelli Square [4]

Evenals The Cannery koestert **Ghirardelli Square** met zijn winkels, restaurants en amu-sement een industriële geschiedenis. Een uit het Italiaanse Rapallo afkomstige immigrant, Domingo Ghirardelli, heeft hier rond 1900 een chocolade-imperium opgezet. Toen Ghi-rardelli Chocolate in de jaren 60 verhuisde naar een andere bedrijfslocatie onderkenden twee zakenlieden de ideale ligging van het complex aan het zuidelijke eind van Hyde Street, in de nabijheid van het draaiplatform van de *cable cars*, en verbouwden het in 1967 tot een populair trefpunt voor jong en oud (900 N. Point St., www.ghirardellisq.com).

Russian Hill en Lombard Street

Kaart: blz. 348

Vanaf het draaiplatform bij Ghirardelli Square leidt een kabeltramlijn omhoog naar **Russian Hill** [6] waarvan de naam waarschijn-lijk afkomstig is van Russische pelsjagers die daar in de 19e eeuw werden begraven. Later ontwikkelde zich hier een kunstenaarskolo-nie, tot de heuvel in de loop van de 20e eeuw een wijkplaats werd voor beter gesitueerde Amerikanen die zich duurdere huizen kon-

actief

Twee uur in de rol van een matroos

Informatie

Start: Noordelijke eindhalte van de Powell-Hyde Cable Car-lijn. Bezoekerscentrum (hoek Jefferson St. & Hyde St., tel. 415-447-5000, www.nps.gov/safr, dag. 9.30–17 uur, toegang park $5)

Lengte/duur: Ca. 1 km, 2–3 uur.

Tijdens een wandeling door het **San Francisco Maritime National Historical Park 5** in de buurt van Fisherman's Wharf kruipen de bezoekers van de antieke schepen graag in de rol van zeeman. Bij het loket aan de ingang informeert een bord over de activiteiten van die dag (telefonische info via tel. 415-447-5000). Wie langs de in 1895 gebouwde **C. A. Thayer** wandelt en de in 1914 van stapel gelopen, aan een hoge witte schoorsteen herkenbare **Eppleton Hall** passeert, bereikt ten slotte het topstuk van het park, de uit 1883 stammende **Balclutha**. De trotse driemaster voer diverse malen rond Kaap Hoorn voordat hij in Alaska werd omgebouwd tot conservenfabriek en een rol speelde in de avonturenfilm *Muiterij op de Bounty*. Landrotten klimmen aan boord om zich door een *park ranger* over de dagelijkse bezigheden op het schip te laten informeren. Op zijn commando wordt met vereende de krachten aan dikke touwen de fok omhoog gehesen. Wie niet weet hoe men met de krachtige ankerlier op het voordek het anker licht, leert deze taak op het ritme van traditionele zeemansliederen. Er gaat een bijzondere sfeer van deze oude werkliederen uit als men uit de kombuis een beker vruchtensap heeft gehaald en aan de reling van het zeilschip mijmert over oude zeevaarttijden.

Andere programma's maken de bezoekers vertrouwd met de *tools* en technieken van een redding op zee, waarmee vroeger schipbreukelingen werden geborgen. Of men laat zich, uitgerust met verrekijker en veldgids, door ornithologen opleiden tot amateurvogelaar, aangezien het park vol zit met zeevogels. Een paar stappen van de Balclutha verwijderd liggen het meer dan 110 jaar oudevrachtschip **Alma**, het binnenschip **Hercules** en de raderstoomboot **Eureka** voor anker. Ondertussen werken in de Small Boat Shop botenbouwers aan modellen of ze repareren scheepsonderdelen.

Iedereen die geïnteresseerd is in de scheepsbouw en de technische problemen van de zeevaart, vindt gegarandeerd een professional die een amateur graag les geeft in de beginselen van de scheepsbouw. Na twee, drie uur aan boord van een schip kunt u in de buurt van het **museum** heerlijk op het gras plaatsnemen van het **Aquatic Park** en met uitzicht op de lagune van een welverdiende picknick genieten.

In scherpe bochten slingert Lombard Street door Russian Hill naar beneden

den permitteren. Vanaf de 'top' van de heuvel hebt u een prachtig uitzicht over Hyde Street, de baai en Alcatraz. Bovendien leidt **Lombard Street**, de beroemdste straat van de stad, over de heuvel om in steile en scherpe bochten naar beneden te slingeren richting North Beach. Door de zijdelingse trappen langs voortuintjes met hekken en hortensia's is de straat ook voor voetgangers toegankelijk. Met zijn stijgingspercentage van 21,3% is hij bij lange niet de steilste straat van de stad. De recordhouder wat dit betreft is de parallel aan Lombard Street lopende Filbert Street tussen Leavenworth en Hyde Street, met een stijging van maar liefst 31,5 %.

North Beach

Kaart: blz. 348
Midden in North Beach, een van de oudste wijken van San Francisco (www.northbeach chamber.com) ligt **Washington Square** een groen plein in de schaduw van de neogotische **Church of St. Peter and St. Paul**. In 1954 bestormde een massa persvolk deze kerk toen de legendarische honkballer Joe DiMaggio er trouwde met de inmiddels minstens zo beroemde Marilyn Monroe. In 1979 werd in de sokkel van het standbeeld van Benjamin

Franklin, dat op het grasveld staat, een capsule ingemetseld die een gedicht bevat van Lawrence Ferlinghetti, een spijkerbroek en een fles wijn als symbolen van dat tijdperk.

Hoewel North Beach oorspronkelijk een deftige woonwijk was, verloor het zijn exclusiviteit in de jaren zeventig van de 19e eeuw, toen de *cable cars* andere stadswijken begonnen te ontsluiten. In de eerste helft van de 20e eeuw vestigden zich hier voornamelijk Italiaanse immigranten.

Toen na de Tweede Wereldoorlog velen uit de veel te krap geworden wijk waren weggetrokken, werd North Beach de thuisbasis van de zogenaamde beatgeneration. Exponenten van deze literaire stroming waren met name Jack Kerouac en Allen Ginsberg – de eerste een eeuwige reiziger die de rusteloosheid had verheven tot levensstijl, de tweede een opstandige dichter. Ginsberg maakte na 1953 de boekhandel **City Lights** van de uitgever Lawrence Ferlinghetti tot een ontmoetingsplaats voor schrijvers (261 Columbus Ave., tel. 415-362-8193, www.citylights.com, dag. 10–24 uur). North Beach ontwikkelde zich tot het podium van de Amerikaanse literaire avantgarde, waarvan de filosofie bestond uit een mengeling van antiburgerlijkheid, zelfmedelijden en wanhoop.

Telegraph Hill

Kaart: blz. 348

Een van de beste uitzichtpunten in Downtown is de in 1929 op **Telegraph Hill** verrezen 64 m hoge **Coit Tower** 9 . Vanaf het uitzichtplatform kijkt u uit over Financial District, Russian Hill en Fisherman's Wharf. De als door reuzenmollen omwoelde oostelijke flank van de heuvel leverde eertijds de ballast, in de vorm van machtige rotsblokken, waarmee lege zeilschepen werden verzwaard alvorens ze het ruime sop naar verre oorden konden kiezen (1 Telegraph Hill Blvd., tel. 415-362-0808, volw. $5, senioren vanaf 65 en kind 3–17 jaar $3, 's zomers dag. 10–17.30, 's winters tot 16.30 uur).

De hoofdstraat van North Beach is de dwars door het stratenraster aangelegde Columbus Avenue, die loopt van de omgeving van Fisherman's Wharf naar het Financial District. Het is niet alleen een drukke verkeersader, maar ook een populaire toeristische straat met restaurants en dure levensmiddelenwinkels. Aan het zuidoostelijke einde van de straat verheft zich het patinagroene **Sentinel Building** (voorheen Columbus Tower) uit 1913. Die locatie markeert het punt waar de wijken North Beach, Financial District en Chinatown bij elkaar komen. In de jaren 70 werd het gebouw aangekocht door de filmregisseur Francis Ford Coppola.

Chinatown 10

Kaart: blz. 348

Achter de rijkelijk versierde Lion's Gate (Leeuwenpoort) op de hoek van Grant Street en Bush Street opent zich een totaal andere wereld: **Chinatown**. Hier buigen de pagodedaken zich over de nauwe steegjes, waar exotisch vormgegeven straatlantaarns staan en de straatnaambordjes zowel in het Chinees als het Engels zijn opgesteld. Het geheel wekt een rommelige, maar gemoedelijke indruk. Windorgels klingelen voor de winkels vol kleurige schappen, tassen met geborduurde drakenpatronen en bronskleurige boeddha's. Voor de beslagen vensters van restaurants en snackbars hangen glimmende gebraden eenden in het gelid te wachten op hongerige gasten, die het aandurven ook eens een onbekend, exotisch gerecht uit het Rijk van het Midden te proberen.

Hoeveel mensen uit China, Vietnam, Cambodja en Laos in Chinatown wonen, weet niemand. Waarschijnlijk zijn het er meer dan 100.000. Geen enkel ander deel van San Francisco is zo dichtbevolkt als de straten rond de met spandoeken en wapperende vlaggetjes overspannen Grant Avenue. Vroeger was de wijk vrijwel uitsluitend Chinees, maar de laatste decennia is hij door de toestroom van andere etnische groepen steeds internationaler geworden. Daardoor ontstond een potentieel explosieve sociale situatie. Een blik op de binnenplaatsen en in verscholen zijsteegjes laat zien hoe dicht opeengepakt de bewoners van Chinatown in de soms vervallen woonkazernes leven.

De eerste immigranten uit China kwamen halverwege de 19e eeuw bij de Amerikaanse Westkust aan. Velen waren op de vlucht voor de hongersnoden en opiumoorlogen in eigen land en hoopten op een betere toekomst in de goudvelden van Californië. Een tweede immigratiegolf volgde in de jaren 1870, toen spoorwegmaatschappijen veel arbeiders nodig hadden voor de aanleg van spoorwegen door het hele Amerikaanse continent. Toen de rails waren opgeleverd vestigden zich vele Chinezen in San Francisco, tot leedwezen van de lokale bevolking, die haar banen bedreigd zag door de veel goedkopere Aziaten. Racistische uitwassen en een wettelijk afgekondigde immigratiestop waren het gevolg.

Chinese Historical Society of America

De geschiedenis van Chinatown en de Chinese immigratie in Amerika is aanschouwelijk gedocumenteerd in de **Chinese Historical Society of America**, met onder meer historische foto's, werktuigen die gebruikt werden bij de aanleg van spoorwegen en zelfs een door een Chinese restaurantpionier uitgevonden machine voor het mechanisch wassen van garnalen (965

Downtown San Francisco

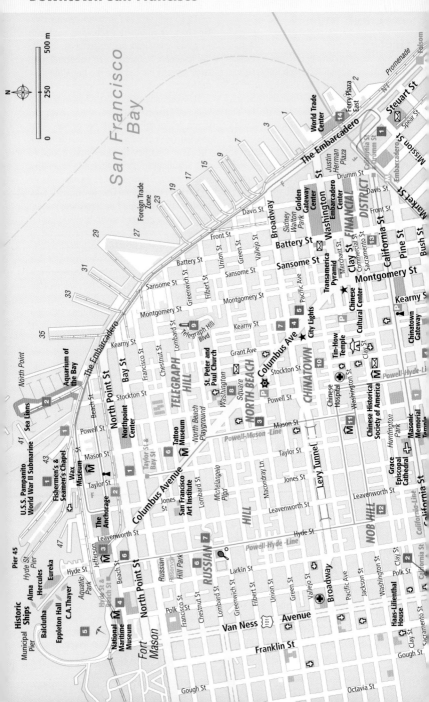

Bezienswaardigheden
1 Fisherman's Wharf
2 Pier 39
3 The Cannery
4 Ghirardelli Square
5 San Francisco Maritime National Historical Park
6 Russian Hill
7 Lombard Street
8 Washington Square
9 Coit Tower
10 Chinatown
11 Cable Car Museum
12 Nob Hill
13 Financial District
14 Ferry Building
15 SoMa
16 Museum of Modern Art
17 Cartoon Art Museum
18 Mus. of African Diaspora
19 Children's Creativity Museum
20 Museum of Craft & Folk Art
21 Contemp. Jewish Museum
22 Union Square
23 Hallidie Plaza
24 City Hall
25 Asian Art Museum

Accommodatie
1 Best Western Tuscan Inn
2 W Hotel
3 Adagio
4 Orchard Garden
5 Hotel Diva
6 San Remo
7 Green Tortoise Guest House

Eten en drinken
1 Boulevard
2 Swan Oyster Depot
3 Trattoria Contadina
4 Tommaso's Restaurant
5 House of Nan King
6 Buena Vista Café

Winkelen
1 Westfield San Francisco Centre
2 Crocker Galleria
3 Levis Flagship Store

Uitgaan
1 Top of the Mark
2 Biscuits & Blues
3 Endup
4 San Francisco Symphony
5 SF Opera / SF Ballet / Herbst Theater
6 Geary Theater
7 Curran Theater

Actief
1 Gray Line Tours
2 Bay City Bike

Clay St., tel. 415-391-1188, www.chsa.org, di.–vr. 12–17, za. 11–16 uur, za.–ma. gesloten, volw. $5, kind 6–17 jaar $2, elke eerste do. van de maand gratis toegang).

Chinese Cultural Center

Niet zozeer de geschiedenis als wel de Chinese kunst en cultuur zijn het onderwerp van het **Chinese Cultural Center**. Het centrum verzorgt ook algemene en culinaire rondleidingen door Chinatown (750 Kearny St.,tel. 415-986-1822, www.c-c-c.org, di.–vr. 9.30–18, za 10–16 uur). Voor het gebouw op Portsmouth Square treft jong en oud elkaar 's morgens vroeg om de traditionele tai-chiochtendgymnastiek te doen, terwijl later op de dag vooral oudere mannen bijeenkomen om zich onder de schaduw van het gebladerte over hun schaakborden te buigen.

Fortune Cookie Factory en Tin-How Temple

Een kijkje in de geheimen van Chinatown biedt ook de **Fortune Cookie Factory**, waar vlijtige vrouwenhanden eindeloze hoeveelheden met voorspellingen gevulde Chinese geluckskoekjes bakken (56 Ross Alley tussen Grant Avenue en Stockton St.), evenals de **Tin-How Temple**, die vol hangt met dichte wierookwalmen (125 Waverly Place tussen Washington & Clay St.).

Cable Car Museum 11

Het **Cable Car Museum** op de grens tussen Chinatown en Nob Hill, kan gezien worden als een eerbetoon aan het beroemdste transportmiddel van de stad, de *cable car*. Het museum is gevestigd in de historische Washington-Mason Cable Car Barn and Powerhouse en vanaf de museumvloer kijkt u uit over de enorme motoren en ronddraaiende wielen die de kabels trekken. Niemand twijfelt eraan dat het hier om een hopeloos verouderd vervoerssysteem gaat, maar ook denkt niemand eraan de ratelende, door stalen kabels getrokken publiekstrekker af te schaffen. De eerste door de Engelsman Andrew Halliday in 1873 in elkaar gesleutelde wagen reed over Clay Street. De jaren daarna kwamen er steeds meer lijnen bij. Zonder *cable cars* was Russian

Hill waarschijnlijk nooit onderdeel van de stad geworden (1201 Mason St., tel. 415-474-1887, www.cablecarmuseum.org, apr.–sept. 10–18, okt.–mrt. 10–17 uur, toegang gratis).

Nob Hill 12

Kaart: blz. 348

Ook de 100 m hoge **Nob Hill** zou zich zonder *cable cars* nooit hebben ontwikkeld tot de exclusieve stadswijk die het is geworden. Voorheen was de klim naar boven immers veel te onpraktisch. De schrijver Robert Louis Stevenson vestigde de aandacht al in 1882 op de miljonairswijk, waar spoorwegmagnaten als Leland Stanford, Mark Hopkins, Collis P. Huntington en Charles Crocker deftige villa's hadden laten bouwen. Lang hebben die villa's er echter niet gestaan, ze zijn door de aardbeving van 1906 met de grond gelijkgemaakt. Een jaar later alweer opende het luxueuze **Fairmont Hotel** zijn deuren. Hier verbleef in 1945 de politieke elite die betrokken was bij de oprichting van de Verenigde Naties. De lobby van het hotel is smaakvol vormgegeven met marmer en Korinthische zuilen. Vanaf de 24 verdiepingen hoge toren hebt u een schitterend uitzicht over de stad (950 Mason St., www.fairmont.com).

Financial District en Embarcadero

Kaart: blz. 348

Financial District 13

Van San Francisco wordt vaak gezegd dat het geen echt Amerikaanse stad is, maar eerder een Europese. Waar deze bewering in elk geval niet opgaat, is het **Financial District**. Hier verrijst een typisch Amerikaans centrum met wolkenkrabbers die tot in de hemel reiken. Het eerste grote kantoorgebouw stond lange tijd op de plaats waar in 1972 het piramidevormige **Transamerica Building** is verrezen, een van de moderne blikvangers van de stad. De verhitte discussies over het 260 m hoge, fu-

turistische bouwwerk zijn sinds lang verstomd. Vandaag is de aardbevingsbestendige piramide niet meer weg te denken uit de skyline van San Francisco. Het panoramaplatform werd na de aanslagen op het World Trade Center in New York gesloten (505 Sansome St.).

Ferry Building 14

Bij het **Ferry Building** aan de **Embarcadero** kwamen in de jaren 30, voordat de Oakland Bay Bridge werd opgeleverd, dagelijks 50.000 reizigers per veerboot aan vanaf de oostkant van de baai. De terminal, met zijn naar de kathedraal in het Spaanse Sevilla vormgegeven klokkentoren, verloor later zijn oorspronkelijke functie en werd onlangs verbouwd tot een exclusief fijnproevers restaurant. Vietnamese, Provençaalse en Amerikaanse specialiteitenrestaurants delen de binnenplaats op de begane grond met allerlei levensmiddelenkraampjes. Kaas uit Marin County, allerlei soorten koffie, volgens Europese recepten gebakken brood en banket, goede olijfolie en biologische groenten – dit en nog veel meer wordt hier te kust en te keur aangeboden.

Op het plein tegenover het gebouw brengen tuinders uit de omgeving op een **Farmers' Market** verse groente en fruit aan de man. In het weekend verandert het gebied in een drukbezochte *food market*, waar creatieve koks hun kunnen demonstreren en San Francisco's bevolking al vroeg in de middag begint met genieten (Ferry Building ma.–vr. 10–18, za. 9–18, zo. 11–17 uur, boerenmarkt di. en do. 10–14, za 8–14 uur, www.ferrybuildingmarketplace. com).

SoMa 15

Kaart: blz. 348

South of Market Street was voorheen een wat suffe wijk. Sinds dit deel van de stad is veranderd in een trendy avant-gardegebied met veel kunst en cultuur, cafés, wijnbars en fijnproevers restaurants spreken de bewoners kortweg over **SoMa**.

Yerba Buena Gardens

De weg naar de veelbelovende toekomst van de wijk werd gewezen door de in de jaren 1990 geopende **Yerba Buena Gardens**, een groene oase die de etnische en culturele diversiteit van de metropool aan de baai moet weerspiegelen. Groene zones met een waterval, gazons, een Martin Luther King Memorial en planten uit alle zustersteden, van Abidjan (Ivoorkust) tot Shanghai, maken deel uit van dit park. Hiertoe behoren ook het kunst- en cultuurcentrum **Yerba Buena Center for the Arts** met een 750 zitplaatsen groot theater (701 Mission St., tel. 415-978-2787, www.ybca.org, volw. $5–7, kind $3–5, elke eerste di. van de maand gratis toegang) en het grotendeels onder straatniveau aangelegde **Moscone Convention Center** (www.moscone.com).

Musea in SoMa

Het pièce de résistance van de musea in SoMa is het door de Zwitserse architect Mario Botta ontworpen **Museum of Modern Art 16**, een gigantisch bakstenen gebouw met een schijnbaar schuin afgesneden dak in een rossig-wit strepenpatroon. Tot de meer dan 15.000 kunstwerken van de permanente tentoonstelling behoren schilderijen, tekeningen, beeldhouwwerken, collages, foto's, bouwkundige ontwerpen, maquettes en ontwerpstudies. Er is aandacht voor een menigte belangrijke kunstenaars, van Henri Matisse via Paul Klee, Frank Gehry en Anselm Adams tot Amerikaanse kunstschilders als Clyfford Still en Jackson Pollock (151 3rd St., tel. 415-357-4000, www.sfmoma.org, ma.–di., vr.–zo. 10–17.45, do. 11–20.45 uur, volw. $18, senioren vanaf 62 jaar $12, elke eerste di. van de maand gratis toegang, do. 18–21 uur halve prijs).

De regelmatig wisselende tentoonstellingen in het **Cartoon Art Museum 17** hebben belangrijke cartoontekenaars en hun werken tot onderwerp, maar ook de geschiedenis van deze uit een combinatie van tekst en tekeningen bestaande kunstvorm komt aan bod. Wie altijd al heeft willen weten hoe een tekenfilm wordt gemaakt, is hier in het enige cartoonmuseum aan de westkust aan het juiste adres (655 Mission St., tel. 415-227-8666,

http://cartoonart.org, di.–za. 11–17 uur, volw. $7, kind 6–12 jaar $3, elke eerste di. van de maand vrijwillige bijdrage).

De invloed van de nakomelingen van zwarte slaven op de cultuur van Noord- en Zuid-Amerika zijn het onderwerp van het **Museum of the African Diaspora 18**. In de tentoonstellingen komen de Afrikaanse wortels van de jazz aan de orde, maar ook bijvoorbeeld de invloed van de slavenhandel op de Braziliaanse keuken. In de museumwinkel is interessante kunstnijverheid te koop (685 Mission St., 415-358-7200, www.moadsf.org, wo.–za. 11–18, zo. 12–17 uur, volw. $10, kind tot 13 jaar gratis toegang).

Jonge bezoekers kunnen in het boeiende kindermuseum **Children's Creativity Museum 19** niet alleen naar hartenlust ronddarren, maar ook veel leren aan de hand van de talrijke interactieve tentoonstellingsstukken. Bijvoorbeeld hoe ze zelf een muziekvideo kunnen opnemen of een computeranimatie moeten maken. De allerkleinsten zullen in de avontuurlijke speeltuinen en de traditionele carrousel ($3 per rit) veel plezier beleven (221 Fourth St., tel. 415-820-3320, www.creativity.org, wo.–zo. 11–16 uur, volw. en kind vanaf 3 jaar $11).

In het bescheiden **Museum of Craft & Folk Art 20** zijn voornamelijk wisseltentoonstellingen te zien, die volkskunst uit alle delen van de wereld tot onderwerp hebben (51 Yerba Buena Lane, tel. 415-227-4888, www.mocfa.org, wo.–za. 11–18 uur, zo.–di. gesloten, $5, kind tot 18 jaar gratis toegang). In het **Metreon Center** groeperen restaurants, theaters, winkels, boetieks en modern amusement zich onder één dak en 's avonds achter een blauwe glazen façade. In het gebouw huist ook een IMAX-theater (135 Fourth St., tel. 415-369-6000, www.westfield.com/metreon).

Een aanwinst onder de musea in SoMa is het **Contemporary Jewish Museum 21**, een niet onomstreden gebouw van Daniel Libes-

Het 260 m hoge Transamerica Building steekt boven alle wolkenkrabbers van San Francisco uit

Wachten op The Big One

Het doen van voorspellingen met betrekking tot aardbevingen is in Californië bij wet verboden en kan bestraft worden met drie maanden detentie. Toch weerhoudt dat geologen er niet van min of meer nauwkeurige prognoses te stellen. Volgens hen is de kans dat The Big One, de grote aardbeving, nog voor 2032 de Baai van San Francisco treft minimaal 62%.

Toch zijn er maar weinig Californiërs die uit vrees voor een aardbeving vertrekken. Daaruit mag echter niet worden geconcludeerd dat de blijkbaar onafwendbare ramp de mensen koud laat, of dat er geen voorzorgsmaatregelen worden getroffen. Dat is wel degelijk het geval, en ook op de meest uiteenlopende manieren.

Neem bijvoorbeeld de architectuur. In Los Angeles mocht vroeger vanwege aardbevingsgevaar niet hoger gebouwd worden dan dertien verdiepingen. Dit soort bouwvoorschriften zijn achterhaald sinds Japanse ingenieurs een manier hebben gevonden om het gevaar te ondervangen: dempers van staal en rubber in de funderingen van de gebouwen. Die techniek heeft zijn nut inmiddels bewezen. Toen in 1989 door de zogenoemde Loma Prieta-aardbeving onder meer delen van de Oakland Bay Bridge dreigden in te storten, stond het hoogste gebouw van San Francisco, het Transamerica Building, weliswaar te wankelen met een uitslag van ongeveer 30 cm, maar had geen schrammetje schade – dankzij de Japanse ingenieurs.

Technische preventiemaatregelen worden ook binnen in de gebouwen genomen. Zware meubels en spiegels moeten extra stevig aan de muren verankerd worden. Bewoners zijn verplicht te weten hoe ze zo snel mogelijk licht, gas en water kunnen afsluiten tijdens een calamiteit. Ook wordt er aandacht besteed aan rampentrainingen voor gezinnen en

voorzorgsmaatregelen in huis. De belangrijkste aanbevelingen en tips kunnen ook worden nageslagen in ieder telefoonboek. Waar precies zijn de veilige en de onveilige plaatsen in het huis? Waar spreekt men af weer bijeen te komen wanneer het gezin door een ramp verspreid is geraakt? Hebt u de belangrijkste telefoonnummers bij de hand? Wie ontfermt zich over zieke of gehandicapte gezinsleden? Wat zijn de mogelijke ontsnappingsroutes?

Filialen van het Rode Kruis bieden EHBO-cursussen aan en organisaties als de brandweer stellen handleidingen samen met adviezen en maatregelen om, soms met behulp van de buurt, het gezin zo goed mogelijk op een aardbeving voor te bereiden. Een belangrijke rol in de aardbevingstrainingen spelen de scholen, waar kinderen van jongs af aan worden voorbereid op het potentiële gevaar en leren wat zij het beste kunnen doen. Op de scholen zijn calamiteitendraaiboeken verplicht en worden regelmatig oefeningen gehouden. Hetzelfde geldt voor de universiteiten, verzorgingstehuizen en ziekenhuizen. Sommige mensen nemen geen enkel risico en bereiden zich voor met complete, veilig opgeborgen overlevingspakketten, inclusief batterijloze zaklampen en luchtdicht verpakte levensmiddelen. Bewoners van zeer gevaarlijke gebieden hebben in hun auto's vaak een volledige rampenuitrusting bij zich, om in geval van een catastrofe onmiddellijk te kunnen reageren.

kind. In het nieuwe museum zijn wisselende tentoonstellingen te zien, in het verleden over onder meer de Joodse gemeenschap in de Bay Area en het leven en werk van de Joodse cartoonist en kinderboekenschrijver William Steig (1907–2003), die meer dan 70 jaar voor het gerenommeerde tijdschrift The New Yorker werkte (736 Mission St., tel. 415-655-7800, www. thecjm.org, vr.–di. 11–17, do. 13–20 uur, volw. $12, senioren vanaf 65 jaar $10, kind tot 18 jaar en eerste di. van de maand gratis).

Union Square 22

Gedurende de Amerikaanse Burgeroorlog (1861–1865) verzamelden zich op dit plein met grote regelmaat demonstranten die opkwamen voor de noordelijke staten, oftewel de Union – vandaar de naam **Union Square**. Op het door grote hotels en winkels omgeven plein herinnert het Dewey Monument, een 30 m hoge zuil, aan een belangrijke overwinning die de Amerikaanse vloot in 1898 behaalde tijdens de Spaans-Amerikaanse Oorlog. Admiraal George Dewey versloeg toen de Spaanse vloot in de baai van Manilla. Het met palmen beplante, in terrassen aangelegde plein met een café vormt een kleine oase midden in het zakencentrum. U kunt hier op verhaal komen na een uitputtende tocht van sightseeing en winkelen door de warenhuizen en designerboetieks.

Aan het plein staat ook het Westin St. Francis uit het begin van de vorige eeuw. Dit imposante hotel met zijn vorstelijke lobby met zwarte marmeren zuilen is een van de haltes van een *walking tour* langs verschillende plaatsen waar de detectiveschrijver Dashiell Hammett heeft gewoond en gewerkt. Hammett werkte in San Francisco enige tijd voor het privédetectivebureau Pinkerton (www. donherron.com/?page_id=51).

Galerie **Xanadu**, in een nauwe zijstraat van Union Square, is vooral beroemd vanwege het gebouw waarin het is gevestigd. Dit pand uit 1949 is het enige ontwerp van Frank Lloyd Wright in San Francisco. De spiraalvormige opgang van het gebouw inspireerde Wright tot een soortgelijk ontwerp in het beroemde Guggenheimmuseum in New York (140 Maiden Lane).

Hallidie Plaza 23

Waar Powell Street en Market Street samenkomen ligt het levendig **Hallidie Plaza**. Onder dit plein zijn op verschillende niveaus onder meer een metrohalte en een toeristenbureau (Visitor Information Center) te vinden.

Op straatniveau is het draaiplatform van de *cable cars* een publiekstrekker. De wagens worden hier door de conducteurs en de remmers met vereende krachten gedraaid, om daarna opnieuw te worden klaargezet voor een volgende rit naar Nob Hill of Fisherman's Wharf.

Civic Center

Kaart: blz. 348

De koepel van de uit 1915 stammende **City Hall** 24 in het hart van **Civic Center** is gebouwd naar het voorbeeld van de Sint Pieter in Rome. De hal en de gangen glanzen van al het marmer, terwijl de pompeuze trappen ook onderdeel zouden kunnen zijn van een chateau in Frankrijk (www.sfgov.org/cityhall). De uitgebreide collecties van het aan de oostkant gevestigde **Asian Art Museum** 25 zijn uitsluitend gewijd aan Aziatische kunst van de afgelopen 6000 jaar (200 Larkin St., tel. 415-581-3500, www.asianart.org, di.–zo. 10–17, do. tot 21 uur, volw. $12, kind 3–17 jaar $7, elke eerste zo. van de maand gratis toegang).

Het Civic Center vormt het start- en eindpunt van de **49 Mile Drive**, een panoramische route die langs de belangrijkste bezienswaardigheden van de metropool leidt. Als u binnen korte tijd een goed overzicht wilt krijgen van San Francisco kunt u deze aanbevelenswaardige route in zo'n vier uur afleggen (zie blz. 340).

Informatie

San Francisco Visitor Information Center: 900 Market St., Hallidie Plaza, tel. 415-391-2000 (ingesproken bericht), tel. 415-391-2001, www.sanfrancisco.travel.

Accommodatie

Tophotel ▶ Best Western Tuscan Inn 1 : 425 Northpoint St., tel. 415-561-1100, www. tuscan inn.com. Een van beste hotels in de omgeving van Fisherman's Wharf, met een Toscaanse ambiance en meer dan 220 stijlvolle kamers en suites, uitgerust met een minibar, een koelkast en een koffiezetapparaat. 2 pk vanaf ca. $260.

Heel stijlvol ▶ W Hotel 2 : 181 3rd St., tel. 415-777-5300, www.starwoodhotels.com. Deze hoteltoren van 31 verdiepingen in de wijk SoMa telt meer dan 400 kamers. Alle kamers van dit hotel, dat is gebouwd in 1999, zijn voorzien van airconditioning, draadloos internet, een kluisje en een koffiezetapparaat. Het hotel beschikt ook over fitnessruimtes, zakelijke faciliteiten, een *health club*, een zwembad, een café en een restaurant. 2 pk vanaf ca. $210.

Helemaal goed ▶ Adagio 3 : 550 Geary St., tel. 415-775-5000, www.hoteladagiosf.com. Als u van hip en trendy houdt, kunt u uw hart ophalen in dit luxe boetiekhotel met superchique inrichting. De kamers zijn uitgerust met uit modulen bestaand meubilair, een flatscreen-tv, snel internet en een chique fitnessstudio. Het bijbehorende restaurant Cortez met mediterrane keuken past naadloos bij de stijl van het hotel. 2 pk $185–210.

'Groen' Hotel ▶ Orchard Garden 4 : 665 Bush St., tel. 415-362-8878, www.theorchardhotel. com. Een van de weinige ecologisch verantwoorde hotels in de stad; het uit Balinees hout vervaardigd meubilair is niet afkomstig uit het oerwoud, maar van productiebossen. Ook het behang en de vloerbedekking zijn gemaakt van milieuvriendelijke materialen. Wanneer u de kamer verlaat, wordt de elektriciteit automatisch uitgeschakeld. 2 pk vanaf $180.

Super art-deco ▶ Hotel Diva 5 : 440 Geary St., tel. 415-885-0200, www.hoteldiva.com. Niet-rokershotel nabij Union Square met een stijlvolle ambiance, designmeubilair en frisse kleuren. Speciaal ingerichte kinderkamers. 2 pk vanaf $170.

Kleine, gezellige kamers ▶ San Remo 6 : 2237 Mason St., tel. 415-776-8688, www.san remohotel.com. Al wat ouder hotel in North Beach met antieke inrichting. De kamers hebben geen tv noch telefoon. De gasten moeten genoegen nemen met gedeelde badkamers op de etages. 2 pk ca. $90.

Goedkoop onderdak ▶ Green Tortoise Guest House 7 : 494 Broadway, tel. 415-834-1000, www.greentortoise.com/san-francisco-hostel. Hotel met zowel slaapzalen als kamers, gericht op een jonge clientèle. Ontbijt, gratis internet, sauna, keuken en wasmachines die op muntjes werken. Drie keer per week wordt een eenvoudige avondmaaltijd geserveerd. Vanaf $30 per slaapplaats.

Eten en drinken

Lichte, moderne keuken ▶ Boulevard 1 : 1 Mission St., tel. 415-543-6084, www.boulevard restaurant.com, lunch ma.–vr. 11.30–14, diner zo.–do. 17.30–22, vr.–za. tot 22.30 uur. Sinds de opening in 1993 heeft de chef-kokkin dit restaurant opgestuwd tot een van de beste van de stad. Het is niet alleen een bezoek waard vanwege de uitmuntende menu's en gerechten, maar ook wegens het jugendstilinterieur. Diner $25–47.

Goed bewaard geheim ▶ Swan Oyster 2 : Rechts

Geweldig restaurant ▶ Trattoria Contadina 3 : 1800 Mason St., tel. 415-982-5728, www. trattoriacontadina.com, dag. vanaf 17.30 uur. Voortreffelijke Italiaan met authentieke gerechten zonder veel opsmuk. Het kleine etablissement ligt slechts enkele passen van de toeristische restaurants aan Columbus Avenue verwijderd. Pastagerechten vanaf $13, vlees, vis en gevogelte vanaf $23.

Klassieke Italiaan ▶ Tommaso's Restaurant 4 : 1042 Kearny St., tel. 415-398-9696, http:// tommasos.com, di.–za. 17–22.30, zo. 16–22 uur, ma. gesloten. In dit Italiaanse restaurant zouden in 1935 de eerste pizza's van de Amerikaanse westkust zijn gebakken. In de keuken wordt ook tegenwoordig nog volgens oude Italiaanse tradities gekookt. Pizza's $14–23, pasta's $12,50–15, vlees en gevogelte $12,50–19.

Authentiek oosters ▶ House of Nan King 5 : 919 Kearny St., tel. 415-421-1429, ma.–za. 11–22, zo. 12–21.30 uur. Voor liefhebbers van

Tip: Dungeness crabs

Tussen november en juni is er in San Francisco op culinair gebied iets opmerkelijks aan de hand. De plaatselijke vissers doen tijdens deze zes maanden hun uiterste best om te voorzien in de reusachtige vraag van de lokale bevolking naar **Dungenesskrab**. Deze schaaldieren leven in een relatief klein gebied van 800 km² in de Grote Oceaan voor de Californische *Central Coast*. Onder de fijnproevers van de stad zijn ze zeer geliefd vanwege hun enigszins zoete, malse vlees. Kenners eten de gekookte zeebewoners zonder garnering, anderen vinden ze juist het lekkerst met vers stokbrood en een koele chardonnay. Koks zetten hun beste beentje voor wanneer zij van krab, vis, wijn en tomaat de vissoep *cioppino* bereiden, San Francisco's tegenhanger van de beroemde Franse bouillabaisse.

Binnen het *crab season* komt aan de maand februari een bijzondere rol toe. Tijdens het **San Francisco Crab Festival** is het in de stad een dolle boel met allerlei culinaire evenementen. Chef-koks en andere kookkunstenaars treden tegen elkaar in het strijdperk tijdens diverse kookconcours, professionals demonstreren aan minder ervaren keukenprinsen en -prinsessen de geheimen van hoe de krab te bereiden en hotels en restaurants proberen gasten naar binnen te lokken met allerlei bijzondere menuaanbiedingen (www. sanfrancisco.com/crab-season).

Eten en drinken

Swan Oyster Depot ▌2▐**:** 1517 Polk St., tel. 415-673-1101, geen website, dag. 8–17.30 uur, geen diner. Sinds 1912 bestaand etablissement, waar zich vooral rond het middaguur lange rijen vormen. Uitmuntende *Dungeness crabs*, *seafood*-schotels, verse oesters en grote garnalensalades, alles geserveerd aan de bar met 18 zitplaatsen. Uitstekende prijs-kwaliteitverhouding. $20–30.

de echte oosterse keuken, want de gerechten hebben weinig met de Chinese *mainstream* te maken. Laat u niet afschrikken door de snackbarachtige inrichting. $7–16.

Een absolute must ▶ Buena Vista Café ▌6▐**:** 2765 Hyde St., tel. 415-474-5044, www.thebuenavista.com, ma.–vr. 9-2, za.–zo. 8–2 uur. Een klassieker onder de ontbijtrestaurants van de stad, vanwege de typisch Amerikaanse schotels maar vooral vanwege de bar waar in 1952 voor het eerst in Amerika Irish coffee zou zijn geschonken. Vanaf ca. $7.

Winkelen

Winkelcentrum met sfeer ▶ Westfield San Francisco Centre ▌1▐**:** 865 Market St., http://westfield.com/sanfrancisco, ma.–za. 9.30–21, zo. 10–19 uur. Gigantisch winkelcentrum met speciaalzaken, boetieks, restaurants, bioscopen en een *food court* met een bijzondere charme, omdat er gerechten te krijgen zijn die u gewoonlijk vergeefs in een winkelcentrum zult zoeken – van sushi tot groene papajasalade en van biologische hamburgers tot Thaise specialiteiten.

Alles onder een dak ▶ Crocker Galleria ▌2▐**:** 1 Montgomery St., www.thecrockergalleria. com, ma.–vr. 10–18, za. 10–17 uur. Winkelcentrum onder een glazen dak midden in het financiële district.

Hightechjeans ▶ Levis Flagship Store ▌3▐**:** 300 Post St., tel. 415-501-0100, ma.–za. 10–21, zo. 11–20 uur. Paradijs voor jeansliefhebbers, met veel hightechgadgets.

Uitgaan

Op de Nob Hill ▶ Top of the Mark ▌1▐**:** 999 California St., tel. 415-392-3434, www.intercontinentalmarkhopkins.com/top_of_the_mark, di.–za. livemuziek. Drukbezochte cocktaillounge op de 19e verdieping van het Mark Hopkins Hotel met een fabelachtig uitzicht rondom en keus uit wel honderd martini's.

Livemuziek en dans ▶ Biscuits & Blues ▌2▐**:** 401 Mason St., tel. 415-292-2583, www.biscuitsandblues.com, dag. vanaf 18 uur. Etablisse-

Tip: Theaterkaarten

Bij het uitbureau **Tix Bay Area** aan Union Square kunt u in de voorverkoop kaartjes voor het theater krijgen. Kaartjes voor voorstellingen op dezelfde avond kosten maar de helft – direct afhalen, telefonisch reserveren is dan niet mogelijk (Union Square, tel. 415-433-7827, www.tixbayarea.com, di.–za. 11–17, zo. 10–15 uur). Informatie over het theaterprogramma vindt u op de website www.sanfrancisco-theater.com.

ment met een restaurant, een café en livemuziek in de buurt van Union Square.

Legendarische club ▶ Endup 3: 401 6th St., tel. 415-646-0999, http://theendup.com, do.–ma., voor 22 uur korting op de intreeprijs. Al zo'n 30 jaar is deze house- en technoclub een drukbezocht instituut in het uitgaansleven en een geliefd ontmoetingspunt voor nachtvlinders.

Klassieke muziek ▶ San Francisco Symphony 4: 201 Van Ness Ave., tel. 415-864-6000, www.sfsymphony.org. Dit met diverse Grammy Awards onderscheiden symfonieorkest onder leiding van dirigent Michael Tilson Thomas houdt zijn reputatie hoog met concerten in de ultramoderne Davies Symphony Hall.

Grote cultuurtempel ▶ War Memorial Arts Center 5: 301 Van Ness Ave. Dit complex is de thuisbasis van het op één na grootste operagezelschap van Amerika, de San Francisco Opera (tel. 415-864-3330, www.sfopera.com, kaartverkoop telefonisch, online en bij de kassa ma. 10–17, di.–vr. 10–18 uur). Onder hetzelfde dak is het San Francisco Ballet gevestigd, volgens critici een van de beste balletgezelschappen van de VS (tel. 415-861-5600, www.sfballet.org), en het Herbst Theater (tel. 415-392-4400, www.sfwmpac.org).

Podiumkunst ▶ Geary Theater 6: 415 Geary St., tel. 415-749-2228, www.act-sfbay.org. Dit theater brengt een interessante mengeling van eigentijdse en klassieke theaterstukken.

Licht entertainment ▶ Curran Theater 7: 445 Geary St., tel. 888-746-1799, www.curran-theater.com. Vooral Broadwaymusicals.

Actief

Stadsexcursies ▶ Gray Line Tours 1: Fisherman's Wharf, Pier 43 1/2, tel. 1-888-808-5997, www.sanfranciscosightseeing.com. Diverse rondleidingen.

Fietstochten ▶ Bay City Bike 2: 2661 Taylor St., Fisherman's Wharf, tel. 415-346-2453, www.baycitybike.com.

Evenementen

Chinees Nieuwjaar (eind jan.): Grote optocht met tal van andere activiteiten (www.chineseparade.com).

San Francisco International Film Festival (april): Tijdens dit festival wordt een breed spectrum aan films vertoond (www.sffs.org).

SF Gay Pride Parade (laatste zo in juni): Uitbundige homo- en lesboparade (www.sfpride.org).

San Francisco Aloha Festival (aug.): Polynesisch kunst- en cultuurfestival in het Presidio (www.pica-org.org/AlohaFest), bijzonder populair bij gezinnen met kinderen.

San Francisco Blues Festival (sept.): Het oudste bluesfestival van Amerika in Fort Mason (www.sfblues.com).

Vervoer

Vliegtuig: Op de internationale luchthaven van San Francisco, een kleine 20 km ten zuiden van Downtown, vliegen diverse luchtvaartmaatschappijen, rechtstreeks of met tussenstops in andere Amerikaanse steden, zoals New York of Chigago. De terminals worden door de AirTrain verbonden met het luchthavenstation van de regionale trein BART (rit naar de stad $8,10). Taxi ca. $30, SuperShuttle (tel. 415-558-8500) $12–17, SamTrans Bus 292 $3.

Trein: Intercity's stoppen in Emeryville aan de oostkant van de Oakland Bay Bridge. Vandaar rijden gratis bussen naar het Ferry Building in San Francisco, waar u treinkaartjes kunt kopen (www.amtrak.com). Met de intercity's van Amtrak zijn grote steden als Portland, Seattle, Salt Lake City, Denver, Chicago en de metropolen aan de Amerikaanse oostkust bereikbaar.

Tocht met de cable car

Informatie

Routes: Er zijn drie lijnen: Powell-Mason (lijn 59), Powell-Hyde (lijn 60) en California Street (Line 61) (www.sfcablecar.com/routes.html)

Mooiste route: Powell–Hyde (5,6 km)

Kaartjes: Kaartjes zijn verkrijgbaar bij de conducteur, bij kaartjesautomaten en bij de verkooppunten van de betreffende eindstations (enkele reis $5, kind tot 4 jaar gratis, dagkaart $13)

Rijtijden: Van 6–1 uur, elk kwartier

De laatste nog levende 'vervoersdinosaurus' van de Verenigde Staten is het symbool van San Francisco. Voor veel bezoekers van de stad maakt een ritje met dit merkwaardige vervoermiddel net zozeer deel uit van het standaardprogramma als een bezoek aan de Golden Gate Bridge. Maar denk maar niet dat een ritje met de *cable car* zoiets is als een tochtje met de bus! Aan boord heerst een streng regime – als in een trainingskamp voor moeilijk opvoedbare rekruten.

In- en uitstappen mag alleen aan het begin- en het eindpunt van de rit en bij de haltes, die herkenbaar zijn aan een bruin-wit bord met daarop de tekst 'Cable Car Stop'. Om de tram te laten stoppen steekt u uw hand op; als de tram gestopt is kunt u aan beide kanten instappen. Nu staat de reiziger onder het geen tegenspraak duldende commando van de vaak norse *gripman* (bestuurder). In het voorste, open gedeelte van de tram bedient hij de stuur- en de remhendel. Ook als het in de tram erg druk is, moet u het zien te vermijden om maar met een teen in het met een gele streep gemarkeerde bestuurdersgedeelte te komen. Dat is zijn territorium, dat hij compromisloos verdedigt als een waakhond. Het tweede lid van de bemanning is de conducteur, die ook als remmer fungeert en voorkomt dat de tram bergafwaarts te snel omlaag rijdt.

Een echt *freerider*-gevoel maakt zich van de reiziger meester als hij niet binnen in de tram zit, maar op de treeplank balanceert – wat in de door een veiligheidsmanie bevangen VS een merkwaardige anomalie is. Er zijn handgrepen waar men zich aan vast kan houden, zodat men er onderweg niet afgeschud wordt. Meer dan twee personen aan een dergelijke handgreep is verboden. Bij tegemoet komende verkeer, zoals een andere *cable car,* of als er een voertuig op de rails staat, dan waarschuwt de bestuurder de reizigers op de treeplank voor het naderende gevaar. Als u wilt uitstappen, trek dan niet per ongeluk aan de bel boven uw hoofd. Deze dient uitsluitend voor de communicatie tussen de bestuurder en de conducteur. Roep in plaats daarvan op tijd '*Next stop, please*', zodat de bestuurder de tijd heeft om de oldtimer tot stilstand te brengen.

Een bezoek aan de stad is niet compleet zonder een ritje met de *cable car*

Bus: Greyhound Transbay Terminal, 425 Mission St., tel. 415-495-1569, www.greyhound. com. De busmaatschappij California Shuttle Bus biedt goedkope bustochten naar Los Angeles (www.cashuttlebus.com).

Vervoer in de stad
Muni: Het Muni (Municipal Railway System) verzorgt in San Francisco het vervoer per tram, metro en *cable car* (tel. 415-673-6864, www.sfmuni.com). U kunt enkeltjes kopen ($2) maar ook voordelige kaartjes die een paar dagen geldig zijn. Een kaartje voor de *cable car* kost $5. Munibussen rijden door de hele stad. Hun naam, bestemming en lijnnummer staan op de voorkant aangegeven.

De Muni Metro Streetcars (sneltramlijnen J, K, L, M, N) rijden in de binnenstad ondergronds, in de verder buiten het centrum gelegen gebieden boven de grond. De Muni F-lijn, die loopt van Market Street langs Embarcadero naar Fisherman's Wharf, is uitgerust met historische coupés ($1,50).

Met een Muni Passport kunt u onbeperkt gebruikmaken van het openbaar vervoer. U kunt kiezen uit kaarten voor een dag ($14), drie dagen ($22) of een week ($28). De kaarten zijn verkrijgbaar bij de loketten die zich bij de *cable car*-draaiplatforms bevinden (www.sf muni.com).

Metro: Het metronetwerk BART bestaat uit diverse lijnen die San Francisco verbinden met onder meer voorsteden als Oakland, Fremont en Berkeley. Kaartjes afhankelijk van de afstand (vanaf $1,75).

Veerdiensten: San Francisco Bay Area Water Transit Authority, Pier 9, Suite 111, The Embarcadero, tel. 415-291-3377, fax 415-291-3388, www.watertransit.org. www.watertransit.org. Verscheidene veerdiensten verbinden San Francisco met bestemmingen als Oakland, Sausalito en Tiburon aan de San Francisco Bay. Vertrek van Pier 1 of de pieren aan Fisherman's Wharf.

Enkele van de belangrijkste bezienswaardigheden van San Francisco, zoals de Golden Gate Bridge, het uitkijkpunt Twin Peaks, het Golden Gate Park, het Latijns-Amerikaans aandoende Mission District en de stranden langs de oceaan liggen niet in het centrum maar daarbuiten, in de westelijke en zuidelijke delen van de Baymetropool.

Tussen Fort Mason en Presidio National Park

Kaart: blz. 366

Fort Mason **1**

Ten westen van Fisherman's Wharf ligt het voormalige militaire terrein **Fort Mason**, dat zich door de jaren heen heeft ontwikkeld tot een groots cultureel centrum met diverse theaters, enkele kleine musea en het hoofdkantoor van de Golden Gate National Recreation Area (www.fortmason.org, elke eerste wo. van de maand gratis toegang in alle musea).

Marina

Nog verder naar het westen ligt het stadsdeel **Marina**, dat nog tot de aardbeving van 1906 braakliggend moerarsland was. Na de natuurramp moest alle puin van de ingestorte gebouwen ergens naartoe, en het stadsbestuur koos daar de gebieden langs het water van Marina voor uit. Later verrezen op deze stortplaats talloze gebouwen voor de Panama-Pacific International Exposition van 1915, waarvan alleen het te midden van een parkachtige tuin gelegen neoclassicistische **Palace of Fine Arts 2** de tijd heeft overleefd. Met zijn zuilen, colonnades, bas-reliëfs en beelden doet het paleis denken aan een klassieke tempel. Het gebouw herbergt het Exploratorium, een wetenschapsmuseum met honderden interactieve opstellingen uit de wereld van de natuurwetenschap (in 2013 verhuist het Exploratorium naar Pier 15, 3601 Lyon St., tel. 415-561-0360, www.explorato rium.edu, di.–zo. 10–17 uur, volw. $14, kind 13–17 jaar $11, elke eerste wo. van de maand gratis toegang).

Ten zuiden van Fort Mason en de jachthaven strekken zich in Marina dure woonwijken uit, waar de soms deftige huizen alle mogelijke variaties van de hier zeer populaire erker laten zien. Lombard Street in dit deel van de stad wordt ook wel Motel Row genoemd, door de talloze voordelige hotels. Restaurants, cafés, kroegen, supermarkten en specialiteitenwinkels concentreren zich aan de parallel lopende Chestnut Street.

Pacific Heights

In de wijk **Pacific Heights** is een ratjetoe aan bouwstijlen en architecturale elementen te bewonderen. Een van de mooiste victoriaanse huizen is het uit 1886 stammende **Haas-Lilienthal House 3** (2007 Franklin St., tel. 415-441-3000, www.sfheritage.org/haas-lilienthal-house, rondleidingen za. 11–16, wo. en za. 12–15, volw. $8, kind tot 12 jaar $5).

Het verder zuidelijk gelegen **Alamo Square 4** is niet alleen een must voor architectuurliefhebbers, maar ook fotografen kunnen hier hun hart ophalen. Dit met bomen beplante plein wordt aan de oostkant door menige victoriaanse parel begrensd. Daarachter, boven de daken, ziet u Downtown San Francisco liggen. 's Morgens en 's avonds vormt dit een prachtige aanblik (Fulton & Steiner St.).

Presidio National Park

In oktober 1994 verliet het Amerikaanse leger een van de oudste militaire terreinen aan de westkust, Presidio de San Francisco. Het terrein werd daarop bevorderd tot **Presidio National Park 5**. Sinds de stichting van de stad in 1776 is de post onafgebroken bemand geweest, eerst door Spaanse, dan door Mexicaanse en ten slotte door Amerikaanse troepen. Wandel- en fietspaden leiden door deze verkeersarme oase in de stad.

Het in het najaar van 2009 in het park geopende **Walt Disney Family Museum** maakt het leven en werk van tekenfilm- en stripkoning Walt Disney aanschouwelijk. Hij was ook de oprichter van het wereldberoemde attractiepark Disneyland in Anaheim (104 Montgomery St., 415-345-6800, http://disney.go.com/disneyatoz/familymuseum/index.html), wo.–ma. 10–18 uur, volw. $20, senioren vanaf 65 jaar $15, kind 6–7 jaar $12.

Golden Gate Bridge

Kaart: blz. 366

Al in 1918 stelde de van oorsprong Duitse ingenieur Joseph Strauss aan het stadsbestuur voor een brug te bouwen over de Golden Gate, om de stad uit zijn geografische isolement op de punt van het schiereiland te halen. Het zou echter nog bijna 20 jaar duren voordat de ingenieur een begin kon maken met de bouw van de **Golden Gate Bridge**. Waren de financiële problemen in het begin al groot, de technische problemen zouden nog groter blijken. Vooral de verankering van het inmiddels legendarische bouwwerk op het zuidelijke bruggenhoofd was problematisch, omdat daar een stevige rotsbodem ontbrak. Ten slotte bleef niets anders over dan de zuidelijke pijler op een zandbank op de zeebodem te bouwen. Om op deze plaats überhaupt te kunnen werken, moesten de sterke stromin-

Bij Fort Point kunt u onder de Golden Gate Bridge door lopen

gen door een machtige betonnen muur worden tegengehouden.

De Golden Gate Bridge is niet alleen visueel indrukwekkend, maar ook in technisch opzicht. Van het ene tot het andere einde is hij 2,7 km lang, waarbij het 1280 m lange stuk tussen de beide 227 m hoge pijlers zonder ondersteuning wordt overbrugd. De inclusief voetpaden 27,5 m brede en 67 m boven het water hangende rijbaan wordt door twee 2,3 km lange staalkabels met een diameter van 92,5 cm op zijn plaats gehouden. Ruim 100.000 voertuigen steken dag in dag uit de Golden Gate over, waarbij de rijbanen door mobiele markeringen kunnen worden aangepast aan de verkeersstroom. Alleen op weg naar de stad moet u tol betalen ($6 per personenauto). Voor voetgangers staat het voetpad aan de oostkant van de brug dagelijks tussen 5 en 21 uur gratis ter beschikking. Fietsers mogen dit pad alleen van maandag tot en met vrijdag gebruiken en moeten in het weekend uitwijken naar de westkant van de brug.

Fort Point 7

Het beste uitzicht op het kolkende water rond de zuidelijke pijler van de Golden Gate Bridge hebt u bij **Fort Point**. Fort Point is een vesting met 120 kanonnen die in de jaren 1850 werd gebouwd ter verdediging van de baai. Op het door hoge golven omspoelde fort hebt u vooral bij onstuimig weer een overweldigend uitzicht op de Golden Gate Bridge.

Filmregisseur Alfred Hitchcock wist de dramatische werking daarvan op waarde te schatten en draaide in 1958 op die locatie de scène in de thriller *Vertigo* waarin James Stewart zijn tegenspeelster Kim Novak uit het water redt (Fort Point, tel. 415-556-1693, www. nps.gov/fopo, vr.–zo. 10–17 uur, toegang gratis).

Aan de South Bay

Kaart: blz. 366

Aan South Bay ten zuiden van de Golden Gate Bridge ligt de Golden Gate National Recreation Area als een smalle zoom langs de oceaan. De bekoorlijke **Baker Beach** 8 is bereikbaar via Lincoln Boulevard. Het is een mooi zandstrand waar u kunt zwemmen en zonnen met een prachtige uitzicht op de brug. In noord-zuidrichting loopt het wandelpad de Coastal Trail erlangs.

In Lincoln Park staat het **California Palace of the Legion of Honor** 9. In dit in beaux-artsstijl gebouwde museum wordt een van de grootste collecties Europese kunst buiten Europa zelf getoond (34th Ave. & Clement St., tel. 415-750-3600, http://legionofhonor. famsf.org, di.–zo. 9.30–17.15 uur, volw. $10, kind 13–17 jaar $6, elke eerste di. van de maand gratis toegang, met uitzondering van bijzondere tentoonstellingen).

Lincoln Park strekt zich in zuidelijke richting uit tot **Cliff House** 11, een hoog boven de kliffen uittorenend restaurantcomplex dat een fabelachtig uitzicht biedt op de kust van

Met de fiets of te voet in het Golden Gate Park

Informatie

Start: Oostkant van het park aan Fell Street
Lengte: Ca. 6–7 km
Duur/toegang: Afhankelijk van welke musea u bezoekt een hele dag. Het park is, op enkele attracties na, gratis toegankelijk.
Fietsverhuur: Golden Gate Park Bike & Skate **1**, 3038 Fulton St., vlak bij het M. H. de Young Museum, tel. 415-668-1117, www.goldengate parkbikeandskate.com, ma.–vr. 10–18, za., zo. 10–19 uur, fietsen vanaf $5 per uur.

Door het 5 km lange en 800 m brede **Golden Gate Park 10** lopen weliswaar autowegen, maar ook veel fiets- en wandelpaden, die het mogelijk maken om de groene oase te verkennen. In het weekend zijn verschillende wegen, waaronder de centrale John F. Kennedy Drive, voor het autoverkeert gesloten.

Als u het park vanaf de oostkant binnengaat, via de Fell Street, dan valt allereerst de in 1878 voltooide **Conservatory of Flowers** op, het oudste gebouw in het park. Dit paviljoen van hout en glas bevat ca. 15.000 inheemse en exotische planten (tel. 415-831-2090, www. conservatoryofflowers.org, di.–zo. 10–16.30,

volw. $7, senioren vanaf 65 jaar en kind 12–17 jaar $5). Nadat het **M. H. de Young Memorial Museum** bij de aardbeving van 1989 zwaar beschadigd was geraakt, besloot men een nieuw gebouw neer te zetten van drie verdiepingen met een uitkijktoren en een beeldentuin. Het herbergt een waardevolle verzameling kunst die afkomstig is uit alle delen van de wereld, van maskers uit Nieuw-Guinea tot Tibetaanse sieraden (tel. 415-750-3600, www. famsf.org, di.–zo. 9.30–17.15, vr. tot 20.45 uur, volw. $10, kind 13–17 jaar $6, eerste di. van de maand toegang gratis).

In de nabijheid van dit museum bevindt zich in een door de Italiaanse sterarchitect Renzo Piano ontworpen complex de **California Academy of Science**. Zo'n 38.000 dieren kregen een nieuw onderdak in dit natuurhistorisch museum, dat behalve een vier verdiepingen hoge koepel met een echt regenwoud ook een planetarium, een 3D-bioscoop en een aquarium omvat (tel. 415-379-8000, www.calacademy.org, ma.–za. 9.30–17, zo. 11–17 uur, volw. $30, kind en senior $25, derde woensdag in de maand toegang gratis).

Geniet van de intieme sfeer in de in 1894 aangelegde **Japanese Tea Garden** (tel. 415-752-1171, dag. 9–18 uur, volw. $7, kind $5, eerste

de Grote Oceaan. Op zondag kunt u een bezoek combineren met een gang langs het champagnebuffet in de Terrace Room en van de aangeboden lekkernijen genieten onder begeleiding van harpmuziek (1090 Point Lobos, tel. 415-386-3330, www.cliffhouse.com, 10–15.30 uur).

Vlak voor de kust waren de **Seal Rocks** jarenlang de thuisbasis van een grote zeeleeuwenkolonie, alvorens de dieren opeens besloten naar Pier 39 te verhuizen. Vooral 's avonds is het zicht op de zwarte rots, waar nu aalscholvers en pelikanen nestelen, een bezoekje waard.

Twin Peaks en Castro District

Kaart: blz. 366
De vroeger op het schiereiland van San Francisco wonende indianen dachten dat de **Twin Peaks 12** een kiftend paar was, dat door de grote Manitou, met het oog op de harmonische verhoudingen, door een blikseminslag van elkaar was gescheiden. Met hun 278 en 275 m zijn de beide aardhopen ongeveer even hoog. De hoogste, met een parkeerplaats en een geweldig uitzicht over de stad helemaal tot aan East Bay, is voor de meeste

wo. van de maand toegang gratis), met een pagode, Boeddhabeeld, watervallen, koivijvers en theehuis. Niet ver hier vandaan ligt de **San Francisco Botanical Garden** met 7000 plantensoorten, waaronder reusachtige redwoodbomen op de Redwood Trail (www.sfbotanical garden.org, april–okt. 9–18, de rest van het jaar 10–17 uur, $7, tweede di. van de maand toegang gratis).

Het grootste meer in het park is het kunstmatige **Stow Lake**. In het botenhuis kunt u naast roeiboten en waterfietsen ook fietsen huren. Over een brug bereikt u het in het meer liggende eiland Strawberry Hill, dat vanaf het hoogste punt uitzicht biedt op de

Golden Gate Bridge. Het **Spreckels Lake** is een ontmoetingsplaats voor modelbouwers, die hier hun boten laten varen. Wie zich voor dieren interesseert, kan op de **Buffalo Paddock** een kudde bizons bekijken die zich hier al ruim 100 jaar thuis voelt.

Een Nederlands tintje krijgt het park aan de westkant met een Hollandse **windmolen** en de Queen Wilhelmina Tulip Garden. Hier wordt het park slechts door de Great Highway van de kust gescheiden. Wie behoefte heeft aan een pauze kan in het **Beach Chalet** op krachten komen en genieten van het mooie uitzicht op het strand (tel. 415-386-8439, http://beachchalet.com).

toeristen een verplicht nummer op het programma. In de avonduren heerst op de top zo'n drukte dat soms geen auto's meer worden toegelaten.

Aan de noordoostelijke voet van de Twin Peaks beschrijft de vanuit Downtown komende Market Street een scherpe bocht, alsof hij moet uitwijken voor **Castro District** 13. De binnen deze bocht liggende wijk was in de jaren 60 een begrip. In die periode van politieke en maatschappelijke herijking en experimentele alternatieve levensstijlen transformeerde dit stadsdeel, dat toen nog een Ierse arbeiderswijk was, in een bekende

homowijk. De naam van het gebied is afkomstig van het Castro Theatre uit 1922, een van de laatste historische bioscoopaleizen van de stad. Tijdens de emancipatiestrijd van de homo's werd Castro District een belangrijke ontmoetingsplaats voor homo's uit het hele land, met winkels, bars, restaurants en galeries. Vandaag de dag wonen er nog steeds veel gays, maar zo dominant als vroeger is de homocultuur hier niet meer. De laatste jaren zijn er namelijk ook veel hetero's naar Castro getogen en zijn juist veel gays weer verhuisd. Bovendien trok Castro District ook de aandacht van de media en

werd daardoor een toeristische attractie, volgens sommigen zelfs een soort Disneyland voor homo's.

Mission District

Kaart: blz. 366

Mission San Francisco de Asis

De historische kern van San Francisco was het dorpje Yerba Buena, nu gelegen in **Mission District**. Vanhier heeft de metropool zich later ontwikkeld, Het dorpje ontstond rond de

in 1776 door Spaanse franciscanen gestichte **Mission San Francisco de Asis**. De originele kapel van de later tot Mission Dolores herdoopte missiepost is gebouwd met 1,30 m dikke adobemuren, tegen de regen afgewerkt met een mengsel van kalk en cement. Waarschijnlijk is het aan dit elastische bouwmateriaal te danken dat het historische complex de verschillende aardbevingen sinds 1776 zonder noemenswaardige schade heeft doorstaan. Het plafond vertoont decoratieve patronen zoals die ook voorkomen bij het mandenvlechten van de Costanoanindianen. Een klein museum exposeert historische artefacten en manuscripten. Ernaast werd in 1918 een basiliek

Agglomeratie San Francisco

4 Alamo Square
5 Presidio National Park
6 Golden Gate Bridge
7 Fort Point
8 Baker Beach
9 Palace of the Legion of Honor
10 Golden Gate Park
11 Cliff House
12 Twin Peaks
13 Castro District
14 Mission San Francisco de Asis

Accommodatie
1 Stanyan Park Hotel
2 Hill Point B & B
3 Laurel Inn
4 My Rosegarden Guest Rooms
5 La Luna Inn
6 Country Cottage
7 Travelodge by the Bay

Eten en drinken
1 Thanh Long
2 Beach Chalet Brewery
3 Range
4 Chow
5 Pizzeria Delfina
6 Mifune

Bezienswaardigheden

1 Fort Mason

2 Palace of Fine Arts

3 Haas-Lilienthal House

Actief

1 Golden Gate Park Bike

---

gebouwd met weelderig stucwerk rond het portaal en op de torens. Op de begraafplaats vonden 5000 mensen een laatste rustplaats, indianen, Spaanse soldaten, Mexicaanse geestelijken en Amerikaanse pioniers (3321 16th St., tel. 415-621-8203, www.missiondolores. org, dag. 9-16 uur, vrijwillige bijdrage).

Mission en Valencia Street
Mission District is niet alleen vanwege de missiepost een bezoek waard. In de omgeving van Mission Street en Valencia Street heerst de bruisende sfeer van een Midden-Amerikaanse stad. Sinds de jaren 50 zijn namelijk grote aantallen latino's in deze wijk neergestreken. Supermarkten richten zich tot de klant in het Spaans, net als de restaurants en bakkerijen, nagelstudio's en garagehouders. Dat is hier de normaalste zaak van de wereld. De schoonheidssalon op de hoek noemt zich niet Beauty Saloon, maar *Salon de Belleza*. Zelfs op fastfoodgebied gelden hier andere

wetten, want hier heersen niet de gebruikelijke hamburgerketens, maar vind men veel
vaker taco- en burritokraampjes.

Muurschilderingen in 22nd en 24th Street

Het creatieve potentieel van dit stadsdeel
treedt nergens zo duidelijk aan het licht als
in de talloze muurschilderingen waar Mission District om bekendstaat. Veel van de
soms reusachtige *murals* vertonen duidelijk
de inspiratie van de beroemde Mexicaanse
schilder Diego Rivera (1886–1957), die in de
jaren 30 in de Bay Area werkte. Vooral in Cla-
rion Alley, 22nd en 24th Street zijn veel van
deze schilderingen te zien, van individuele
kunstenaars en van collectieven, veelal met
politieke, sociale, historische en religieuze
thema's (rondleidingen: Precita Eyes Mural
Art, 2981 24th St., tel. 415-285-2287, www.pre-
citaeyes.org, ma.–vr. 10–17, za. 10–16, zo.
12–16 uur).

Accommodatie

Victoriaans ▶ Stanyan Park Hotel 1: 750 Stanyan St., tel. 415-751-1000, www.stanyanpark.
com. Hotel bij het Golden Gate Park in een onder monumentenzorg staand gebouw met 36
kamers en suites, sommige met uitzicht op
het park. 2 pk vanaf $155.

Rustige ligging ▶ Hill Point B&B 2: 15 Hill
Point Ave., tel. 415-753-0393, geen website.
Deze B&B ligt aan de rand van Golden Gate
Park en opende zijn deuren in 1916. Er zijn zeventien kamers op twee etages. Tot de voorzieningen behoren een magnetron, koelkast
en een kitchenette. 2 pk vanaf $140.

Perfecte service ▶ Laurel Inn 3: 444 Presidio
Ave., tel. 415-567-8467, www.jdvhotels.com/
laurel_inn. De 49 moderne kamers zijn modern ingericht, sommige zijn voorzien van
een keuken. 2 pk vanaf $140.

**Mooi onderkomen ▶ My Rosegarden Guest
Rooms 4:** 75 20th Ave., tel. 415-668-3783,
www.my-rosegarden.com. Drie kamers, een
daarvan heeft een badkamer. Heerlijk ontbijt
(bij de prijs inbegrepen). 2 pk vanaf $129.

Schoon en modern ▶ La Luna Inn 5: 2599
Lombard St., tel. 415-346-4664, www.laluna
inn.com. Motel met 40 kamers nabij het Palace of Fine Arts met beperkt comfort. Flats-
creentelevisie, koffiezetapparaat en draadloos
internet (niet gratis). 2 pk incl. parkeerplaats
en ontbijt vanaf ca. $95.

Mission District, San Francisco's *wild side*

**Eenvoudig onderkomen ▶ Country Cottage
6**: Dolores & 17th St., tel. 415-899-0060, www.
bedandbreakfast.com/california-san-francisco-
acountrycottage.html. B&B met vier in land-
huisstijl ingerichte kamers in een woonwijk,
gedeelde badkamers. 2 pk $79–99.

**Goede middenklasse3 ▶ Travelodge by the
Bay 7**: 1450 Lombard St., tel. 415-673-0691,
www.travelodge.com. Enigszins verouderd
motel gelegen in de wijk Marina met 72 standaardkamers voorzien van airconditioning.
Op loopafstand van Fisherman's Wharf. 2 pk
vanaf ca. $150.

Eten en drinken

Seafoodmekka ▶ Thanh Long 1: 4101 Judah
St., tel. 415-665-1146, di.–do. 17-21.30, vr.-za.
17-22 uur. De gasten komen zelfs van buiten
de stad voor de *Dungeness crab* met knoflook-
noedels. Ca. $35.

**Dineren met uitzicht ▶ Beach Chalet Brewery
2**: 1000 Great Hwy, Golden Gate Park, tel.
415-386-8439, www.beachchalet.com, dag.
9-23 uur. U kunt zich hier te goed doen aan
gebakken zalm met selderiegratin en zelfge-
brouwen bier terwijl u geniet van het uitzicht
op de Grote Oceaan. Diner $12–28.

Uitstekend ▶ Range 3: 842 Valencia St., tel.
415-282-8283, www.rangesf.com, zo.-do. 17.30-
22, vr.- za. tot 23 uur. *California cuisine* met
moderne niet alledaagse gerechten als *tuna
confit* met komkommersalade of tomaten-
soep met gebakken pompoenbloemen.
Hoofdgerecht $21–27.

**Eenvoudig restaurant, goede keuken ▶ Chow
4**: 215 Church St., tel. 415-552-2469, www.
chowfoodbar.com, zo.-do. 8-23, vr., za. 8-24
uur. Een niet weg te denken instituut in het
Castro District. Volledig Amerikaanse keuken
en ruimbemeten porties. Pasta vanaf ca. $8,
visgerechten vanaf $11,50.

Uitstekende pizza's ▶ Pizzeria Delfina 5:
3611 18th St., tel. 415-437-6800, www.pizzeria
delfina.com, ma. 17-22, di.-vr. 11.30-22, za.,
zo. 12-22 uur. Voor de uitstekende pizza's die
hier op de kaart staan betaalt u tussen $12 en
17, voor de gegrilde sardientjes $7.

Populair restaurant ▶ Mifune 6: 1737 Post
St., tel. 415-922-0337, www.mifune.com, ma.-
do. en zo. 11-21.30, vr.-za. 11-22 uur. Japans
restaurant met een in rood en zwart vormgegeven interieur en een voortreffelijke reputatie op het gebied van noedels. Gerechten
vanaf $6.

Actief

**Fietsverhuur ▶ Golden Gate Park Bike &
Skate 1**: zie 'actief' blz. 364.

Evenementen

Cherry Blossom Festival (april): Kersenbloesemfeest met een optocht in Japantown
(http://nccbf.org).

Polynesian Pride Festival (aug.): De Polynesische bevolking van San Francisco viert haar
cultuur met een groot feest in het Golden Gate
Park.

Dia de los Muertos (1 en 2 nov.): Mexicaans
dodenherdenkingsfeest in Mission District
(www.dayofthedeadsf.org).

Vervoer

BART/Bus: De verschillende stadsdelen worden met elkaar verbonden door een groot
aantal treinen en bussen van BART (Bay Area
Rapid Transit).

San Francisco Bay Area

De enorme, alleen via de Golden Gate met de Grote Oceaan in verbinding staande San Francisco Bay ontleent zijn aantrekkingskracht niet alleen aan Amerika's mooiste metropool San Francisco. Ook de veelzijdigheid van de Bay Area draagt hiertoe bij, met trendy steden, groene oases, dromerige stadjes, *cutting edge* technologie en idyllisch gelegen wijngaarden.

Juan Rodriguez Cabrillo, Bartolomé Ferrelo, Sebastian Vizcaino en sir Francis Drake – allen zeevaarders die ten tijde van de grote ontdekkingsreizen langs de Californische kust voeren, maar onkundig bleven van het grootste geheim: de Baai van San Francisco. Zelfs vandaag de dag nog ligt de Golden Gate, de nauwe toegangspoort vanaf de Grote Oceaan tot de reusachtige Bay Area, vaak verscholen achter dichte mistbanken. Dat is er waarschijnlijk de oorzaak van dat deze diep in het achterland verborgen plas water pas in de tweede helft van de 18e eeuw door de Spanjaarden werd ontdekt.

Tegenwoordig wordt met het begrip Bay Area het gebied bedoeld rond de Baai van San Francisco, dat zich uitstrekt van de stad Novato in het noorden tot het ongeveer 95 km verder in het zuiden liggende San José. Vroeger bedroeg de oppervlakte van de watermassa meer dan 2000 km², maar de afgelopen 200 jaar is die met ruim 600 km² afgenomen, vooral ten gevolge van landwinning in San Francisco en Oakland. Niettemin is de baai nog altijd het grootste 'meer' van Californië. De oevers, waaraan in totaal 7 miljoen mensen wonen, vormen na Los Angeles de grootste stedelijke agglomeratie van de Amerikaanse westkust. De totale omtrek van de baai is 430 km. Als u dit per boot zou afleggen komt u behalve langs het technologische industriegebied Silicon Valley en grote steden als Berkeley, Oakland en San José ook langs de bekendste wijnbouwgebieden van Amerika: Sonoma Valley en Napa Valley.

Marin County ► 3, C 3–4

Kaart: blz. 373

Aan het noordelijke eind van de Golden Gate Bridge, waar het **Golden Gate Vista Point 1** een fabelachtig uitzicht over de stad biedt, begint op slechts enkele minuten rijden van het drukke stadscentrum Marin County, een kustregio die niet doet vermoeden dat u zich in de nabijheid van een grote stad bevindt. Als u voorbij het uitzichtpunt de afrit *(exit)* richting Sausalito neemt en direct weer afslaat naar San Francisco, komt u uit bij een bergflank waarover een smalle slingerweg omhoog voert. Een stuk of vijf uitkijkpunten langs de bergweg bieden een adembenemend uitzicht op de Golden Gate Bridge en de daarachter gelegen metropool. Nadat u afscheid hebt genomen van de betoverende panorama's komt u via de naar het westen voerende Bunker Road uit bij de vaak rustige **Rodeo Beach**. Op deze uiterst romantische kuststrook kunt u mosselen rapen, een strandwandeling maken en genieten van een indrukwekkende zonsondergang.

Mooi wonen op het water: pagodewoonboot in Sausalito

Tip: Met een zeppelin over de Golden Gate

Wanneer u de Bay Area bezoekt hebt u sinds kort de mogelijkheid om San Francisco, de Golden Gate Bridge en de wijnregio's Sonoma Valley en Napa Valley vanuit een ongebruikelijk vervoermiddel te beschouwen: een zeppelin. Het Duitse bedrijf Zeppelin Luftschifftechnik in Friedrichshafen, waar in 1900 de eerste zeppelin ter wereld het luchtruim koos, maakt dit avontuur in samenwerking met de Californische onderneming Airship Ventures in Los Gatos mogelijk. Het luchtschip met een lengte van 75 m is geheel gevuld met helium en kan twaalf passagiers vervoeren. Hetzelfde type zeppelin heeft in Duitsland, Japan en Zuid-Afrika sinds 2001 al meer dan 10.000 vlieguren op zijn naam staan, waarbij zo'n 65.000 passagiers werden vervoerd. De veiligheid en luchtwaardigheid zijn dus gegarandeerd. De thuishaven van de Californische versie is de **Moffett Field Airstrip**, ca. 65 km ten zuiden van San Francisco, waar een 343 m lange en 93 m brede hangar dienstdoet als zeppelinterminal (Airship Ventures, P.O. Box 345, Moffet Field, CA 94035-0345, tel. 650-969-8100, www.airshipventures.com, vanaf $495 p.p.; ook vluchten boven andere steden).

Sausalito 2

Het 7300 inwoners tellende stadje **Sausalito** heeft zijn bekoorlijkheid vermoedelijk niet alleen te danken aan zijn fraaie ligging op een bergflank aan de noordelijke San Francisco Bay, maar ook aan zijn welluidende naam. Die werd hem geschonken door de Spaanse ontdekker, die deze strook kust Saucelitos ('wilgjes') noemde. In later tijden kwam hier een klein walvisstation tot ontwikkeling; weer later legde Jack London hier onbedoeld de basis voor een kunstenaars- en alternatievelingenkolonie. De bekende Amerikaanse schrijver, die later naar de Sonoma Valley verhuisde, zou hier op het idee gekomen zijn van zijn beroemde en meermaals verfilmde roman *The sea-wolf* (1904).

De vele groene gebieden, zoals het **Viña del Mar Park** met stenen olifanten en een fontein die nog afkomstig zijn van de Panama-Pacific Exposition in 1915 in San Francisco, en de aantrekkelijke havenboulevard, die uitzicht biedt op de baai en de skyline van de metropool, verlenen de plaats een mediterrane charme. Doordat het stadje veelvuldig wordt bezocht door mensen uit San Francisco zijn er talrijke interessante boetieks, galeries, speciaalzaken, restaurants en cafés (vooral in de haven) gevestigd. Van eind mei tot eind augustus is het **Gabrielson Park** elke vrijdagavond een trefpunt van jazz- en bluesliefhebbers, die ook het culinaire aanbod op waarde weten te schatten.

Het centrum van Sausalito maakt een verzorgde indruk. Dat kan niet altijd gezegd worden van de in de Richardson Bay liggende **woonbootkolonie**, uitzonderingen daargelaten. In de jaren zestig van de 20ste eeuw, toen Otis Redding hier zijn bekende liedje *Sittin' on the dock of the bay* schreef, had Sausalito aan deze buurt de reputatie te danken een walhalla te zijn voor seks en drugs, en ook tegenwoordig is het alternatieve karakter van de wijk nog duidelijk merkbaar. Veel woonboten zien eruit alsof ze ieder moment onder de waterspiegel kunnen verdwijnen. Amateurarchitecten hebben zich soms uitgeleefd met zeer eigenzinnige ontwerpen. Als u een wandeling maakt over de deinende steigers moet u regelmatig bukken om niet verstrikt te raken in de wirwar van kabels en leidingen.

De interessantste bezienswaardigheid van Sausalito is te zien in het **Bay Model Visitor Center**. Om de bewegingen van het water in de Baai van San Francisco te kunnen simuleren voor wetenschappelijk onderzoek, hebben ingenieurs in de jaren 50 een natuurgetrouwe maquette gebouwd van de hele baai. Omdat tegenwoordig computers worden gebruikt voor de simulaties, dient de in een speciale zaal ondergebrachte miniatuurbaai al-

San Francisco Bay Area (noordelijke deel)

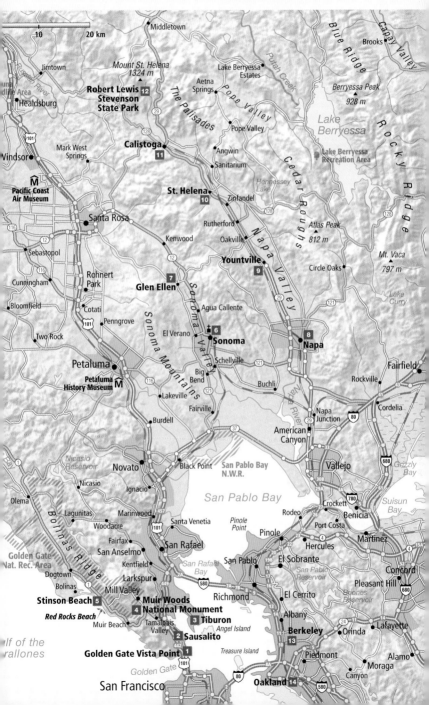

leen nog een museaal doel. Het voortdurend hoorbare geborrel is afkomstig van de pompen die doorlopend de effecten van eb en vloed veroorzaken in de 400.000 liter grote watermassa (2100 Bridgeway, tel. 415-332-3871, www.spn.usace.army.mil/bmvc, 's winters di.–za. 9–16 uur, 's zomers langer, toegang gratis).

Informatie

Sausalito Visitor Center: 780 Bridgeway, Sausalito, CA 94965, tel. 415-332-0505, www.sausalito.org.

Accommodatie

Betoverende ligging ▶ Inn Above Tide: 30 El Portal, tel. 415-332-9535, www.innabovetide.com. Het enige hotel in de hele baai dat direct aan het water ligt. Alle 29 comfortabel en stijlvol ingerichte kamers bieden uitzicht op de San Francisco Bay. 2 pk vanaf $320.

Voordelig ▶ Hostelling International Marin Headlands: 937 Rosenstock, Fort Barry Building 941, tel. 415-331-2777, http://norcalhostels.org/marin. U verblijft in twee historische gebouwen uit 1907, zo'n 13 km buiten de stad. Bed vanaf $25.

Eten en drinken

Gespecialiseerd in zeevruchten ▶ Scoma's: 588 Bridgeway, tel. 415-332-9551, www.scomassausalito.com, dag. vanaf 11.30 uur, nov.–mrt. di.–wo. gesloten. In dit stijlvolle restaurant op palen aan de oever worden voornamelijk visgerechten en zeevruchten geserveerd. Monday Night Lobster (kreeft) $32, Lazyman's Cioppino (vissoep) $37.

Geweldig gelegen ▶ Salito's: 1200 Bridgeway, tel. 415-331-3226, www.salitoscrabhouse.com, dag. 11.30–22.30 uur. Restaurant aan het water. Specialiteit van het huis: Dungenesskrab met knoflooksaus. Per persoon kost de schotel $35, voor vier personen komt het krabfeest voor $100 op tafel. Ook voortreffelijke *prime rib*.

Goed begin van de dag ▶ Fred's Coffee Shop: 1917 Bridgeway, tel. 415-332-4575, dag. 7–15 uur. De lokale bewoners ontmoeten elkaar al veertig jaar bij het ontbijt in dit gezellige café.

Vanaf ca. $7.

No Name Bar: 757 Bridgeway, tel. 415-332-1392, dag. 11–2 uur. Hier kunt u de lokale sfeer opsnuiven bij een drankje. Al meer dan vijftig jaar een insiderbar: vaak livemuziek, met blues, jazz, rock-'n-roll.

Winkelen

Regionale wijn ▶ Bacchus & Venus: 769 Bridgeway, tel. 415-3312001,www.bacchusandvenus.com. Speciaalzaak met uitgelezen wijnen, hoofdzakelijk uit de eigen Napa en Sonoma Valley. In de *tasting room* kunt u het kostelijke vocht proeven.

Actief

Wandelen ▶ Er zijn talloze **wandelmogelijkheden** rond de San Francisco Bay. Routebeschrijvingen zijn te vinden op de website www.bahiker.com.

Vervoer

Veerdiensten: Tussen Sausalito en San Francisco varen diverse veerdiensten. Voor vertrektijden vanuit het San Francisco Ferry Building zie http://goldengateferry.org, voor de vertrektijden vanaf de Fisherman's Wharf in San Francisco zie www.blueandgoldfleet.com, tel. 415-705-8200.

Tiburon en Angel Island

Net als Sausalito heeft het op een schiereiland gelegen **Tiburon** 3 zich door de jaren heen ontwikkeld tot een drukbezochte jachthaven aan de North Bay. Vooral in de zomerweekenden komen veel mensen uit de stad per veerboot aan om te lunchen of iets te drinken op de terrassen van de restaurants ter hoogte van Main Street, direct aan de haven. Of men flaneert over Paradise Drive langs het water, met uitzicht op de Racoon Straits op **Angel Island**, het grootste eiland in de baai op maar ongeveer 1,5 km afstand.

Veel bezoekers laten zich naar het eilandje overzetten om over de 7,5 km lange, autovrije weg te wandelen die het eiland omcirkelt en deels door het rotsachtige landschap leidt. Erlangs openen zich prachtige uitzichten. Aanmerkelijk minder dagjesmensen zijn te vin-

actief

Wandelen in het Muir Woods National Monument

Informatie

Start: Bezoekerscentrum Muir Woods National Monument (Mill Valley, tel. 415-388-2596, www.nps.gov/muwo, dag. 8 uur tot zonsondergang. Het Visitor Center sluit om 16.30 uur, $7, fietsen zijn niet toegestaan).

Lengte: 600 m tot 3,2 km

Duur: 30 minuten tot 1,5 uur

Een klassieke bestemming voor een natuurwandeling is het 18 km ten noorden van de Golden Gate Bridge gelegen **Muir Woods National Monument** ▪4▪. De in het beschermd natuurgebied op de flanken van de bijna 800 meter hoge Mount Tamalpais groeiende tot 1000 jaar oude sequoia's behoren tot de laatste van hun soort in de omgeving van San Francisco. Schaduwtolerante vegetatie zoals zwaardvarens en mossen, maar ook lauerbomen, esdoorns, douglassparren en Californische torreya's gedijen goed onder het groene bladerdak van de reusachtige bomen en bieden vogels zoals fluiters, goudhaantjes, lijsters en winterkoninkjes een adequate leefomgeving.

Volg vanuit het bezoekerscentrum de kortste, slechts 600 m lange rondwandeling langs de Redwood Creek aan de oostzijde. U komt voorbij de Pinchotboom, die herinnert aan Clifford Pinchot, aan het begin van de 20e eeuw een van de belangrijkste natuurbeschermers van de VS. Bij **Bridge 2** steekt u de Redwood Creek over en wandelt langs de westelijke oever terug. In **Bohemiam Grove** vormt een boom met een gespleten stam voor veel wandelaars een populair fotomoment.

Een ca. 1,6 km lange wijde bocht voert langs Bridge 2 naar de **Cathedral Grove**, waar een groep enorme sequoia's een imposante aanblik vormen. Een plaquette bij een omgevallen boom herinnert aan een bijeenkomst op deze plaats van enkele VN-afgevaardigden in 1945. Zij kwamen hier de kort daarvoor overleden Amerikaanse president Roosevelt herdenken, die de eerste vergadering van de in San Francisco opgerichte wereldorganisatie zou openen.

Bij **Bridge 3** steekt u een beek over en keert via de westelijke zijde terug naar de parkingang. Wie wil kan de boswandeling verlengen van de Cathedral Grove tot aan **Bridge 4** en via de **Hillside Trail** terug naar het Visitor Center lopen. Tussen half december en half maart kunt u daarbij getuigen zijn van een bijzonder schouwspel: de terugkeer van de zalm uit de Grote Oceaan naar de Redwood Creek om te paaien.

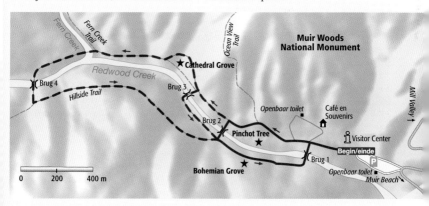

375

den op de ruim 3 km lange Sunset Trail, die over de berghellingen van de 238 m hoge Mount Livermore omhoog voert. Op de top worden de inspanningen van de klim beloond met een schilderachtig panorama waarbij u onder meer ook San Francisco ziet liggen.

Angel Island werd in 1765 ontdekt door de Spanjaard Gaspar de Portola. Tien jaar later diende het als uitvalsbasis voor Juan de Ayala om de Baai van San Francisco te verkennen. In 1863 bouwden de Amerikanen op dit bergachtige eiland een fort, Camp Reynolds, ter verdediging van de Golden Gate. Sinds het begin van de 20e eeuw wordt het eiland ook wel 'het Ellis Island van de Westkust' genoemd, omdat het tussen 1910 en 1940 als immigrantensluis naar Californië dienstdeed, via welke alleen al 175.000 Chinezen Amerika binnenkwamen.

Vervoer

Veerdiensten: Tussen Tiburon en San Francisco en tussen Angel Island en San Francisco varen diverse veerdiensten. Vaartijden en informatie op www.blueand goldfleet.com. Vertrek uit San Francisco vanaf Pier 41 of het Ferry Building.

Stinson Beach **5**

Waar de westelijke flank van Mount Tam, zoals de lokale bevolking hem noemt, aan de oceaan raakt, ligt langs Highway nr. 1 het 1200 inwoners grote **Stinson Beach**. De laatste jaren heeft het zich ontwikkeld tot een zeer drukbezochte plaats. De reden daarvan is de relaxte vakantiesfeer, het 5 km lange zandstrand en het feit dat alles hier op ten hoogste een kwartiertje lopen van elkaar ligt. Een sirene, die tweemaal daags van zich laat horen, herinnert eraan dat Stinson Beach precies op de San-Andreasbreuk ligt en daarom niet alleen wordt bedreigd door aardbevingen maar ook door tsunami's.

Op het verscholen liggende **Red Rocks Beach**, waar warmwaterbronnen aan de oppervlakte komen en de grillige kliffen een klein maar aantrekkelijk paradijsje vormen voor bergbeklimmers, wordt zowaar door het stadsbestuur een naaktstrand getolereerd (Mile 11 aan Hwy. 1). Andere delen van het strand zijn in de nazomer erg populair bij surfers. Tijdens de warmste maanden van het jaar verdwijnt deze kuststrook vaak onder een dichte mist en wordt hij geplaagd door rukwinden en koude stromingen uit Alaska, maar in september slaat het weer opeens om en worden de omstandigheden ideaal voor aanbidders van zon, zee en strand (http://stin sonbeachonline.com).

Sonoma Valley ▶ 3, D 8

Kaart: blz. 373

Californische wijnboeren produceren jaarlijks meer dan 300.000 ton druiven, waarvan onder meer 65 miljoen liter wijn wordt gemaakt. Het leeuwendeel van de beroemdste wijnen uit Californië is afkomstig van de twee bekendste wijnregio's van Amerika: de parallel aan elkaar lopende Sonoma Valley en Napa Valley. Hoewel ze beide in gelijke mate symbool staan voor de Californische wijnproductie, zijn ze toch heel verschillend van karakter. Sonoma Valley, 27 km lang en met ongeveer 40 wijnhuizen, is nog landelijk en oorspronkelijk, terwijl Napa Valley, twee keer zo lang maar met zes keer zoveel wijnhuizen, veel commerciëler georiënteerd is en enigszins snobistisch overkomt.

Sonoma Valley speelt een rol in de Amerikaanse geschiedenis tijdens de zogenaamde Bear Flag-opstand van 1846. Een groep Amerikaanse kolonisten was een gerucht ter ore gekomen over landschenkingen van de Mexicaanse regering. Aangekomen in de Sonoma Valley hoorden ze dat niet-Mexicanen waren uitgesloten van landbezit. Uit woede overvielen ze de Mexicaanse bestuurspost, namen generaal Vallejo gevangen en riepen de onafhankelijke republiek Californië uit. De vlag van de opstandelingen, een ster en een grizzlybeer tegen een witte achtergrond, werd 25 dagen later vervangen door de Stars & Stripes: op 9 juli 1846 voer de Amerikaanse admiraal John D. Sloat de baai van Monterey binnen om de Amerikaanse vlag te hijsen, ten

Tip: Wijngoederen in Sonoma Valley

Doordat niet minder dan zo'n 200 dagen per jaar de zon schijnt op de wijngaarden in **Sonoma Valley**, worden hier wijnen geproduceerd die beroemd zijn tot ver over de grenzen van Amerika. Van druivensoorten als zinfandel en syrah worden krachtige rode wijnen gemaakt. Verder zijn ook cabernet sauvignon, merlot en in geringere mate cabernet franc vertegenwoordigd.

Een van de beroemdste wijnhuizen in de Sonoma Valley is **Sebastiani Vineyards** in Sonoma. De stichter van het wijngoed, een immigrant uit Toscane, kocht het domein in 1904 van franciscaner monniken die het al sinds 1825 bewerkten. Momenteel is het de vierde generatie nazaten van de oprichter die het geheel beheert. Het wijnhuis is in de loop van tientallen jaren steeds verder gegroeid; tegenwoordig bezit het ook wijngaarden in het noordelijke deel van Sonoma Valley en in Russian River Valley (389 4th St. E., Sonoma, tel. 707-933-3230, www.sebastiani.com, rondleidingen en proeven dag. 10–17 uur).

Ruim 30 jaar geleden richtte Walter Schug **Schug Winery** op, dat tegenwoordig bekend-staat om onder meer zijn uitstekende pinot noirs. Onlangs nog werd dit wijngoed met een gouden medaille bekroond vanwege de uitstekende kwaliteit (602 Bonneau Rd., Sonoma, tel. 707-939-9363-202, www.schugwinery. com, wijnproeven dag. 10–17 uur).

Valley of the Moon Winery werd opgericht in Glen Ellen en stamt uit 1863. Enkele van de historische gebouwen staan nog overeind, maar het wijnmaken werd in 1997 ingrijpend gemoderniseerd, waarbij de productiemethoden op eigentijdse leest werden geschoeid. Het wijnproeven vindt ook plaats in een modern gebouw (777 Madrone Rd., Glen Ellen, tel. 707-939-4500, www.valleyofthemoonwine ry.com, dag. 10–16.30 uur).

Eric Ross Winery werd in 1994 opgericht door twee bekroonde fotografen, die hun arbeidzame leven eens over een geheel andere boeg gooiden. Nu al staat het wijnhuis tot ver over de grenzen van Sonoma Valley bekend om zijn hoogwaardige chardonnays en pinot noirs (14300 Arnold Dr., Glen Ellen, tel. 707-939-8525, www.ericross.com, wijnproeven do.– ma. 11–17 uur).

teken van de officiële annexatie van Californië door de VS. Sinds 1911 is de Bear Flag de officiële vlag van de staat Californië. Een heldenmonument op de plaza herinnert nog aan de kolonistenopstand.

Sonoma 6

Het centrum van de Sonoma Valley is het 9000 inwoners grote **Sonoma**, een historisch stadje rond een plaza. Daar staat de City Hall uit 1906 met een façade van basaltstenen en omgeven door een groot gazon met slanke palmen en eucalyptusbomen. Het plein, dat in de eerste helft van de 19e eeuw tijdens de Mexicaanse periode een militair exercitieterrein was, wordt omsloten door winkels, winkelpassages en huizen van twee verdiepingen met dakpannen, houten balkons en gevels van adobe.

De belangrijkste architectonische getuige van de bewogen geschiedenis van Sonoma is de **Mission San Francisco Solano de Sonoma**, die in 1823 als laatste en meeste noordelijke van de in totaal 21 Californische missieposten werd gesticht. Destijds ressorteerde Sonoma Valley onder Mexicaans bestuur in de persoon van generaal Mariano G. Vallejo, die elf jaar later in opdracht van hogerhand de zendingspost seculariseerde. Van het oorspronkelijke complex zijn alleen de in adobestijl gebouwde woon- en werkvertrekken van de paters bewaard gebleven. Hier is een klein museum ondergebracht. Op de binnenplaats staan olijfbomen, kweeperen, granaatappelbomen en cactussen rond een fontein. Er is ook een leemoven te zien, waarin de pioniers hun brood bakten. De oorspronkelijke kerk werd in 1840 vervangen door de

Een wijnhuis in Napa Valley, omringd door bomen en wijngaarden

huidige kapel met zijn kleurige altaar (20 E. Spain St., tel. 707-938-9560, www.missiontour. org/sonoma, di.–zo. 10–17 uur, $3, kaartjes zijn ook geldig voor de Sonoma Barracks en Lachryma Montis).

Tussen 1836 en 1840 werd vlakbij door indianen de **Sonoma Barracks** gebouwd, een gebouw van twee verdiepingen waarin het militaire hoofdkwartier van Vallejo werd gevestigd. Het privéhuis van de generaal lag in de **Lachryma Montis** (Bergtranen) aan de noordrand van de plaats. Het pittoreske victoriaanse gebouw staat aan de voet van een heuvel te midden van een tuin vol magnolia's, wilde wingerd en rozenstruiken. Binnen wekken de originele meubels en de gezellige sfeer de indruk dat er nog steeds mensen wonen. De Spaanse naam gaat terug op een uit de bergflank ontspringende bron, die sinds jaar en dag de tuin van water voorziet. In een aanpalend gebouw is een klein museum ondergebracht (W. Spain St., tel. 707-938-9559, www. parks.sonoma.net, di.–zo. 10–17 uur, $3).

Informatie

Sonoma Valley Visitors Bureau: 453 1st St., Sonoma, CA 95476, tel. 707-996-1090, www.sonomavalley.com.

eenlopende grootte en alle verschillend ingericht. Doordeweeks 2 pk vanaf $169.

Eten en drinken

Traditionele keuken ▶ **La Casa:** 121 E. Spain
St., tel. 707-996-3406, www.lacasarestaurant.
com, dag. lunch en diner. *Fajitas*, burrito's,
enchilada's en nog meer Mexicaanse specialiteiten. U kunt ook eten op het terras van de
winkelpassage El Paseo. $9–17.

In de kaashemel ▶ **Sonoma Cheese Factory:** 2
Spain St., tel. 707-996-1931, www.sonoma
cheesefactory.com, dag. 8.30–17.30 uur. Goed
gesorteerde delicatessenwinkel met binnenplaats, waar vlees van de open grill wordt geserveerd. De bijna vloeibare lokale Sonoma-
kaas is het proberen waard. Vanaf ca. $6.

Prima café ▶ **Sunflower Caffé:** 421 1st St. W.,
tel. 707-996-6645, dag. lunch en diner. Drukbezocht café aan de plaza met een mooie ach-
tertuin, waar u in de schaduw van het lommer smakelijke sandwiches en kleine
gerechten kunt gebruiken of een glas Sono-
mawijn kunt proeven. Vanaf ca. $11.

Winkelen

Leuke boetiekjes ▶ **Sonoma Court Shops**, **The
Mercato** en **El Paseo:** Meteen aan de plaza
vindt u fraaie winkelarcades met fonteinen en
bankjes om op uit te blazen.

Goede wijn ▶ **Sonoma Wine Shop:** 412 1st St.
E., tel. 707-996-1230, www.sonomawineshop.
com, do.–ma. 11–18 uur. Wijnliefhebbers kunnen voordat ze tot koop overgaan vijf lokale
wijnen proeven voor $5. De bijbehorende bo-
dega serveert een smakelijke lunch in een
aangename sfeer. Kaasplank vanaf $9.

Actief

Wijnexcursies ▶ **California Wine Tours &
Transportation:** 22455 Broadway, tel. 707-939-
7225, www.californiawinetours.com. Diverse
rondritten langs de wijngaarden mogelijk,
privé of met een groep, met een busje, een tou-
ringcar of een limousine.

Autoraces ▶ **Infineon Raceway:** 29355 Arnold
Dr., tel. 707-938-8448, www.racesonoma.com.
Op dit circuit vinden jaarlijks diverse auto- en
motorraces plaats.

Accommodatie

Heel comfortabel ▶ **Cottage Inn:** 302 1st St. E.,
tel. 707-996-0719, www.cottageinnandspa.
com. Chique bed and breakfast in het centrum in mediterrane stijl, met kunstzinnig
vormgegeven suites. Alle kamers inclusief gratis wifi, parkeerplaats, kamerjas, haardroger,
kaarsen en bloemen. Ook met wellness en
wijnbar. Suites vanaf ca. $230.

Met persoonlijke noot ▶ **Vineyard Inn:** 23000
Arnold Dr., tel. 707-938-2350, www.vineyard
innsonoma.com. Hotel met een informele
sfeer, gelegen ten zuidwesten van het stadscentrum. De kamers en suites zijn van uit-

Glen Ellen en Jack London Historic State Park

Ten noorden van Sonoma, aan Highway 12, de centrale wegverbinding door het dal, ligt het dorpje **Glen Ellen** [7]. Hier vestigde Jack London zich in 1909 om zich behalve met schrijven onledig te houden met groente- en veeteelt. Hij heeft hier tot zijn dood in 1916 gewoond met zijn tweede vrouw, Charmian. De destijds bestbetaalde schrijver van Amerika, auteur van 51 boeken en 193 verhalen, liet jarenlang aan zijn Wolf House bouwen. In 1913, vlak voordat het eindelijk zou zijn voltooid, brandde de uit zwarte lavastenen en sequoiahout opgetrokken villa af, waarschijnlijk doordat een stapel met olie doordrenkte vodden spontaan vlam vatte.

Na de dood van haar echtgenoot liet Charmian een kleinere versie van het Wolf House bouwen, het House of Happy Walls, waar nu een museum is ondergebracht met allerlei Jack Londonmemorabilia. In een nabijgelegen eikenbosje vond de grote avonturier, die tegen het einde van zijn leven werd geplaagd door depressies en drankzucht, een laatste rustplaats (Jack London Historic State Park, 2400 London Ranch Rd., tel. 707-938-5216, www.jacklondonpark.com, vr.–ma 10–17 uur, $10).

Napa Valley ▶ 3, C 2–3

Kaart: blz. 373

Een halfuur rijden verder naar het oosten strekt Napa Valley zich uit, evenals Sonoma Valley in noord-zuidrichting, bijna als een vergrote kopie. De eerste keer dat hier druivensap werd verwerkt tot wijn was halverwege de 19e eeuw. In die tijd kwam een immigrant uit Pruisen, Charles Krug, aan in St. Helena, waar hij in 1861 begon te experimenteren met commerciële wijnteelt en zeven jaar later een eigen wijnhuis oprichtte. Vergelijkbaar is het verhaal van Friedrich Beringer, toevallig ook van Duitse afkomst en eveneens halverwege de 19e eeuw naar Amerika geëmigreerd om rond 1876 een nu beroemd wijngoed op te bouwen in Napa Valley.

Aan het succesverhaal van de wijnbouw kwam een voorlopig einde met de periode van de Drooglegging (1920–1933), waar de nieuwe agrarische bedrijfstak bijna aan ten onder ging. Pas na de Tweede Wereldoorlog kwam de wijnproductie aan de noordelijke San Francisco Bay goed op gang. Tegenwoordig heeft het vruchtbare dal dankzij de daar verbouwde pinot noir, cabernet sauvignon, chenin blanc en chardonnay een reputatie tot ver over de grenzen van de VS. Het grootste deel van de meer dan 250 wijnhuizen en 13.000 ha wijngaarden liggen ten noorden van Napa.

Napa [8]

Het 73.000 inwoners tellende **Napa** is de wijnhoofdstad van de vallei. De stad werd medio 19e eeuw gesticht. Menig victoriaans gebouw uit de beginjaren heeft de tand des tijds doorstaan. De aantrekkingskracht van de stad berust echter niet op attracties en bezienswaardigheden, maar op zijn wereldwijde reputatie als wijnstad.

Informatie

Napa Valley Visitor Center: 1310 Napa Town Center, Napa, CA 94559, tel. 707-226-7459, http://napavalley.org. Hier kunt u coupons krijgen voor wijnproeven. Gratis internet.

Accommodatie

Onderkomen in de middenklasse ▶ **Wine Valley Lodge:** 200 S. Coombs St., tel. 707-224-7911, www.winevalleylodge.com. 54 grote kamers met magnetron en gratis snel internet. De *lodge* beschikt ook over een buitenbad. 2 pk vanaf $129.

Prima onderkomen ▶ **Chablis Inn:** 3360 Solano Ave., tel. 707-257-1944, www.chablisinn.com. Smetteloze kamers met satelliet-tv, een koffiezetapparaat en een koelkast. Sommige zijn uitgerust met een keukentje. 2 pk 's zomers vanaf $139, 's winters vanaf $109.

Eten en drinken

Zuid-Europees geïnspireerd ▶ **ZuZu:** 829 Main St, tel. 707-224-8555, www.zuzunapa.com, ma.–do. 11.30–22, vr. tot 24, za. 16–24, zo. 16–21 uur. Dit restaurant is gespecialiseerd in

Tip: Wijnroutes in Napa Valley

Tussen de steden Napa in het zuiden en Calistoga in het noorden leiden twee centrale autowegen door de wijngaarden van Napa Valley. Langs **Highway 29** rijgt het ene wijngoed zich aan het andere. Daaronder zijn er vele die de Valley zijn wereldvermaarde reputatie hebben bezorgd, zoals **Robert Mondavi** in Oakville. Dat is des te opmerkelijker omdat Mondavi pas in 1966 werd opgericht. Het hoofdgebouw herinnert met zijn gedrongen toren en grote boogportaal aan de bouwstijl van Californische zendingsposten (7801 Hwy 29, Oakville, tel. 707-968-2001, www.robertmondaviwinery.com, rondleidingen en wijnproeven dag. 10-17 uur).

Europese wijnhuizen als Rothschild, Chandon en Taittinger pikken sinds lange tijd een graantje mee, maar ook Amerikaanse vips zijn in het kielzog van populaire soaps als de ook in Nederland uitgezonden serie *Falcon Crest* op het idee gekomen om hun eigen wijnhuizen op te richten. Onder hen is de Hollywoodregisseur Francis Ford Coppola, die eigenaar is van **Inglenook** in Rutherford, waar *Falcon Crest* werd opgenomen. Sinds 1975 blaast Coppola de wijnteelt in dit deel van Napa Valley nieuw leven in en hij heeft de streek tot een van de beste Amerikaanse wijnbouwgebieden voor de druivensoort cabernet sauvignon gemaakt (1991 St. Helena Hwy, Rutherford, tel. 707-968-1161, www.inglenook. com, wijnproeven dag. 10-17 uur, $50).

Klein maar fijn – dat is het devies van de **Peju Province Winery**. De middeleeuws aandoende gebouwen worden omgeven door een fraaie tuin, waar de moderne beelden contrastrijke accenten vormen met de rozenhagen, speelse fonteinen en houten wijnvaten. Het wijngoed is gespecialiseerd in wijnen die gemaakt worden van druiven als chardonnay, syrah, merlot en cabernet sauvignon (8466 Hwy 29, Rutherford, tel. 707-963-3600, www.peju.com, wijnproeven dag. 10-18 uur).

Een van de oudste wijnhuizen in Napa Valley is **Beringer Vineyards**, dat in 1875 werd opgericht door twee broers uit het Duitse Mainz. De victoriaanse villa op het domein van het wijngoed legt getuigenis af van het feit dat de wijnbouw al in de pionierstijd een lucratieve bedrijfstak was. De Beringers lieten door Chinese arbeiders tunnels graven in de bergflank, om daar de wijnvaten in op te slaan. De daar heersende constante temperatuur is immers gunstig voor het rijpingsproces (2000 Main St., St. Helena, tel. 1-866-708-9463, www.beringer.com, bezichtiging en wijnproeven dag. 10-17 uur).

Parallel aan Highway 29, enkele kilometers verder naar het oosten, meandert de **Silverado Trail** door het wijnlandschap. Hierlangs liggen soms bijzonder protserige wijnhuizen met enorm brede oprijlanen die alleen maar bedoeld zijn om indruk te maken op voorbijgangers, maar er zijn ook bescheidener goederen.

Darioush Winery probeert er met talloze antieke zuilen uit te zien alsof het zo uit de oudheid komt. In de chique *tasting room* kunt u de wijnen proeven. De eigenaar van het wijngoed, Darioush Khaledi, is afkomstig uit Iran. Hij heeft het vak in zijn vaderland geleerd, maar de islamitische revolutie maakte de uitoefening ervan onmogelijk (4240 Silverado Trail, Napa, tel. 707-257-2345, www.darioush.com, rondleidingen na afspraak, wijnproeven dag. 10.30-17 uur).

Het verschil tussen de enigszins trendy clientèle van Darioush Winery en de in 1893 opgerichte **Stag's Leap Wine Cellars** kon nauwelijks groter zijn. Bij Stag's kunt u het edele druivenvocht savoureren te midden van reusachtige wijntanks. In het gebouw, dat helemaal is doordrenkt van de geur van het gistende druivensap, heeft men niet het idee in een trendy vormgegeven bar te zitten, maar op een agrarisch bedrijf waar hard wordt gewerkt. Al meer dan een eeuw worden er op de vulkanische grond cabernet- en syrahdruiven gecultiveerd (6150 Silverado Trail, Napa, tel. 707-944-1303, http://stagsleap.com, reserveren noodzakelijk).

Fruitvale Village in Oakland is een stedenbouwkundig voorbeeldproject

een Amerikaanse variant van de Spaanse tapas en kleine mediterrane gerechten. Vanaf $30.

Winkelen

Winkelcentrum in de binnenstad ▶ Napa Town Center: Vriendelijk aangelegd centrum met winkels en restaurants.

Voor wijnliefhebbers ▶ Wineries of Napa Valley: 1285 Napa Town Center, 11–18 uur. In de omgeving van het Visitor Center vindt u tal van mogelijkheden om regionale wijnen te proeven en te kopen.

Voordelig inkopen ▶ Napa Premium Outlets: 629 Factory Stores Dr., www.premiumoutlets. com, ma.–do. 10–20, vr.–za. 10–21, zo. 10–19 uur. Centrum met een groot aanbod van fabriekswinkels.

Actief

Wine & Dine Tours ▶ Napa Valley Wine Train: 1275 McKinstry St., tel. 1-800-427-4124,

Yountville 9

Yountville is visueel minder uitnodigend dan St. Helena of Calistoga, maar voor wijnliefhebbers toch aanbevelenswaardig vanwege het feit dat de plaats aan alle zijden wordt omringd door wijngaarden en in de omgeving enkele beroemde wijnhuizen liggen.

Accommodatie

Aantrekkelijke accommodatie ▶ **Maison Fleurie:** 6529 Yount St., tel. 707-944-2056, www.maisonfleurienapa.com. De 13 kamers van deze charmante B&B liggen achter de met klimop begroeide gevel van het mediterraan aandoende hoofdgebouw en in twee bijgebouwen, dit alles omgeven door een prachtige tuin. In elke kamer wacht een teddybeer op de gasten. $145–300.

Weer eens wat anders ▶ **Napa Valley Railway Inn:** 6523 Washington St., tel. 707-944-2000, www.napavalleyrailwayinn.com. De gasten verblijven in verbouwde treincoupés, die aan comfort niets te wensen overlaten. 2 pk $125–260.

Eten en drinken

Gourmettempel ▶ **The French Laundry:** 6640 Washington St., tel. 707-944-2380, www.frenchlaundry.com, lunch vr.–zo. 11–13, diner dag. 17.30–21.30 uur, dresscode. Reserveren verplicht. Deze cottage uit 1900 was ooit een bordeel, toen een stoomwasserij en nu een deftig driesterrenrestaurant, onderdeel van het imperium van Thomas Keller, een van de beste chef-koks van Amerika. Menu $270.

Actief

Fietstochten ▶ **Napa Valley Bike Tours:** 6795 Washington St., tel. 707-251-8687, www.napavalleybiketours.com. Georganiseerde Ride Wine & Dine Tours, tevens fietsverhuur.

St. Helena

Het rustige stadje **St. Helena** 10 staat vanzelfsprekend helemaal in het teken van druiven en wijn. Een uitzondering daarop vormt het **Silverado Museum**, dat is gewijd aan de schrijver Robert Louis Stevenson. De auteur van beroemde romans als *Treasure Island* en

www.winetrain.com. Ritten van drieëneenhalf uur, zowel 's middags als 's avonds, door het gebied tussen Napa en St. Helena. Erg veel te zien van het gebied krijgt u niet, doordat de rammelende trein het grootste deel van de tijd met een slakkengang langs Highway 29 voorthobbelt. Als u tijdens het eten liever vaste grond onder de voeten hebt, kunt u uw geld beter uitgeven in een restaurant. Tour voor 2 personen vanaf ongeveer $200, wijn niet inbegrepen.

Dr. Jekyll and Mr. Hyde bracht in 1880 zijn wittebroodsweken door op de hellingen van de uitgedoofde vulkaan Mount St. Helena (zie onder). Leven en werk van Stevenson komen in het museum aan bod (Library Lane, tel. 707-963-3757, www.silveradomuseum.org, di.-za. 12–16 uur, toegang gratis).

Calistoga 11

Het provinciestadje **Calistoga**, aan de noordkant van Napa Valley, draagt al 150 jaar de bijnaam Mud City, en niet zonder reden. De warmwaterbronnen in dit gebied werden al gebruikt door de indianen en in 1860 liet de krantenuitgever Sam Brannan een kuurhotel bouwen, het **Indian Springs Hotel**, dat tegenwoordig nog bestaat en kan bogen op het oudste zwembad van Californië. Ook wanneer u niet in het hotel logeert, kunt u gebruikmaken van het zwembad. De temperatuur van het water wordt aan het jaargetijde aangepast: 's winters is het 38 °C en 's zomers 32 °C. Veel bezoekers maken niet alleen gebruik van de minerale baden maar ook van allerlei soorten massages en modderbehandelingen, die door de hotels, resorts en spa's (zie Actief, hieronder) worden aangeboden.

De aardwarmte onder de vulkanische Mount St. Helena komt niet alleen de kuurhotels ten goede, maar voorziet ook de bij de noordelijke rand van het stadje gelegen **Old Faithful Geyser** van energie. Met grote regelmaat, elke 20 tot 30 minuten, komt een stomende heetwaterfontein tot uitbarsting, die tot wel 20 m hoog reikt.

Een echt natuurwonder is de 'ouwe getrouwe' echter niet. In de jaren 20 heeft een aardoliemaatschappij in de noordelijke Napa Valley naar olie gezocht. Daarbij werd een onderaards heetwaterreservoir aangeboord, waaruit sindsdien twee tot drie keer per uur stoom door het oude boorgat naar de oppervlakte wordt geperst. Voor kinderen is er op het terrein een kleine kinderboerderij, waar geiten, schapen en komieke lama's worden gehouden (1299 Tubbs Lane, tel. 707-942-6463, www.oldfaithfulgeyser.com, 's zomers 9–17, 's winters tot 16 uur, volw. $10, kind 6–12 jaar $3)

Actief

Wellness ▶ Dr. Wilkinson's Hot Spring Resort: 1507 Lincoln Ave., tel. 707-942-4102, www.drwilkinson.com. Modderbaden met gezichtsmaskers, mineraalwaterwhirlpool, stoombad en een 30 min. durende massage, alles in een pakket voor $139. **Roman Spa Hot Springs Resort**, 1300 Washington St., tel. 800-914-8957, www.romanspahotsprings.com. Modderbad, mineraalwaterbad en een totale lichaamsmassage in een pakket voor $130. **Calistoga Spa Hot Springs**, 1006 Washington St., tel. 866-822-5772 en 707-942-6269, http://calistogaspa.com. Modderbaden $65, mineraalwaterbaden $45, 30 min. durende massage $57, combinatie modderbad met een uur massage $149.

Mount St. Helena en Robert Louis Stevenson State Park 12

Van de *honeymoon cabin* van Louis Stevenson, waar de schrijver verbleef tijdens zijn wittebroodsweken op **Mount St. Helena**, is niets meer over. Maar de locatie van het voormalige gebouw van een zilvermijn in het **Robert Louis Stevenson State Park** is gemarkeerd met een gedenksteen. Een 8 km lang voetpad voert naar de top van de vulkanische berg. Hier kunt u op heldere dagen van een schitterend panorama genieten, waarbij soms ook Mount Shasta te zien is (Hwy 29, tel. 707-942-4575, www.parks.ca.gov, dag. zonsopkomst–zonsondergang, toegang gratis).

Berkeley ▶ 3, C 4

Kaart: blz. 373

Berkeley 13 lijkt meer dan andere universiteitssteden in de VS zijn non-conformistische karakter te hebben behouden. Op de bijna 500 ha grote **universiteitscampus**, die zich midden in de stad bevindt, staan meer dan 320 soms zeer karakteristieke gebouwen, zoals de 95 m hoge campanile uit 1914, de met rode baksteen in tudorstijl opgetrokken South Hall – het enige gebouw dat nog stamt uit het jaar van de oprichting van de universiteit in 1873 – en de patinagroene Sather

Gate, met daaromheen informatiestandjes van derde-wereldgroepen, ecologische bewegingen en Tibetsympathisanten. Dergelijke activistische verschijnselen waren in de jaren 60 aan de orde van de dag, toen Berkeley het middelpunt was van grootschalige studentenonlusten.

Die waren in 1964 het gevolg van een door het universiteitsbestuur opgelegd verbod op politieke activiteiten op de campus, om de opkomende zwarte burgerrechtenbeweging in de kiem te smoren. Als reactie hierop kwamen de studenten met de Free Speech Movement, nu nog de naam van een café in de Moffitt Undergraduate Library.

De demonstranten slaagden er weliswaar in dat het universiteitsbestuur diverse concessies deed, maar tegelijkertijd werden de grootste massa-arrestaties verricht die zich ooit in Californië hadden voorgedaan. Over de bezienswaardige campus met zijn gazons, bomen en pleinen worden het hele jaar door gratis rondleidingen gegeven van anderhalf uur (Visitor Information Center, 101 University Hall, 2200 University Ave., tel. 510-642-5215, http://visitors.berkeley.edu/tour/general.shtml, uitsluitend online reserveren).

Musea

Een van de universiteitsmusea is de **Lawrence Hall of Science**. Deze is gewijd aan de natuurwetenschappen, met allerlei interactieve opstellingen en er is een planetarium met spannende shows over het heelal (Centennial Dr., tel. 510-642-5132, www.lawrencehallofscience. org, dag. 10–17 uur, volw. $12, kind jonger dan 19 jaar $9).

Het **Berkeley Art Museum** beschikt behalve over een beeldentuin en een filmarchief ook over collecties Amerikaanse en Europese kunst, waaronder een speciale tentoonstelling over de kunstschilder Hans Hoffmann (1880–1966), die in de jaren 30 in Berkeley doceerde en het museum met een gelddonatie en de schenking van een deel van zijn schilderijen mogelijk maakte (2626 Bancroft Way, tel. 510-642-0808, www.bampfa.berkeley.edu, wo.-zo. 11–17 uur, volw. $10, kind 3–17 jaar $7, elke eerste do. van de maand gratis).

Oakland ▶ 3, C/D 4

Kaart: blz. 373

Het verschil tussen Berkeley en het naburige **Oakland** 14 is duidelijk merkbaar. Oakland is een industriestad met 400.000 inwoners, bijna vier keer zo groot als Berkeley. Sinds tientallen jaren is de stad het belangrijkste distributiecentrum aan de East Bay. Ook de scheepsbouw is een bedrijfstak van betekenis. Tijdens de Tweede Wereldoorlog draaiden de lokale industrie en de scheepswerven op volle toeren. Dat bracht een enorme toestroom met zich mee van tienduizenden Afro-Amerikanen uit de zuidelijke staten van Amerika. Tegenwoordig is daarom ongeveer 36% van de bevolking zwart.

De beroemdste zoon van de stad is de schrijver Jack London, die weliswaar in San Francisco werd geboren, maar opgeroeide in Oakland. Als 13-jarige moest hij al ploeteren in een conservenfabriek. Om zijn karige inkomen aan te vullen, ondernam hij lucratieve nachtelijke strooptochten naar de oesterbanken van de baai.

Jack London Square

De beroemde schrijver leende zijn naam aan het **Jack London Square**, met een jachthaven, moderne winkels en restaurants. Te midden van alle nieuwbouw staat een replica van de blokhut waar Jack London in verbleef tijdens zijn periode als gouddelver in het Noord-Canadese Yukon Territory in 1897. De iets verderop gelegen **First and Last Chance Saloon**, in 1883 gebouwd van de planken van een voormalige walvisvaarder, werd door de schrijver veelvuldig bezocht. De waard, John Heinold, was zo overtuigd van het talent van zijn later wereldberoemd geworden stamgast dat hij zijn eerste studiejaar aan de universiteit in Berkeley bekostigde. Tegenwoordig stillen Jack Londonadepten hun dorst nog altijd in het oudste café van de stad. De huidige eigenaar heeft nauwelijks iets veranderd en naast de mahoniehouten bar ook een grote kachel, oude drinkbekers, vervaagde foto's en vele andere memorabilia uit de goede oude tijd voor het nageslacht bewaard.

Winchester Mystery House in San José, een labyrintische villa in victoriaanse stijl

San José ▶ 1, E 9

Winchester Mystery House

Voor veel bezoekers heeft San José, met 930.000 inwoners de op twee na grootste stad van Californië, maar één bezienswaardigheid te bieden. Op een steenworp afstand van Highway 101 ligt het **Winchester Mystery House**, verscholen achter een hoog hek en bomen, dat ondanks al zijn puntgevels en torentjes van buiten toch geen ongewone indruk maakt. Het interieur is echter wel bijzonder. Sarah Winchester, weduwe van de beroemde wapenfabrikant (zoals het repeteergeweer), was door een waarzegger wijsgemaakt dat ze zou blijven leven zolang er verbouwd zou worden aan het huis. Aldus ontstond tussen 1884 en 1922 een reusachtige victoriaanse villa met 160 vertrekken, ruim 40

trappen, geheime doorgangen, nepschouwen en blinde vensters. Bezoekers kunnen het opmerkelijke huis verkennen tijdens verschillende rondleidingen (525 S. Winchester Blvd., tel. 408-247-2101, www.winchestermystery house.com, rondleidingen apr.–okt. dag. 8–19, de rest van het jaar tot 17 uur, afhankelijk van de rondleiding volw. $27–35, kind 10–12 jaar $20–30).

Santana Row

Dat San José meer te bieden heeft aan bezienswaardigheden dan alleen het Winchester Mystery House, wordt duidelijk als u naar de omgeving kijkt. **Santana Row** is een fonkelnieuw stadsdeel met veel winkels en restaurants, dat eerder doet denken aan een Europese dan aan een Amerikaanse wijk. De winkels en de horeca zijn geconcentreerd in het ge-

vier voorgangers zijn allemaal ten prooi gevallen aan aardbevingen of de vlammen (80 S. Market St., www.stjosephcathedral.org). Naast de kerk staat het neoromaanse voormalige **Post Office**, dat in 1892 werd uitgebreid met een moderne vleugel waarin het **San José Museum of Art** is ondergebracht. Hier zijn schilderijen, sculpturen, tekeningen, litho's en media-installaties te zien (110 S. Market St., tel. 408-271-6840, www.sjmus art.org, di.-zo. 11-17 uur, $8).

Eveneens aan de Plaza de Cesar Chavez, waar de stad in 1777 door Spanjaarden werd gesticht, staat het **Tech Museum of Innovation** met allerlei interactieve opstellingen op het gebied van geneeskunde, ruimtevaart, computers en diepzeeonderzoek. Niet alleen de tentoonstellingen, ook het gebouw zelf is interessant met zijn bijzondere gezichtshoeken en kegelvormige dakconstructie. De bezoeker kan bijvoorbeeld zijn ogen testen op kleurenblindheid, zich laten fotograferen door een infraroodcamera en zijn geschiktheid als astronaut op de proef stellen. Een van de topattracties voor kinderen is een bouwvallig huis, waar met een deinende vloer het effect van een aardbeving levensecht wordt gesimuleerd (201 S. Market St., tel. 408-294-8324, www.thetech.org, dag. 10-17 uur, museum $10, IMAX-theater $5).

Egyptian Museum

Buiten het centrum van de stad staat in het Rosicrucian Park het **Egyptian Museum**, eigendom van de Orde der Rozenkruisers. De architectuur van het gebouw is geïnspireerd op een antieke tempel in Karnak in Boven-Egypte. De collectie oud-Egyptische, Assyrische en Babylonische kunst is de beste die in het westen van Amerika te zien is (1660 Park Ave., tel. 408-947-3636, www.egyptianmu seum.org, ma.-wo. 10-17, do.-zo. 10-20 uur, volw. $9, kind 5-10 jaar $5, de toegang tot het bijbehorenden planetarium is gratis).

Informatie

Convention & Visitors Bureau: 408 Almaden Blvd., San José, CA 95110, tel. 408-295-9600, www.sanjose.org.

bied tussen Winchester Boulevard, Stevenson Creek Boulevard, Santana Row en Olsen Drive. Een luxueus hotel, 70 winkels, 20 restaurants en negen wellnessinrichtingen liggen rond het centrale Valencia Park, waar de lokale middenstand gratis evenementen organiseert zoals jazzconcerten en modeshows. 's Avonds heerst tussen de etalages en de terrassen een onspannen en elegante sfeer, die geheel volgens het oogmerk van de stadsarchitecten aan een Franse stad doet denken (www.santanarow.com).

Downtown

Het centrum van San José is er niet op vooruitgegaan sinds het uitgaanspubliek in groten getale naar Santana Row trekt. De grote blikvanger in Downtown is nog altijd de **Cathedral Basilica of St. Joseph** uit 1877. Zijn

Accommodatie

In de omgeving van de luchthaven staat een hele reeks motels. In Downtown staan de grote zakenhotels met hun bijbehorende prijzen.

Toponderkomen ▶ Hotel Valencia Santana Row: 355 Santana Row, tel. 408-551-0010, www.hotelvalencia-santanarow.com. Dit luxe hotel ligt midden in de winkel- en restaurantwijk Santana Row en biedt alle denkbare comfort, inclusief wellness, zwembad en fitnessruimte. Uitsluitend niet-rokerskamers, 2 pk vanaf $300.

Goede referenties ▶ Moorpark Hotel: 4241 Moorpark Ave., tel. 408-864-0300, www.jdvhotels.com/moorpark. Chic boetiekhotel, ca. 2,5 km van Santana Row. Ruime kamers, restaurant en een verwarmd buitenbad. 2 pk inclusief ontbijt vanaf $139.

Degelijk motel ▶ Americas Best Value Inn: 1415 Monterey Rd., tel. 408-993-1711, www.americasbestvalueinn.com. Standaardmotel, ongeveer 1,5 km ten zuiden van Downtown. Aan de overkant staat ketenrestaurant Denny's. Alle kamers zijn voorzien van magnetron, koelkast en draadloos internet. Inclusief ontbijt. Op de grote parkeerplaats kunnen ook campers staan. 2 pk vanaf $80.

Eten en drinken

Uiteenlopende smaken ▶ Fahrenheit Restaurant: 99 E. San Fernando St., tel. 408-998-9998, www.fahrenheitsj.com, dag. lunch en diner. In dit restaurant vindt elke gast wel iets van zijn gading: schaal- en schelpdieren, gevogelte, biefstuk en pastagerechten. $10–30.

Totaal nostalgisch ▶ Peggy Sue: 185 Park Ave., tel. 408-294-0252, www.peggysues.com, zo., di.–do. 8–20 uur, andere dagen tot 12 uur. Dineren in klassieke jaren-vijftigstijl. U zit in zetels van rood leer, omringd door foto's en affiches aan de wanden. Onder begeleiding van liedjes van Paul Anka smaakt een Hollywoodburger of een Porky Pighamburger nog beter. $5–7.

Trendy ▶ Blowfish: 355 Santana Row, tel. 408-345-3848, www.blowfishsushi.com, dag. vanaf 17 uur. Hippe lounge met onder andere sushi en cocktails. Sushi vanaf $5.

Uitgaan

In de wijk **Santana Row** kunt u 's avonds terecht voor een rijk geschakeerd uitgaansleven (www.santanarow.com, zie blz. 386).

Voor cowboys ▶ Rodeo Club: 610 Coleman Ave., tel. 408-920-0145, www.therodeoclub.com, dag. vanaf 19 uur. Er is countrymuziek, live of van de draaitafel, er zijn zeven bars en ook de rookruimte trekt veel publiek.

Vervoer

Vliegtuig: Mineta San José International Airport, tel. 408-392-3600, www.sjc.org. Vluchten naar alle delen van de VS, inclusief Hawaii en Mexico.

Trein: Amtrakstation, 65 Cahill St., tel. 1-800-872-7245, www.amtrak.com. San José ligt aan de spoorlijn van de Amtraktrein Coast Starlight, die rijdt tussen Los Angeles en Seattle. Met een trein van Caltrain bent u in ongeveer anderhalf uur in San Francisco (tel. 1-800-660-4287, www.caltrain.com).

Bus: Greyhound Terminal, 70 S. Almaden Ave., tel. 408-295-4151, www.greyhound.com. Bussen naar alle grote steden. De busmaatschappij California Shuttle Bus verzorgt voordelige ritten naar Los Angeles (www.cashuttlebus.com).

Vervoer in de stad

Tram: Light Rail, tel. 408-321-2300. Enkele reis $2.

Stadsbussen: Er rijden bussen naar alle delen van de stad. Zie voor de routekaart www.vta.org/schedules/pdf/system_map.pdf.

Silicon Valley ▶ 3, D/E 9

Tot begin jaren 80 had nog niemand in Californië gehoord van **Silicon Valley**. Toch hadden bedrijven als Hewlett-Packard, Intel, Google en Apple met de ontwikkeling en toepassing van microprocessoren al de kiem gelegd voor het nieuwe technologische tijdperk, waarvan het epicentrum in de Santa Clara Valley ten westen van San José zou komen te liggen. In de loop der tijd is voor dit gebied de naam Silicon Valley in omloop gekomen, wat

Radiotelescoop van de Stanford University in Palo Alto

echter een onofficiële aanduiding is, die u vergeefs op de kaart zult zoeken. Ook de grenzen van het technologiedal zijn niet precies aan te geven. Verder valt er, afgezien van Stanford University in Palo Alto, ook niet bijster veel te zien.

Stanford University

Stanford University behoort samen met Harvard, het MIT, Princeton en Yale tot de vijf beroemdste elite-universiteiten van Amerika. De universiteit, die in 1891 werd opgericht door de spoorwegmagnaat Leland Stanford, onderscheidt zich tegenwoordig vooral op de gebieden informatica, biotechnologie en oceanografie. In de technologische revolutie die sinds de jaren 60 plaatsgreep in Silicon Valley heeft de universiteit een doorslaggevende rol gespeeld. Veel van de innovatieve ideeën circuleerden daar al in de technische laboratoria en in de academische hoofden.

Tot op heden heeft Stanford vijftien Nobelprijs- en enkele Pulitzer Prizewinnaars voortgebracht (Stanford Visitor Center, 295 Galvez St., tel. 650-723-2560, www.stanford. edu. Gratis rondleidingen vanaf het Memorial Auditorium dag. 11 en 15.15 uur, feestdagen uitgezonderd).

Op de campus met zijn gazons, palmenlanen en ca. 25.000 bomen staan twee opvallende gebouwen, de 87 m hoge Hoover Tower met uitkijkplatform (dag. 10–16 uur, $2) en de met mozaïeken versierde Memorial Church uit 1903, die een even eerbiedwaardige ongenaakbaarheid uitstraalt als de neoromaanse zandsteenarcades rond Main Quad. De vele beeldhouwwerken, zoals de *Burgers van Calais* van Auguste Rodin, geven de campus het karakter van een museumtuin.

Onderdelen van deze beeldengroep zijn ook te zien in de Rodin Sculpture Garden, die deel uitmaakt van het **Cantor Center for Visual Arts**. Dit 110 jaar oude en sindsdien fors gegroeide museum op het universiteitsterrein bezit schilderijen van oude meesters, Afrikaanse maskers, historische Boeddhabeelden uit Azië, sculpturen van Claes Oldenburg, oud-Egyptische mummies en beeldhouwwerk uit Papoea-Nieuw-Guinea (Lomita Dr. & Museum Way, tel. 650-723-4177, http://museum. stanford.edu, wo.–zo. 11–17, do. tot 20 uur, toegang gratis).

Vanaf een klein rotseilandje waakt de Batterie
Point Lighthouse over de kust van Crescent City

Het noorden

Het noordelijke deel van de Golden State is heel anders dan het zuidelijke, dat door zon, zee en surfcultuur wordt gekenmerkt. Het koelere klimaat, de lagere watertemperaturen en de gevaarlijke branding langs de steile, sterk doorgroefde kust tussen San Francisco en de grens van Oregon zijn daarvoor verantwoordelijk. Daarnaast speelt ook de mentaliteit van de mensen in het noorden een rol. Hier vindt u geen metropolen, en dus ook geen hectisch grootsteeds leven. Modeverschijnselen en kortlevende trends krijgen in de provinciestadjes en dorpen veel minder voet aan de grond. Hier voorzien de mensen in hun levensonderhoud als boer, visser of bosbouwer en zijn van oudsher gewend aan hard werken en een eenvoudig leven.

Het isolement van de noordelijke kustregio kon evenwel niet verhinderen dat sinds halverwege de 19e eeuw de sequoiabossen gewetenloos werden gekapt. In de steden was een enorme vraag naar sterk bouwhout, en de voorraad leek nagenoeg onuitputtelijk. Dat heeft ertoe geleid dat tegenwoordig nog maar 5% van het oorspronkelijke aantal sequoia's is overgebleven. De laatste bossen behoren tot de belangrijkste toeristische trekpleisters van het gebied.

Ten oosten van de Noord-Californische kust strekken zich reusachtige wouden uit over het bergachtige land, waarvan de twee toppen van de Cascade Range, de door gletsjers bedekte vulkanen Mount Shasta en Lassen Peak, de hoogste punten vormen. In tegenstelling tot deze nog nauwelijks ontsloten gebieden is de bewoonde wereld wel doorgedrongen tot in Sacramento Valley, in de Gold Country en aan Lake Tahoe, omdat boeren, gouddelvers en de toeristische industrie het economische potentieel van die gebieden al vroeg hebben onderkend.

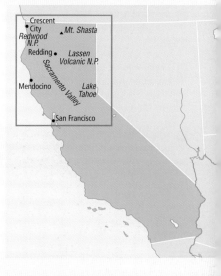

In een oogopslag
Het noorden

Hoogtepunten

Mendocino: Deze stad, die doet denken aan een groot poppenhuis, ligt spectaculair op de steile, gekartelde kust (zie blz. 397).

13 **Redwood National Park:** In dit reservaat staan de laatste bossen met sequoia's (zie blz. 404).

14 **Lassen Volcanic National Park:** In dit natuurreservaat ziet u borrelende poelen, verukkelijke bergmeren en een vulkaan met gletsjers (zie blz. 418).

15 **Lake Tahoe:** Het wonderlijk blauwe meer in het noorden van Sierra Nevada is een van de populairste natuurattracties van het land (zie blz. 424).

Fraaie routes

Fantastische North Coast: Tussen San Francisco en de grens met Oregon volgt Highway 1 resp. 101 de indrukwekkende, steile noordelijke kust met het voormalige Russische Fort Ross, bekoorlijke plaatsen als Mendocino en Ferndale, en de hoogste bomen ter wereld (zie blz. 394).

Avenue of the Giants: De Weg der Giganten wordt omzoomd door prachtige opstanden van oeroude sequoia's (zie blz. 400).

Over de Sonora Pass: Wat betreft landschappelijke schoonheid kunnen maar weinig bergtrajecten in de Sierra Nevada wedijveren met Highway 108, die in Sonora begint en over de 2934 m hoge bergkam voert (zie blz. 410)

Tips

Relaxen aan de indianenrivier: De Klamath River stroomt op zijn weg naar de Noord-Californische kust door het reservaat van de Yurokindianen. In het dorp Klamath Glen kunt u in de Rhodes End Bed and Breakfast helemaal tot rust komen (zie blz. 407).

Logeren in de middle of nowhere: Het Californische staatsbosbeheer biedt buitengewoon tot de verbeelding sprekende overnachtingsmogelijkheden aan in het gebied tussen Redding en Mount Shastau. Als u geen bezwaar hebt tegen beperkt comfort, kunt u verblijven in een zeer afgelegen brandwachtpost (zie blz. 423).

Geweldig wandelen over de Tahoe Rim Trail: Wandelaars met voldoende uithoudingsvermogen kunnen een schitterend langeafstandspad volgen over de bergen rond Lake Tahoe (zie blz. 426).

actief

Trektocht in het Point Reyes N.P.: Ongerept landschap en lege stranden (zie blz. 396).

Wandelen langs de Avenue of the Giants: Een dicht wegennet voert langs buitenissige bezienswaardigheden (zie blz. 400).

Zwemmen en kajakken in het Humboldt Redwoods S.P.: Paradijs voor kanoërs en heerlijk zwemmen in de Eel River (zie blz. 403).

Goudzoeken bij de American River: Met een beetje geluk vindt u ook goud (zie blz. 411).

Omhoog naar de Lassen Peak: Een tocht die bij mooi weer ook door 'normale' bergwandelaars kan worden gemaakt (zie blz. 421).

Wintersport aan Lake Tahoe: Het Heavenly Mountain Resort is een van de populairste skigebieden in de Sierra Nevada (zie blz. 429).

De kust van de Grote Oceaan is in Noord-Californië nog net zo ongerept als honderd jaar geleden: zeeleeuwen- en aalscholverkolonies op minuscule rotseilandjes, dorpjes die als zwaluwnesten verscholen liggen tegen de ruwe, steile kust, bossen met machtige sequoia's – een eldorado voor natuurliefhebbers.

Bodega Bay ▶ 3, B 3

Kaart: rechts

In de haven van **Bodega Bay** ▮1▮ staan bij eb hongerige grote zilverreigers op hun dunne poten te foerageren. Vogels in Bodega Bay – dat doet denken aan Hitchcocks thriller *The birds* uit 1963, waarin gedresseerde kraaien en zeemeeuwen een hoofdrol speelden. Sindsdien is er allang weer een vredige landelijkheid over de baai neergedaald. Opwinding en hectiek doen zich alleen nog voor in de late zomer, wanneer bij wijze van uitzondering een kotter binnenloopt met een rijke vangst aan zalm uit de overbeviste oceaan. Enkele locaties uit de film van Hitchcock bestaan nog, zoals het schooltje en de kerk – beide staan echter niet in Bodega Bay maar in het plaatsje Bodega, enkele kilometers landinwaarts. In het zuiden ligt het natuurreservaat **Point Reyes National Seashore** ▮2▮, zie kader 'actief' blz. 396).

De kust bij Fort Ross

▶ 3, B 3

Kaart: rechts

Het aan de woeste kust gelegen **Fort Ross** ▮3▮ werd in 1812 gebouwd door de Russian-American Company (RAC), die een jacht- en handelsmonopolie bezat in Alaska. De verdedigde basis diende bijna 30 jaar als steunpunt en overslagcentrum voor Russische jagers, vallenzetters en pelshandelaren. Tijdens de bloeitijd van de handel, die zich voornamelijk concentreerde op zeeotterpelzen, woonden in de vesting honderden mensen. De militaire weerbaarheid van het fort, dat midden in indiaans gebied lag, is nooit op de proef gesteld, omdat de Russische bewoners goede (handels)betrekkingen onderhielden met de oorspronkelijke bevolking. In 1841 besloot de RAC het fort te verkopen aan Johann August Sutter (zie blz. 34), omdat er bijna geen zeeotters meer over waren en er dus van lucratieve pelshandel geen sprake meer kon zijn. Bovendien was gebleken dat landbouw in deze kuststreek niet veel opleverde. Wat achter de palissade en onder de twee wachttorens van Fort Ross resteert, is bijna geheel een reconstructie. Het enige nog originele gebouw is **Rotchev's House**. Een houten kapel met twee ongelijke torentjes viel in 1970 ten prooi aan de vlammen en is nadien herbouwd volgens de originele bouwtekeningen (19005 Coast Hwy. 1, Jenner, tel. 707-847-3286, www.parks.ca.gov, dag. 10–16.30 uur, $7).

Het **Kruse Rhododendron State Reserve** ▮4▮ trekt elk jaar in mei veel bezoekers. Op een voormalige ranch met een totale oppervlakte van 130 ha staan behalve sequoia's, Douglassparren, varens en azalea's ook talloze rododendrons van soms wel 10 m hoog. Wandelpaden van in totaal 8 km leiden door het parkterrein (Hwy. 1 bij mijlpaal 43 ongeveer 16 km ten noorden van Fort Ross, tel. 707-847-3221, www.parks.ca.gov, toegang gratis).

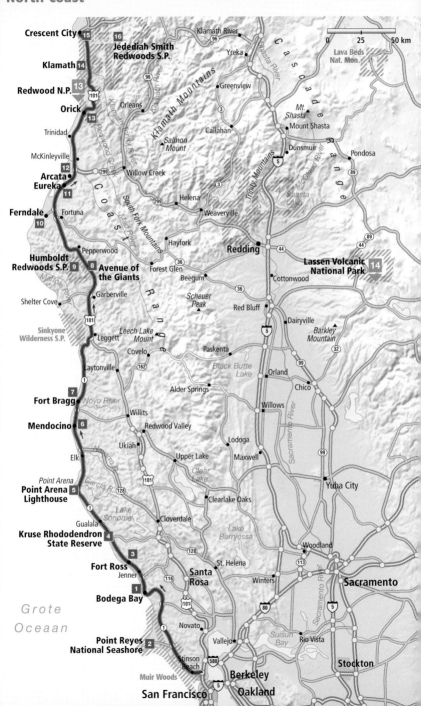

North Coast

Crescent City 15
16
Jedediah Smith
Redwoods S.P.
Klamath 14
Redwood N.P. 13
101
Orick 13
Trinidad
McKinleyville
Arcata 12
Eureka 11
Ferndale
10
Fortuna
Pepperwood
Humboldt
Redwoods S.P. 9 8
Avenue of
the Giants
Shelter Cove
Garberville
101
Sinkyone
Wilderness S.P.
Leggett
Laytonville 1
7
Fort Bragg
Noyo River
Mendocino 6
Willits
Redwood Valley
Elk
Ukiah
101
Point Arena
Point Arena 5
Lighthouse
1
Gualala
Kruse Rhododendron 4
State Reserve
3
Fort Ross
Jenner
116
Bodega Bay 1
Point Reyes 2
National Seashore
Stinson
Beach
580
Muir Woods
San Francisco

Klamath River
96
Yreka
Greenview
Orleans
3
Callahan
Salmon
Mount
Klamath Mountains
Mt
Shasta
Mount Shasta
Dunsmuir
Pondosa
5
89
Willow Creek
299
Helena
Weaverville
Shasta
Lake
Redding
44
Hayfork
36
Forest Glen
Beegum
36
Cottonwood
Lassen Volcanic
National Park 14
Scheuer
Peak
Red Bluff
Dairyville
Barkley
Mountain
5
Leech Lake
Mount
Covelo
Paskenta
32
162
Black Butte
Lake
Orland
99
Alder Springs
Chico
Willows
99
Lodoga
Maxwell
Upper Lake
Clear
Lake
Yuba City
Clearlake Oaks
128
Lake
Sonoma
Cloverdale
Lake
Berryessa
Woodland
St. Helena
113
Santa
Rosa
Winters
Sacramento
101
Novato
Vallejo
Rio Vista
Suisun
Bay
Stockton
Berkeley
5
Oakland

Grote
Oceaan

Cascade Range
Shasta River
Klamath River
Trinity River
Klamath River
Redwood Creek
Mad River
South Fork Mountains
Coast Range
Eel River
Mattole River
Trinity Mountains
McCloud River
Sacramento River

0   25   50 km
Lava Beds
Nat. Mon.

Trektocht in het Point Reyes N.P.

Informatie

Begin: Bear Valley Visitor Center, tel. 415-464-5100, www.nps.gov/pore, dag. zonsopkomst tot middernacht, toegang gratis
Lengte: Ongeveer 128 km
Duur: 3 uur tot 1 dag (tot Point Reyes Lighthouse ca. 45 minuten rijden met de auto)

Het 300 km² grote **Point Reyes National Seashore** **2** wordt gekenmerkt door welhaast ongerepte landschappen, steile kusten en verlaten stranden met mistbanken die door de gure wind worden voortgedreven. Daarmee is het natuurreservaat, dat als de kop van een hamerhaai in de Grote Oceaan uitsteekt, zeer geschikt voor activiteiten in de open lucht. Er lopen maar weinig autowegen in dit gebied, waardoor grote delen ervan alleen te voet zijn te bereiken. Hoewel het hier niet om een eiland gaat, wordt het gebied strikt genomen niet tot het Amerikaanse vasteland gerekend. De beruchte San Andreasbreuk scheidt niet alleen twee aardplaten van elkaar, maar ook Point Reyes van Noord-Californië. Het **Bear Valley Visitor Center**, de hoofdingang naar de Seashore, ligt precies op de parallel aan Hwy. 1 lopende breuklijn. De tektonische instabiliteit van de regio kunt u met eigen ogen aanschouwen tijdens een wandeling over de korte Earthquake Trail. Deze loopt langs aard-

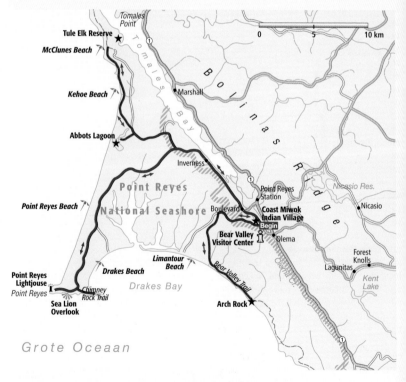

verschuivingen die door de grote aardbeving van 1906 werden veroorzaakt. Er loopt een 1,3 km lang pad van het noordelijke uiteinde van de parkeerplaats naar het gereconstrueerde **Coast Miwok Indian Village**, dat informeert over het leven van de indianen langs de kust. Wie een langere wandeling wil maken, volgt vanaf het bezoekerscentrum de bijna 8 km lange Bear Valley Trail, die bij de **Arch Rock** aan de Grote Oceaankust eindigt. Ornithologen komen bij **Abbotts Lagoon** aan hun trekken. Vanaf de weg bereikt u via een 2,5 km lang wandelpad, dat langs twee lagunes voert, het duinenrijke strand van de Grote Oceaan, waar in de herfst grote zwermen trekvogels komen. Even voorbij het begin van het 1 km lange wandelpad, dat naar het verlaten **Kehoe Beach** loopt, vindt u bij de noordpunt van de Seashore **Tomales Point en de Tule Elk Reserve**. Van juli tot september vertellen parkdocenten de bezoekers hier interessante wetenswaardigheden over de herten die zich in de bronsttijd in dit natuurreservaat verzamelen (alleen za., zo. 11–16 uur).

De belangrijkste bestemming van de meeste bezoekers van Point Reyes is het in 1870 gebouwde, en in 1970 uit dienst genomen **Point Reyes Lighthouse**. Vanaf de parkeerplaats aan het einde van de geasfalteerde weg loopt een bijna 1 km lang voetpad eerst naar het Lighthouse Visitor Center en daarna verder naar het station van de kustwacht. Dit staat op een winderige, en in de zomer door mist omgeven rotspunt aan de steile kust (do.–ma. 10–16.30 uur). Op de **Sea Lion Overlook** kunt u naar zeeolifanten kijken. De 2,5 km lange **Chimney Rock Trail** eindigt op de punt van een zeer ruige landtong, die zich uitstrekt in de Drakes Bay en wandelaars prachtig uitzicht biedt op **Drake's Beach**. De Engelse zeevaarder Sir Francis Drake zou hier aan het einde van de 16e eeuw na een zware storm zijn schip hebben hersteld.

Point Arena Lighthouse 5

Langs de toegangsweg naar het **Point Arena Lighthouse** staat een uitspanning met de reclameleus: 'Het laatste café vóór Hawaii'. Een boude bewering, maar niet helemaal onzinnig. Point Arena is namelijk inderdaad het deel van het Amerikaanse vasteland dat zich het dichtst bij de paradijselijke archipel in de Grote Oceaan bevindt. De vuurtoren uit 1908 was destijds de eerste vuurtoren in Amerika van gewapend beton. In de verraderlijke wateren voor de kust liggen tientallen scheepswrakken op de zeebodem. De meeste zijn gezonken tijdens zware stormen. Behalve wrakken biedt Point Arena ook andere schatten: zee-egels voor de Japanse fijnproeversmarkt. U kunt de 35 m hoge vuurtoren beklimmen tijdens een rondleiding. Boven hebt u een schitterend panorama. Filmliefhebbers kennen de vuurtoren wellicht van de scènes die er werden gedraaid voor de film *Forever young* uit 1992, met Jamie Lee Curtis en Mel Gibson (45500 Lighthouse Rd., Point Arena, tel. 707-882-2777, www.pointarenalighthouse.com, dag. 10–15.30 uur, volw. $7,50, kind tot 12 jaar $1).

Mendocino ▶ 3, A 1

Kaart: blz. 395

De afgelopen eeuw heeft het aan de steile, sterk doorgroefde kust liggende dorpje **Mendocino** 6 een flitsende carrière gemaakt als filmlocatie. Het figureerde als zeer tot de verbeelding sprekend decor in maar liefst 60 bioscoopfilms en tv-producties, waaronder de beroemde klassieker *East of Eden* met James Dean uit 1954. Al tientallen jaren cultiveert Mendocino zijn reputatie als parel van victoriaanse architectuur. U vindt hier interessante galeries, romantische hotels en weelderige bloementuinen, die achter witgeschilderde houten hekken liggen. Boven menig huis steken van houten balken gebouwde watertorens uit. Deze werden in de periode dat het plaatsje vooral van de houtkap leefde als opslagruimtes gebruikt. Intussen heeft het plaatsje zich ingesteld op het toerisme als

Mendocino staat niet alleen bekend om zijn schilderachtige huizen en tuinen

bron van inkomsten, en alles wijst erop dat men daar uitstekend van kan leven.

In de nabijheid van Mendocino liggen twee landschappelijk zeer fraaie kustgebieden, het **Mendocino Headlands State Park** en het **Jug Handle State Park** (park mogelijk gesloten, zie blz. 75). In beide parken heeft de woeste branding van de oceaan spectaculaire rotsformaties doen ontstaan met grotten en baaien. Het is zeer aan te bevelen hier in de zilte zeelucht een wandeling te maken. 's Zomers bij eb kunt u hier ook zonder gevaar een duik nemen: een bijzondere ervaring.

Informatie

Ford House Visitor Center: 735 Main St., Mendocino, CA 95460, tel. 707-937-5397, www.mendoparks.org.

Accommodatie

Romantisch hotel ▶ **Maccallum House:** 45020 Albion St., Tel. 707-937-0289, www.maccallumhouse.com. Dit hotel in het centrum van het dorp is een victoriaans sieraad. De gasten verblijven in fraaie kamers die zijn verdeeld over een hoofdgebouw, een verbouwde schuur en kleine cottages, te midden van een prachtige tuin. Kamers en cottages vanaf $180, studio's vanaf $210.

Toevluchtsoord vol verwennerij ▶ **Brewery Gulch Inn:** 9401 N. Hwy. 1, tel. 707-937-4752, www.brewerygulchinn.com. Dankzij de aangename ligging aan de Grote Oceaankust, het heerlijke ontbijt en het populaire *wine-hour* met diner is een verblijf hier een belevenis. 2 pk vanaf $300.

Perfecte B&B ▶ **Glendeven Inn:** 8205 N. Hwy. 1, tel. 707-937-0083, www.glendeven.com. Deze idyllisch gelegen bed and breakfast beschikt over een goed restaurant. De kamers en suites zijn gevestigd in een voormalige boerderij met bijgebouwen uit 1867. Stijlvolle inrichting, een combinatie van oud en nieuw. 2 pk vanaf $180.

Eten en drinken

Prima keuken ▶ **995 Restaurant:** 995 Ukiah St., tel. 707-937-1955, www.955restaurant. com, do.-zo. vanaf 18 uur. Uitstekende keuken, waar sappige biefstuk, verse vis, verse salades en heerlijke pasta worden bereid. $20-27.

Leuk etablissement ▶ **Mendocino Café:** 10451 Lansing St., tel. 707-937-6141, dag. 11-16 en 17-21 uur. Biologisch-ecologisch restaurant met vis- en vleesgerechten. Weelderige tuin met veranda en uitzicht op de oceaan. Hoofdgerecht $12-26.

Fort Bragg ▶ 3, A 1

Kaart: blz. 395

Hoewel **Fort Bragg** ▣ slechts 7000 inwoners telt, is het toch de grootste stad tussen San Francisco en Eureka. De agrarische sector is met visserij, landbouw en bosbouw nog altijd vertegenwoordigd, maar de belangrijkste tak van industrie in het plaatsje is sinds lang het toerisme. De plaats is een overblijfsel uit de tijd van de houtkap. De **Skunk Train**, waarvan de locomotieven vroeger blijkbaar een verschrikkelijke stank veroorzaakten *(skunk betekent stinkdier)* vervoert allang geen sequoiastammen meer van de wouden naar de kust. In de wagons zitten tegenwoordig toeristen, die tijdens een 65 km lange rit van Fort Brag of Willits Reste de oerbossen van Noord-Californië rond de schilderachtige Noyo River kunnen bewonderen. Langs de spoorweg, die over dertig bruggen en door twee tunnels voert, ligt ook het station Northspur, waar de passagiers zich kunnen verfrissen tijdens een halfuur durende stop (100 W. Laurel St., tel. 707-964-6371, www.SkunkTrain.com, volw. $49, kind $24, behalve reguliere ritten zijn er ook bijzondere treinen en diverse spoorevenementen).

Voorbij de beschutte Noyo Harbor, waar viskotters liggen te wachten op de volgende tocht naar open zee, komt u 3 km ten zuiden van de stad uit bij de **Mendocino Coast Botanical Gardens**. Vooral in de periode van half april tot half mei komen bloemenliefhebbers in groten getale hierheen, voor de talloze bloeiende rododendrons. In de tuinen staan vele soorten van deze vaak giftige plant, van kleine struikjes tot exemplaren zo groot als bomen, die ze in één kleurige bloemenzee veranderen. Ook in andere seizoenen is een bezoek de moeite waard; in de voorzomer, wanneer de camelia's en irissen bloeien, of in de herfst wanneer de dahlia's, begonia's en fuchsia's op hun mooist zijn. Aan picknicktafels kunt u meegebrachte etenswaren nuttigen met fraai uitzicht op de oceaan (18220 N. Hwy. 1, tel. 707-964-4352, www.gardenbythesea.org, mrt.–okt. dag. 9–17, anders tot 16 uur, volw. $14, kind 5–17 jaar $5).

Informatie

Chamber of Commerce: 332 N. Main St., Fort Bragg, CA 95437, tel.707-961-4400, www.mendocinocoast.com.

Accommodatie

Goed geoutilleerd ▶ **Beach Comber Motel:** 1111 N. Main St., tel. 707-964-2402, www.thebeachcombermotel.com. Modern en leuk motel met verschillend ingerichte kamers of suites, met of zonder zeezicht. Sommige met koelkast en magnetron of kitchenette; wifi, kleine fitnessruimte. 2 pk vanaf $109.

Voordelig geprijsd ▶ **Colombi Motel:** 647 Oak St., tel. 707-964-5773, www.colombimotel.com. Rustig, centraal gelegen hotel met ruime appartementen (sommige met keuken), goede prijs-kwaliteitverhouding. 2 pk vanaf $65.

Kamperen ▶ **Hidden Pines Campground:** 18701 N. Hwy. 1, tel. 707-961-5451, http://hiddenpinesrvcampground.com. Camping aan het zuidelijke eind van Fort Bragg voor tenten en campers, op 10 minuten lopen van het strand.

Eten en drinken

Superkeuken ▶ **Mendo Bistro:** 301 N. Main St., tel. 707-964-4974, www.mendobistro.com. Voornamelijk door lokale bevolking bezocht restaurant met pasta- en visgerechten. Goede wijnkaart met regionale wijnen. Vanaf $18.

Niet alleen pizza ▶ **D'Aurelio's:** 438 S. Franklin St., tel. 707-964-4227, dag. 17–21 uur. Dit bescheiden ingerichte establishment ligt onopvallend aan een kleine winkelarcade en serveert Italiaanse specialiteiten als garnalenpasta met kruiden, lasagne en allerlei soorten pizza's. Diner ca. $13.

Fantastisch eten ▶ **Taqueria Ricarda:** 647 B, Oak St., tel. 707-964-8684, di.–vr. 11–20.30, za. vanaf 10, zo. vanaf 9 uur. Eenvoudig restaurant in een woonwijk met een uitstekende Mexicaanse keuken. Ca. $6–9.

Actief

Paardrijden ▶ **Ricochet Ridge Ranch:** 24201 N. Hwy. 1, tel. 707-964-7669, www.horse-vacation.com. Ritten te paard op het strand of landinwaarts.

actief

Wandelen langs de Avenue of the Giants

Informatie

Begin: Ongeveer anderhalve kilometer ten noorden van Garberville

Lengte: Ca. 50 km zonder uitstapjes

Inlichtingen en kaarten: Humboldt Redwoods State Park, 17119 Avenue of the Giants, P. O. Box 100, Weott, CA 95571, tel. 707-946-2409, http://humboldtredwoods.org, apr.–okt. dag. 9–17, anders tot 16 uur)

De legendarische Hwy. 1 vormt op sommige stukken in Noord-Californië een lastige racebaan. Ten noorden van Garberville kunt u hem verlaten en afslaan naar de parallel lopende **Avenue of the Giants** 8. Daar is niet alleen het verkeer rustiger, er zijn ook veel mogelijkheden om de benen te strekken op wandelpaden tussen de reuzenbomen, en de af en toe nogal buitenissige bezienswaardigheden te bekijken.

Ten noorden van Phillipsville kunt u over de **Franklin K. Lane Grove Trail** een eerste boswandeling maken. Het pad begint bij mijlpaal

2,6 op een parkeerplaats ten oosten van de weg, en slingert zich in een ca. 700 m lange lus door het bos- en weidelandschap. Achter het dorpje Miranda ligt het Humboldt Redwood State Park waar enorme sequoia's staan, die nog hoger zijn dan de mammoetbomen van de Sierra Nevada. Op veel plaatsen langs de weg zijn wandelpaden uitgezet, zodat men naar behoefte langere of kortere tochten tussen de houten reuzen kan maken. Een daarvan is de bijna 2 km lange **Sa-Bug-Gah-Nah-Loop** bij mijlpaal 11,5, in de omgeving van de Hidden Springs Beach Campground, die de moeite waard is omdat hij langs een zeer gevarieerde vegetatie voert.

Bij de **Shrine Drive-Thru Tree** in Myers Flat rijzen de haren u ten berge omdat in deze boom een tunnel is uitgehakt, waarbij hij zodanig werd beschadigd dat hij met stalen kabels moest worden gezekerd. Wie dat wil, kan er met de auto doorheen rijden. Veel automobilisten krijgen ook een kik van de in de buurt liggende Drive-On Tree, een omgevallen boom waar een berijdbare helling van werd gemaakt.

Even verderop kunt u een wandeling over de ca. 600 m lange **Founder's Grove Nature Loop Trail** maken waarbij u onder andere de 110 m hoge Dyersville Giant kunt bewonderen. Deze viel in 1991 om waardoor u tegenwoordig zijn werkelijk gigantische wortels kunt bewonderen. Er staat ook een 2500 jaar oude boom die niet door Moeder Natuur, maar door houthakkerszagen werd toegetakeld. Ongeveer 100 jaar geleden werd hij door een houthakker ingekort tot een nog altijd levende stomp, waarin vervolgens een woning werd uitgehakt die tegenwoordig onder de naam **Eternal Tree House** als toeristische trekpleister fungeert. Bij Pepperwood komt de Avenue of the Giants weer samen met Highway 101.

Ferndale 🔟

Ferndale werd in 1864 door Deense kolonisten gesticht en heeft wel iets van een victoriaans openluchtmuseum. Geen twee gevels aan Main Street zijn hetzelfde. Aan de parallel lopende Berding Street staat nabij de kerk het **Gingerbread Mansion** uit 1899, het 'gemberkoekhuis', een bijzonder fraai victoriaans pand en een zeer populair onderwerp bij fotografen. Ooit was er een bed and breakfast in gevestigd (400 Berding St.), maar deze werd in 2010 gesloten. Het is mogelijk dat hij in de toekomst weer zijn deuren opent. Het oudste victoriaanse gebouw van Ferndale is het te midden van een betoverende oude tuin gelegen **Shaw House Inn** (703 Main St., tel. 707-786-9958, www.shawhouse.com, 2 pk inclusief ontbijt vanaf $125).

Hoe het dagelijks leven in Ferndale in de 19e eeuw verliep, kunt u bekijken aan de hand van de tentoonstelling in het **Ferndale Museum**, met victoriaanse kamers, een smederij en de landbouwgereedschappen waarmee Deense pioniers hun akkers bewerkten (515 Shaw St., tel. 707-786-4466, www.ferndalemuseum.org, juni–sept. di.–za. 11–16, zo. 13–16, anders alleen wo.–za., $4).

Het **Kinetic Sculpture Museum** vormt een curiosum dat voortkomt uit een jaarlijks terugkerend evenement. Sinds 1969 vindt elk jaar eind mei de Kinetic Sculpture Race plaats, die in Arcata begint en in het 56 km verderop gelegen Ferndale finisht. Alleen zelfgeconstrueerde, kunstig versierde en door menselijke spierkracht aangedreven 'machines' mogen aan de race deelnemen. De drie dagen lange race volgt een parcours waarbij land, modder en water moeten worden getrotseerd. Wie als eerste over de finish komt, is nog niet noodzakelijk de winnaar, want de puntentelling is een ingewikkeld systeem van bonus- en strafpunten, wat het plezier ten goede komt.

In het museum zijn voertuigen te zien die in het verleden aan de race hebben deelgenomen, een tamelijk bizarre collectie 'technische en kunstzinnige hoogstandjes' (580 Main St., tel. 707-834-0529, ma.– zo. 10–17 uur, togang gratis).

Eureka ▶ 1, A 3

Kaart: blz. 395

Uit de meer dan 200 viskotters die in de Humboldt Bay voor anker liggen, kan veilig worden geconcludeerd dat **Eureka** 11 ook nu, 150 jaar nadat de zalmvisserij hier een hoge vlucht nam, nog altijd een vissershaven van betekenis is. De *boardwalk*, de voetgangersboulevard, volgt in de oude stad de oever van de grootste baai tussen San Francisco en Seattle. Hier hebt u uitzicht op de jachthaven, de vuurtoren op Woodley Island en het dorp Samoa, dat de grootste oesterkwekerij van de Californische kust herbergt.

De uitgesproken maritieme oriëntatie van de stad en zijn economie is het onderwerp van het **Humboldt Bay Maritime Museum**, waar onderwerpen behandeld worden als de scheepsbouw, scheepswrakken, het dagelijks leven van vuurtorenwachters en de geschiedenis van de visserij aan de noordelijke kust (8 Samoa Rd., tel. 707-444-9440, www.humboldtbay maritimemuseum.com, di.–wo., vr., za. 11–16 uur, vrijwillige bijdrage).

Het **Clarke County Historical Museum** behandelt de geschiedenis van de 27.000 inwoners tellende stad vanuit een heel ander perspectief. In een vleugel van een voormalig bankgebouw uit 1912 zijn waardevolle artefacten te zien van indianen die vroeger aan deze kust woonden. Andere tentoonstellingen bestaan uit meubilair, glaswerk en stoffen uit de victoriaanse tijd, eind 19e eeuw (hoek 3rd/E St., tel. 707-443-1947, www.clarkemuseum.org, wo.–za. 11‑16 uur, toegang gratis).

Nog indrukwekkender overblijfselen uit de victoriaanse periode zijn de architectonische parels in het historische hart van de stad, waar de straatlantaarns in 19e-eeuwse stijl en de geplaveide trottoirs nog meer aan de nostalgische sfeer bijdragen. Een wandeling door de Old Town is ook de moeite waard vanwege het sprookjesachtige **Carson Mansion**, dat houtmagnaat William Carson in 1886 liet bouwen. Het in groentinten beschilderde paleis met zijn torentjes, dakkapellen en balkons dient tegenwoordig als onderkomen van een besloten club. Het gebouw is vrijwel uitsluitend opgetrokken uit hout, waarbij behalve het lokale sequoiahout ook exotische soorten zijn gebruikt uit de Filipijnen, Mexico en Azië (143 M St.).

Informatie

Humboldt County Convention & Visitors Bureau: 1034 2nd St., Eureka CA 95501, tel. 1-800-346-3482, http://redwoods.info.
Chamber of Commerce: 2112 Broadway, Eureka, CA 95501, tel. 707-442-3738, www. eurekachamber.com.

Accommodatie

Comfort ▶ Carter House Inn: 301 L St., tel. 707-444-8062, www.carterhouse.com. Romantisch en luxueus etablissement, verdeeld over drie gebouwen. Bijzonder zijn de cottage uit 1880 en het Carter House in de stijl van diezelfde tijd. De massageservice bij kaarslicht voor paren is erg populair ($230). Het restaurant (zie onder) behoort tot de beste in Noord-Californië. 2 pk vanaf $190, suites met open haard, whirlpool, keuken en alle mogelijke comfort vanaf $310.

Mooi gelegen ▶ Best Western Plus Bayshore Inn: 3500 Broadway St., tel. 707-268-8005, www.bestwestern.com. Groot, verzorgd hotel met restaurant, zwembad en internet, 2 pk inclusief ontbijt vanaf $100.

Victoriaans ▶ Eagle House: 2nd & C St., tel. 707-444-3344, www.eaglehouseinn.com. De gasten verblijven in dit historische gebouw in gerenoveerde niet-rokerskamers met draadloos internet. 2 pk vanaf $110.

Aantrekkelijke camping ▶ Eureka KOA: 4050 N. Hwy. 101, tel. 707-822-4243, www.koa.com/where/ca/05122.com. Ten noorden van Eureka gelegen camping voor tenten en campers. Er zijn ook fietsen te huur. U kunt ook overnachten in *cabins* en cottages met een eigen keuken.

Eten en drinken

Uitstekend etablissement ▶ Restaurant 301: 301 L St., tel. 707-444-8062, www.carterhouse. com, dag. 18–21 uur. De originele gerechten worden geserveerd in stijlvolle ruimtes. De wijnkaart is enorm uitgebreid; u kunt kiezen uit maar liefst 2000 goede wijnen. Het Discovery Menu kost $62; hoofdgerechten als tonijn met *linguine* in citroengras, gember, Spaanse peper en citrusvruchten voor ca. $30.

Fabuleus ▶ Avalon Restaurant & Bar: 3rd & G St., tel. 707-445-0500, www.avaloneureka.com, di.–za. vanaf 17.30 uur, za. jazz ('s avonds). Ruime keus uit voorgerechten; verse oesters, zalm, tonijn, salades, goede desserts en een uitgebreide wijnkaart. Voor vegetariërs is er een reusachtige groenteschotel. *Caesar's Salad* $8,50, coq au vin $20.

Rustieke sfeer ▶ Samoa Cookhouse: 78 Cookhouse Lane, Samoa, tel. 707-442-1659, www. samoacookhouse.net. Het laatste voormalige restaurant voor houthakkers is nog altijd in bedrijf. Aan lange tafels met rood-witte kleden wordt net als vroeger een eenvoudig menu geserveerd. Ca. $12–14.

Winkelen

Biologische delicatessen ▶ North Coast-Coop: Hoek 4th & B St., tel. 707-443-6027, www. northcoastco-op.com, dag. 6–21 uur. Supermarkt voor biologisch verbouwde producten van plaatselijke tuinders.

Actief

Rondvaarten door de haven ▶ Passagiersboten Madaket: Vertrek F St. & Boardwalk, tel. 707-445-1910, www.humboldtbaymaritimemu seum.com/madaketcruises.html. Informatieve tochten van 45 minuten in een oldtimer uit 1910 door de Humboldt Bay (wisselende tijden, volw. $18, kind 5–12 jaar $10).

Kaasmakerij ▶ Loleta Cheese Factory: 252 Loleta Dr., Loleta, tel. 707-733-5470, www.loleta cheese.com, dag. 9–17 uur. Ca. 16 km ten zuiden van Eureka kunt u de kleine Loleta Cheese Factory bezichtigen en de 38 kaassoorten proeven, die in deze kaasmakerij worden gefabriceerd.

Dierentuin ▶ Sequoia Park Zoo: 3414 W St., tel. 707-442-6552, www.sequoiaparkzoo.net, Eind mei-begin sept. dag. 10–17 uur, anders di.–zo. 10–17 uur, volw. $5,50, kind 3–12 jaar. $3,50). In deze kleine dierentuin vindt u naast beren, flamingo's en apen ook een aviarium en een kinderboerderij.

Zwemmen en kajakken in het Humboldt Redwoods S. P.

Informatie

Plaats: Humboldt Redwoods State Park
Informatiecentrum: Visitor Center, Avenue of the Giants, SR 254 tussen Weott en Myers Flat, P.O. Box 100, Weott, tel. 707-946-2263, apr.-okt. dag. 9–17, nov.–mrt 10–16 uur
Dagtarief: per auto $8
Kajakverhuur: Tsunami Surf & Sport, 445 Conger St., Garberville, tel. 707-923-1965, www.tsunamisurfandsport.com

Het aan de Highway 101 gelegen **Humboldt Redwoods State Park** 9 is vooral beroemd om zijn voor een deel nog niet ontsloten bossen met enorme sequoia's. Het natuurgebied bezit daarnaast ook nog onverwachte attracties: idyllische stranden en visstekken, en stukken rivier waarop kajakkers zich kunnen uitleven. De South Fork van de Eel River stroomt over een afstand van ca. 50 km door het park en biedt in de zomer op veel plaatsen de mogelijkheid om even af te koelen. Een waarschuwing vooraf: de waterstand in de rivier is sterk afhankelijk van de neerslag. Bij onweer dient u de Eel River absoluut te vermijden omdat de watermassa's zeer snel en gevaarlijk kunnen aanzwellen. Tijdens de kerst van 1964 steeg het water als gevolg van een sneeuwstorm op een aantal plaatsen tot wel 21 m boven het normale niveau en verwoestte de hele omgeving.

Normaliter toont de rivier zich in de zomer van zijn idyllische kant wanneer zijn stroomsnelheid en de hoogte van het water gematigd zijn. De beste **plaatsen om te zwemmen** voor gezinnen zijn **Lansdale Bar**, **Eagle Point bij de Hidden Springs Campground**, **Williams Grove**, **Garden Club Grove** en **Gould Bar**, die is voorzien van toiletten en picknicktafels. De afslagen zijn aangegeven op de Avenue of the Giants. Nergens in het park zijn strandwachten. In de nazomer staat het water op sommige plaatsen zo laag dat er giftige blauwgroene algen voorkomen. De openbare waarschuwingen die het parkbestuur dan uitvaardigt, moeten serieus genomen worden.

Over het algemeen zijn alleen in het voorjaar de omstandigheden op de **Eel River** gunstig genoeg voor **kajakkers en kanovaarders**. U moet in dit jaargetijde absoluut rekening houden met drijfhout in de sterke stroming, wat onder bepaalde omstandigheden gevaarlijk kan zijn. Voordat u met uw kajak of kano het water in gaat, dient u in het bezoekerscentrum te informeren naar de actuele stand van zaken.

Wie wil **vissen** op zalm en forel en minstens 16 jaar oud is, heeft een vergunning nodig die geldig is voor het betreffende kalenderjaar. U kunt een dergelijke vergunning via het internet aanvragen (www.dfg.ca.gov/licensing/forms/) of in het dichtstbijzijnde kantoor in Eureka kopen (Sales Office, 619 Second St., Eureka, tel. 707-445-6493, ma.-vr. 8-16.30 uur). Het is weliswaar toegestaan om vissen te vangen, maar u dient ze daarna weer terug te doen in het water.

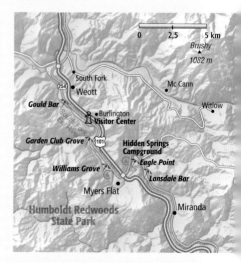

Arcata ▸ 1, A 3

Het voormalige mijnstadje **Arcata** 12, gesticht in 1858, mag zich ondanks de slechts 17.000 inwoners toch universiteitsstad noemen. Bijna de helft van de inwoners is als student ingeschreven bij de Humboldt State University aan faculteiten als Bosbouweconomie, Visserij en Oceanografie. Dat heeft duidelijk zijn weerslag op het karakter van Arcata. De opvallende, non-conformistische charme van het stadje heeft het de bijnaam 'het Berkeley van het noorden' opgeleverd. Arcata was de eerste gemeente in Amerika waar de Groenen een meerderheid behaalden in de gemeenteraad, waar een stop werd ingesteld op de vestiging van nieuwe fastfoodrestaurants van bekende ketens, en waar Bush' anti-terrorismewet van 2001, de *Patriot Act*, die heimelijke surveillances en huiszoekingen zonder gerechtelijk bevel mogelijk maakte, werd weggestemd.

De alternatieve sfeer in Arcata komt het best tot uiting tijdens de regelmatig gehouden zaterdagmarkt op de plaza in het centrum, waar overigens een herdenkingsmonument staat voor de in 1901 in Buffalo vermoorde president William McKinley. Bij eenvoudige kraampjes worden uiteenlopende producten als kunstnijverheid, biologisch hondenvoer, glaskunst, kunstbloemen, psychedelische schilderijen, lavendelzeep, gebatikte kleding en schotschriften tegen de regering aan de man gebracht. Het publiek laat zich de non-conformistische toekomst graag lezen door handlezers en tarotkaartleggers.

13 Redwood N. P. ▸ 1, A 2

Kaart: blz. 395

Als u over Highway 1 of 101 langs de Californische noordelijke kust rijdt, komt u op diverse plaatsen langs bossen met sequoia's, maar het beroemdste natuurreservaat voor deze soort is het **Redwood National Park**. Het bezoekerscentrum ligt in het zuidelijke gedeelte bij de plaats **Orick** 13, langs Highway 101. Het nationale park omvat verscheidene

State parks en publiekelijk toegankelijke gedeelten, die samen een langgerekt gebied langs de kust vormen tot Crescent City. Het park werd in 1968 plechtig geopend door de toenmalige First Lady in de zogenaamde **Lady Bird Johnson Grove**. Een druk, maar niet bijzonder aantrekkelijk wandelpad voert daarheen.

Het laatste gedeelte van de toegangsweg, die voor slechts 50 auto's per dag wordt opengesteld, komt uit bij de **Tall Tree Grove**, waar enkele van de indrukwekkendste bomen ter wereld staan. Op allerlei plaatsen langs de wegen door het nationale park, zoals de Newton B. Drury Scenic Parkway, staan bordjes die wijzen op korte of langere wandelpaden die de fantastische sequoiabossen inlopen. Naast zo'n reusachtige boom voelt een mens zich héél klein.

Het Redwood National Park bestaat niet alleen uit bossen, maar omvat ook verlaten stranden, rotskusten en lagunes, die eveneens te voet zijn te verkennen. Een van de mooiste *trails* leidt naar de **Fern Canyon** met reusachtige varens, waar de wandelpaden als tunnels doorheen voeren. U waant zich hier bijna terug in de prehistorie. Op de **Elk Prairie** bij het Prairie Creek Visitor Center laat zich regelmatig een kudde Rooseveltherten zien, die allang gewend zijn aan kijklustige tweevoeters en soms gewoon in de weiden langs Highway 101 staan te grazen. Zij delen het park met honderden zwarte beren en talloze vogelsoorten.

Informatie

Redwood National and State Parks: 1111 Second St., Crescent City, CA 95531, tel. 707-465-7335, www.nps.gov/redw, toegang gratis.

Accommodatie

Mogelijkheden tot overnachten in de onmiddellijke omgeving van het park zijn te vinden in onder meer Crescent City en Klamath. Wie in zuidelijke richting reist kan overnachten in Arcata of Eureka.

Camping ▸ **Jedediah Smith Campground:** Jedediah Smith Redwoods State Park, 16 km ten oosten van Crescent City aan Hwy. 199, reser-

Houten kolossen

Thema

Het is aan de inzet van milieuactivisten en invloedrijke milieuorganisaties als de Sierra Club te danken dat de reusachtige sequoia's *(redwoods)* aan de noordkust van Californië de periode van intensieve houtkap hebben overleefd. Begin 19e eeuw was de kuststrook van Monterey tot Oregon nog door sequoiawouden bedekt. Nu staan de grootste overgebleven bossen onder bescherming van het Redwood National Park.

In de herfst van 2006 klom een hoogleraar natuurlijke historie van de Humboldt State University in een tot dan onbekende sequoia in het nationale park om hem eens nauwkeurig op te meten. De boom bleek 115,55 m hoog en was daarmee (voor zover bekend) het hoogste levende wezen op aarde. De reus werd daarop Hyperion gedoopt. Om de 'wereldhoogterecordhouder' tegen nieuwsgierigen te beschermen werd zijn locatie zorgvuldig geheim gehouden.

Exemplaren van de soort *Sequoia sempervirens* met hoogten van meer dan 80 m zijn evenwel geen zeldzaamheid. De geslachtsnaam *Sequoia* is een eerbetoon van 19e-eeuwse wetenschappers aan het indianenopperhoofd Sequoia, die in 1760 werd geboren in Tennessee als zoon van een Cherokee-indiaanse en een Duitse kolonist. Hij werd bekend in de wetenschappelijke wereld doordat hij een alfabet had bedacht met 85 tekens om de indiaanse talen op schrift te stellen en tegelijk de goede verstandhouding tussen de stammen te bevorderen.

De reden dat sequoia's vooral aan de noordelijke kust van Californië gedijen is omdat de zaadjes het beste kiemen op een pas daarvoor verschroeide bodem, die is bedekt met een laag afgevallen naalden. Zo'n ondergrond vormt dan een zeer vruchtbare humuslaag. Van doorslaggevend belang evenwel is de hoeveelheid water. De vaak voorkomende dichte mist houdt de bodem vochtig en voorkomt in

hartje zomer dat de temperatuur te veel oploopt.

Toen halverwege de 19e eeuw in Noord-Californië de houtindustrie op gang kwam, die veel lucratiever bleek dan mijnbouw, leek de voorraad sequoia's nog schier onuitputtelijk. Ze waren de leveranciers van ideaal bouwmateriaal. Maar sneller dan men voor mogelijk had gehouden verdween het ene bos na het andere, temeer omdat de overheid nauwelijks manieren ter beschikking stonden de op particuliere grond plaatsvindende kaalslag een halt toe te roepen. Begin 20e eeuw werd de Save-the-Redwoods-League opgericht, de eerste milieuorganisatie die zich ging inzetten voor het behoud van de bossen. De soms hoog oplopende conflicten werden uitgevochten tot in de jaren 70, toen het Redwood National Park reeds was ingesteld, maar men dit wilde uitbreiden met omringende gebieden. Dat gaf weer aanleiding tot nieuwe conflicten.

Een van de redenen waarom de strijd tussen de milieubeschermers en de houtindustrie soms zo verbeten wordt gevoerd, is dat grote delen van Noord-Californië van oudsher afhankelijk zijn van de houtindustrie en er nauwelijks alternatieven zijn. Tegelijkertijd deed de houtindustrie nauwelijks moeite om manieren te vinden om selectief te kappen – men 'oogstte' uit kostenoverwegingen hele bossen tegelijk, waarbij niet één boom bleef staan.

veren tel. 1-800-444-7275, $35; **Mill Creek Campground:** Del Norte Coast Redwoods State Park, ca. 11 km ten zuiden van Crescent City aan Hwy. 101, reserveren tel. 1-800-444-7275, $35. **Elk Prairie Campground:** Prairie Creek Redwoods State Park, ca. 10 km ten noorden van Orick aan Newton B. Drury Scenic Parkway, reserveren tel. 1-800-444-7275, $35. **Gold Bluffs Beach Campground:** Prairie Creek Redwoods State Park, 16 km ten noorden van Orick aan Davison Road, reserveren niet mogelijk, geen *hook-ups*, $35.

Klamath 14

Het dorp **Klamath** werd op zijn tegenwoordige locatie geheel opnieuw opgebouwd nadat het in 1964 op de plaats waar het vroeger lag volledig was verwoest door een overstroming. Het plaatsje beschikt over een tankstation, een supermarkt, een camping en een motel. Route 169 leidt parallel aan de Klamath River naar het 5 km verderop gelegen Klamath Glen in de Yurok Indian Reservation. Dit indianenreservaat strekt zich ongeveer 65 km landinwaarts uit over een 1,5 km brede strook land langs de rivier. Het reservaat biedt prachtige, idyllische uitzichten op de rivier en zijn beboste oevers. Klamath Glen is een vakantieoord met als centrum de Steelhead Lodge. In de *lodge* met zijn toog van gepolitoerd brazielhout vormt een vloermozaïek een afbeelding van de Klamath River en de dorpjes in de omgeving.

Accommodatie

Bijna net als thuis ▶ Rhodes End B&B: 115 Trobitz Rd., Klamath Glen, tel. 707-482-1654, www.rhodes-end.com. Ontspannen bed and breakfast met drie fraaie gastenvertrekken, inclusief ontbijt, 2 pk $105–135.

In the middle of nowhere ▶ Raven Wood: 151 Klamath Blvd., tel. 707-482-5911, www.ravenwoodmotel.com. Rustig, sfeervol motel. Kamers en ruime suites met keuken voor max. zes pers. In de gemeenschappelijke ruimte staan een koelkast en een magnetron. 2 pk $58, suites $105.

In het rijk van de sequoia's

Tip: Relaxen aan de indianenrivier

De in Oregon in de Cascade Range ontspringende Klamath River mondt, na een 423 km lange reis door een deels bergachtig landschap, in het grondgebied van Noord-Californië uit in de Grote Oceaan. De laatste kilometers van zijn baan slingert de rivier zich door een schilderachtig landschap. U kunt hem volgen als u op Highway 101 de afslag van weg 169 naar het dorp Klamath Glen neemt. De weg eindigt in dit paradijselijke plaatsje, dat verder van de grootstedelijke hectiek verwijderd lijkt dan de afstand tot de dichtstbij zijnde grote steden zou doen vermoeden. In Klamath kunt u in het Klamath River RV Park in een tent of camper overnachten. U kunt ook besluiten tot een comfortabel verblijf in de Rhodes End Bed and Breakfast in Klamath Glen, waar u in een romantisch-ouderwetse ambiance overnacht en wordt verwend met een uitgebreid ontbijt. Bovendien kunt u in de tuin rondvliegende kolibri's bewonderen (zie links).

Camping ▶ Klamath Camper Corral: 18151 Hwy. 101, tel. 707-482-5741, www.campercorral.net. Idyllisch gelegen, verzorgde camping voor campers en tenten met picknicktafels, 's avonds kampvuur, een gemeenschappelijke keuken en een verwarmd buitenbad.

Crescent City ▶ 1, A 1

Kaart: S. 395

De noordelijkste plaats aan de kust van Californië, nabij de grens met Oregon, is het 7000 inwoners tellende **Crescent City** 15. Het stadje is ook tegenwoordig nog wat het altijd al geweest is: een relatief geïsoleerde buitenpost. Het snelverkeer tussen Seattle en San Francisco schiet over Highway 101 aan de stad voorbij, en de plaats zelf speelt alleen een rol als vissershaven en als tussenstop voor vakantiegangers. Er is dan ook niet veel te zien;

ook het stadsbeeld kan sinds 1964 de vergelijking met andere kustplaatsen niet meer doorstaan. In dat jaar deed een zeer zware aardbeving de bodem van de Prince William Sound in Alaska schudden, waardoor een tsunami werd veroorzaakt die uren later de kust bereikte. Hierbij werden 29 stratenblokken met meer dan 300 gebouwen in het centrum verwoest. Omdat bijtijds een tsunamialarm was afgegeven konden de meeste inwoners tijdig worden geëvacueerd. Elf mensen kwamen om het leven.

Crescent City mag dan interessante architectuur ontberen, het maakt dat weer goed met zijn schilderachtige kust. De **Pebble Beach Drive** volgt direct de oceaankust en komt langs grote en kleine, soms enigszins onheilspellend aandoende rotspunten, het resultaat van het gedurig beuken van de branding op de rotsen. Behalve de gehavende kronen van de bomen leggen ook de enorme hopen drijfhout en losgescheurd zeegras getuigenis af van het nimmer aflatende natuurgeweld.

Aan het zuidelijke uiteinde van de panoramische route ligt een minuscuul eilandje dat alleen via een smalle brug is te bereiken. Het wordt gesierd door de fraaie **Battery Point Lighthouse**, die in 1856 werd bemand en bijna een eeuw later, in 1953, werd geautomatiseerd. De vuurtoren loodst met zijn lichtbundels de schepen door de gevaarlijke wateren maar doet tegenwoordig tevens dienst als nautisch museum (begin apr.–sept. wo.–zo. 10–16 uur, rondleidingen volw. $3, kind $1).

Ten zuiden van Crescent City buigt de Enderts Beach Road af naar de 3 km verder gelegen **Crescent Beach Overlook**. Dit uitzichtpunt, op een vooruitstekend plateau in de rotsen hoog boven de steile kust, biedt vergezichten naar zowel de met spleten doorgroefde rotskust in het zuiden als naar het Crescent Beach in het noorden met op de achtergrond Crescent City. De Overlook is een ideale plaats om grijze walvissen te spotten tijdens hun migratie van het poolgebied naar de warme wateren rond Neder-Californië, waar ze hun jongen ter wereld brengen. Tussen november en december zwemmen ze in zuide-

lijke richting met een snelheid van 4 à 5 km per uur; tussen januari en april zwemmen ze weer terug in noordelijke richting. Vlakbij beginnen twee wandelroutes. De Overlook ligt aan de Last Chance Trail, de noordelijkste van de California Coastal Trails.

Jedediah Smith Redwoods State Park 16

Het meest noordelijke deel van Redwood National Park, ten oosten van Crescent City, is vernoemd naar de eerste vallenzetter *(trapper)* in dit gebied. In het bijna 4000 ha grote **Jedediah Smith Redwoods State Park** staan negentien afzonderlijke bosjes sequoia's onder natuurbescherming. Vanaf de ingang van het park aan Highway 101 slingert de voormalige postkoetsweg Howland Hill Road langs een hele reeks indrukwekkende reuzenbomen naar **Stout Grove**. Daar staat de Stout Tree, die met een hoogte van 104 m en een diameter van bijna 5 m alle andere bomen in de schaduw stelt.

Informatie

Del Norte County Chamber Of Commerce: 1001 Front St., Crescent City, tel. 1-800-343-8300, http://www.northerncalifornia.net.

Accommodatie

Zeer landelijk ▶ **Coastal River Farmhouse:** Ca. 13 km noordelijker in Fort Dick, 7500 Bailey Rd., tel. 707-954-5640, www.coastalriverfarmhouse.com. Fraai, rustig gelegen *farmhouse* uit 1907 met tv en een compleet ingerichte gemeenschappelijke keuken. Voor maximaal zes personen vanaf $200.

Helaas in de buurt van een weg ▶ **Curly Redwood Lodge:** 701 Hwy. 101 S., tel. 707-464-2137, www.curlyredwoodlodge.com. Dit motel met standaardkamers is gebouwd van het hout van één enkele sequoia. Interieur van fraai gevlamd hout. 2 pk 's zomers vanaf $70, 's winters vanaf $60.

Camping ▶ **Crescent City Redwoods KOA:** 4241 Hwy. 101 North, tel. 707-464-5744, www.crescentcitykoa.com. Kampeerterrein met fietsverhuur midden tussen de sequoia's. U kunt ook overnachten in *cabins*.

Noordelijke bergregio

De belangrijkste attractie van Noord-Californië mag dan de imposante kust zijn, ook de minder bekende noordelijke bergregio wordt gekenmerkt door indrukwekkende landschappen en bezienswaardigheden – van de plaats waar de Californische goudkoorts begon tot de majestueuze vulkanen van de Cascade Range. Al liggen ze verder van de gebaande toeristische paden, daarmee zijn ze nog niet minder boeiend.

Gold Country ▶ 5, A 2/B 2–3

Op 24 januari 1848 brak in Californië van het ene op het andere moment een nieuw tijdperk aan. Tijdens de bouw van een zaagmolen in Coloma ontdekte James Marshall, die op dat moment werkte voor Johann August Sutter (zie blz. 34), glanzende korreltjes in een kloof aan de oever van de American River. Bij nadere beschouwing was er geen twijfel mogelijk: het was goud. Al probeerde men dat wel, het sensationele nieuws kon niet geheim gehouden worden en verspreidde zich als een lopend vuurtje. Niet lang daarna kwam de Californische goldrush op gang, met ingrijpende politieke en demografische gevolgen voor het hele Amerikaanse Westen.

Op geen ander moment in de Amerikaanse geschiedenis heeft één enkele boodschap zo'n massale reactie uitgelokt als de verklaring van president James Polk op 5 december 1848. Aan een publiek van stomverbaasde afgevaardigden in het Amerikaanse Congres toonde hij een buidel vol goudklompjes, die waren gevonden in de American River in Coloma. Het nieuws verspreidde zich vervolgens razendsnel en bracht een enorme stroom gelukzoekers op gang naar de goudvelden van Californië. Slechts tweeënhalf jaar na Marshalls ontdekking werd de destijds nog onder Mexicaans bestuur vallende provincie Alta California onder de naam Californië als 31e lid opgenomen in de Amerikaanse federatie van staten. Dat was in 1850. Tien jaar later kwam het inwonertal van de Golden State al in de buurt van de 400.000. Sporen uit de periode van de goudkoorts, die zulke ingrijpende veranderingen voor het Amerikaanse Westen met zich meebracht, zijn nog te vinden langs de westelijke flank van de Sierra Nevada. In het zogenaamde Gold Country zijn de voormalige gouddelversnederzettingen uitgegroeid tot respectabele plaatsen, vervallen tot spookstadjes of geheel en al van de kaart verdwenen. De globaal in noord-zuidrichting lopende **Highway 49** is als het ware het gouden collier waarlangs de parels uit de tijd van de goldrush zich aaneenrijgen (www.historich wy49.com).

Sonora

In het 4000 inwoners tellende stadje **Sonora** vestigden zich kort na het begin van de goudkoorts gelukzoekers uit het Mexicaanse Sonora en gaven hun nieuwe woonplaats dezelfde naam. Oude mijnbouwmachines, zoals een waarmee goudhoudend erts kon worden verpulverd, staan als stomme getuigen van een glansrijk verleden in het Bradford Street Park. Ook het in een voormalige gevangenis ondergebrachte **Tuolomne County Museum** vertelt van deze bewogen periode aan de hand van historische foto's, wapens en goudvondsten (158 W. Bradford Ave., tel. 209-532-1317, www.tchistory.org, wisselende openingstijden). Een van de historische gebouwen in de stad is de gereconstrueerde blokhut van Bret Harte en Mark Twain, waar de laatste in 1864 werkte aan wat zijn debuutroman zou worden: *The celebrated jumping frog of Calaveras County*. Het huis staat buiten de stad op Jackass Hill.

Vroeger werd Sonora de koningin van de zuidelijke mijnstadjes genoemd, maar desondanks woonden er blijkbaar ook heel wat ongure types. Dat moet de filmregisseur Fred Zinnemann in gedachten hebben gehad toen hij in 1952 Sonora koos als filmlocatie voor de later klassiek geworden western *High noon* met Gary Cooper en Grace Kelly. Zoek evenwel niet naar in de film voorkomende huizenrijen – de meeste oude gebouwen werden door een grote brand in 1966 verwoest.

Columbia

Ten noorden van Sonora ligt het slechts half zo grote **Columbia**, waar tijdens de hoogtijdagen van de goudkoorts binnen een periode van 20 jaar goud werd gevonden ter waarde van maar liefst zo'n $90 miljoen. Enkele tientallen huizenblokken in het historische centrum zijn gerestaureerd en uitgeroepen tot State Historic Park, een openluchtmuseum met winkels, boetieks, restaurants en saloons, waar u zich een levendig beeld kunt vormen van het illustere verleden (tel. 209-588-9128, www.columbiacalifornia.com, dag. 10–17 uur, toegang gratis).

Sonora Pass

Op het gebied van landschappelijke schoonheid zijn er niet veel wegen in de Sierra Nevada die zich kunnen meten met Highway 108, die voert van Sonora over de 2934 m hoge **Sonora Pass** naar Bridgeport aan de oostflank van het gebergte. Aan de westkant van de pas, de op één na hoogste van de Sierra, leidt de weg, die overigens 's winters wordt afgesloten, door bossen met indrukwekkende ponderosadennen, die met iedere meter stijging verder van elkaar staan. Aan de andere zijde van de pas, waar het langeafstandswandelpad Pacific Crest Trail loopt, valt veel minder neerslag, met als gevolg een veel spaarzamere vegetatie. De weg hier is plaatselijk erg smal

en steil – het is daarom niet raadzaam hier met een camper te rijden.

Angels Camp

Eens per jaar barst het plaatsje **Angels Camp** uit zijn voegen. Tijdens het **Jumping Frog Jubilee** in mei, dat teruggaat op Mark Twains debuutroman (zie boven) en duizenden bezoekers trekt, vinden wedstrijden plaats waarbij zogenoemde *frog jockeys* hun kikkers ertoe proberen te bewegen zo ver mogelijk te springen. De kampioenen zetten prestaties neer van soms wel 7 m.

Placerville ▶ 5, B 2

Rijdend door schaduwrijke eikenbossen komt u uit in **Placerville**, met 10.000 inwoners de grootste plaats aan de Mother Lode Highway, zoals Highway 49 ook wel wordt genoemd. Ten tijde van de gouddelvers was het hier een heftige bedoening. Placerville was een centrum van 'rechtspraak', dat zijn bijnaam Hangtown alle eer aandeed: desperado's werden hier vaak zonder vorm van proces opgehangen. Het stadje was bovendien een kruispunt van belangrijke telegraafverbindingen en postkoetsroutes, waaronder de Pony Expressroute.

Wie de sfeer van het verleden wil opsnuiven, kan een wandeling maken door het fraaie centrum, waar geen twee gevels hetzelfde zijn. U kunt ook het **El Dorado County Historical Museum** bezoeken, een pioniersnederzetting met een winkel, waar onder meer een historische postkoets en gereedschappen uit de spoorwegbouw en de houtkap oude tijden doen herleven (104 Placerville Dr., tel. 530-621-5865, http://co.el-dorado.ca.us/museum, wo.–za. 10–16, zo. 14–16 uur).

Ook in het ten noorden van de stad gelegen **Gold Bug Park** wordt de herinnering aan de lokale mijnbouwgeschiedenis levend gehouden met machines, gereedschappen en een echte goudmijn, waar gidsen in de nauwe mijngangen demonstreren hoe vroeger het goud uit de ertsaders werd gehouwen (2635 Goldbug Lane, tel. 530-642-5207, www.goldbugpark.org, openingstijden: begin april–eind okt. dag.

actief

Goudzoeken bij de American River

Informatie

Begin: Gold Discovery Museum in het Marshall Gold Discovery State Historic Park in Coloma

Reserveren en informatie: Gold Discovery Museum & Visitor Center, 310 Back St., tel. 530-622-3470, www.parks.ca.gov, dag. 10-16, 's winters tot 15 uur

Kosten: Toegang tot het park $8, parkeren $6

Cursussen: 's Zomers za., zo. 10-15 uur

In Coloma aan de American River betreedt u een gebied waar een historische gebeurtenis plaatsvond. Een zekere **James W. Marshall**, die in een eenvoudige **houten hut** woonde, ontdekte op 24 januari 1848 bij toeval goud. Dit gebeurde op het moment dat hij een de fundering van een tegenwoordig gereconstrueerde **zaagmolen** uitgroef. Wie denkt dat de tijden van goudvondsten voorbij zijn, heeft het mis. Want in de rivierbedding is nog altijd – met de juiste hoeveelheid geluk en geduld – goud te vinden.

Maar waar en hoe wordt goud gewassen? Dat komt u te weten in het **Gold Discovery Museum & Visitor Center**, waar goudpannen en handleidingen voor beginners zijn te krijgen. Er is ook een video van vier minuten die levendig laat zien hoe u uw geluk het best kunt beproeven. In het weekend kunt u zich door de parkrangers laten inwijden in de kunst van het goudzoeken. De enige plaats waar goudwassen is toegestaan, is de via de **Mount Murphy Bridge** bereikbare oostoever van de **American River**: u kunt daar uitsluitend met een goudpan aan de slag; het gebruik van ander gereedschap is verboden.

Zoek een ondiepe plaats waar u met een goudpan gemakkelijk zand en steentjes uit het water kunt opscheppen. Verwijder grote stenen en schud de pan met een draaiende beweging in het water, zodat de zwaardere goud-

deeltjes zinken en uiteindelijk op de bodem van de pan overblijven. Als u eerst een tijdje op het droge wilt oefenen, kunt u terecht bij **Bekeart's Gun Shop**. Voor $7 kunt u achter de winkel in lange houten goten experimenteren. Wie geen goud vindt, maar het thuisfront toch wil verrassen met een glanzend klompje goud, kan maar één ding doen: er een kopen. In de meeste winkels in Coloma worden kleine *nuggets* (goudklompjes) te koop aangeboden.

Wie op zoek is naar een souvenir zonder materiële waarde, kan zich hier in een kerkje op romantische wijze in de echt laten verbinden (www.coloma.com/visitor/weddings.php).

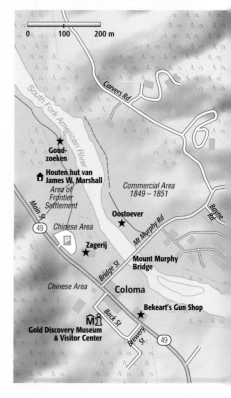

10–16, rest van het jaar za., zo. 12–16 uur, volw. $5, kind 3–9 jaar $2).

Informatie

El Dorado County Chamber of Commerce: 542 Main St., Placerville, CA 95667, tel. 530-621-5885, www.eldoradocounty.org.

Accommodatie

Prachtige B&B ▶ Bella Vista B&B: 581 Cold Springs Rd., tel. 530-622-3456, www.bellavista inc.net. Deftige, met antiek ingerichte villa met keurige suites, die zijn voorzien van een moderne badkamer, draadloos internet, satelliettelevisie en soms een keuken. Inclusief ontbijt. Vanaf $169.

Verzorgde accommodatie ▶ The Seasons: 2934 Bedford Ave., tel. 530-626-4420, www.thesea sons.net. B&B in een gebouw uit 1859, geheel omringd door een terras. Met antiek meubilair en talloze kunstwerken is een warme sfeer geschapen. Hoofdgebouw en twee cottages. Vanaf $100–165.

Eten en drinken

Zeer gevarieerd aanbod ▶ Red Hawk Casino: 1 Red Hawk Pkwy., tel. 888-573-3495, www.res hawkcasino.com. Hier vindt ieder wat van zijn gading: steaks, Mexicaanse en Aziatische specialiteiten of het *waterfall buffet* (lunch/diner ma.–do. $10, rest van het jaar hogere prijzen).

Coloma ▶ 5, A 2

Midden in de staat ligt Coloma. Het stadje ademt tegenwoordig de sfeer van een *ghost town* en wekt niet bepaald de indruk dat uitgerekend hier in het jaar 1848 de geschiedenis van Californië en zelfs heel Amerika een andere wending nam. De historische locatie van de eerste goudvondst, aan de oever van de American River, ligt tegenwoordig in het **Marshall Gold Discovery State Historic Park**. In dit park vindt u een museum en een kleine nederzetting. Een monument herinnert aan James Marshall, die dankzij zijn toevallige goudvondst in de geschiedenisboeken terechtkwam.

Auburn ▶ 5, A 2

Auburn is meer dan de andere voormalige nederzettingen uitgegroeid van een goudzoekerskamp tot een moderne stad. Dat hing wellicht samen met de ligging van de stad aan de Interstate 80, de belangrijkste verbinding tussen Oost en West over de Sierra Nevada. Op een steenworp afstand van deze dreunende snelweg ligt de Old Town, waar een buitenproportioneel standbeeld van een gouddelver herinnert aan het verleden. De houten en rood bakstenen gebouwen, waaronder souvenirwinkels, restaurants, cafés en een brandweerkazerne uit 1893 met een toren, maken de oude stadskern het bekijken waard. De nieuwe stad, die rond het neoclassicistische Courthouse uit 1898 op de berghelling is ontstaan, is tegenwoordig met zijn 13.000 inwoners de grootste plaats in Gold Country.

Wie met een ijzeren pannetje zelf in een beek op zoek wil gaan naar goud, wordt hiertoe in de gelegenheid gesteld door het **Gold Country Museum**, waar de diverse manieren van goudwinning worden uitgelegd en oude mijnwerkersgereedschappen tentoongesteld (1273 High St., tel. 530-889-6500, geen website, di.–zo. 11–16 uur, toegang gratis). De nauw met de goldrush verweven geschiedenis van het gebied wordt uit de doeken gedaan in het **Placer County Museum**, dat is ondergebracht in het Courthouse. Bovendien wordt hier de geschiedenis van de oorspronkelijke indiaanse bevolking verteld aan de hand van enkele honderden voorwerpen (101 Maple St., tel. 530-889-6500, www.placer.ca.gov, dag. 10–16 uur, toegang gratis).

Accommodatie

Nostalgisch ▶ Powers Mansion Inn: 195 Harrison Ave., tel. 530-305-5052, www.powersman sioninn.com. Groot victoriaans pand uit het einde van de 19e eeuw met vijftien decoratief ingerichte kamers. 2 pk vanaf $140.

Grote kamers ▶ Best Western Golden Key: 13450 Lincoln Way, tel. 530-885-8611, http:// bestwesterncalifornia.com/hotels/best-western-golden-key. Motel met 68 kamers te midden van veel groen buiten het centrum. De kamers zijn schoon en gezellig ingericht. Inclusief ontbijt. 2 pk ca. $100.

Eten en drinken

Goede keuken ▶ Awful Annie's: 160 Sacramento St., tel. 530-888-9857, www.awfulannies.com, dag. 8–15 uur. Goed en uitgebreid ontbijt, alom geprezen bloody mary en happy hour van 14 tot 15 uur. De topper onder de desserts is de *bread pudding* met *brandy sauce*. Vanaf ca. $8.

Winkelen

Vers uit de boomgaard ▶ Ikedas: 13500 Lincoln Way, tel. 530-885-4243, www.ikedas.com. Amandelen, noten, aardbeien, appels, pruimen en perziken – hier vindt u alle verse producten die rond Auburn wordt verbouwd.

Grass Valley ▶ 5, A 1

Empire Mine State Historic Park

De goldrush was in Californië al in volle gang toen dit (nu 11.000 inwoners tellende) stadje werd gesticht. Aan het onopvallende bestaan ervan kwam een eind toen de Empire Mine in bedrijf werd genomen en zich in de loop der tijd ontpopte tot de rijkste goudmijn van Californië. Tussen 1850 en 1956, toen de mijn werd gesloten, haalden de mijnwerkers de fabelachtige hoeveelheid van ongeveer 170 ton goud naar boven. Het **Empire Mine State Historic Park** is sinds jaar en dag een publiekstrekker, waar oude gereedschappen, magazijnen, machines, lorries, verroeste ijzerwaren en een originele mijnschacht worden tentoongesteld. Het is de bedoeling dat vanaf 2010 ook een ondergrondse trein zal gaan rijden, waarmee de bezoekers door het uitgestrekte gangenstelsel van ongeveer 600 km worden vervoerd.

Op het terrein van het openluchtmuseum staat midden in een bomenrijk park de **Bourn Cottage**, de voormalige woning van de mijneigenaar William Bourn. Het naast een idyllische vijver gelegen, sprookjesachtige huis laat zien dat de eigenaar niet alleen over een gigantisch vermogen beschikte, maar ook een

goede smaak had (10791 E. Empire St., tel. 530-273-8522, www.empiremine.org, juli–sept. 9–18 uur, rest van het jaar korter, volw. $5, kind 6–16 jaar $1).

Mining Museum

Meer mijnbouwmemorabilia toont het **North Star Power House**, met onder meer een uitgelezen collectie gereedschappen. Het topstuk van de tentoonstelling is een drie verdiepingen hoog schoepenrad, voorganger van de waterkrachtturbine, dat werd gebruikt bij het opwekken van stroom door waterkracht (Mill St., tel. 530-273-4255, geen website, do.–za. 11–17 uur, zo. 13–17 uur, de toegangsprijs mag u zelf bepalen).

Lola Montez en Lotta Cabtree

In de periode van de goudkoorts was Grass Valley zo'n bekende plaats dat er zich zelfs beroemdheden vestigden, zoals de Ierse danseres **Lola Montez**, de voormalige gemalin van de Beierse koning Ludwig I. In een replica van haar woning, die zij in 1853 kocht, is nu het **toeristisch informatiebureau** gevestigd (248 Mill St., tel. 530-273-4667, www.grassvalley chamber.com). Het nabijgelegen **Lotta Crabtree House** heeft de tand des tijds wel doorstaan. In deze tegenwoordig particuliere woning bracht Lola Montez haar toen 6-jarige dochter Lotta Crabtree haar eerste danspassen bij. Later zou Lotta een beroemde ster worden (238 Mill St.).

Nevada City ▶ 5, A 1

Met zijn fraaie victoriaanse gebouwen, bakstenen winkelgevels en historische straatlantaarns is Nevada City een van de best geconserveerde stadjes van de goldrush. Meer dan 90 gebouwen in het centrum vallen onder monumentenzorg, waaronder het in 1865 geopende **Old Nevada Theatre**, het oudste theater van Californië (www.nevadatheatre.com). Men krijgt de indruk dat deze plaats de teloorgang van de mijnbouw beter heeft doorstaan dan andere plaatsen en in de toeristische industrie een lucratief alternatief heeft gevonden. In de meeste andere goudgraversstad-jes was *hard rock mining* de meest gangbare manier van goudwinning. Daarbij werd het erts eerst verpulverd. In Nevada City daaren-tegen werd *placer mining* toegepast, waarbij losse stenen en zand werden gewassen en ge-zeefd. Al gauw bleek de hydraulische manier van goudwinnen vruchtbaarder, waarbij met water onder hoge druk hele bergruggen wer-den afgebroken. Men schat dat tegen het einde van de tijd van de goudmijnbouw voor een ver-mogen van in totaal ongeveer $400 miljoen aan goud was gewonnen.

Railraod en Firehouse Museum

Betrouwbare wegen waren voor de mijnbouw en het personenvervoer in de 19e eeuw van het grootste belang. Het Nevada-County-smal-spoor verzorgde 66 jaar lang het vervoer over een 35 km lange spoorlijn van Nevada City via Grass Valley naar Colfax aan de huidige I-80, waar een aansluiting bestond op het overige spoorwegnet. Na de sluiting van de laatste mijnen werd het treinverkeer op deze spoor-lijn in 1942 stilgelegd.

In het **Nevada County Narrow Gauge Rail-road Museum** worden oude locomotieven, wa-gons en ander spoorwegmateriaal tentoonge-steld (5 Kidder Court, tel. 530-470-0902, www. ncngrrmuseum.org, mei–okt. vr.–di. 10–16, nov.–apr. za., zo. 10–16 uur, toegang gratis).

Het meest gefotografeerde gebouw in de stad is het **Firehouse No. 1 Museum**, een brand-weerkazerne uit 1861, die aan het begin van de 20e eeuw werd voorzien van een victori-aanse gevel, een balkon en torentjes. Er wor-den alledaagse gebruiksvoorwerpen uit het verleden tentoongesteld, evenals indiaanse voorwerpen en delen van twee Chinese tem-pels die vroeger in deze plaats hebben gestaan (215 Main St., tel. 530-265-5468, mei–okt. di.–zo. 13–16 uur).

Informatie

Chamber of Commerce: 132 Main St., Nevada City, CA 95959, tel. 530-265-5468, www.neva dacitychamber.com, ma.–vr. 9–17, za. 11–16, meestal ook zo. 11–15 uur.

Accommodatie

Historische accommodatie ▶ Red Castle Inn: 109 Prospect St., tel. 530-265-5135, www.red castleinn.com. Historisch pand van vier ver-diepingen met tuin; de kamers zijn in 19e-eeuwse stijl ingericht. $155–210.

Logeren in een groene omgeving ▶ Harmony Ridge Lodge: 18883 East Hwy. 20, tel. 530-478-0615, www.harmonyridgelodge.com. Huiselijk ingerichte kamers in een buiten Nevada City gelegen gebouw. Zo.–do. vanaf $135, za., zo. vanaf $150.

Charmant en gezellig ▶ Outside Inn: 575 E. Broad St., tel. 530-265-2233, www.outsideinn. com. Dit hotel is in trek bij fietsers en wande-

De victoriaanse gebouwen verlenen Nevada City een romantische charme

laars. Centraal gelegen, klein zwembad. Geen twee kamers zijn hetzelfde, de gezellige cottage beschikt zelfs over een keuken. De uitbaters kunnen u wandeltips verstrekken. 2 pk vanaf $80.

Kamperen aan het water ▶ Scotts Flat Lake Campground: Circa 8 km ten oosten van Nevada City aan Hwy. 20, tel. 530-265-5302, www. scottsflatlake.net. Terrein voor campers met wc's, warme douches, picknicktafels en een zwemstrand.

Eten en drinken

Authentiek Mexicaans ▶ Las Katarinas: 311 Broad St., tel. 530-478-0275, www.menuclub.

com, zo.–do. 11–21, vr., za. 11–22 uur. Het vriendelijke personeel van Las Katarinas serveert een scala aan Mexicaanse gerechten, ook vegetarische. Vanaf ca. $9,95.

Sacramento Valley

▶ 1–2, C/D 3–4 en 3–4, D 1–2

Het ten noorden van de hoofdstad Sacramento gelegen deel van de Central Valley strekt zich uit tot in het 87.000 inwoners tellende Redding. Deze streek wordt Sacramento Valley genoemd. Die naam is afkomstig van de Sacramento River, de langste rivier van Californië. Hij ontspringt in de bergen van Mount Shasta en mondt 618 km stroomafwaarts uit in de Sacramento Delta. Onderweg bevloeit het water van de stroom reusachtige akkers, waar rijst, tarwe, olijven, fruit, mais, luzerne, tomaten en allerlei soorten groente worden verbouwd. In vroeger tijden was al dit land grotendeels begroeid met loofbossen, maar tegenwoordig is daar nog maar zo'n 5% van over.

Redding ▶ 1, C 3

Redding ligt op twee uur rijden ten noorden van Sacramento. Het is na Yuma in Arizona de stad met de meeste zonuren per jaar van de hele VS. Tot laat in september loopt de temperatuur regelmatig op tot 40 °C – voor de lokale bevolking reden om naar de koelte in de hoger gelegen streken of naar de talrijke meren te trekken. Shasta Lake wordt tijdens warme weekends druk bezocht, evenals het McArthur Burney Falls Memorial State Park, waar het ijskoude bronwater van de 40 m hoge Burney Falls over een basaltklif stort en vervolgens in Lake Britton stroomt.

Sundial Bridge

Redding is een belangrijk verzorgingscentrum en verkeersknooppunt in het binnenland van Noord-Californië. Van toeristisch belang is vooral de in 2004 geopende, 213 m lange **Sundial Bridge** over de Sacramento River. De door de internationaal gerenommeerde Spaanse architect Santiago Calatrava ontworpen brug trekt veel bezoekers, die de futuristische constructie van glas en staal komen bewonderen. Dat geldt in het bijzonder voor de 66 m hoge, 4 graden uit het lood staande pyloon, waar de voetgangersbrug met veertien staalkabels aan is verankerd. De pyloon werpt een enorme schaduw en vormt zo de grootste zonnewijzer ter wereld.

Turtle Bay Exploration Park

De Sundial Bridge staat in het 120 ha grote **Turtle Bay Exploration Park**, waartoe ook een botanische tuin en een arboretum behoren.

In het Turtle Bay Museum zijn hoofdzakelijk de tentoonstellingen die de Wintu-indianen tot onderwerp hebben een bezoek waard. Deze stam had zich tot de komst van de blanke pioniers aan het begin van de 19e eeuw in Sacramento Valley gevestigd. Voor kinderen is de *aviary* met honderden kleurige vlinders een absolute aanrader (1335 Arboretum Dr., tel. 530-243-8850, www.turtlebay.org, dag. 9– 17 uur, 's winters ma., di. gesloten, volw. $14, kind 4–12 jaar $10).

Informatie

Convention & Visitor's Bureau: 777 Auditorium Drive, Redding, CA 96001, tel. 530-225-4100, www.visitredding.com.
California Welcome Center: Ca. 16 km ten zuiden van Redding aan de I-5, afrit Anderson. Informatie over heel Californië.

Accommodatie

Langs de Interstate 5 en Hilltop Drive staan talloze voordelige motels.
Met alles erop en eraan ▶ **Best Western Hilltop Inn:** 2300 Hilltop Drive, tel. 530-221-6100, www.thehilltopinn.com. Comfortabel hotel met een zwembad, sauna en restaurant. 2 pk $130–159.
Gastvrije accommodatie ▶ **Tiffany House:** 1510 Barbara Rd., tel. 530-244-3225, www. tiffany housebb.com. Gezellige B&B midden in een woonwijk met 3 kamers en een cottage met een whirlpool. 2 pk $125–170.
Camping ▶ **Premier RV Park:** 280 Boulder Dr., tel. 530-246-0101, www.premierrvre sorts.com. Comfortabel kampeerterrein met een zwembad bij WaterWorks Park.

Eten en drinken

Afrader voor vegetariërs ▶ **Jack's Grill:** 1743 California St., tel. 530-241-9705, www.jacks grillredding.com, ma.–za. 17-23 uur. Drukbezochte eetgelegenheid die echter eerder iets weg heeft van een gelagkamer. Dit komt deels door de bar die zeer in trek is bij de lokale bevolking. Liefhebbers van steaks zullen de machtige maar voordelige vleesgerechten die worden geserveerd beslist kunnen waarderen. Steak $14–35.

De Sundial Bridge in Redding: een must voor liefhebbers van moderne architectuur

Winkelen

Geweldig consumentenpaleis ▶ Mount Shasta Mall: Dana Dr., ma.–za. 10–21, zo. 11–18 uur. Complex met warenhuizen als Macy's, Sears en JC Penney.

Uitgaan

Casino ▶ Win-River Casino: Indiaans casino, circa 10 km ten zuiden van Redding aan Hwy. 273 (2100 Redding Rancheria Rd., tel. 530-243-3377, www.win-river.com).

Actief

Fietsen ▶ Redding Sports Ltd: 950 Hilltop Dr., tel. 530-221-7333, www.reddingsportsltd.net. Hier worden fietsen te huur aangeboden, bijvoorbeeld voor een tocht langs de Sacramento River (www.traillink.com/trail/sacramento-river-trail-(redding).aspx).

Waterpret ▶ WaterWorksPark: 151 N. Boulder Dr., www.waterworkspark.com, wisselende openingstijden. In dit waterattractiepark is plezier verzekerd dankzij de kanalen met snelstromend water, watervallen en glijbanen, volw. $20, kind vanaf 3 jaar $16.

Evenementen

Redding Rodeo: Mei. Grote rodeo met veel wedstrijden (www.redding rodeo.com).
Silent Film Fest: Okt. Sinds 2006 gehouden filmfestival (www.shastaartscouncil.org).

Vervoer

Trein: Amtrak Station, 1620 Yuba St., tel. 1-800-872-7245, www.amtrak.com. Redding wordt aangedaan door de Coast Starlight, die tussen Los Angeles en Seattle rijdt.
Bus: Greyhound Bus Lines Terminal, hoek Butte St./Pine St., tel. 530-241-2070, www.greyhound.com.

Whiskeytown Lake en Shasta Lake ▶ 1, C 3

Naast de Sacramento River stromen uit het centrale bergland van Noord-Californië nog vele rivieren en stroompjes naar het dal. Het water daarvan wordt al decennia opgevangen in stuwmeren om de akkers van Central Valley te bevloeien. Tegelijkertijd wordt met deze enorme waterreservoirs waterkracht opgewekt en vormen zij fraaie recreatiegebieden.

Ten noordwesten van Redding ligt **Whiskeytown Lake** langs Highway 299. Door een in 1963 gebouwde dam hoopt het water van de Trinity River zich hier op tot een meer met jachthavens, picknick- en kampeerterreinen, stranden en verscholen baaien. Het dient sinds jaar en dag als recreatiegebied voor vakantiegangers en dagjesmensen. Op menige plaats langs de 60 km lange oever van het stuwmeer, zoals bij Oak Bottom, worden hartje zomer wilde strandfeesten georganiseerd.

Ten noorden van Redding ligt aan de I-5 een ander stuwmeer. **Shasta Lake** werd aangelegd in 1945. Achter een 183 m hoge dam strekt zich een wateroppervlak uit met een omtrek van 584 km, waarmee dit het grootste kunstmatige meer is van Californië. Hier treft u talloze mogelijkheden tot overnachten, tien jachthavens, enkele tientallen kampeerterreinen (soms onmiddellijk aan het water), honderden baaien, vissersplatforms, waterskicentra en wandelpaden – kortom, een ideaal recreatiegebied.

Sprookjesachtige onderwereld

Bij afrit O'Brien van de I-5 wijzen bordjes de weg naar de aanlegplaats van een veerboot. Die brengt u naar de overkant, vanwaar u door een bus naar de **Shasta Lake Caverns** wordt vervoerd. Tegenwoordig wordt de toegang tot de kalksteengrot met stalactieten en stalagmieten vergemakkelijkt door het water van het stuwmeer, maar vroeger kon dit wonder der natuur alleen worden bezocht door wandelaars die niet terugdeinsden voor een lange tocht. In deze sprookjesachtige onderwereld heerst het hele jaar door een stabiele temperatuur van 15 °C. Het geheel wordt ontsloten door paden en verlichting, zodat de prachtige, ongeveer 1 miljoen jaar oude druipsteenformaties in de Cathedral Room en de andere zeven 'zalen' prima kunnen worden bewonderd (20359 Shasta Caverns Rd., Lakehead, CA 96051, tel. 530-238-2341, www.lakeshastacaverns.com, Memorial Day (eind mei)–Labor Day (begin sept.) 9–16 uur om het halfuur, apr., mei en sept. 9–15 uur om het uur, okt.–mrt. 10, 12 en 14 uur, volw. $24, kind 3–15 jaar $14).

14 Lassen Volcanic National Park ▶ 2, E 3

Ten oosten van Redding begint in de bergen een panoramische route, de zogenaamde Volcanic Legacy Scenic Byway, die verscheidene vulkanen in het westen van de Verenigde Staten met elkaar verbindt (www.volcaniclegacybyway.org). De route begint in de zuidelijke uitlopers van de Cascade Range, bij het 420 km² grote Lassen Volcanic National Park met de 3187 m hoge Lassen Peak. In 1921 kwam de door eeuwige sneeuw bedekte vulkaan tot rust, na een periode van grote activiteit. Nog in mei 1914 kwam Lassen Peak zonder waarschuwing vooraf tot uitbarsting. Geologen hebben in de zeven jaar daarna 289 erupties van uiteenlopende kracht waargenomen, waarbij ook de rond het park liggende gebieden werden getroffen door lava en vulkanische as.

Pruttelende modderpoelen zijn slechts enkele van de vele attracties in het park

Highway 89 voert noordwaarts het park binnen om uit te komen bij de **Sulphur Works**, een geothermisch gebied met zogeheten fumarolen, pruttelende gaten in de aardkorst die naar waterstofsulfide (rotte eieren) ruiken en die een kijkje bieden in het ziedende inwendige van deze vulkanische regio. De *parkway* leidt om de 2429 m hoge Diamond Peak heen, langs het kleine Emerald Lake, naar een parkeerplaats vanwaar u in een halfuur lopen het beroemdste geothermische gebied van het park kunt bereiken: **Bumpass Hell**. Het betreft hier een laagte met kolkende poelen, pruttelende moddergaten en gele zwavelafzettingen. U kunt over plankiers naar deze helse keuken wandelen.

Lake Helen en Lassen Peak

Aan **Lake Helen** heerst daarentegen een kalmte als in een fotoboek over de Alpen. In het turquoise water, waar in het voorjaar nog ijsschotsen drijven, wordt de kegelvormige **Lassen Peak** weerspiegeld, met 3187 m het hoogste punt van het hele park. Ten oosten van Lassen Peak voert de parkweg in een grote boog om de 2652 m hoge Reading Peak heen om op bijna 2100 m hoogte uit te komen bij Summit Lake, dat midden in een prachtig bergweidelandschap ligt. Aan de noordelijke en zuidelijke oever liggen twee kampeerterreinen.

Manzanita Lake

Als u in één keer doorreed, zou u in ongeveer een uur de 56 km lange parkweg (Hwy. 89) kunnen afleggen en uitkomen bij de noordelijke parkingang. Daar treft u **Manzanita Lake**, een door bossen omzoomd, schilderachtig meer, vooral wanneer 's avonds de top van Lassen Peak wordt beschenen door de laatste zonnestralen en zich spiegelt in het wateroppervlak. Het nabijgelegen **Loomis Museum** is vernoemd naar een zekere B.F. Loomis, die menige uitbarsting van de vulkaan tussen 1914 en 1915 op de gevoelige plaat vastlegde.

In het museum zijn veel van zijn foto's en zijn originele fotoapparatuur te zien. Het museum fungeert tevens als bezoekerscentrum (tel. 530-595-3399, juni–sept. dag. 9–17 uur, rest van het jaar).

Accommodatie

Afgelegen ranch ▶ Drakesbad Guest Ranch: Tel. 530-529-1512, www.drakesbad.com, begin juni–half okt. Deze ruim 110 jaar oude ranch ligt terzijde van de parkweg in Warner Valley op ongeveer 1700 m hoogte. Zwembad en paardrijuitstapjes. De gasten verblijven in eenvoudige kamers zonder elektriciteit. 2 pk inclusief drie maaltijden vanaf ca. $360.

Eenvoudig ingericht ▶ Lassen Mineral Lodge: Hwy. 36 E., P.O. Box 160, Mineral, CA 96063, ca. 15 km ten zuiden van de zuidgrens van het park, tel. 530-595-4422, www.minerallodge. com. Eenvoudig motel met restaurant en kamers zonder tv of telefoon. 2 pk vanaf $80.

Camping ▶ Butte Lake: Ca. 27 km van het Old Station gelegen kampeerterrein met picknicktafels, vuurplaatsen, beerveilige bagageruimtes, wc's en drinkwater, $16. In het nationaal park zijn nog acht andere campings te vinden.

Actief

Wandelen ▶ Bumpass Hell Trail: Het beginpunt van deze route naar het vulkanische gebied (heen en terug 5 km) is het parkeerterrein Bumpass Hell aan de doorgaande weg. Door het park voeren wandelpaden met een totale lengte van ongeveer 240 km.

Mount Shasta ▶ 2, D 2

Het Californische noordoosten bezit geen stedelijke agglomeraties, maar des te meer indrukwekkende natuur: watervallen, kolkende bergstromen, natuurlijke en kunstmatige meren, ondoordringbare wouden, agrarische landschappen en de majesteitelijke bergen van de Cascade Range, zoals de 4317 m hoge Mount Shasta. Al van grote afstand is de op twee na hoogste vulkaan van de VS, die wordt bedekt door vijf gletsjers, te zien. In 1786 heeft hij zich voor het laatst geroerd – vandaar dat geologen hem classificeren als een slapende vulkaan. Erg diep lijkt deze slaap evenwel niet te zijn. In de krater liggen hete zwavelbronnen te borrelen, die overigens ooit het leven redden van de natuurvorser John Muir en zijn reisgenoot. In 1875 kwamen beiden terecht in een zware sneeuwstorm. Alleen door zich in te graven in de hete modder hebben zij het vege lijf kunnen redden van bevriezing.

Moderne wegen maken het mogelijk Mount Shasta gedeeltelijk met de auto te bestijgen. De uitstekende **Everitt Memorial Highway** voert over een afstand van 21 km omhoog door bergweiden en bossen naar een op 2440 m hoogte gelegen parkeerplaats bij Panther Meadow, waar nog maar weinig bomen groeien. Daar beginnen diverse wandelpaden, waaronder een die leidt naar de top.

Waarom rond de symmetrische kegel die Mount Shasta vormt sinds oudsher een dicht web van verhalen is geweven over mysterieuze oerbewoners, onderaardse kolonies, reusachtige energievelden en ufolandingsplaatsen, weet niemand. Wellicht gaat dat terug op de indianen, die dachten dat de berg(top) de woonplaats was van de grote geest Skell. Eind 19e eeuw publiceerde een zekere Frederick Oliver een roman met de titel *A dweller on two planets* (Een bewoner van twee planeten), waarin gigantische zalen in het binnenste van de berg voorkomen, die gebouwd zouden zijn door de nazaten van overlevenden van het legendarische continent Atlantis. Feit is dat Mount Shasa, door de Amerikaanse dichter Joaquin Miller omschreven als 'eenzaam als God en wit als de wintermaan', sinds tientallen jaren een magische aantrekkingskracht uitoefent op allerlei aanhangers van mystieke, esoterische, newageachtige en ecologische bewegingen.

Mount Shasta City

Het mag daarom geen wonder heten dat het 3500 inwoners tellende plaatsje aan de voet van de vulkaan, **Mount Shasta City**, de bijnaam 'het Sedona van het noorden' heeft gekregen (Sedona in Arizona is het bekendste esoterische centrum van Amerika). Op het eerste ge-

Omhoog naar de Lassen Peak

Informatie

Begin: De Lassen Peak Trail naar de top van de vulkaan begint bij Mile 22 op een parkeerterrein aan de weg die midden door het park loopt.

Afstand: Naar de top ca. 3,5 km

Duur: Heen en terug ca. 4–5 uur. De route loopt over een steile helling en is zwaar voor ongeoefende wandelaars.

Hoogteverschil: Van het beginpunt (2591 m) tot het eindpunt op de top (3187 m) ca. 600 m

Beste tijd: Juni tot oktober

Informatie: Lassen Volcanic National Park, P.O. Box 100, Mineral, CA 96063, tel. 530-595-4480, www.nps.gov/lavo. Het Kohm Yahmahnee Visitor Center bij de zuidingang van het park het het hele jaar geopend. De centrale weg door het park kan ook buiten het winterseizoen tijdelijk afgesloten zijn ($10 per personenauto).

De route naar de 3187 m hoge **Lassen Peak** kan bij gunstige weersomstandigheden ook door 'normale' bergwandelaars worden afgelegd. Maar houd er wel rekening mee dat het steile bergpad maar zestien dagen per jaar geopend is. Het eerste deel van de route voert over zanderig terrein. Daarna loopt het pad over een steenachtige ondergrond omhoog tot vlak onder de kraterrand, waar u de eerste rotspartijen tegenkomt. Vooral op de hoogste delen van de route is het vanwege de soms scherpe rolstenen aan te raden stevige wandelschoenen te dragen.

U komt langs de *trail* verschillende wegwijzers en bankjes tegen, die op sommige plaatsen – waar u gemakkelijk van de weg zou kunnen afraken – wordt omzoomd door stenen muren. De kraterrand met het hoogste punt verschaft met zijn basaltformaties inzicht in de vulkanische geschiedenis van de Lassen Peak. Tijdens de klim kunt u genieten van fantastische vergezichten op het omliggende berggebied. Niet ver van de top van de vulkaan be-

reikt u het eerste sneeuwveld. Vervolgens kijkt u over een door de uitbarstingen van 1914 en 1915 geteisterd gebied op de 120 km noordelijker verrijzende besneeuwde piek van de 4317 m hoge Mount Shasta. Onder de top glinstert in de vulkaankrater een blauw meer, dat zelfs midden in de zomer deels met ijs is bedekt en eraan herinnert dat warme kleding geen overbodige luxe is. Als u tijd over hebt en uw conditie het toelaat, kunt u zich aan de afdaling over een uitgesleten pad naar de oever van het kratermeer wagen. Maar wees voorzichtig: het betreden van het ijs is een gevaarlijke onderneming.

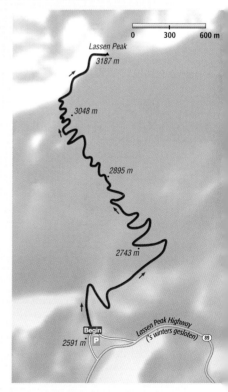

zicht is er in het dorp niets bijzonders aan de hand. In het centrum, rond Mount Shasta Boulevard, liggen straten met boetiekjes, aardige cafés, restaurants en galeries, soms gevestigd in grappige victoriaanse huizen. Maar daartussen zitten talloze zaakjes waar spirituele verlichting, psychedelische schilderijen, verjongingskuren, meditatiecursussen, rituele reinigingen, natuurgeneesmethoden en rondleidingen naar bovennatuurlijke krachtcentrales worden aangeboden.

Informatie

Mount Shasta Visitors Bureau: 300 Pine Street, Mt. Shasta CA 96067, tel. 530-926-4865, www.mtshastachamber.com.

Accommodatie

Mooi oud hotel ▶ McCloud Hotel: 408 Main St., McCloud, tel. 530-964-2822, www.mccloudhotel.com. Een historisch hotel uit 1915 met prachtige kamers en luxe suites met whirlpool, balkon en een beeldschoon uitzicht op Mt. Shasta. Geen televisie of telefoon. Het overdadige ontbijt is bij de prijs inbegrepen. 2 pk $120–215.

Spiritueel met een grote S ▶ ShasTao: 3609 N. Old State Rd., tel. 530-918-8420, www.shastao.com. Heel bijzonder: alternatieve piepkleine B&B, uitgebaat door een esoterisch georiënteerde filosofieprofessor. Alleen geschikt voor vegetariërs. 2 pk $175.

Totaal ontspannen ▶ Dream Inn: 326 Chestnut St., tel. 530-926-1536, www.dreaminnmtshastacity.com. Fraaie B&B in het hart van het dorp met een beeldschoon uitzicht op Mt. Shasta. U overnacht hier in suites, ook met keuken. 2 pk $110–160.

Betoverende locatie ▶ Mount Shasta KOA: 900 N. Mountain Shasta Blvd., tel. 530-926-4029, www.mtshastakoa.com, het hele jaar door geopend. 120 staanplaatsen, een klein zwembad en *cabins* voor maximaal 6 personen. Met uitzicht op Mt. Shasta.

Eten en drinken

Heerlijkheden uit het Verre Oosten ▶ Vivify: 531 Chestnut St., tel. 530-926-1345, wo.-zo. 17-20 uur. Een prima gelegenheid om de Japanse keuken beter te leren kennen. Het aanbod van dit restaurant is niet beperkt tot sushi. $10–30.

Creatieve gerechten ▶ Lily's: 1013 S. Mount Shasta Blvd., tel. 530-926-3372, www.lilysrestaurant.com, dag. 7.30–22 uur. Deze favoriet van de lokale bevolking serveert verse vis- en vleesgerechten, Mexicaanse en Italiaanse specialiteiten en knapperige salades in een gezellige ambiance. Vooral de brunch in het weekend is zeer populair. Vanaf $12.

Actief

Bergopwaarts ▶ Beklimming van Mount Shasta: Naar de top van deze berg leiden zeventien bewegwijzerde routes, waarvan de Avalanche Gulch Route het populairst is. Wie boven een hoogte van 10.000 voet (3048 m) klimt, heeft een Wilderness Permit en een drie dagen geldige Summit Pass ($20) nodig. De laatste is te krijgen bij het Ranger Station, maar u kunt hem ook zelf uitschrijven ($20). Meer informatie op www.shastaavalanche.org. Uw klimuitrusting moet minimaal uit een ijsbijl, stijgijzers en een valhelm bestaan. Het benodigde materiaal is te huur (online reserveren is mogelijk) bij **The Fifth Season**, 300 N. Mt. Shasta Blvd., Mt. Shasta, tel. 530-926-3606, www.thefifthseason.com.

Wintersport ▶ Aan de zuidflank van de vulkaan vindt u **21 skipistes** en 2 stoeltjesliften. Het hoogteverschil bedraagt 335 m. U kunt ook per sneeuwmobiel de berg op en er zijn complete skiuitrustingen te huur (www.skipark.com).

Kajakken en raften ▶ River Dancers: 302 Terry Lynn Ave., tel. 530-926-3517, www.riverdancers.com. Kajak- en raftexcursies met gids op de Klamath River of de Trinity River. Duur: halve dag tot 2 dagen, ook geschikt voor gezinnen met kinderen. Vanaf $70 per persoon.

Winkelen

Ecoparadijs ▶ Berryvale Grocery: 305 S. Mt. Shasta Blvd., tel. 530-926-1576, ma.-za. 8.30–19.30, zo. 10–18 uur. Natuurvoedingszaak met verse groenten en fruit van biologische teelt. Er zijn ook een bar met versgeperste sappen en sandwiches en een klein café.

Tip: Logeren in de middle of nowhere

Wie graag in een berghut ver van de bewoonde wereld verblijft, wordt op zijn wenken bediend in het **Shasta-Trinity National Forest**, midden in Noord-Californië. De autoriteiten in dit reusachtige bosgebied stellen sinds geruime tijd oude wachtposten van de brandwacht beschikbaar voor verblijf. Zulke *lookouts* zijn nog overal te vinden, maar veruit de meeste worden niet meer gebruikt voor het doel waarvoor ze zijn gebouwd: onderdak bieden aan bewakers die in de gaten houden of er niet ergens een bosbrand woedt. Hun taak is overgenomen door de moderne techniek. Wie in een *lookout* overnacht, moet niet alleen rekenen op een verblijf in the middle of nowhere, maar zich ook tevreden stellen met een minimum aan comfort. U zult zelf een complete kampeeruitrusting en proviand moeten meenemen, want afgezien van een tafel, stoelen en veldbedden voor vier personen is er niets. De minimale duur van een verblijf is drie dagen, de minimum leeftijd 18 jaar. Het seizoen loopt meestal van juli tot oktober, op grote hoogten soms ook korter. De huurprijs voor vier personen bedraagt circa $50–75.

Little Mount Hoffman Lookout: Deze grotendeels van glas gebouwde wachtpost ten oosten van Mount Shasta biedt een geweldig uitzicht van 2230 m hoogte op het omringende berglandschap met Mt. Shasta, Mt. Lassen en Mt. McLoughlin (tel. 530-964-2184, www.recreation.gov/campgroundDetails.do?contractCode=NRSO&parkId=75303).

Hirz Mountain Lookout: Deze wachtpost aan Whiskeytown Lake is boven in een 7 m hoge stalen wachttoren gevestigd. U moet uw bagage vanaf de parkeerplaats nog ongeveer 400 m dragen. Van boven kijkt u fantastisch uit op de omgeving. Voor de rit van ongeveer 16 km naar de wachtpost verdient een terreinwagen aanbeveling (tel. 530-275-1589 of www.recreation.gov).

Girard Ridge Lookout: Deze wachttoren met zadeldak dateert van 1931 en staat ter hoogte van Dunsmuir, ten zuiden van Mount Shasta. Hier kijkt u prachtig uit op de vulkaan en de Castle Crags (tel. 530-964-2184, www.recreation.gov/camping/Girard_Ridge_Lookout_Ca/r/camgroundDetails.do?contractCode=NRSO&parkId=75268).

Zicht op Mount Shasta, de mysterieuze reus van Noord-Californië

Lake Tahoe geldt sinds jaar en dag als het landschappelijk pronkjuweel en een van de belangrijkste toeristische attracties van de Golden State Het meer ligt op de grens van Californië en Nevada op 1900 m hoogte in de Sierra Nevada, en als het blauwe wonder niet door de sinds de 19e eeuw oprukkende moderniteit was omsingeld, dan had het allang de status van nationaal park gekregen.

Het blauwe wonder

Kaart: blz. 428

Het aan alle zijden door bergketens omgeven meer ligt voor ongeveer twee derde in Californië en voor een derde in de staat Nevada. Het is met 497 km² iets kleiner dan het Meer van Genève. Met een diepte van 500 m is Lake Tahoe na het Crater Lake in Oregon het diepste meer van Amerika. Het heeft zijn legendarische reputatie echter niet te danken aan zijn grootte of diepte, maar aan zijn ongewone kobaltblauwe kleur en fabelachtige helderheid. Het zicht reikt tot wel 60 m diep. De oorzaak daarvan is het feit dat er in het kristalheldere water nauwelijks deeltjes zweven, zodat het zonlicht er diep in kan doordringen en pas op grote diepte wordt gereflecteerd.

Volgens de laatste berichten wordt de transparantie van het water echter bedreigd. Wetenschappers hebben vastgesteld dat de temperatuur van het water de laatste 30 jaar met 1 °C is gestegen. Dat lijkt niet veel, maar als het een trend blijkt, zou dat kunnen leiden tot een toename van algen, waarmee deze bijzondere eigenschap van Lake Tahoe verloren zou kunnen gaan. De oorzaak ligt vermoedelijk bij de opwarming van de aarde, waar overigens niet alleen Lake Tahoe, maar ook de omringende bergen schade van ondervinden.

De laatste jaren is er in deze regio 's winters minder sneeuw gevallen dan normaal, wat heeft geleid tot droogte, die weer de kans op bosbranden deed toenemen. In Zuid-Californië bijvoorbeeld hebben die zich de laatste jaren al in de vroege zomer voorgedaan. Dat Lake Tahoe trouwens zelfs in hartje winter niet bevriest, is niet het gevolg van het veranderende klimaat, maar van het feit dat er voortdurend water met een temperatuur van 7 °C uit de bodem van het meer omhoogkomt.

Lake Tahoe, wat in de taal van de Washoe-indianen 'groot water' betekent, is in tegenstelling tot andere bergmeren in de Sierra niet ontstaan ten gevolge van de schurende werking van gletsjers tijdens de ijstijd, maar door bekkenvorming tussen tektonische gebergtenopheffingen. Zo'n 150 miljoen jaar geleden kwam in het oosten de Carson Range omhoog en in het westen de hoofdketen van de Sierra Nevada.

Tussen de beide bergketens vormde zich de kom van Lake Tahoe. Door vulkanische activiteit werden de laagtes in het noorden en zuiden opgevuld, waardoor neerslag zich over lange tijd kon verzamelen. Waarschijnlijk waren de pionier John Fremont, zijn gids Kit Carson en de cartograaf Karl Preuss de eerste blanken die in 1844 de aan de oevers wonende indianen van de Washoestam tegenkwamen. Zo'n 30 jaar later al kwamen de eerste toeristen. Sindsdien is Lake Tahoe uitgegroeid tot het belangrijkste vakantieoord in de hele Sierra Nevada. Dat heeft niet alleen met de idyllische ligging te maken, maar ook met het feit dat hier 275 dagen per jaar de zon schijnt.

South Lake Tahoe en Stateline ▶ 5, C 2

Kaart: blz. 428

Het toeristische centrum van het meer is het 24.000 inwoners tellende stadje **South Lake Tahoe** 1 aan de zuidoever. 's Zomers in het weekend trekt het verkeer in een lange stoet stapvoets voorbij aan de gigantische hoeveelheid hotels, motels, bed and breakfasts en allerlei soorten uitgaansgelegenheden. Het stadje heeft echter zijn grote aantrekkingskracht niet uitsluitend te danken aan zijn geweldige ligging aan de zuidoever en de talloze mogelijkheden tot recreatie. South Lake Tahoe is sinds lang aan de naburige gemeente **Stateline** in Nevada vastgegroeid, en aan de andere zijde van de staatsgrens zijn kansspelen niet alleen legaal – dat in tegenstelling tot in Californië – het is er zelfs de belangrijkste bron van inkomsten. Nauwelijks heeft men een voet in Stateline gezet, of men wordt omringd door de flikkerende neonreclames en onwaarschijnlijke beloftes van de talloze gokpaleizen en speelhallen.

Tahoe Queen

In Stateline zijn het voornamelijk de dag en nacht geopende amusementshallen die bezoekers trekken – in South Lake Tahoe is een rondvaart met de schoepenraderstomer **Tahoe Queen** de publiekstrekker. Het hele jaar door maakt de in 1983 aan de Mississippi gebouwde oldtimer onder begeleiding van dixielandmuziek tweeënhalf uur durende vaartochten door de idyllische **Emerald Bay** (zie blz. 426) langs de Californische oever van het meer (Tahoe Queen Cruises, Ski Run Marina, tel. 775-589-4906 of 888-838-8923, www.zephyr cove.com/cruises.aspx, wisselende tijden, volw. $39, kind 3–11 jaar $15).

Tallac Historic Estates

Buiten de stad liggen aan de oever van Lake Tahoe de **Tallac Historic Estates** met coniferen en sparren. Sinds de 19e eeuw hebben welgestelde ondernemers op deze idyllische plaats zomerverblijven laten bouwen in blokhutstijl, zoals Valhalla, Pop Estate met een arboretum, een kunstmatige vijver en smalle beekjes, en McGonagle House, dat deel uitmaakt van het Baldwin Estate en is gebouwd van gehalveerde boomstammen. In het Baldwin Museum zijn onder meer tentoonstellingen te zien over de cultuur van de Washoe-indianen (Hwy. 89, tel. 530-541-4975, www.fs.usda.gov/attmain/ltbmu/specialplaces, mei–begin juni alleen za., zo. 10–16.30 uur, juni–sept. dag.).

Skigebied Heavenly Mountain

Niet alleen 's zomers is de streek van Lake Tahoe een populaire vakantiebestemming. In de koude maanden brengt de Heavenly Valleykabelbaan wintersporters van de oever naar een skigebied op **Heavenly Mountain**, een van de grootste van Amerika. Tientallen pistes, waarvan sommige met hoogteverschillen van wel 1000 m, worden door in totaal 30 stoeltjesliften bediend.

Wanneer de natuur niet voor voldoende sneeuw zorgt, biedt een hypermoderne kunstsneeuwinstallatie uitkomst (Heavenly Mountain Resort, hoek Wildwood & Saddle St., tel. 775-586-7000, www.skiheavenly.com, seizoen: half nov.–half apr.).

Informatie

Lake Tahoe Visitors Authority/Visitor Center: 3066 Lake Tahoe Blvd., South Lake Tahoe, CA 96150, tel. 530-544-5050, www.tahoesouth.com.

Accommodatie

Uitspanning ▶ Fireside Lodge: 515 Emerald Bay Rd., tel. 530-544-5515, www.tahoefireside lodge.com. Moderne B&B in blokhutstijl met suites, soms met een open haard en een keuken. 2 pk $120–255.

Uitstekende keus ▶ Best Western Timber Cove Lodge: 3411 Lake Tahoe Blvd., tel. 530-541-6722, www.timbercovetahoe.com. In de nabijheid van het strand gelegen accommodatie met 260 kamers, een restaurant, een fitnessruimte en een zwembad. 2 pk vanaf $120.

Resort met cabins ▶ Camp Richardson Campground: Hwy. 89, Jameson Beach Rd., tel. 530-541-1801, www.camprichardson.com. Groot resort met jachthaven, hotel, cabins en staanplaatsen voor campers en tenten.

Tip: Geweldig wandelen over de Tahoe Rim Trail

Wie het 'blauwe wonder' – de vaak gebruikte bijnaam van Lake Tahoe – van de Californische Sierra Nevada – wil verkennen, kan het best met de auto de 115 km lange weg rond het meer afleggen. Het is aan te raden deze tocht niet in het weekend tijdens het hoogseizoen te maken, in verband met de grote drukte op de weg, maar hiervoor een doordeweekse dag uit te kiezen. Sinds de opening van de **Tahoe Rim Trail** is het ook mogelijk te voet een tocht rond het meer te ondernemen. Als de totale lengte van 260 km iets te veel voor u is, kunt u ook kortere tochten maken. Dat de wandelroute twee keer zo lang is als de autoroute komt door het feit dat de Hiking Trail niet langs de oever loopt, maar door de bergen eromheen. Veel stukken kunnen ook per mountainbike worden afgelegd (www.tahoerimtrail.org).

Aan het meer ▶ Campground by the Lake: 1150 Rufus Allen Blvd., tel. 530-542-6056, www.cityofslt.us/index.aspx?NID=270. Door de stad beheerd kampeerterrein met goede voorzieningen.

Eten en drinken

Toprestaurant ▶ Evan's: 536 Emerald Bay Rd., tel. 530-542-1990, www.evanstahoe.com, alleen diner. Evan's behoort tot de beste restaurants in deze omgeving. Op de kaart staan voortreffelijke gerechten als gegrilde runderhaas met foie-grasboter ($34) of lamsrug in een korst van hazelnoten met zwartebessensaus ($35). **Voor een romantisch diner met zijn tweeën ▶ Café Fiore:** 1169 Ski Run Blvd., tel. 530-541-2908, www.cafefiore.com, alleen diner. Romantisch restaurantje met niet meer dan zeven tafels, waar u tijdens een sfeervol diner bij kaarslicht kunt genieten van Italiaanse specialiteiten. $18–32.

Uitgaan

Vertier in de avonduren ▶ Vex: Harrah's Lake Tahoe Casino, Hwy. 50 in Stateline (NV), tel. 775-586-6705, www.harrahslaketahoe.com, dag. vanaf 20 uur. Nachtclub met liveoptredens en muziek. **Paradijs voor nachtvlinders ▶ Opal Ultralounge:** Als u van dansen en lolmaken houdt, kunt u gelijkstemden ontmoeten in deze nachtclub met livemuziek en een indrukwekkend aanbod aan drankjes en cocktails (55 Hwy. 50, Stateline, www.montbleuresort.com, wo.–za. vanaf 22 uur).

Actief

Op stap met het stalen ros ▶ Fietsen: Voor meer informatie over fietsroutes in en rond South Lake Tahoe en over fietsverhuur kunt u terecht op de volgende website: www.tahoesbest.com/biking. **Kajakken ▶ Kayak Tahoe:** 3411 Lake Tahoe Blvd., Timber Cove Marina, tel. 530-544-2011, www.kayaktahoe.com. Bij deze winkel zijn kajaks te huur voor individuele excursies op Lake Tahoe.

Vervoer

Trein: Het dichtstbijzijnde treinstation is te vinden in Truckee, tel. 1-800-872-7245, www.amtrak.com. **Bus:** Greyhound Bus Lines, Truckee, 10065 Donner Pass Rd., www.greyhound.com.

Emerald Bay ▶ 5, B/C 2

Kaart: blz. 428
Doordat er meer dan 60 riviertjes en beken uit de bergen in Lake Tahoe uitmonden, komt zelfs midden in de zomer de temperatuur van het water aan de talloze strandjes niet uit boven de 20 °C. Desondanks is het tijdens de warme maanden vooral aan de Californische kant erg druk. Bekoorlijke stranden als Baker Beach en vooral de schilderachtige **Emerald Bay** 2 trekken dan veel strandgasten. Dit deel van Lake Tahoe werd 20.000 jaar geleden geschapen door de schurende werking van enorme ijsschotsen die tegen het einde van

South Lake Tahoe is uitgegroeid tot een belangrijk vakantieoord

de ijstijd smolten, waarna het water wegliep door de dalen. Wat achterbleef was deze langgerekte baai.

Er voert een 1,5 km lang wandelpad van de parkeerplaats aan de hoofdweg naar **Vikingsholm**, een prachtig, 38 kamers tellend gebouw van graniet en handbewerkt hout in de stijl van een Scandinavisch kasteel. De opdracht tot de bouw ervan werd gegeven in 1929 door de uit Noorwegen afkomstige miljonaire Lora J. Knight, die onder meer ook de transatlantische solovlucht van Charles Lindbergh financierde. Het landschap deed haar kennelijk denken aan een Scandinavisch fjordenlandschap. Na haar dood kwam het geheel in 1953 onder beheer van de State Park Service en werd het opengesteld voor publiek (tel. 530-525-9530, rondleidingen dag. 10.30–16.30 uur, eind mei–eind sept., www.vikingsholm.com, volw. $5, kind 6–17 jaar $3).

Tahoe City ► 5, B 2

Kaart: blz. 428
Het levendige centrum van het 6000 inwoners tellende **Tahoe City** ❸ wordt gevormd door de Kings Beach Plaza en de jachthaven. Deze ha-

ven, met de historische houten Marina Mall, is een van de oudste aan de oevers van het meer. Het oudste gebouw van het stadje is de **Watson Cabin**, door een zekere Robert Watson in 1909 gebouwd als huwelijksgeschenk voor zijn zoon. Gekostumeerde gidsen vertellen de bezoeker allerlei interessante details over de charmante blokhut en het leven aan Lake Tahoe rond 1900 (560 N. Lake Blvd., tel. 530-583-8717, www.northtahoemuseums.org, eind mei-begin sept. do.–ma. 10–17 uur, volw. $3, senior vanaf 65 jaar $2).

Het reconstrueerde **Gatekeeper's Museum** is eveneens helemaal authentiek ingericht. Hier geven historische foto's, landkaarten, kostuums en indiaanse artefacten een indruk van het leven in Tahoe City ruim een eeuw geleden (130 W. Lake Blvd., tel. 530-583-1762, www. northtahoemuseums.org, dag. behalve di. 10–17, okt.–apr. alleen za., zo. 11–15 uur, volw. $5, senior vanaf 65 jaar $4).

Raften op de Truckee River

Een populaire gezinsactiviteit hartje zomer is *river rafting* op de **Truckee River**. In rubberbootjes of op opgepompte vrachtautobanden laat men zich stroomafwaarts drijven over de rivier, die vanuit Truckee parallel loopt aan

CALIFORNIË

Truckee

Crystal Bay/
Incline Village

Kings Beach

Squaw Valley

Crystal Bay
*Carnelian
Bay*

Tahoe City

**Sand Harbor
State Park**

NEVADA

Lake Tahoe

Homewood

Meeks Bay
*Rubicon
Bay*

Skyland

Zephyr Cove

**Emerald
Bay**

*Hedvenly
Mt. Resort*

**South
Lake Tahoe**

**Emerald Bay
State Park**

Jacks Peak
▲
3004 m

*Fallen Leaf
Lake*

*Upper
Echo Lake*

*Lower
Echo Lake*

Meyers

Highway 89 en bij Tahoe City in het meer uitmondt (raftverhuur en Transport: Mountain
Air Sports, tel. 530-583-RAFT, www.truckeeri
verrafting.com; Truckee River Raft Co., tel.
530-583-0123, www.truckeeriverraft.com).

Squaw Valley 4

Een kleine 10 km verderop, bereikbaar via Highway 89, ligt **Squaw Valley**, waar de Olympische
Winterspelen van 1960 werden gehouden. U
kunt met een kabelbaan naar boven, vanwaar

u een schitterend uitzicht hebt op het plaatsje
en Lake Tahoe. Het langeafstandswandelpad
Pacific Crest Trail komt er vlak langs (www.
squaw.com).

Informatie

Tahoe City Visitors Information Center: 380 N.
Lake Blvd., Tahoe City, CA 96145, tel. 530-581-
6900, www.gotahoenorth.com.

Accommodatie

Uiterst rustiek ▶ **Cottage Inn at Lake Tahoe:**
1690 W. Lake Blvd., tel. 530-581-4073, www.the
cottageinn.com. Gezellig ingerichte B&B-cot-
tages in blokhutstijl met schindeldaken, voorzien van een slaapkamer, een zitkamer, een
koelkast, tv en open haard. Vanaf $160.
Sfeervol ▶ **River Ranch Lodge:** Hwy. 89 & Alpine Meadows Rd., tel. 530-583-4264, www.ri
verranchlodge.com. Aan de oever van de Truckee River gelegen lodge met 19 kamers en een
eigen restaurant. Hier eindigen de meeste raf-
tingtochten. 2 pk $80–180.
Voordelig ▶ **Americas Best Value Inn:** 455 N.
Lake Blvd., tel. 530-583-3766, www.americas
bestvalueinn.com. Niet-rokersmotel met een
zwembad, kamers met koffiezetapparaat, koelkast en magnetron. 2 pk vanaf $80.

Truckee 5

De vele oude gebouwen met hun typische
schijnfaçades verlenen het 13.000 inwoners
tellende **Truckee** ook tegenwoordig nog een
authentieke westernsfeer. Dat was blijkbaar
wat Charlie Chaplin zocht voor zijn film *Goldrush*, over de tijden van de gouddelvers in
Alaska, want die nam hij hier in 1925 op. Tegen het eind van de jaren 1860 tuften de eerste stoomlocomotieven via Truckee over de
bergketen. Sindsdien is de betekenis van deze
bergpas als verkeersknooppunt nog verder
toegenomen, want de Interstate 80, een belangrijke verbinding tussen oost en west,
voert over Truckee. In temperatuurtabellen in
kranten duikt de naam van het stadje regelmatig op als koudste plaats van de Verenigde
Staten. In oktober 1846 werd een ongewoon
vroeg invallende winter de zogenaamde Donner Party noodlottig. Een groep van 87 pio-

Wintersport aan Lake Tahoe

Informatie

Begin: Heavenly Mountain Resort in Heavenly Village, 3860 Saddle Road, South Lake Tahoe, tel. 775-586-7000, 1-800-432-8365, www.skihea venly.com

Kaartjes skilift: Deze zijn het voordeligst als u ze online bestelt: dagpas volw. $88, senior vanaf 65 jaar en kind 13–18 jaar $79, kind 5–15 jaar $45 (www.skiheavenly.com/plan-your-trip/ lift-tickets/lift-tickets-explorer.aspx). De prijs van een kaartje dat u ter plaatse koopt, ligt 18% hoger.

Openingstijden skipistes: Za., zo. 8.30–16, ma.–vr. 9–16 uur

Skiseizoen: Half nov.–half apr.

Uitrusting: Verhuur en reparatie: The North Face, 4118 Lake Tahoe Blvd., tel. 530-544-9062 – The Boardinghouse, 4118 Lake Tahoe Blvd., tel. 530-542-5228.

Informatie op internet: www.skilaketahoe. com of www.skiheavenly.com

Aanbiedingen skivakanties: www.skieniname rika.nl

Rondvlucht per helikopter: HeliTahoe: 1901 Airport Rd., Ste 106, tel. 530-208-5247, www. helitahoe.com, vanaf $70.

Kaart: Links

Het **Heavenly Mountain Resort** aan het zuidelijke uiteinde van Lake Tahoe heeft een oppervlakte van bijna 20 km² en ligt tussen de 1900 en 3040 m in de Sierra Nevada. Het behoort tot de populairste skigebieden van Californië, loopt door tot over de grens met de buurstaat Nevada en lokt met jaarlijks tussen de 600 en 1300 cm sneeuw en een adembenemend fraai landschap. Goede vertrekpunten voor een verkenning van het gebied zijn de plaatsjes **South Lake Tahoe** aan Californische zijde en **Stateline** (zie blz. 425) in Nevada.

Liefhebbers van wintersport kunnen op 94 gemarkeerde **pistes van alle moeilijkheidsgraden** laten zien wat ze kunnen en bij afdalingen volop genieten van hoogteverschillen die kunnen oplopen tot ruim 1000 m. De langste afdaling gaat over 8 km. Het gebied wordt ontsloten door meer dan twintig skiliften en lopende banden, waarbij normaal gesproken geen lange wachtrijen ontstaan. Zo'n 20% van de pistes is geschikt voor beginners, 45% kreeg de classificatie licht, 30% middelzwaar en de overige 5% zwaar.

Iedereen die nog wat onzeker op zijn ski's of snowboard staat, kan bij de **Heavenly's Ski/ Ride School** een van de uiteenlopende cursussen volgen (Heavenly's Ski/Ride School, tel. 1-800-587-4430). Wie een goed alternatief zoekt om van de sneeuw te genieten, kan een *snowbike* huren (Rent a Ski Bike, dag. 11–16 uur, $45 per uur).

Naast de avonturen op de piste behoren in Heavenly nog vele ander andere outdooractiviteiten tot het aanbod, die een bezoek aan Lake Tahoe onvergetelijk maken. Wie zich graag verplaatst naar de goede oude tijd, kan een uitstapje van een halfuur per ouderwetse **paardenslee** maken (Borges Sleigh Rides, tel. 775-588-2953, www.sleighride.com, dag. 10–16.45 uur, volw. $20, kind $10). Sportiever gaat het eraan toe tijdens de één uur durende **excursie per sneeuwmobiel** (Lake Tahoe Adventures Snowmobiling, tel. 530-577-2940, www. laketahoeadventures.com). Een bijzondere ervaring is een **helikoptervlucht** boven de skipistes, het omliggende ongerepte natuurgebied en het blauwe Lake Tahoe.

Op de **openluchtijsbaan** in Heavenly Village kunt u tot laat in de avond onder begeleiding van muziek pirouettes draaien. In een cabine voor maximaal 8 personen van de prijzige **Lake Tahoe Gondola** bereikt u binnen 10 minuten, na een klim over 3,8 km, het 2780 m hoog gelegen bergstation (tel. 775-586-7000, dag. 10–16 uur, 's winters is het bergstation na 15 uur gesloten, volw. $34, kind 13–17 jaar $26, kind 5–12 jaar $20).

niers kwam toen vast te zitten in de sneeuw en werd pas gered in februari 1847. Verscheidene leden van de groep kwamen om van de honger. De naam van het Donner Memorial State Park aan de oostelijke oever van Donner Lake herinnert aan de tragedie (www.truckee.com).

De Nevadaoever ▶ 5, C 1

Crystal Bay/Incline Village 6

Aan het noordelijke eind van Lake Tahoe begint bij Crystal Bay de 'Nevadaoever' van het meer. De eerste grote plaats die u tegenkomt is **Incline Village**, dat het hele jaar door een geliefd vakantieoord is. Tijdens de warme maanden bieden het meer met zijn wondermooie oevers en het omringende land geweldige mogelijkheden tot wandelen en fietsen. Aan de noordoever van het meer is zelfs sprake van een echt nachtleven. Zo zijn in Crystal Bay verschillende casino's te vinden. Het Cal Neva Casino had begin jaren 60 een beroemde eigenaar: Frank Sinatra (www.calneva resort.com).

Sand Harbor State Park 7

Bent u een liefhebber van theater, dan kunt u in de maanden juli en augustus u hart ophalen in het **Sand Harbor State Park**, waar op een podium direct aan het water het beroemde Lake Tahoe Shakespeare Festival wordt georganiseerd (www.laketahoeshakespeare.com). Het park is een van de mooiste plaatsen langs de oever. Honderden afgeronde granietrotsen liggen als lichtgekleurde stuiters in het smaragdgroene water. Tijdens de koude maanden oefenen Diamond Peak en Mount Rose aantrekkingskracht uit op wintersporters.

Informatie

Incline Village Visitor Information Center: 969 Tahoe Blvd., Incline Village, NV 89451, tel. 775-832-1606, www.gotahoenorth.com.

Accommodatie

Vijfsterrenhotel ▶ Hyatt Regency: 111 Country Club Dr., tel. 775-832-1234, http://laketahoe.

hyatt.com. Luxehotel in de stijl van een rustieke *lodge* met een groot zwembad, spa, casino, verschillende restaurants en moderne, comfortabele kamers en suites. 2 pk gemiddeld $350.

Zephyr Cove 8

Te midden van naaldbossen aan de zuidelijke Nevadaoever ligt **Zephyr Cove**, een klein, verscholen vakantieparadijs, waar u kunt bootjevaren, zeilen, paardrijden en 's winters met een sneeuwscooter door de sneeuw jakkeren. Met de hier afmerende *Mississippi steamers* **M.S. Dixie II** en **Tahoe Queen** kunt u een *diner*

Ongerepte natuur bij Lake Tahoe

cruise op het meer en een vaartocht naar de schilderachtige Emerald Bay aan de Californische oever maken (tel. 775-589-4906, www.ze phyrcove.com).

Accommodatie

Warm aanbevolen ▶ Zephyr Cove Resort: 760 De gasten verblijven hier in verschillend ingerichte *cabins* of cottages van uiteenlopende grootte. Airconditioning, tv, keuken en open haard behoren tot de standaardvoorzieningen. 2 personen vanaf $155.

Camping ▶ Nevada Beach Campground: Elks Point Rd., tel. 1-877-444-6777, www. fs. fed.us/r5/ ltbmu/recreation/camping/nvbeach.shtml. Kampeerterrein in een bosrijke omgeving aan het meer. Wc's, maar geen douches. **Zephyr Cove RV Park & Campground:** Zie links, Zephyr Cove Resort. Fraai gelegen camping aan het meer met staanplaatsen voor campers en tenten.

Eten en drinken

Caribische sfeer ▶ Latin Soul: 168 Hwy. 50, Stateline, in het Lakeside Inn Casino, tel. 775-588-7777, www.lakesideinn.com. Goed aanbod aan voordelige gerechten uit de Latijns-Amerikaanse keuken. Het ontbijt bij Latin Soul is ook in trek. $8–18.

Register

Vetgedrukte bladzijdenummers verwijzen naar een uitgebreide bespreking.

Register

Vetgedrukte bladzijdenummers verwijzen naar een uitgebreide bespreking.

Register

Vetgedrukte bladzijdenummers verwijzen naar een uitgebreide bespreking.

Register

Vetgedrukte bladzijdenummers verwijzen naar een uitgebreide bespreking.

Waaghals op verkenning: een jonge bruine beer in een
boom in de buurt van Tahoe City

Legenda

	Tollway (tolweg)
	Freeway (gratis)
	Snelweg
	Autoweg
	Hoofdweg
	Secundaire weg
	Weg in aanleg
	Weg, niet voor motorvoertuigen
5	Interstate Highway
101	U.S. Highway
14	State Highway, State Route
	Tunnel
	Spoorweg
	Veer
	Landsgrens
	Staatsgrens
	Nationaal park, natuurpark
	Reservaat, verboden gebied
	Internationale luchthaven
	Regionale luchthaven
	Grensovergang
★	Bezienswaardigheid
	Regionaal park, recreatiegebied
	Vuurtoren
	Windmolen
	Skigebied
▲	Bergtop
)(	Bergpas

Atlas
Californië

Crescent City, Eureka, Redding, Red Bluff, Chico

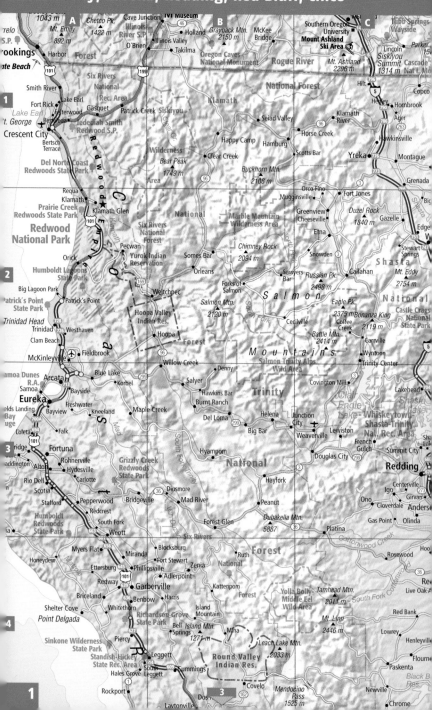

A   **B**   **C**

Rockport
Westport
Laytonville
Branscomb
Dos Rios
Covelo
Mendocino Pass 1525 m
Middle Fork
Mendocino
Chrome

Admiral Standley S.R.A.
Longvale
Elk Creek
Fruto

1

MacKerricher State Park
Inglenook
Cleone
Fort Bragg
Noyo
Caspar
Point Cabrillo
Russian Gulch State Park
Mendocino
Mendocino Headlands State Park
Littleriver
Albion
Van Damme State Park
Comptche
Navarro
Navarro River Redwoods S.P.

Willits
Mt. Sanhedrin 1884 m
State Game Refuge
Snow Mtn. 2150 m
National
Fouts Springs
Stonyford
Sacrame
Wildlif
Lodoga

Calpella
Potter Valley
Forest
Leesville

Rogina Heights
Winter Springs
Upper Lake
Indian Valley
Res.

Elk
Ukiah
Talmage
North Lakeport
Nice
Lucerne
Glenhaven
Willits
Springs

Philo
Hendy Woods State Park
Irish Beach
Manchester
Boonville
Clear Lake
Lakeport
Finley
Konocti
Keiseyville
Clearlake Oaks
Clearlake

Point Arena
Point Arena
Maillard Redwoods S.R.
Hopland
Yorkville
Rancheria
Lower Lake
Copsey Creek

2

Anchor Bay
Gualala
Annapolis
Black Point
The Sea Ranch
Stewarts Point
Lake Sonoma
Cloverdale
Asti
Loch Lomond
Cobb
Whispering Pines
Geyserville
Middletown
Hidden Valley Lake
Robert Louis Stevenson S.P.
Pope Valley

Salt Point State Park
Plantation
Cazadero
Lytton
Jimtown
Healdsburg
Calistoga
Pope Valley
St. Helena
Span

Fort Ross State Hist. Pk.
Fort Ross
Guerneville
Windsor
Fulton
Sugarloaf Ridge S.P.
Bothe-Napa Valley S.P.
Rutherfo

Jenner
Ocean View
Monte Rio
Forestville
Occidental
Sebastopol
Bodega
SANTA ROSA
Kenwood
Oakville
Yount
Glen Ellen
Boyes Hot Springs

3

Salmon Creek
Sonoma Coast State Beach
Bodega Bay
Valley Ford
Bloomfield
Rohnert Park
Cotati
Pengrove
El Verano
Sonoma
Schellville

Bodega Bay
Tomales Pt.
Tomales
Marshall
Petaluma
Petaluma Adobe S. Hist. P.
America
Canyo

Tomales Bay
Point Reyes Station
Inverness
Nicasio
Novato
VALLEJO
San Pablo Bay

Point Reyes
Drakes Bay
Olema
Santa Venetia
Lagunitas
Woodacre
Fairfax
San Anselmo
San Pab

Point Reyes National Seashore
Bolinas
San Rafael
Richmond
BERKE

Stinson Beach
Mill Valley
BERKE

Grote
Golden Gate N.R.A.
SAN
FRANCISCO
Daly City

Oceaan
Pacifica
Lea
SA
MA

Montara
Millbrae
El Granada
Redwoo
Half Moon Bay
Martins Beach
San Gregorio
Menlo
Moun
3

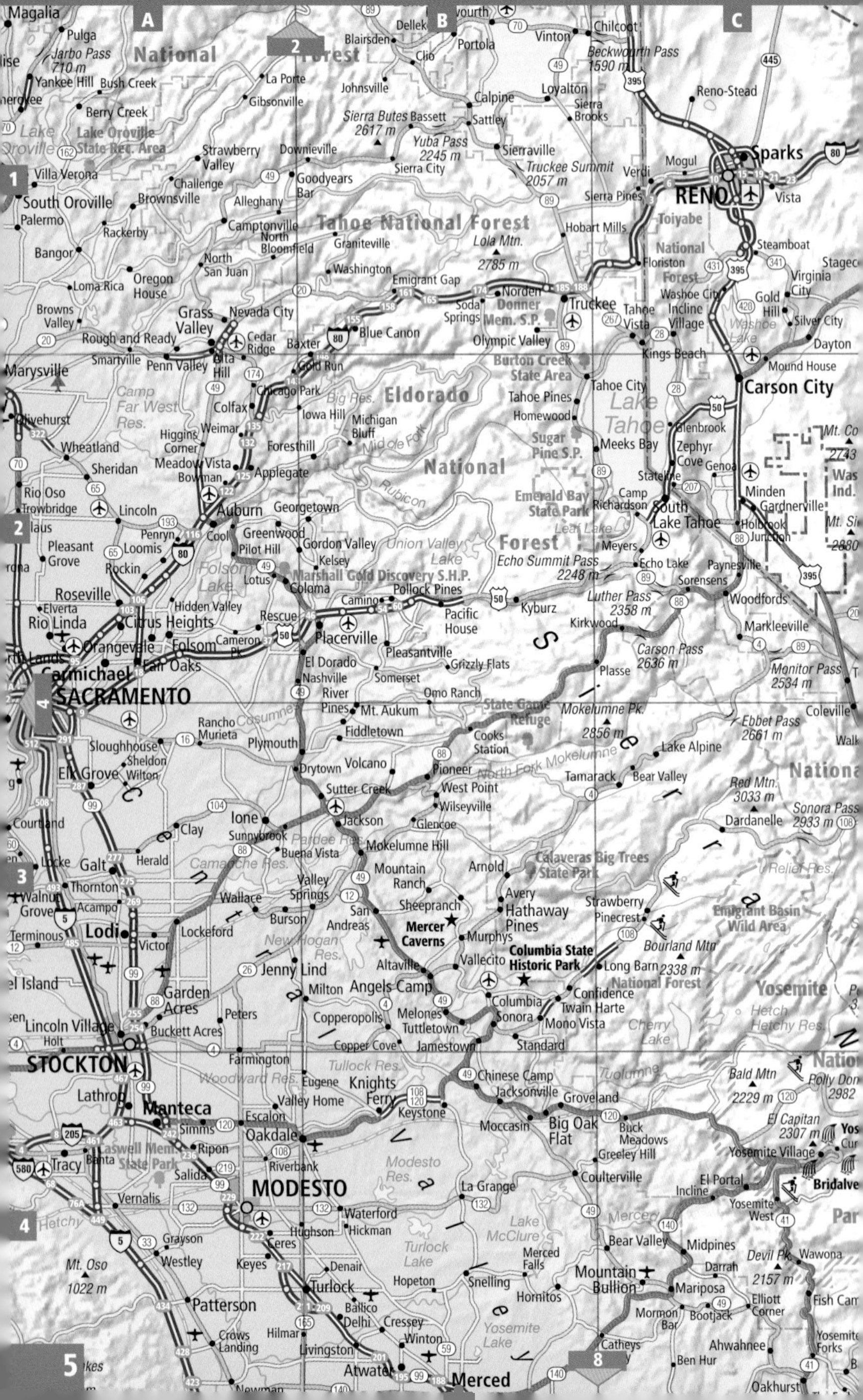

A
B
C
1
2
3
4
5
8
Magalia
Pulga
Jarbo Pass 710 m
Yankee Hill
Bush Creek
National Forest
Berry Creek
Lake Oroville
Lake Oroville State Rec. Area
Villa Verona
South Oroville
Palermo
Bangor
Loma Rica
Browns Valley
Marysville
Olivehurst
Wheatland
Sheridan
Rio Oso
Trowbridge
Lincoln
Pleasant Grove
Roseville
Elverta
Rio Linda
Citrus Heights
Orangevale
Fair Oaks
Carmichael
SACRAMENTO
Folsom
Folsom Lake
Loomis
Penryn
Rocklin
Auburn
Cool
Greenwood
Pilot Hill
Georgetown
Lotus
Coloma
Marshall Gold Discovery S.H.P.
Gordon Valley
Kelsey
Union Valley Lake
Hidden Valley
Rescue
Cameron Pk
Placerville
Camino
Pollock Pines
Pacific House
Pleasantville
El Dorado
Nashville
Somerset
Grizzly Flats
River Pines
Mt. Aukum
Omo Ranch
Fiddletown
Rancho Murieta
Cosumnes
Sloughhouse
Sheldon
Wilton
Elk Grove
Plymouth
Drytown
Volcano
Sutter Creek
Jackson
Ione
Sunnybrook
Buena Vista
Pardee Res.
Camanche Res.
Clay
Herald
Galt
Locke
Courtland
Thornton
Walnut Grove
Acampo
Wallace
Lodi
Victor
Lockeford
Terminous
Burson
Valley Springs
San Andreas
Mokelumne Hill
Glencoe
Mountain Ranch
Sheepranch
Mercer Caverns
Murphys
Arnold
Avery
Hathaway Pines
Calaveras Big Trees State Park
Vallecito
Altaville
Angels Camp
New Hogan Res.
Jenny Lind
Milton
Copperopolis
Melones
Tuttletown
Jamestown
Columbia
Columbia State Historic Park
Sonora
Standard
Mono Vista
Twain Harte
Confidence
Long Barn
Strawberry
Pinecrest
Bourland Mtn 2338 m
Cherry Lake
Garden Acres
Peters
Buckett Acres
Lincoln Village
Holt
STOCKTON
Farmington
Woodward Res.
Tullock Res.
Eugene
Knights Ferry
Valley Home
Keystone
Chinese Camp
Jacksonville
Groveland
Moccasin
Big Oak Flat
Buck Meadows
Greeley Hill
Coulterville
Lathrop
Manteca
Simms
Escalon
Oakdale
Riverbank
Ripon
Caswell Mem. State Park
Banta
Tracy
Salida
Vernalis
MODESTO
Waterford
Hickman
Hughson
Ceres
Keyes
Denair
Turlock
Turlock Lake
Modesto Res.
La Grange
Lake McClure
Merced Falls
Snelling
Hopeton
Hornitos
Ballico
Delhi
Cressey
Winton
Atwater
Merced
Livingston
Hilmar
Crows Landing
Newman
Patterson
Westley
Grayson
Mt. Oso 1022 m
Hetchy
Lakes
Mountain Bullion
Bear Valley
Mariposa
Mormon Bar
Bootjack
Catheys
Ben Hur
Ahwahnee
Midpines
Darrah
Yosemite Lake
Coleville
Ebbet Pass 2661 m
Red Mtn. 3033 m
Dardanelle
Sonora Pass 2933 m
Relief Res.
Emigrant Basin Wild Area
Yosemite
Hetch Hetchy Res.
Bald Mtn 2229 m
Polly Dome 2982
El Capitan 2307 m
Yosemite Village
Bridalveil
El Portal
Incline
Yosemite West
Devil Pk 2157 m
Wawona
Elliott Corner
Fish Camp
Yosemite Forks
Oakhurst
Mokelumne Pk. 2856 m
Lake Alpine
Bear Valley
Tamarack
Cooks Station
State Game Refuge
Pioneer
West Point
Wilseyville
North Fork Mokelumne
Plasse
Carson Pass 2636 m
Kirkwood
Monitor Pass 2534 m
Markleeville
Woodfords
Sorensens
Paynesville
Luther Pass 2358 m
Kyburz
Echo Summit Pass 2248 m
Echo Lake
Meyers
South Lake Tahoe
Stateline
Camp Richardson
Emerald Bay State Park
Sugar Pine S.P.
Meeks Bay
Homewood
Tahoe Pines
Tahoe City
Lake Tahoe
Glenbrook
Zephyr Cove
Genoa
Minden
Gardnerville
Holbrook Junction
Carson City
Mound House
Dayton
Silver City
Gold Hill
Virginia City
Washoe Lake
Steamboat
Reno-Stead
RENO
Sparks
Vista
Mogul
Verdi
Toiyabe National Forest
Floriston
Sierra Pines
Washoe City
Incline Village
Kings Beach
Tahoe Vista
Truckee
Hobart Mills
Burton Creek State Area
Olympic Valley
Donner Mem. S.P.
Soda Springs
Norden
Lola Mtn. 2785 m
Emigrant Gap
Blue Canon
Baxter
Gold Run
Chicago Park
Iowa Hill
Big Res.
Eldorado National Forest
Michigan Bluff
Middle Fork
Foresthill
Rubicon
Colfax
Weimar
Higgins Corner
Meadow Vista
Bowman
Applegate
Camp Far West Res.
Smartville
Penn Valley
Alta Hill
Rough and Ready
Grass Valley
Nevada City
Cedar Ridge
North San Juan
Oregon House
Rackerby
Brownsville
Challenge
Strawberry Valley
Alleghany
Camptonville
North Bloomfield
Graniteville
Washington
Tahoe National Forest
Goodyears Bar
Downieville
Sierra City
Sierra Butes 2617 m
Bassett
Yuba Pass 2245 m
Sierraville
Sattley
Calpine
Truckee Summit 2057 m
La Porte
Gibsonville
Johnsville
Blairsden
Clio
Portola
Vinton
Chilcoot
Beckwourth Pass 1590 m
Loyalton
Sierra Brooks
Stagecoach
Mt. Siegel 2880
Sierra
Central Valley

A   **B**   **C**

Martins Beach
San Gregorio
Mountain View
SUNNY
SAN JOSÉ
Santa Clara
Pescadero
La Honda
Loma Mar
Butane S.P.
Saratoga
Los Gatos
Mt. Hamilton
Mt. Stakes 1160 m
Mt. Hamilton 1350 m
Anderson Res.
Henry W. Coe State Park
Hilmar
Livingston
Gustine
Newman
Great Valley
State Park
Fremont Ford State Rec. Area

Big Basin
Ano Nuevo State Reserve
Boulder Creek
Ben Lomond
Castle Rock State Park
Morgan Hill
San Martin
Gilroy Hot Springs
Pacheco Pass 422 m
San Luis Res.
Santa Nella
Volta
Los Banos

Swanton
Felton
Scotts Valley
Soquel
Aptos
Corralitos
Gilroy
San Felipe
San Luis Res. State Rec. Area
San Joaqu

Wilder Ranch State Park
Davenport
Santa Cruz
Capitola
Freedom
Watsonville
San Juan Bautista
Cottage
Laveaga Pk. 1158 m
Ortigalita Pk. 1006 m
Oro Lo

Twin Lakes State Beach
Sunset State Beach
Moss Landing
La Selva Beach
Pajaro
Aromas
Las Lomas
Hollister
Corners
Tres Pinos

Monterey Bay
Castroville
Prunedale
Bolsa Knolls
Hollister Hills S.R.A.
Paicines
Mercey Hot Springs
Panoche Pass 655 m
Panoch Hills

Marina
SALINAS
Fremont Peak S.P.
Llanada
Panoche

MONTEREY
17-Mile-Drive
Pacific Grove
Spreckels
Chualar
Pinnacles
San Benito
New Idr

Pebble Beach
Seaside
Carmel Hills
Carmel Valley
Gonzales
Pinnacles National Monument
Bitterwater

Carmel
Mission S. C. Borromeo de Carmelo
Soledad
Harlem
Mission N. S. de la Soledad
Greenfield
Coburn
Lonoak

Point Lobos State Reserve
Garrapata State Park
Ventana Wild Area
Jamesburg
Sycamore Flat
King City
San Ardo

Point Sur Lighthouse
Pt. Sur
Andrew Molera State Park
Tassajara Hot Springs
Santa Lucia Memorial Park
San Lucas

National
Big Sur
Los Padres
Posts
Pfeiffer-Big Sur State Park
Bradley

Pfeiffer Beach
Marine
McWay Cove
Lucia
Mission San Antonio de Padua
Hunter Liggett Military Reservation
Lockwood
Bryson

Julia Pfeiffer Burns State Park
Sanctuary
National
Jolon
Oak Shores
Heritage Ranch

Plaskett
Forest
San Antoni Res.

Gorda

Piedras Blancas
Hearst Castle
San Simeon
Adelaida
Paso Robles

William R. Hearst Mem. State Beach
San Simeon State Beach
Piedras Blancas
Bryson
Oak Shores

San Simeon State Park
Cambria
Whale Rock Res.

Grote
Harmony
Pt. Estero
Cayucos

Cayucos State Beach
Morro Strand State Beach
Morro Bay
Bay

Oceaan
Atascadero State Beach
Los Osos

Montana de Oro State Park
Pt. Buchon
Avila Beach

Port San Luis
Avila Beach
Pismo Be
Grove

Pt. S

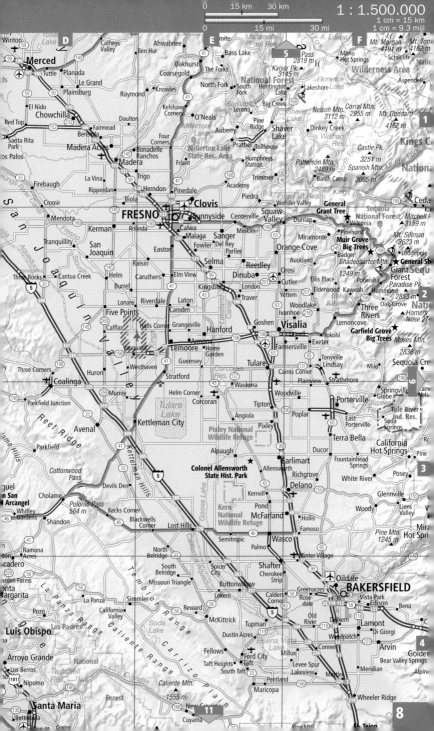

Mt. Tom 4162 m
Bishop
A
Laws
Forest
6
Deep Springs
Sylvania
Magruder Mtn. 2757 m
Gold Point
774
B
Last Chance Mtn. 2577 m
Slate
Gold Mtn. 2487 m
Scottys Junction
C
Tolicha Pk. 2151 m

National
Westgard Pass 2216 m
Crater
Bonnie Claire
195
Sarcobatus Flat

Aspendell
Keough Hot Springs
395
Zurich
168
Waucoba
CALIFORNIA
NEVADA
Ridge

Parchers Camp
Big Pine
Canyon
Scotty's Castle
Grapevine Pk. 2663 m
Rhyolite Ghost Tow

1

N. Palisade 4340 m
Forest
Fish Springs
Waucoba Mtn. 3390 m
Death Valley
Scotty's Castle
Ubehebe Crater
Wahguyhe Pk. 2618 m
374
Daylight Pass 1315 m

Kings Canyon
National Park
4118 m
Aberdeen
Inyo Mts.
Dry Mtn. 2643 m
Tin Mtn. 2728 m
Titus Canyon
Amargo

Goat Mtn. 3720 m
Independence
Lower Warm Springs
Hells Gate
Funer

Cedar Grove
180
Black Mtn. 4050 m
Severn Pines
Manzanar Nat'l Hist. Site
Teakettle Junction
Goldbelt Spring
Mesquite Flat Sand Dunes
Stovepipe Wells
Stovepipe Wells

Mitchell Pk. 3159 m
Kanawyers
Mt. Brewer 3603 m
Kearsarge Pass
New York Butte 3236 m
Dodds Springs
Tucki Mtn. 2043 m
Visitor Cen

Mt. Sillman 3623 m
Mt. Williamson 4136 m
Owenyo
Jackass Spring
Blackwater
Furnace

Lodgepole
Mt. Whitney 4418 m
4361 m
Lone Pine
136
Townes Pass 1510 m
Pinto Pk. 2289 m
Harrisburg
Za Po

General Sherman Tree
Whitney Portal
Alabama Hills
Panamint Springs
Aguerreberry Point
Devil's Golf Course
Ar Dr

Giant Forest
Mt. Kaweah 4206 m
Mt. Langley 4280 m
395
Keeler
Mahogany Flat
Bad in t

Paradise Pk.
Silver City
Mineral King
Horseshoe Meadows
Bartlett
Owens Lake (Dry)
Darwin
Darwin Falls
Telescope Pk. 3367 m
Badwater

2

Homers Nose 2744 m
National Park
Coyote Pk. 3319 m
Kern Pk. 3508 m
Olancha Pk. 3695 m
Cartago
190
Olancha
Coso Pk. 2487 m
Warm Sulphur Springs
Sentinel Pk. 2933 m

Moses Mtn. 2836 m
Black Rock Mtn.
Monache Mtn. 2890 m
Haiwee
China Lake
Ballarat Ghost Town
Indian Ranch

Sequoia Crest
Alpine Village 2942 m
Louisiana Butte 2097 m
Par

Camp Nelson
Quaking Aspen
Sequoia
Lookout Mtn. 2994 m
Bald Mtn. 2874 m
Volcano Pk. 1628 m
Naval Weapons Center
Argus Pk. 1994 m
Valley Wells
Mengel Pass

Johnsondale
National Forest
Coso Junction
Little Lake
Argus
Pioneer Point
Brown Mtn. 1563 m
Lone Willow Spring

Roads End
Fairview
Sirretta Pk. 3040 m
Black Mtn. 2387 m
River Kern
Owens Peak 2583 m
Pearsonville
395
Trona
Searles Lake (Dry)
Westend
Borosolvay

Alta Sierra
Kernville
Canebrake
Walker Pass 1598 m
Indian Wells
China Lake
China Lake Naval

Linns Valley
155
Isabella Lake
Bella Vista
Onyx
Weldon
178
Inyokern
465
Ridgecrest
Weapons Center
Fort

Wofford Heights
Lake Isabella
Nichols Pk. 1851 m
Sequoia National Forest
Freeman Junction
14
Searles
Dome Mtn. 1519 m

Miracle Hot Springs
Bodfish
Havilah
Garlock
Johannesburg
Slocum Mtn. 1562 m
Dry Lakes

178
National Forest
Johns Pk. 1488 m
Piute Mts. 2406 m
Red Rock Canyon State Park
Randsburg
Red Mountain
Atolia
Cuddeback Lake (Dry)
Gold Lake

IELD
Bena
Loraine
Red Rock Canyon
Cantil
395
Opal Mtn. 1210 m
Paradise Spring

Caliente
Nellies Nipple 1416 m
Koehn Lake (Dry)
Cinco
Mojave

4

Keene
58
Tehachapi Summit
Monolith
California City
Desert

Golden Hills
Tehachapi
14
North Edwards
Harper Lake (Dry)
Calico Ghost Tow

Alpine Forest
Cameron
Mojave
Mojave Air & Space Port
58
Boron
Kramer Junction
Lockhart
Hinkley

Double Mtn. 2434 m
Fleta
58
186
199
Jimgrey
58

9
12
Edwards
Rogers Lake (Dry)
13
tow

Willow
Rosamond
Grand
Lenwood
Dang

A   B   C

8

Guada
Barbou
Pt. Sal
nt Sal State Beach
Casmalia
Vandenberg
Purisima Pt.
Surf
Honda
Lompoc
Vandenberg Air Force Base
Pt. Arguello
Jalama
Santa Maria
Betteravia
Orcutt
Garey
Sisquoc
Los Alamos
Los Olivos
Ballard
Santa Ynez
Buellton
Solvang
La Purisima Mission
State Hist. Park
Mission Hills
Gaviota Pass
280 m
Gaviota State Park
Gaviota
Pt. Conception
Tajiguas
Refugio State Beach
El Capitan State Beach
Isla
Vista
Tajiguas
Refugio Pass
658 m
San Marcos Pass
678 m
Goleta
Sisquoc
San Rafael
McPherson Pk.
1781 m
San Rafael Mtn.
2010 m
Wild Area
Chumash Painted
Cave State Hist. Park
Lake
Cachuma
SANTA
BARBARA
Montecito
Carpinteria
Summerland
Arroyo
Burro
State Beach
Carpinteria
State Beach
San Buenaventura Mission
VENTURA
OXNARD
Port Hueneme
McGrath State Beach

New Cuyama
Cuyama
Ventucopa
Los Padres
Pine Mtn.
Club
Mt. Pinos
2691 m
Lake of the Wo
Frazie
Park
Ter
Stauffer
Scheideck
Reyes Pk.
2289 m
National For
Sespe Co
Wheeler
Springs
Ojai
Meiners
Oaks
Mira Monte
Oak View
Sulphur
Springs
Santa
Paula
Limco
Fillm
Kevet
Moor
Som
Ca

Santa Barbara Channel

Channel Islands
San Miguel
Island
Green Mtn.
96 m
Santa Rosa
Island
Sierra Pablo
335 m
Sierra Blanca
464 m
Santa Cruz
Island
Anacapa
Island
National Park
Santa Monica Mountains
National Recreation Area
Leo Carrillo State

Channel

Island

Santa Barbara
Island
Channel Islands
National Park

San Nicolas
Island

Grote

Oceaan

11

San Diego, Yuma, Blythe, Lake Havasu, Joshua Tree N.P.

13

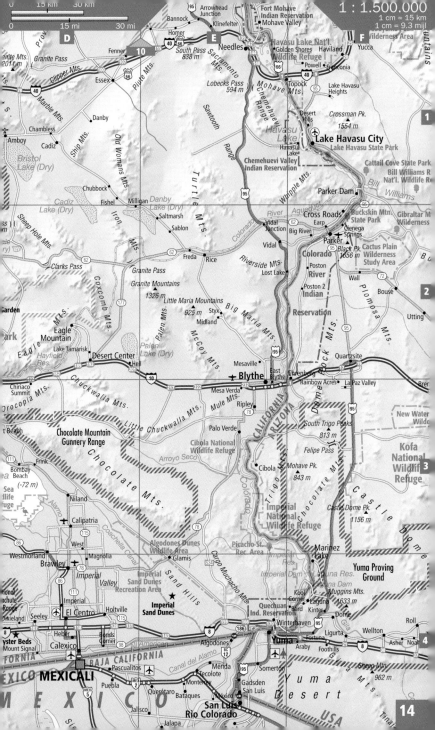

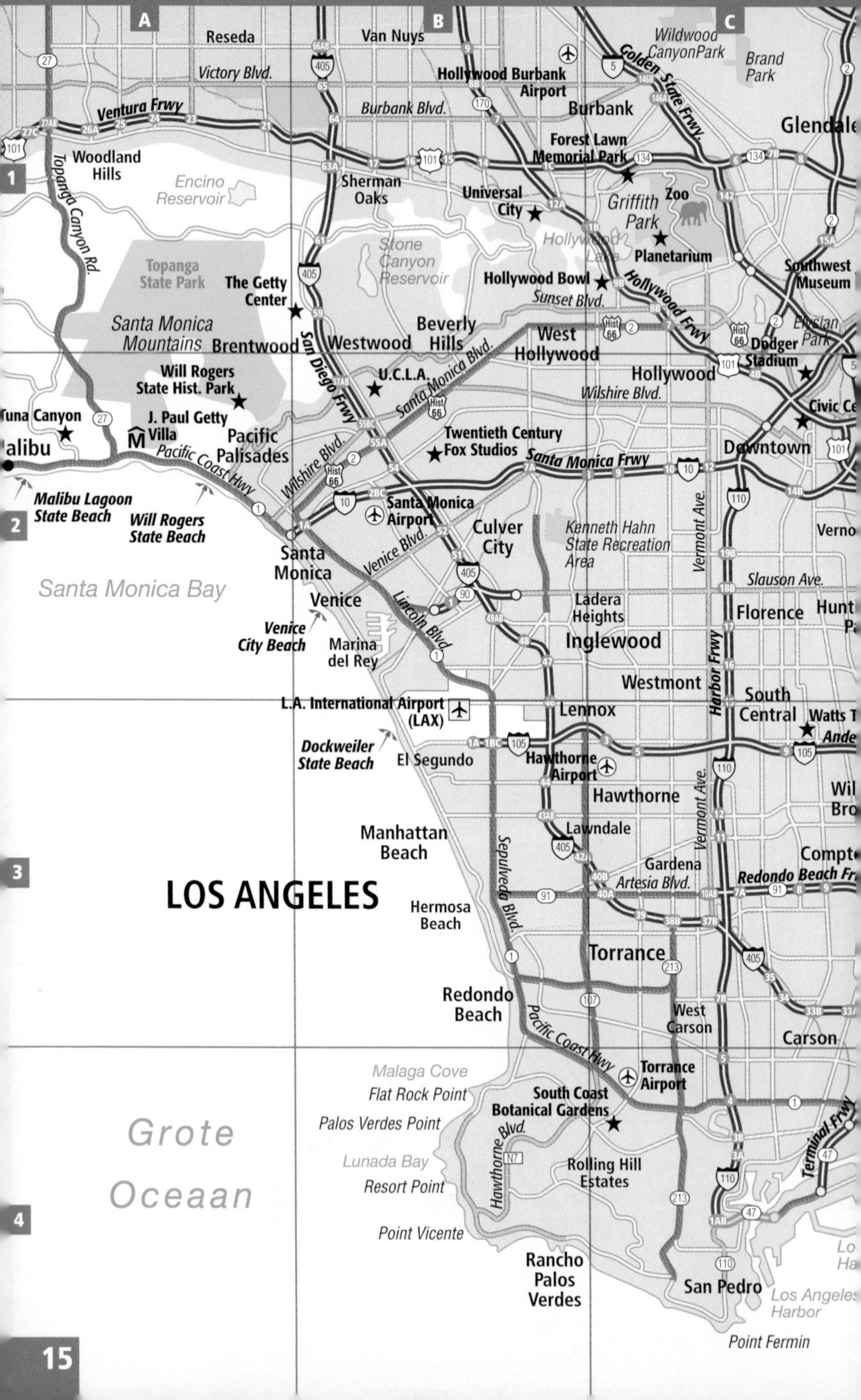

A **B** **C**

Reseda
Van Nuys
Wildwood Canyon Park
Brand Park

Victory Blvd.

Hollywood Burbank Airport
Burbank Blvd.
Burbank
Glendale

Ventura Frwy
Woodland Hills
Golden State Frwy

Forest Lawn Memorial Park

Encino Reservoir

Sherman Oaks

Universal City ★
Griffith Park
Zoo

Stone Canyon Reservoir

Hollywood
Planetarium

The Getty Center
Hollywood Bowl ★
Sunset Blvd.
Southwest Museum

Santa Monica Mountains
Brentwood
Westwood
Beverly Hills
West Hollywood
Hollywood
Dodger Stadium
Elysian Park

Topanga State Park

Will Rogers State Hist. Park ★
U.C.L.A.
Wilshire Blvd.
Civic Ce

Tuna Canyon
J. Paul Getty Villa
Pacific Palisades
Twentieth Century Fox Studios ★
Santa Monica Frwy
Downtown

Malibu

Malibu Lagoon State Beach
Will Rogers State Beach
Pacific Coast Hwy
Santa Monica Airport ★
Culver City
Kenneth Hahn State Recreation Area
Vernon

Santa Monica
Venice
Slauson Ave.

Santa Monica Bay

Venice City Beach
Marina del Rey
Ladera Heights
Florence
Hunt Pa

Inglewood
Westmont

L.A. International Airport (LAX) ✈
Lennox
South Central
Watts T
Ande ★

Dockweiler State Beach
El Segundo
Hawthorne Airport
Hawthorne
Wil Bro

Manhattan Beach
Lawndale

LOS ANGELES

Gardena
Artesia Blvd.
Redondo Beach Fr
Compt

Hermosa Beach

Torrance

Redondo Beach
West Carson
Carson

Malaga Cove
Flat Rock Point
Palos Verdes Point
South Coast Botanical Gardens ★
Torrance Airport ✈

Grote

Lunada Bay
Resort Point
Rolling Hill Estates

Oceaan

Point Vicente

Rancho Palos Verdes
San Pedro
Los Angeles Harbor

Point Fermin

Colofon

Hulp gevraagd!
De informatie in deze reisgids is aan verandering onderhevig. Het kan dus wel eens gebeuren dat u ter plaatse een andere situatie aantreft dan de auteur. Is de tekst niet meer helemaal correct, laat ons dat dan even weten: anwbmedia@anwb.nl of ANWB Media, Postbus 93200, 2509 BA Den Haag

Omslagfoto's Voorzijde omslag: de kust van Los Angeles – een surfparadijs; voorflap: Yosemite National Park

Fotoverantwoording Bilderberg/Avenue Images, Hamburg: blz. 67 (Blickle); 216 r., 256/257 (Zielske); Catch the Day: Manfred Braunger, Freiburg: blz. 3 b., 3 o., 4 o., 7 o., 8 b., 9 o., 9 m., 17, 25, 35, 39, 63, 76, 87, 104, 113, 117, 137, 147, 148/149, 154, 157, 163, 183, 207, 220, 222, 228, 236/237, 266 r., 284, 294/295, 302, 304, 312, 314/315, 344, 390, 398, 406, 414/415, 427; DuMont Bildarchiv, Ostfildern: blz. 2 b., 3 m., 5 m., 8 o., 20/21, 64, 134, 178 (2 x), 192/193, 198/199, 214, 224/225, 244, 266 l., 276, 280, 297, 311, 338, 341 l., 371, 378/379, 386/387, 418/419 (Heeb); f1online, Frankfurt/M.: blz. 9 b., 328/329 (AGE/Carter); Getty Images, München: blz. 5 b., 213 (Axilrod); 174 (Biggs) ; 114 (Davis); 392 r., 423 (Elk); 216 l., 240 (Epperson); 47 (Graham); 1 m., 353, achterkant omslag o. (Hanson); 250/251(Kearney); 1 l., 44 (Renck); Huber, Garmisch-Partenkirchen: blz. 106 l., 118/119 (Carassale); Laif, Köln: voorzijde omslag, blz. 88 (Aurora), 7 m.; 368/369 (Grandedam); 417 (Heeb); 1 r., achterkant omslag b., 10/11, 208/209, 247, 264 (hemis.fr); 123 (Hoa Qui); 95 (Modrow); 5 o., 268/269, 382/383, 389, 439 (New York Times); 49 (Perkovic); 81 (Piepenburg); 176, 360 (Renault/hemis/ fr.); 4 b., 168/169 (Sasse); 318 (UPI); Look Bildagentur, München: blz. 102/103, 336/ 337 (age fotostock); 340 r., 346 (Dressler); 13 (Engel & Gielen); 2 o., 56/57, 91 (Holler); 70/71 (Richter); Mauritius Images, Mittenwald: blz. 7 b., 306 l., 321, 334/335, 340 l., 362/363 (age); 106 r., 160 (Aurora Photos); 191 (Russel); 50/51 (SuperStock); Naturbildarchiv Harald Mielke, Sachsenried: blz. 6 o., 323; Plainpicture, Hamburg: Omslag (DesignPics) Reise- und Naturfotografie Roland Gerth, Thal (CH): blz. 6 b., 33, 286/287, 306 r., 332/333, 392, l., 430/431

Productie: ANWB Media
Uitgever: Marlies Ellenbroek
Coördinatie: Els Andriesse, Quinten Lange
Boekverzorging: *de Redactie,* Amsterdam
Vertaling: Hester Colijn, Michiel Gussen, Ron de Heer en Marten van de Kraats
Bewerking: Gerard M.L. Harmans en Paul Krijnen
Grafisch concept: Groschwitz, Hamburg
Nederlandse bewerking grafisch concept en omslag: Studio Jan Brand, Amsterdam
Cartografie: © DuMont Reisekartografie, Fürstenfeldbruck; © DuMont Reiseverlag, Ostfildern

© 2012 DuMont Reiseverlag, Ostfildern

© 2013 ANWB bv, Den Haag
Tweede druk
ISBN: 978-90-18-03628-7

www.anwb.nl

Aantekeningen